Mon album de la connaissance

Par professeur Génius

Québec Amérique

À toi qui ouvres cet album,

Prends quelques minutes et regarde autour de toi. N'es-tu pas surpris de constater à quel point le monde qui nous entoure est diversifié et fascinant ?

Imagine un peu... Il y a 4,5 milliards d'années, dans l'immensité de l'UNIVERS, naissaient une étoile, le Soleil, et tout un cortège de cailloux, de poussières et de gaz qui formèrent ce que nous appelons aujourd'hui notre « Système solaire ». Parmi cet ensemble, une toute petite planète de roche, la Terre, allait devenir le théâtre de l'œuvre la plus grandiose qui soit : LA VIE. Les premiers êtres vivants sont entrés en scène il y a 3,8 milliards d'années. Avec le temps, une multitude d'êtres originaux ont vu le jour. Parmi ceux-ci l'HUMAIN, un être complexe doté d'une conscience qui l'incite, chaque jour, à s'interroger sur son existence et sur le monde dans lequel il vit. L'homme possède aussi un esprit scientifique et créatif qui le pousse à INVENTER des outils qui lui facilitent la vie, mais aussi à créer de merveilleuses œuvres d'art telles que la MUSIQUE.

Depuis mon plus jeune âge, je suis curieux de comprendre comment chaque chose fonctionne. Au fil des années, j'ai amassé des coupures de journaux, des extraits de livres, de revues et des photographies. Ils témoignent de l'incroyable curiosité et de l'imagination des êtres humains, en particulier des scientifiques. Leur détermination permet sans cesse de résoudre des énigmes sur le monde dans lequel nous vivons. Je veux aujourd'hui partager ma soif de connaissances avec toi en t'offrant « Mon album de la connaissance », qui aborde des thèmes variés.

Rappelle-toi que les théories ne sont pas éternelles. Elles changent en fonction des connaissances que nous acquérons. L'histoire du monde ne cessera donc jamais d'être réécrite. Je ne peux malheureusement pas tout te dire en quelques pages seulement. J'espère que je saurai malgré tout t'intéresser et que tu auras envie de poursuivre ton apprentissage. Peut-être es-tu, toi aussi, de ceux et celles qui inventeront ou aideront à mieux comprendre le monde.

Bonne lecture et surtout, n'oublie jamais qu'il faut être curieux, te poser des questions constamment... et te laisser émerveiller.

professeur Génius

PS : N'hésite pas à faire un tour sur mon site Internet www.geniusinfo.net. Je t'y ai déposé des extraits du son des instruments et des œuvres musicales que je te présente dans « Mon album de la musique ». J'y réponds aussi à quantité de questions que je me pose et que mes lecteurs m'envoient.

Ce qu'en disent mes amis experts

Avant de publier MON ALBUM DE LA CONNAISSANCE, j'ai fait parvenir chacun des albums qu'il rassemble à un ami expert dans le sujet. Tu sais, j'ai travaillé très fort pour créer cet ouvrage et j'étais curieux de savoir ce que chaque ami penserait de mon travail... Voici donc quelques-uns de leurs commentaires.

À PROPOS DE MON ALBUM DE L'UNIVERS

« L'album est ludique, agréable à consulter, tout en étant très instructif. »

Brillant astrophysicien, **Hubert Reeves** est l'auteur de nombreux ouvrages portant sur l'Univers.

À PROPOS DE MON ALBUM DE LA VIE

« Voici un livre merveilleux qui émeut chacun de nous au plus profond, car il raconte, avec à la fois réalisme et poésie, notre histoire personnelle. En nous décrivant avec lucidité notre passé, Génius, vous nous aidez à orienter notre devenir. »

Grand humaniste, **Albert Jacquard** est un scientifique, un conférencier et un écrivain admirable.

À PROPOS DE MON ALBUM DES SCIENCES

« Quel superbe album et surtout quelle façon originale et amusante de nous présenter l'univers des mathématiques, de la physique et de la chimie ! Merci de nous donner le goût des sciences et de nous les faire aimer ! »

Vulgarisateur talentueux, le professeur de mathématiques **Jean-Marie de Koninck** aime par-dessus tout partager son amour des nombres avec le grand public.

À PROPOS DE MON ALBUM DU CORPS HUMAIN

« Mon cher Génius, votre album est formidable ! Je me suis régalé en feuilletant vos documents, vos dessins, vos courriels et toutes vos trouvailles... Nous ne savons pas tout du corps humain, mais nous en savons assez pour apprécier son ingéniosité et sa valeur. Merci, prof Génius, de nous le rappeler, et d'aussi belle manière. »

Grand communicateur scientifique, le docteur **Jean-François Chicoine** est le cofondateur de « Le Monde est ailleurs », une société qui œuvre pour la santé et les droits des enfants partout dans le monde.

À PROPOS DE MON ALBUM DE LA MUSIQUE

« La lecture de votre recueil, cher Génius, m'a rappelé à quel point le monde de la musique en est un de grands personnages, de passion, de création et de beauté. J'y ai trouvé tout plein d'informations que je ne possédais pas. »

Vrai mélomane, **Gregory Charles** est un musicien « touche-à-tout » qui chante, danse, joue du piano et dirige des chorales.

À PROPOS DE MON ALBUM DES DÉCOUVERTES ET INVENTIONS

« Je me suis follement amusé en lisant ton livre sur les découvertes et les inventions. Je me suis laissé emporter comme dans une machine à remonter le temps. »

Ancien policier et inventeur, **Daniel Paquette** est le président fondateur de l'Inventarium, qui vise à protéger, développer et commercialiser des inventions.

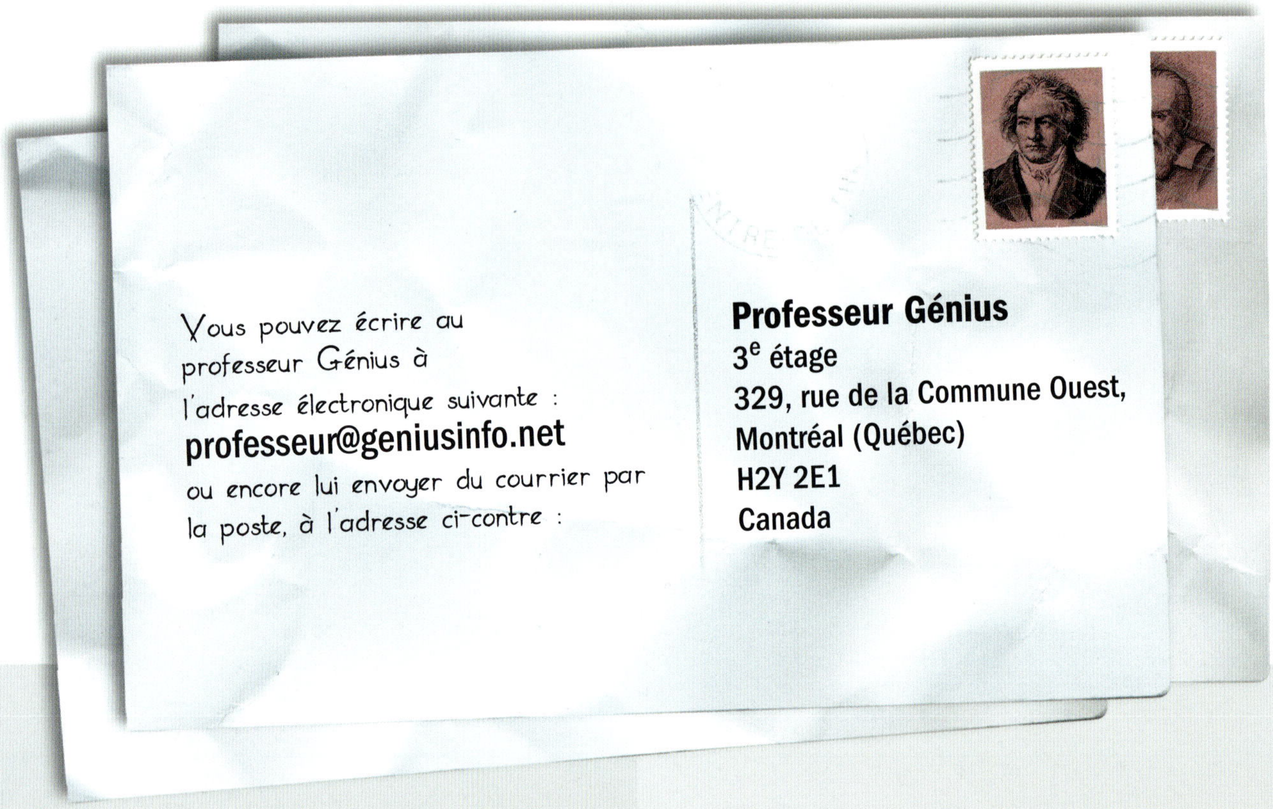

Mon album de la connaissance a été créé et conçu par :

QA International, une division de
Les Éditions Québec Amérique inc.
329, rue de la Commune Ouest, 3e étage
Montréal (Québec) H2Y 2E1 Canada
Tél. : 514 499-3000 Téléc. : 514 499-3010
www.ikonet.com
www.quebec-amerique.com
www.qa-international.com

Nous reconnaissons l'aide financière du gouvernement du Canada par l'entremise du Fonds du livre du Canada pour nos activités d'édition. Les Éditions Québec Amérique inc. tiennent également à remercier l'organisme suivant pour son appui financier : Gouvernement du Québec – Programme de crédits d'impôts pour l'édition de livres – Gestion SODEC.

Catalogage avant publication de Bibliothèque et Archives nationales du Québec et Bibliothèque et Archives Canada

Professeur Génius

Mon album de la connaissance

Publ. à l'origine en 6 livres séparés entre 2003 et 2007.
Comprend un index.
Sommaire: Mon album de l'univers ; Mon album du corps humain ; Mon album des découvertes et inventions ; Mon album de la vie ; Mon album de la musique ; Mon album des sciences.
Pour les jeunes de 10 ans et plus.

ISBN 978-2-7644-1120-9

1. Sciences - Ouvrages pour la jeunesse. 2. Musique - Ouvrages pour la jeunesse. I. Titre.

Q163.P75 2012 j500 C2011-941925-4

Imprimé et relié en Chine.
10 9 8 7 6 5 4 3 2 1 15 14 13 12
PO 494, Version 1.0

TABLE DES MATIÈRES

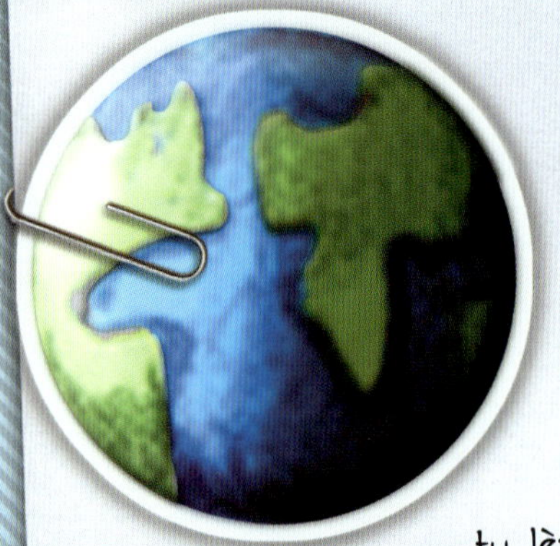

Mon album de l'Univers

Comme moi, je suis certain que, quand tu lèves les yeux vers le ciel, tu te poses mille et une questions… L'Univers a-t-il un début ? De quoi les planètes sont-elles faites ? Existe-t-il d'autres formes de vie, ailleurs dans le cosmos ? Les scientifiques ont développé de nombreuses théories pour mieux percer les mystères de l'Univers. Aujourd'hui, ils disposent d'appareils de plus en plus sophistiqués (télescopes, satellites, sondes spatiales, etc.) pour étudier les objets célestes les plus distants. Mais, étonnamment, toutes les nouvelles découvertes nous font réaliser qu'on sait peu de choses et que nous sommes bien petits dans l'immensité du cosmos…

Dans « Mon album de l'Univers », je veux partager avec toi la grande aventure de l'astronomie. Mais attention ! Ne crois surtout pas que j'aie réponse à tout, car si chaque jour on fait de nouvelles trouvailles, elles apportent aussi de nouvelles questions.

Professeur Génius

Contenu

Le spectacle du ciel

Tu sais, il n'est pas nécessaire de posséder un équipement spécial pour observer le ciel. Tes yeux suffisent ! Par une nuit claire, tu peux facilement contempler la Lune et des milliers d'étoiles. Les plus brillantes d'entre elles dessinent sur la toile noire du ciel des constellations. Parmi ces points lumineux se trouvent en fait cinq planètes : Mercure, Vénus, Mars, Jupiter et Saturne. Incroyable ce que nous pouvons voir à l'œil nu, non ? Je suis convaincu qu'il n'y a pas plus beau spectacle que celui du ciel nocturne et je ne me lasserai jamais de contempler les milliers de joyaux scintillants qui le décorent... Tu sais, même s'il révèle peu à peu ses secrets, le ciel de la nuit restera toujours, à mes yeux, un vaste océan de mystère...

Les premiers pas de l'astronomie...

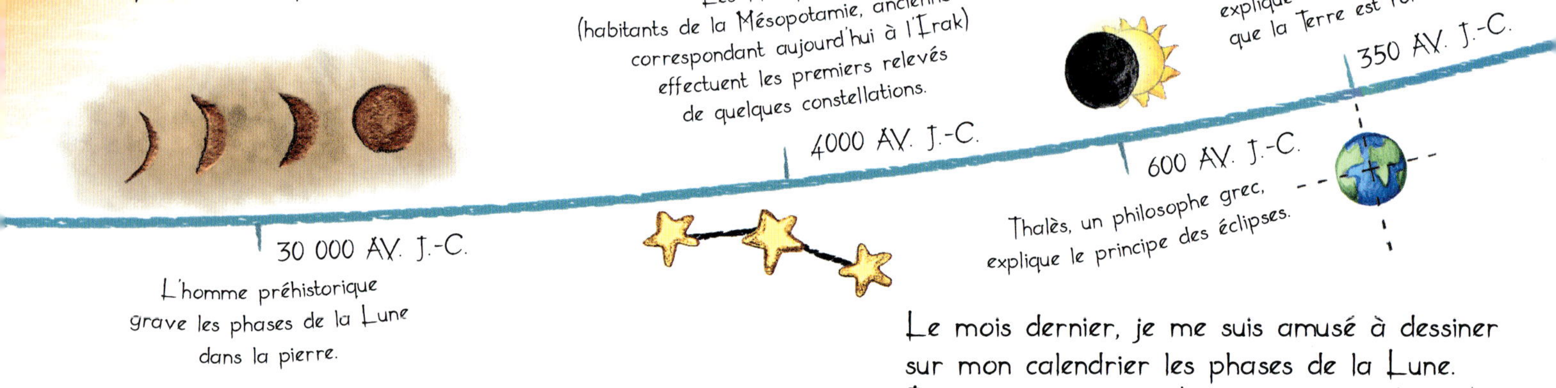

Le mois dernier, je me suis amusé à dessiner sur mon calendrier les phases de la Lune. Je te mets au défi d'en faire autant !

Les peuples de l'Antiquité observaient le ciel les yeux remplis d'admiration et… de peur. Une éclipse de Soleil ou le passage d'une comète, par exemple, semaient littéralement la panique chez nos ancêtres ! Selon eux, ces phénomènes qui se déroulaient dans le ciel étaient des signes envoyés par des dieux extraordinairement puissants ! Les messages qu'ils transmettaient annonçaient des événements terribles, comme des famines ou de graves épidémies.

Savais-tu que les bergers, les cultivateurs et les grands voyageurs ont été les premiers à étudier le ciel ? En effet, ces fins observateurs avaient déjà remarqué que les mouvements apparents de la Lune, des étoiles et des planètes étaient des indices importants leur permettant de s'orienter en mer ou de traverser de vastes déserts sans se perdre, par exemple. Ce sont pourtant les astronomes grecs, il y a 2 500 ans, qui ont été les premiers à étudier les astres de façon scientifique. En plus de nommer et de classifier de nombreux objets du ciel, ces savants ont tenté de comprendre et d'expliquer rien de moins que le fonctionnement de notre Univers !

Même s'ils ont découvert un grand nombre de choses (jette un coup d'œil à ma petite ligne du temps), il ne faut pas oublier que jusqu'au 17e siècle, les astronomes ont observé le ciel avec leurs yeux pour seuls instruments. L'invention de la lunette et du télescope, tu t'en doutes bien, a fait progresser l'astronomie à pas de géant !

ASTRONOMIE (du grec *astron* [étoile] et *nemein* [nommer]) : Science des astres, des corps célestes et de la structure de l'Univers. Considérée comme la plus ancienne des sciences, l'astronomie est aussi la plus populaire. Des millions d'astronomes amateurs observent le ciel étoilé aux quatre coins du globe.

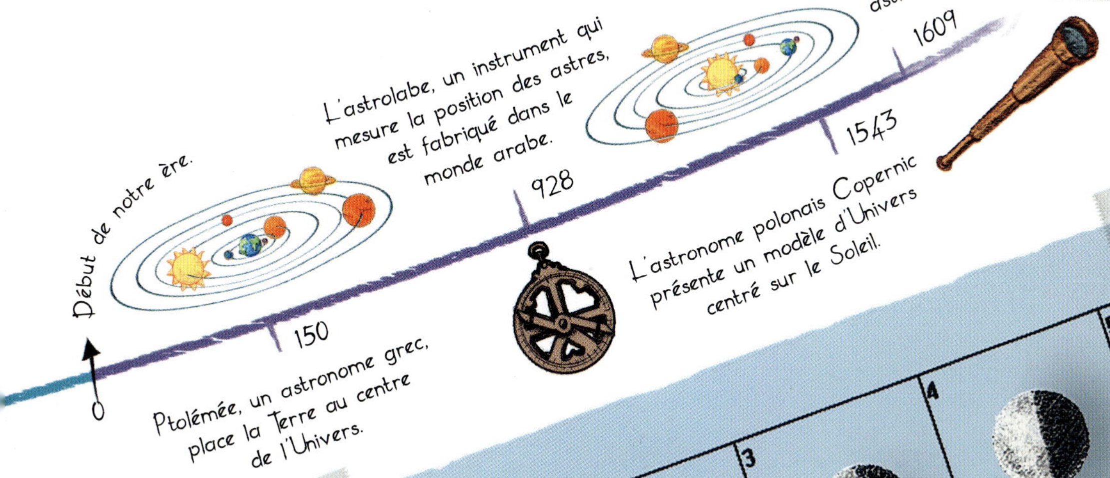

LES PREMIERS CALENDRIERS

Les premiers agriculteurs ont vite constaté que les mouvements apparents des astres mesuraient le passage du temps. Ils ont, entre autres, remarqué que la Lune changeait de forme régulièrement dans le ciel et que le Soleil se trouvait beaucoup plus près de l'horizon en hiver qu'en été. Les astronomes de l'époque se sont d'ailleurs inspirés des formes changeantes de la Lune pour créer les premiers calendriers. D'autres calendriers se sont ensuite basés sur les mouvements réguliers du Soleil et des étoiles.

Inventeurs et inventions, p. 283

La lunette de Galilée, 1609

Le télescope de Newton, 1668

Observer l'Univers

Un très bon ami membre d'un planétarium m'a fait l'immense honneur de m'offrir ces superbes photographies de la première lunette astronomique et du premier télescope (il est au courant de mon projet d'album). Comme je te l'écrivais à la page précédente, ces petites merveilles ont fait exploser nos connaissances astronomiques des 300 dernières années. C'est Galilée, un homme de science remarquable, qui, le premier, a eu la formidable idée de pointer une lunette vers le ciel et de noter ce qu'il voyait. Il était certainement loin de se douter de ce qu'il allait découvrir ! Jette un coup d'œil à l'article d'un journal de 1610 que je t'ai collé plus bas. Une soixantaine d'années plus tard, alors qu'il tentait d'améliorer la performance de la lunette de Galilée, le célèbre mathématicien anglais Isaac Newton inventa le premier télescope. Même si les deux instruments servent à transmettre des images grossies du ciel, ils fonctionnent selon deux principes légèrement différents. Laisse-moi te les présenter avant d'aller plus loin.

Voici comment fonctionnent la lunette et le télescope :

Comme la lunette de Galilée, la lunette moderne comporte deux lentilles de verre. La lentille placée du côté de l'objet observé joue le rôle d'un entonnoir qui capte la lumière et forme une image de l'objet. La deuxième lentille permet à notre œil d'examiner cette image. Le télescope fonctionne selon le même principe, sauf que son « entonnoir » est constitué de deux miroirs : le premier concentre la lumière et la renvoie vers le deuxième qui la dirige vers l'observateur. Contrairement aux lentilles des lunettes, dont le diamètre ne dépasse pas un mètre, les miroirs des télescopes peuvent atteindre plusieurs mètres et permettent d'observer beaucoup de détails.

Comment ça marche ?, p. 57

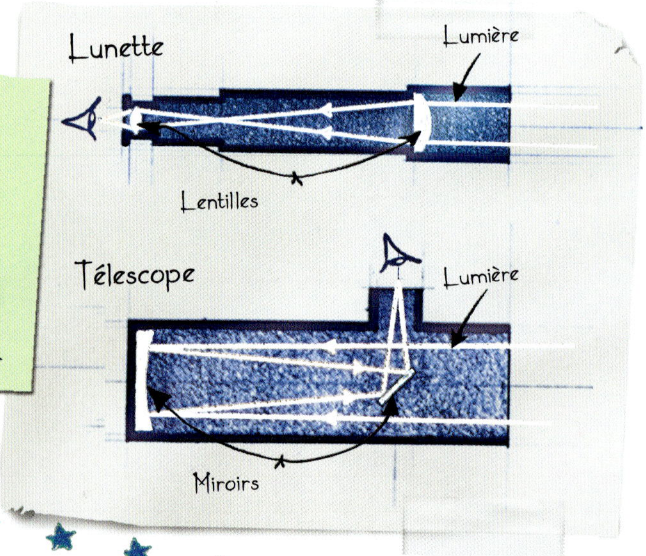

La Lune n'est pas lisse !

Galilée.

En s'inspirant de la lunette de Lippershey, un lunetier hollandais, le physicien astronome italien Galileo Galilei, dit Galilée, s'est fabriqué une « lunette astronomique ». En plus d'avoir observé quatre petits astres tournant autour de Jupiter, le fils du célèbre musicien Vincenzo Galilei a découvert que la Lune n'était pas lisse ! Qui aurait cru qu'on pourrait un jour admirer les montagnes d'un paysage aussi éloigné que celui de la Lune !

Découvertes importantes depuis l'invention du télescope :

1781 - découverte d'Uranus
1846 - découverte de Neptune
1924 - découverte des galaxies
1930 - découverte de Pluton

Des SATELLITES-OBSERVATOIRES transportent des instruments d'observation spécialisés dans la détection de certains rayons (rayons X ou ultraviolets, par exemple). Les astronomes, restés au sol, observent immédiatement sur leur écran les images captées.

Les SONDES SPATIALES sont des robots explorateurs qui envoient à la Terre des images d'astres lointains.

Depuis l'invention du télescope, les savants n'ont cessé de développer toutes sortes d'engins extraordinaires : télescopes géants, radiotélescopes, sondes spatiales, satellites... Grâce à eux, l'homme du 20e siècle a pu explorer les profondeurs du ciel et a mieux compris le monde qu'il habite. Tu te demandes comment, n'est-ce pas ? Le principe est fort simple. Tous les astres (planètes, étoiles, Lune, galaxies...) émettent ou réfléchissent des rayons. Certains d'entre eux sont visibles, comme la couleur bleue, tandis que d'autres sont invisibles. Parmi ces derniers, il y en a plusieurs que tu connais déjà, comme les RAYONS X, les mêmes que ceux qui servent à photographier tes os, les ULTRAVIOLETS, responsables des coups de soleil, et les ONDES RADIO, comme celles qui diffusent tes émissions de radio ou de télévision préférées. En analysant les rayons provenant d'un astre, les astronomes obtiennent plusieurs informations intéressantes à son sujet, comme sa composition chimique, sa température et son âge. Pour cela, ils ont besoin de dispositifs spéciaux capables de capter tous les types de rayons. Je t'en ai dessiné quelques exemples sur cette page.

Le TÉLESCOPE SPATIAL Hubble est en orbite autour de la Terre depuis 1990. Il nous envoie des images extraordinaires des régions les plus reculées de l'Univers.

La couche de nuages et les lumières des villes empêchent les télescopes d'obtenir une image claire des astres. C'est pourquoi on installe les grands OBSERVATOIRES au sommet des montagnes, souvent au-dessus des nuages, là où l'obscurité est totale. L'observatoire du mont Mauna Kea, à Hawaii, abrite les télescopes jumeaux Keck qui sont parmi les plus grands du monde.

Les ondes radio émises par les astres sont captées au sol par des RADIOTÉLESCOPES. Ces télescopes spéciaux sont munis de larges antennes paraboliques, semblables à celles de la télévision, qui concentrent les ondes reçues.

Il était une fois un univers...

Laisse-moi maintenant te présenter l'essentiel de nos connaissances astronomiques, en commençant par le début : la naissance de l'UNIVERS.

L'Univers, c'est tout ce qui existe, du sol sur lequel tu marches à l'air que tu respires, en passant par tout ce qui vit et ne vit pas. Les plantes et les animaux, les planètes, les étoiles, les galaxies font tous partie de l'Univers. Mais au fait, d'où vient cet Univers ? Tous les peuples qui ont traversé l'histoire ont inventé des récits merveilleux pour expliquer son commencement. Celui qui suit m'a été raconté par madame Ea Ping Kor, la chef bibliothécaire de mon quartier. C'est avec plaisir que je te le transmets. « Pour les Chinois, l'Univers débute avec un œuf cosmique contenant le yin et le yang, c'est-à-dire tout et son contraire, comme le chaud et le froid ou l'obscurité et la lumière. De l'éclosion de cet œuf naît un dieu qui se met à créer le monde : ses yeux deviennent le Soleil et la Lune, son souffle se transforme en vent, et ses cheveux en étoiles... » Quelle histoire magnifique ! Certains de ces mythes anciens sont aujourd'hui au cœur des croyances de nombreux humains... et presque toutes les religions croient en un dieu qui aurait créé l'Univers. De leur côté, les astronomes ont inventé une théorie pour expliquer la naissance et l'évolution de notre Univers. Leur théorie s'appelle le Big Bang. Personnellement, j'aime me la représenter comme un grand jeu de construction céleste...

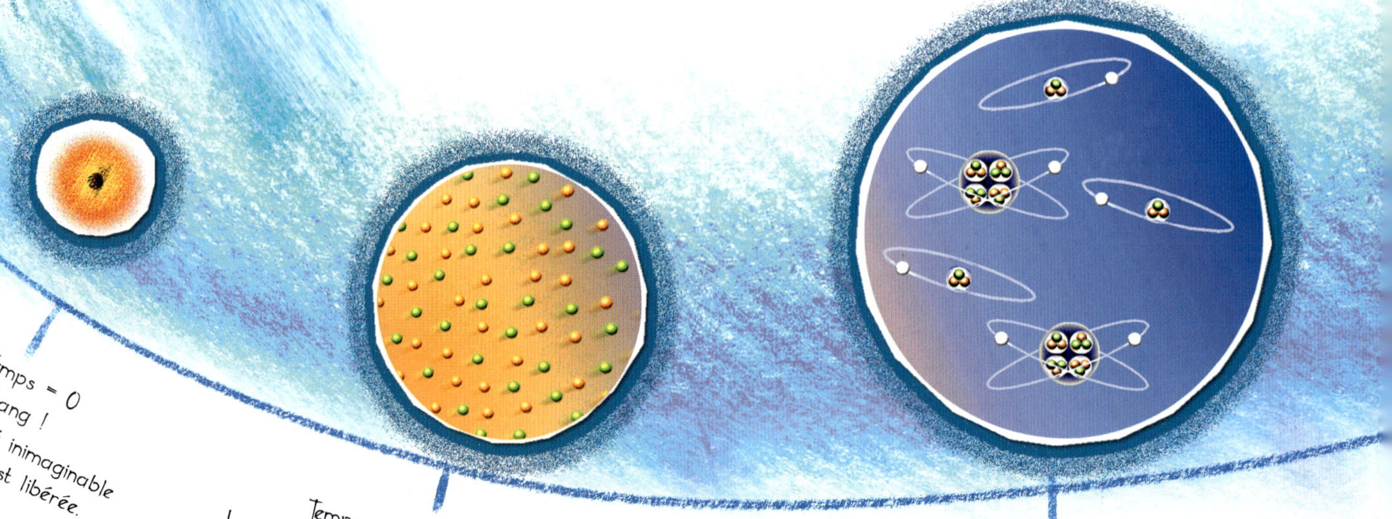

Temps = 0
Bang !
Une quantité inimaginable d'énergie est libérée.

Temps = 0,000001 seconde
Les premières petites particules de matière, comme les protons, les neutrons et les électrons, commencent à se former. Ce sont les matériaux du futur Univers.

Temps = 300 000 ans
Les matériaux s'assemblent pour former les blocs de construction de la matière : les atomes. Les premiers blocs sont des atomes d'hydrogène (qui font partie de l'eau que nous buvons) et des atomes d'hélium (dont on gonfle parfois les ballons).

La plupart des astronomes pensent qu'il y a environ 14 milliards d'années, l'Univers était plus petit qu'une tête d'épingle ! Je sais, ça semble difficile à croire, mais c'est pourtant la théorie la plus valable que nous ayons. Toute l'énergie emprisonnée dans ce minuscule point aurait été libérée subitement au cours d'une formidable « explosion », le fameux Big Bang. Une espèce de soupe épaisse et bouillonnante se serait aussitôt répandue à toute allure. De petites particules auraient commencé à se former dans cet Univers naissant et à s'organiser en étoiles et en galaxies. Aujourd'hui encore, l'Univers continue de s'étendre, un peu comme le ballon que tu gonfles…

Le destin de l'Univers

Si de nos jours la plupart des cosmologistes acceptent la théorie du Big Bang, ils ne s'entendent pas sur l'avenir de l'Univers. Certains croient que l'Univers ne cessera jamais de s'étendre. Cette expansion, sans cesse accélérée, pourrait mener à une déchirure de l'espace temps. Ce sera le « Big Rip ». Comme les chercheurs disposent encore de quelques milliards d'années pour valider leurs théories, nos fidèles lecteurs présents et futurs auront la chance d'en réentendre parler !

24 Astronomie d'aujourd'hui, Volume VI, Numéro 6

COSMOLOGIE (du grec *kosmos* [bon ordre ; ordre de l'Univers] et *logia* [théorie]) : Branche de l'astronomie qui étudie l'origine et l'évolution de l'Univers.

Très cher Génius,
Votre dernière lettre m'a fait bien plaisir et j'ai été ravi, cher ami, de constater que votre mémoire ne vous fait pas défaut. C'est effectivement un vieux confrère à moi, l'abbé Georges Lemaître, un brillant astronome belge, qui fut le premier à émettre l'idée que l'Univers avait commencé par une gigantesque explosion. C'était en 1931. Mais le terme « Big Bang » n'est pas de lui. C'est un farouche adversaire de sa nouvelle théorie, le physicien anglais Fred Hoyle, qui l'a inventé pour se moquer ! Cet éternel sceptique ne croyait pas du tout à l'existence d'un « Grand Boum ». Il croyait plutôt que l'Univers avait toujours été là, tel quel…

Votre dévoué ami,
Le cardinal Delarobrouge

N'oublie jamais que si les savants ont inventé une théorie scientifique pour expliquer l'origine de l'Univers, ce qu'il y avait AVANT le fameux Big Bang demeure encore un mystère…

Au royaume des galaxies

Il est maintenant temps de te présenter les GALAXIES, ces immenses îles de matière composées de gaz, de poussières et de plusieurs milliards d'étoiles. C'est le très savant astronome Edwin Hubble qui a découvert leur existence. Constate-le par toi-même en lisant ce vieil article de la Presse californienne que m'a remis mon cher grand-père avant de quitter ce monde.

La Presse californienne, 1924

Edwin Hubble à son poste d'observation du mont Wilson.

L'UNIVERS ABRITE D'AUTRES GALAXIES !

par George Sunlight

L'astronome américain Edwin Hubble vient de découvrir que certaines taches floues baptisées « nébuleuses » par les astronomes du 18e siècle sont en fait des galaxies ! Sa révélation est d'autant plus fracassante que tout le monde croyait, jusqu'à maintenant, que l'Univers ne comptait qu'une seule galaxie : la nôtre ! Le brillant astronome vient ni plus ni moins de révolutionner notre conception de l'Univers !

Note bien que le joli terme de « nébuleuse » s'utilise maintenant pour décrire les nuages de gaz et de poussières dans lesquels naissent les étoiles. Je t'en reparlerai plus loin...

Tu dois savoir, mon ami, que les galaxies ne sont pas dispersées n'importe comment dans l'Univers. Au contraire, elles s'organisent en groupes !
Tu vois, l'Univers ressemble un peu à un jeu de poupées russes qui s'emboîtent les unes dans les autres, de la plus petite à la plus grande. Essaie d'imaginer... La plus petite poupée, qui correspondrait à une GALAXIE, s'insère dans une poupée plus grande, l'AMAS, qui s'emboîte à son tour dans la poupée suivante, le SUPERAMAS. Entre chacune de ces poupées : le vide. Des espaces vides et incroyablement étendus...

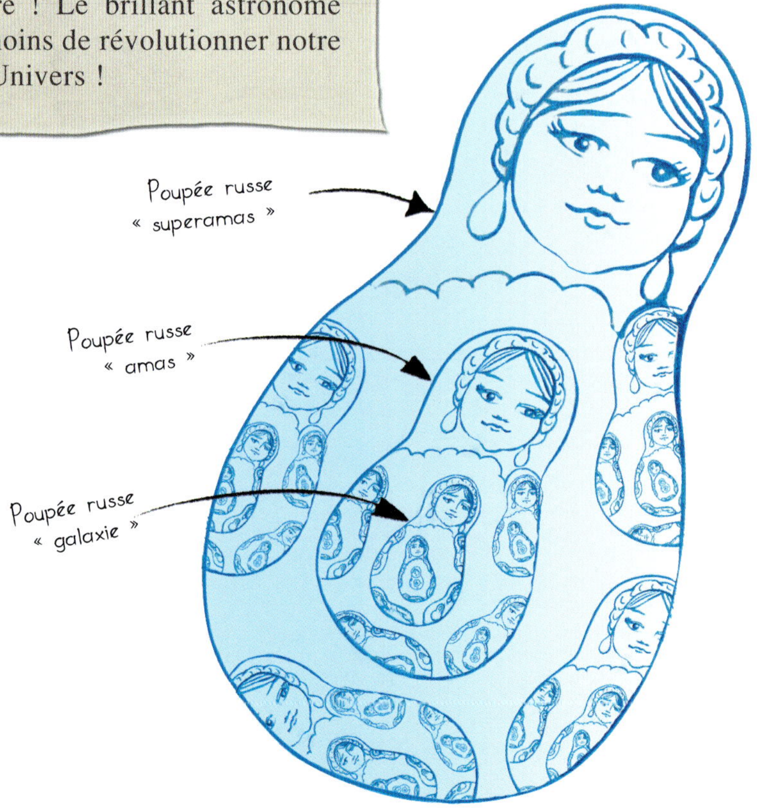

Les galaxies présentent toutes sortes de formes, comme de majestueuses spirales, de gigantesques ellipses ou des naines bizarres. Mais comme elles sont situées à d'énormes distances de nous, il faut un télescope puissant pour pouvoir les distinguer. On peut classer les galaxies en trois principales catégories d'après leur forme : spirales, elliptiques et irrégulières. Mon ami, le docteur Izin Spaice, m'a fait cadeau de ces superbes photographies de galaxies lors de ma dernière visite à l'ASU, l'Agence Spatiale Universelle où il travaille. Admire ces couleurs et ces formes extraordinaires... Fascinant, n'est-ce pas ?

Les GALAXIES SPIRALES sont formées d'un mélange d'étoiles jeunes et vieilles, de gaz et de poussières. Parmi les grandes galaxies connues, plusieurs appartiennent à cette catégorie. La galaxie que nous habitons, la Voie lactée, est une galaxie spirale. Sa voisine, Andromède, fait également partie de cette catégorie.

Les GALAXIES ELLIPTIQUES ne renferment pas beaucoup de gaz permettant de créer de nouvelles étoiles. Pour cette raison, elles nous apparaissent plus rouges que les autres. Certaines galaxies elliptiques sont aplaties comme une galette alors que d'autres sont presque rondes.

Plusieurs galaxies n'ont pas de forme particulière. Elles peuvent ressembler à des soucoupes un peu tordues ou à de drôles de boules. Elles sont classées dans la catégorie des GALAXIES IRRÉGULIÈRES.

Les quasars : de drôles de galaxies

Certaines galaxies particulièrement brillantes ont déjà été confondues avec des étoiles à cause de leur petite taille, d'où leur nom anglais de quasars pour « quasi stellar » signifiant « presque une étoile ». Les quasars sont bel et bien des galaxies. Ces mystérieux objets célestes émettraient des centaines de milliers de fois plus d'énergie que les galaxies classiques. Les quasars sont à ce jour les objets célestes les plus lointains que l'on connaisse.

Encyclopédie de l'Univers, p. 89

« Équipé de ses cinq sens, l'homme explore l'Univers qui l'entoure et appelle cette aventure "science". »

Edwin Hubble

Notre ville cosmique

Nous habitons la Voie lactée, une des milliards de galaxies de l'Univers. Comme je te l'expliquais précédemment, les galaxies sont « rangées » dans des amas et des superamas (rappelle-toi les poupées russes...). Notre Galaxie, la Voie lactée, se trouve donc dans un amas appelé « Groupe local »... qui est lui-même situé dans un superamas du nom de « Superamas local ». Ouf ! Difficile à imaginer, n'est-ce pas ? Disons seulement que notre adresse cosmique pourrait être la suivante :

Système solaire
Voie lactée (ville)
Groupe local (pays)
Superamas local (continent)

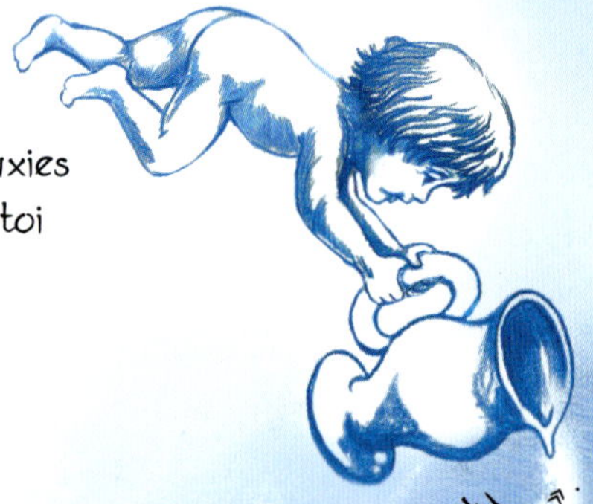

Le mot « galaxie » vient du grec gala, qui signifie « lait ».

La Voie lactée est formée de quelques « bras » énormes disposés en forme de spirale. Ces bras portent des milliards d'étoiles jeunes et vieilles, des nuages de gaz et des poussières. Au centre de cette immense ville qu'est la Voie lactée se trouve le bulbe, une sorte de renflement composé d'étoiles rouges géantes et de grands nuages de gaz. Notre Galaxie, avec son bulbe et ses bras, est entourée du « halo », une enveloppe constituée de gaz et de très, très vieilles étoiles.

La Voie lactée est visible de la Terre : elle forme une large bande blanchâtre traversant le ciel nocturne. Cette traînée de lumière, c'est la lueur des milliards d'étoiles lointaines qui composent notre Galaxie ! Il existe des moments de l'année plus propices à l'observation de la Voie lactée. Si tu le peux, éloigne-toi de la lumière des villes, car celle-ci empêche souvent d'observer les détails du ciel.

Comme tout ce qui se trouve dans le ciel, la Voie lactée a inspiré beaucoup de mythes aux Anciens. Pour les Égyptiens, elle était de la farine jetée par la déesse Isis ; pour les Incas, de la poussière dorée issue des étoiles. Au fait, savais-tu que le nom « Voie lactée », qui signifie « la voie de lait », nous vient du monde antique gréco-romain ? On l'a baptisée ainsi parce que l'on croyait à l'époque que la traînée blanche était du lait répandu par le demi-dieu grec Héraclès (ou Hercule, chez les Romains) alors qu'il était bébé...

Les meilleurs moments de l'année pour observer la Voie lactée...

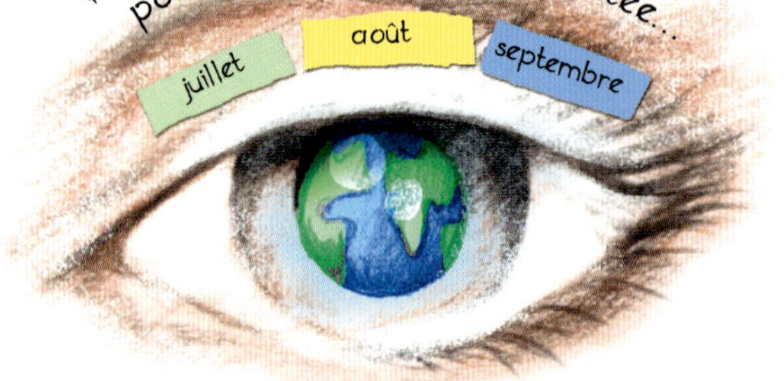

Les bras de la Voie lactée et leurs étoiles tournent autour du centre galactique dans un trajet qui dure des millions d'années. Le Soleil, par exemple, met 250 millions d'années pour faire un tour complet. C'est ce qu'on appelle « l'année galactique ». Depuis sa naissance, le Soleil n'a fait que 18 fois le tour de la Galaxie ! Le parcours qui se termine actuellement a commencé… en même temps que l'apparition des dinosaures !

Comme nous sommes situés à l'intérieur même de la Voie lactée, il nous est difficile de voir la forme qu'elle a vue de l'extérieur. Mais si on pouvait s'envoler dans l'espace et se placer juste au-dessus d'elle, on verrait bien sa forme spiralée avec ses grands bras couverts d'étoiles. De profil, notre Galaxie ressemble plutôt à un œuf au plat.

Andromède fonce sur nous : ERRATUM !

Toutes nos excuses à nos lecteurs qui ont pensé que la fin du monde allait se produire dans 10 ans ! Voici l'extrait de notre article d'hier qui aurait dû se lire comme suit : « La Voie lactée et Andromède, les deux plus grandes galaxies du Groupe local, sont attirées l'une vers l'autre. Andromède s'approche de nous à la vitesse de 990 000 km/h. À cette vitesse, elles entreront en collision dans cinq à six **milliards** d'années ! »

Nos voisines galactiques

La Voie lactée fait partie du Groupe local, un amas formé d'environ 45 galaxies, voire plus. Si l'on ne tient pas compte des galaxies naines, nos voisines les plus proches sont le Grand Nuage de Magellan, le Petit Nuage de Magellan et la galaxie d'Andromède. Le Superamas local comprend le Groupe local ainsi que plusieurs autres amas. Le plus important, l'Amas de la Vierge, est constitué d'environ un million de galaxies.

18 Astronomie d'aujourd'hui, Volume V, Numéro 10

Le fabuleux destin des étoiles

On dit qu'il existe autant d'étoiles dans l'Univers qu'il y a de grains de sable sur toutes les plages du monde... Personnellement, je me plais à croire que c'est peut-être vrai. Mais vois-tu, je doute fort que nous arrivions un jour à les compter toutes. C'est qu'elles sont si loin... des distances difficiles à imaginer. La nuit, par temps clair, 6 000 d'entre elles peuvent être vues à l'œil nu dans le ciel de la Terre (c'est très peu, car rappelle-toi qu'il en existe de 200 à 300 milliards dans notre Galaxie seulement). Savais-tu que ces minuscules points lumineux sont en fait de gigantesques boules de gaz brûlants ? Sache, mon ami, que les étoiles sont de véritables laboratoires nucléaires où règnent des températures extraordinairement élevées. Ces énormes températures produisent des réactions uniques entre les gaz et dégagent ÉNORMÉMENT d'énergie. L'énergie produite s'échappe alors dans l'espace, entre autres sous forme de lumière : c'est ce qui fait briller l'étoile.

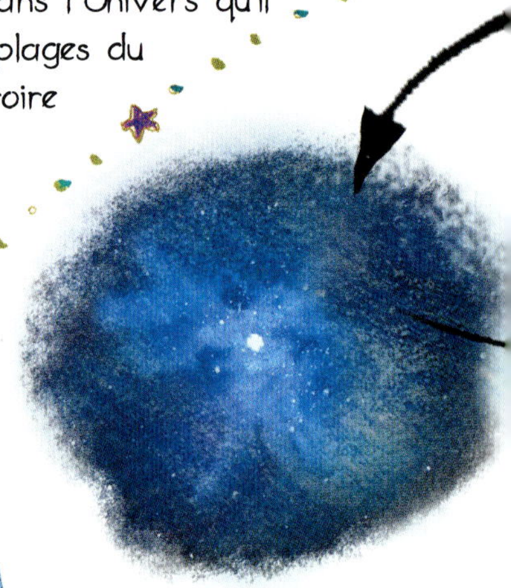

1

Les nuages de gaz et de poussières de la NÉBULEUSE s'effondrent sur eux-mêmes ou se rassemblent de manière très serrée, si tu préfères. Le centre de la nébuleuse devient alors très chaud.

À première vue, les étoiles se ressemblent beaucoup. Mais, en les observant bien, tu verras qu'elles sont loin d'être toutes identiques. Il y en a des petites, des grosses, des rouges, des bleues, des solitaires, des regroupées. Certaines sont très brillantes alors que d'autres ont moins d'éclat. Avec leur habitude de tout répertorier pour mieux s'y retrouver, les astronomes ont classé les étoiles selon leur brillance, leur couleur et leur température. J'ai représenté ici sept catégories d'étoiles regroupées selon leur couleur et leur température (les étoiles bleues sont les plus chaudes tandis que les étoiles rouges sont plus « froides »).

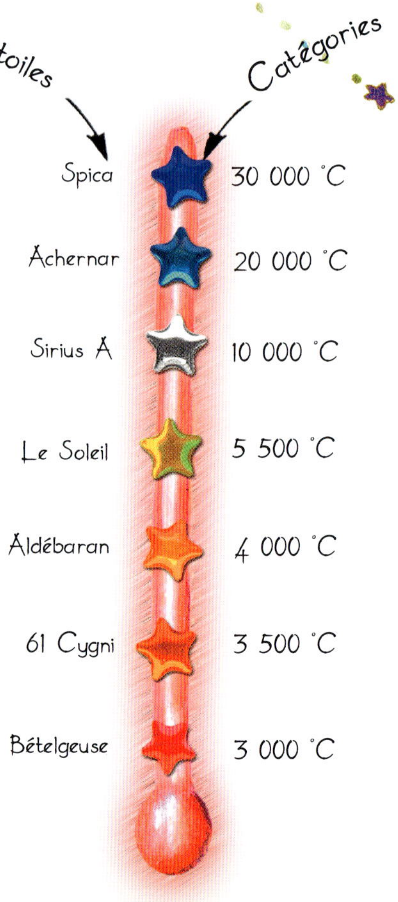

Si tu te demandes où se trouvent ces étoiles dans le ciel, consulte les cartes aux pages 22 et 23.

Comme nous, les étoiles naissent, vieillissent et meurent. Leur existence débute dans les nébuleuses, d'immenses « pouponnières d'étoiles » composées de nuages de gaz et de poussières. J'ai illustré ci-dessous la vie d'une étoile de masse moyenne, comme notre Soleil.

2 Lorsque la température est suffisamment élevée au centre de la nébuleuse, les gaz amorcent leur transformation : l'ÉTOILE commence à briller.

3 L'étoile passe presque toute son existence (des milliards d'années !) à briller en brûlant son hydrogène, le gaz dont elle est principalement composée. L'hydrogène est alors transformé en hélium, un autre gaz.

4 Lorsque l'étoile a transformé tout l'hydrogène de son cœur en hélium, elle enfle et devient une GÉANTE ROUGE.

5 Avec le temps, les couches externes de la géante rouge se détachent et se dispersent dans l'espace. Elles forment une NÉBULEUSE PLANÉTAIRE.

6 Il ne reste que le noyau de la vieille étoile qui se contracte et rapetisse. L'étoile est alors une NAINE BLANCHE qui s'éteindra doucement.

7 L'étoile éteinte est un astre mort, ou une NAINE NOIRE. Elle est trop froide pour briller.

Contrairement aux étoiles moyennes, les grosses étoiles connaissent une fin spectaculaire. En effet, les étoiles qui sont au moins 10 fois plus massives que notre Soleil terminent leur vie dans une gigantesque explosion, appelée supernova.

Voici quelques étoiles détentrices d'un record. Si tu le permets, j'aimerais m'excuser auprès des autres étoiles de l'Univers qui pourraient battre ces records. Comme elles ne sont pas visibles dans le ciel de la Terre et que nous ignorons toujours leur existence, elles n'ont pas pu participer à ce concours !

Étoile la plus...	Nom
GRANDE	VY Canis Majoris, dans la constellation du Grand Chien (environ 2000 fois le diamètre du Soleil).
BRILLANTE	R136a1, dans la nébuleuse de la Tarentule (environ 8,7 millions de fois plus lumineuse que le Soleil).
LOURDE	R136a1, dans la nébuleuse de la Tarentule (environ 260 à 320 fois plus massive que le Soleil).
LÉGÈRE	165b, Gliese 623B, LHS 1070 B, LHS 1070 C, etc. (environ 8 % de la masse du Soleil).

Observer les étoiles... ou remonter dans le temps

Comme je te l'écrivais précédemment, les étoiles sont situées extraordinairement loin de la Terre. L'étoile la plus près du Soleil, Proxima du Centaure, se trouve à environ 40 000 milliards de kilomètres. Imagine : en roulant jour et nuit, à 100 km/h sur une autoroute sidérale, il nous faudrait plus de 46 millions d'années pour franchir cette distance ! Tu comprends bien que les voyages vers les étoiles ne sont pas pour demain...

Les étoiles sont si loin que les astronomes ont créé une unité spéciale permettant de mesurer ces distances inouïes : c'est l'ANNÉE-LUMIÈRE. Le concept d'année-lumière peut sembler difficile à comprendre de prime abord. Prenons les choses une à une, si tu le veux bien...

Premièrement, tu dois savoir que la lumière des astres ne nous parvient pas instantanément. Par exemple, les particules de lumière que nous envoie le Soleil doivent voyager dans l'espace pendant huit minutes pour arriver jusqu'à nous. De la même façon, la lumière qui nous parvient de Proxima du Centaure est déjà vieille de plus de quatre années ! Difficile à imaginer, n'est-ce pas ? Rappelle-toi seulement que plus les étoiles que nous observons sont éloignées, plus la lumière qu'elles nous envoient est vieille.

DES ASTRES SCINTILLANTS

Si on pouvait observer les étoiles depuis l'espace, on les verrait briller sans scintiller. Si les étoiles semblent clignoter, c'est à cause de l'atmosphère terrestre. Avant d'atteindre la Terre, la lumière des étoiles traverse des couches d'air chaud puis d'air froid en mouvement. On n'a qu'à regarder une lumière lointaine au-dessus d'un feu pour observer ce phénomène : la lumière tremble à travers l'air chaud...

Le comment du pourquoi 89

La distance que parcourt la lumière en une année est appelée année-lumière. Comme les particules de lumière circulent à la vitesse affolante de 300 000 kilomètres par seconde, les astronomes calculent qu'en une année, elles auront franchi près de 10 000 milliards de kilomètres.

1 année-lumière = 10 000 milliards de kilomètres
10 années-lumière = 100 000 milliards de kilomètres

Pas trop compliqué jusqu'à maintenant, non ?

Les astronomes utilisent donc l'année-lumière pour mesurer la distance qui nous sépare des astres lointains... et c'est heureux, car il est en effet beaucoup plus pratique de dire, par exemple, que Proxima du Centaure se situe à 4,2 années-lumière plutôt qu'à environ 42 000 000 000 000 de kilomètres !

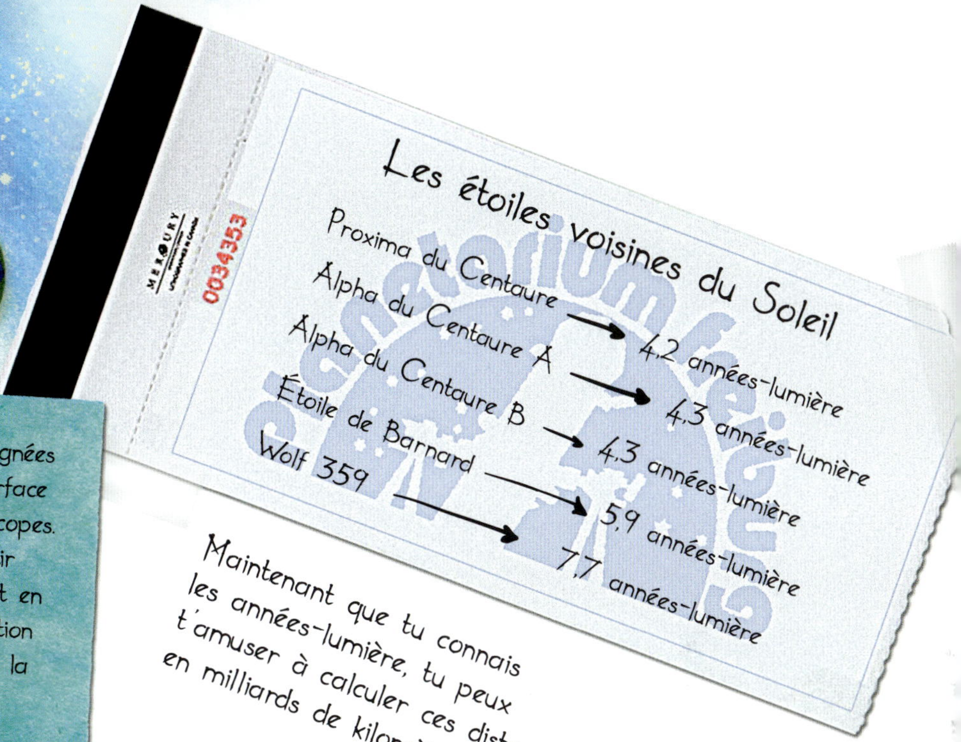

Les étoiles sont beaucoup trop éloignées pour qu'on puisse observer leur surface même avec les plus puissants télescopes. Les astronomes les étudient à partir de la lumière qui leur en parvient et en déduisent leur position, leur composition chimique, leur température et même la vitesse de leur déplacement.

Maintenant que tu connais les années-lumière, tu peux t'amuser à calculer ces distances en milliards de kilomètres !

Des figures imaginaires dans le ciel

Nous avons déjà vu qu'avant d'étudier les étoiles, nos ancêtres les utilisaient à des fins pratiques, comme s'orienter ou prévoir le retour des saisons. Pour s'y retrouver, ils se sont donné des repères. Ils ont ainsi discerné des figures familières, comme des animaux, des héros ou des dieux, en reliant les étoiles par des lignes imaginaires. Très astucieux, n'est-ce pas ? Les premières figures, ou constellations, ont ainsi été créées il y a environ 6 000 ans. Mais la majorité des 88 constellations reconnues aujourd'hui ont été nommées par les Grecs et les Romains il y a plus de 2 000 ans. Là où nous voyons une grande casserole, certains peuples avaient vu un grand chariot ou une grande ourse. Les Indiens aztèques du Mexique, pour leur part, y voyaient l'image de Tezcatlipoca, leur dieu du ciel nocturne et des grottes... Et toi, que vois-tu ?

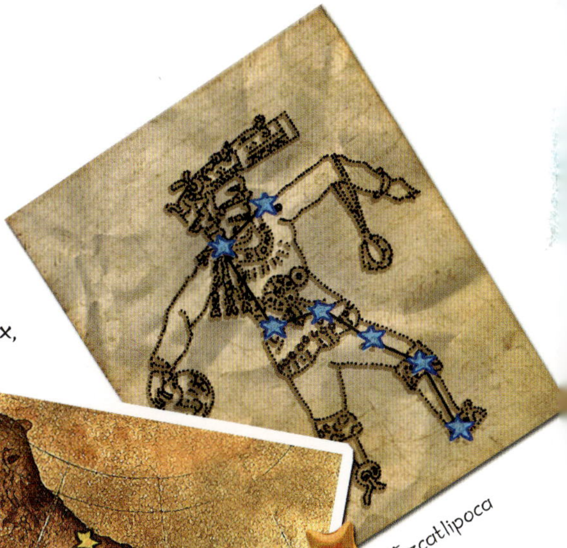

Tezcatlipoca

Grande Ourse

Grand Chariot

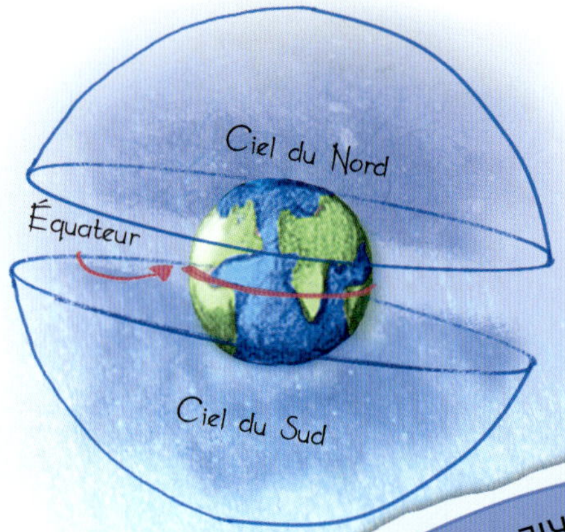

Savais-tu que le ciel que nous observons dans l'hémisphère Nord n'est pas le même que celui que nous observons depuis l'hémisphère Sud ? Selon l'endroit où tu habites sur la Terre, l'image que te renvoie le ciel n'est pas la même ! Mais il y a autre chose : la Terre tourne sur elle-même et aussi autour du Soleil. Pour cette raison, les étoiles semblent se déplacer dans le ciel, selon l'heure de la journée et le moment de l'année. J'ai choisi de représenter ici les principales constellations visibles durant toute l'année, à 22 heures (ou une heure plus tard l'été, si tu te trouves dans un pays où on ajuste les horloges à l'heure d'été).

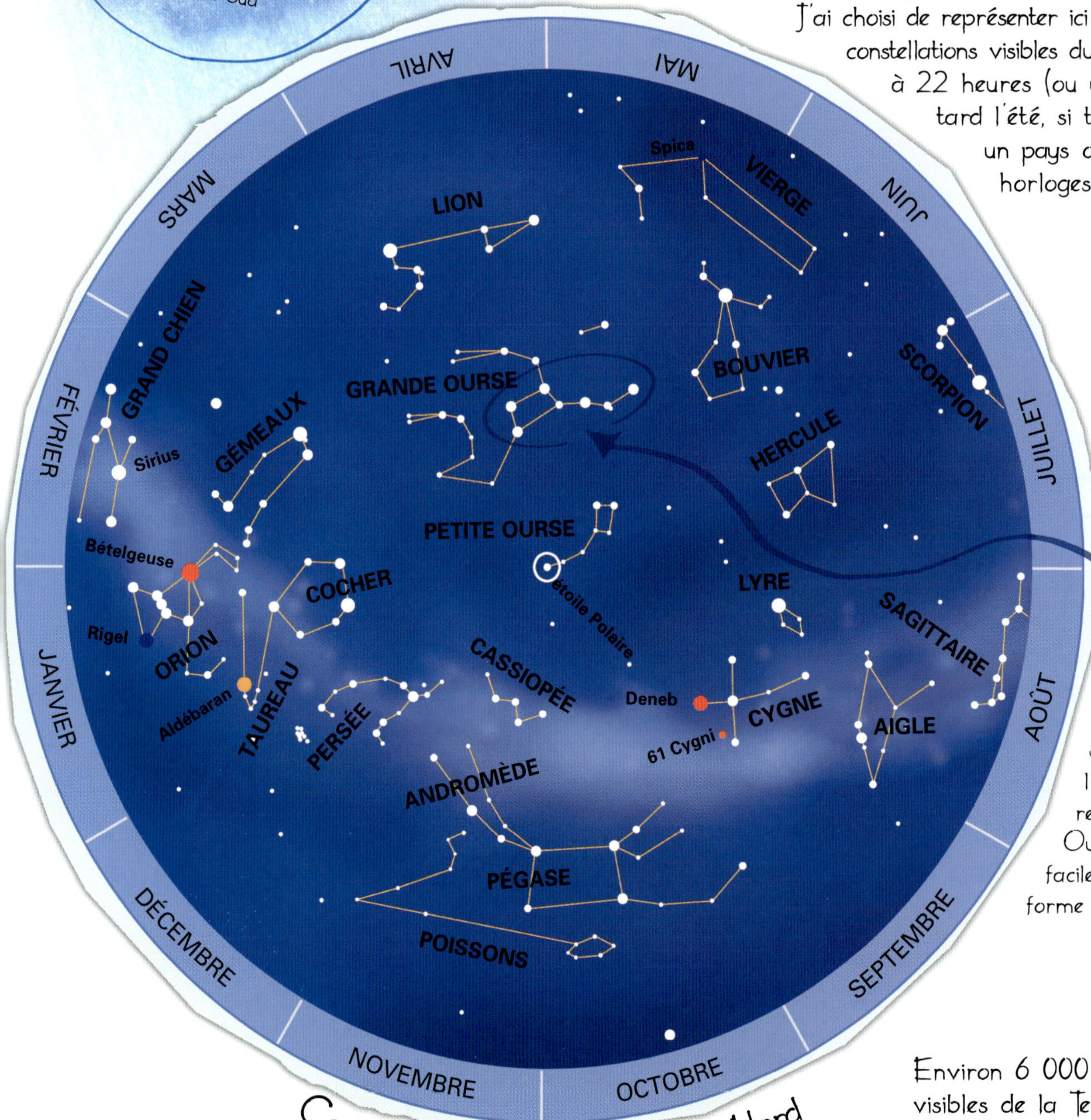

Carte du ciel de l'hémisphère Nord

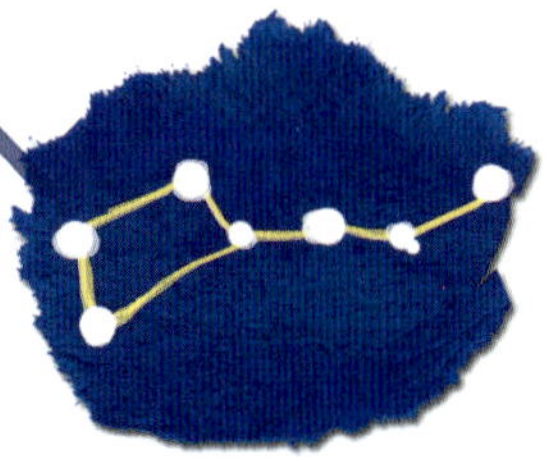

Si tu habites dans l'hémisphère Nord, ton repère est la Grande Ourse, une constellation facile à reconnaître à sa forme de casserole.

Environ 6 000 étoiles sont visibles de la Terre : 3 000 depuis l'hémisphère Nord et 3 000 depuis l'hémisphère Sud.

Même si les constellations ressemblent à des figures plates posées sur le fond de l'espace, il n'en est rien ! Les sept étoiles qui dessinent la Grande Ourse, par exemple, ne se trouvent pas côte à côte. Des milliards de kilomètres les séparent !

Pour utiliser correctement ta carte du ciel, utilise une boussole pour te placer face au nord, si tu habites dans une région située dans l'hémisphère Nord, ou face au sud, si tu habites dans l'hémisphère Sud. Lève ensuite ton livre au-dessus de ta tête et tourne-le jusqu'à ce que le mois d'observation se trouve en bas. Les étoiles situées au centre de la carte se trouvent au-dessus de ta tête et celles placées au bord, près de l'horizon. Lorsque tu es bien en position, pars à la recherche d'un point de repère comme une étoile très brillante ou une figure facilement reconnaissable.

Si tu habites l'hémisphère Sud, ton point de repère le plus simple est une croix formée des cinq étoiles les plus brillantes de la constellation de la Croix du Sud.

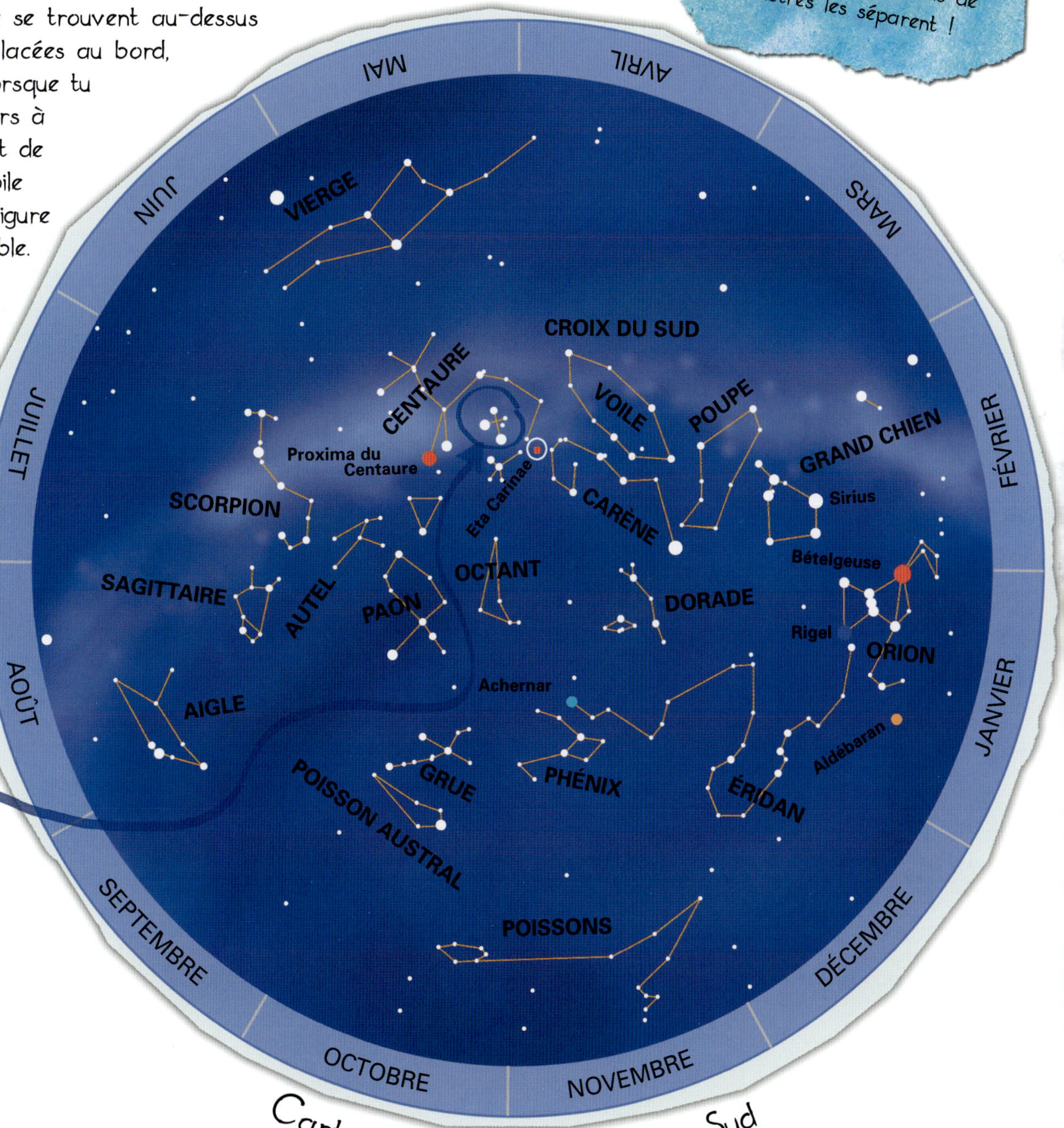

Carte du ciel de l'hémisphère Sud

Le Soleil, une étoile comme les autres ?

Voici la plus extraordinaire de toutes les étoiles : le Soleil. Même s'il existe dans l'Univers des milliards d'autres étoiles jaunes semblables à celle-ci, le Soleil a un petit quelque chose de spécial. Il est NOTRE étoile, celle qui nous éclaire et nous réchauffe. Sans sa chaleur, la Terre serait glacée. Pire : sans lui, il n'y aurait aucune forme de vie sur notre belle planète !

Tu sais, dans bien des civilisations anciennes, le Soleil était considéré comme un cadeau des dieux, et parfois comme un dieu lui-même. Les Indiens mayas d'Amérique centrale, par exemple, construisirent de superbes temples en l'honneur du dieu du Soleil, il y a plus de 1 400 ans. Voici justement une carte postale de ma collection personnelle. Je l'ai rapportée de mon dernier voyage au Mexique. Elle représente le masque du dieu du Soleil maya « Knich Ahau ».

Cher Génius,
J'aimerais beaucoup savoir qu'est-ce qui fait briller le Soleil et s'il brillera toujours ?
Aurélie

Tu sais, il n'y a pas si longtemps, de brillants astronomes se posaient la même question qu'Aurélie... Plusieurs scientifiques du 19e siècle croyaient que le Soleil était un gigantesque amas de charbon brûlant... D'autres pensaient qu'il était entièrement couvert de volcans en éruption ! Or, nous savons aujourd'hui que le Soleil est une véritable fournaise qui transforme pas moins de 632 millions de tonnes d'hydrogène en 628 millions de tonnes d'hélium chaque seconde ! Le cœur de notre étoile « bout » à plus de 15 millions de degrés Celsius. À ces températures, les particules de gaz se collent les unes aux autres : c'est ce qu'on appelle la « fusion nucléaire ». Ces réactions produisent énormément d'énergie et de lumière. Comme toutes les étoiles, le Soleil s'éteindra un jour (je t'ai expliqué comment à la page 191). Mais ne t'inquiète pas ! Il continuera d'éclairer et de réchauffer la Terre pendant cinq milliards d'années encore !

J'ai pensé partager ici avec toi ce magnifique bricolage qu'Aurélie, âgée de huit ans, m'a envoyé le mois dernier. Je suis persuadé qu'aucune autre image ne saurait mieux rendre hommage à la plus belle de toutes les étoiles...

Comparé à notre planète, le Soleil est gigantesque. S'il était vide, il pourrait contenir plus de un million de planètes Terre ! Mais justement, qu'y a-t-il à l'intérieur du Soleil ? Même si les scientifiques n'ont jamais pu observer l'intérieur de notre étoile, l'étude de sa surface et des gaz qui l'entourent les a renseignés sur sa structure. Je te présente les couches qu'ils ont découvertes.

Le Soleil dégage plus d'énergie en une seconde que les êtres humains en ont consommé durant toute leur histoire !

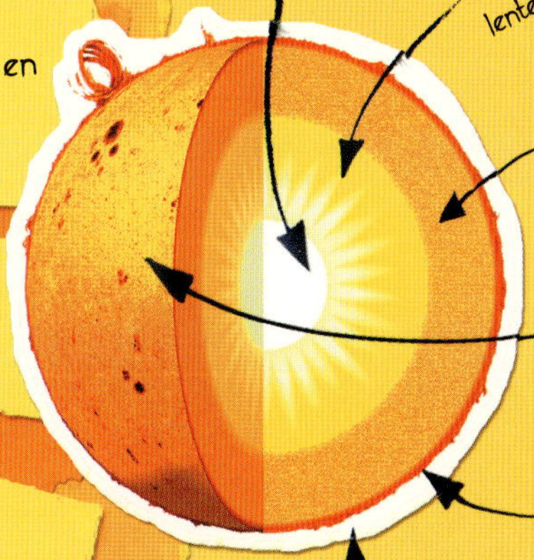

Les menhirs de Stonehenge sont alignés sur l'endroit où le Soleil se lève au début de chaque saison. Cet arrangement de pierres dressées, datant de plus de 4 000 ans, témoigne de l'importance du Soleil chez les peuples anciens.

Professeur Génius,

Vous êtes cordialement invité à vous joindre à nous le 21 juin prochain pour célébrer le premier jour de l'été. Nous nous rassemblerons à l'aube sur le site du célèbre Observatoire préhistorique de Stonehenge en Angleterre. Les festivités débuteront dès le lever du Soleil.

Ciaran McCloud
Président des Amis des Celtes

Le Soleil éternue sur la Terre !

Agence de presse internationale, 14 mars 1989 — Le Soleil vient d'entrer dans une période de grande activité. Rappelons que lorsque le nombre de protubérances et de taches solaires est très élevé, le vent solaire s'intensifie et des effets néfastes se font toujours sentir sur Terre. Un véritable éternuement solaire a perturbé hier les réseaux de télécommunications et de transport d'électricité à l'échelle de la planète.

Une étoile très active !

Poursuivons notre exploration du Soleil, si tu le veux bien... La surface de notre étoile n'est pas comme une mer tranquille. De gigantesques jets de gaz, appelés protubérances, y apparaissent puis en disparaissent régulièrement.

Les PROTUBÉRANCES sont d'énormes masses de gaz chauds qui peuvent atteindre des centaines de milliers de kilomètres de hauteur. En s'élevant ainsi dans l'espace, ces jets de matière refroidissent et nous apparaissent alors sous la forme de zones plus sombres : ce sont les TACHES SOLAIRES. Certaines de ces taches peuvent contenir cinq planètes comme la nôtre ! Savais-tu que la formation de ces taches et protubérances constitue ce qu'on appelle l'activité solaire ? Tous les 11 ans, le Soleil passe par une période d'activité intense durant laquelle le nombre de taches solaires augmente, et par une période plus calme, durant laquelle ce nombre diminue.

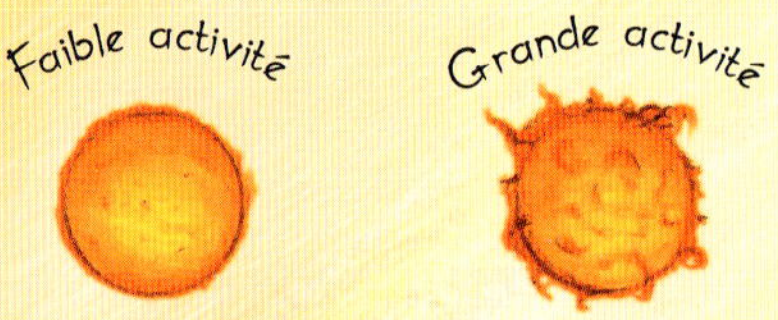

Le VENT SOLAIRE est un flot constant de particules très excitées qui s'échappent du Soleil à la vitesse de 500 km/s. Ces particules bombardent tout ce qu'elles rencontrent sur leur chemin. Sur la Lune, par exemple, elles ont réussi à réduire des rochers en une fine poussière. Pendant les périodes de grande activité solaire, le vent solaire s'intensifie. Heureusement, notre Terre est bien protégée par son atmosphère et sa magnétosphère. En plus d'être enveloppée d'une couche de gaz, notre planète est entourée d'un champ magnétique qui, un peu comme un bouclier, repousse la plupart des particules du vent solaire. De la même façon, la combinaison spéciale portée par les astronautes pour leur sortie dans l'espace les protège du vent solaire.

Des observatoires pour l'étude du Soleil sont installés tout autour de la Terre. Ils abritent des télescopes solaires, conçus spécialement pour observer la lumière du Soleil. De plus, de nombreux satellites observent l'astre du jour en permanence.

Les pôles Nord et Sud de notre planète agissent comme de gigantesques aimants qui dévient les particules du vent solaire. Lorsqu'elles traversent la haute atmosphère, ces particules provoquent de superbes phénomènes lumineux ressemblant à de grandes draperies de lumière colorée. Ce sont les aurores polaires, appelées aurores boréales dans l'hémisphère Nord et aurores australes dans l'hémisphère Sud.

La nuit en plein jour !

Une éclipse solaire se produit lorsque, vue de la Terre, la Lune passe devant le Soleil et que les trois astres sont parfaitement alignés. Les éclipses solaires totales sont le résultat d'une coïncidence remarquable qui survient seulement quelques fois par siècle à un endroit donné. Nulle part ailleurs dans le Système solaire peut-on assister à une disparition du Soleil aussi parfaite, aucune planète ne possédant une lune capable de masquer aussi bien notre étoile.

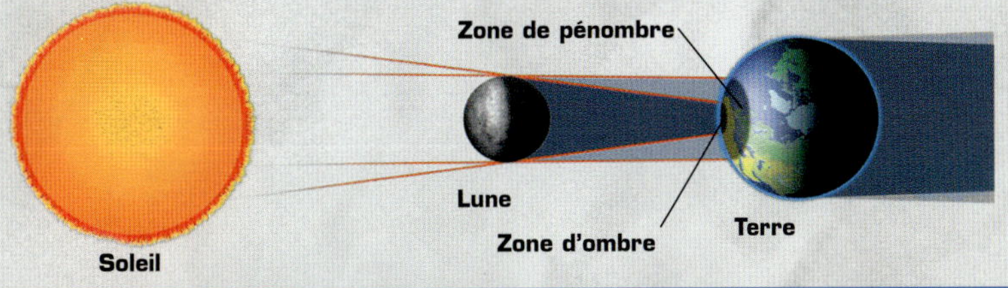

Guide de l'espace, p. 14

N'oublie surtout pas, cher ami, qu'il ne faut JAMAIS regarder directement le Soleil à l'œil nu (encore moins avec des jumelles ou un télescope), même s'il est caché lors d'une éclipse. Tu pourrais devenir aveugle ! Pour observer le Soleil sans danger, il faut toujours regarder son image projetée sur un écran ou se munir de filtres spéciaux.

Il y a très longtemps, les Chinois croyaient qu'une éclipse se produisait lorsqu'un dragon essayait d'avaler le Soleil ! Ils faisaient donc le plus de bruit possible pour effrayer le dragon jusqu'à ce que le Soleil réapparaisse dans le ciel !

Voici les dates et lieux des prochaines éclipses solaires totales jusqu'en 2019 :

Dates	Éclipses visibles en
13 novembre 2012	Australie, Sud du Pacifique
3 novembre 2013	Afrique centrale, Atlantique
20 mars 2015	Atlantique Nord
9 mars 2016	Atlantique Nord, Océan Arctique
21 août 2017	Pacifique, Indonésie
2 juillet 2019	Sud du Pacifique, Chili, Argentine

La Terre n'est pas le centre du monde !!!

Notre étoile, le Soleil, est au cœur d'un système planétaire dont notre chère planète fait partie. Longtemps, les hommes ont cru que la Terre se tenait immobile au centre d'un Univers fixe. Cette vision te semble farfelue, n'est-ce pas ? Sache pourtant, très cher, que cette idée était encore acceptée il y a 500 ans à peine ! Le grand astronome, géographe, physicien et mathématicien Claude Ptolémée, qui vécut approximativement de l'an 100 à l'an 170, croyait qu'autour de la Terre tournaient la Lune, le Soleil et les autres planètes. Enfermé dans une immense sphère, l'Univers qu'il avait imaginé était entouré d'étoiles immobiles… Cela paraît incroyable, mais le grand traité d'astronomie écrit par Ptolémée, « L'Almageste », fut bel et bien la référence des astronomes pendant 1 500 ans !

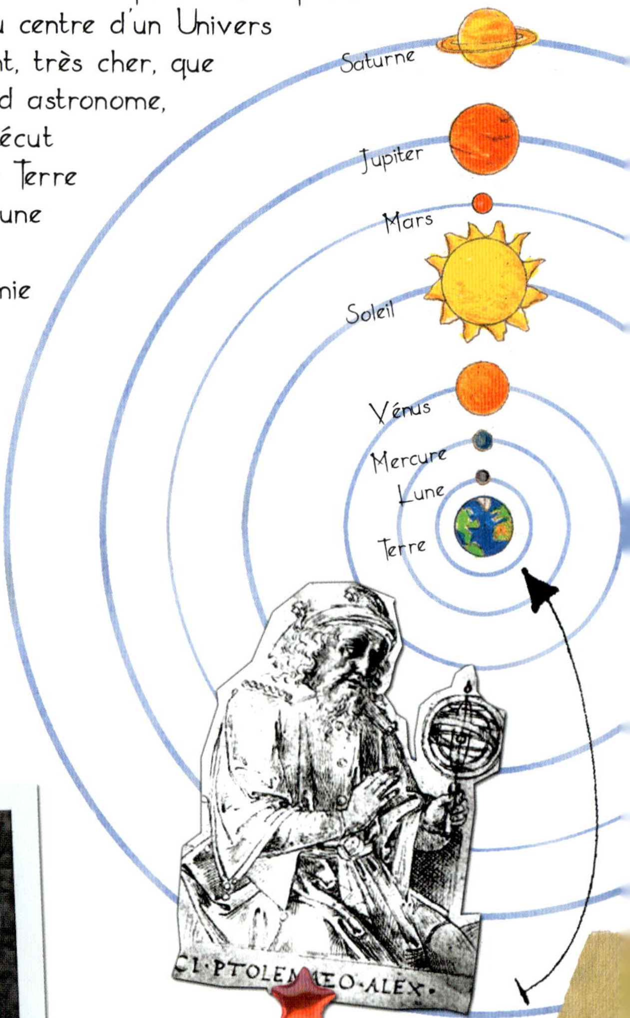

La cosmogonie de Ptolémée

C'est l'astronome polonais Nicolas Copernic qui est à la base de la grande révolution astronomique du 16e siècle. Dès 1514, il affirme rien de moins que la Terre N'EST PAS le centre du monde !!! Selon le scientifique, notre planète tournerait autour du Soleil, comme toutes les autres planètes du Système solaire. Tu n'as pas idée à quel point ces affirmations ont été bouleversantes pour les gens de l'époque, mais surtout enrichissantes pour la suite de l'histoire…

Le Système solaire de Copernic

COSMOGONIE (du grec *kosmos* [univers] et *gonos* [génération]). Vision mythique ou imaginaire du cosmos. Représentation de l'Univers, basée sur l'observation et la compréhension des hommes d'une époque donnée.

Copernic, Nicolas (1473 – 1543)
Astronome polonais. Il publie, en 1543, le traité *De revolutionibus orbium coelestium libri VI* dans lequel il explique ses travaux d'astronomie. Sa nouvelle conception de l'Univers est sévèrement critiquée, surtout par l'Église.

Tu dois savoir, cher ami, que Copernic nage en plein cœur d'une grande période de révolution de la pensée humaine... On appelle cette époque la Renaissance. L'homme de la Renaissance est un grand penseur. Il ouvre ses yeux et son esprit, cherche à comprendre et à expliquer le monde qui l'entoure. Copernic n'est pas le seul à avoir bouleversé les idées de ses prédécesseurs. D'autres courageux l'ont fait après lui. Les pauvres en ont perdu leur liberté et parfois même... leur vie ! Les nouvelles idées peuvent être si difficiles à accepter...

À ce sujet, un vieil ami, bibliothécaire au Vatican, m'a fait parvenir quelques précisions intéressantes et fort troublantes...

Très cher Génius,

J'ai été ravi de recevoir de vos nouvelles. Voici les précisions demandées concernant deux grands scientifiques de la Renaissance... Le père dominicain Giordano Bruno, un des plus grands philosophes de son époque, fut arrêté et jugé par le tribunal de l'Inquisition pour avoir affirmé, entre autres choses, que la Terre tournait autour du Soleil... Le pauvre a été brûlé vif en 1600, à l'âge de 50 ans. Quelque trente années plus tard, le scientifique Galilée fut jugé par le même tribunal pour avoir défendu à son tour les idées de Copernic. J'espère que ces faits vous éclaireront.

Rome est magnifique en cette saison. Quand me ferez-vous l'honneur de votre visite ?

Votre humble et dévoué ami,

Le cardinal Delarobrouge

127

Professeur Génius
3e étage
329, rue de la Commune Ouest
Montréal (Québec)
H2Y 2E1
Canada

Inquisition, tribunal de l'
Tribunal religieux, créé en 1231 par le pape Grégoire XI. Le tribunal de l'Inquisition luttait contre certains mouvements religieux dont les principes étaient contraires aux enseignements de l'Église catholique chrétienne.

Aide-mémoire...

- 100 : Ptolémée croit que la Terre est au centre de l'Univers.
- 1543 : Copernic affirme que la Terre tourne autour du Soleil.
- 1609 : Kepler décrit les mouvements des planètes autour du Soleil.
- 1633 : Galilée est condamné pour avoir défendu les idées de Copernic.

Bien entendu, nous savons aujourd'hui que ces penseurs aux idées originales avaient raison... La Terre, à l'instar des sept autres planètes du Système solaire, tourne bel et bien autour de notre étoile, le Soleil. Ce cortège d'astres compose en grande partie le Système solaire. Tourne la page. Je vais te le représenter, tel que nous le connaissons aujourd'hui.

Le Système solaire : notre coin d'Univers

Le Système solaire est notre petit coin d'Univers.
La grande famille du Soleil comprend :
- huit PLANÈTES,
- cinq PLANÈTES NAINES,
- au moins 168 SATELLITES naturels, qui tournent autour des planètes,
- des milliers de blocs rocheux appelés ASTÉROÏDES,
- des millions de boules de neige sale appelées COMÈTES,
- des milliards de CAILLOUX,
- de la POUSSIÈRE COSMIQUE,
- des GAZ et, bien sûr, notre étoile, le SOLEIL !

Trônant majestueusement au centre du Système solaire, le Soleil, avec sa masse 1 000 fois plus importante que celle de toutes les planètes réunies, possède une force d'attraction si grande qu'il contraint toutes les composantes du Système solaire à lui tourner autour. Même la planète naine Pluton, pourtant située à six milliards de kilomètres de distance, ne peut résister à sa force.

Voici quelques précisions importantes concernant le mouvement des planètes...

La course des planètes autour du Soleil est appelée « révolution ». Une révolution complète de la Terre autour du Soleil prend une année. De plus, chaque planète tourne sur elle-même : ce phénomène s'appelle la « rotation ». Une rotation complète de la Terre correspond à une journée terrestre.

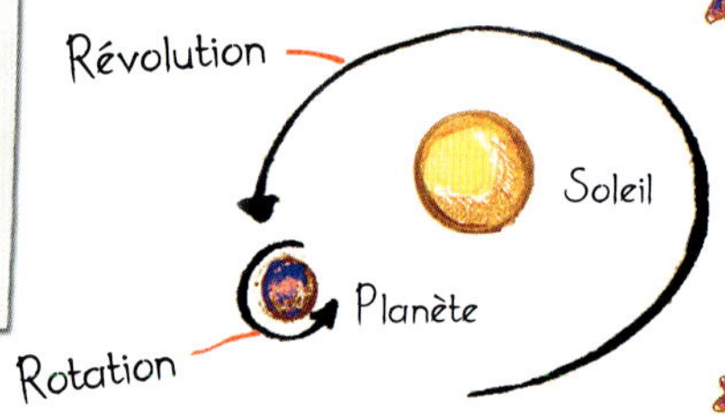

Savais-tu que le parcours des planètes, l'orbite, ne décrit pas un cercle parfait autour du Soleil ? Leur tracé correspond plutôt à une ellipse, cette figure géométrique simple qui ressemble à un disque légèrement aplati.

C'est l'astronome allemand Johannes Kepler qui a découvert, en 1609, que les planètes décrivaient des orbites elliptiques autour du Soleil. C'est à partir de ses théories que les futurs astronomes ont pu réaliser leurs savants calculs mathématiques.

Lieu de naissance de Kepler, en Allemagne

Les planètes du Système solaire sont classées en deux groupes : les petites planètes internes, situées à l'intérieur de la ceinture d'astéroïdes, et les planètes externes, situées à l'extérieur de la ceinture.

Les planètes externes

Jupiter, Saturne, Uranus et Neptune sont les planètes géantes. Elles sont de gigantesques boules de gaz. C'est la raison pour laquelle on les appelle aussi « planètes gazeuses ».

Les planètes internes

Mercure, Vénus, Terre et Mars sont aussi appelées planètes telluriques. Cela signifie que leur sol rocheux est semblable à celui de la Terre.

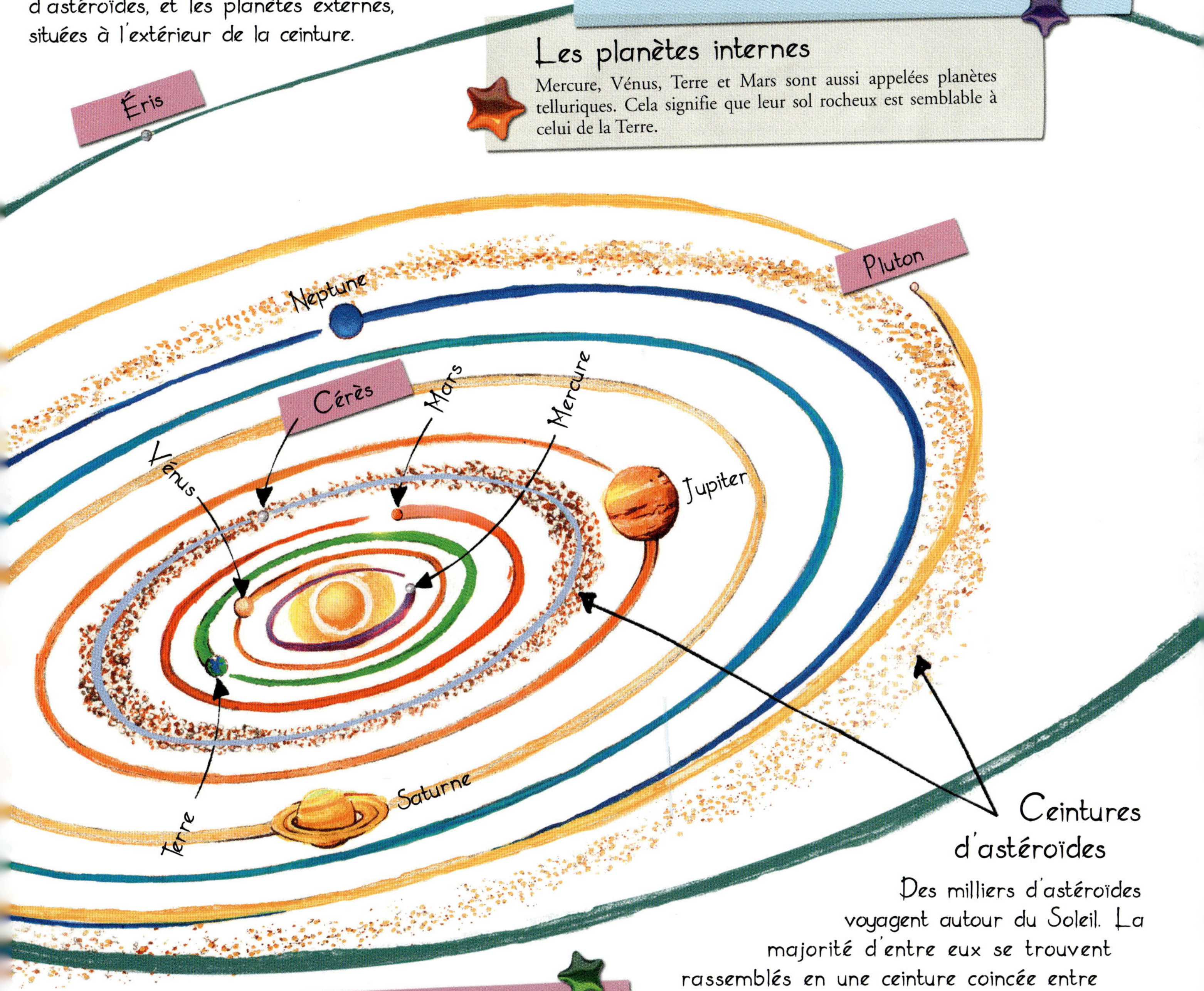

Ceintures d'astéroïdes

Des milliers d'astéroïdes voyagent autour du Soleil. La majorité d'entre eux se trouvent rassemblés en une ceinture coincée entre Mars et Jupiter et dans la ceinture de Kuiper au-delà de l'orbite de Neptune. Situé encore bien plus loin, autour du Système solaire, le nuage d'Oort est composé de milliers de milliards de comètes !!!

Les planètes naines

Les planètes naines ne sont pas des planètes ! Alors, pour bien les différencier, je t'ai écrit les noms de trois d'entre elles sur des bouts de papier colorés. Nous reparlerons de ces astres aux pages 48 et 49.

Portrait de famille

Voici les huit planètes du Système solaire, vues d'un peu plus près. Mon collage te donnera une idée assez juste de leurs dimensions, les unes par rapport aux autres. En ce qui concerne les distances qui les séparent… eh bien, c'est une autre histoire ! Comme les planètes du Système solaire sont séparées par des distances à peine imaginables, il m'est impossible de te les représenter à l'échelle sur la même page. Pour le faire, il me faudrait huit fois la largeur de cet album !

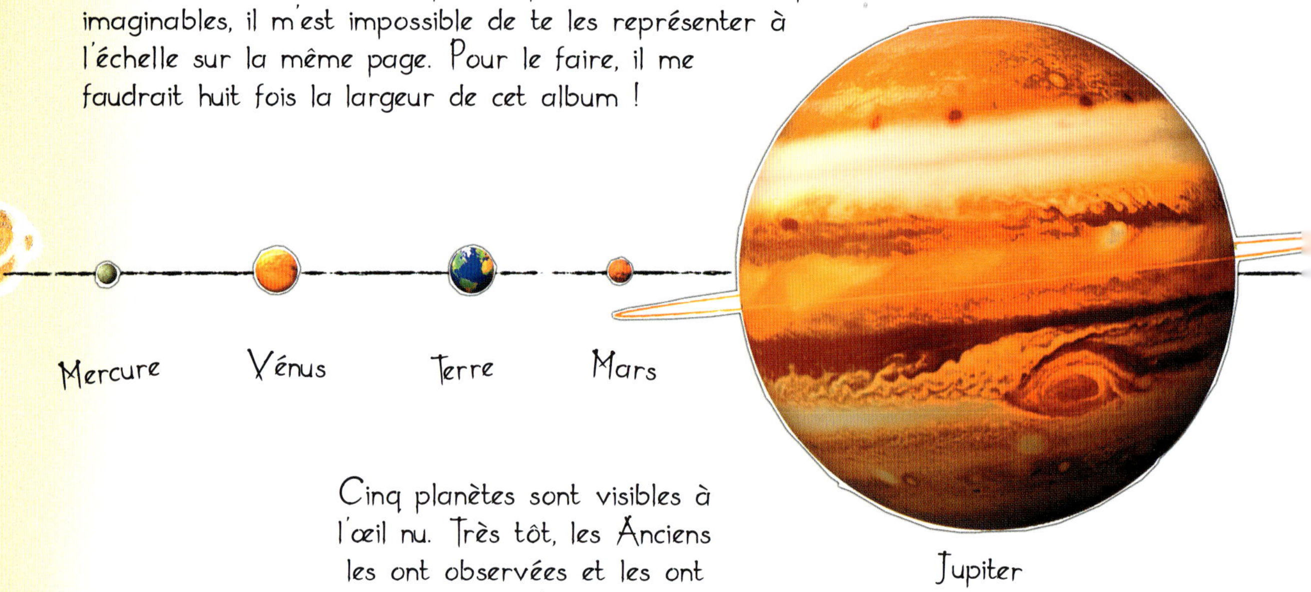

Cinq planètes sont visibles à l'œil nu. Très tôt, les Anciens les ont observées et les ont nommées en l'honneur de leurs dieux grecs et romains.

Les deux dernières planètes du cortège solaire, Uranus et Neptune, n'ont été découvertes qu'à partir du 18e siècle, grâce à l'invention du télescope. Elles ont aussi reçu le nom d'un dieu.

Des petites planètes rocheuses en passant par les géantes gazeuses, toutes les planètes possèdent leurs caractéristiques propres. Comme tu le réaliseras en consultant les pages 34 à 49, il y a beaucoup à dire sur chacune d'entre elles. Laisse-moi, avant toute chose, te présenter ce qui fait qu'un corps céleste peut être une planète.

Pour qu'un corps céleste puisse prétendre au titre de planète, il doit répondre à trois critères :

1- il doit tourner autour du Soleil,

2- il doit être assez massif pour s'auto-arrondir et être à peu près sphérique,

3- sa masse doit lui permettre de « nettoyer » son orbite en expulsant ou en attirant tous les objets qui demeurent à proximité.

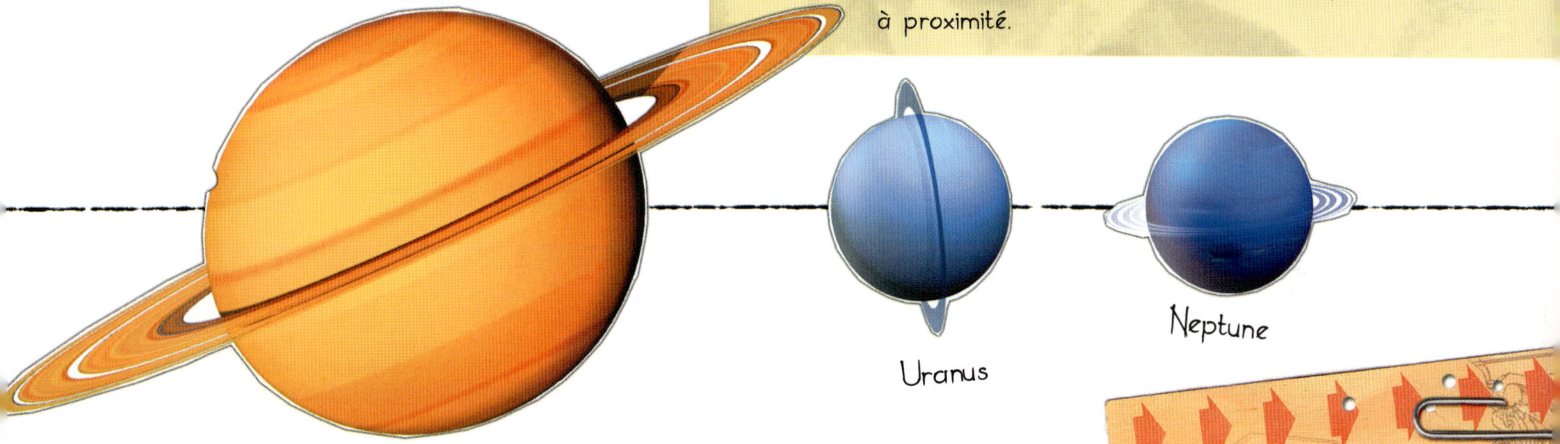

Retiens bien cette phrase. Grâce à elle, tu te souviendras toujours de l'ordre des planètes dans le Système solaire.

« Me Voici Toute Mignonne, Je Suis Une Nébuleuse. »

Nouvelles découvertes sur l'origine des planètes

René Descartes

Le Quotidien, 9 novembre 1629

Nous apprenons que le philosophe et mathématicien français René Descartes serait sur le point de dévoiler les résultats de ses travaux. Selon nos sources confidentielles, le scientifique aurait découvert que les planètes et leurs mouvements dans le ciel sont les restes d'un immense tourbillon de poussières cosmiques... Rappelons que la semaine dernière, une pléiade de chercheurs affirmaient encore que les planètes étaient nées d'une énorme collision entre le Soleil et une comète... Voici encore une fois, chers lecteurs, la preuve que le long chemin qui nous mène à la connaissance de notre monde est plein de rebondissements.

Nous sommes faits de poussières d'étoiles...

Maintenant que tu as fait connaissance avec le Système solaire, tu te poses sûrement mille et une questions concernant l'origine de cette grande famille céleste. Rassure-toi, tu n'es pas le seul. Des millions d'humains avant toi ont cherché les mêmes réponses. Sache d'abord, mon ami, que toute la matière qui compose le Système solaire provient... d'anciennes étoiles ! Comme tu l'as appris en lisant les pages 18 et 19, les étoiles naissent et meurent. À la fin de leur existence, les plus grosses d'entre elles explosent en rejetant dans l'espace la matière dont elles étaient constituées. C'est cette matière qui s'est retrouvée incorporée au nuage qui donna un jour naissance à notre Système solaire. N'est-il pas fascinant d'imaginer que tout ce qui nous entoure, comme la terre, l'eau, les plantes, les animaux et même les autos, n'est au fond que de la poussière d'étoiles ?!

La petite voisine du Soleil

Maintenant que tu connais les huit planètes du Système solaire, laisse-moi te présenter un court portrait de chacune d'entre elles. Commençons d'abord par la petite Mercure.

Mercure est la plus proche voisine de notre étoile et la plus petite planète du Système solaire. Tu seras peut-être surpris d'apprendre que cette planète rocheuse ressemble à notre Lune à bien des égards. En plus d'être de taille très similaire, elle possède un sol poussiéreux criblé de milliers de cratères. Le plus grand d'entre eux, le bassin Caloris, possède un diamètre de 1 300 kilomètres... ce qui équivaut à un tiers de la largeur des États-Unis ! Mercure offre un paysage désolé parcouru de vallées profondes, de vastes plaines et de grandes falaises de deux à trois kilomètres de haut qui s'étendent sur des centaines de kilomètres.

Voici une photo de la sonde spatiale Mariner 10. Elle est la première a avoir étudié Mercure de près. Je t'invite à consulter cet article de journal de 1974. Je me souviens comme si c'était hier de ces premières photos de Mercure. La sonde Messenger a, quant à elle, terminé de photographier la surface de Mercure entre 2008 et 2009. Puis, elle est entrée en orbite autour de la planète pour étudier, entre autres, sa structure et sa composition chimique. Les deux sondes lancées lors de la mission BepiColombo étudieront Mercure en 2020.

29 mars 1974

ENFIN, DES PHOTOS DE MERCURE !

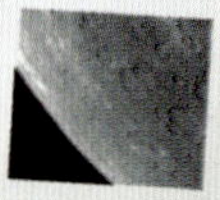

La sonde spatiale Mariner 10, qui avait été lancée le 3 novembre dernier depuis Cap Canaveral, en Floride, a finalement franchi l'orbite de Mercure après cinq mois d'un voyage parsemé d'obstacles.

Rappelons que le jour de Noël, les astronomes de la NASA avaient totalement perdu contact avec la sonde. Contre toute attente, l'appareil a finalement survolé la planète à environ 700 kilomètres de sa surface et pris des milliers de clichés d'une de ses faces.

Objet : Observation de Mercure
Date : Mardi, 20 septembre 2011
À : Tous nos membres

Ce mois-ci, 231 de nos membres ont eu l'immense privilège d'observer notre planète préférée. Nous les félicitons de leur patience et surtout de leur persévérance. Rappelons que, des cinq planètes visibles depuis la Terre, Mercure est certainement la plus difficile à observer. Comme elle se trouve très proche du Soleil, elle n'est pas visible la nuit puisqu'elle disparaît du ciel presque en même temps que notre étoile. On ne peut ainsi l'observer que le soir, au coucher du soleil, ou à l'aube, alors qu'elle se trouve tout près de l'horizon. Continuez d'observer le ciel et surtout, n'hésitez pas à nous faire part de vos observations mercuriennes !

Ella Bellevue
Présidente du Club des amis de Mercure

Incroyable mais vrai !

par C. Surprenant

Sur Mercure,

deux années équivalent à trois jours !

Impossible, direz-vous, et pourtant… Tandis que la Terre met 365 jours pour faire le tour du Soleil, Mercure effectue ce voyage en un temps record de 88 jours. C'est la courte année mercurienne. D'autre part, la petite voyageuse tourne aussi sur elle-même et accomplit cette rotation en 58 jours. C'est une journée mercurienne. C'est donc dire, chers lecteurs et lectrices, que Mercure effectue une rotation et demie sur elle-même… pendant qu'elle fait une révolution autour du Soleil. Alors, faites vos calculs !

Scientifiquement vôtre, juin 2011

Les Romains ont baptisé Mercure d'après le messager des dieux parce qu'elle se déplaçait à toute vitesse dans le ciel !

1 rotation = 1 journée mercurienne = 58 jours et 14 heures
3 journées mercuriennes = 176 jours
1 révolution = 1 année mercurienne = 88 jours
2 années mercuriennes = 176 jours
D'où : 3 journées sur Mercure = 2 années sur Mercure !

MES RECORDS DU SYSTÈME SOLAIRE

La planète aux températures extrêmes

Contrairement à la Terre, Mercure ne possède pas d'atmosphère. Elle n'est donc pas entourée d'une enveloppe de gaz qui la protège des cuisants rayons solaires et qui, après le coucher du soleil, maintient à sa surface une partie de sa chaleur. Résultat : à midi, la température grimpe jusqu'à 425 °C et durant la très longue nuit, elle descend jusqu'à -185 °C. C'est l'endroit du Système solaire où l'on retrouve la plus grande différence de température entre le jour et la nuit.

Mercure est presque trois fois plus petite que la Terre.

Mercure en chiffres

Diamètre
4 878 km
Distance au Soleil
58 millions de km
Durée de la journée
58,6 jours
Durée de l'année
87,9 jours
Nombre de lunes connues
0

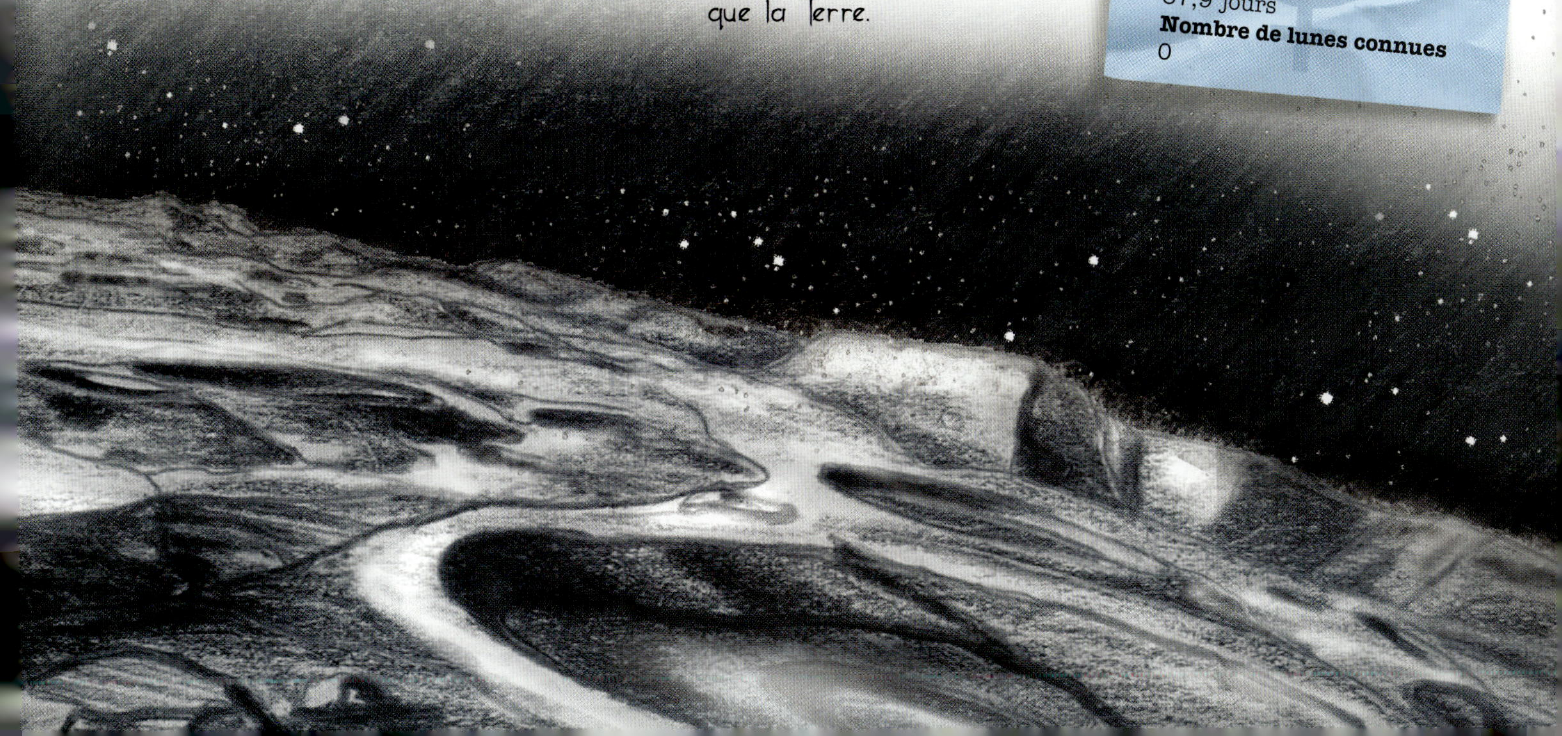

Vénus, la belle

Savais-tu qu'après le Soleil et la Lune, Vénus est l'objet le plus brillant du ciel ? Vénus est le premier astre à apparaître dans le ciel le soir et... le dernier à disparaître le matin. Les premiers observateurs pensaient même qu'il s'agissait de deux objets différents. L'astre lumineux qui apparaissait peu avant l'aube était appelé « étoile du matin », tandis que celui qui traversait le ciel au coucher du soleil était appelé « étoile du soir » ou « étoile du Berger ». Même si nous savons aujourd'hui qu'il s'agit bel et bien du même astre, nous continuons de prêter à la planète Vénus l'un ou l'autre de ces noms.

Pendant longtemps, les astronomes ont supposé que Vénus pouvait être une jumelle de notre planète et ont même cru qu'elle pouvait abriter la vie. Il est vrai que les deux planètes ont en commun une taille et une surface rocheuse similaires... mais la comparaison s'arrête là ! Imagine une chaleur plus intense que dans un four, une pression écrasante, un air irrespirable et des gouttelettes acides qui brûlent la peau et même le métal... L'environnement de Vénus est si hostile que les premières sondes soviétiques Venera qui se sont posées sur son sol n'ont pas résisté longtemps à ces conditions infernales. Elles ont pratiquement fondu sur place !

Incroyable mais vrai !

par C. Surprenant

Sur Vénus, la journée est plus longue que l'année !

Vénus tourne sur elle-même en 243 jours alors que son voyage autour du Soleil ne dure que 225 jours. Sa journée est donc plus longue que son année ! La rotation de Vénus est non seulement lente, mais elle est aussi rétrograde, ce qui signifie que la planète tourne sur elle-même d'est en ouest contrairement aux autres planètes.

Scientifiquement vôtre, août 2010

225 jours = une année vénusienne
243 jours = une journée vénusienne

C'est probablement en raison de sa grande brillance que les Romains de l'Antiquité ont baptisé la planète Vénus en l'honneur de leur déesse de la beauté et de l'amour. La voici. N'est-elle pas magnifique ?

En attendant de lui trouver un cadre digne de sa valeur, j'ai collé ici un dessin original de Galilée, daté de 1610. Le grand astronome a été le premier à observer un croissant de Vénus et à réaliser que, comme la Lune, la planète changeait de visage tous les jours...

Si tu te demandes comment un astre est capable de telles prouesses, je t'invite à lire mes explications des phases de la Lune à la page 52.

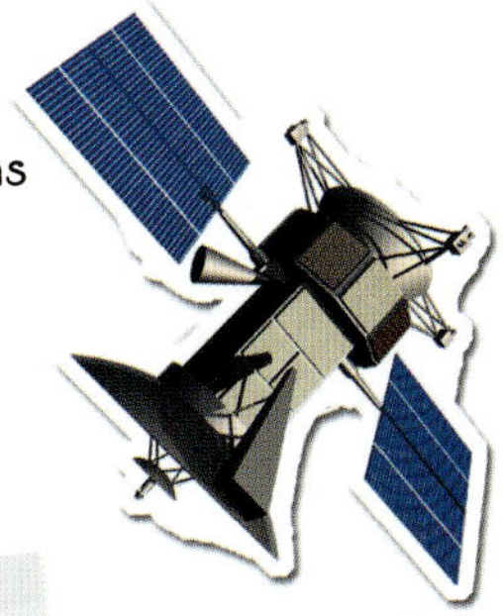

Comme Vénus est notre plus proche voisine après la Lune, il n'est pas surprenant qu'elle soit une des planètes les plus visitées. À ce jour, pas moins d'une vingtaine de sondes spatiales l'ont approchée, dont la sonde Magellan qui a balayé sa surface d'ondes radar. En mesurant le temps pris par ces ondes pour se réfléchir à la surface de Vénus et revenir à la sonde, les astronomes ont pu recréer le relief de la planète.

La surface de VÉNUS enfin dévoilée !

Certains lecteurs se souviennent peut-être que les premières sondes spatiales en orbite autour de Vénus n'avaient pas réussi à photographier sa surface constamment masquée par d'épais nuages. Équipée d'un puissant radar capable de traverser la dense atmosphère de notre voisine, la sonde américaine Magellan, lancée le 4 mai 1989, vient de nous dévoiler son paysage ! La carte enfin obtenue révèle pour la première fois de vastes plaines dominées par deux continents semblables aux nôtres : Ishtar Terra et Aphrodite Terra. De gigantesques volcans, de gros cratères et une montagne plus haute que l'Everest, Maxwell Montes, s'ajoutent au relief vénusien.

Astronomie d'aujourd'hui, volume IV, numéro 6 (1994)

MES RECORDS DU SYSTÈME SOLAIRE

La planète la plus chaude

Vénus est entourée de plusieurs couches de nuages qui atteignent près de 90 kilomètres d'épaisseur. Cette enveloppe agit comme un miroir qui réfléchit les rayons du Soleil. C'est pour cette raison que la planète est si brillante. Malgré l'épaisseur de nuages, une partie de la chaleur du Soleil réussit à atteindre la surface de la planète où elle reste emprisonnée. La chaleur fait ainsi grimper la température comme dans une serre. C'est à cause de cet « effet de serre » que Vénus est la planète la plus chaude du Système solaire avec ses 480 °C.

Vénus en chiffres

Diamètre
12 100 km
Distance au Soleil
108 millions de km
Durée de la journée
243 jours
Durée de l'année
224,7 jours
Nombre de lunes connues
0

Voici une image du volcan éteint Maat Mons reconstituée par ordinateur, gracieuseté du Docteur Izin Spaice (je le remercie d'ailleurs chaleureusement pour les magnifiques photos de planètes qu'il m'a fait parvenir).

La Terre, une planète vivante

Cher ami, je te déclare sans plus tarder que cette troisième planète est la plus belle de tout le Système solaire... et je ne suis pas le seul à le dire ! Tous les astronautes ont mentionné combien il était émouvant d'observer depuis l'espace cette boule toute bleue marbrée de jolis tourbillons blancs.

La Terre est la seule planète du Système solaire qui n'a pas reçu le nom d'une divinité grecque ou romaine. Son nom nous vient du latin « Terra » qui signifie « le globe terrestre, la terre ou le sol ». Mais notre Terre aurait très bien pu s'appeler... Océan ! En effet, les mers et les océans recouvrent plus des deux tiers de sa surface. En tout cas, elle mérite bien son surnom de « planète bleue ». Ce sont les gaz de son atmosphère qui lui donnent sa coloration.

MES RECORDS DU SYSTÈME SOLAIRE

Une planète unique

Comme tu t'en doutes déjà, la Terre est unique à bien des égards :

- Elle est la plus grande des quatre planètes rocheuses du Système solaire,
- Elle est la seule à posséder de l'eau en abondance,
- Elle est la seule à offrir une atmosphère protectrice, riche en oxygène.
- Mais, par-dessus tout... elle est LA SEULE planète connue à ce jour qui abrite la VIE !

Savais-tu que Iouri Gagarine a été le premier cosmonaute à rapporter une photo de la Terre vue de l'espace ?

L'atmosphère terrestre

La Terre est protégée par l'atmosphère, une enveloppe de gaz qui s'étend sur près de 500 km. En plus d'offrir un écran protecteur contre les météorites, le vent solaire et certains rayonnements nocifs du Soleil, l'atmosphère maintient la chaleur à la surface de la planète ; sans elle, les nuits seraient glaciales et les jours brûlants comme sur Mercure. De plus, l'atmosphère redistribue l'eau à la surface de la Terre, sous forme de pluie ou de neige, par l'entremise de ses nuages.

La Terre, p. 30

Même si l'atmosphère a une épaisseur de 500 km, la plus grande partie de ses gaz est contenue dans ses 10 premiers kilomètres. Pour une planète de la taille de la Terre, cette couche est bien mince... Imagine : si la Terre avait la taille d'un globe terrestre, son atmosphère ne présenterait que l'épaisseur d'un papier collant !

PRÉSERVONS NOS RESSOURCES

Notre pauvre Terre est malade ! Les humains la polluent, rasent ses forêts, vident ses océans, exploitent ses ressources souterraines, et j'en passe… Heureusement, les pays du monde semblent vouloir unir leurs efforts pour sauvegarder notre précieuse planète. Comme je suis convaincue que chacun d'entre nous peut faire la différence, je vous invite à me faire parvenir vos petits trucs pour préserver des ressources naturelles comme l'eau et les arbres. Nous les publierons dans notre prochain numéro.

Sylvia Levert
Rédactrice en chef

Sauvons la Terre, mai 2010

6

Pour ménager les ressources naturelles de notre belle planète, plusieurs magazines publient régulièrement de petits trucs. Tu en trouveras facilement. En attendant, je te donne le mien qui se résume à trois mots : évitons de gaspiller ! Par exemple, pourquoi laisser couler l'eau pendant qu'on se lave les dents, pourquoi jeter une feuille de papier quand le verso peut encore servir… Si tu as d'autres idées, écris-moi !

Mont Everest, 1999

6 mai,
Devant tant de
beauté majestueuse, l'émotion m'étreint…
En escaladant la plus haute montagne, j'ai aussi atteint le
sommet de… la planète Terre ! 8 848 mètres de pur bonheur…
8 mai,
Enfin de retour à Katmandou où l'odeur des épices me
… pour la première fois

Notre planète est la seule du Système solaire qui possède les conditions favorables à la vie. Parce qu'elle n'est ni trop proche ni trop éloignée du Soleil, et parce qu'elle est emmitouflée dans un manteau de gaz, il règne à sa surface une température douce qui permet à l'eau d'exister sous forme liquide. Or, cet élément est un facteur essentiel à la vie… telle que nous la connaissons, bien sûr. J'ai agrafé ci-dessous un dépliant qui illustre bien les principales étapes de l'évolution de la vie sur Terre.

Une planète en mouvement

Personne n'a jamais réalisé un voyage jusqu'au centre de la Terre, comme celui imaginé par Jules Verne dans son célèbre roman intitulé « Voyage au centre de la Terre »... J'ai justement sur le coin de ma table de travail une édition originale de 1864 offerte par ma chère sœur qui collectionne les livres anciens. Je t'encourage d'ailleurs à mettre la main sur les autres volumes de la série des « Voyages extraordinaires » de Verne, des romans d'époque dont le réalisme scientifique est tout à fait étonnant ! Mais je m'éloigne de notre sujet... Je disais donc que même s'il est impossible d'explorer l'intérieur de notre planète, les géologues ont pu déterminer sa structure en étudiant la façon dont se propagent les ondes sismiques, ces vibrations qui accompagnent les tremblements de terre. Puisque ces ondes se comportent différemment selon les roches et les matériaux qu'elles traversent, ils ont pu déduire que la planète Terre était constituée de trois couches principales que je te présente ci-dessous.

Ce noyau est presque aussi chaud que la surface du Soleil !

La structure interne de la Terre

Au centre de la planète se trouve un **noyau interne** solide constitué de deux métaux, le nickel et le fer.

Au-delà du noyau se trouve le **manteau**, composé de roches fondues qui dégagent beaucoup d'énergie.

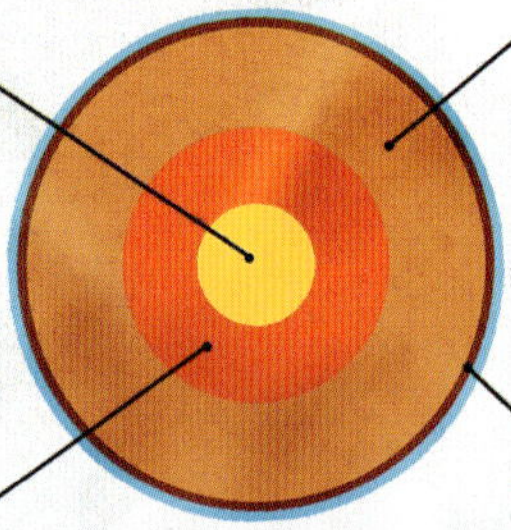

Le **noyau externe**, plus froid, est liquide.

La **croûte** terrestre est la mince couche solide formée de roches et de minéraux. Elle constitue le fond des océans et les continents.

Les mouvements de ces métaux liquides produisent un puissant champ magnétique qui forme un écran protecteur autour de notre planète. Comme je l'expliquais à la page 26, cette bulle protectrice, appelée la magnétosphère, nous protège du vent solaire.

La croûte, qu'on appelle aussi écorce, est constituée de plaques qui flottent sur le manteau visqueux. Poussées par l'énergie provenant du manteau, les plaques bougent constamment et entraînent avec elles océans et continents. Les volcans et les tremblements de terre surviennent aux frontières de ces plaques, appelées plaques tectoniques.

Tel que mentionné à la page 30, les planètes du Système solaire tournent autour du Soleil (révolution) tout en tournant sur elles-mêmes (rotation). Notre belle planète ne fait donc pas exception, et son grand ballet cosmique est à l'origine de phénomènes que tu connais bien comme les saisons, ou le jour et la nuit expliqués ci-dessous.

Les saisons

La Terre effectue une révolution autour du Soleil en 365 jours et un quart. C'est au cours de ce voyage que se succèdent les quatre saisons marquant l'année terrestre. Assez étonnamment, c'est en hiver que la Terre se trouve le plus proche du Soleil. Ainsi, le phénomène des saisons n'est pas dû à la distance qui sépare la Terre du Soleil, mais bien à la quantité d'énergie solaire reçue par une région. Puisque la Terre est inclinée sur son axe, certaines de ses régions reçoivent plus d'énergie du Soleil sous forme de lumière et de chaleur que d'autres. Ainsi, il fait plus froid dans la moitié (ou hémisphère) nord de la Terre en hiver à cause des jours plus courts et des rayons solaires qui la frappent de biais. L'été, les jours sont plus longs et les rayons solaires frappent un peu plus verticalement, réchauffant cette région de façon plus efficace.

La Terre, p. 70

Les saisons dans l'hémisphère Nord

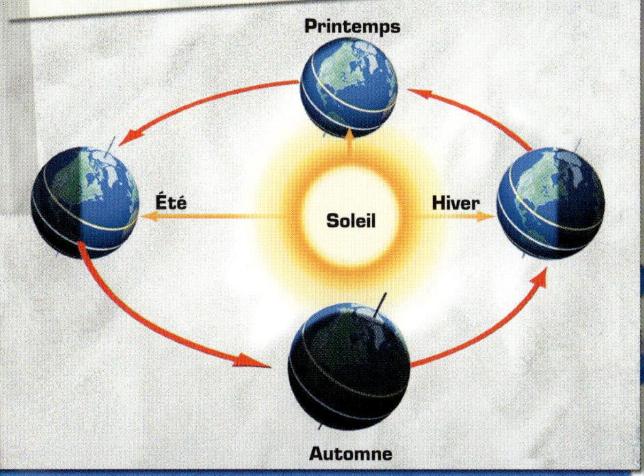

Le jour et la nuit

La Terre met 24 heures à effectuer une rotation, c'est-à-dire un tour complet sur elle-même. Puisque la Terre tourne sur elle-même durant son périple autour du Soleil, toutes ses régions sont éclairées puis plongées dans l'ombre à tour de rôle. Il fait jour sur le côté éclairé par notre étoile, et nuit de l'autre. La nuit et le jour ont une durée égale de 12 heures à l'automne et au printemps seulement. Dans l'hémisphère Nord, les journées sont courtes en hiver, et plus longues en été car le Soleil, alors plus haut sur l'horizon, reste visible plus longtemps.

La Terre, p. 69

Si la Terre n'était pas penchée comme une toupie au repos, il n'y aurait pas de saisons sur Terre. Chaque région recevrait toujours la même quantité d'énergie solaire.

La Terre en chiffres

Diamètre
12 756 km
Distance au Soleil
150 millions de km
Durée de la journée
24 heures
Durée de l'année
365 jours et quart
Nombre de lunes
1

La Terre a été un des premiers objectifs de l'exploration spatiale. Cela t'étonne ? Tu sais, même si nous connaissons bien notre propre planète, les images de la Terre prises de l'espace sont d'une importance considérable. Les cartes satellites nous permettent, par exemple, d'effectuer des prévisions météorologiques à long terme et de prévoir le réchauffement de la planète.

Mars, la planète rouge

Voici enfin Mars, la fascinante planète rouge, celle qui a longtemps nourri l'imagination des humains avec ses prétendus Martiens... Tu sais, il n'est pas étonnant qu'on ait ainsi cru que cette voisine de la Terre pouvait elle aussi abriter la vie. Tout comme notre planète, Mars possède un sol rocheux, des journées de 24 heures, de la glace aux pôles, une atmosphère et finalement, un climat présentant quatre saisons bien distinctes ! Tu sais, même si Mars ressemble à la Terre, les chances d'y trouver de la vie sont plutôt minces. D'abord, l'eau n'y existe pas sous forme liquide, une condition essentielle à la vie telle que nous la connaissons. Et ce n'est pas tout. En plus d'être irrespirable, l'atmosphère est trop mince pour assurer une protection et une température confortable. Certains scientifiques croient que la vie est pratiquement IMPOSSIBLE dans un tel monde aride et froid. Mais puisqu'on a trouvé sur Terre des petites bactéries dans des milieux tout aussi hostiles, plusieurs scientifiques continuent d'espérer...

Mars est une planète rouillée ! La planète rouge doit en effet sa belle coloration à la présence de rouille dans son sol. Et si son ciel est souvent rose, c'est à cause des poussières rouges soulevées du sol lors des fréquentes tempêtes. Comme tu vois, j'ai essayé de reproduire ici toutes les nuances du paysage martien à l'aide de mes papiers de bricolage et de mes crayons de bois.

À part Vénus, aucune planète n'a été plus explorée que Mars. Près de 22 sondes l'ont déjà visitée et on espère y envoyer des astronautes d'ici 2050. Ils étudieront, entre autres, l'évolution de la planète rouge, ce qui nous aidera peut-être à mieux comprendre le destin de notre propre planète. Ils continueront aussi de fouiller son sous-sol à la recherche de traces de vie et d'eau liquide. Tu sais, même si elle ne rassemble pas toutes les conditions favorables à la vie, il reste que Mars est sans doute la seule planète où les hommes pourraient un jour s'installer. Plusieurs croient sérieusement qu'elle pourrait devenir une Nouvelle Terre si nous devions un jour quitter la nôtre. Et toi, que dirais-tu d'une petite aventure martienne ?

Des bactéries sur Mars ?!!

Météorite ALH84001 trouvée en 1984

8 août 1996 – Des chercheurs de la NASA viennent d'annoncer qu'une météorite martienne trouvée en Antarctique contiendrait des traces de vie bactérienne ! Cette nouvelle est d'autant plus surprenante que les sondes Viking 1 et 2, qui avaient fouillé le sol martien en 1976, n'avaient détecté aucun signe de vie. Vingt ans plus tard, on détiendrait enfin la preuve de l'existence d'une vie extraterrestre !

Tes parents se souviennent peut-être que cette étonnante découverte avait semé la confusion parmi les savants. S'agissait-il vraiment de traces de vie ? Que la preuve d'une vie bactérienne ait été faite ou pas, il demeure néanmoins possible que des bactéries aient pu exister sur Mars, il y a des millions d'années, à l'époque où la planète était chaude et humide. Soyons patients ! Mars ne fait que commencer à nous dévoiler ses secrets...

MES RECORDS DU SYSTÈME SOLAIRE

Des reliefs extrêmes

À première vue, la surface de Mars ressemble à un vaste désert de pierres criblé de cratères et recouvert d'une épaisse couche de poussière. Son relief diversifié est dominé par d'immenses volcans et canyons. Le plus grand volcan d'entre tous, l'Olympus Mons, est trois fois plus haut que l'Everest ! Il est le plus grand volcan du Système solaire. Mars détient aussi le record du plus vaste canyon, le Valles Marineris, facilement visible de l'espace.

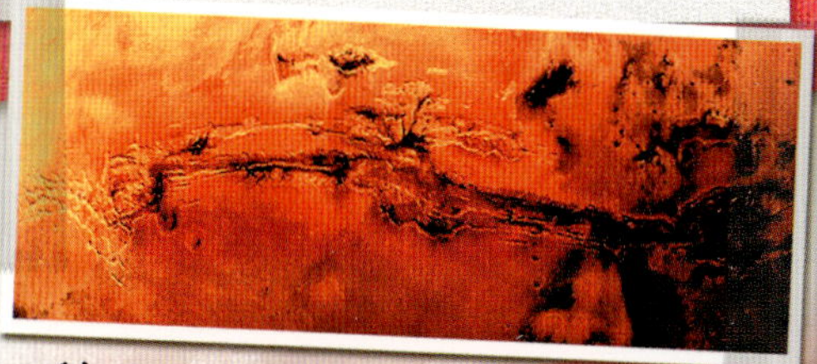
Valles Marineris

Mars en chiffres

Diamètre
6 787 km
Distance au Soleil
228 millions de km
Durée de la journée
24,6 heures
Durée de l'année
686,9 jours
Nombre de lunes connues
2

Deimos

Phobos

La croyance en l'existence des Martiens ne date pas d'hier. Des créatures prenant la forme d'hommes, d'insectes géants ou de robots ont peuplé l'imagination des créateurs ! Plus d'une centaine de romans et de films les ont mis en scène. Il est intéressant de voir que ce thème est presque disparu de nos écrans après que la sonde Mariner 6 ait révélé, en 1965, qu'il n'y avait pas de petits hommes verts sur Mars ! Après la sortie de « Opération Planète Mars (Mission Mars) », en 1968, il a fallu attendre presque 20 ans avant de voir un nouveau film ayant comme toile de fond la planète rouge.

Ne jouez pas avec les Martiens, 1967 – France
Chickyu Boeigun, 1958 – Japon (Prisonnières des Martiens)
Mars attacks!, 1996 – É.-U (Mars attaque !)

Comme la plupart des planètes du Système solaire, Mars ne se déplace pas seule dans son périple autour du Soleil. Elle est toujours accompagnée de ses lunes : Phobos (qui signifie peur en grec) et la minuscule Deimos (qui signifie terreur). Les deux satellites martiens ressemblent en fait à de gros cailloux. On pense qu'il s'agit d'astéroïdes que la planète aurait « capturés » par la force de son attraction !

Jupiter, la géante

Je te présente maintenant Jupiter, la reine des planètes gazeuses. Sa Majesté est si grosse qu'elle pourrait contenir 1 400 fois la Terre ! Rien n'est petit chez cette géante. Accompagnée de ses 63 lunes qui lui tournent autour comme autant de planètes autour d'une étoile, Jupiter semble au cœur d'un véritable système solaire ! Les taches qui apparaissent sur sa surface sont des tourbillons de nuages comparables à nos ouragans terrestres. La plus célèbre est la Grande Tache rouge. Cette tempête gigantesque, dont la taille pourrait engloutir deux fois la Terre, dure depuis au moins 300 ans ! Ce sont les sondes Voyager qui ont révélé sa nature en survolant la planète en 1979.

Grande Tache rouge

Les nuages de Jupiter

Un peu comme Vénus, Jupiter cache constamment sa surface gazeuse sous plusieurs couches de nuages. En tournant très vite sur elle-même en moins de 10 heures, Jupiter force ses épais nuages à s'organiser en bandes horizontales où les vents soufflent à toute vitesse dans des directions opposées. La bande nuageuse qui entoure l'équateur de Jupiter semble particulièrement agitée par des vents violents soufflant jusqu'à 650 km/h. Les couleurs des bandes varient selon les gaz qui les composent.

L'espace, p. 120

MES RECORDS DU SYSTÈME SOLAIRE

Les plus grosses des plus grosses

La plus grande planète gazeuse est la plus grosse et la plus lourde de toutes les planètes connues. Jupiter la géante compte parmi ses lunes la plus volumineuse de tout le Système solaire. Ganymède est effectivement plus grosse que la planète Mercure.

Jupiter en chiffres

Diamètre
142 984 km
Distance au Soleil
778 millions de km
Durée de la journée
9,8 heures
Durée de l'année
11,8 années
Nombre de lunes connues
63

Depuis la découverte des quatre satellites « galiléens », appelés ainsi en l'honneur de Galilée, l'astronome italien qui les a découverts, pas moins de 59 autres lunes, plus petites, se sont ajoutées au cortège de Jupiter. De plus, trois ou quatre anneaux fins composés de grains de roches et de poussières microscopiques ont grossi les rangs.

Voici quatre photos récentes des principales lunes de Jupiter.

La surface glacée de la grosse GANYMÈDE pourrait dissimuler un noyau rocheux.

CALLISTO cacherait sous sa surface trouée de cratères glacés une couche d'eau salée.

Les volcans en activité de IO crachent du soufre sur des kilomètres de hauteur, d'où sa couleur jaune doré bien particulière.

La surface glacée et craquelée d'EUROPE la fait ressembler à une vieille boule de billard. On croit que des mers d'eau liquide pourraient exister sous sa surface.

Même si les représentations du Système solaire montrent souvent Jupiter tout près de Mars, il n'en est rien ! La distance qui sépare Jupiter de sa voisine est plus de deux fois plus grande que celle qui sépare Mars du Soleil ! La cinquième planète est très, très éloignée. Pioneer 10, la première sonde spatiale à l'avoir visitée, a mis 19 mois pour s'y rendre !

Saturne doit sa couleur jaune caramel bien caractéristique à la brume qui règne au-dessus de ses nuages.

Saturne, la magnifique

Voici maintenant la superbe Saturne, la planète qui doit sa renommée à ses anneaux, les plus beaux et les plus brillants du Système solaire ! Sous sa parure, la deuxième plus grosse planète ressemble en fait à Jupiter, mais en plus petit. Comme sa voisine géante, Saturne est une planète gazeuse entourée d'une atmosphère turbulente. Ses bandes nuageuses, beaucoup plus discrètes que celles de Jupiter, sont aussi marquées d'une tache brillante semblable à la Grande Tache rouge. La sonde Cassini est en orbite autour de Saturne depuis juillet 2004. Elle a permis d'étudier en détail la structure des anneaux et de découvrir plusieurs nouvelles lunes dont certaines possèdent des réservoirs d'eau liquide et des mers d'hydrocarbures. Fascinant, non ?

MES RECORDS DU SYSTÈME SOLAIRE

Les plus beaux anneaux

Comme tu t'en doutais, Saturne remporte la palme des plus larges, des plus visibles et des plus brillants anneaux. Le système d'anneaux couvre une distance de plus de 300 000 km de large sur moins de 10 km d'épaisseur. Si la Terre possédait de tels anneaux, ils s'étendraient jusqu'à la Lune !

Saturne en chiffres

Diamètre
120 536 km
Distance au Soleil
1 429 millions de km
Durée de la journée
10,2 heures
Durée de l'année
29,4 années
Nombre de lunes connues
61

— COMMUNIQUÉ — novembre 1980 —

Comparés aux anneaux des trois autres planètes gazeuses, ceux de Saturne sont d'une incomparable beauté. Grâce à la sonde Voyager 1, qui les a observés de près, on sait que chacun des sept anneaux principaux est en fait constitué de milliers d'anneaux minuscules, et que ces annelets sont à leur tour composés de milliards de morceaux de glace et de pierraille de toutes les tailles (probablement constitués des restes de satellites éclatés ou de comètes capturées par l'attraction de la planète).

À ce jour, 61 lunes connues gravitent autour de Saturne. La plus grosse d'entre elles, Titan, est le seul satellite du Système solaire qui possède une atmosphère épaisse, semblable à celle de la jeune Terre. La sonde Huygens, qui s'est posée sur son sol le 14 janvier 2005, en a renvoyé des images extraordinaires à la Terre. Elle a aussi révélé des paysages gelés, parsemés de montagnes et de rivières.

Uranus, la planète qui roule

Voici Uranus, la seule planète qui roule comme une balle au lieu de tourner sur elle-même comme une toupie ! Les scientifiques pensent qu'il y a très longtemps, un astre aurait percuté Uranus, la renversant sur le côté. Certains croient même que ses anneaux et satellites se seraient formés à la suite de cette collision. Nous connaissons en fait bien peu de choses sur cette lointaine planète gazeuse... Depuis l'unique visite de la sonde Voyager 2, en 1986, nous savons toutefois qu'il règne au sommet de ses nuages une froideur de -210 °C ! Nous savons aussi que c'est un gaz contenu dans son atmosphère, le méthane, qui lui donne sa couleur fraîche de bonbon à la menthe bleu-vert !

MES RECORDS DU SYSTÈME SOLAIRE

Des anneaux uniques

Uranus ne possède peut-être pas les plus beaux anneaux du Système solaire, mais ses 11 anneaux sont les seuls à être verticaux, puisque la planète est couchée sur le côté. Ils détiennent de plus le record des objets les plus sombres du Système solaire. La poussière et les roches qui les composent sont plus noires que du charbon !

Voici un vieil article d'un quotidien londonien de 1781, que j'ai photocopié lors de ma dernière visite au Palais de Bookingham. J'en profite pour remercier publiquement sa Majesté la reine Bébette III de m'avoir si généreusement laissé consulter ses archives personnelles...

Un astronome au Palais

William Herschel (1738–1822)

Le roi d'Angleterre George III vient d'engager William Herschel comme astronome royal. On se souvient que le 23 mars dernier, l'astronome amateur avait découvert une nouvelle planète, baptisée Uranus, à l'aide de son télescope artisanal. En plus d'ajouter une septième planète au cortège du Soleil, cette découverte a repoussé les frontières de notre Système solaire au-delà de l'orbite de Saturne !

Uranus en chiffres

Diamètre
51 108 km
Distance au Soleil
2 875 millions de km
Durée de la journée
17,2 heures
Durée de l'année
83,7 années
Nombre de lunes connues
27

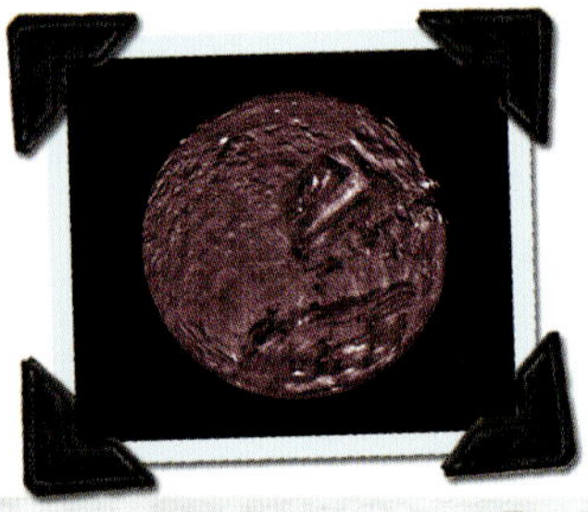

Miranda est certainement la plus intéressante des 27 lunes de la planète Uranus. Son air rapiécé de courtepointe laisse croire que le satellite aurait peu à peu « recollé » ses morceaux après avoir été brisé sous l'impact d'une météorite, par exemple.

Neptune, la dernière des géantes

Comme Uranus, Neptune est un monde glacé encore méconnu... Il a fallu attendre la visite de Voyager 2 pour en savoir plus sur la dernière planète gazeuse. En arrivant à destination, le 25 août 1989, la sonde américaine a découvert une grosse boule bleue dont les bandes nuageuses discrètes, les anneaux sombres et étroits, la taille, la composition, l'atmosphère, la couleur... enfin presque tout rappelait Uranus !

En quittant le monde glacé de Neptune, sa destination finale, la sonde n'est pas revenue sur Terre. Elle a continué son voyage en direction des étoiles, avec à son bord un très beau message des Terriens, au cas où des extraterrestres la découvriraient...

Au début du 19e siècle, les astronomes avaient remarqué qu'Uranus ne se déplaçait pas normalement sur son orbite. L'Anglais John Couch Adams et le Français Urbain Le Verrier ont deviné qu'une planète inconnue forçait Uranus à dévier de sa trajectoire. En calculant la position théorique de cet astre perturbateur, ils ont découvert Neptune en même temps, chacun de leur côté, sans l'avoir jamais observée. Un conflit international opposa alors la France et l'Angleterre, chaque pays revendiquant la paternité de la découverte. C'est un confrère allemand, Johann Galle, qui a finalement observé Neptune pour la première fois, en 1846.

Pas moins de 13 lunes accompagnent Neptune dans son long périple autour du Soleil. La plus grosse d'entre elles, Triton, est l'endroit le plus froid du Système solaire. La sonde Voyager 2 a découvert sur sa surface des geysers qui crachaient des jets d'azote glacé atteignant plus de huit kilomètres de hauteur !

MES RECORDS DU SYSTÈME SOLAIRE

La planète la plus éloignée

Neptune se disputait le record de la planète la plus éloignée du Soleil avec Pluton avant que cette dernière ne soit classée planète naine. En effet, durant son voyage autour du Soleil, Pluton pénétrait à l'intérieur de son orbite pendant 20 ans. Neptune devenait alors la planète la plus éloignée du Soleil. Aujourd'hui, elle garde définitivement ce record !

Neptune en chiffres

Diamètre
49 538 km

Distance au Soleil
4 504 millions de km

Durée de la journée
16,1 heures

Durée de l'année
163,7 années

Nombre de lunes connues
13

Les petites sœurs des planètes

Eh bien, mon ami, la tournée des planètes de notre Système solaire s'achève ici. Permets-moi de te présenter une nouvelle catégorie de corps célestes qui appartient aussi à la grande famille du Soleil : celle des planètes naines... Tu sais, le titre de planète naine est très récent. Il a été créé par l'Union astronomique internationale (UAI), le 24 août 2006, pour désigner certains astres du Système solaire trop petits pour « mériter » le titre de planètes dites « classiques ». Les planètes naines sont, en quelque sorte, les petites sœurs des planètes... Elles leur ressemblent beaucoup, sauf qu'elles ne sont pas assez massives pour éliminer les corps célestes qui orbitent dans leur voisinage. À l'heure où je t'écris, les planètes naines comportent cinq membres : Pluton, Cérès, Éris, Makemake et Haumea. Sache toutefois que plusieurs autres corps célestes pourraient rapidement venir grossir les rangs de cette nouvelle famille. Je te tiens au courant !

Pluton

Pluton occupe une place toute particulière dans mon cœur... En effet, même si elle n'est plus qualifiée de planète aujourd'hui, elle l'a été pendant plus de 75 ans ! Cette boule de roche et de glace est si éloignée qu'aucune sonde ne l'a encore visitée. Même le télescope spatial Hubble n'a pu distinguer qu'une mince atmosphère ainsi que des régions brillantes sur sa surface gelée. Sans l'avoir vue de près, tu aurais pu deviner que Pluton est un monde sombre et glacial puisqu'elle est extrêmement loin du Soleil.

Pluton en chiffres

Diamètre
2 306 km
Distance moyenne au Soleil
5 906 millions de km
Durée de la journée
6,3 jours
Durée de l'année
248,02 années
Nombre de lunes connues
4

Clyde Tombaugh (1906-1997)

Pluton a été découverte le 18 février 1930 par l'Américain Clyde Tombaugh. Ce jeune astronome cherchait à découvrir l'astre géant qui, croyait-on à l'époque, perturbait l'orbite de Neptune. À la place, il découvrit une minuscule boule de glace et de roche : Pluton.

Pluton n'est plus une planète !

Avis aux amateurs d'astronomie... le Système solaire ne compte plus que huit planètes ! Les astronomes de l'Union astronomique internationale (UAI), réunis à Prague, en République tchèque, ont décidé hier de redéfinir le terme de planète privant ainsi Pluton de son titre. Depuis 15 ans (depuis l'invention de télescopes très puissants), de nombreux astronomes jugeaient Pluton trop différente des autres pour mériter l'appellation de planète. Pluton est donc aujourd'hui une « planète naine ».

La nouvelle Prague, 25 août 2006

Une des lunes de Pluton se nomme Charon (se prononce Ka-ron). En rapport avec sa taille, Charon pourrait se comparer à une prune tournant autour d'une orange. Les trois autres lunes, plus petites, se nomment Nix, Hydra et P4.

NOMBRE DE MOTS	NUMÉRO	DATE	ORIGINE	HEURE	MENTIONS DE SERVICE

GÉNIUS STOP LANCEMENT SONDE DIRECTION PLUTON AUJOURD'HUI STOP 19 JANVIER 2006 STOP YOUPI STOP IZIN SPAICE

La sonde New Horizons a pour mission d'explorer Pluton et la ceinture de Kuiper. Elle sera la première à survoler Pluton en juillet 2015.

Deux nouvelles planètes naines se joignent à Pluton, Cérès et Éris !

Avis à tous nos lecteurs... L'Union astronomique internationale vient de baptiser deux nouvelles planètes naines : Makemake, dont le nom vient du Dieu créateur de l'île de Pâques, et Haumea, nommée d'après la déesse hawaïenne de la fertilité et de la naissance.

Ces objets, situés dans la ceinture de Kuiper, ont été découverts en 2005 en même temps qu'Éris, mais ce n'est que maintenant qu'ils entrent dans la petite famille des planètes naines.

Infolettre du Club des astronomes avertis, octobre 2008

Éris

Éris, est, pour le moment, la plus éloignée des grosses planètes naines. À l'époque de sa découverte, Pluton était encore qualifiée de planète. Certains astronomes se sont alors demandé si Éris ne serait pas la dixième planète. Tu vois, mon ami, c'est un peu à cause de cette dernière que les astronomes ont finalement défini précisément le terme planète et créé celui de planète naine... Je pense d'ailleurs que ce n'est pas vraiment par hasard s'ils lui ont attribué le nom d'Éris, déesse de la discorde (de la dispute, si tu préfères) dans la mythologie grecque !

Éris en chiffres

Diamètre
2400 +/- 100 km
Distance moyenne au Soleil
10 150 millions de km
Durée de la journée
inconnue (environ 8 heures)
Durée de l'année
557 années
Nombre de lunes connues
1

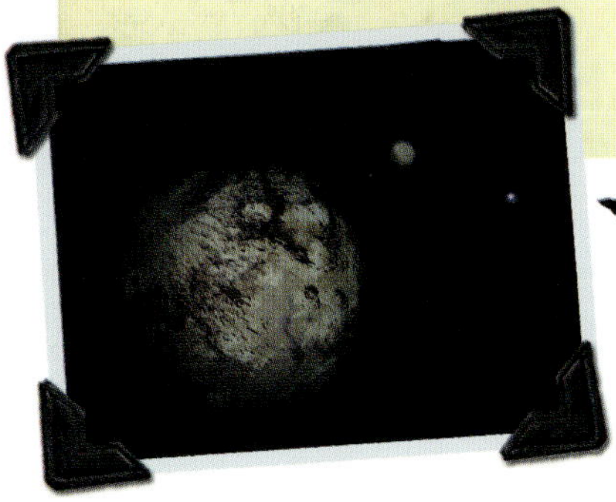

L'équipe américaine de Michael Brown a observé Éris pour la première fois le 5 janvier 2005 grâce au téléscope Samuel Oschin, situé à l'observatoire Palomar en Californie. Elle a aussi découvert une petite lune d'Éris que les astronomes ont nommée Dysnomie (fille de la déesse Éris dans la mythologie grecque et déesse de l'anarchie).

Cérès

C'est un moine italien, Giuseppe Piazzi, qui a découvert Cérès en 1801. Avant d'être classée parmi les planètes naines en 2006, Cérès faisait partie des astéroïdes. Elle a même été considérée comme une planète pendant 50 ans. Cérès est située dans la ceinture d'astéroïdes entre les orbites de Mars et de Jupiter. Tu sais, les astronomes en savent peu sur sa surface... La sonde américaine Dawn a justement pour mission de l'explorer. Elle a été lancée en septembre 2007 et elle atteindra l'orbite de Cérès en 2015.

Cérès en chiffres

Diamètre
948 km
Distance moyenne au Soleil
412 millions de km
Durée de la journée
0,3781 jour
Durée de l'année
4,6 années
Nombre de lunes connues
0

La Lune, notre fidèle compagne

Je suis convaincu que, comme tous les Terriens, tu sais reconnaître la Lune au premier coup d'œil... Mais ce que tu ne sais peut-être pas, c'est qu'autant notre fidèle compagne est brillante dans le ciel étoilé, autant elle est sombre quand on l'observe de près. La Lune offre un monde désolé sans air, ni signe de vie. Avec son ciel noir, son sol poussiéreux criblé de cratères et ses températures extrêmes, elle ressemble à la petite Mercure.

Contrairement aux paysages de la Terre, qui se sont transformés au cours des millénaires, ceux de la Lune n'ont pratiquement pas changé. Les nombreux trous qui marquent sa surface sont d'ailleurs les cicatrices des bombardements de météorites qui ont suivi sa naissance. Certains de ces cratères se sont remplis de lave provenant de fissures dans l'écorce lunaire. Dans d'autres cratères, qui ne sont jamais éclairés, plusieurs sondes ont détecté de l'eau gelée qui proviendrait de l'impact de comètes. Comme les astronomes ont longtemps pensé que ces taches sombres étaient des océans, ils les ont poétiquement baptisées Océan des Tempêtes, Mer de la Sérénité ou Lac des Songes... Enfin, le relief lunaire se distingue par ses chaînes montagneuses, comme les Alpes et le Jura, nommées d'après les montagnes terrestres.

As-tu déjà aperçu un visage en observant la Lune ? Ce sont les taches sombres des « mers » qui dessinent les yeux, le nez et la bouche de celui qu'on appelle « l'homme dans la Lune ».

Naissance de la Lune

L'analyse des échantillons de roches lunaires rapportés par les astronautes a aidé les géologues à reconstituer l'histoire de la Lune. Selon l'hypothèse largement acceptée de nos jours, notre satellite serait né d'une terrible collision entre la jeune Terre et un immense astéroïde de la taille de Mars. L'impact aurait projeté une énorme quantité de matière dans l'espace, provenant de la Terre et de l'astre détruit. Sous la force d'attraction de la Terre, les débris se seraient mis à tourner autour d'elle et se seraient « recollés » pour former la Lune.

L'espace, p. 142

Déjà 40 ans !

Il y a 40 ans aujourd'hui, les astronautes américains Neil Armstrong et Edwin Aldrin marchaient sur la Lune. Après cette nuit mémorable du 21 juillet 1969, cinq autres missions Apollo ont mis le cap sur notre satellite. En tout, une douzaine d'astronautes ont pris de nombreuses photos, procédé à diverses expériences scientifiques et ramassé près de 400 kg de roches lunaires. Ils ont laissé derrière eux quelques véhicules, un drapeau, des modules lunaires, des traces de pas et une balle de golf.

L'Actualité au quotidien, 21 juillet 2009

Tu te demandes peut-être si des humains retourneront bientôt sur la Lune… Ce n'est pas prévu pour l'instant, mais de nombreux pays caressent le rêve d'une base lunaire. Il semble probable qu'on installera un jour des bases lunaires permanentes avec des mines exploitées par des robots, des observatoires astronomiques, des laboratoires de recherche et des plates-formes de lancement pour envoyer des fusées vers d'autres planètes. Aimerais-tu travailler un jour sur la Lune ?

La Lune en chiffres

Diamètre
3 476 km
Distance de la Terre
378 000 km
Durée de la journée
29,5 jours
Durée de la rotation
27,3 jours
Durée de l'orbite
27,3 jours
(autour de la Terre)

MES RECORDS DU SYSTÈME SOLAIRE

Les plus gros cratères

C'est sur la Lune qu'on retrouve les plus gros cratères du Système solaire. Le géant Aitken, situé au pôle Sud, est le plus grand d'entre tous avec ses 2 250 km de diamètre et 12 km de profondeur. Comme l'a confirmé la sonde Lunar Prospector, qui a visité la Lune en 1998, il y aurait de grandes quantités d'eau glacée au fond de ces profonds cratères.

Eh oui, déjà plus de 40 ans ! Je n'oublierai jamais cette nuit de juillet 1969… Voici d'ailleurs la première phrase prononcée par l'astronaute Neil Armstrong alors qu'il faisait ses premiers pas sur le sol lunaire :

« C'est un petit pas pour l'homme, mais un pas de géant pour l'humanité… »

Empreinte de la chaussure d'un astronaute sur le sol lunaire.

Objet: Influence de la Lune
Date : 7 juillet 2011
À : Association des sceptiques

L'influence de la Lune sur les océans de la Terre est bien réelle, et le phénomène des marées n'est pas un mythe. De nombreuses personnes croient que la Lune influencerait aussi les humains puisqu'ils sont constitués de 80 % d'eau. Qu'en dit la science ? Merci,

Professeur Génius

Objet: Re : Influence de la Lune
De : Association des sceptiques

Même si de nombreuses personnes croient qu'il y a plus de naissances les soirs de pleine lune, ou que les plantes et les cheveux poussent alors plus vite, sachez qu'on n'a encore jamais prouvé que la Lune avait une influence sur les êtres vivants. De nombreux chercheurs étudient la question, particulièrement le lien entre la pleine lune et l'agressivité des humains, sans pouvoir tirer de conclusions scientifiquement acceptables.

Jean Doutefort

Au clair de la Lune

Au clair de la Lune, mon ami Pierrot... Tu connais cette chanson ? Chaque fois que je l'entends, j'imagine un Pierrot au visage de porcelaine baigné par la lumière rassurante de la pleine lune... Tu sais peut-être que notre satellite ne produit pas de lumière comme le font les étoiles : il ne fait que réfléchir la lumière du Soleil, comme un miroir. Selon que sa face est un peu, beaucoup ou pas du tout éclairée par le Soleil, la Lune change d'apparence ! Regarde bien les photos des différents aspects, ou phases, de la Lune ci-dessous. Elles t'éclaireront, j'en suis certain.

Tu as sûrement déjà entendu parler de la « face visible de la Lune ». Cette face que l'on appelle « visible » est celle que l'on voit en tout temps. Jamais les êtres humains ne pourront apercevoir l'autre face de la Lune depuis la Terre. Sais-tu pourquoi ? La raison est fort simple, mais assez difficile à comprendre (j'avoue que j'ai moi-même mis un peu de temps avant de bien saisir le phénomène). La voilà : la Lune tourne sur elle-même en 27,3 jours et prend exactement le même temps pour faire le tour de la Terre. La combinaison de ces deux mouvements dans le temps fait que nous voyons toujours le même côté de la Lune. Essaie de reproduire le phénomène avec des balles (une pour la Terre et une autre pour la Lune). Tu verras, c'est simple comme bonjour !

GIBBEUX, EUSE (du latin *gibbus* [bosse]) : Qui a la forme d'une bosse.

Premier croissant
Au début de son cycle, la Lune apparaît comme un mince croissant lumineux.

Premier quartier
Puis, d'une nuit à l'autre, sa face visible est de mieux en mieux éclairée, et le croissant de Lune s'épaissit. Après une semaine, le croissant est devenu un demi-cercle.

Gibbeuse croissante
La portion de Lune éclairée continue d'augmenter. On dit qu'elle croît.

Pleine lune
Deux semaines après le début du cycle, toute la face visible de l'astre est illuminée. C'est la pleine lune.

Voici un petit truc pour distinguer le premier quartier du dernier. Ajoute une patte au demi-cercle, et tu obtiens un « p » pour premier ou un « d » pour dernier.

p d

Éclipse de Lune

Une éclipse de Lune se produit lorsque la Terre passe entre la Lune et le Soleil. La Lune est alors complètement plongée dans l'ombre de la Terre. Un peu moins spectaculaire qu'une éclipse de Soleil, le phénomène est plus fréquent et dure plus longtemps, soit environ une heure. L'éclipse lunaire peut s'observer à l'œil nu sans danger.

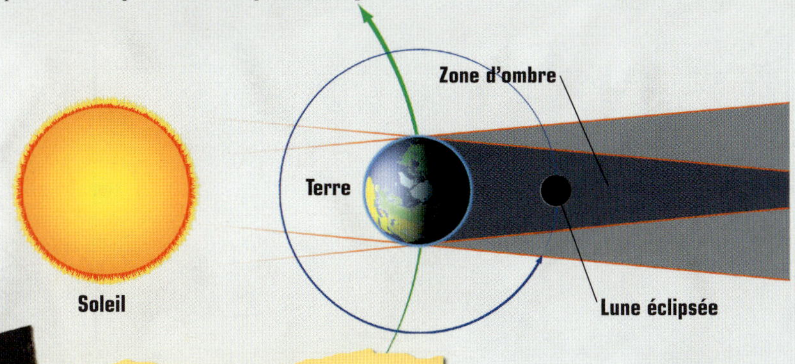

Voici les dates des prochaines éclipses lunaires totales jusqu'en 2019 :

- 15 avril 2014
- 8 octobre 2014
- 4 avril 2015
- 28 septembre 2015
- 31 janvier 2018
- 27 juillet 2018
- 21 janvier 2019

Au cours d'une éclipse lunaire, on peut facilement constater que l'ombre de la Terre est arrondie. C'est d'ailleurs une des raisons qui ont convaincu le philosophe grec Aristote que notre planète était ronde…

Tu te souviens peut-être que l'ATTRACTION est la force avec laquelle un corps en attire un autre… Eh bien, même si la Lune est située à 378 000 km de la Terre, elle exerce une attraction suffisamment forte pour déformer les océans en attirant leur eau vers elle. Ce renflement produit une marée haute. Pendant ce temps, l'eau se retire des plages à des kilomètres de là, de chaque côté du renflement. C'est la marée basse. À cause du déplacement du centre de la Terre vers la Lune, les océans situés du côté opposé à la Lune subissent aussi un gonflement. Comme le savent tous ceux qui habitent près de la mer, les marées se produisent ainsi deux fois par jour, soit lorsque l'océan fait face à la Lune et lorsqu'il lui est opposé.

Gibbeuse décroissante
Après la pleine lune, le processus inverse s'amorce.

Dernier quartier
Nuit après nuit, la portion éclairée diminue, jusqu'à devenir une demi-lune.

Dernier croissant
Peu après, elle apparaît sous la forme d'un mince croissant.

Nouvelle lune
Finalement, la Lune disparaît complètement. L'intervalle qui sépare une nouvelle lune d'une autre dure environ 29,5 jours. C'est le mois lunaire ou lunaison.

Les roches venues de l'espace

Des filets de lumière qui illuminent la nuit, des roches qui tombent du ciel, des cratères dans le sol... autant de phénomènes bizarres, longtemps demeurés mystérieux. Aujourd'hui, nous en savons de plus en plus sur les comètes, astéroïdes et météorites. Toutes ces roches de l'espace sont les restants de la formation du Système solaire, du matériel superflu qui n'aurait pas servi à fabriquer notre étoile et ses planètes. Si tu le veux bien, étudions d'un peu plus près ces petits vagabonds du Système solaire.

Astéroïdes

Les astéroïdes sont de petits astres constitués de roche et de métal qui tournent autour du Soleil comme des planètes. Comme je l'écrivais à la page 31, on retrouve entre Mars et Jupiter plusieurs milliers de ces minuscules planètes. Ensemble, elles forment ce qu'on appelle la ceinture d'astéroïdes. Pas moins de 400 000 d'entre eux auraient plus de 1 km de diamètre.

NEAR : Observer les astéroïdes

Certains astéroïdes croisent régulièrement notre route. Ce sont les géocroiseurs. Puisqu'il est possible que certains d'entre eux entrent un jour en collision avec la Terre, les scientifiques s'y intéressent de très près. Des sondes comme NEAR (Near Earth Asteroid Rendezvous) les surveillent de près. L'Agence spatiale canadienne a également lancé le satellite NEOSSat (Near-Earth Object Surveillance Satellite) en 2011. Sa mission est de découvrir de nouveaux astéroïdes géocroiseurs.

Encyclopédie de l'Univers, p. 48

Ne t'inquiète surtout pas. Les scientifiques montent la garde et aucun impact avec un géocroiseur ne surviendra par surprise. Advenant le cas où une de ces petites planètes viendrait à notre rencontre, les scientifiques espèrent la faire dévier de sa trajectoire ou encore la pulvériser.

Comètes

Une comète se distingue d'un petit astéroïde par la glace et les poussières qui la composent. Je me souviens d'avoir lu que les comètes étaient de grosses boules de neige sale, décoiffées par le vent solaire. Franchement, je n'aurais pas pu décrire ces astres de plus jolie façon... En s'approchant du Soleil, la comète se met à fondre et déploie une magnifique queue de plusieurs dizaines de millions de kilomètres ressemblant en effet à une longue chevelure.

Certaines comètes disparaissent pour ne plus jamais revenir. D'autres reviennent nous visiter à intervalles réguliers.

J'ai pris moi-même cette photo de la plus célèbre des comètes. Nous étions nombreux cette année-là à attendre son retour annoncé. Quel spectacle magnifique et inoubliable ! Mais si j'ai un regret, c'est de ne pouvoir assister à sa prochaine visite en 2061 ! Tu le feras à ma place ?

Comète de Halley 1986

Origine des comètes

Va voir à la page 31 où se situe ce nuage.

Les comètes viendraient du nuage d'Oort, situé à l'extrême limite du Système solaire. Ce réservoir de comètes, qui pourrait en contenir jusqu'à des milliers de milliards, est situé à des milliards de kilomètres de la lointaine Pluton. De temps à autre, certaines comètes quittent le nuage pour se diriger vers le Soleil. On en connaît plus de 900 qui voyagent ainsi autour de notre étoile.

Encyclopédie de l'Univers, p. 50

Météores et Météorites

Les étoiles filantes ne sont pas des étoiles qui filent mais bien des MÉTÉORES, des phénomènes lumineux se produisant lorsque des particules rocheuses entrent dans l'atmosphère terrestre à une vitesse foudroyante. En se frottant contre l'air à toute allure, ces particules s'échauffent et s'enflamment ! Lorsque des roches atteignent le sol sans avoir brûlé complètement, on parle alors de MÉTÉORITES. Près de 38 600 d'entre elles ont été répertoriées à ce jour, pesant de quelques grammes à quelques tonnes. Avant que les astronautes rapportent sur Terre des roches lunaires, ces météorites étaient les seuls matériaux extraterrestres dont nous disposions. Ces véritables échantillons du Système solaire sont précieusement conservés dans les musées et universités où des spécialistes les étudient.

Le célèbre Meteor Crater a été créé par l'impact d'une météorite massive tombée dans le désert de l'Arizona, aux États-Unis, il y a 50 000 ans. Il est le plus récent des cratères terrestres connus.

Voici les principales pluies de météores avec les dates où tu peux les observer :

Principales pluies	Dates
Quadrantides	3-4 janvier
Lyrides	21-22 avril
(Êta) Aquarides	4-5 mai
Sud (Delta) Aquarides	28-29 juillet
Perséides	12-13 août
Orionides	21-22 octobre
Taurides	3-5 novembre
Léonides	17-18 novembre
Géminides	13-14 décembre
Ursides	22-23 décembre

Pluies d'étoiles filantes

Chaque fois qu'une comète s'approche du Soleil, elle laisse derrière elle des poussières et de petits débris rocheux. Il arrive régulièrement que la Terre croise la trajectoire d'une ancienne comète. En pénétrant dans l'atmosphère terrestre, les débris laissés par la comète s'enflamment, produisant une pluie d'étoiles filantes. Par exemple, les Perséides sont des étoiles filantes qui peuvent être observées chaque été, lorsque la Terre traverse l'anneau de poussières laissé par la comète Swift-Tuttle.

Encyclopédie de l'Univers, p. 52

MES RECORDS DU SYSTÈME SOLAIRE

Les plus gros des plus petits

Voici en vrac quelques records détenus par les plus petits astres que l'on connaisse :

- Plus grand astéroïde : Pallas, d'un diamètre de 544 km.

- Plus grosse pluie de météores : les Léonides du 17 novembre 1833, avec près de 200 000 étoiles filantes à l'heure.

- Plus grosse météorite : météorite de Hoba, en Namibie, avec ses 60 tonnes.

La disparition des géants

Après avoir régné pendant des milliers de siècles sur la Terre, les dinosaures ont mystérieusement disparu il y a 65 millions d'années. Les spécialistes ont élaboré de nombreuses théories tentant d'expliquer cette extinction. La plus plausible serait celle de l'impact d'une énorme météorite qui aurait provoqué des incendies sur plus de la moitié du globe. Conséquemment, des nuages de cendres auraient privé les plantes de la lumière du soleil nécessaire à leur croissance. Privés de nourriture, de nombreux animaux, dont les dinosaures, seraient morts de faim. Un immense cratère découvert près de la péninsule du Yucatan, au Mexique, serait la cicatrice de la collision.

MUSÉE D'HISTOIRE NATURELLE

Savais-tu que l'habitude de formuler un vœu à la vue d'une étoile filante ne date pas d'hier ? Les Anciens croyaient que les dieux ouvraient de temps en temps la voûte céleste pour observer ce qui se passait sur Terre. En apercevant une étoile tomber du ciel, bousculée par cette manœuvre, les hommes étaient persuadés que les dieux attentifs entendraient et exauceraient leurs prières avant que le dôme ne se referme... Même si les mythes associés aux étoiles filantes varient au cours des siècles et selon le coin de pays, bon nombre d'entre eux annoncent un bonheur... Mais j'ai bien peur que mon album ne soit assez grand pour décrire toutes ces histoires passionnantes !

Un peu plus haut, un peu plus loin...

Quitter sa planète et voyager dans l'espace... Voilà un rêve que les humains caressent depuis toujours. Comme tu le sais sans doute, ce vieux rêve est devenu réalité au 20e siècle, grâce à l'invention de la fusée. Ce puissant véhicule a permis, entre autres, d'envoyer des hommes sur la Lune et de lancer des robots téléguidés dans l'espace. Qu'il s'agisse de satellites pour observer notre étoile, ou de sondes spatiales qui visitent les planètes, ces robots nous ont permis de découvrir ce qu'on n'avait jamais pu observer depuis la Terre.

Tu sais, lorsque Neil Armstrong a posé le pied sur la Lune, en cette nuit de juillet 1969, c'était plus qu'un grand rêve de l'humanité qui venait de se réaliser. Cette incroyable prouesse venait de confirmer aux hommes qu'ils pouvaient maintenant espérer aller plus haut et encore plus loin dans l'Univers...

Dans sa célèbre bande dessinée « Objectif Lune », mon ami Hergé, le père de Tintin, a dessiné une fusée lunaire 15 ans avant la création de Saturn V. L'aventure du jeune reporter présente une série de ressemblances troublantes avec celle des astronautes américains. Quel grand visionnaire ce Hergé !

Voici une ligne du temps de la grande aventure de l'exploration spatiale. Je me suis limité aux événements qui, à mon humble avis, m'apparaissent comme les plus importants. Je te laisse le soin de découvrir le reste toi-même !

Petite histoire de l'exploration spatiale

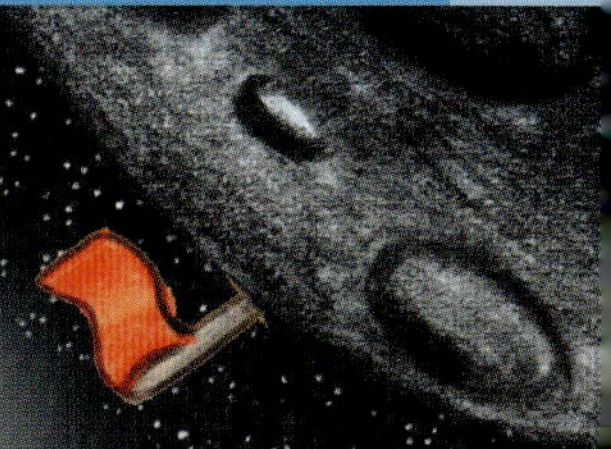

Savais-tu que la toute première fusée n'avait aucune ambition spatiale ? Inventée par les Chinois, autour du 10e siècle, elle servait à propulser des feux d'artifice. Après des siècles de perfectionnement, ces engins ont ensuite servi d'armes. Les tristement célèbres V2, ces fusées allemandes utilisées durant la Seconde Guerre mondiale pour transporter des bombes, sont à l'origine de Saturn V, le lanceur américain qui a envoyé les premiers astronautes sur la Lune. De nos jours, les lanceurs spatiaux ont des fonctions multiples. Ils peuvent, par exemple, envoyer des sondes spatiales pour de longs voyages interplanétaires ou placer un satellite en orbite autour de la Terre.

Voici un petit extrait qui explique bien le fonctionnement de la fusée. Comme tu le découvriras, ce véhicule puissant n'est au fond qu'un appareil propulsé par des gaz qui s'échappent, un peu comme un ballon gonflé qui se viderait soudainement de son air.

> Pour s'arracher à l'attraction terrestre, il faut pouvoir atteindre une vitesse de 11 km/s, ou 40 000 km/h. Seules les fusées sont capables d'atteindre cette vitesse vertigineuse. En brûlant du carburant, les moteurs produisent une immense quantité de gaz chauds. Comme ces gaz sont éjectés vers le bas, la fusée est propulsée vers le haut, dans la direction opposée. Puisque les fusées utilisent beaucoup de combustible, on a eu l'idée de les construire en sections détachables. Les étages peuvent ainsi se détacher au fur et à mesure qu'ils sont vidés de leur combustible.
>
> Comment ça marche ?, p. 67

1969 — L'astronaute américain Neil Armstrong est le premier homme à marcher sur le sol lunaire.

1966 — Luna 9 est la première sonde à alunir sur notre satellite.

1965 — Le sol de Mars est photographié pour la première fois par la sonde américaine Mariner 4.

1965 — Le cosmonaute Alexei Leonov est le premier homme à effectuer une sortie dans l'espace.

1961 — Le cosmonaute soviétique Iouri Gagarine est le premier humain à effectuer un vol dans l'espace.

Premier survol de...	Année	Sonde
Vénus	1961	Venera 1 (ancienne URSS)
Mars	1965	Mariner 4 (É.-U.)
Jupiter	1973	Pioneer 10 (É.-U.)
Mercure	1974	Mariner 10 (É.-U.)
Saturne	1979	Pioneer 11 (É.-U.)
Uranus	1986	Voyager 2 (É.-U.)
Neptune	1989	Voyager 2 (É.-U.)
Premier atterrissage sur...		
Vénus	1967	Venera 9 et Venera 10 (ancienne URSS)
Mars	1971	Mars 3 (ancienne URSS)

Puisqu'il est impossible d'envoyer des hommes visiter des planètes trop éloignées ou inhospitalières, on envoie des robots à leur place. Ce sont les sondes spatiales. Ces explorateurs des temps modernes ont visité à ce jour toutes les planètes du Système solaire. Certaines de ces sondes se mettent en orbite autour d'une planète alors que d'autres s'y posent. Les données qu'elles recueillent, comme une photo ou la température, nous parviennent ensuite sous forme d'ondes radio. Comme le disait le regretté Carl Sagan, un grand scientifique et un brillant romancier, « ces engins nous ont fait toucher du doigt des mondes merveilleux... »

Des humains dans l'espace

1981

La navette spatiale américaine Columbia effectue son premier vol.

1998

La construction de la station spatiale internationale débute.

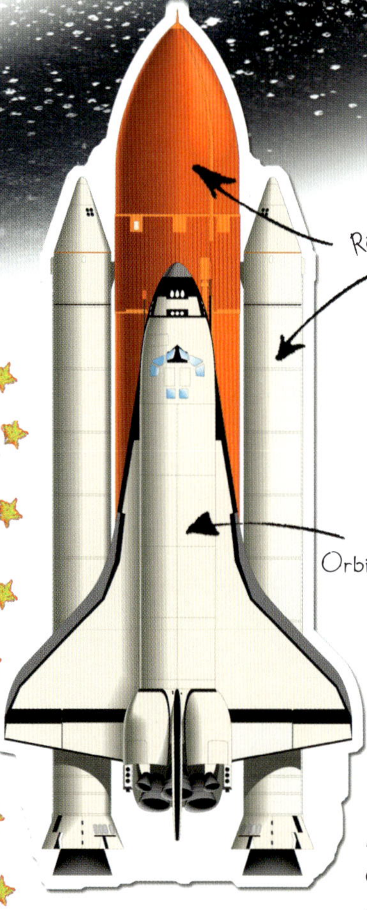

La première navette spatiale a vu le jour aux États-Unis, en 1981. Contrairement aux coûteuses fusées qui ne servent qu'une fois, ce véhicule est réutilisable. Au moment du lancement, sa partie principale, l'orbiteur, est montée sur un immense réservoir contenant le carburant qui alimente ses moteurs. La navette est lancée à la verticale, comme une fusée, mais elle atterrit sur une piste comme un avion. Derrière le compartiment où s'installe l'équipage de sept astronautes, se trouve une espèce de soute à bagages qui peut contenir, selon la mission, un satellite, une sonde spatiale ou un module de la future station spatiale.

Comment ça marche ?, p. 95

28 janvier 1986

La navette a explosé !

Cap Canaveral, Floride — Moins de deux minutes après le décollage, la navette Challenger a explosé sous le regard ahuri des spectateurs qui avaient assisté au lancement de la program...

La navette désintégrée

Le voyage de retour de Columbia s'est abruptement interrompu hier, alors que la navette explosait à quelques kilomètres de Cap Canaveral, en Floride, où elle devait atterrir vers 9 h 16. Après avoir entendu une formidable explosion, les habitants du Texas ont pu apercevoir dans le ciel bleu de longues traînées blanches. Les sept astronautes à bord de la navette venaient de perdre la vie, au terme d'une mission de 16 jours.

2 février 2003

Depuis ce tragique accident, 3 navettes ont poursuivi les vols et ont pu mener des dizaines de missions avec succès. Le programme des navettes spatiales américaines s'est achevé en juillet 2011 avec le vol d'Atlantis qui a livré du matériel à la Station spatiale internationale. J'ai déjà hâte de voir quels seront les prochains vaisseaux spatiaux vedettes !

Avec l'arrivée de la navette et de l'ambitieux projet de construction d'une nouvelle station spatiale, la compétition qui animait plusieurs pays semble avoir été remplacée par un esprit de coopération. Tant mieux ! Dans le cas de la Station spatiale internationale, pas moins de 16 pays, dont les États-Unis et la Russie, collaborent. Ce laboratoire ultraperfectionné peut accueillir pendant des semaines ou des mois sept scientifiques à la fois. Mais savais-tu que cette station n'est pas la première ? La mieux connue est probablement la station russe Mir, qui, un peu usée, a dû fermer ses portes en mars 2001 après 15 années de loyaux services.

Avant d'envoyer des hommes dans l'espace, les scientifiques ne connaissaient pas tous les effets du vol spatial sur l'organisme... Tu dois savoir que les conditions qui règnent dans un vaisseau spatial ne sont pas les mêmes que dans un avion. La principale différence est l'absence de pesanteur, ce qui fait que les astronautes flottent dans leur vaisseau ! Pour s'entraîner, ils font, entre autres, de courts vols dans un avion spécial qui recrée de brefs moments d'apesanteur. L'effet alors ressenti ressemble à ce que tu ressens lorsque tu es dans un ascenseur qui descend rapidement. Une fois dans l'espace, les astronautes doivent prendre le temps de bien manger et de faire de l'exercice pour rester en pleine forme. Bref, manger, boire, dormir, se laver, aller aux toilettes... le moindre geste constitue un défi !

Les astronautes doivent parfois quitter leur vaisseau pour effectuer une réparation, par exemple. Bien protégés par un scaphandre, ils sont toujours reliés au vaisseau mère par un long cordon.

LE PLUS LONG SÉJOUR

C'est le Russe Valeri Polyakov qui détient le record du plus long séjour dans l'espace. De 1994 à 1995, le cosmonaute a passé 437 jours à bord de la station orbitale Mir.

Même si la plupart des aliments y sont déshydratés et qu'on doit leur ajouter de l'eau avant de les consommer, on mange très bien à bord de la navette américaine ! Voici d'ailleurs un menu qui m'a été remis par mon ami Izin Spaice :

Petit déjeuner
Pêche
Flocons de céréales
Œufs brouillés
Chocolat

Déjeuner
Corned-beef et asperges
Fraises
Barre aux amandes

Dîner
Cocktail de crevettes
Steak
Gratin de brocolis
Pouding au caramel
Jus de fruits

APESANTEUR : Absence de pesanteur, cette force qui entraîne les corps vers le bas et leur donne un poids. Les astronautes sont en état d'apesanteur lorsqu'ils flottent librement dans leur vaisseau.

Les voyageurs de l'espace sont appelés :
- astronautes aux États-Unis,
- cosmonautes en Russie,
- spationautes en France,
- taïkonautes en Chine.

Voici la Station spatiale internationale. Il s'agit d'un véritable laboratoire de recherche où les astronautes peuvent effectuer des expériences en apesanteur et étudier la Terre et l'espace avec un point de vue exceptionnel.

Les prochains vols spatiaux auront pour but de poursuivre notre exploration des planètes. Les scientifiques désirent, entre autres, aller sur Mars et retourner sur la Lune. Certains rêvent même d'installer sur ces astres voisins des bases permanentes où les hommes pourront un jour habiter... D'autres disent que ce ne sont là que des scénarios de science-fiction. Mais qui sait, tu assisteras peut-être un jour à certaines de ces réalisations !

Sommes-nous seuls dans l'Univers ?

ASTROBIOLOGIE (du grec *astron* [étoile], *bios* [vie] et *logia* [science]) : Nouvelle science qui s'intéresse à la vie extraterrestre.

C'est avec émotion que j'entame le tout dernier sujet de cet album, la vie extraterrestre (un sujet passionnant sur lequel ne s'entendent pas tous les scientifiques). Existe-t-il des êtres vivants ailleurs que sur la Terre ? Oh la la ! la grande question ! Pour certains, la vie serait apparue sur notre planète par un unique concours de circonstances. Les tenants de cette théorie croient donc peu probable que la vie ait pu se développer sur une autre planète que la nôtre. D'autres penseurs, comme les astrobiologistes, par exemple, trouvent qu'il est difficile de croire que les conditions qui ont mené ici à l'apparition de la vie ne se soient pas répétées ailleurs ! Surtout lorsqu'on sait qu'il existe des milliards d'autres « soleils » et de systèmes solaires semblables au nôtre.

Et toi, mon ami, crois-tu qu'il puisse exister de la vie ailleurs que sur notre chère planète ? Quoi qu'il en soit, nous avons tous notre petite conception bien personnelle des autres habitants de l'Univers. J'ai décoré ces dernières pages de mon album de plusieurs dessins qui m'ont été envoyés par de jeunes artistes originaux... Tu peux bien sûr m'envoyer le tien. Je le joindrai avec plaisir à ma collection.

Grégory, 9 ans

Nicolas, 5 ans

Léonie, 9 ans

Sofianne, 4 ans

Marc, 4 ans

Étienne, 3 ans

Marie-Jeanne, 7 ans

Conditions nécessaires à la vie

Pour que la vie puisse apparaître, elle doit bénéficier de conditions semblables à celles que nous connaissons sur Terre. D'abord, la température doit être ni trop chaude ni trop froide et l'eau doit être présente sous sa forme liquide afin de permettre aux réactions chimiques propres au vivant de se produire. Une planète propice au développement de la vie doit également être de taille moyenne, et située ni trop près ni trop loin d'une étoile comme le Soleil. Enfin, elle doit être pourvue d'une atmosphère filtrant certains rayons cosmiques dangereux.

Encyclopédie de l'Univers, p. 86

La vie a très bien pu apparaître dans les océans qui existaient probablement sur Mars peu après sa formation. Il reste peut-être des traces de vie dans ces océans maintenant desséchés. Aussi, Europe, un satellite de Jupiter, cache peut-être un océan habité sous sa croûte de glace. Et qui sait si les autres planètes récemment découvertes en dehors de notre Système solaire cachent aussi de l'eau...

SETI : L'espace sur écoute

Depuis le début des années 1960, de nombreux projets de recherche ont été mis sur pied pour tenter de découvrir d'autres civilisations ailleurs dans l'Univers. Le SETI, qui signifie « Search for Extraterrestrial Intelligence » ou, en français, « Recherche d'intelligence extraterrestre », est un vaste programme qui consiste à capter des signaux radio en provenance d'étoiles lointaines à l'aide de radiotélescopes.

Les chercheurs du SETI espèrent donc capter les signes de vie d'une civilisation intelligente habitant sur une planète lointaine. T'es-tu déjà demandé ce qu'il se produirait si on recevait un signal et qu'on arrivait à le décoder ?! Ce serait assurément le plus grand événement de tous les temps ! Même si on n'a encore rien détecté, de nombreuses personnes affirment avoir observé des soucoupes volantes. Est-ce possible ? J'ai posé la question à Jean Doutefort.

```
Objet: À propos des OVNIS
Date : 6 août 2011
À : Association des sceptiques
```

Plusieurs personnes parfaitement dignes de foi ont observé d'insolites points lumineux et des objets aux formes les plus étranges évoluant dans le ciel... Que dit la science des OVNIS, ces Objets Volants Non Identifiés ? Merci.

Professeur Génius

```
Objet : Re : À propos des OVNIS
De : Association des sceptiques
```

Cher Professeur,

Sachez que la grande majorité des soucoupes volantes sont en fait de simples planètes, des satellites artificiels, des comètes, des étoiles filantes, etc. Les OVNIS seraient ainsi des OVMIS, c'est-à-dire des Objets Volants MAL Identifiés, et non des vaisseaux spatiaux pilotés par des extraterrestres.

Jean Doutefort

Même si on n'a pas encore trouvé de signes d'extraterrestres, cette quête a forcé les scientifiques à définir ce qu'était vraiment la vie... Et si nous étions bel et bien seuls dans l'Univers, le côté EXCEPTIONNEL de la vie serait alors reconnu ! Peut-être que ce jour-là les humains décideront enfin de protéger leur précieuse planète !

Mon album de la vie

Pour le moment, la Terre est le seul endroit connu dans l'Univers où se déroule le phénomène le plus grandiose qui soit : LA VIE. Comment est-elle apparue sur notre chère planète ? Quelle est l'étincelle qui l'a fait naître ? Quel est le moteur qui l'a fait exploser et adopter les multiples visages qu'on lui connaît ? Ce sont là de bien grands mystères, mon ami. Les êtres humains de toutes les époques ont cherché des explications. La philosophie, les religions et la science présentent différentes versions des faits. Ces versions se heurtent parfois, mais souvent, aussi, elles vivent en harmonie.

Dans « Mon album de la vie », j'ai choisi de te résumer l'histoire de la vie, telle qu'elle est vue et comprise par les scientifiques d'hier et d'aujourd'hui. Mais, rappelle-toi que les théories changent en fonction de notre connaissance du monde. L'histoire de la vie ne cessera donc jamais d'être réécrite.

Professeur Génius

Contenu

L'origine de la vie

D'où vient la vie ? Voilà, sans aucun doute, mon ami, le plus beau mystère auquel il nous est donné de réfléchir... Tu sais, presque tous les peuples ont inventé des histoires fabuleuses pour expliquer l'origine de la vie sur Terre. J'avoue que j'ai une petite préférence pour celle des aborigènes Arandas d'Australie. Selon celle-ci, des créatures fantastiques, dormant sous la terre, se seraient peu à peu réveillées au « Temps du rêve » (ou au commencement des temps) et seraient venues à la surface de la planète pour faire naître la vie... Quelle poésie ! Depuis l'Antiquité, des scientifiques tentent, eux aussi, d'expliquer l'origine des êtres vivants. Permets que je te présente ces savants, et leurs théories, qui ont marqué l'histoire de nos connaissances scientifiques.

Cette œuvre aborigène, peinte sur les parois d'une grotte, en Australie, date d'environ 20 000 ans. Elle représente des créatures du « Temps du rêve ».

La génération spontanée

Les êtres humains de l'Antiquité croyaient que des grenouilles et des serpents pouvaient naître de la boue, que des bambous engendraient des pucerons et que des mouches pouvaient naître des ordures et de la sueur... Cette théorie selon laquelle la matière non vivante peut faire naître la vie s'appelle la génération spontanée.

Tu sais, même si elle peut sembler abracadabrante, cette théorie est longtemps demeurée incontestée ! À partir du 17e siècle, quelques savants prennent parti contre la génération spontanée, ce qui mène à des affrontements entre partisans et opposants de la théorie. Jette un coup d'œil à ce précieux extrait tiré d'un journal de 1660 qui m'a été offert par mon ami Pietro Poussiero (il est antiquaire). Tu en apprendras un peu plus sur Jan Baptist Van Helmont et Francesco Redi, deux personnages qui ont marqué cette époque.

14 Le libre penseur florentin, 22 novembre 1660

Redi contre Van Helmont

Selon le médecin et chimiste bruxellois Jan Baptist Van Helmont, il suffirait de remplir un vase de grains de blé, puis de le sceller au moyen d'une chemise imprégnée de sueur, pour faire naître des souris 21 jours plus tard. Le biologiste Francesco Redi aurait toutefois réussi à montrer, plus tôt cette semaine, que cette « recette à faire naître des souris » est totalement absurde. Selon une source bien informée, Redi aurait utilisé huit jarres contenant différentes viandes. Quatre de ces jarres auraient été laissées ouvertes et quatre autres fermées. Il aurait constaté que les asticots n'envahissaient que les jarres laissées ouvertes, dans lesquelles des mouches adultes ont pu pondre leurs œufs. Redi aurait ainsi démontré que la vie ne peut pas naître spontanément, comme le prétend Van Helmont.

Anonyme

Au 19e siècle, une autre querelle scientifique célèbre opposa les Français Félix-Archimède Pouchet et Louis Pasteur. Alors que le premier était un partisan de la génération spontanée, le second croyait que seule la vie pouvait engendrer la vie. Pour prouver ses dires, Pasteur réalisa des expériences démontrant que toute apparition de vie dans un endroit clos était due à des germes (ou microbes) invisibles transportés par l'air. En 1864, Pasteur transmit les résultats de ses découvertes lors d'une conférence à l'Université parisienne de la Sorbonne et réussit à convaincre le public venu l'entendre. Il mit ainsi un terme aux querelles entre partisans et opposants de la théorie de la génération spontanée.

Louis Pasteur

L'histoire des théories sur l'origine de la vie est parsemée de querelles entre savants. Ces dernières ont parfois une origine religieuse. N'oublie pas que les croyances sont au cœur des valeurs humaines et qu'il est bien souvent douloureux de les remettre en question... J'ai demandé à mon excellent ami le cardinal Delarobrouge de me donner son avis sur la question. Voici sa réponse.

Très cher Génius,

Toutes les grandes religions possèdent leur récit de la création du monde. La Genèse, ou l'histoire de la Création, est un récit merveilleux relaté par l'Ancien Testament, le premier livre de la Bible. Elle raconte, entre autres choses, que la Terre, les plantes, les animaux, l'homme et la femme ont été créés par Dieu, en six jours. Au Moyen Âge, notamment, l'Église traitait de manière injuste et cruelle quiconque osait s'opposer à ces enseignements. Heureusement, mon cher ami, les temps ont bien changé et certains récits, comme celui de la Genèse, ne sont plus interprétés « à la lettre ». De grands scientifiques d'aujourd'hui sont profondément croyants et nombreux sont d'avis que science et religion peuvent faire bon ménage. Je crois pour ma part que les explications scientifiques apportent une vision intéressante qui peut très bien aller de pair avec une profonde croyance en Dieu. Il ne faut surtout jamais oublier de respecter les croyances de tous.

P.S. Je serai à Montréal cet automne, si vous consentez toujours à me recevoir chez vous, bien entendu. Je meurs d'impatience de vous montrer quelques documents précieux que j'ai dénichés dans la bibliothèque du Vatican.

Votre dévoué ami,
Le cardinal Delarobrouge

Cette magnifique toile a été réalisée en 1550 par le peintre italien Jacopo Robusti, dit Tintoretto. Elle représente la création des animaux par Dieu.

La panspermie ou la vie venue du cosmos

Une théorie expliquant les origines de la vie sur Terre prend forme au 19e siècle ; c'est la panspermie. Selon cette théorie, la vie serait d'origine extraterrestre. Un de ses ardents défenseurs, l'Allemand Hermann Richter, affirme en 1865 que la vie provient de l'espace et que la Terre pourrait avoir été « ensemencée » par des cosmozoaires, sortes de petites particules de vie enfouies au cœur des météorites... D'autres savants, dont le chimiste suédois Svante Arrhenius, joignent les rangs des défenseurs de la panspermie. Mon ami Pietro Poussiero m'a gentiment prêté ce document. Il s'agit de la traduction d'une des pages du journal personnel du célèbre chimiste. Je te laisse juger par toi-même de ses idées fort originales...

Svante Arrhenius

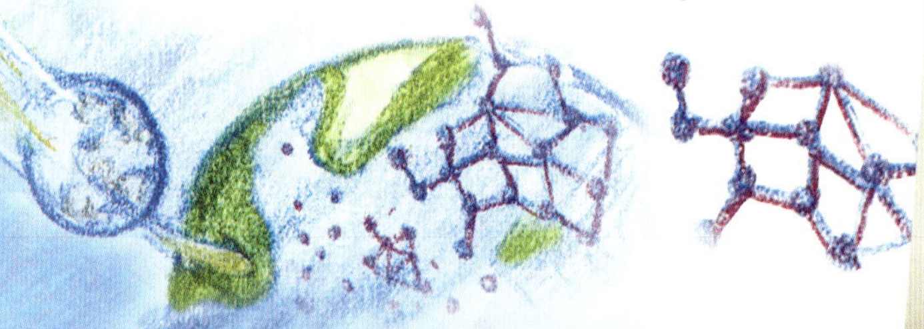

Décembre 1902

Cher journal,

Je suis persuadé que plusieurs scientifiques font fausse route en essayant de trouver à la vie une origine terrestre. Toutefois, contrairement au bon vieux Richter, je crois que des germes vagabondant dans le cosmos pourraient avoir voyagé jusqu'à la Terre en empruntant les rayons lumineux des étoiles. Je devrai bientôt rendre publique cette certitude...

Svante

Professeur,
Mon grand frère m'a dit qu'il y a de la vie dans les poussières et les comètes du cosmos.
Est-ce vrai ?
Marie-Soleil, 11 ans

J'ai fait suivre la question de Marie-Soleil à mon très bon ami le docteur Izin Spaice, astrophysicien, à qui je laisse le soin de répondre.

météorite de Murchison

Cher ami,

J'ai bien reçu la question qui vous a été soumise par la jeune Marie-Soleil. Voici donc ma réponse. À ce jour, les radioastronomes (les spécialistes qui étudient les rayonnements des astres) ont identifié plus de 50 molécules organiques (des composés chimiques qu'on retrouve dans les êtres vivants) voyageant dans l'espace interstellaire. De plus, l'analyse de météorites tombées sur la Terre — comme celles qui sont tombées à Orgueil, en France (1864) et à Murchison, en Australie (1969) — a montré que ces dernières cachaient des substances de type organique. Mais attention ! Si les molécules dites « organiques » entrent dans la composition des êtres vivants, elles NE SONT PAS vivantes ! Malgré tous les efforts déployés par mes collègues astronomes, il n'y a à ce jour aucune preuve de vie extraterrestre. Je vous tiens bien sûr au courant. Saluez chaleureusement vos jeunes lecteurs pour moi.

Bien à vous
Izin

L'origine chimique de la vie

Au cours des années 1920, le Russe Aleksandr Ivanovitch Oparine et le biologiste anglais John Haldane affirment que la vie serait apparue à la suite de transformations chimiques dans l'atmosphère de la jeune Terre. Leur théorie peut être résumée ainsi :

Énergie des rayons du Soleil
\+ Électricité des orages
Gaz de l'atmosphère
\= Molécules prébiotiques

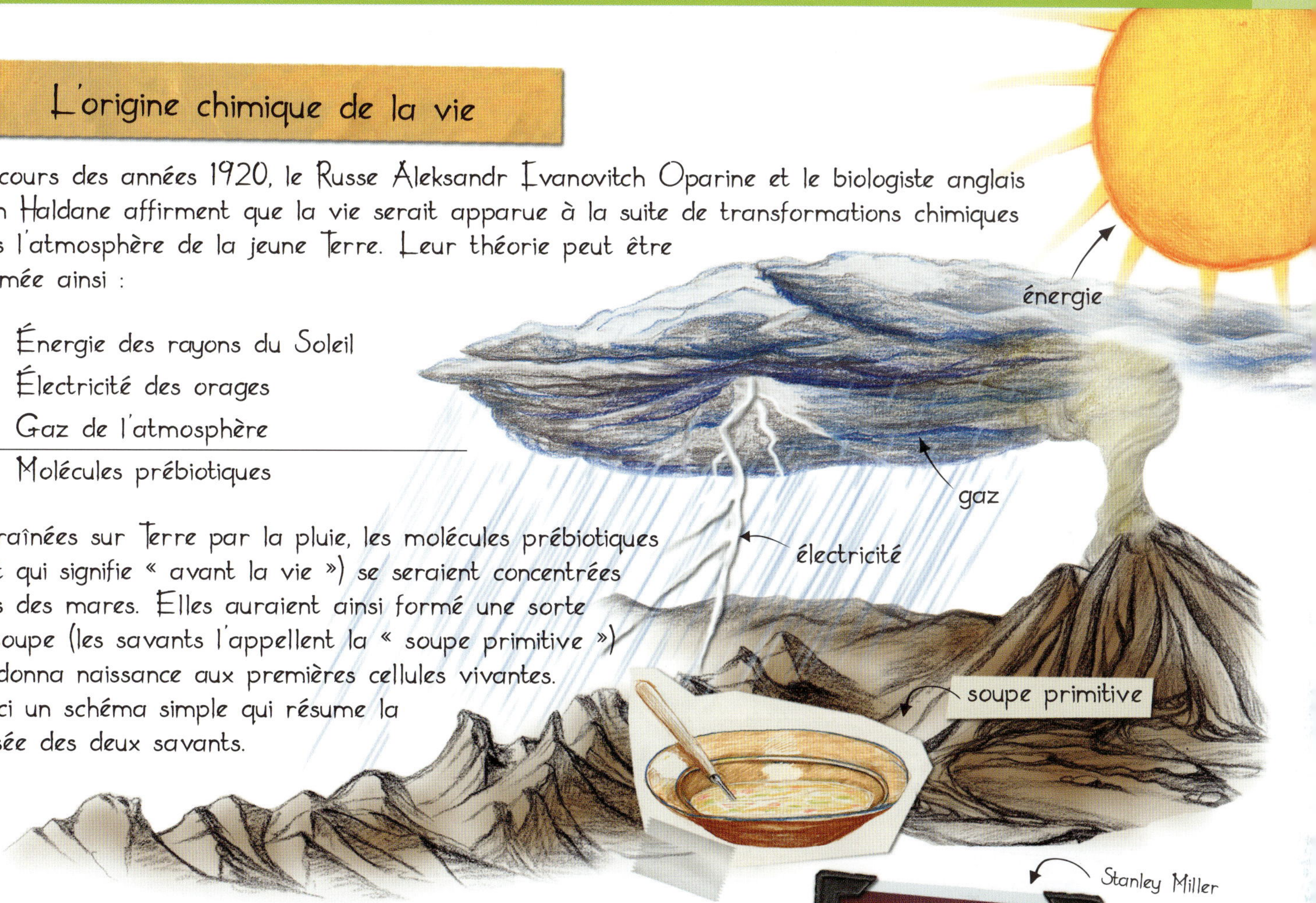

Entraînées sur Terre par la pluie, les molécules prébiotiques (mot qui signifie « avant la vie ») se seraient concentrées dans des mares. Elles auraient ainsi formé une sorte de soupe (les savants l'appellent la « soupe primitive ») qui donna naissance aux premières cellules vivantes. Voici un schéma simple qui résume la pensée des deux savants.

En 1952, mon ami Stanley Miller, alors étudiant à l'Université de Chicago, voulut vérifier si Oparine et Haldane avaient vu juste. Dans son laboratoire, il conçut un système composé de tubes et de ballons de verre, à l'intérieur desquels il rassembla les conditions existant au moment de l'apparition de la vie : un mélange de méthane, d'hydrogène et d'ammoniac (des gaz de l'atmosphère primitive identifiés par Oparine et Haldane), de l'eau (pour simuler les océans) et des décharges électriques (pour simuler les orages). Ses résultats furent très concluants : une semaine après le début de son expérience, Miller obtenait de grosses molécules organiques !

Voici un schéma du système de tubes et de ballons qui a permis à Miller de réaliser sa célèbre expérience.

Même si nous savons aujourd'hui que les gaz de l'atmosphère primitive étaient différents de ceux qui ont été mis en scène par Miller, il n'en reste pas moins que la vie pourrait bien être apparue à la suite de réactions chimiques similaires. Cependant, malgré les efforts des scientifiques de toutes les disciplines, nul n'a encore réussi à recréer la cellule, cette petite merveille à la base de tout organisme vivant. Le problème de l'apparition de la vie reste donc entier... Au fond, tu sais, l'idée de ne pas tout savoir ne me déplaît pas. C'est parce qu'elle comporte sa part de mystère que la vie sait demeurer toujours aussi séduisante à mes yeux...

Les chemins de la vie

Chaque théorie soulève son bagage de questions... Vois-tu, que la vie soit « née » à partir de la soupe primitive ou qu'elle soit tombée du ciel, la question est maintenant de savoir quel chemin elle a emprunté pour en arriver à former les êtres complexes que sont les plantes et les animaux. De nombreux penseurs et scientifiques ont tenté quelques explications pour le moins audacieuses, comme celle qui est présentée ci-dessous par ma chroniqueuse préférée, madame Claudine Surprenant.

Incroyable mais vrai !

par C. Surprenant

Des êtres vivants en pièces détachées !

Le philosophe et médecin grec Empédocle d'Agrigente, qui vécut de −483 à −423 environ, croyait que, chauffée par un feu intérieur, la boue pouvait donner naissance à des « morceaux » d'êtres vivants. Yeux sans tête, membres sans corps et jambes sans tronc s'associaient ensuite au hasard pour former des monstres étranges, tels que des hommes à tête de bœuf et des girafes à bec de canard ! Seuls les êtres qui avaient hérité d'un assemblage heureux survivaient. Promis à une existence impossible, les autres mouraient.

Scientifiquement vôtre, janvier 2010

Au 18e siècle, deux clans s'opposent : ceux qui croient que toutes les espèces ont été créées telles quelles et n'ont subi aucune modification, et ceux qui affirment plutôt que les espèces évoluent, ou se transforment. Voici trois scientifiques qui ont profondément marqué leur temps :

comte de Buffon (1707-1788)

Le Français Georges-Louis Leclerc, comte de Buffon, fut un des premiers à avoir soutenu que les espèces vivantes se transformaient. Ses théories lui attirèrent les foudres de l'Église qui considérait alors que ses propos étaient contraires à la religion. N'oublie pas que la religion catholique enseignait alors que les êtres vivants n'avaient pas changé depuis le jour de leur création. Buffon travailla toute sa vie à une œuvre colossale. Son *Histoire naturelle* fut publiée en 36 volumes, de 1749 à 1788. Voici justement la page titre d'un de ces volumes. Un trésor inestimable, déniché chez un antiquaire parisien.

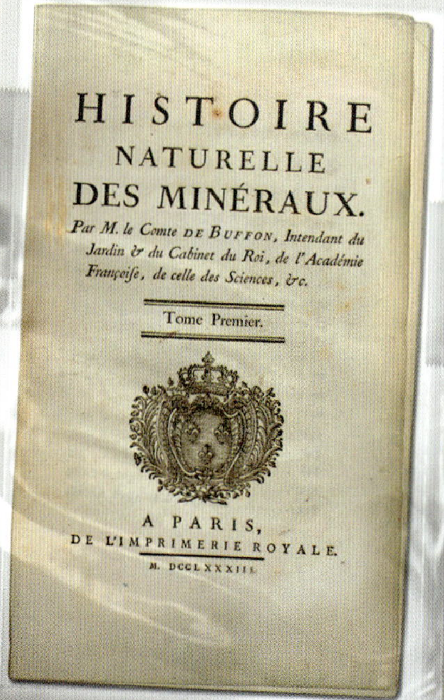

HISTOIRE NATURELLE DES MINÉRAUX.

Par M. le Comte DE BUFFON, Intendant du Jardin & du Cabinet du Roi, de l'Académie Françoise, de celle des Sciences, &c.

Tome Premier.

A PARIS, DE L'IMPRIMERIE ROYALE.

M. DCCLXXXIII.

Voici le Français Jean-Baptiste-Pierre-Antoine de Monet, chevalier de Lamarck. Il publia, en 1809, sa *Philosophie zoologique* selon laquelle tous les animaux auraient évolué à partir d'un ancêtre commun. Lamarck est l'auteur de la première véritable théorie de l'évolution des espèces. En voici un résumé.

chevalier de Lamarck (1744-1829)

Contrairement à Buffon et à Lamarck, le Français Georges Cuvier croyait que les espèces vivantes n'avaient jamais changé. Il croyait aussi que plusieurs catastrophes, qu'il appelait « révolutions », avaient pu entraîner la disparition d'un très grand nombre d'espèces à plusieurs reprises au cours de l'histoire de la Terre. Cuvier n'avait pas tout à fait tort, tu sais. En effet, nous verrons au cours de cet album que l'histoire de la vie a été marquée par plusieurs périodes d'extinctions au cours desquelles de nombreuses espèces vivantes sont disparues à jamais. Ce qui prouve que les vieilles idées ne sont pas toujours forcément loufoques !

Georges Cuvier (1769-1832)

L'évolution selon Lamarck

Selon Lamarck, les espèces évoluent pour mieux répondre aux caractéristiques du milieu dans lequel elles vivent. Selon sa théorie, l'utilisation fréquente d'un organe le rend plus fort et le développe. Au contraire, un organe inutile se détériore progressivement et finit par disparaître. Pour appuyer son hypothèse, le brillant naturaliste cite l'exemple de la girafe qui doit constamment étirer son cou pour s'alimenter au feuillage des arbres de la savane. Cette habitude aurait, selon lui, contribué à rendre les pattes de la girafe plus longues et son cou plus allongé, lui permettant ainsi d'atteindre des feuilles situées à 6 mètres du sol. Les girafes ayant acquis un plus long cou auraient ensuite transmis cette caractéristique à leur progéniture.

Histoire vivante, p. 12

Si l'évolution des espèces se réalisait selon les principes de Lamarck, un athlète s'entraînant pour les Jeux olympiques donnerait naissance... à des bébés musclés ! Ce qui est loin d'être le cas, tu le sais bien. Les idées de Lamarck, très originales, ne plaisaient pas au roi et aux communautés religieuse et scientifique de l'époque. Malgré tout, tu dois savoir qu'elles ont grandement contribué à l'avancement des théories sur l'évolution des espèces.

Si tu as un jour la chance de te rendre à Paris, ne manque pas d'aller visiter le Muséum national d'histoire naturelle. Plusieurs personnages célèbres, tels que Buffon, Cuvier et Lamarck, y ont travaillé. Le musée compte aujourd'hui des galeries d'exposition ouvertes à tous, des laboratoires, des jardins et une bibliothèque exceptionnelle où j'adore aller fureter pendant mes séjours parisiens !

Au 19e siècle, un vent de révolution souffle du côté de la Grande-Bretagne. Le grand responsable de cette tempête d'idées s'appelle Charles Darwin. Il est considéré comme le fondateur de la théorie moderne de l'évolution.

ÉVOLUTION (du latin *evolutio* [dérouler]) : Ensemble des changements que subissent les espèces vivantes au cours des temps géologiques et ayant pour résultat l'apparition de formes nouvelles.

Portraits de savants

Charles Robert Darwin (1809-1882)

Darwin est né le 12 février 1809, à Shrewsbury, en Angleterre. Il commence des études de médecine, mais déteste les dissections et ne peut supporter de voir la douleur des patients, alors opérés sans anesthésie. Il étudie ensuite la théologie à l'Université de Cambridge, mais sa passion pour les sciences naturelles allait être plus forte que son désir de devenir pasteur. Encouragé par son ami et professeur de botanique John Stevens Henslow, il s'embarque, le 27 décembre 1831, pour un voyage de cinq ans à bord du navire *Beagle*, à titre de botaniste et géologue.

Portraits de savants, p. 33

Objet : Une anecdote
Date : 17 septembre 2009
À : professeur Génius

Cher ami,

Comment se porte votre ambitieux projet d'album de la vie ? Je vous envoie cette anecdote savoureuse qui, je l'espère, saura trouver une petite place dans votre ouvrage… Saviez-vous qu'il s'en est fallu de peu pour que Darwin ne fût pas de l'équipage du *Beagle* ? En effet, le capitaine du navire, Fitz-Roy, croyait que la forme du nez possédait un impact sur l'énergie et la détermination des individus. Et il était loin d'être rassuré par le nez de Darwin, qu'il jugeait un peu trop court. Le nez de Darwin aurait donc menti, cher ami. Heureusement pour nous et pour l'histoire des sciences !

Paul Savant
Directeur du département des sciences et techniques
Université du Savoir

Voici une carte datant de 1837. Cette pièce de collection retraçant le fabuleux voyage autour du monde de Darwin m'a été offerte par mon ami Pietro Poussiero, antiquaire. Son auteur est inconnu, mais je me plais à penser qu'elle pourrait être de Darwin lui-même…

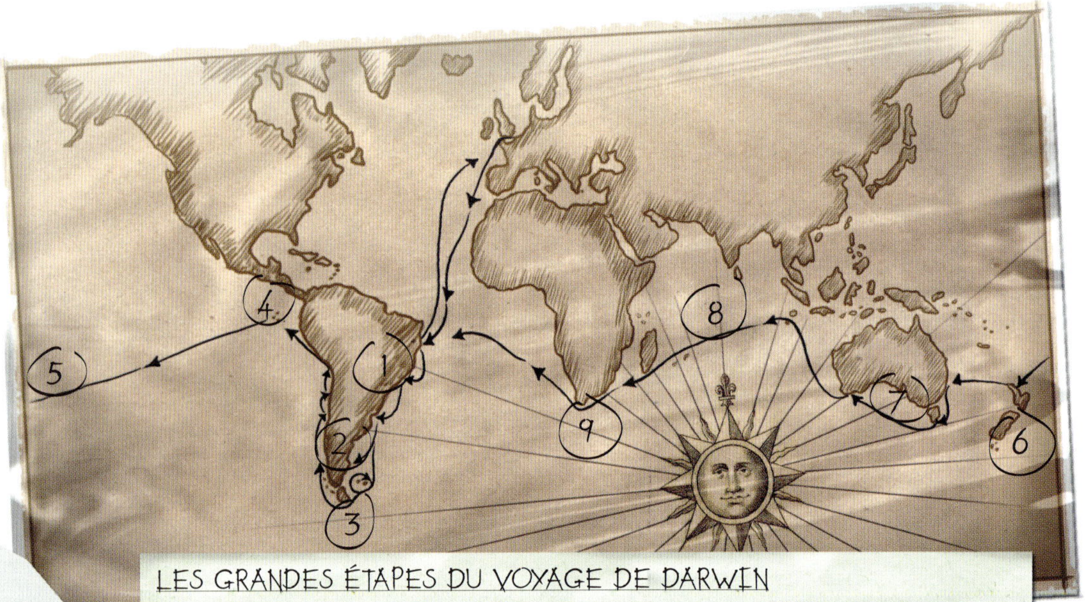

LES GRANDES ÉTAPES DU VOYAGE DE DARWIN

1. Brésil
2. Argentine
3. Cap Horn
4. Îles Galapagos
5. Océan Pacifique
6. Nouvelle-Zélande
7. Australie
8. Océan Indien
9. Cap de Bonne Espérance

Beagle

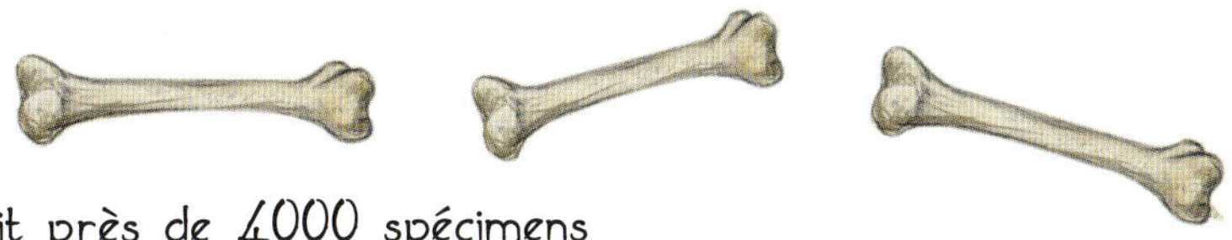

Pendant son voyage autour du monde, Darwin prit des notes, recueillit près de 4000 spécimens différents et fit des dessins de tout ce qu'il voyait. De petits pinsons des îles Galapagos attirèrent particulièrement son attention. Ces derniers, bien que très semblables, présentaient une forme de bec différente selon l'endroit où ils habitaient dans l'archipel. Court et trapu, long ou pointu, leur bec semblait s'être adapté à un mode d'alimentation particulier. Selon Darwin, ces observations prouvaient que les différentes espèces de pinsons des îles Galapagos avaient toutes évolué à partir d'une seule et même espèce ! Le 24 novembre 1859, soit près de 30 ans après son départ à bord du *Beagle*, Darwin publia l'extraordinaire *Origine des espèces*. En une journée seulement, les 1250 exemplaires imprimés furent vendus. Voici un court résumé de sa théorie révolutionnaire.

Camarhynchus crassirostris (mangeur de feuilles et de bourgeons)

Certhidea olivacea (mangeur d'insectes)

Geospiza conirostris (mangeur de graines)

L'évolution selon Darwin

Les individus d'une même espèce ne sont pas tous identiques. Certains possèdent des caractéristiques avantageuses dans un environnement donné. Chez les girafes, par exemple, les individus aux cous plus longs ont plus de chances d'atteindre les feuilles des arbres de la savane ; ceux aux cous plus courts meurent, faute de pouvoir se nourrir correctement. Les girafes au plus long cou se reproduisent entre elles et transmettent cette caractéristique « gagnante » à leur progéniture, de génération en génération. C'est ainsi que, lentement et graduellement, de nouvelles espèces font leur apparition, tandis que d'autres s'éteignent. Darwin nomme « sélection naturelle » ce phénomène conduisant la nature à sélectionner les individus les mieux adaptés à leur environnement.

Histoire vivante, p. 22

L'Origine des espèces fit l'effet d'une bombe dans les milieux religieux et scientifiques car, selon la théorie proposée par Darwin, l'être humain serait un très proche cousin du singe. On raconte même que, à la suite de la lecture du livre de Darwin, l'épouse de l'évêque de Worcester aurait déclaré : « Descendre du singe ?! Espérons que ce n'est pas vrai... Mais si ça l'est, prions pour que la chose ne s'ébruite pas... »

En 1858, Darwin reçut une lettre d'Alfred Wallace, un jeune naturaliste britannique qui voulait lui exposer ses idées sur l'origine des espèces. Bouleversé de constater que le jeune naturaliste arrivait aux mêmes conclusions que lui sur l'évolution, Darwin se dépêcha de publier le premier les résultats de ses réflexions des 30 dernières années.

Des preuves en faveur de l'évolution

La théorie de Darwin, aussi brillante soit-elle, n'explique malheureusement pas tout. Les scientifiques sont des juges bien sévères, mon ami. Ils ne se contentent pas de théories. Ils veulent des preuves ! Toi aussi, n'est-ce pas ? Alors, en voici quelques-unes.

Preuve #1 : La génétique explique l'évolution

Au 20e siècle, une nouvelle science est apparue, la génétique. La génétique est venue en aide au bon vieux Darwin car elle a permis d'expliquer COMMENT apparaissent les différences entre les individus (les cous plus ou moins longs chez les girafes, par exemple). Les fondements de la génétique sont un peu complexes et une seule page de cet album ne suffirait pas à te les expliquer. En voici donc simplement un bref résumé. Chaque individu porte dans les cellules de son corps son code de fabrication. Ce code se présente sous la forme d'une très longue molécule qui ressemble à une échelle enroulée en spirale. C'est l'ADN (pour Acide DésoxyriboNucléique). Lors de la reproduction, les parents transmettent une copie de leur ADN à leur petit. C'est pour cette raison que les enfants ressemblent souvent à leurs parents ! À ce moment, il arrive parfois que l'ADN subisse de petites modifications. Les savants appellent ces changements des « mutations génétiques ». Certaines mutations peuvent créer de nouvelles caractéristiques chez les individus – un cou plus long chez les girafes, par exemple... Tu me suis ? Les individus mutants transmettent leur nouvelle caractéristique à leurs enfants. Au fil des générations, les mutations s'accumulent et au bout de milliers d'années, les descendants des premiers mutants peuvent former une nouvelle espèce. C'est aussi simple que cela ! Les théories de Darwin et les travaux de la génétique ont fait naître une nouvelle théorie de l'évolution appelée « néodarwinisme ».

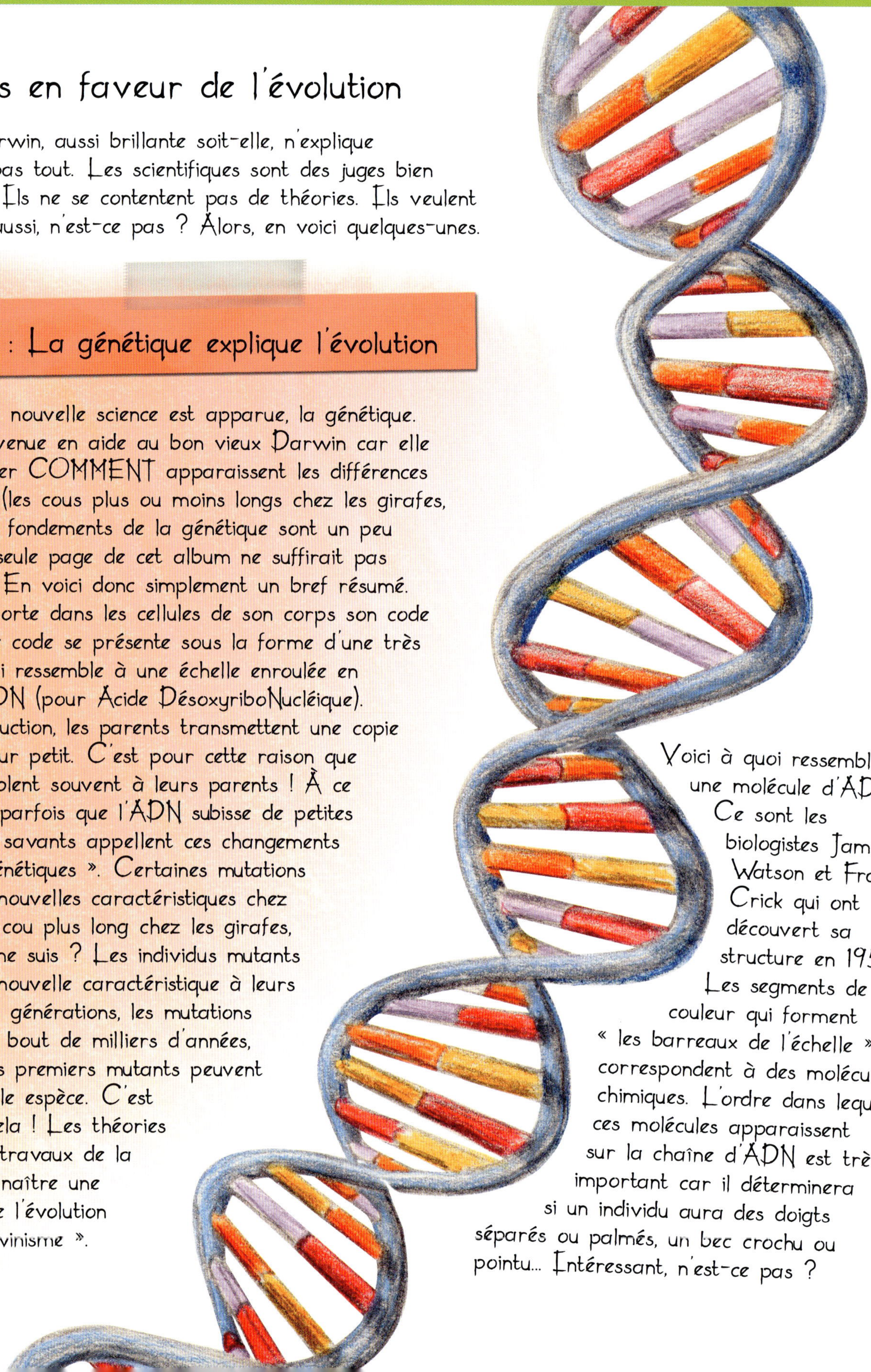

Voici à quoi ressemble une molécule d'ADN. Ce sont les biologistes James Watson et Francis Crick qui ont découvert sa structure en 1953. Les segments de couleur qui forment « les barreaux de l'échelle » correspondent à des molécules chimiques. L'ordre dans lequel ces molécules apparaissent sur la chaîne d'ADN est très important car il déterminera si un individu aura des doigts séparés ou palmés, un bec crochu ou pointu... Intéressant, n'est-ce pas ?

Preuve #2 : Les embryons racontent l'histoire des espèces

En 1866, le zoologiste Ernst Haeckel remarqua que les embryons d'animaux fort différents possèdent, à un moment de leur développement, une forme semblable... Cela te surprend ? Jette un coup d'œil à cette illustration et constate-le par toi-même. Les embryons de la salamandre, du coq, du porc et de l'être humain possèdent tous des sortes de branchies à un moment de leur développement. Et il en est de même pour la plupart des vertébrés (sur mes dessins, les branchies forment des plis dans la région du cou). Chez les poissons, ces ébauches de branchies se développent alors qu'elles disparaissent chez les créatures dotées de poumons, comme les oiseaux et les mammifères. Cette observation appuie la théorie de l'évolution de Darwin car elle permet de supposer que les vertébrés, groupe auquel nous appartenons, aient pu évoluer à partir d'un ancêtre commun !

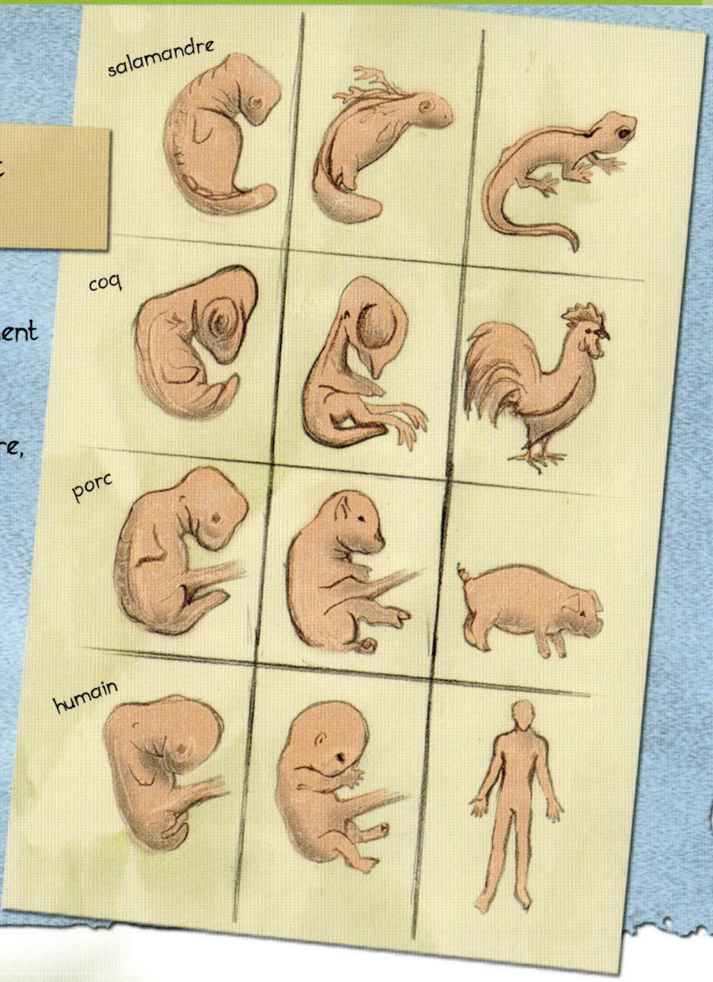

Preuve #3 : Des ressemblances... dans la différence

À première vue, une patte de rat, une aile de chauve-souris et une main humaine n'ont pas grand-chose en commun, me diras-tu. Mais regardes-y de plus près et observe bien : même s'ils sont de forme différente, les os des membres antérieurs de ces êtres vivants sont assemblés de la même façon ! Cela ne prouve-t-il pas que le rat, la chauve-souris et l'humain ont pu évoluer à partir d'un ancêtre commun ?

patte de rat — aile de chauve-souris — main humaine

L'évolution des espèces est très complexe, tu sais. N'oublie pas que ses mécanismes se sont exercés sur des millions et des millions d'années et que nul ne peut encore les expliquer dans leurs moindres détails. La plupart des savants d'aujourd'hui ont accepté la théorie de Darwin, même si certains d'entre eux, comme le Japonais Motoo Kimura et l'Américain Stephen Jay Gould lui ont apporté de légères modifications.

Classer le monde vivant

Chaque début d'année, je ressens le besoin de mettre un peu d'ordre dans mes papiers. Je classe alors mes extraits encyclopédiques, mes articles de journaux, mes revues et tout ce qui s'éparpille sur mon bureau. Ce besoin de tout classer est normal, tu sais. L'ordre nous fait voir les choses sous un jour nouveau et nous permet souvent de mieux les comprendre. À partir du 17e siècle, les explorateurs scientifiques ramènent des minéraux, des végétaux et des animaux de partout dans le monde. Les scientifiques sentent rapidement le besoin de classer ces spécimens. Une nouvelle discipline qui consiste à classer les êtres vivants voit le jour : elle s'appelle la taxinomie.

Aristote conçut un système pour classer les 400 animaux connus des Anciens. Ce dernier tient compte de certaines caractéristiques physiques, comme la présence d'ailes ou de nageoires. Parce qu'ils étaient dotés d'ailes, les insectes, les chauves-souris et les oiseaux étaient classés dans le même groupe.

Au 18e siècle, le naturaliste et médecin suédois Carl Von Linné met un peu d'ordre dans le monde vivant. Son système de « rangement » permet de classer les espèces les unes par rapport aux autres et de définir leur lien de parenté. Même s'il a connu des modifications, le système de Linné est encore utilisé par la plupart des biologistes et des paléontologues. Dans ce système, chaque espèce appartient à un « genre », une « famille », un « ordre », une « classe », un « embranchement » et un « règne ».

Carl VON LINNÉ (1707-1778)

Inventeur du système de classification des êtres vivants encore utilisé de nos jours. Linné inventa un système dit « binomial », où chaque être vivant se voit attribuer un nom composé de deux parties. La première désigne le genre auquel l'organisme appartient ; la deuxième précise l'espèce. Linné inventa également un système qui classe chaque espèce à l'intérieur de groupes, de plus en plus vastes, selon des critères précis. Son système de classification fut adopté partout en Europe dès la fin du 18e siècle.

Inventeurs et inventions, p.105

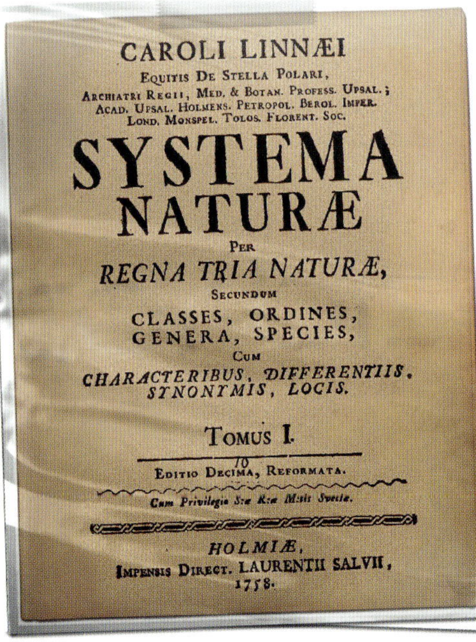

Le *Systema Naturæ* de Linné est publié entre 1735 et 1766. Il nomme et classifie pas moins de 4400 espèces animales, végétales et minérales. Un travail colossal ! Les noms donnés aux espèces sont tirés du latin. Le chat domestique, par exemple, a hérité du nom de *Felis domestica*. Il appartient donc au genre *Felis* et à l'espèce *domestica*. Je me suis amusé à t'illustrer la position du chat dans le système de Linné. Regarde à la page 77 !

UNE NOTE POUR TES TRAVAUX...

Le genre et l'espèce s'écrivent en lettres italiques et le genre prend une lettre majuscule. Si tu écris à la main, prends soin de souligner ces noms pour bien marquer qu'il s'agit de noms latins d'espèces vivantes !

Espèce : Groupe de très proches parents qui peuvent se reproduire entre eux.

Genre : Groupe d'animaux ayant des traits communs, mais qui ne peuvent pas se reproduire entre eux. Le chat appartient au genre *Felis*.

Famille : Groupe de genres qui présentent des traits communs. Le chat appartient à la famille des Félidés.

Ordre : Groupe de familles qui ont une origine commune. Le chat appartient à l'ordre des Carnivores.

Classe : Groupe formé d'ordres. Le chat appartient à la classe des Mammifères, des animaux possédant des poils et des glandes mammaires qui fabriquent du lait.

Embranchement : Ensemble des êtres vivants qui possèdent le même ancêtre lointain. Le chat appartient à l'embranchement des Chordés, des animaux qui possèdent pour la plupart une colonne vertébrale.

Règne : C'est le niveau le plus élevé. Le chat appartient au règne animal. Les biologistes identifient cinq règnes vivants : les champignons, les monères (dont les bactéries), les végétaux, les animaux et les protistes, des organismes constitués d'une seule cellule.

Les travaux de classification des espèces vivantes n'auraient pas pu être réalisés sans l'avènement de la paléontologie, cette science qui étudie les fossiles. Puisqu'il sera grandement question des fossiles dans cet album, je leur ai consacré les deux prochaines pages.

Il existe d'autres systèmes de classification des espèces vivantes. La classification phylogénétique, par exemple, s'impose de plus en plus dans les milieux scientifiques. Elle repose en partie sur l'étude de l'ADN des êtres vivants. Les découvertes génétiques des dernières années ont en effet montré que l'ADN de différentes espèces pouvait présenter des similitudes plus ou moins importantes, selon le lien de parenté les unissant. En comparant les codes génétiques des espèces vivantes, les biologistes arrivent à établir de nouveaux liens de parenté. Selon la classification phylogénétique, les plus proches parents vivants des oiseaux seraient les crocodiles. Quant aux baleines, leurs plus proches parents vivants seraient les hippopotames.

Les fossiles, témoins du passé

Les fossiles sont des indices précieux qui permettent aux paléontologues de classer les espèces vivantes (comme nous l'avons vu à la page précédente) et de reconstituer l'histoire de la vie. Les fossiles sont conservés dans les roches sédimentaires, le charbon, la cendre volcanique, la glace... Un œuf, une coquille, un os ou une partie d'os, une dent, un terrier, une empreinte, du pollen et même des excréments peuvent constituer des fossiles. Il arrive que des animaux entiers soient fossilisés. Plusieurs insectes, par exemple, ont été conservés intacts dans de l'ambre, une résine de pin datant d'environ 30 millions d'années. D'autres animaux, comme le mammouth, ont été conservés dans la glace. Voici un court extrait tiré d'un de mes ouvrages préférés. Il explique clairement et simplement comment se forme un fossile.

LA FORMATION D'UN FOSSILE

Les sédiments sont constitués de débris de toutes sortes qui se déposent continuellement au fond de l'eau. Avec le temps, plusieurs couches superposées de sédiments se forment, durcissent et se transforment en roche sédimentaire. Chaque couche peut contenir des fossiles appartenant à une époque précise. Voici les trois étapes principales de la formation d'un fossile.

1. Un mollusque meurt au fond de l'eau. Son corps est vite décomposé mais sa coquille, plus dure, est conservée.
2. Peu à peu, les sédiments recouvrent la coquille et durcissent. La coquille est ainsi emprisonnée dans la roche sédimentaire.
3. Après des millions d'années, des mouvements de la croûte terrestre ou des fouilles des paléontologues ramènent parfois le fossile à la surface.

Atlas de la Terre, p. 11

Libellule fossilisée, âgée d'environ 150 millions d'années.

Les paléontologues croient qu'au moins 1 à 2 milliards d'espèces animales et végétales ont existé sur Terre. Seulement quelques centaines de milliers d'entre elles ont été retrouvées sous forme de fossiles.

Les *Lagerstätten*, un mot allemand qui signifie « lieu de dépôt », sont des sites où l'on retrouve plusieurs fossiles extraordinairement bien conservés, dont de nombreux animaux à corps mou. Plus de 100 *Lagerstätten* ont été trouvés à ce jour. Ils nous font revivre de manière saisissante certaines « tranches » des époques géologiques. J'aurai l'occasion de t'en présenter quelques-uns, plus tard, dans mon album.

École de paléontologie moderne

Cher ami,

Comme vous le constaterez en jetant un coup d'œil aux photos que je vous ai envoyées, les fossiles furent pendant longtemps de grands incompris. La grande révolution se produisit au 18e siècle, lorsque plusieurs fossiles furent déterrés. On s'intéressa de plus en plus à ces curieux objets et on comprit qu'ils étaient les restes d'êtres vivants ayant vécu sur Terre dans des temps plus ou moins reculés. De nombreuses collections furent dès lors constituées dans les musées. Le zoologiste français Georges Cuvier fut le premier expert capable de reconstituer des squelettes fossiles complets à partir de simples fragments, une dent par exemple. Il fut aussi un des premiers à démontrer que certaines espèces qui ont existé dans le passé sont aujourd'hui éteintes. Ce concept d'extinction des espèces fut largement reconnu un peu partout dans le monde, à partir de 1830. De grands paléontologues tels que Louis Agassiz, Edward Cope et Othniel Charles Marsh se succédèrent plus tard au 19e siècle et firent progresser nos connaissances en matière de fossiles. Voilà pour l'histoire des fossiles que vous m'avez demandé de résumer. J'espère que vos jeunes lecteurs trouveront là matière à satisfaire leur curiosité !

Bien à vous,
Professeur Jack S. Kelleth
École de paléontologie moderne

Au Moyen Âge, des crânes d'ours des cavernes furent pris pour des crânes de dragons cracheurs de feu.

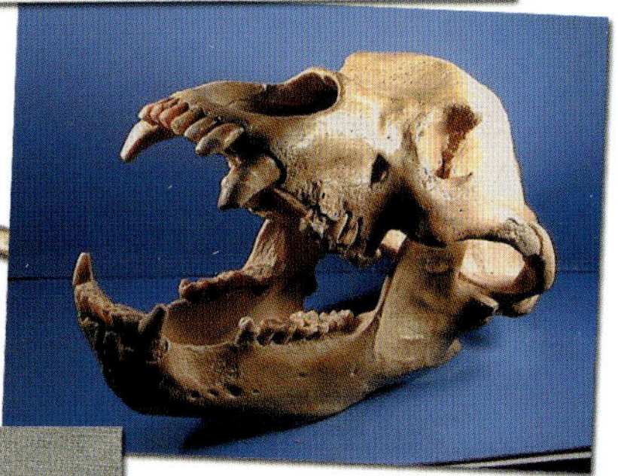

Le naturaliste Pline l'Ancien, qui vécut au premier siècle de notre ère, croyait que des dents de requin fossilisées étaient des langues de pierre tombées sur la Terre durant les éclipses de Lune.

Les fossiles ont une très grande valeur aux yeux des scientifiques qui étudient l'histoire de la vie, mais ils ne peuvent tout expliquer à eux seuls. Je t'ai dressé une liste présentant quelques-uns des principaux problèmes liés aux archives fossiles.

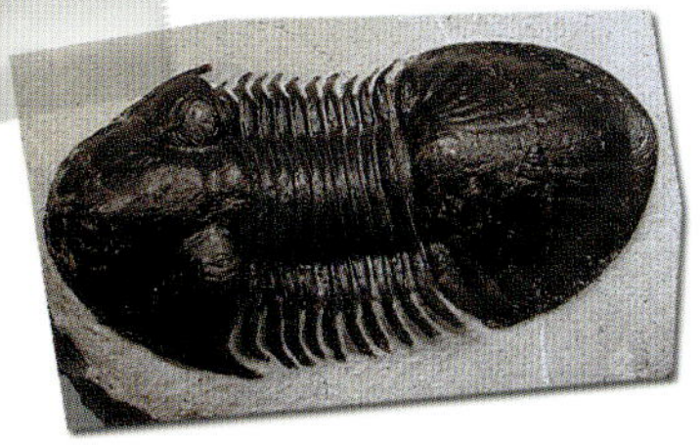

Fossile de trilobite âgé d'environ 450 millions d'années.

- Certaines périodes de l'histoire de la Terre ne contiennent que très peu de spécimens fossiles.
- Les mouvements de la croûte terrestre peuvent briser les fossiles et des phénomènes tels que les inondations peuvent les disperser.
- Les fossiles d'animaux complets sont rares.
- Les animaux au corps mou sont très rarement fossilisés car seules les parties dures sont habituellement conservées.
- Il existe des régions encore mal explorées par les paléontologues, entre autres la Chine, l'Australie et l'Amérique du Sud.

En conclusion, même si les fossiles sont des indices extraordinaires de la vie passée, des spécialistes de toutes les disciplines (chimistes, physiciens, biologistes, météorologues, paléontologues, botanistes, etc.) doivent travailler de concert pour essayer de comprendre l'histoire de notre planète.

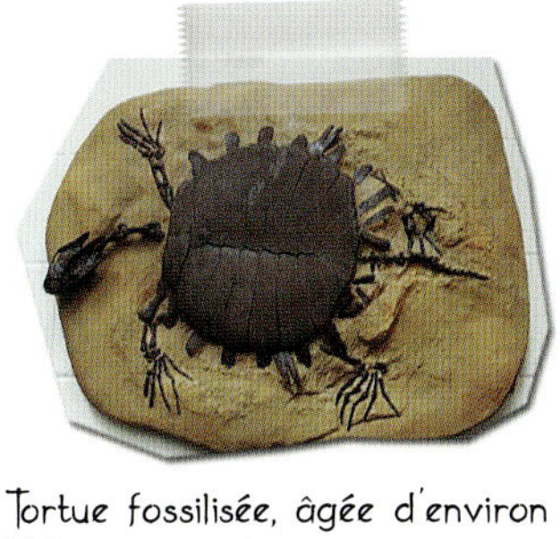

Tortue fossilisée, âgée d'environ 70 millions d'années.

Grenouille fossilisée, âgée d'environ 18 millions d'années.

Les ères géologiques

Les savants divisent l'histoire de la Terre en périodes caractérisées par un changement important, comme l'apparition ou la disparition d'un groupe d'animaux, l'apparition de chaînes montagneuses, la variation du niveau des mers ou un changement climatique. J'aime beaucoup cette illustration des temps géologiques. Elle présente admirablement bien les différentes périodes et les situe dans le temps. Je reviendrai sur chacune de ces périodes, mais tu peux aller directement à celle qui t'intéresse en t'aidant des numéros de page que j'ai notés pour toi.

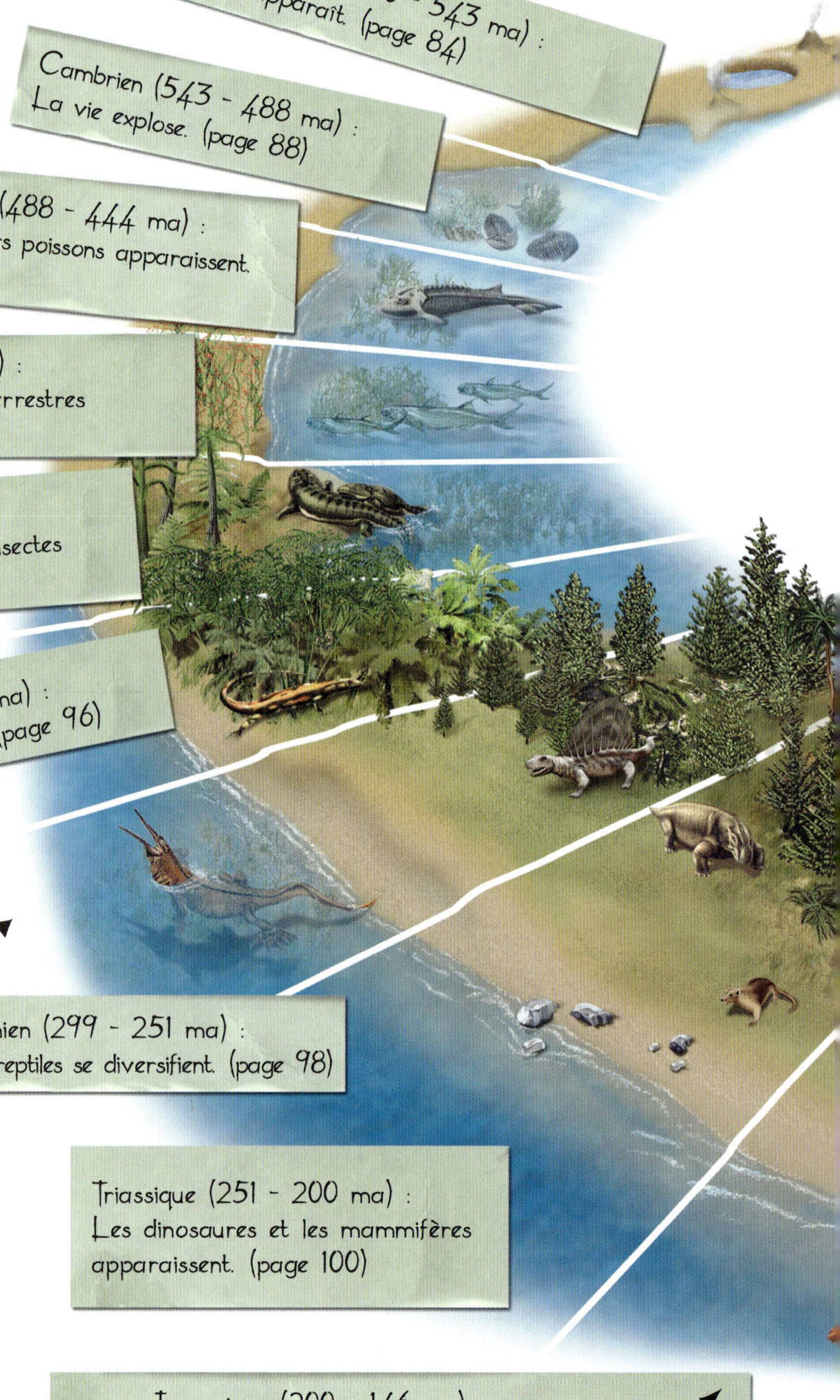

Incroyable mais vrai !

par C. Surprenant

L'histoire de la Terre sur une année...

Imaginons que la Terre ait été créée un 1er janvier à minuit. La première forme de vie apparaît vers le mois d'avril. Les végétaux commencent à croître sur la terre ferme à la fin novembre. Les dinosaures voient le jour vers la mi-décembre, pour disparaître le 25 décembre vers 19 heures et l'espèce humaine peuple la Terre le 31 décembre à 23 h 25.

Scientifiquement vôtre, septembre 2008

Bonjour,
Comment les géologues ont-ils fait pour déterminer l'âge des périodes géologiques ?
Sam, 12 ans

Les roches s'accumulent sur la Terre, au fil des millénaires, et forment des couches que l'on appelle « strates ». Il existe plusieurs méthodes permettant de déterminer l'âge d'une strate, ou d'une couche de sol, si tu préfères. En principe, les couches les plus récentes se trouvent sur le dessus et les plus anciennes, au fond. Les spécialistes peuvent parfois se fier à cette méthode d'observation simple pour déterminer l'âge d'une strate. Il arrive cependant que des accidents naturels, comme des plissements ou des cassures dans le sol, bouleversent l'ordre des strates. Les géologues se tournent alors vers d'autres méthodes de datation. Une d'entre elles consiste à étudier les fossiles inclus dans la strate et à déterminer leur âge (donc l'âge de la strate elle-même). Une autre méthode utilise la radioactivité. Vois justement ce court extrait.

La radiochronologie

Certains éléments chimiques radioactifs contenus dans les roches sont de véritables horloges des temps géologiques. Ces éléments se désintègrent pour se transformer en d'autres. L'uranium, par exemple, se transforme en plomb. Chaque élément radioactif se désintègre à son propre rythme et ce rythme est bien connu des géologues. En calculant la quantité d'uranium inclus dans une roche, par rapport au plomb, par exemple, les géologues arrivent à déterminer l'âge des roches.

La Terre, p. 123

Néogène (23 ma à aujourd'hui) :
Les humains apparaissent. (page 112)

Paléogène (66 - 23 ma) :
Les ancêtres de l'Homme voient le jour. (page 110)

Crétacé (146 - 66 ma) :
Les plantes à fleurs apparaissent et les dinosaures disparaissent. (page 108)

Avant d'aller plus loin, permets que je m'attarde quelques instants sur celle sans qui toute cette histoire n'aurait pas été possible... Tu as deviné de qui il s'agit ? De notre bonne vieille Terre, bien entendu !

La formation de la Terre

Mon récit débute il y a 5 milliards d'années. Notre Système solaire n'était alors qu'un immense nuage de gaz et de poussières. Sous l'effet d'un choc gigantesque, peut-être l'explosion d'une étoile voisine, ce nuage s'est contracté et s'est mis à tourner sur lui-même comme un tourbillon. Son centre est alors devenu de plus en plus chaud, compact et lumineux. C'est ainsi que naissait une jeune étoile, notre Soleil. Peu à peu, les résidus de poussières qui continuaient de tourner autour du Soleil se sont agglutinés pour former une multitude de cailloux. À force de se percuter, ces fragments de roche se sont assemblés et ont grossi jusqu'à former, il y a 4,6 milliards d'années, la Terre et les sept autres planètes du Système solaire. La Terre primitive était alors loin de ressembler à celle que nous connaissons aujourd'hui...

Voici la dernière théorie scientifique que nous ayons concernant la naissance de notre planète :

1. La jeune Terre est complètement recouverte d'une épaisse couche de lave brûlante, de la roche liquide, de plusieurs kilomètres d'épaisseur. Elle ne possède pas de croûte solide.

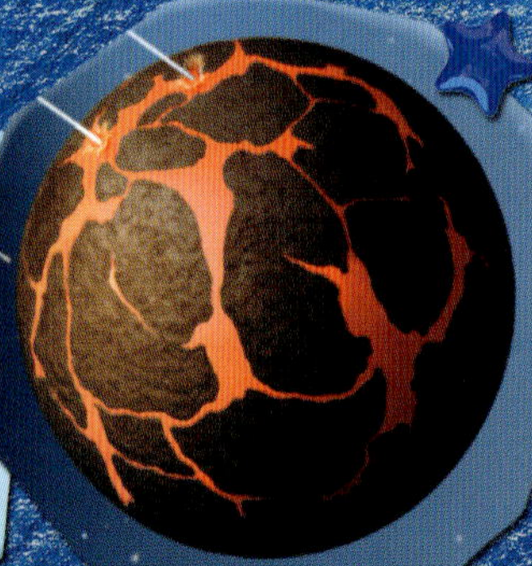

2. Peu à peu, la couche de lave qui recouvre la surface de la planète se refroidit et donne naissance aux premiers morceaux de croûte terrestre.

3. Avec le temps, une croûte primitive finit par recouvrir entièrement la planète. Les nombreux volcans qui marquent alors sa surface crachent dans le ciel d'énormes quantités de vapeur d'eau et de gaz toxiques formant une atmosphère irrespirable.

Sans eau, sans atmosphère respirable ni protection contre les dangereux rayons du Soleil, notre jeune planète était bien loin d'offrir un environnement invitant. Il ne faut pas oublier, de plus, que d'énormes météorites se sont écrasées sur la Terre pendant près de 1 milliard d'années. En frappant sa surface, ces voyageuses de l'espace libéraient une chaleur si importante qu'elle pouvait littéralement faire bouillir les océans !

Charles Lyell est un des géologues les plus importants des 200 dernières années. Voici un court portrait de ce père de la géologie moderne.

Portraits de savants

Charles Lyell *(1797-1875)*

Géologue écossais. Aîné d'une famille de 10 enfants, Charles Lyell fit des études en droit mais se passionna surtout pour la géologie. Ses travaux dans le domaine de la stratigraphie (étude des couches sédimentaires de la surface de la Terre) ont ouvert la voie à de nombreux géologues. Il étudia entre autres la période Tertiaire, correspondant aujourd'hui au Paléogène et au Néogène. Il divisa le Tertiaire en trois périodes : le Pliocène, le Miocène et l'Éocène. Entre 1830 et 1833, il publia ses *Principes de géologie.* Rejetant les explications basées sur les saintes écritures, ces théories montrèrent plutôt que la Terre avait été façonnée lentement, sur une très longue période de temps.

Portraits de savants, p. 105

GÉOLOGIE (du grec *gê* [terre] et *logia* [théorie]) : Science qui étudie la Terre. Elle décrit les transformations actuelles et passées de la planète et les matériaux qui la composent.

Incroyable mais vrai !

par C. Surprenant

La Terre a vieilli de 4,5 milliards d'années en... 350 ans !

C'est l'évêque irlandais James Ussher, en 1650, qui le premier tenta de déterminer l'âge de notre planète. Comment ? Ce spécialiste des saintes écritures compta tout simplement le nombre de générations écoulées depuis Adam et Ève, le premier couple d'humains selon la Bible ! Il affirma ainsi que la Terre avait été créée le 23 octobre 4004 avant Jésus-Christ (l'âge de la Terre était donc, selon lui, de 5654 ans, en 1650). La découverte des fossiles et des couches de roches empilées, les strates, apportera une autre dimension au problème. Dans les années 1830, le géologue écossais, sir Charles Lyell, affirma que le monde était probablement plus ancien qu'on ne le croyait et qu'il était sans doute âgé de millions d'années... Au 20e siècle, les techniques de datation issues de la radioactivité apportèrent un éclairage nouveau. La datation des météorites remontant à la naissance du Système solaire et des roches lunaires permettent dorénavant d'avancer un âge de 4,56 milliards d'années. Un sacré coup de vieux pour notre chère planète !

Scientifiquement vôtre, décembre 2010

4. En refroidissant, la vapeur d'eau contenue dans l'atmosphère primitive se transforme en épais nuages. Puis, durant des milliers d'années, une pluie torrentielle s'abat sur la Terre. Ce déluge est à l'origine du premier océan !

(4 560-543 ma)

Précambrien - Le miracle de la vie

Le premier chapitre de notre histoire débute il y a 4,56 milliards d'années et dure près de... 4 milliards d'années! Nous ne connaissons que très peu de choses du Précambrien, mon ami, car ce sont les roches qui racontent le passé et celles datant de cette période ont pour la plupart été détruites avec le temps ou sont profondément enfouies dans la croûte terrestre. Cette période est très importante, tu sais, car c'est dans son environnement extrême, sous une chaleur étouffante et une atmosphère irrespirable, que s'est produit le «miracle de la vie», il y a près de 3,8 milliards d'années. Voici tout d'abord un extrait qui résume les conditions qui régnaient alors sur notre planète.

La Terre au temps du Précambrien

Il y a environ 4 à 3,8 milliards d'années, les bombardements de météorites qui ont suivi la formation du Système solaire s'apaisent et l'intense chaleur créée par les impacts s'amenuise. La Terre se refroidit progressivement. La température à sa surface descend sous les 100 °C. Le magma provenant des entrailles de la Terre remonte à la surface et se solidifie pour créer les premiers continents. La vapeur d'eau qui se trouve dans la jeune atmosphère se transforme en gouttelettes. Des pluies torrentielles s'abattent alors sur la Terre. Elles forment les premières mares, les lacs, les mers, puis les océans.

La Terre, p.12

À la fin du Précambrien, les continents sont regroupés. Ils forment le mégacontinent Rodinia. La Terre connaît une période de glaciation importante au cours de laquelle la majeure partie des terres se couvre de glace.

La vie apparaît

Imagine que les centaines de pièces qui entrent dans la composition d'une voiture se mettent à s'organiser toutes seules. Comme par magie, elles s'assemblent, se désassemblent et s'assemblent encore, jusqu'à former une voiture tout à fait fonctionnelle. Il y a bien peu de chances qu'une telle chose se produise, à ton avis? Les savants croient pourtant que c'est un peu ce qui a dû se produire, dans les océans, avec les grosses molécules prébiotiques (celles dont je t'ai parlé à la page 69). Les molécules se seraient en effet assemblées, de manière toujours plus complexe. Ce grand jeu de construction de la vie, qui s'est déroulé sur des millions d'années, aurait donné naissance aux premières cellules, des êtres vivants capables de s'alimenter et de se reproduire. Formidable, n'est-ce pas?

Les archées, les premiers êtres vivants

Les premiers êtres vivants seraient nés dans les océans, il y a 3,8 milliards d'années. Plusieurs scientifiques croient que ces premiers êtres microscopiques, qui ressemblaient à des bactéries, vivaient dans le noir absolu au fond des océans, autour de sources d'eau chaude qui jaillissent des profondeurs de la Terre. Ces premières cellules se nourrissaient des éléments chimiques qui les entouraient et s'accommodaient très bien de l'absence d'oxygène. Ces êtres vivants sont appelés archées.

histoire vivante, p. 50

Voici à quoi devraient ressembler les premières archées

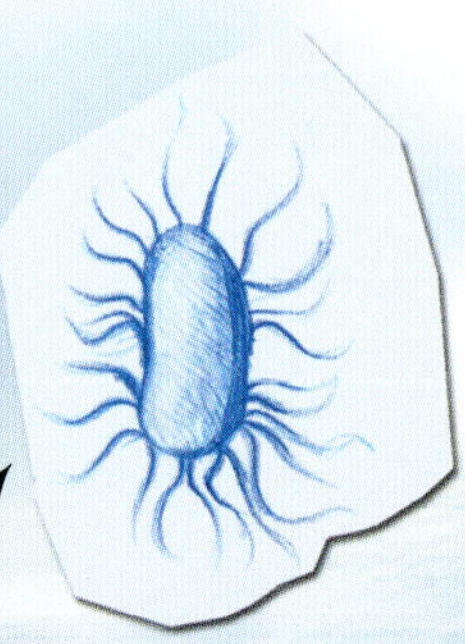

Les sources chaudes du fond des océans deviennent rapidement peuplées d'archées et de bactéries de toutes sortes. Bientôt, toutes se font concurrence pour la nourriture chimique. Les êtres vivants du Précambrien doivent trouver d'autres stratégies pour s'alimenter. Un groupe de « volontaires », les cyanobactéries, déménage vers la surface des océans et commence à utiliser une nouvelle source d'énergie : le Soleil ! Grâce à la lumière du Soleil, les cyanobactéries transforment le gaz carbonique en sucres, des aliments permettant leur croissance. Ce mécanisme, qui produit de l'oxygène, se nomme la photosynthèse. Les cyanobactéries existent toujours. Elles s'assemblent parfois à la queue leu leu et forment des sortes de colliers. En voici justement une photo grossie qui m'a été envoyée par mon amie Minnie Scully, microbiologiste.

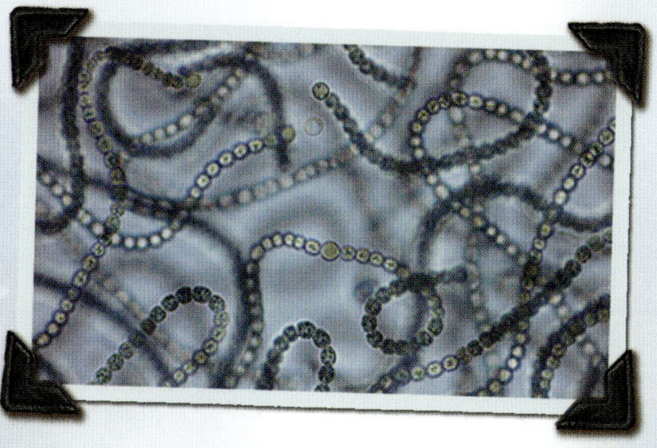

Objet : Les cyanobactéries fossiles
Date : 28 août 2010
À : Jack S. Kelleth

Cher Jack,

J'espère que vos travaux de recherche sur les premiers humains vont bon train (j'aurai d'ailleurs besoin de votre aide pour construire les dernières pages de mon album). Pour l'heure, voici ma question : les cyanobactéries sont-elles bien les premiers fossiles connus ?

Merci mille fois,

Génius

Objet : Re : Les cyanobactéries fossiles
De : Jack S. Kelleth

Cher Génius,

Les plus vieux fossiles que nous connaissions pourraient bien être, en effet, des restes de cyanobactéries. Vos jeunes lecteurs seront sans doute surpris d'apprendre que ces êtres microscopiques semblent être les premiers architectes de l'histoire. Les stromatolithes, ou « tapis de pierre », sont des structures qui auraient été construites par des communautés de cyanobactéries dans les eaux peu profondes. (Voyez la photo que j'ai jointe à ce message.) Des stromatolithes datant de 3,5 milliards d'années ont été retrouvées dans les années 1950, sur les côtes de l'Australie. D'autres sont actuellement en « construction », notamment dans la baie des Requins, en Australie.

Bien à vous,

Jack

stromatolithes.jpg

L'oxygène, un gaz meurtrier

L'oxygène produit par la photosynthèse des cyanobactéries est un véritable poison pour les êtres vivants du Précambrien. Plusieurs espèces meurent à son contact. D'autres, plus résistantes, tolèrent ce gaz et survivent. Certains êtres vivants tirent même profit de ce nouvel allié. L'oxygène deviendra en effet pour ces derniers un carburant très efficace qui permettra un phénomène nouveau : la respiration. Grâce à la respiration, les êtres vivants produisent beaucoup plus d'énergie. La vie peut dès lors accomplir des progrès considérables.

Les fiches à détacher : les grandes catastrophes de l'histoire

Il y a 1 500 millions d'années : les océans accueillent un nouveau groupe d'êtres vivants, les eucaryotes. Ces petits nouveaux (encore microscopiques) sont beaucoup plus gros que leurs prédécesseurs bactériens. Les cellules eucaryotes sont de véritables usines miniatures équipées de structures étonnamment sophistiquées qui possèdent toutes une fonction précise. De plus, contrairement aux bactéries qui engendrent des descendants identiques, les eucaryotes donnent naissance à de nouveaux individus dotés de caractéristiques nouvelles, différentes de celles de leurs parents. Cette innovation formidable permettra dorénavant aux êtres vivants de prendre de multiples formes.

Les protistes

Les protistes sont des êtres vivants formés d'une seule cellule eucaryote. Ce groupe compte plusieurs parasites dont certains causent des maladies très graves chez les humains. *Plasmodium vivax*, par exemple, est transmis par la piqûre d'un moustique. Il est responsable du paludisme, une maladie mortelle caractérisée par de fortes fièvres. D'autres, comme les algues diatomées, pratiquent la photosynthèse et constituent une source de nourriture importante pour les animaux marins.

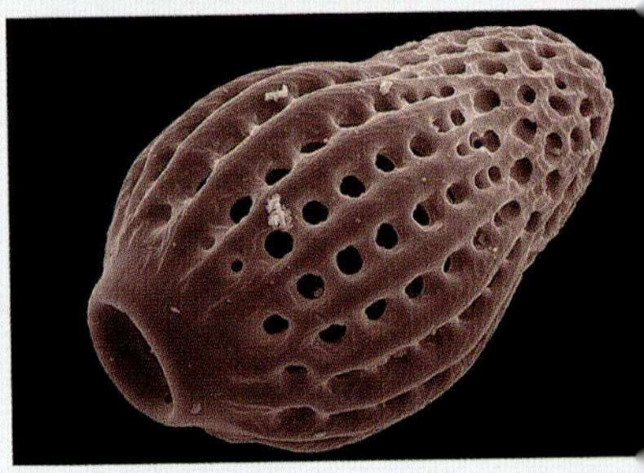

Une diatomée, un type de protiste.

Biologie pour tous, p. 186

Des êtres vivants plus complexes

Connais-tu le proverbe qui dit que « L'union fait la force » ? Il signifie simplement que l'on est plus fort en groupe que seul. Les cellules eucaryotes sont les premières à l'avoir mis en pratique ! Vers la fin du Précambrien, certaines d'entre elles s'associent pour former des êtres plus complexes. Ces nouvelles créatures, dorénavant composées de plusieurs cellules, portent le nom savant de « métazoaires ». Les avantages sont nombreux pour les métazoaires. Contrairement à la cellule unique qui doit se nourrir, respirer et se reproduire toute seule, les cellules des métazoaires unissent leurs efforts et travaillent en équipe ! Certaines d'entre elles se chargent de l'alimentation, d'autres s'occupent de la respiration, d'autres encore veillent à la reproduction. Les premiers métazoaires du Précambrien sont extrêmement simples. Leur corps ne possède ni muscles, ni poumons, ni vaisseaux sanguins, mais un ensemble de cellules dispersées dans le corps qui accomplissent des tâches précises. Les éponges, par exemple, sont des métazoaires apparus au Précambrien. Elles sont au nombre des plus vieux animaux fossiles connus.

Les éponges, un brillant exemple de coopération

Les éponges sont constituées d'un ensemble de cellules regroupées selon le rôle qu'elles ont à jouer. Les cellules qui tapissent la cavité interne sont munies de cils. Elles ont pour tâche de faire circuler l'eau à l'intérieur de l'éponge et de capter les petites particules alimentaires qui y flottent. D'autres cellules, comme celles qui se trouvent sur les parois extérieures de l'éponge, sont chargées de la reproduction. Le temps venu, quelques-unes d'entre elles se détachent, comme un bourgeon, pour former un nouvel individu.

Biologie pour tous, p. 222

Tribrachidium fut l'un des premiers animaux constitués de plusieurs cellules. Cette petite créature en forme de disque possédait trois « bras » symétriques repliés sur son corps.

Kimberella fut peut-être le premier organisme à posséder une cavité interne permettant d'abriter des organes.

Nemiana possédait un corps en forme de sac, comme les anémones de mer actuelles. Il remplissait peut-être sa cavité interne de sable pour créer un poids et stabiliser sa position au fond de l'eau.

Le *Lagerstätte* d'Ediacara compte des fossiles d'animaux qui auraient vécu il y a environ 600 millions d'années, à la fin du Précambrien (les *Lagerstätten* sont ces sites de fossiles incroyablement bien conservés dont je t'ai parlé à la page 78). Avant de quitter cette terre, mon cher père m'a remis une collection impressionnante d'articles de journaux. Jette un coup d'œil à celui-ci. Il a été découpé il y a plus de 60 ans...

DÉCOUVERTE DES ANIMAUX LES PLUS ANCIENS

Le géologue R. C. Sprigg a découvert, plus tôt cette semaine, un site débordant de fossiles d'animaux de toutes sortes, dans les collines d'Ediacara, dans le sud de l'Australie. Ces animaux qui vivaient probablement sur les fonds boueux des océans primitifs auraient été recouverts par du sable fin, en des temps anciens. Leurs empreintes laissent deviner qu'il s'agissait d'animaux au corps mou, sans squelette ni coquille. Leur taille variait de moins d'un centimètre à plus d'un mètre. La plupart des spécimens découverts ont la forme d'un disque ou d'une feuille ; d'autres ressemblent à des plumes ou à des vers. Les créatures d'Ediacara sont les plus vieux animaux métazoaires que nous connaissions.

journal de 1947

Les animaux d'Ediacara pourraient tenir la vedette d'un film de science-fiction tant leur forme et leur apparence sont surprenantes et incomparables ! Des chercheurs pensent que ces créatures seraient les ancêtres d'animaux actuels, comme les vers et les mollusques. D'autres croient au contraire qu'ils constituent des « essais » que la nature n'aurait pas conservés. Depuis 1946, des fossiles identiques à ceux de la faune d'Ediacara ont été retrouvés dans une trentaine d'endroits différents sur la plupart des continents. Ces trouvailles prouvent que de tels animaux ont peuplé toutes les mers précambriennes. Je t'en ai illustré quelques-uns.

Dickinsonia pouvait atteindre 1 m de long et ressemblait plus à une couverture matelassée qu'à un animal...

Spriggina mesurait de 4 à 10 cm de long.

Charnia était un animal en forme de plume qui mesurait 50 cm de long. Un crampon lui permettait de s'attacher solidement au fond.

Les animaux qui ne possèdent pas de squelette à l'intérieur du corps sont dits « invertébrés ». Les vers, les méduses et les pieuvres, par exemple, sont des invertébrés. On estime qu'environ 97 % des espèces animales actuelles font partie de ce groupe. Les animaux qui ont un squelette et une colonne vertébrale sont dits « vertébrés ».

Cambrien - La vie explose!

Des milliers d'espèces apparaissent dans les mers du Cambrien et se transforment à un rythme époustouflant! Des éponges se fixent solidement aux fonds marins. Bonnes voisines, elles partagent l'espace avec les premiers mollusques (parents des coquillages, des escargots et des pieuvres), échinodermes (parents des oursins et des étoiles de mer) et arthropodes (parents des insectes, des araignées et des crustacés). Les scientifiques s'expliquent encore mal la soudaine explosion de la vie au Cambrien. Vois ce qu'en pense mon ami le paléontologue Jack S. Kelleth.

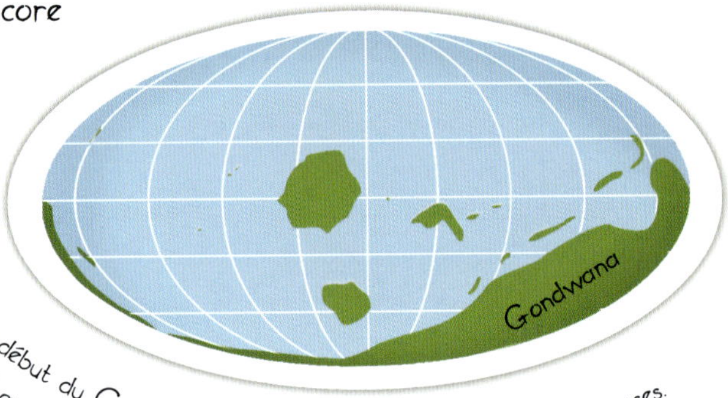

Au début du Cambrien, les continents se séparent en cinq masses. La plus grosse forme le Gondwana dans l'hémisphère Sud. La vie s'installe dans les eaux peu profondes entourant les continents.

Objet : Explosion cambrienne
Date : 10 septembre 2010
À : professeur Génius

Plusieurs spécialistes de l'histoire de la vie pensent que le responsable de l'explosion cambrienne est l'oxygène. Il est vrai que ce gaz produit par les cyanobactéries constitue une forme d'énergie nouvelle et incroyablement efficace dont profiteront les animaux. Plusieurs de mes confrères paléontologues pensent toutefois que cette «explosion» n'est qu'apparente et serait plutôt due à la présence d'un plus grand nombre de fossiles cambriens. En effet, il se pourrait que les animaux du Cambrien, dotés de carapaces et de squelettes externes rigides, nous aient simplement laissé plus de traces que leurs ancêtres mous du Précambrien.

Bien à vous,

Jack

Le schiste de Burgess est un *Lagerstätte* datant du Cambrien. Il a été découvert dans les montagnes Rocheuses canadiennes, en 1909, par le paléontologue américain Charles D. Walcott. Les dizaines de milliers de fossiles qui y ont été retrouvés sont âgés d'environ 545 millions d'années et ont permis d'identifier quelque 120 espèces, ce qui en fait le plus important site de fossiles du Cambrien au monde.

Parc national Yoho
Colombie-Britannique
Visite guidée
17 juillet 2010

Entrée pour un adulte à la carrière Walcott, aux dépôts de trilobites du mont Stephen et à l'exposition de fossiles des schistes de Burgess.
Durée de la visite : deux jours

Il est strictement interdit de ramasser des fossiles ou d'autres objets naturels.

Les *Archaeocyatha* ressemblaient aux éponges. Elles prenaient la forme de petits vases, de champignons ou d'arbres miniatures.

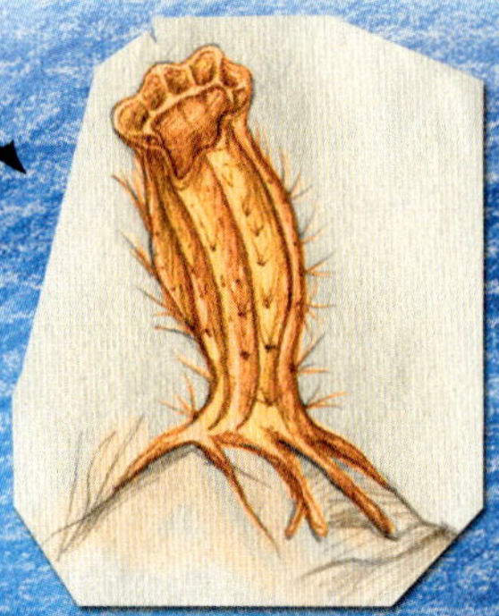

Marrella mesurait moins de 2 cm et possédait 24 paires de pattes et de branchies.

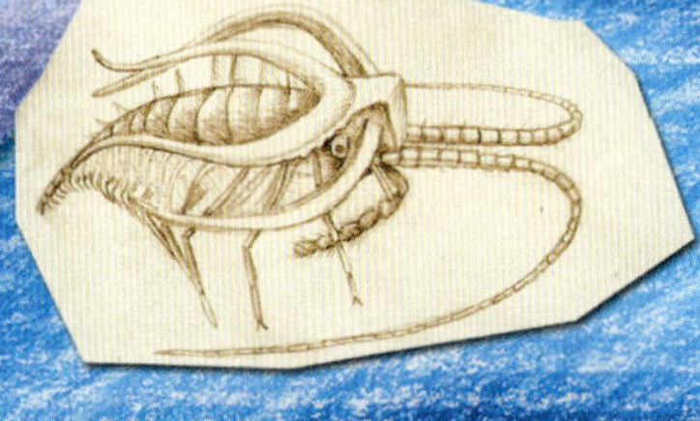

Avec le temps, les cellules du corps de certains métazoaires se regroupent pour former de vrais organes, comme les branchies, des structures qui captent l'oxygène dissous dans l'eau et facilitent la respiration. D'autres cellules se regroupent dans la région de la tête. Elles forment des antennes, des yeux et des tentacules. Ces organes sensoriels permettent dorénavant aux animaux de recevoir de l'information et de réagir aux messages de leur environnement. Le Cambrien est riche en inventions biologiques qui auront un impact important sur l'évolution des espèces. En voici deux qui sont révolutionnaires.

L'exosquelette une invention redoutable

Les mers du Cambrien sont chargées de sels minéraux dissous. Certains animaux absorbent ces composés et les « entreposent » à l'extérieur de leurs cellules où ils forment des masses dures, comme des plaques, des carapaces, des coquilles ou des piquants. Ces nouvelles structures forment ce qu'on appelle l'exosquelette, ou squelette externe. Elles offrent de nombreux avantages à leur propriétaire. En plus de soutenir le poids du corps, elles offrent une protection efficace contre les prédateurs.

Les grandes inventions biologiques, p.12

Le corps segmenté une invention qui fait courir

Plusieurs espèces d'arthropodes (nom qui signifie pattes articulées) font leur apparition dans les mers, au Cambrien. Leur corps est séparé en segments munis de pattes qui leur permettent de nager ou de marcher. Cette segmentation du corps leur permet de bouger plus efficacement et plus rapidement que tout autre animal.

Les grandes inventions biologiques, p.27

Les trilobites figurent parmi les premiers arthropodes. Ces créatures héritent des plus grandes innovations de l'époque, soit d'un squelette externe, d'un corps segmenté et de la vision.

Les trilobites, les rois du Cambrien

Le groupe des trilobites comptait plusieurs espèces dont la taille variait entre 2 et 10 cm, mais certaines espèces géantes pouvaient atteindre 75 cm. Les trilobites possédaient plusieurs segments, une paire d'antennes et des yeux à multiples facettes, semblables à ceux des arthropodes actuels. Les trilobites peuplèrent les océans pendant 300 millions d'années puis disparurent complètement de la surface de la Terre au Permien.

Biologie pour tous, p.234

Hallucigenia mesurait 2,5 cm et se nourrissait probablement d'animaux morts.

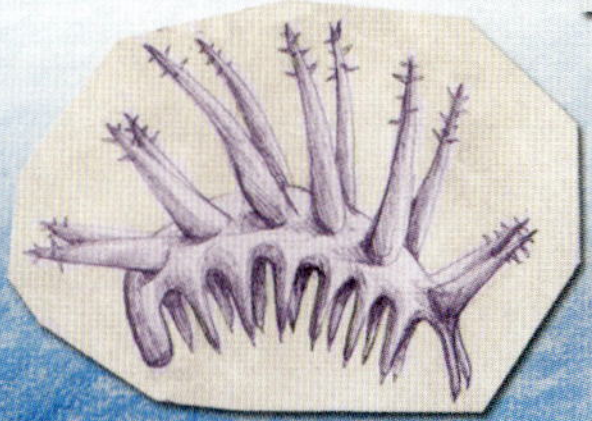

Pikaia mesurait 5 cm. On croit qu'il ait pu être doté d'une notocorde, une structure ancêtre de notre colonne vertébrale. Il serait donc le plus lointain ancêtre connu des vertébrés (animaux possédant une colonne vertébrale).

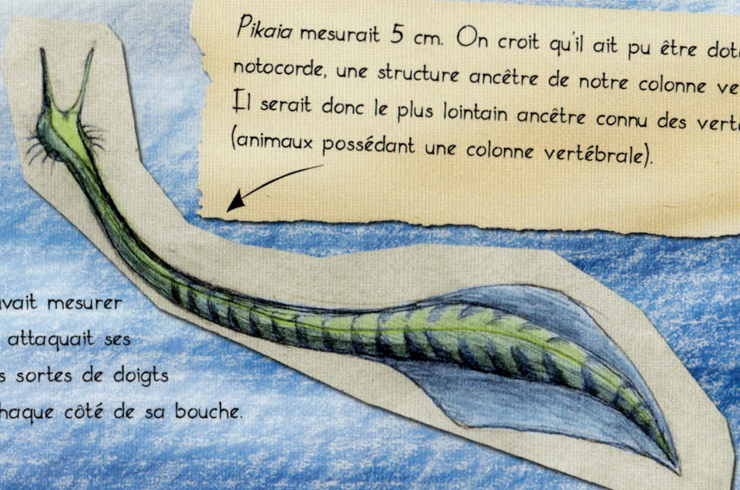

Anomalocaris pouvait mesurer jusqu'à 60 cm. Il attaquait ses proies grâce à des sortes de doigts griffus situés de chaque côté de sa bouche.

(488 - 444 ma)

Ordovicien - Un monde résolument marin

Musée virtuel de la vie

SCÈNES PRÉHISTORIQUES

Précambrien

Cambrien

Ordovicien

Les mers ordoviciennes sont peuplées de créatures pour la plupart immobiles, qui vivent accrochées aux fonds marins. Les éponges et les coraux prennent de multiples formes. Juchés sur une longue tige, les lys de mer attrapent leur nourriture avec leurs bras. Des bryozoaires se rassemblent en colonies et des brachiopodes filtrent les minuscules particules alimentaires en suspension dans l'eau. Des concombres de mer, des oursins et nombre d'arthropodes se déplacent dans ces jardins sous-marins. Au nombre de ces derniers, on retrouve les trilobites, les limules et les scorpions de mer. À la fin de l'Ordovicien, les poissons font une entrée remarquable.

Silurien

Contrairement aux espèces qui vivent sur le fond et qui se nourrissent de la pluie de particules provenant des couches d'eau supérieures, les animaux mobiles de l'Ordovicien doivent développer des stratégies pour s'alimenter. Rapidité et réflexes sont obligatoires, tu t'en doutes bien ! Certaines créatures, comme les nautiles, développent des modes de propulsion efficaces et originaux. Constate-le par toi-même en lisant cet extrait.

Les nautiles

Les nautiles possèdent une coquille séparée en plusieurs chambres, la première étant occupée par le corps de l'animal. En augmentant ou diminuant la quantité d'air présente dans ces chambres, le nautile monte ou descend, un peu comme un sous-marin. Pour se déplacer, les nautiles émettent des jets d'eau qui les propulsent puissamment. Les premiers nautiles étaient de redoutables prédateurs. Ces créatures, qui pouvaient atteindre 5 m de long, étaient armées de tentacules qui leur permettaient de saisir leurs proies. Il existe de nos jours cinq espèces de nautiles, présentes dans les eaux chaudes de l'océan Indien et de l'océan Pacifique.

Biologie pour tous, p. 162

Les lys de mer sont des parents des étoiles de mer. Ils existent encore aujourd'hui.

Les bryozoaires, qui ressemblent à des plantes, vivent en colonies. Ils sont encore répandus aujourd'hui.

Les brachiopodes sont des coquillages qui ressemblent aux mollusques. Ils existent toujours, mais sont beaucoup moins nombreux qu'à l'Ordovicien.

À la fin de l'Ordovicien, l'hémisphère Nord est presque entièrement occupé par l'océan et les continents sont dans l'hémisphère Sud. Cette période est une des plus froides de l'histoire de la Terre !

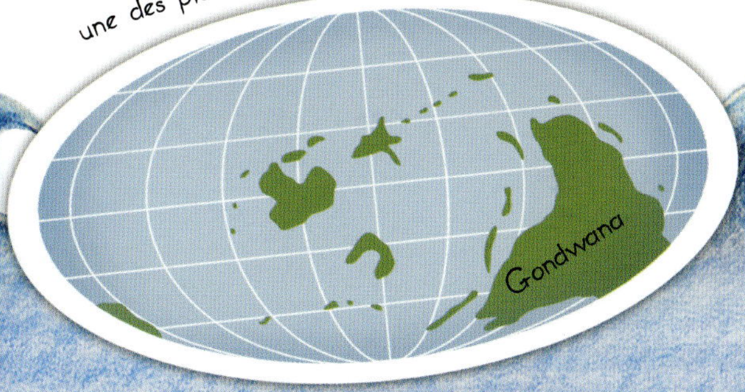

Ordovicien : la Terre gèle !

À la fin de l'Ordovicien, il y a environ 440 millions d'années, les continents dérivent vers le pôle Sud. D'immenses glaciers envahissent alors les terres et le niveau des mers baisse considérablement. Ces événements créent des conditions catastrophiques qui sont responsables de la première grande extinction des espèces. Certains scientifiques estiment en effet que 70 % des espèces vivantes disparurent alors des océans.

Les fiches à détacher : les grandes catastrophes de l'histoire

Les premiers poissons

Les paléontologues croient que les premiers poissons sont apparus dans les mers du Cambrien, mais c'est à l'Ordovicien qu'ils sont le plus nombreux. Ils profitent d'une grande invention biologique : le squelette !

Le squelette interne une invention solide

Les poissons sont les premiers animaux dotés d'une colonne vertébrale. Ce sont des « vertébrés ». Leur squelette primitif n'est toutefois pas encore constitué d'os mais de cartilage, une matière souple et résistante. Le squelette soutient le corps, offre un ancrage aux muscles qui s'y attachent et forme une structure qui protège les organes vitaux. Équipés d'une colonne vertébrale, les poissons peuvent nager plus efficacement et plus rapidement que tout autre animal.

Les grandes inventions biologiques, p. 34

Article de journal de 1975

Trésor de l'Ordovicien

Par S. Turgeon

Un spécimen presque complet d'un des plus vieux poissons du monde a été trouvé en Australie, plus tôt cette semaine. La créature, à laquelle on a donné le nom de *Arandaspis*, est un vertébré âgé de 450 millions d'années. Son corps allongé, qui mesure 20 cm, porte une carapace osseuse recouvrant la tête et une partie du corps. *Arandaspis*, tout comme les lamproies et les myxines actuelles, n'avait pas de mâchoires. Sa bouche, dirigée vers le bas, lui permettait probablement d'aspirer la nourriture sur les fonds marins.

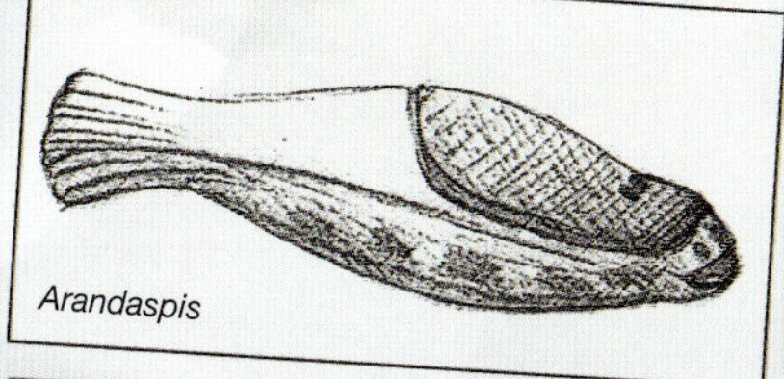

Arandaspis

Les conodontes étaient des poissons primitifs, munis d'un corps de serpent de quelques centimètres de long.

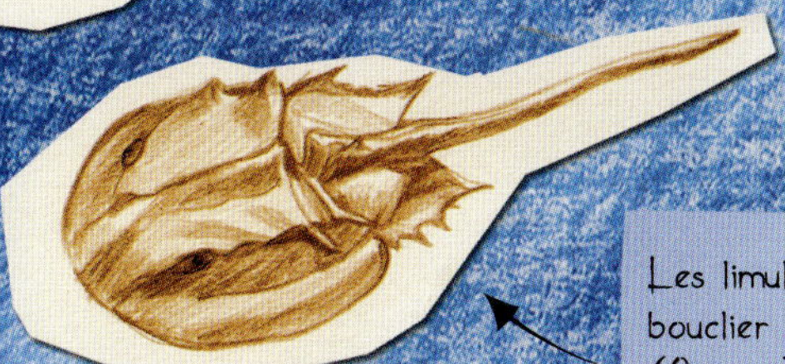

Les limules sont recouvertes d'un véritable bouclier et leur taille peut atteindre environ 60 cm. Il en existe encore quatre espèces en Amérique du Nord et en Asie.

Silurien - On a marché sur la Terre !

Le climat se réchauffe, les glaciers fondent, le niveau d'eau des océans s'élève. En bordure des mers, dans les eaux peu profondes, la vie reprend ses droits. Les coraux se diversifient et se font de plus en plus nombreux. Certaines espèces sont solitaires alors que d'autres vivent en colonies et bâtissent de grands récifs qui constituent des refuges formidables pour nombre d'espèces animales. Les brachiopodes, trilobites, arthropodes, conodontes, étoiles de mer, oursins, mollusques et poissons sans mâchoires sont toujours de la partie. Au début du Silurien, ils devront cohabiter avec un nouveau groupe de poissons : les acanthodiens. Ces derniers sont porteurs d'une autre grande innovation : la mâchoire.

récif de corail, en Floride

La mâchoire une invention qui a du mordant

Chez certaines espèces de poissons du Silurien, de petits os qui supportaient les branchies se sont progressivement transformés et se sont déplacés dans la bouche. Cette évolution, qui s'est produite sur des millions d'années, a donné naissance aux premières mâchoires. Les mâchoires munies de dents deviennent rapidement des armes redoutables. Elles permettent d'attaquer les proies mais aussi de les croquer, sans avoir à les avaler tout rond.

Les grandes inventions biologiques, p. 48

Les acanthodiens

Les acanthodiens furent parmi les premiers animaux à posséder des mâchoires. Ces poissons au squelette fait de cartilage possédaient une queue puissante et des épines osseuses qui supportaient les nageoires. Les acanthodiens portaient une autre innovation : l'opercule. Ce petit clapet, qui recouvre les branchies de certains poissons, agit comme une pompe qui fait circuler l'eau dans les branchies. Contrairement aux autres poissons qui devaient nager pour faire pénétrer l'eau dans les branchies, les acanthodiens pouvaient enfin respirer tout en étant immobiles. Une économie d'énergie !

La biologie pour tous, p. 6

Au Silurien, le supercontinent Euramerica commence à prendre forme à l'Équateur. Le climat se réchauffe.

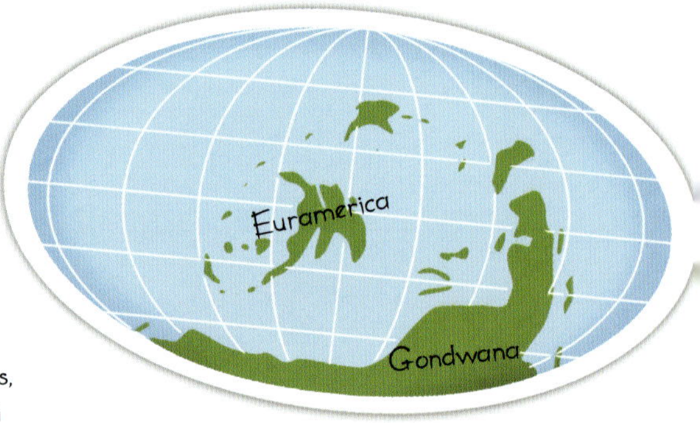

Astraspis était un poisson sans mâchoires du Silurien. Il mesurait une dizaine de centimètres.

Les scorpions de mer sont des arthropodes, parents des limules. Certains spécimens, qui atteignaient près de 3 m de long, étaient de redoutables chasseurs des profondeurs océaniques. Ils étaient les plus grands animaux marins du Silurien.

L'oxygène produit par les cyanobactéries et les plantes aquatiques s'accumule progressivement dans l'atmosphère. En altitude, il se transforme en un autre gaz, l'ozone. Ce dernier empêche les dangereux rayons ultraviolets du Soleil de parvenir jusqu'à la surface de la planète. Au Silurien, une épaisse couche de ce gaz précieux enveloppe la Terre. La vie peut dorénavant s'installer confortablement sur les continents.

Premières plantes et premiers animaux terrestres

Au Silurien, la majorité des animaux et des plantes vivent encore dans l'eau. Tu dois savoir que la vie aquatique présente des avantages indéniables pour les êtres vivants de l'époque : 1- l'eau est moins soumise aux variations de température que l'air ambiant ; 2- l'eau supporte le poids du corps en lui permettant de flotter ; et 3- l'eau empêche le corps de se déshydrater. Malgré tout, la terre est extrêmement séduisante car elle représente un monde nouveau, sans prédateur et rempli de nouveaux habitats. Les plantes et les champignons sont les premiers à s'installer sur cette terre pleine de promesses. Ils offriront nourriture et refuge aux premiers arthropodes terrestres, scorpions, mille-pattes et araignées. Ces animaux sont équipés de membres solides capables de résister à la gravité et d'un squelette extérieur dur et étanche limitant les pertes d'eau.

La question de la semaine

Par Aimé Laverdure

Un nombre record de questions m'ont été acheminées la semaine dernière. Celle de Marguerite, de Trois-Pistils, a particulièrement attiré mon attention. La voici : *Cher Aimé, à quoi ressemblaient les premières plantes terrestres ?* Pour Marguerite et pour le bénéfice de tous nos lecteurs, voici ma réponse. Sachez d'abord que les premières plantes terrestres sont apparues au Silurien, en bordure des mers et des lacs, dans des environnements gorgés d'eau. Les premiers spécimens formaient des tapis au ras du sol et ressemblaient probablement aux mousses. Plus tard, les plantes se sont dotées de racines et d'un système de circulation qui transportait l'eau et les minéraux. On les appelait plantes vasculaires. *Cooksonia*, apparue il y a 420 millions d'années, est l'un des premiers spécimens connus. Ses tiges dressées, de quelques centimètres de hauteur, étaient recouvertes d'une gaine étanche qui lui évitait de se dessécher. Voilà pour cette semaine, chers lecteurs. N'oubliez pas que vous pouvez m'envoyer vos questions concernant le merveilleux monde des végétaux à l'adresse suivante :

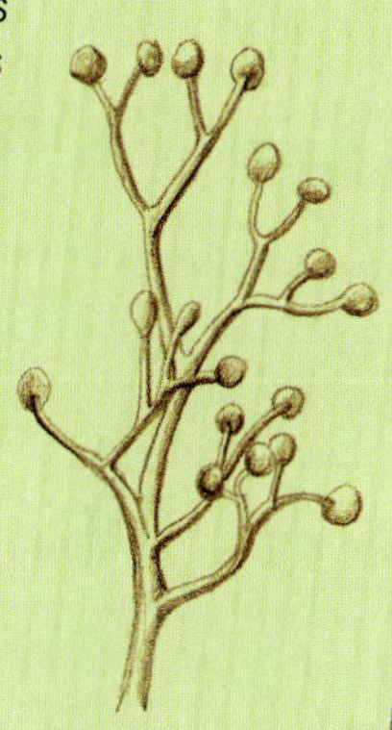

Cooksonia

Revue « Pour l'amour des plantes »
A/S Aimé Laverdure, chroniqueur
1, chemin des Tilleuls
Ile Verte
G1 B0 6O

Pour l'amour des plantes, janvier 2008

Dépourvues de racines et de vaisseaux conducteurs, les premières plantes restaient au ras du sol dans les milieux humides où elles pouvaient absorber l'eau plus facilement. Elles appartenaient au groupe des bryophytes, comme les mousses et les hépatiques actuelles.

Les mille-pattes furent probablement les premiers animaux à posséder un système respiratoire permettant de respirer de l'air. Ces arthropodes herbivores aux multiples pattes figurent donc parmi les plus anciens animaux terrestres.

Dévonien - Le règne des poissons

(416-359 ma)

Musée d'histoire de la vie

GUIDE DU VISITEUR

Empruntez le couloir situé à votre droite, en sortant de la salle d'exposition du Silurien. Votre prochaine station est le local D-359.
Une présentation multimédia a lieu toutes les demi-heures à compter de 4 h 16.

Résumé de la présentation :

LE DÉVONIEN

Les invertébrés des mers du Dévonien sont encore nombreux (les scorpions de mer et les trilobites commencent toutefois à décliner). Les vertébrés connaissent une explosion de formes. De nouveaux groupes de poissons, comme les placodermes (nom qui signifie « peau à plaques »), sont nombreux dans les mers du Dévonien. Ils possèdent des mâchoires tranchantes et des boucliers recouvrant la tête et la partie avant du corps. Les ancêtres des requins font leur apparition. Ces derniers ne portent pas d'armure. Ils ont un squelette fait de cartilage et leur peau est recouverte de petites écailles rugueuses. Les premiers poissons osseux (dont le squelette est fait d'os) apparaissent également. En général petits et couverts d'écailles, ils sont dotés d'une nouvelle invention : la vessie natatoire, une sorte de poche remplie de gaz qui leur permet de contrôler leur flottabilité.

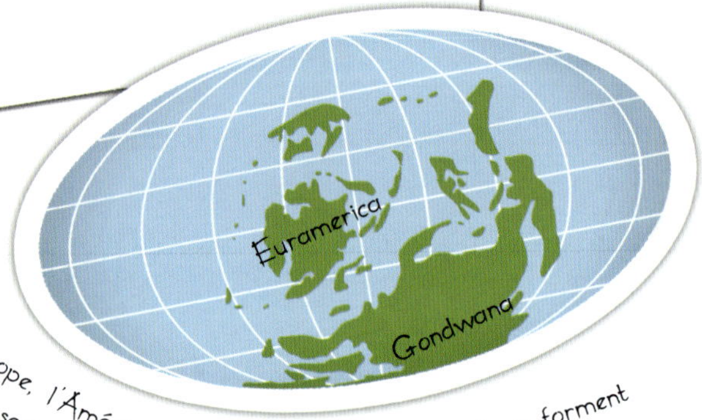

L'Europe, l'Amérique du Nord et le Groenland ne forment qu'un seul continent : l'Euramerica. Le Gondwana se déplace vers le nord. Le climat est chaud et sec.

Les fougères ont été les reines du Dévonien

Par Aimé Laverdure

Mes collègues biologistes proclament le Dévonien « Âge des poissons ». Permettez-moi toutefois d'affirmer haut et fort — au risque de leur déplaire — que le Dévonien est, d'abord et avant tout, « l'Âge des fougères »! Au Dévonien, les continents accueillent en effet de multiples plantes nouvelles, dont les prêles et les fougères. Certains spécimens de fougères atteignent des tailles fort respectables et constituent les premières forêts. À titre d'exemple, citons *Archaeopteris*, un arbre-fougère du Dévonien dont le tronc de bois de 1 m de diamètre pouvait atteindre 30 m de hauteur, ce qui équivaut à un édifice de 10 étages ! Ne manquez pas, chers lecteurs, le prochain café-rencontre qui aura lieu le 6 décembre, au restaurant les Trois pruniers, et dont le thème sera « Les plantes préhistoriques, ces mal-aimées ».

Archaeopteris

Pour l'amour des plantes, novembre 2010

Les poumons
une invention qui respire la nouveauté

Certains poissons du Dévonien possèdent des sortes de sacs qui peuvent s'emplir d'air et se vider : ce sont les premiers poumons. L'oxygène contenu dans l'air inspiré peut traverser la fine membrane des poumons et pénétrer dans le sang pour aller nourrir les muscles et les organes. Cette invention indispensable à la vie terrestre permet dorénavant de respirer de l'air lorsque l'oxygène de l'eau vient à manquer ou que les cours d'eau sont temporairement asséchés. Grâce à cette invention, les vertébrés peuvent enfin explorer la terre ferme !

Les grandes inventions biologiques, p. 57

Les amphibiens apparaissent sur la terre ferme

Les amphibiens sont apparus au Dévonien. Ils sont les premiers animaux vertébrés à pouvoir vivre à la fois DANS l'eau et À L'EXTÉRIEUR de l'eau, et cela grâce à l'invention des poumons et des pattes ! Il existe très peu de fossiles des premiers amphibiens ; il nous est donc difficile de bien comprendre comment ils ont vu le jour. Les paléontologues pensent toutefois qu'ils aient pu évoluer à partir des Eusthénoptérons, des poissons osseux du Dévonien (les os des nageoires de ces poissons ressemblent en effet beaucoup à ceux des membres des premiers amphibiens). *Ichthyostega* est le plus vieil amphibien fossile connu. Il a été retrouvé au Groenland. En voici un court portrait.

Les ammonites, proches parents des nautiles, étaient très nombreux dans les mers dévoniennes.

Ichthyostega

Ichthyostega possédait quatre pattes munies de sept doigts, une queue palmée et un corps couvert d'écailles, semblable à celui des poissons. Cet amphibien, qui pouvait mesurer jusqu'à 1 m de long, respirait grâce à des poumons, mais aussi possiblement par la peau, tout comme les amphibiens modernes. Même si son squelette renforcé lui permettait de supporter le poids de son corps, *Ichthyostega* n'était probablement pas un marcheur rapide. Il passait sans doute le plus clair de son temps dans l'eau.

La biologie pour tous, p. 102

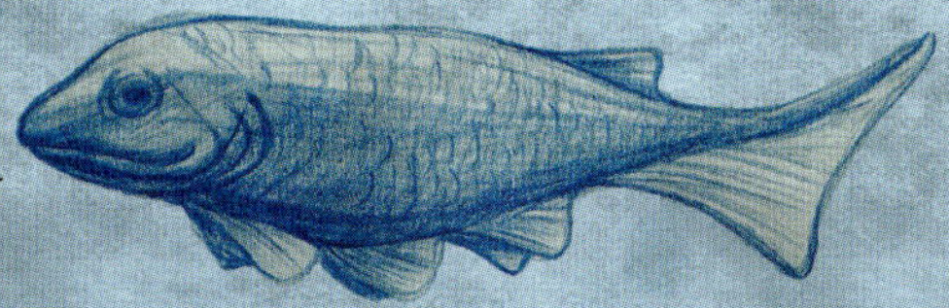

Cheirolepis était un poisson osseux de 25 cm de long.

Tous les amphibiens doivent vivre près de l'eau. Leur peau fine et nue doit être maintenue souple et humide. De plus, les œufs des amphibiens doivent être pondus dans l'eau car leurs bébés, les têtards, sont de petites créatures aquatiques.

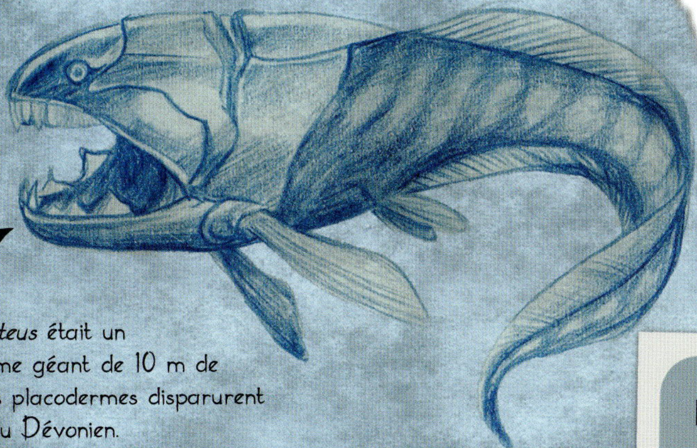

Dunkleosteus était un placoderme géant de 10 m de long. Les placodermes disparurent à la fin du Dévonien.

Dévonien : la crise de l'oxygène !

Le Dévonien connaît une fin tragique. En effet, les eaux côtières où vivent 90 % des espèces s'appauvrissent en oxygène. Sans ce précieux gaz, plusieurs invertébrés marins périssent. À l'abri sur les continents, les plantes et les arthropodes terrestres survivent à cette terrible catastrophe aquatique.

Les fiches à détacher : les grandes catastrophes de l'histoire

Cladoselache est un des premiers requins. Il mesurait plus de 1 m de long.

(359 - 299 ma)

Carbonifère - Le succès des amphibiens

Eogyrinus : 4 m

Mastodonsaurus : 1 m

Eryops : 2 m

Cher Frérot,

Je suis allée faire une visite au musée d'histoire de la vie. Tu trouveras d'ailleurs, jointes à cette lettre, les illustrations d'amphibiens que tu m'as demandées. Le Carbonifère m'a tout simplement FASCINÉE. Notre guide nous a raconté que les amphibiens dominaient littéralement la Terre, à cette époque. Certains d'entre eux ressemblaient à des crocodiles, d'autres à des salamandres, d'autres encore n'avaient pas de pattes et avaient plutôt l'allure d'anguilles ! J'ai été estomaquée d'apprendre que certains spécimens, comme *Eogyrinus*, pouvaient mesurer quatre mètres de long ! Comme il est difficile d'imaginer que les cousins de nos charmants crapauds et grenouilles aient pu semer la terreur dans les marais du Carbonifère... Tu te doutes bien que je n'ai pas eu le temps de tout voir. J'y retourne demain.

Bisous,

Ta « grande » sœur

Les lépidodendrons étaient des lycopodes géants qui atteignaient 30 m de haut. Ils étaient très abondants dans les forêts du Carbonifère.

Les amphibiens, dont parle si bien ma chère sœur, ne sont pas seuls sur la Terre du Carbonifère. Ils vivent aux côtés de créatures non moins fascinantes : des mille-pattes longs de 2 m, des scorpions de 75 cm et des blattes de 10 cm ! Les mers sont encore et toujours habitées par plusieurs groupes d'animaux invertébrés. Les poissons, pour leur part, subissent de lourdes pertes. La plupart des groupes primitifs, comme les placodermes, s'éteignent autour de cette période. Les poissons osseux et les requins seront dorénavant les plus nombreux et prendront de multiples formes. Dans le ciel, les insectes deviennent rois grâce à leur dernière invention : les ailes.

Les ailes une invention « planante »

Certains insectes du Carbonifère portent sur leur corps de petits appendices aplatis. Ces structures, qui servent peut-être à capter la chaleur du Soleil, permettent également de planer d'une branche d'arbre à une autre. Les premières vraies ailes d'insectes se développent à partir de ces structures. Grâce aux ailes, les insectes peuvent conquérir de nouvelles contrées.

Les grandes inventions biologiques, p. 61

Arthropleura était un mille-pattes de 2 m de long.

La naissance des reptiles

Certains amphibiens du Carbonifère connaissent des transformations importantes : ils développent une peau plus épaisse, protégée par des écailles qui empêchent les pertes d'eau, et leurs poumons deviennent plus efficaces pour capter l'oxygène de l'air.

Ces créatures évolueront pour donner naissance aux premiers reptiles. Ces nouveaux venus sont également porteurs d'une invention FORMIDABLE : l'œuf amniotique.

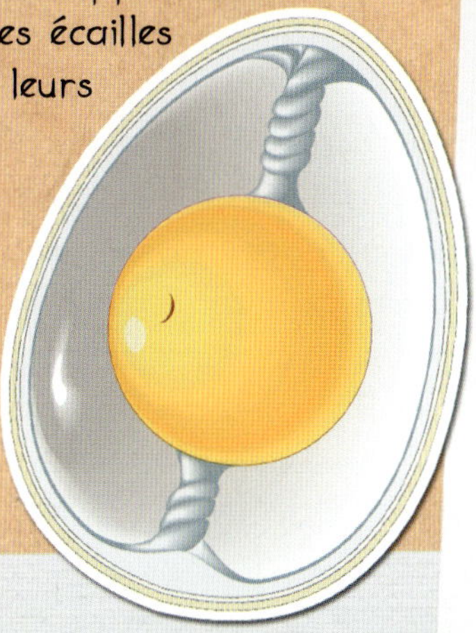

L'œuf amniotique une invention gagnante

L'œuf amniotique est constitué d'un ensemble de membranes, de liquides et de réserves alimentaires qui protègent l'embryon et lui permettent de croître jusqu'à sa forme finale (contrairement aux petits des poissons, des amphibiens et des insectes qui naissent sous forme de larves). L'œuf est entouré d'une coquille qui laisse passer l'oxygène, nécessaire à la croissance de l'embryon, et qui empêche l'évaporation de l'eau. Grâce aux œufs amniotiques, les reptiles, les oiseaux et les mammifères n'ont plus à craindre la sécheresse. Ils pourront enfin quitter le milieu aquatique pour partir à la conquête des coins les plus reculés des continents.

Les grandes inventions biologiques, p. 73

Hylonomus

Hylonomus est un des premiers reptiles à avoir foulé le sol du Carbonifère. De nombreux squelettes de cet animal ont été retrouvés dans des troncs d'arbres fossilisés de Nouvelle-Écosse, au Canada. Cette créature de 20 cm de long ressemblait à un lézard. Elle était élancée et agile, et possédait une petite tête et des membres aux doigts sans palmure. *Hylonomus* se nourrissait probablement de mille-pattes et d'escargots, abondants dans les forêts du Carbonifère.

Biologie pour tous, p. 90

Au Carbonifère, les masses continentales se rapprochent les unes des autres. Dans l'hémisphère Nord, le climat est chaud et humide. Une calotte glaciaire commence à se former au pôle Sud. À la fin du Carbonifère, la glace recouvre une grande partie de l'hémisphère Sud.

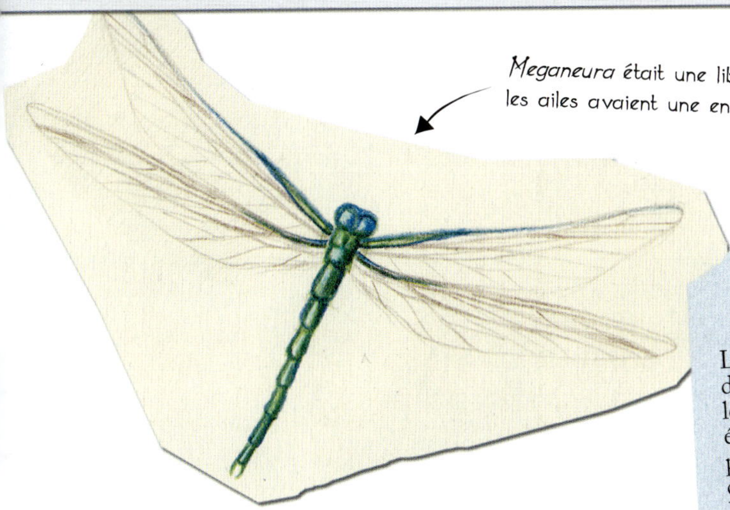

Meganeura était une libellule géante dont les ailes avaient une envergure de 70 cm.

Les goniatites étaient des céphalopodes, parents des pieuvres et des calmars. Ils dominaient les mers au Carbonifère.

Le charbon, l'énergie fossile du Carbonifère

Les vastes forêts qui se formaient dans les zones marécageuses et sur les plaines côtières, au Carbonifère, étaient périodiquement envahies par l'eau. Lorsqu'elle envahissait ces milieux, l'eau détruisait tout. Lorsqu'elle se retirait, les forêts se développaient de nouveau, et le cycle recommençait. Ces périodes de vie et de mort des forêts du Carbonifère ont créé d'importants dépôts de matière végétale. Ceux-ci, décomposés et comprimés, se sont transformés en charbon au bout de millions d'années. Le charbon a commencé à être extrait des profondeurs du sol, de manière intensive, à partir du 19e siècle. En brûlant, il produisait une très grande quantité d'énergie. C'est grâce à l'énergie du charbon qu'ont été inventés la machine à vapeur et le train, notamment. Le charbon est encore utilisé comme source d'énergie pour fabriquer de l'électricité.

Dépliant sur les ressources énergétiques

Permien - Le règne des reptiles

Au Permien, les continents sont « soudés » en un supercontinent appelé Pangée, un mot d'origine grec qui signifie « toute la terre ». Au Sud, la terre est recouverte de glace tandis que partout ailleurs sur le continent, le climat est chaud et sec. Les forêts de fougères disparaissent et font place aux conifères, des arbres qui supportent mieux la sécheresse. Les marécages s'assèchent, les mers intérieures disparaissent et les niveaux des océans baissent. Plusieurs animaux marins s'éteignent, dont les trilobites, de même que plusieurs animaux qui vivaient près des points d'eau (comme les énormes amphibiens que nous avons vus à la page précédente). Les reptiles, pour leur part, connaissent un développement SPECTACULAIRE ! Mon amie Lizzie Latortue est professeure d'herpétologie (la science qui étudie les reptiles). Elle a gentiment accepté que je te présente le résumé de ses notes de cours concernant les reptiles du Permien.

COURS BIO 286 – Les reptiles du Permien

Les reptiles sont bien adaptés à la sécheresse qui sévit au Permien. Leurs membres solides leur permettent de progresser sur les terrains secs, leur peau épaisse et écailleuse les protège de la chaleur et leurs œufs résistent au manque d'eau.
Trois grands groupes de reptiles apparaissent : les anapsides, les diapsides et les synapsides.

1- Les anapsides sont les ancêtres des tortues, les seules survivantes du groupe. *Hylonomus*, un des premiers reptiles apparus au Carbonifère, était un anapside.

2- Les diapsides sont les ancêtres des lézards, des serpents, des crocodiles, des dinosaures et des oiseaux.

3- Les synapsides, aussi appelés reptiles mammaliens, étaient les plus nombreux. À l'intérieur du groupe des synapsides, deux groupes se forment : les pélycosauriens et les thérapsides. Les thérapsides sont les ancêtres des mammifères.

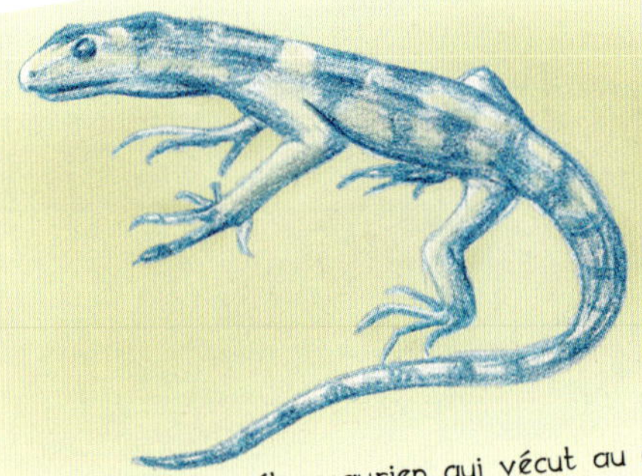

Varanosaurus est un pélycosaurien qui vécut au début du Permien. Ce reptile mammalien était carnivore et mesurait environ 1,5 m de long.

Au Permien, tous les continents sont inclus à l'intérieur de la Pangée.

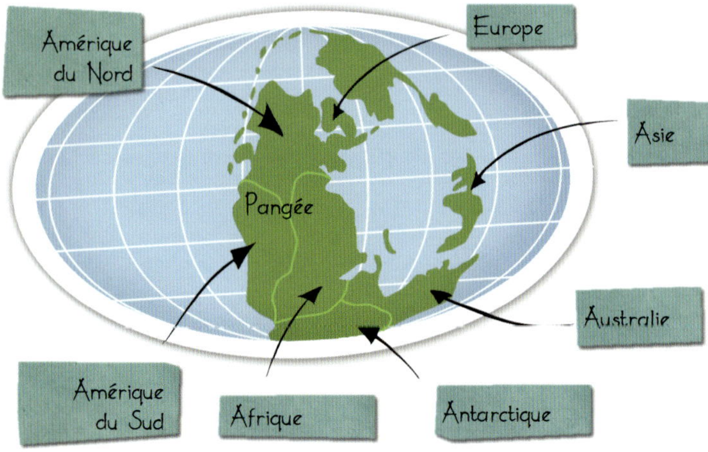

As-tu un reptile à la maison ? Si oui, tu as sans doute remarqué que ton animal de compagnie est très lent lorsqu'il fait froid, et plus agile lorsqu'il fait chaud. C'est normal. Les reptiles sont des animaux dits « poïkilothermes » : cela signifie qu'ils sont incapables de produire suffisamment de chaleur pour se réchauffer et que la température de leur corps dépend de la température extérieure. Puisque la chaleur fournit de l'énergie, les reptiles sont plus actifs lorsqu'il fait chaud... et plus calmes lorsque la température baisse. Sur la Pangée, la température pouvait varier entre 0 °C la nuit et 40 °C le jour ! Comme les tortues et les lézards modernes, on peut supposer que les premiers reptiles du Permien se reposaient la nuit et devenaient actifs le jour, une fois réchauffés par le Soleil. Certains reptiles développèrent un système de contrôle de la température fort pratique. Jette un coup d'œil à l'extrait ci-dessous.

Le dimétrodon

Le dimétrodon était un reptile pélycosaurien de près de 2 m de long. Ce carnivore portait une large crête sur le dos. Cette structure, qui ressemblait à un gros éventail, lui servait fort probablement de capteur solaire. On pense qu'après la nuit, le dimétrodon exposait sa voile aux rayons du Soleil. Il faisait ainsi le plein de chaleur et d'énergie pour devenir de nouveau actif. Lorsque la chaleur du jour atteignait son maximum, la même structure jouait le rôle inverse : elle pouvait permettre d'éliminer l'excès de chaleur.

Biologie pour tous, p. 42

Plusieurs spécialistes croient que les dinosaures, comme les oiseaux et les mammifères actuels, avaient le « sang chaud », c'est-à-dire qu'ils avaient la capacité de produire de la chaleur et de maintenir la température de leur corps constante.

Anteosaurus était un énorme thérapside carnivore muni de puissantes mâchoires et de longues dents en forme de poignards.

Moschops était un grand herbivore thérapside. Il mesurait environ 4 m de long.

La plus grande extinction de tous les temps

Les paléontologues estiment que 95 % des espèces vivant sur terre et dans les mers sont disparues à la fin du Permien. On ignore la vraie raison de cette catastrophe. Certains savants croient que le changement de température ou les variations importantes du niveau des mers ont pu être responsables. D'autres croient que cette catastrophe est due à la chute d'une météorite de la taille du mont Everest qui aurait heurté la Terre, il y a 251 millions d'années. L'impact aurait produit des milliards de tonnes de poussières et déclenché des éruptions volcaniques meurtrières.

Les fiches à détacher : les grandes catastrophes de l'histoire

(251 - 200 ma)

Triassique - La naissance des géants

Après l'extinction massive de la fin du Permien, notre bonne vieille Terre offre un spectacle bien désolant... Malgré tout, quelques groupes d'animaux qui ont échappé à la catastrophe se multiplient et se diversifient. Des huîtres, des ammonites, des lys de mer, des oursins, des brachiopodes, des algues et des coraux reconquièrent progressivement les mers. Ils sont accompagnés par quelques requins et raies et par des poissons osseux de formes diverses. Sur terre, des araignées, des scorpions et des mille-pattes vivent aux côtés des premières sauterelles, punaises et coléoptères. De nouveaux groupes d'animaux entrent en scène : les ichtyosaures (des reptiles marins), les ptérosaures (des reptiles volants), les crocodiliens, les dinosaures et les mammifères. Faisons un bref survol de cette période riche de nouveautés.

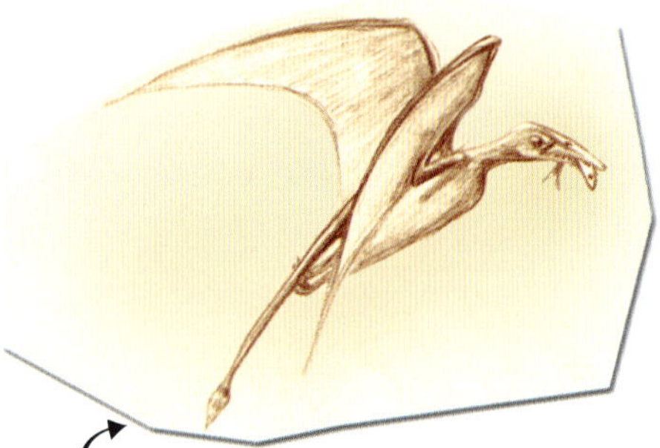

Eudimorphodon est un des premiers ptérosaures. Il avait la taille d'une grande mouette.

Après la terre, l'eau et le ciel !

Quelque 80 millions d'années après avoir conquis la terre, les reptiles envahissent l'eau et le ciel ! Les ichthyosaures sont au nombre des premières espèces qui s'installent dans l'eau. Ces derniers, particulièrement bien adaptés à la vie aquatique, possèdent un long museau, des nageoires, une queue de poisson et un corps ressemblant à celui des dauphins actuels. Et 70 millions d'années avant les premiers oiseaux, les ptérosaures fendent l'air de leurs larges ailes de peau, semblables à celles des chauves-souris modernes. Ce sont les premiers reptiles volants.

Histoire vivante, p. 142

Le petit archosaure *Marasuchus* était un proche parent des premiers dinosaures.

Le plus grand ichtyosaure du Triassique, *Shonisaurus*, mesurait 15 m de long et pesait 20 tonnes.

Les premiers dinosaures

Un nouveau groupe de reptiles voit le jour au Triassique : ce sont les archosaures, un nom qui signifie « reptiles souverains ». Parmi eux se trouvent des créatures qui ressemblent aux crocodiles modernes. Les paléontologues pensent que ces derniers pourraient bien avoir donné naissance aux premiers dinosaures. Lis l'article qui suit et tu verras comment.

Eoraptor

Eoraptor, un dinosaure primitif

Certains archosaures ont abandonné la marche à quatre pattes et sont devenus des bipèdes (des marcheurs sur deux pattes). Ce processus qui s'est produit sur des millions d'années aurait finalement donné naissance aux premiers dinosaures. Un des plus anciens dinosaures que nous connaissons est *Eoraptor*. Il vécut en Amérique du Sud, il y a environ 228 millions d'années, dans une région qui est aujourd'hui l'Argentine. Ce dinosaure primitif était un carnivore d'à peine 1 m de long qui se déplaçait sur ses pattes arrière. Il possédait de fines dents tranchantes ainsi qu'un squelette qui lui permettait de se tenir debout.

Musée de la vie

Les premiers mammifères

Les reptiles mammaliens (ou synapsides) moururent presque tous lors de la grande extinction du Permien. Parmi les survivants, on retrouve les cynodontes, des reptiles de la taille d'un chien, qui possédaient des dents semblables à celles des mammifères (des incisives, des canines et des molaires). Des fossiles datant de la fin du Triassique montrent que ces derniers auraient même été recouverts de poils ! Les archosaures demeurent cependant les créatures dominantes sur terre, au Triassique, et ils mènent une lutte sans pitié aux thérapsides. Incapables de rivaliser avec ces créatures intelligentes, ces derniers disparurent presque tous. Seules les petites espèces, sans doute capables de se camoufler facilement, survivent. Elles donneront naissance aux premiers mammifères, groupe auquel nous appartenons !

Megazostrodon est un des premiers mammifères connus. Cet animal de la taille d'une musaraigne se nourrissait d'insectes et était probablement nocturne, c'est-à-dire qu'il était actif la nuit et dormait le jour.

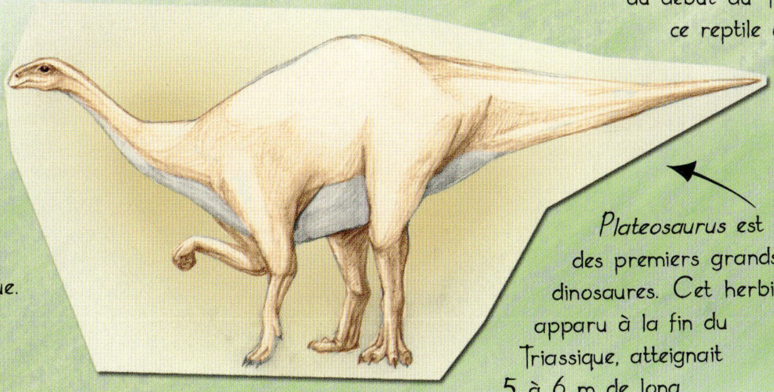

Plateosaurus est un des premiers grands dinosaures. Cet herbivore, apparu à la fin du Triassique, atteignait 5 à 6 m de long.

Thrinaxodon, un cynodonte de la taille d'un chat, vécut au début du Triassique. Proche parent des mammifères, ce reptile avait probablement de la fourrure sur le corps et le sang chaud.

Cœlophysis est un des premiers dinosaures. Cette créature de 3 m de long vécut au milieu du Triassique.

Avec leurs pattes placées sous leur corps, les dinosaures étaient les plus rapides de tous les reptiles terrestres. À la fin du Triassique, ils avaient déjà conquis toute la planète. Les premiers dinosaures étaient plutôt petits (de 3 à 4,5 m de long). Il faudra attendre le Jurassique pour les voir atteindre les tailles gigantesques que l'on connaît.

L'extinction de la fin du Triassique

Vers la fin du Triassique, il y a environ 210 millions d'années, une catastrophe frappe de nouveau les êtres vivants. Cette fois, 75 % des espèces disparaissent. La majorité des reptiles mammaliens ne survivent pas à cette tragédie, de même que plusieurs invertébrés, poissons et reptiles marins. Les tortues, les crocodiles, les petits mammifères et les dinosaures comptent parmi les survivants.

Les fiches à détacher : les grandes catastrophes de l'histoire

Le monde du Triassique ressemble beaucoup à celui du Permien. La plupart des continents sont unis pour former la Pangée, ce qui permet aux reptiles de parcourir le continent d'un bout à l'autre. Les paléontologues ont en effet retrouvé des fossiles appartenant aux mêmes espèces dans des continents aujourd'hui très éloignés. Ces découvertes prouvent que les continents étaient bel et bien réunis au temps du Permien et du Triassique.

Jurassique - Un monde de géants

(200-146 ma)

SCÈNES PRÉHISTORIQUES

Jurassique

Crétacé

Paléogène

Néogène

Les fonds des eaux chaudes et peu profondes du Jurassique sont tapissés de magnifiques récifs de coraux et d'éponges où grouillent des brachiopodes, des escargots, des étoiles de mer, des huîtres, des crevettes, des homards et les premiers crabes. De nouveaux groupes de reptiles marins, tels que les plésiosaures, voient le jour. Ils cohabitent avec les ichthyosaures, les crocodiliens, les tortues et les ancêtres de nos requins et poissons modernes. Sur la terre ferme, les grenouilles, tritons, salamandres et lézards apparaissent. Toujours discrets, les petits mammifères insectivores poursuivent, quant à eux, leur grande aventure aux côtés des dinosaures. Dans les airs, les ptérosaures se diversifient. Ils partagent l'espace avec de nouveaux venus : les oiseaux.

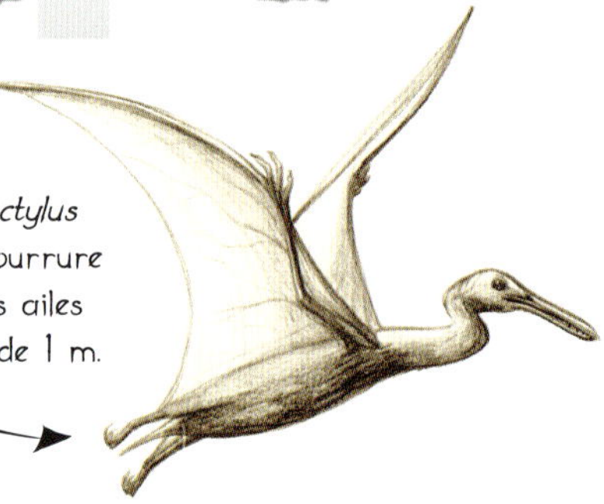

Le ptérosaure *Pterodactylus* était recouvert d'une fourrure fine. L'envergure de ses ailes pouvait atteindre près de 1 m.

Brachiosaurus était un sauropode de 12 m de haut, pesant 80 tonnes (l'équivalent de 12 éléphants). Malgré leur taille énorme, ses membres n'étaient sans doute pas suffisamment puissants pour lui permettre de courir.

Les extinctions du Triassique ont laissé beaucoup d'espace libre. Les vastes forêts de conifères offrent un garde-manger presque illimité et les grands prédateurs sont peu nombreux. Les dinosaures en profitent ! Ils se multiplient et atteignent des tailles GIGANTESQUES ! Les sauropodes, des herbivores du Jurassique, sont les plus gros animaux terrestres ayant existé. Ils avaient une petite tête, un long cou, une longue queue, un corps massif et des membres extrêmement puissants. Ces géants devaient probablement manger presque sans arrêt pour s'assurer un apport d'énergie suffisant ! Les sauropodes étaient accompagnés de plusieurs autres dinosaures de formes et de tailles variables. Au nombre d'entre eux, citons les allosaures, des carnivores redoutables, et les stégosaures, des dinosaures dont le dos était parcouru de crêtes.

Cryptoclidus possédait un très long cou. Il mesurait de 3 à 4 m.

Les premiers oiseaux

Les premiers oiseaux que nous connaissions sont apparus au Jurassique. Certains paléontologues croient qu'*Archaeopteryx* (qui signifie « ailes rudimentaires ») est au nombre de ces premiers oiseaux. Jette un coup d'œil à cet extrait qui t'en apprendra un peu plus sur cet animal formidable.

Quand les oiseaux avaient des dents…

Archaeopteryx

Archaeopteryx vécut il y a environ 150 millions d'années. Comme les dinosaures de son époque, il avait une longue queue, des dents et des griffes. Ce carnivore de la taille d'un pigeon possédait également des ailes de 60 cm d'envergure, recouvertes de plumes semblables à celles des oiseaux modernes. Les paléontologues sont d'avis qu'*Archaeopteryx* n'était sans doute pas très doué pour le vol car il ne possédait pas la musculature nécessaire pour battre des ailes comme les oiseaux modernes.

Musée d'histoire de la vie

Les fossiles des premiers oiseaux sont très peu nombreux et les savants ne savent pas encore précisément quand et comment ceux-ci sont apparus. Une chose est sûre : *Archaeopteryx* était un savant mélange entre les dinosaures du Jurassique et les oiseaux modernes… Nos oiseaux seraient-ils donc les descendants directs des dinosaures du Jurassique ? Parions que tu ne regarderas plus jamais nos compagnons ailés de la même façon !

Au Jurassique, la Pangée commence à se disloquer : l'Amérique s'écarte de l'Afrique et de l'Europe. Les continents commencent à dériver vers leur emplacement actuel. Le climat est chaud et humide et le niveau des mers est élevé.

Avec sa mâchoire garnie de dents tranchantes de 8 cm de long et ses griffes puissantes, *Allosaurus* était sans doute le carnivore le plus redouté du Jurassique. Il mesurait 12 m de long et pouvait peser jusqu'à 2 tonnes.

Stegosaurus mesurait de 8 à 9 m de long et pesait environ 3 tonnes. Ses larges plaques dorsales servaient peut-être à capter l'énergie solaire et à évacuer l'excès de chaleur. Certaines espèces portaient sur la queue des épines grâce auxquelles elles éloignaient leurs ennemis.

Petits ou grands, marcheurs sur deux ou quatre pattes, mangeurs d'herbe, de viande ou d'insectes, les dinosaures ont régné sur le monde pendant 160 millions d'années ! Je ne peux résister à l'envie de leur consacrer quelques pages supplémentaires…

Les dinosaures - Des créatures fabuleuses

Vers les années 1820, deux savants, le professeur William Buckland et le médecin Gideon Algernon Mantell, trouvèrent des os fossilisés de dinosaures, chacun de son côté. Tous deux pensèrent alors qu'ils ne pouvaient être que les restes d'énormes lézards... En 1842, l'Anglais Richard Owen apporta une lumière nouvelle sur ces découvertes. Il observa des différences importantes entre ces reptiles et les reptiles modernes, et conclut qu'ils devaient appartenir à un groupe de reptiles géants ayant vécu en des temps reculés. Il leur donna le nom de dinosaure (du grec deinos qui signifie « terrible » et saura qui signfie « lézard »). Ces « terribles-lézards » firent bientôt fureur et la course aux fossiles de dinosaures débuta. Depuis, chaque année, les profondeurs de la Terre continuent de nous livrer leurs secrets.

Voici une sculpture d'Iguanodon réalisée en 1853 par Benjamin Waterhouse Hawkins. Au début de cette même année, Hawkins convia Richard Owen et 20 autres scientifiques à un dîner. Et tu sais quoi ? Leur réunion eut lieu à l'intérieur du moule qui servit à la fabrication de cette fameuse sculpture. Un décor qui ouvre l'appétit...

Des dizaines de questions me sont acheminées chaque semaine. Plusieurs d'entre elles concernent les dinosaures. J'en ai sélectionné quelques-unes que je te présente ici. (Je remercie au passage mon bon ami Samuel, âgé de 11 ans, qui m'a aidé à illustrer ces deux pages... Quel talent !)

Comment sait-on combien pesaient les dinosaures ?
Jonathan

Les fossiles permettent d'estimer le poids des dinosaures. Une première méthode consiste à mesurer la longueur d'un grand os — le plus grand os de la jambe, par exemple. Les spécialistes se livrent ensuite à de savants calculs mathématiques grâce auxquels ils arrivent à estimer le poids du dinosaure... à partir de cette seule mesure ! Une autre méthode consiste à construire un modèle réduit d'un dinosaure, à le plonger dans l'eau et à calculer la quantité d'eau déplacée. Comme dans le cas précédent, les paléontologues utilisent des équations mathématiques qui leur permettent de déterminer le poids du dinosaure. Tu dois cependant savoir qu'aucune de ces méthodes mathématiques n'est efficace à 100 %. Personne ne saura donc jamais combien pesaient exactement les dinosaures...

Les dinosaures étaient-ils tous gris ?
Rose

Chez les animaux, les couleurs sont une forme de langage. Elles peuvent informer d'un danger ou impressionner un prédateur, par exemple. Les oiseaux, les poissons, les amphibiens et les reptiles d'aujourd'hui arborent souvent des couleurs magnifiques. Tu te demandes où je veux en venir ? Eh bien, pour être efficaces, ces couleurs doivent être vues ! La plupart des paléontologues pensent que les dinosaures voyaient les couleurs, comme tous ces animaux d'ailleurs. Malheureusement, seules des empreintes d'écailles de dinosaures ont été trouvées. Il nous est néanmoins permis de croire que le monde des dinosaures n'était pas tout gris !

Comment faire pour savoir ce que mangeaient les dinosaures ?
Suzie

L'étude des dents renseigne sur les habitudes alimentaires de leurs propriétaires. Des dents en forme de scie servent à découper la viande. Des dents en forme de cônes, semblables à celles des crocodiles actuels, laissent croire que leurs propriétaires étaient des mangeurs de poissons. Des dents plates pouvaient quant à elles servir à broyer les végétaux. Lorsqu'il est bien conservé, l'estomac fournit lui aussi de nombreux indices. Les paléontologues n'ont qu'à analyser son contenu pour savoir de quoi s'était nourri l'animal peu de temps avant sa mort. Finalement, les coprolithes, ou les crottes fossilisées, si tu préfères, contiennent également les restes des repas. Il suffit de les analyser pour connaître ce qu'elles cachent !

Les dinosaures avaient-ils un langage ?
Nicolas

Les paléontologues n'ont jamais trouvé de fossiles d'organes permettant de produire des sons, des cordes vocales par exemple. Des os de crânes montrent cependant que les dinosaures étaient probablement dotés d'une oreille interne, capable de percevoir les sons. Si les dinosaures pouvaient entendre... c'est qu'il y avait quelque chose à écouter ! Des études réalisées dans les années 1990 laissent penser que certains dinosaures pouvaient produire des sons en faisant vibrer des cartilages situés dans la gorge. D'autres espèces, comme les hadrosaures, avaient des crêtes sur la tête qui permettaient peut-être de produire des sons. Une chose est sûre : les dinosaures communiquaient entre eux.

Encore plus sur les dinosaures !

Mon amie Lizzie Latortue, herpétologiste (spécialiste des reptiles et des amphibiens), a eu la gentillesse de me faire parvenir ces fiches d'informations qu'elle a elle-même concoctées (merci encore une fois, chère Lizzie, pour ta collaboration). En voici quelques-unes que j'ai choisi de te présenter.

Diplodocus

Fiche d'identité

Signification : À la double poutre
Époque : Jurassique
Taille : 26 m de long (8 m pour le cou) ; 7 m de haut
Poids : 20 tonnes
Régime alimentaire : herbivore

Le cou de *Diplodocus* était si long et si lourd que même les puissants muscles de l'animal n'arrivaient pas à le lever complètement à la verticale. On pense que *Diplodocus* le maintenait, la plupart du temps, en position horizontale.

Triceratops

Fiche d'identité

Signification : Face à trois cornes
Époque : Crétacé
Taille : 10 m de long ; 3 m de haut
Poids : 6 tonnes
Régime alimentaire : herbivore

La collerette osseuse de *Triceratops* tenait lieu de véritable bouclier. Elle changeait peut-être de couleur pour impressionner les autres mâles.

MES RECORDS CHEZ LES DINOSAURES

- le plus lourd : *Argentinosaurus* : 100 t (20 éléphants adultes)
- le plus long : *Seismosaurus* : 30 mètres de long
- le plus long cou : *Mamenchisaurus* : 10 m
- le plus haut : *Sauroposeidon* : 20 m
- le plus petit : *Compsognatus* (de la taille d'un poulet)
- le plus rapide : *Dromiceiomimus* : 60 km à l'heure
- le plus redoutable : *Tyrannosaurus rex*

OÙ VOIR DES DINOSAURES :

Paris : Muséum national d'histoire naturelle
Londres : Natural History Museum
Berlin : Museum für Naturkunde
Moscou : Musée de l'Institut de paléontologie
Beijing : Musée d'histoire naturelle
New York : American Museum of Natural History
Toronto : Royal Ontario Museum

Parasaurolophus

Fiche d'identité

Signification : Lézard à crête
Époque : Crétacé
Taille : 10 m de long ; 5 m de haut
Poids : 4 tonnes
Régime alimentaire : herbivore

La crête de *Parasaurolophus* mesurait environ 1 m de long. En voyageant dans cet os creux, l'air vibrait en produisant des sons.

Pachycephalosaurus

Fiche d'identité

Signification : Lézard à tête épaisse
Époque : Crétacé
Taille : 4 à 5 m de long ; 3 m de haut
Poids : 1 à 2 tonnes
Régime alimentaire : herbivore

Pachycephalosaurus possédait une grosse tête de 60 cm de long surmontée d'une bosse de 25 cm d'épaisseur. Cette dernière servait sans doute à attaquer les mâles rivaux lors de combats.

Tyrannosaurus

Fiche d'identité

Signification : Lézard tyran
Époque : Crétacé
Taille : 12 m de long ;
6 m de haut
Poids : 6 tonnes
Régime alimentaire : carnivore

Avec ses mâchoires capables de s'ouvrir sur plus de 1 m et sa soixantaine de dents pointues de 20 cm de long, *Tyrannosaurus* était une véritable machine à tuer.

Ankylosaurus

Fiche d'identité

Signification : Lézard soudé
Époque : Crétacé
Taille : 10 m de long ;
2,5 m de haut
Poids : 5 tonnes
Régime alimentaire : herbivore

Ankylosaurus possédait des dispositifs qui devaient servir à décourager les ennemis : un corps massif couvert de plaques osseuses, des épines sur les côtés et une puissante queue terminée par une masse.

Les dinosaures ont toujours fasciné les producteurs de cinéma. Pas moins de 80 films les mettent en vedette !

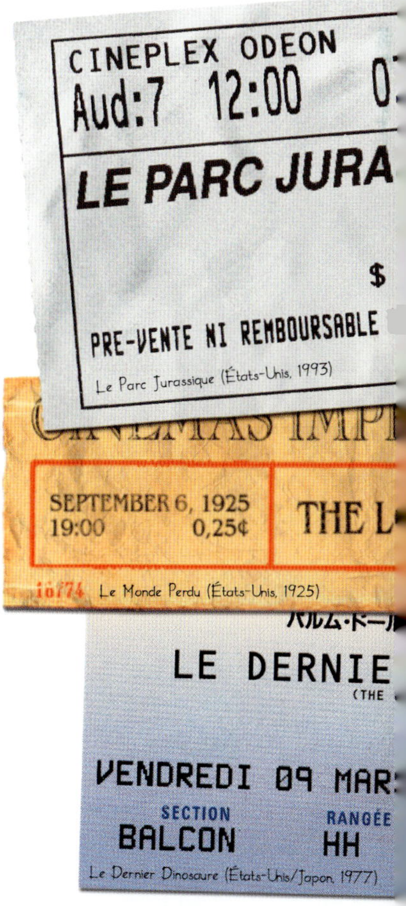

Le Parc Jurassique (États-Unis, 1993)

Le Monde Perdu (États-Unis, 1925)

Le Dernier Dinosaure (États-Unis/Japon, 1977)

Les magnolias sont parmi les premières fleurs à être apparues sur terre.

(146 - 66 ma)

Crétacé - La fin d'un monde

Retournons maintenant à notre histoire de la vie et abordons le Crétacé avec ce document que m'a envoyé ma chère sœur.

Musée d'histoire de la vie

GUIDE DU VISITEUR

En sortant de la salle d'exposition du Jurassique, longez le couloir qui mène à la salle C-146.66. Une maquette d'une scène du Crétacé vous y attend. Mettez les écouteurs et appuyez sur le bouton rouge pour lancer la présentation audio.

Résumé de la présentation:

LE CRÉTACÉ Le niveau des océans est d'au moins 100 m supérieur à celui d'aujourd'hui. Dans les mers, la vie se développe à un rythme effréné. Les eaux accueillent des escargots, des crabes, des homards, des étoiles de mer, des oursins, des méduses et des coquillages de toutes sortes. Les poissons continuent leur formidable développement. Ils vivent aux côtés des plésiosaures, des ichtyosaures et des mosasaures, un nouveau groupe de reptiles marins géants. Sur terre, les serpents voient le jour. Ils sont accompagnés par de nouvelles espèces de mammifères dont les marsupiaux, qui portent leurs nouveau-nés dans une poche sur le ventre. Les dinosaures sont plus nombreux et plus diversifiés que jamais. Les plantes à fleurs apparaissent, de même que les premiers insectes pollinisateurs (abeilles, guêpes et papillons) qui transportent le pollen de fleur en fleur, assurant ainsi leur reproduction. Dans les airs, les oiseaux volent toujours aux côtés des ptérosaures.

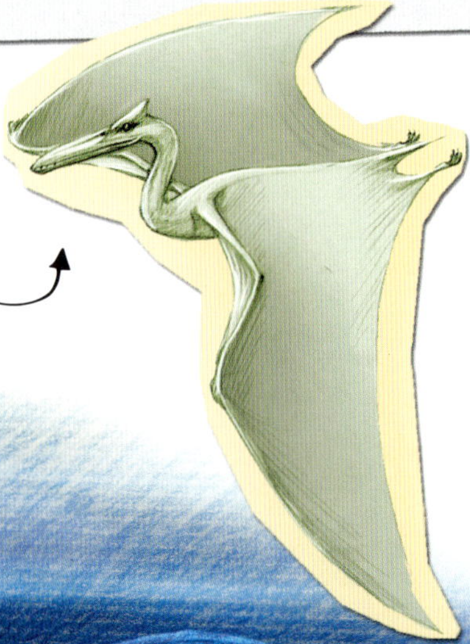

Le ptérosaure *Quetzalcoatlus* est le plus grand animal volant de tous les temps. Ses ailes de près de 12 m d'envergure lui donnaient la taille d'un petit avion.

Plotosaurus était un mosasaure de 10 m de long.

Le Crétacé était parfumé !

par Aimé Laverdure

Azalée, de Sainte-Rose-la-Fleurie, me demande cette semaine lesquels, des insectes pollinisateurs ou des fleurs, sont apparus en premier. Il est difficile de déterminer quel groupe est arrivé avant l'autre, tant leurs existences sont liées de près. Grâce aux insectes, les plantes à fleurs se sont diversifiées rapidement et ont adopté toutes sortes de stratégies destinées à les attirer : couleurs flamboyantes, parfums envoûtants et nectars savoureux... Les insectes, pour leur part, ont prospéré grâce à cette nouvelle source de nourriture... En un mot, insectes pollinisateurs et plantes à fleurs sont inséparables et n'auraient pu exister les uns sans les autres !

Pour l'amour des plantes, mars 2011

Deinonychus, un dinosaure de 1,5 m de haut, était carnivore. Il chassait probablement en groupe.

Au Crétacé, plusieurs sauropodes (les dinosaures herbivores géants du Jurassique) ont disparu. Ils ont laissé la place à de nouvelles espèces, plus petites et plus rapides. On retrouve parmi elles les hadrosaures (des dinosaures à bec de canard), les ankylosaures (des dinosaures couverts de plaques et de piques) et les cératopsiens (des dinosaures à cornes et à collerette). Ces nombreux herbivores constituent un garde-manger de choix pour les dinosaures carnivores. Au nombre de ces monstres, citons le dangereux *Deinonychus*, aux terribles griffes, le rapide *Ornithomimus*, et le « très sympathique » *Tyrannosaurus* que je t'ai présenté à la page précédente.

Ornithomimus pouvait atteindre des vitesses de 50 km à l'heure.

Une terrible catastrophe s'abattit sur la Terre à la fin du Crétacé (il y a 66 millions d'années) et entraîna la disparition de 60 % des espèces vivantes, dont les dinosaures. Jette un coup d'œil à cet article qui en dit un peu plus long sur une des théories expliquant les causes de cet événement.

Lumière sur la disparition des dinosaures

California, États-Unis – Le chercheur Luis Alvarez et ses collègues de l'Université de Californie croient avoir fait la lumière sur la disparition des dinosaures. Selon l'équipe de chercheurs, les reptiles géants auraient tous été tués par la chute d'une météorite mesurant 10 km de diamètre. Le terrible impact aurait engendré des vents et des tsunamis violents, brûlé une partie de la végétation sur les continents et créé un nuage de poussière empêchant les rayons du Soleil de parvenir jusqu'à la surface de notre planète pendant plusieurs mois. Cette absence de rayons lumineux aurait fait baisser la température considérablement à la surface de la Terre et aurait nui à la photosynthèse des plantes, entraînant la mort de plusieurs végétaux. Sans plantes à manger, les dinosaures herbivores seraient morts, privant à leur tour de nourriture les dinosaures carnivores.

On a découvert, en 1990, le lieu d'impact de la météorite dont parlaient Luis Alvarez et ses collègues. Il s'agit du cratère de Chicxulub, au Mexique, qui mesure 180 km de diamètre. Certains savants croient que des bouleversements du climat ou une activité volcanique intense ont aussi pu être responsables de la disparition des dinosaures. Quoi qu'il en soit, sans cet événement, les dinosaures existeraient peut-être encore… Et il y a fort à parier que nous ne serions pas ici pour en discuter !

Au Crétacé, les continents continuent de s'éloigner les uns des autres. Le climat est chaud et humide. Le point rouge sur la carte montre l'endroit où s'est produit l'impact de Chicxulub.

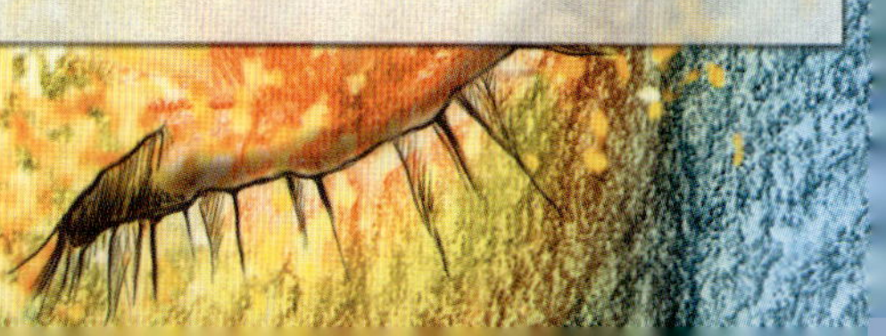

(66 - 23 ma)

Paléogène - L'avènement des mammifères

Les mammifères connaissent un grand succès car ils sont équipés de caractéristiques ultraperfectionnées. Ils ont des dents spécialisées, adaptées à toutes sortes de nourriture, sont recouverts d'un pelage qui permet de conserver la chaleur du corps et sont homéothermes (c'est-à-dire qu'ils arrivent à maintenir constante la température de leur corps, beau temps, mauvais temps). Mais il y a plus : certaines femelles mammifères peuvent dorénavant porter leurs petits dans leur ventre jusqu'à leur naissance. Cette invention offre une bien meilleure protection que l'œuf !

Bonjour Frérot,

Je reviens d'un voyage en plein cœur du Paléogène (au Musée de la vie, bien sûr) et j'en suis encore chavirée. J'ignorais absolument tout de cette période ! La fin des dinosaures n'est pas aussi triste que je l'avais imaginé, après tout. Car en quittant notre belle planète, ces géants ont laissé la place à une foule d'autres animaux. Plusieurs groupes d'oiseaux que nous connaissons fort bien, comme les hiboux, les aigles et les pélicans sont apparus à cette époque. Sur la terre, ce fut l'incroyable révolution des mammifères ! Ces petits rusés sont sortis de leurs cachettes, se sont multipliés, ont grossi et pris toutes sortes de formes. Bientôt, ils conquirent la planète entière, du pôle Nord au pôle Sud, nageant, courant, trottinant, sautant, marchant, bondissant, grimpant et volant ! C'est drôle, mais j'ai ressenti un étrange sentiment de fierté devant ces petits ancêtres poilus aux grandes ambitions...

P.S. Tu viens toujours me visiter à la fin du mois ? Nous irons visiter le musée ensemble !

Bisous

Ta grande sœur

Les monotrèmes, des mammifères primitifs, pondent des œufs, comme leurs ancêtres reptiles. C'est le cas de l'échidné (un petit mammifère d'Australie et de Nouvelle-Guinée qui ressemble à un hérisson). Les marsupiaux, comme le koala, ne pondent pas d'œuf, mais ils donnent naissance à des petits incomplètement formés. Ces derniers poursuivent souvent leur développement dans une poche, sur le ventre de la femelle.

À la naissance, les jeunes mammifères sont nourris du lait coulant des mamelles de leur mère. Cet aliment fournit l'énergie nécessaire à leur croissance, même lorsque la nourriture se fait rare. Les mammifères sont des parents exemplaires. Ils s'occupent de leurs petits, parfois pendant plusieurs années ! Entourés de soins, ceux-ci ont les meilleures chances de survie.

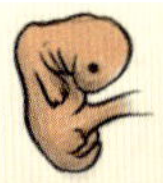

La gestation une invention réconfortante

La gestation consiste à porter les petits dans l'abdomen de la femelle, du moment de leur conception jusqu'à la mise bas (ou l'accouchement). En plus d'être à l'abri des prédateurs, les bébés sont assurés d'une température confortable, d'un environnement à l'abri des chocs et d'une alimentation constante. Un nouvel organe, le placenta, transporte le sang chargé d'éléments nutritifs essentiels à la croissance du petit, du corps de la mère à celui du bébé. Les mammifères qui ont la capacité de porter leurs petits sont dits « placentaires ».

Les grandes inventions biologiques, p. 74

Les continents poursuivent leur lente dérive.
Le climat est chaud et humide, même aux pôles.
À la fin du Paléogène, la température baisse
et le climat s'assèche.

Le règne des oiseaux géants

Le Paléogène vit l'avènement des diatrymiformes, un groupe de redoutables oiseaux carnivores dont les fossiles ont été retrouvés en Amérique du Nord, en Europe et en Chine. Ces oiseaux géants ne pouvaient pas voler, mais ils étaient des coureurs rapides. Ils devinrent les plus grands prédateurs des premiers mammifères, remplaçant les terribles dinosaures carnivores de la fin du Crétacé. *Diatryma* est une des espèces les mieux connues. Il mesurait plus de 2 m de haut. Il possédait un bec puissant et d'énormes pattes munies de griffes.

Histoire vivante, p. 138

Du milieu à la fin du Paléogène, les mammifères grossissent et prennent de multiples formes. Les chauves-souris apparaissent, de même que les ancêtres des baleines, des chevaux, des rhinocéros, des vaches, des ours et des chameaux. Les lapins, les souris, les castors, les hamsters, les chiens et les phoques font leur apparition. Les mammifères du Paléogène sont fascinants. Puisqu'une image vaut mille mots, je laisse la place à ces magnifiques illustrations que j'ai dénichées dans un livre de mammalogie (la science qui étudie les mammifères).

Indricotherium, qui ressemble à un mélange entre une girafe et un rhinocéros, vivait en Asie. Avec ses 7 m de haut, cet herbivore est le plus grand mammifère terrestre de tous les temps.

Cainotherium avait une tête de lapin mais portait des sabots, comme les cerfs actuels. C'est un parent lointain des chameaux.

Uintatherium était un mammifère de l'Ouest des États-Unis qui avait les dimensions d'un grand rhinocéros. Son crâne portait trois paires de « cornes » osseuses qui servaient sans doute lors de combats entre mâles.

Andrewsarchus est le plus gros mammifère carnivore terrestre de tous les temps. Ce charognard dont les restes ont été retrouvés en Mongolie mesurait 5 m de long. À elle seule, sa tête mesurait 1 m.

(23 ma à aujourd'hui)

Néogène - La naissance des prairies

Nous voici au cœur du Néogène, un monde qui ressemble beaucoup à celui d'aujourd'hui. De nombreux groupes d'animaux anciens sont disparus et ont fait place à des espèces modernes. L'Antarctique, maintenant séparé de l'Amérique du Sud, se couvre d'une calotte de glace de plus en plus épaisse. Dans différentes parties du monde, le niveau des mers baisse et des bras de terre relient certains continents qui étaient autrefois séparés. Ces changements provoquent des perturbations dans les courants océaniques et atmosphériques. La température se refroidit, le climat s'assèche. Dans l'hémisphère Nord, les forêts denses font place à de vastes prairies ouvertes, recouvertes d'herbes. Les animaux sont touchés de près par ces changements et doivent s'adapter à un nouvel environnement. L'étude des fossiles nous aide à reconstituer leur évolution. En voici d'ailleurs un exemple fort intéressant.

L'ancêtre des chevaux modernes, *Hyracotherium*, se nourrissait de fruits et de graines et vivait dans les forêts. Cet animal de la taille d'un chien se déplaçait sur ses pieds aux doigts coussinés. Au cours du Néogène, ses descendants acquirent de plus grandes dents, capables de broyer les herbes des prairies, de grandes jambes et un nombre de doigts réduits, permettant de galoper plus rapidement pour fuir les prédateurs.

Le visage de la Terre au Néogène ressemble à celui d'aujourd'hui. Les grandes chaînes de montagnes s'édifient : les montagnes Rocheuses, en Amérique du Nord, les Andes, en Amérique du Sud, et l'Himalaya, en Asie.

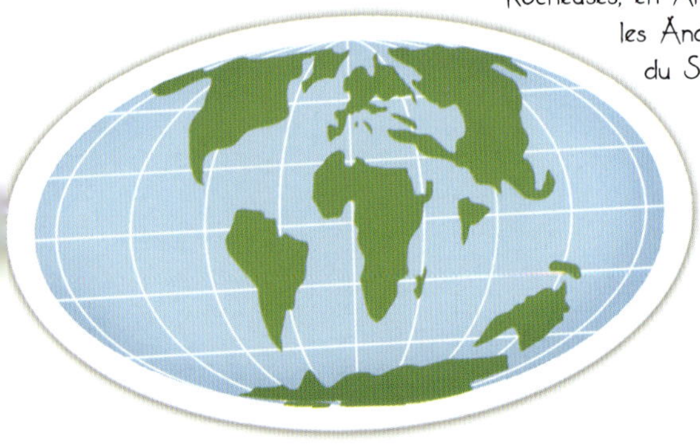

Le grand voyage

Les ponts de terre du Néogène, formés par la baisse du niveau des océans, permettent à plusieurs espèces animales d'entreprendre de longs voyages pour aller conquérir de nouveaux territoires. C'est le cas notamment des ancêtres des éléphants et des premiers singes qui voyagent de l'Afrique vers l'Eurasie. Les antilopes, les rhinocéros, les grands félins et les girafes se répandent pour leur part de l'Eurasie jusqu'à l'Afrique.

Histoire vivante, p. 155

Les mammifères du Néogène

Certains mammifères du Néogène étaient fort différents des espèces actuelles. En voici quelques-uns.

Thylacosmilus était un mammifère marsupial à l'allure de félin qui habitait l'Amérique du Sud. Ses longues canines tranchantes lui permettaient de déchirer la chair de ses victimes.

Dinohyus, qui était aussi gros qu'un taureau, mesurait 3 m de long. Cet omnivore (mangeur de plusieurs types d'aliments) vivait en Amérique du Nord.

Desmostylus vivait sur la côte ouest de l'Amérique du Nord et sur les côtes du Japon. Cet étrange animal avait un mode de vie semblable à celui de l'hippopotame actuel.

L'essor des primates

Un groupe d'animaux fort intéressants, les primates, apparaît au Paléogène. Au Néogène, ces derniers ont déjà acquis de multiples formes. Les premiers primates ne sont pas des singes à proprement parler, mais de petites créatures agiles vivant dans les arbres. Il y a 30 millions d'années, les singes « véritables » voient le jour. Ces derniers compteront bientôt dans leurs rangs de petites espèces arboricoles, mais aussi de plus gros singes. Parmi eux, on trouve les hominoïdes qui regroupent les gibbons, les orangs-outans, les gorilles, les chimpanzés... et l'être humain !

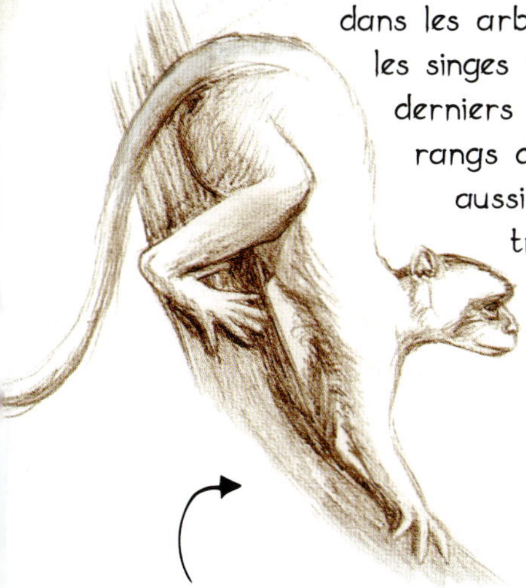

Aegyptopithecus est un des premiers singes. Il apparaît il y a environ 30 millions d'années.

LES PRIMATES, DES ANIMAUX DOUÉS

Les primates regroupent des mammifères pour la plupart arboricoles (qui vivent dans les arbres). Les membres de ce groupe possèdent des traits communs : ils ont un gros cerveau, des mains et des pieds préhenseurs (qui peuvent saisir), un pouce qui s'oppose aux quatre autres doigts de la main et du pied (sauf chez l'être humain) et des ongles plats. Les primates possèdent un sens de l'olfaction réduit. Leurs yeux sont toutefois bien développés et permettent la vision en relief et en couleur. Les primates ont souvent une vie sociale très organisée. Les petits (souvent un seul jeune par portée) sont pris en charge par les parents sur une très longue période de temps jusqu'à leur âge adulte.

Le livre des primates, p. 7

Pour une créature venue d'une autre planète, l'histoire des humains ne serait sans doute pas plus intéressante que celle de tout autre animal... Mais pour toi et moi, cette histoire est certainement très importante ! Je te propose donc de partir à la découverte de tes origines. Prêt ? Allons-y !

Cher Génius,

Ma cousine m'a prêté une revue dans laquelle il est écrit que « L'être humain descend du singe. » Est-ce que cela veut dire que les humains ont déjà été des chimpanzés ?

Lucie

L'histoire des humains

Les chimpanzés sont des chimpanzés et les hommes sont des hommes. Aucun chimpanzé ne deviendra un homme dans 1 million d'années ! Voici ce que Lucie et vous tous devez comprendre. Les hominoïdes (gorilles, gibbons, chimpanzés, orangs-outans et humains) sont des cousins, c'est-à-dire qu'ils ont un singe-ancêtre commun. C'est pourquoi certaines personnes affirment que l'être humain « descend » du singe. Prends comme exemple ta propre famille. Tes grands-parents ont donné naissance à des enfants qui ont eux-mêmes eu des enfants. Ces derniers sont tous cousins et cousines. Tes cousins et cousines ne te ressemblent peut-être pas beaucoup, mais ils partagent avec toi le même couple d'ancêtres : vos grands-parents ! Tu vois, c'est un peu la même chose pour la grande « famille » des hominoïdes. Les gorilles, gibbons, chimpanzés, orangs-outans et humains ne « descendent » pas les uns des autres, mais d'un même ancêtre commun. Mais au fait, cet ancêtre, qui est-il au juste ?

Chaque année, les paléontologues font des découvertes qui nous en apprennent un peu plus sur nos origines. Ce que l'on sait à l'heure actuelle, c'est que l'ancêtre de tous les hominoïdes vivait fort probablement en Afrique. Il marchait à quatre pattes et vivait sans doute dans les arbres. Pour le moment, le meilleur candidat à ce titre d'ancêtre est *Saadanius hijazensis* qui a vécu il y a 28 à 29 millions d'années, dans l'actuelle Arabie saoudite. Il avait un museau et un grand visage qui le faisaient ressembler à un babouin. Comment sommes-nous passés du singe *Saadanius* aux premiers représentants de la lignée humaine (les hominidés) ? Je dois malheureusement te dire que nous ne le savons pas précisément. Au début des années 1980, le scientifique français Yves Coppens a proposé une théorie intéressante pour expliquer cette mystérieuse évolution. La voici :

Babouin

Une théorie pour expliquer l'apparition des premiers hominidés

De grands changements s'opérèrent sur le continent africain, à partir du Néogène. L'écorce de la Terre se fissura, créant une large « cassure » s'étendant du nord au sud : c'est le rift est-africain. Cette cassure sépara progressivement l'Afrique en deux portions : une portion ouest et une portion est. À l'ouest du rift, le climat demeura chaud et humide. Les proconsuls donnèrent naissance aux chimpanzés et aux gorilles, des créatures arboricoles. Il y a 8 millions d'années, le climat changea du côté est du rift ; il devint plus sec et la forêt tropicale fit place à la savane. La nature favorisa les individus capables de se redresser sur leurs deux pattes arrière car ils étaient mieux adaptés à ce nouvel environnement dépourvu d'arbres. C'est ainsi que du côté est du rift, les grands singes seraient progressivement devenus des hominidés.

Histoire vivante, p. 192

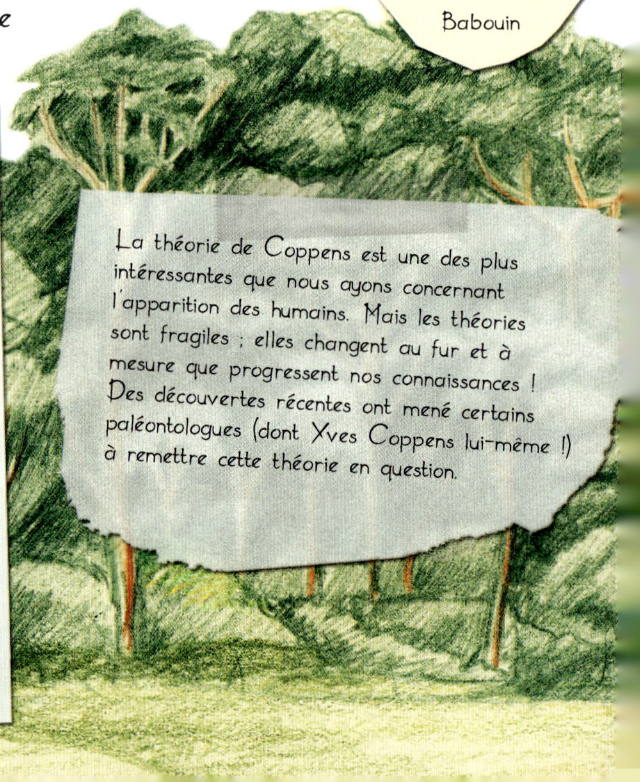

La théorie de Coppens est une des plus intéressantes que nous ayons concernant l'apparition des humains. Mais les théories sont fragiles ; elles changent au fur et à mesure que progressent nos connaissances ! Des découvertes récentes ont mené certains paléontologues (dont Yves Coppens lui-même !) à remettre cette théorie en question.

Les hominidés ou les marcheurs à deux pattes

Les premiers hominidés connus sont les cousins australopithèques. Ces « pré-humains » avaient à peu près la taille et le poids d'un enfant de sept ans. Le haut de leur corps ressemblait à celui des chimpanzés et leur bas avait un aspect plus humain. Mais surtout : ils marchaient sur leurs deux jambes en se dandinant, le dos légèrement voûté. Jette un coup d'œil à cet article que j'ai découpé il y a déjà un bon nombre d'années.

Héritage formidable d'un australopithèque d'Éthiopie

Éthiopie, 1974

Le paléontologue D. Johanson et son équipe ont découvert 52 fragments d'os appartenant à une nouvelle espèce d'australopithèque, ayant vécu entre 3,1 et 3,22 millions d'années avant aujourd'hui. Le squelette, auquel ils ont donné le nom de Lucy, serait celui d'une petite femme âgée d'à peine 20 ans, qui mesurait 1,06 m et pesait 25 kg. Lucy présente un bassin bas et élargi, par rapport à celui des singes à quatre pattes, ce qui indique qu'elle ait pu se tenir debout et marcher sur deux pattes. Ses jambes un peu courtes et ses bras plus longs nous rappellent toutefois qu'il ne peut s'agir que d'une forme intermédiaire entre les grands singes et les humains. Nul doute que nous devrons dorénavant nous tourner du côté de l'Afrique pour chercher les traces des premiers hommes.

Les plus anciens fossiles d'australopithèques ont été trouvés au Kenya. Ils sont âgés d'environ 4 millions d'années. Il semble que plusieurs espèces d'australopithèques aient existé et même vécu ensemble, dans l'est et le sud de l'Afrique, entre 4,4 millions et 1 million d'années avant aujourd'hui. Les derniers représentants du groupe vécurent aux côtés des premiers hommes puis s'éteignirent il y a 1 million d'années, pour des raisons encore inexpliquées. Nous savons bien peu de choses de leur mode de vie. Jette un coup d'œil à ce passage d'un roman que j'ai déniché dans la bibliothèque de mon père. L'auteur y a imaginé une scène de la vie quotidienne d'une jeune australopithèque.

Chronique d'une jeune australopithèque 67

Lucy se repose sur les rives du lac Turkana avec une vingtaine de femelles de son clan. Ensemble, elles trient minutieusement les fruits et les racines cueillies au cours de la matinée. Ces réserves suffiront jusqu'à ce que les mâles reviennent de la chasse et rapportent de jeunes cochons, des lièvres ou, mieux encore, des restes d'antilopes dont ils pourront tous se délecter. D'un œil inquiet, Lucy scrute l'horizon et frémit au moindre bruissement des herbes sèches de la savane. L'approche des deux grands tigres à dents de sabre, au lever du jour, a inquiété les australopithèques. Au loin, trois dinotheriums avancent tranquillement, balançant paresseusement leur trompe qui accroche quelques herbes au passage. Un troupeau d'hipparions broute tranquillement. Ils seront sans doute les premiers à avertir de l'approche d'un danger. À la moindre alerte, Lucy et ses compagnes devront grimper aux branches des acacias pour mettre leurs petits à l'abri.

Les australopithèques nous ressemblent beaucoup, mais attention : ils ne sont pas encore des humains pour autant ! Les scientifiques classent les humains dans le genre *Homo*. Les représentants de ce groupe possèdent des caractéristiques communes : ils ont un crâne et un cerveau plus gros que celui des australopithèques, ils marchent presque toujours sur deux pattes et savent fabriquer et utiliser des outils. Selon les scientifiques, les premiers « vrais humains » seraient apparus en Afrique, il y a environ 2,5 millions d'années. Comment ? Nous ne le savons pas précisément. Toutefois, les rares fossiles découverts par les paléontologues nous apprennent que les êtres humains se sont transformés depuis cette époque reculée. J'ai demandé à mon bon ami Jack S. Kelleth de m'aider à te présenter l'essentiel de nos connaissances actuelles sur le sujet (les dessins d'humains sont de lui !).

En juillet 2001, des fossiles d'apparence humaine, datés d'environ 7 millions d'années, ont été trouvés au Tchad, en Afrique. L'être à qui ont appartenu ces ossements a été nommé Toumaï. Certains paléontologues croient qu'il pourrait être un ancêtre très lointain des humains. D'autres pensent plutôt qu'il ne serait qu'un ancêtre des gorilles actuels...

LES OUTILS

En 1960, dans les gorges d'Olduvai, en Tanzanie, les archéologues britanniques Mary et Louis Leakey mirent au jour les plus anciennes pierres taillées. Fabriqués par *Homo habilis*, il y a environ 2,5 millions d'années, ces hachoirs étaient des pierres grossièrement taillées à l'aide d'une autre pierre, de façon à en rendre les bords tranchants. Ces premiers outils permettaient sans doute de découper des carcasses, de travailler le bois et d'écraser des noix.

Des inventeurs et des inventions, p. 179

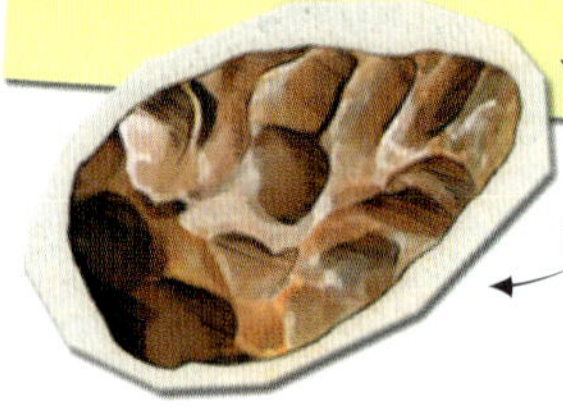

pierre taillée

Homo habilis, le premier humain

Le premier être humain que nous connaissions vivait en Afrique de l'Est, il y a environ 2,5 millions d'années. Il a été nommé *Homo habilis*, ce qui signifie « homme habile ». *Homo habilis* avait environ la même taille que l'australopithèque et il était sans doute, comme lui, un bon grimpeur. Toutefois, son cerveau était beaucoup plus gros ! On pense que *Homo habilis* se nourrissait de feuilles, de fruits, de racines et de carcasses (des antilopes ou des éléphants, peut-être) laissées par de grands carnivores. Savais-tu que cet habile ancêtre fut le premier inventeur de l'humanité ? Tu le constateras en lisant l'extrait ci-dessus, tiré de mon livre des inventions.

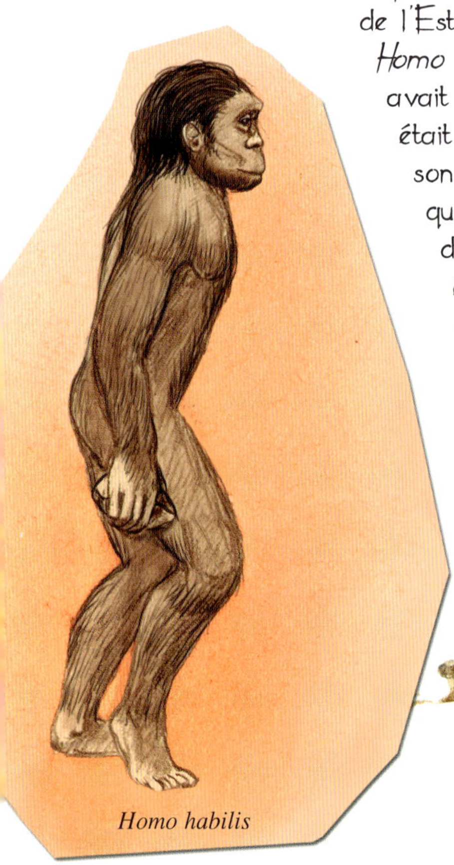

Homo habilis

Homo rudolfensis vivait à la même époque que *Homo habilis*. Il était légèrement plus grand que ce dernier (1,50 m en moyenne) et son cerveau était plus gros. Ce végétarien aux très fortes mâchoires se tenait sans doute plus droit et marchait plus efficacement.

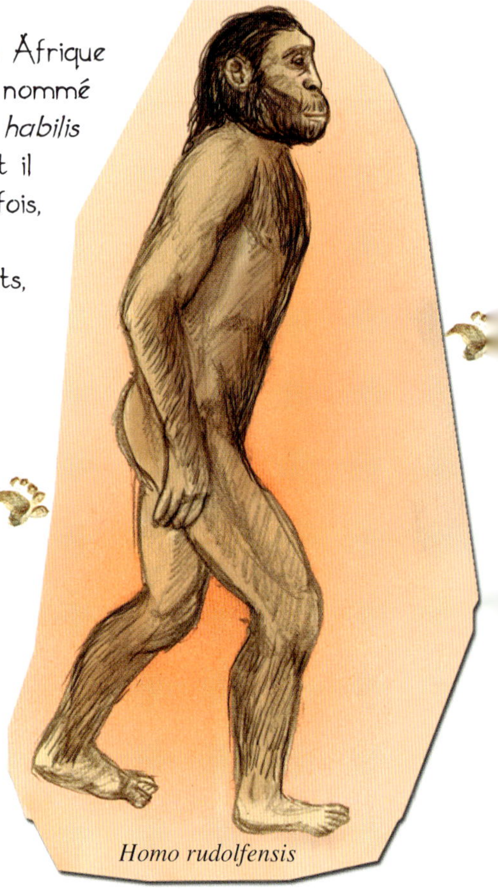

Homo rudolfensis

Homo ergaster serait apparu en Afrique, il y a 1,9 million d'années. Il a vécu aux côtés de *Homo habilis*. Il est peut-être l'ancêtre de *Homo erectus*.

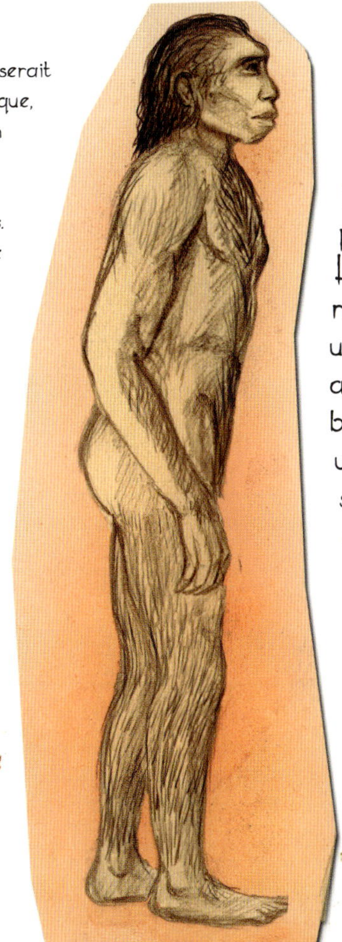

Homo ergaster

Homo erectus, l'homme dressé

Voici *Homo erectus*, ou « homme dressé ». Apparu il y a 1,7 million d'années, il est plus grand et plus lourd que ses prédécesseurs (1,70 m ; 55 kg). L'homme dressé ressemble beaucoup à l'homme moderne. Il se tient droit (d'où son nom), possède un crâne arrondi et un plus gros cerveau – presque aussi volumineux que le nôtre ! Il fabrique des bifaces, des pierres taillées sur deux faces dans un type de roche appelé silex. Ces outils, plus sophistiqués que ceux de *Homo habilis*, lui permettent de couper, d'écraser, de lacérer et d'émincer sa nourriture (des fruits, des racines, du poisson et de la viande). On croit que *Homo erectus* pouvait avoir un langage articulé. La forme de son larynx permettait en effet de produire des sons que son cerveau développé pouvait interpréter.

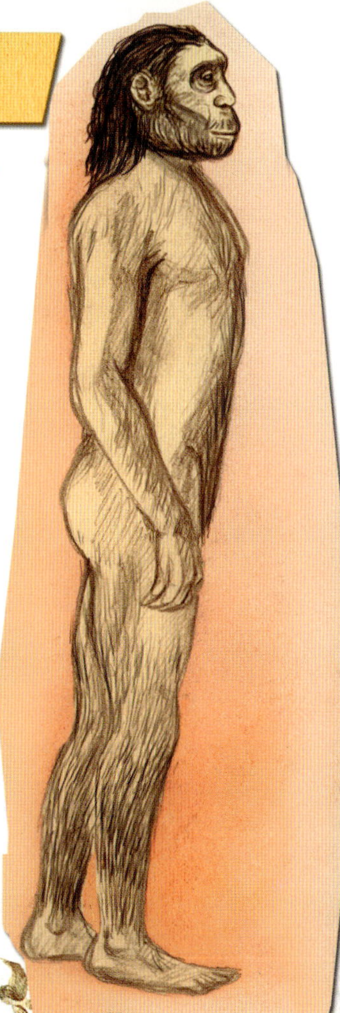

Homo erectus

LE FEU

Homo erectus se servit d'abord du feu qu'il trouvait dans la nature (après que la foudre eut frappé, par exemple) pour faire cuire ses aliments. La chair cuite avait bien meilleur goût et se digérait mieux. Il y a 500 000 ans, il apprit à fabriquer le feu lui-même, en frappant deux pierres ensemble ou en faisant pivoter rapidement un morceau de bois dans un autre. Le feu permettait à *Homo erectus* d'éloigner les bêtes féroces et de se protéger du froid. Les grottes, auparavant inaccessibles en raison de leur obscurité, devinrent des foyers confortables. Le feu devint également fort utile dans la confection des outils, la flamme durcissant les pointes des lances de bois et facilitant la taille de la pierre.

Des inventeurs et des inventions, p. 53

Homo erectus est un bon marcheur. Il franchit les limites nord de l'Afrique et part à la conquête du monde ! Peu à peu il s'installe en Asie et en Europe, où il évoluera pour s'adapter aux conditions des milieux qu'il habitera.

Les glaciations du Néogène

Depuis les 2 derniers millions d'années, notre planète a connu plusieurs périodes très froides (glaciaires) séparées par des périodes plus chaudes (interglaciaires). Pendant les périodes glaciaires, la glace envahissait le Nord de l'Europe et de l'Amérique, recouvrant près du tiers de la surface des continents. Les animaux adaptés au froid, comme les mammouths, les rhinocéros laineux et les cerfs géants, s'étendaient alors dans l'hémisphère Nord. Pendant les périodes plus chaudes, ils remontaient vers le nord et laissaient la place à des animaux mieux adaptés à la chaleur, comme les antilopes, les hippopotames et les ours des cavernes. Plusieurs animaux des périodes froides sont aujourd'hui disparus, sans doute victimes des changements climatiques mais peut-être aussi des humains, qui les ont chassés.

Guide de la Terre, p. 72

Plusieurs mammouths ont été retrouvés presque intacts, congelés dans les glaces de la Sibérie. Ces géants, qui mesuraient 3 m de haut et pesaient entre 5 et 8 tonnes, sont disparus il y a environ 10 000 ans.

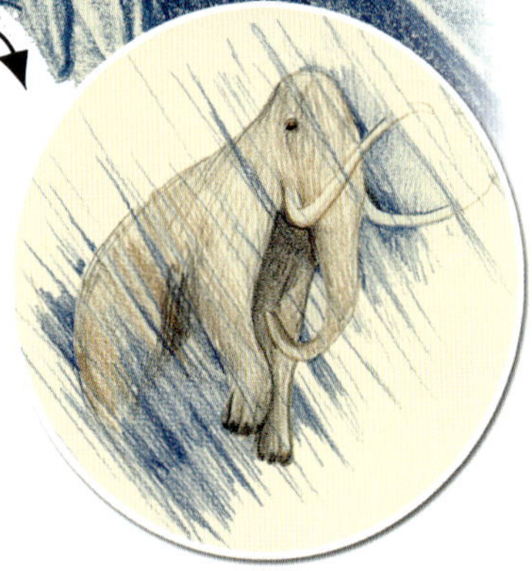

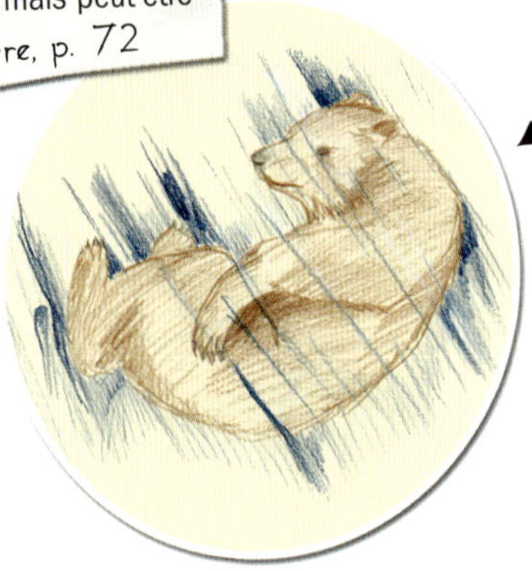

L'ours des cavernes possédait un crâne massif. On pense qu'il fut l'ennemi direct des hommes primitifs qui le combattaient pour s'emparer des grottes.

La dernière glaciation s'est terminée il y a 10 000 ans. Nous sommes actuellement dans une période chaude. Les spécialistes pensent que la prochaine glaciation pourrait avoir lieu dans plusieurs milliers d'années.

Homo erectus disparaît il y a environ 200 000 ans. Il cède la place à l'Homme de Neandertal et à l'Homme moderne.

Homo neanderthalensis : l'Homme de Neandertal

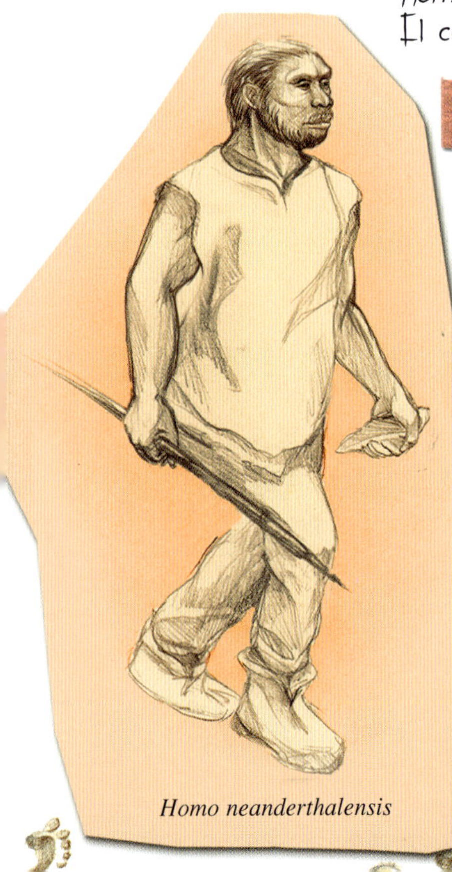

Homo neanderthalensis

Homo neanderthalensis, ou l'Homme de Neandertal, apparaît en Europe il y a environ 250 000 ans. Cet habitant des contrées froides est plus robuste que *Homo erectus* (1,65 m ; 90 kg) et bien adapté à la rigueur du climat nordique. Ses membres sont courts, ce qui réduit la surface du corps exposée au froid. Grâce à ses outils et à ses techniques de chasse améliorées, l'Homme de Neandertal était sans doute un très grand chasseur. Il vivait dans des cavernes ou construisait des cabanes avec des crânes, des défenses, des omoplates et des mâchoires de mammouths.

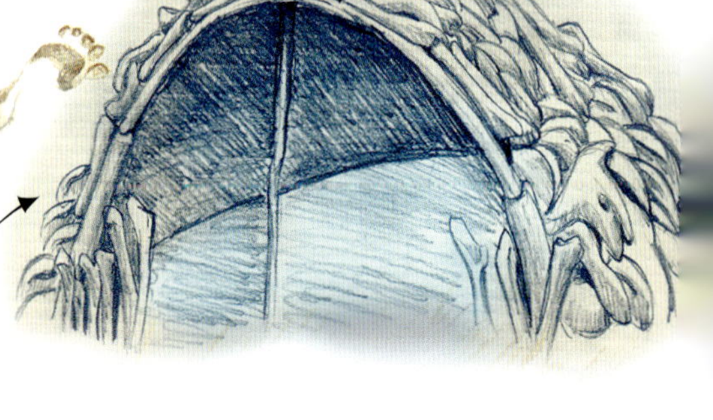

Cabane faite d'os de mammouths

l'*Homo sapiens* : l'Homme moderne

Quelque 50 000 ans après l'apparition de l'Homme de Neandertal, un nouvel humain entre en scène. Il s'agit d'*Homo sapiens* ou l'Homme moderne. C'est l'espèce à laquelle toi et moi appartenons ! Les plus anciens ossements de l'Homme moderne ont été retrouvés en 1967, en Afrique, plus précisément en Éthiopie. Ils sont âgés de 195 000 ans. Le nouvel humain a des pommettes saillantes, un menton plus pointu, des membres plus longs et une silhouette plus élancée que ses prédécesseurs. Mais d'où vient-il, au juste ? Les paléontologues pensent que l'Homme moderne ait pu « naître » quelque part en Afrique et voyager jusqu'en Asie et en Europe. L'Homme moderne a côtoyé l'Homme de Neandertal. Étaient-ils amis ou ennemis ? Nous ne le savons pas. Une chose est sûre, l'Homme de Neandertal s'est éteint il y a 35 000 ans, tandis que l'Homme moderne a conquis tous les continents. Il est la seule espèce humaine vivant actuellement.

Homo sapiens

Homo sapiens a toujours été doté d'un grand sens artistique. Ses œuvres décorent les murs de certaines grottes d'Europe et d'Asie.

LA GROTTE CHAUVET-PONT-D'ARC

Le 18 décembre 1994, les spéléologues (ou spécialistes des grottes) Jean-Marie Chauvet, Éliette Brunel-Deschamps et Christian Hillaire firent une découverte extraordinaire. La grotte qu'ils exploraient, près de la localité de Vallon-Pont-d'Arc, dans le sud-est de la France, était ornée de centaines de gravures et peintures réalisées par *Homo sapiens*. Des figures d'animaux tels que le rhinocéros, le lion, l'ours, le mammouth, le bison et le cheval avaient résisté aux assauts du temps. Vieilles de plus de 30 000 ans, ces peintures magnifiquement préservées sont parmi les plus anciennes du monde !

Trésors ingénieux, p. 130

Une nouvelle espèce humaine en Indonésie

30 octobre 2004

Des paléontologues australiens et indonésiens ont annoncé, le 28 octobre dernier, avoir découvert les restes d'une toute nouvelle espèce humaine, sur l'île de Flores, en Indonésie. Les restes trouvés sont ceux de sept individus qui auraient vécu entre 18 000 et 38 000 ans avant aujourd'hui, dont un squelette presque complet d'une femelle, vieux de 18 000 ans. Selon toute vraisemblance, les individus de Flores (*Homo floresiensis*) avaient la taille d'enfants de trois ans et possédaient un cerveau de la taille d'un pamplemousse. Ils maîtrisaient le feu et fabriquaient des outils.

Il y a environ 10 000 ans, l'Homme moderne chasseur devient agriculteur. Ses nouvelles activités le poussent à devenir sédentaire, c'est-à-dire à se fixer définitivement en un lieu. Des tribus s'installent près des rives des fleuves importants et forment les premiers villages. Les sociétés s'organisent. Il y a 5 000 ans, l'écriture est inventée. Cet événement important marque la fin de la Préhistoire et le début de l'Histoire, pour les historiens.

D'après de récentes études, l'homme de Flores ne serait pas une nouvelle espèce d'humain mais plutôt un pré-humain ayant, lui aussi, un *Homo erectus* comme ancêtre. Ces découvertes prouvent bien, mon ami, qu'il nous reste encore beaucoup de choses à apprendre. Qui sait ce que les prochaines découvertes paléontologiques nous enseigneront ?

L'avenir du vivant

Voilà ! C'est ici que prend fin mon récit de l'histoire de la vie. Je dis bien MON récit car l'histoire de la vie, elle, ne se termine pas ! La Terre est vivante. Elle change depuis le moment de sa naissance et continuera de changer pendant des millions d'années encore ! Les micro-organismes, plantes et animaux les mieux « équipés » pour faire face à ces changements futurs survivront et créeront de nouvelles espèces, sans doute fort différentes de celles que nous connaissons aujourd'hui. Mais ce n'est pas tout. Nos connaissances scientifiques progressent, elles aussi, et modifient un peu chaque jour notre compréhension des choses. Il reste encore tant de questions sans réponses...

Josyanne

Des spécialistes qui étudient de près les mouvements des continents estiment que l'Amérique entrera en collision avec l'Afrique dans environ 250 millions d'années. De cette « rencontre » naîtra alors un nouveau supercontinent, la Pangée ultime. Le climat, de même que le visage de la Terre changeront : des montagnes naîtront, des forêts disparaîtront et des déserts se formeront. Les êtres vivants évolueront alors en réponse à ces changements. Un scénario déjà vu...

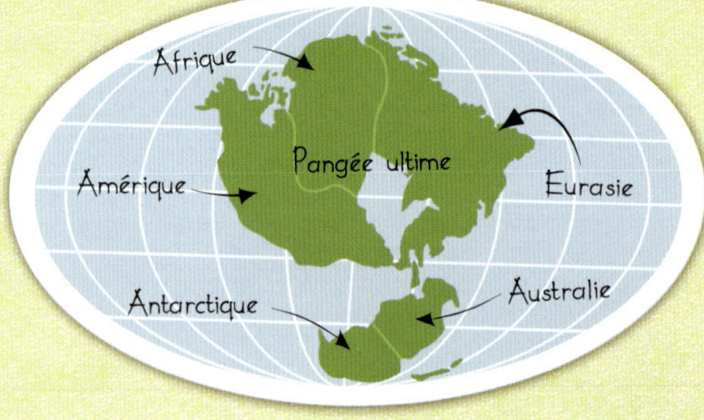

Kristof

J'ai demandé à mes jeunes amis de l'école Saint-Isidore/Langevin de m'illustrer leur vision des êtres vivants de demain. Voici les magnifiques dessins qu'ils m'ont envoyés. Envoie-moi les tiens aussi !

Pierre-Ludovic

Geneviève

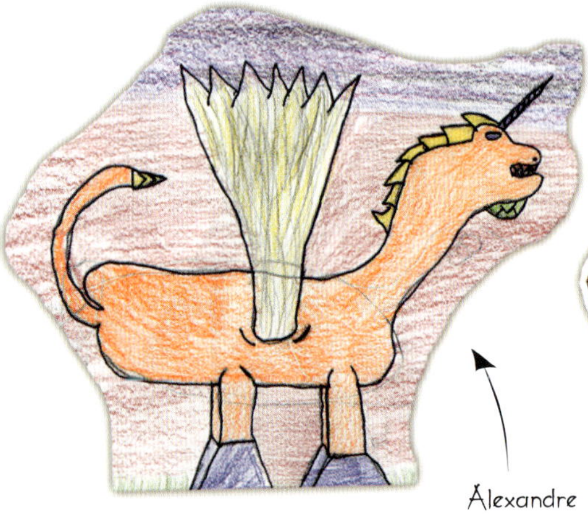
Alexandre

Katherine

Claudia

La taille du cerveau humain n'a cessé d'augmenter depuis les 3 derniers millions d'années. Qui dit « plus gros cerveau » dit aussi « plus grande intelligence » ! Il ne fait aucun doute que l'intelligence humaine a permis de grandes choses. Grâce à elle, les hommes et les femmes ont fabriqué des outils et inventé des techniques toujours plus efficaces. Ils ont construit des maisons, des bateaux, des trains, des avions et des engins spatiaux qui explorent aujourd'hui les confins de l'espace ! Malheureusement, notre intelligence est devenue une menace pour la vie. Les activités des humains épuisent la Terre, gaspillent ses ressources, polluent l'air, le sol et l'eau. Les guerres constituent, elles aussi, de grands dangers pour l'avenir de notre belle planète. Mais il n'est pas trop tard. J'ai bon espoir que les êtres humains d'aujourd'hui et de demain sauront mettre leur formidable intelligence à profit pour trouver des solutions à tous ces problèmes.

Josianne

Kim

Louis

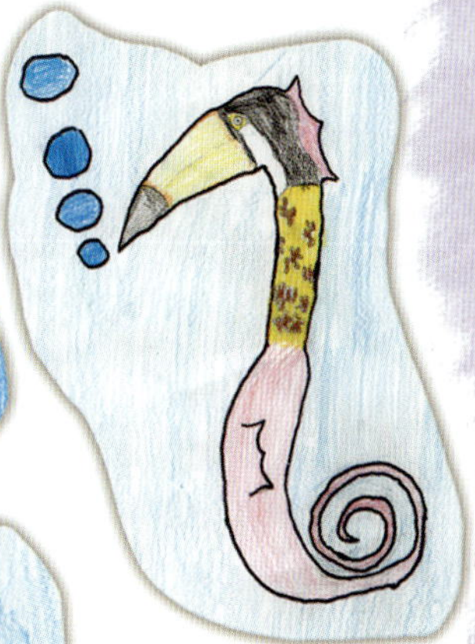

Joël

La population mondiale croît à un rythme effréné ! Malheureusement, plusieurs millions de personnes vivent aujourd'hui dans des conditions difficiles, sans eau potable ni médicaments, et épuisés par des famines et des guerres monstrueuses. Je fais le vœu qu'un jour, tous les humains de la Terre se donneront la main pour que chacun puisse manger à sa faim, être soigné et vivre en paix.

LA POPULATION MONDIALE

Il y a 2 millions d'années = 10 000 hominidés

Il y a 10 000 ans = 10 millions

En l'an 0 = 300 millions

Vers 1800 = un milliard

En 1978 = 4 milliards

En 2011 = 7 milliards

LA POPULATION MONDIALE PRÉVUE

En 2050 = 9 milliards

Nous ne savons pas et ne saurons peut-être jamais si la vie s'est un jour manifestée ailleurs que sur notre chère planète. Les conditions qui ont mené à son apparition sont-elles le fruit du hasard ou l'œuvre d'un grand Manitou qui aurait tout orchestré dans les moindres détails ? Quoi qu'il en soit, il est clair que la vie est une chose merveilleuse. Une grâce incroyable, un cadeau de l'Univers ! Prends bien soin de ta vie, mais aussi de celle de tous ceux qui t'entourent. Chaque plante, chaque animal est une créature extraordinaire. Mais surtout : prends bien soin de la Terre. Car n'oublie pas que sans elle, la grande aventure vivante n'aurait jamais pu être possible. J'ai confiance en toi, petit *Homo sapiens*.

Mon album du corps humain

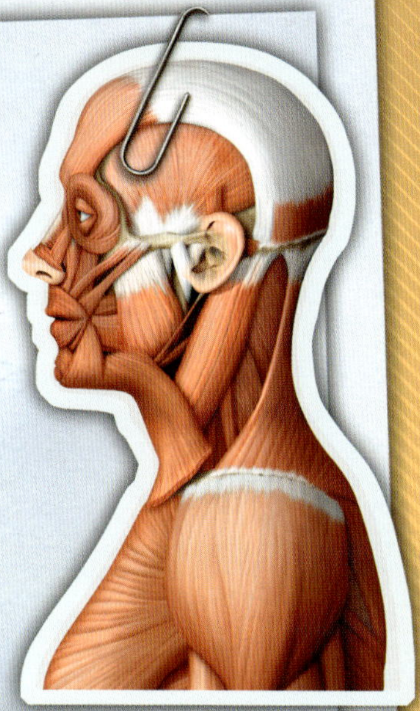

Es-tu, comme moi, fasciné par les grandeurs et les mystères du corps humain ? Ce fidèle compagnon, est composé de milliards de cellules organisées et entraînées pour réaliser de multiples tâches. Grâce à leur travail d'équipe remarquable, tu bouges, respires, grandis et réfléchis.

Les hommes de tous les temps se sont posé des questions sur le fonctionnement du corps, par curiosité, mais aussi pour le guérir de ses maux. Pendant des milliers d'années, la religion, la magie et la superstition ont tenté d'y répondre. Grâce aux premiers travaux de dissection de cadavres humains, il y a 500 ans à peine, jusqu'aux progrès techniques des 200 dernières années, les médecins et spécialistes de la santé ont maintenant une meilleure compréhension de notre organisme. Dans « Mon album du corps humain », je te livre quelques-unes de ces connaissances. Mais n'oublie pas qu'il reste encore beaucoup de choses à découvrir, de remèdes à inventer et de maux à soigner.

Professeur Génius

Contenu

Cher frérot,

Je te remercie encore pour ta charmante visite à Neufchâtel. Quelles vacances extraordinaires nous avons passées ! Je te souhaite la meilleure des chances avec cet album du corps humain dont tu m'as tant parlé. Tel que promis, je t'envoie les photos de notre balade parmi les sculptures de sable.

Bisous
Ta grande sœur qui t'aime

Des cellules par milliards

Peux-tu imaginer le nombre de grains de sable qu'il a fallu pour réaliser cette magnifique œuvre ? Vois-tu, un peu comme cette sculpture de la plage de Hardelot, en France, notre corps est composé de milliards de minuscules structures. Ce sont les cellules. Contrairement aux grains de sable, les cellules sont bien vivantes : elles naissent, se nourrissent, grandissent, se reproduisent et meurent. Le corps humain contient plus de 60 000 milliards de ces petites merveilles microscopiques. Avant d'aller plus loin, laisse-moi te les présenter.

Les cellules de ton corps sont de véritables usines miniatures qui contiennent à peu près toutes le même « équipement de base ».

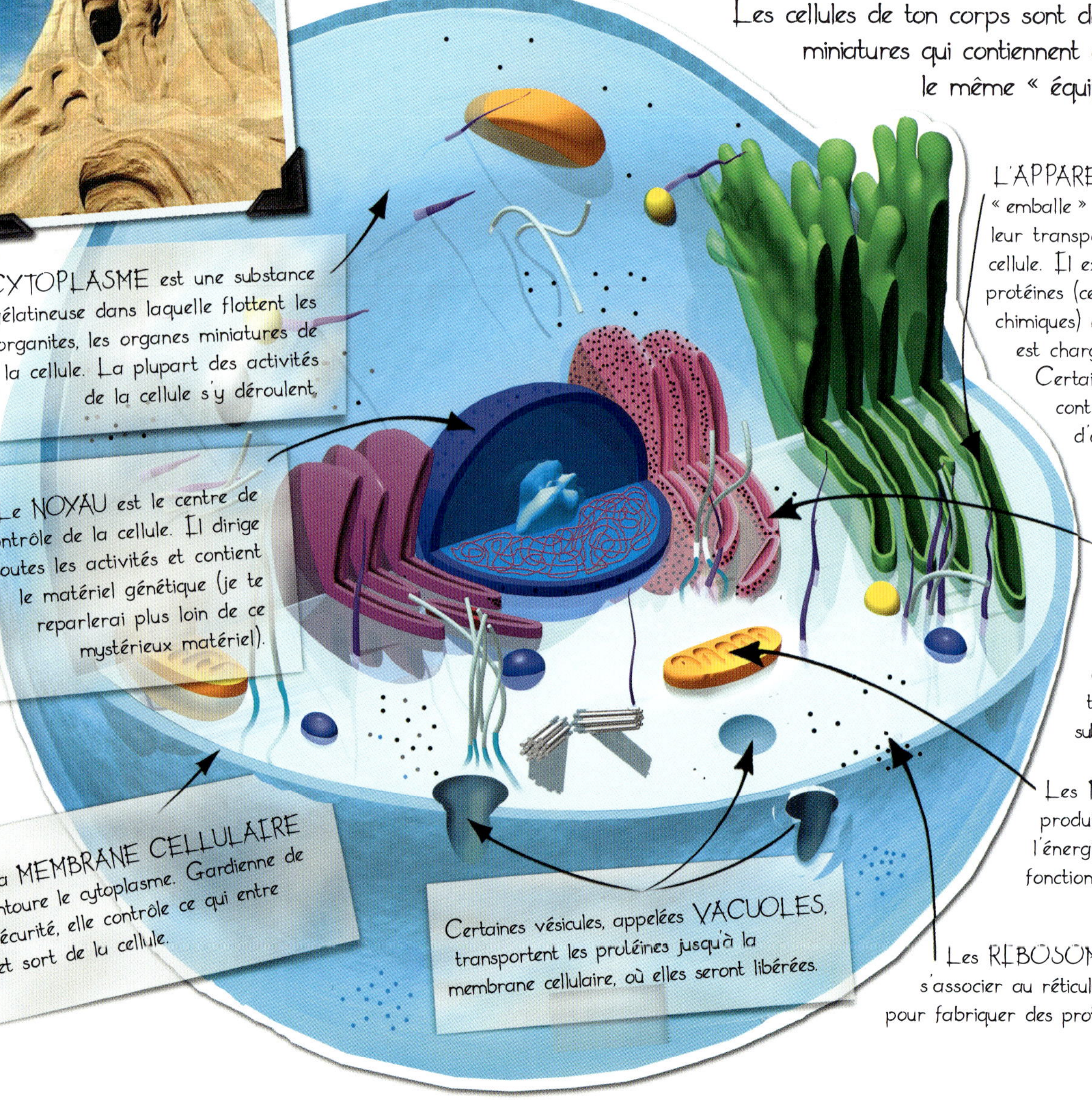

Microscope de Hooke

En 1590, le fabricant de lunettes hollandais Hans Jansen et son fils Zacharias inventent le premier microscope, un appareil permettant d'observer des structures trop petites pour être distinguées à l'œil nu. Grâce à leur génie, c'est tout un monde microscopique qui s'ouvre enfin aux humains de l'époque. Le scientifique anglais Robert Hooke a été un des premiers savants à explorer cet univers jusqu'alors inconnu. Jette un coup d'œil à l'extrait encyclopédique que je t'ai collé ci-dessous.

MICROBIOLOGIE (du grec *mikrobios* [petite vie] et *logia* [étude]) : Science qui traite des micro-organismes, c'est-à-dire l'étude des organismes microscopiques.

DÉCOUVERTE DE LA CELLULE

Au 17e siècle, le savant anglais Robert Hooke a observé, à l'aide d'un microscope rudimentaire, des compartiments analogues à des boîtes dans la tige de certaines plantes. Il les appela « cellules », faisant référence aux rangées de petites chambres occupées par les moines dans les monastères. En 1839, soit plus de 150 ans plus tard, deux scientifiques allemands, Jakob Matthias Schleiden et Theodor Schwann, affirmaient que tous les êtres vivants étaient composés de cellules.

Inventeurs et inventions, p. 122

Revue le corps en direct VOL. 3, NO 9 Septembre 2009

Accueil | Éditorial | Chroniques | Articles | Archives | Info

La naissance des cellules

Chaque minute, environ 300 millions de cellules meurent. Heureusement, elles sont presque toutes remplacées car la plupart d'entre elles sont capables de se reproduire, c'est-à-dire de former une toute nouvelle cellule. Le processus complexe par lequel une nouvelle cellule est produite s'appelle la mitose, ou division cellulaire.

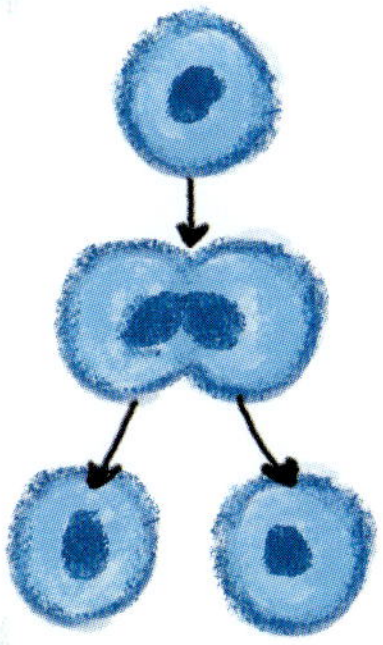

Tu sais, nos cellules ne fonctionnent pas séparément, chacune de leur côté. Au contraire, elles sont de vraies travailleuses d'équipe ! Des CELLULES semblables s'assemblent et forment des TISSUS spécialisés dans une fonction particulière. Différents tissus peuvent ensuite s'agencer de manière à effectuer des tâches encore plus complexes. Ils constituent alors un ORGANE. Enfin, plusieurs organes s'unissent pour former un APPAREIL. Au sein de l'appareil digestif, par exemple, certains organes, tels que l'estomac et les intestins, collaborent pour assurer une bonne digestion des aliments. Tu vois, à l'image des membres d'une équipe de baseball, les appareils, ou systèmes, qui constituent le corps humain dépendent les uns des autres, chacun possédant une fonction qui contribue au succès de l'équipe entière.

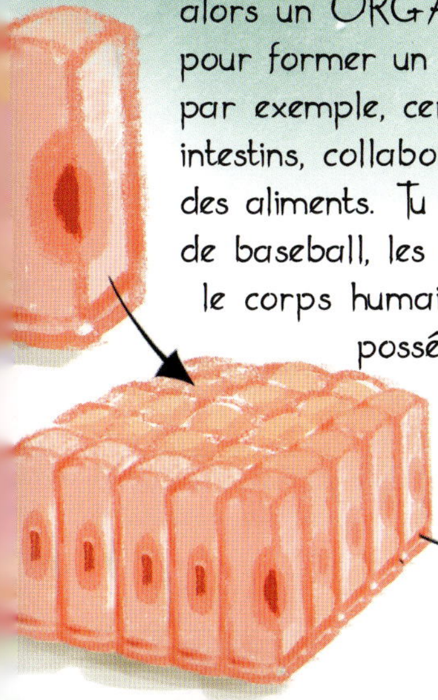

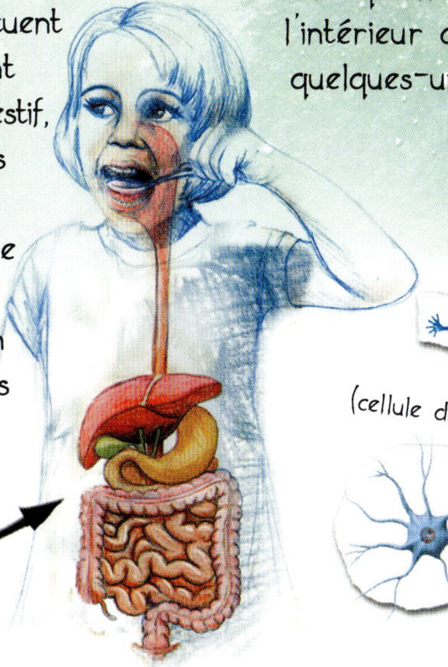

Les cellules ne sont pas toutes identiques. Leur forme et leur taille varient selon le rôle qu'elles ont à jouer à l'intérieur du corps. En voici quelques-unes :

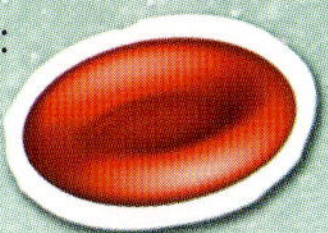

Globule rouge (cellule du sang)

Bâtonnet (cellule de la rétine de l'œil)

Neurone (cellule du cerveau)

La peau : une barrière vivante

Qu'elle soit pâle ou foncée, lisse ou ridée, soyeuse ou rugueuse, la peau est l'un de nos organes les plus précieux. Cette immense enveloppe du corps forme une barrière naturelle formidable. Elle nous protège des rayons brûlants du soleil, de la chaleur, du froid ou des chocs, et empêche les microbes de pénétrer dans notre organisme. Savais-tu que la peau participe aussi à la nutrition ? Tout à fait ! Elle produit la précieuse vitamine D qui aide le corps à absorber le calcium nécessaire à la croissance et à la bonne santé des os. Enfin, tu t'en doutes bien, la peau est l'organe du toucher. Il y a tant à dire sur le sens du toucher que j'ai choisi d'y consacrer deux pages entières, un peu plus loin dans cet album.

Observe bien tes doigts et la paume de tes mains. Tu vois toutes ces lignes fines qui dessinent des motifs sur la peau ? Ce sont les empreintes digitales. On croit que ces sillons donnent aux doigts une meilleure adhérence sur les objets, un peu comme les rainures de tes chaussures de sport sur un plancher ciré. Mais ce n'est pas tout ! Les empreintes digitales de chaque individu sont uniques. En comparant les empreintes laissées sur la scène d'un crime avec celles de criminels connus, les policiers peuvent rapidement identifier les coupables... et disculper les innocents.

La peau, dont l'épaisseur varie de 1,5 mm (paupières) à plus de 4 mm (plante des pieds), est constituée de deux couches principales : l'épiderme et le derme. Je t'ai illustré ici ses composantes les plus importantes.

MES RECORDS DU CORPS HUMAIN

L'organe le plus lourd

La peau est l'organe le plus lourd de notre corps ! Elle pèse environ 5 kg chez un adulte.

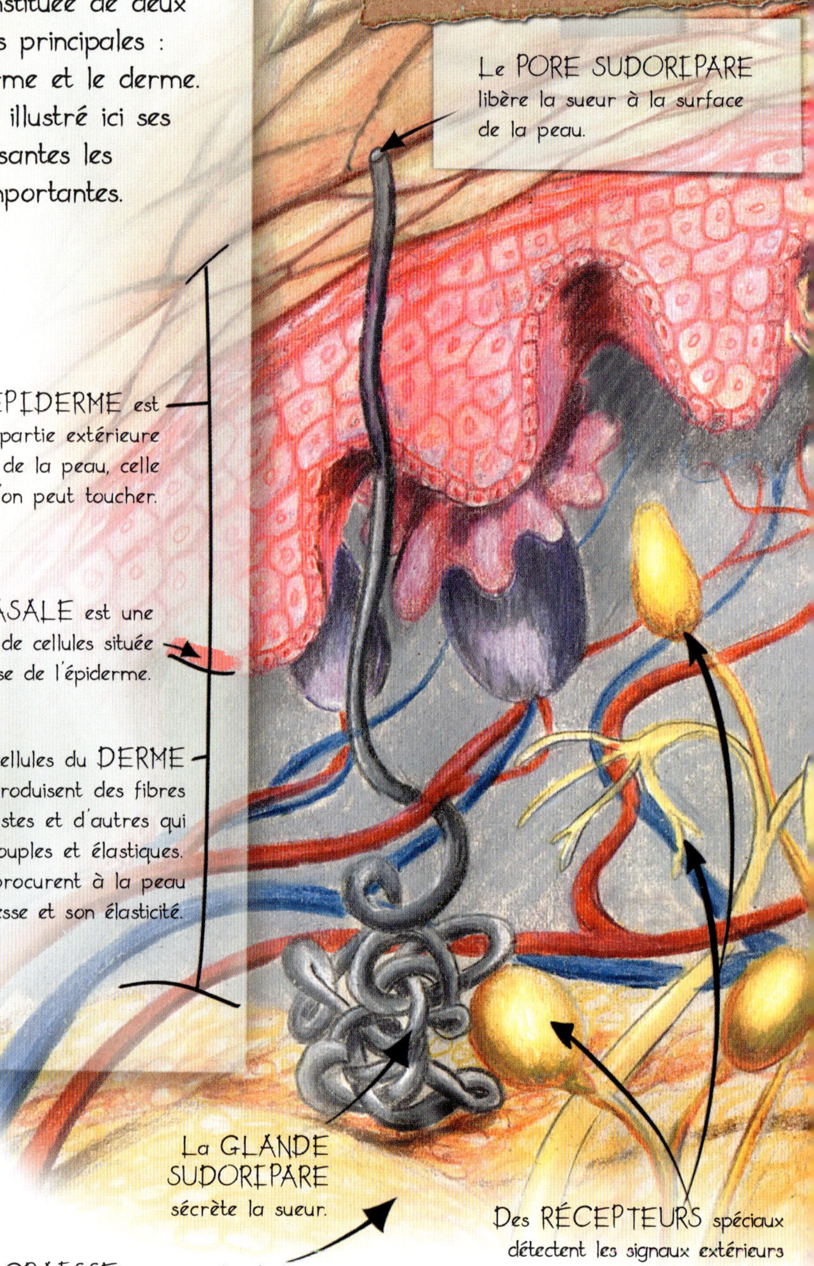

Un thermostat naturel

Pour fonctionner de façon harmonieuse, le corps doit conserver en tout temps une température de 37 °C. Aux premiers signes de réchauffement, des millions de glandes de la peau se mettent à sécréter de la sueur. En s'évaporant, c'est-à-dire en séchant, la sueur évacue la chaleur, rafraîchissant ainsi le corps. Dans des conditions de grandes chaleurs ou d'effort intense, on peut transpirer jusqu'à 11 litres d'eau par jour.

La sueur, pourtant inodore, prend parfois une odeur désagréable lorsque de petits micro-organismes vivant à la surface de la peau, des bactéries, détruisent certaines substances qu'elle contient. Savais-tu qu'un homme peut accueillir plus de deux millions de bactéries par cm^2 sous chaque aisselle ?

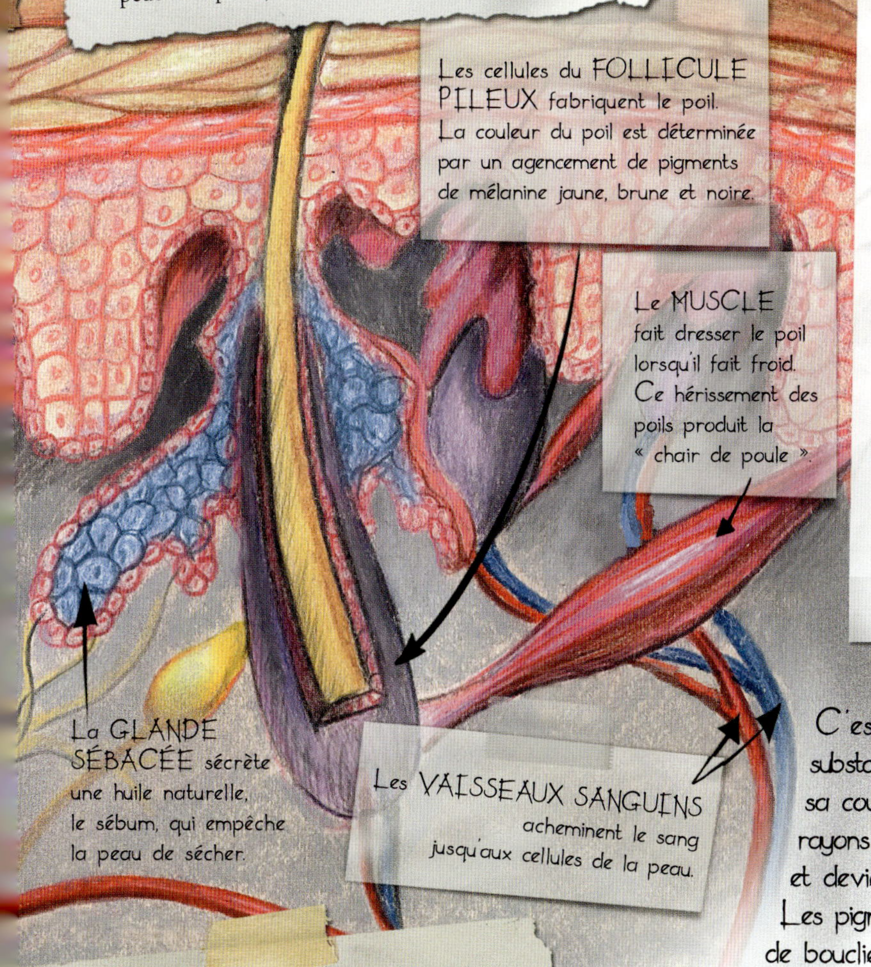

Incroyable mais vrai !

par C. Surprenant

Des kilos de cellules mortes !

Saviez-vous que la poussière qui s'accumule dans les maisons est en grande partie composée de petits fragments de peau morte ? Chaque année, de 3 à 4 kg de peau usée se détachent de la surface de votre corps. Comment cela peut-il être possible ? C'est simple ! Les cellules basales de la peau se multiplient constamment. Les cellules nouvellement nées « poussent » sur la génération de cellules précédentes, les faisant voyager vers la surface de la peau. Les cellules montent ainsi graduellement dans l'épiderme, jusqu'à la surface où elles se détachent et tombent. Nous bénéficions donc d'un tout nouvel épiderme tous les 35 à 45 jours !

Scientifiquement vôtre, janvier 2010

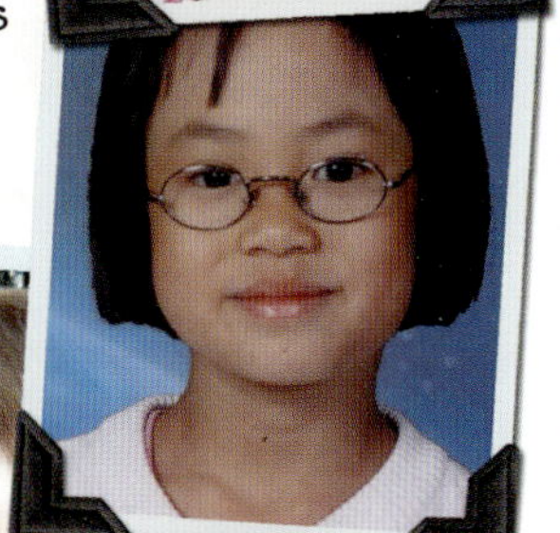

C'est le pigment mélanine, une substance colorée, qui donne à la peau sa couleur. Plus le corps est exposé aux rayons du soleil, plus la peau en produit et devient foncée : c'est le « bronzage ». Les pigments sont importants : ils servent de bouclier afin de protéger les cellules des effets nocifs des rayons ultraviolets (UV) du soleil. La mélanine possède une gamme de couleurs qui va du jaune au noir, en passant par le brun. Le type et la quantité de mélanine varient d'un individu à l'autre. C'est la raison pour laquelle ta peau n'a pas la même couleur que celle de ton frère ou ta sœur. Il existe aussi des variations de mélanine entre les différents peuples de la Terre. Elles créent de bien jolies frimousses !

De la peau artificielle !

Agence de presse internationale, 4 novembre 1982 — Si la peau coupée ou égratignée se répare rapidement, il n'en va pas de même pour les blessures sévères. Dans le cas des brûlures profondes, par exemple, la peau n'arrive pas à fabriquer de nouvelles cellules assez rapidement. Bonne nouvelle : les médecins pourront dorénavant utiliser de la peau artificielle fabriquée en laboratoire. Cette peau se présente sous la forme de bandes transparentes. Une invention prometteuse !

Les os : la charpente du corps

J'ai appris d'un ami étymologiste (il étudie l'origine des mots) que le mot « squelette » vient du grec ancien et signifie « corps desséché ». Si cette vieille définition décrit bien le squelette exposé dans un musée, j'ai bien peur qu'elle ne convienne pas du tout aux os vivants ! Sans eux, notre corps serait tout mou et s'effondrerait. Mais notre squelette est beaucoup plus qu'un échafaudage. En plus de soutenir nos organes, nos os les protègent. Par exemple, les os du crâne forment comme un casque protecteur autour du cerveau, et la cage thoracique abrite le cœur et les poumons. Aussi, avec l'aide des muscles, plusieurs de nos os nous permettent de bouger et de nous déplacer. Enfin, tu seras peut-être surpris d'apprendre que les os servent à entreposer des graisses et des minéraux indispensables ainsi qu'à produire des cellules sanguines !

RAYONS X

Le physicien Wilhelm Conrad Röntgen découvrit les rayons X en 1895. Bien qu'invisibles, ces rayonnements pouvaient passer à travers le corps et former une image sur une plaque photographique se trouvant de l'autre côté. S'ils traversent aisément les organes mous comme la peau et les muscles, les rayons X traversent moins facilement la matière plus dense comme les os, laissant des traces blanches sur les photographies à l'emplacement de ceux-ci. Quelques mois après la découverte de Röntgen, de nombreux médecins utilisaient les mystérieux rayons pour diagnostiquer les fractures. En 1901, le physicien allemand reçut le prix Nobel pour sa découverte.

Inventeurs et inventions, p. 159

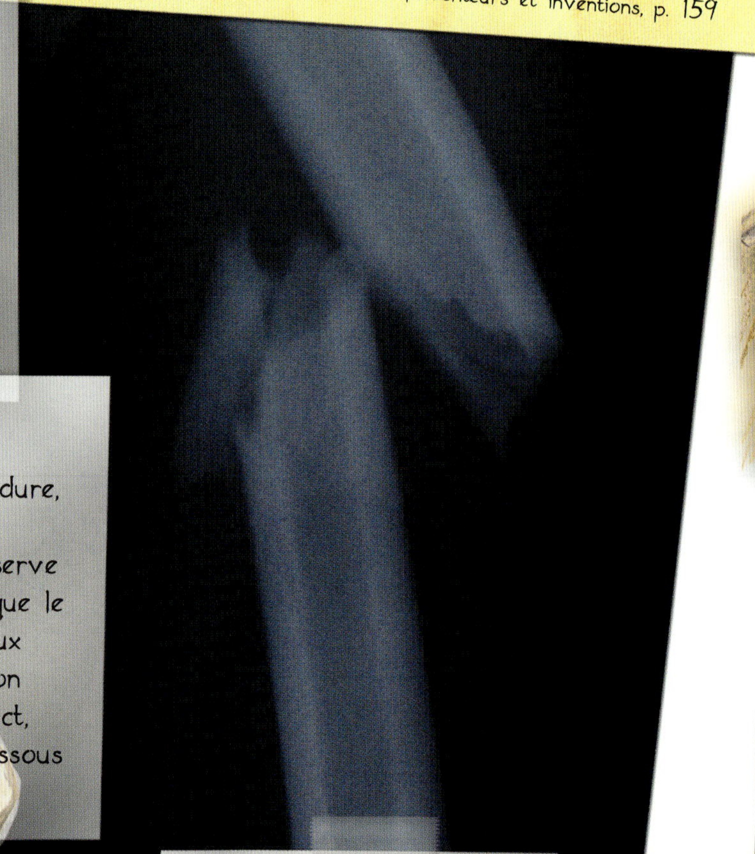

Les os sont constitués de cellules, de minéraux et de protéines. Leur couche externe, formée d'une matière dure, est appelée os compact. Après l'émail des dents, cette matière est la plus dure du corps ! Mais lorsqu'on observe l'intérieur d'un os, le fémur par exemple, on constate que le centre est moins dense : c'est l'os spongieux. (Si tu veux savoir où se trouve le fémur, jette un coup d'œil à mon squelette.) Si les os étaient faits en totalité d'os compact, notre corps serait bien plus lourd ! J'ai énuméré ci-dessous les principales composantes de l'os.

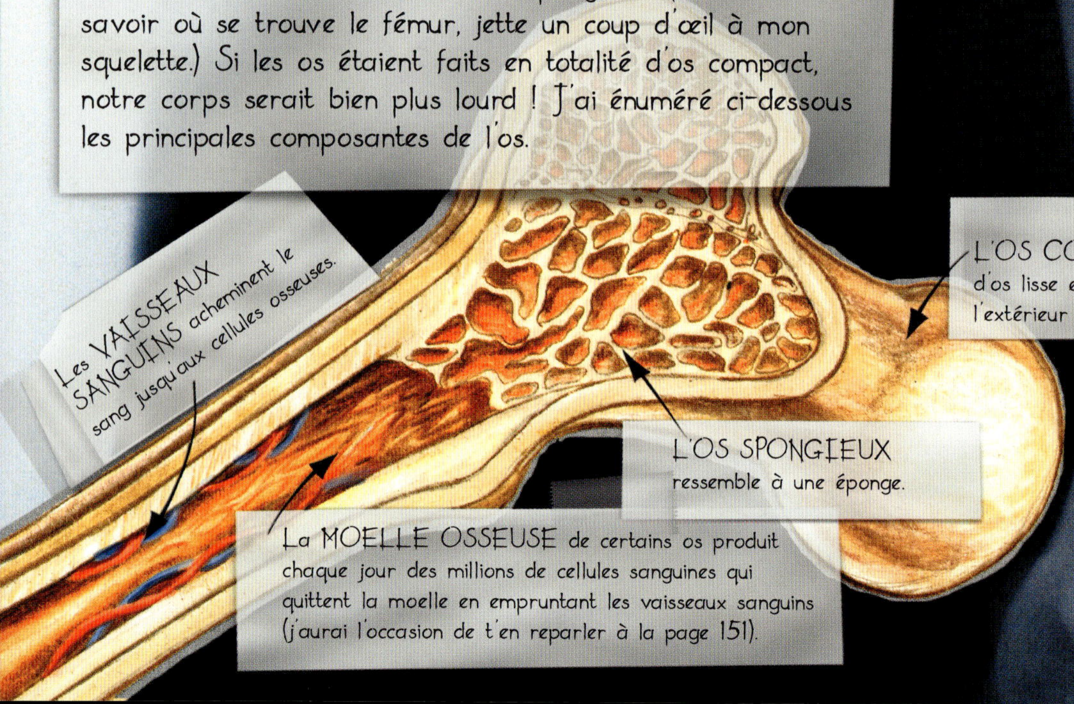

Les VAISSEAUX SANGUINS acheminent le sang jusqu'aux cellules osseuses.

L'OS COMPACT est la couche d'os lisse et dense qui recouvre l'extérieur de l'os.

L'OS SPONGIEUX ressemble à une éponge.

La MOELLE OSSEUSE de certains os produit chaque jour des millions de cellules sanguines qui quittent la moelle en empruntant les vaisseaux sanguins (j'aurai l'occasion de t'en reparler à la page 151).

SCIENCE

À poids égal, un os est trois fois plus solide que :

a) une barre d'acier
b) une planche de bois
c) un tube de plastique

a) une barre d'acier

Le corps d'un adulte contient 206 os, de formes et de tailles très différentes. Tu imagines bien que je ne peux pas te les présenter tous sur cette page. Je me limiterai donc à identifier les principaux.

Les types d'os

On trouve trois catégories principales d'os : les os plats, courts et longs. Les os plats, comme ceux du crâne, sont minces et aplatis et servent à protéger des organes. Les os courts, comme ceux du poignet et de la cheville, relient surtout une partie à une autre, participant ainsi à la flexibilité des articulations. Enfin, les os longs, comme le fémur de la cuisse et l'humérus du bras, servent surtout de levier. Situés dans les membres, ils permettent d'effectuer de grands mouvements.

Guide du corps humain, p. 26

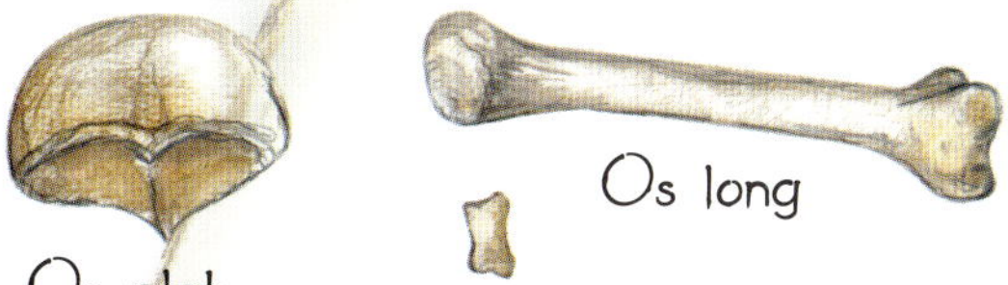

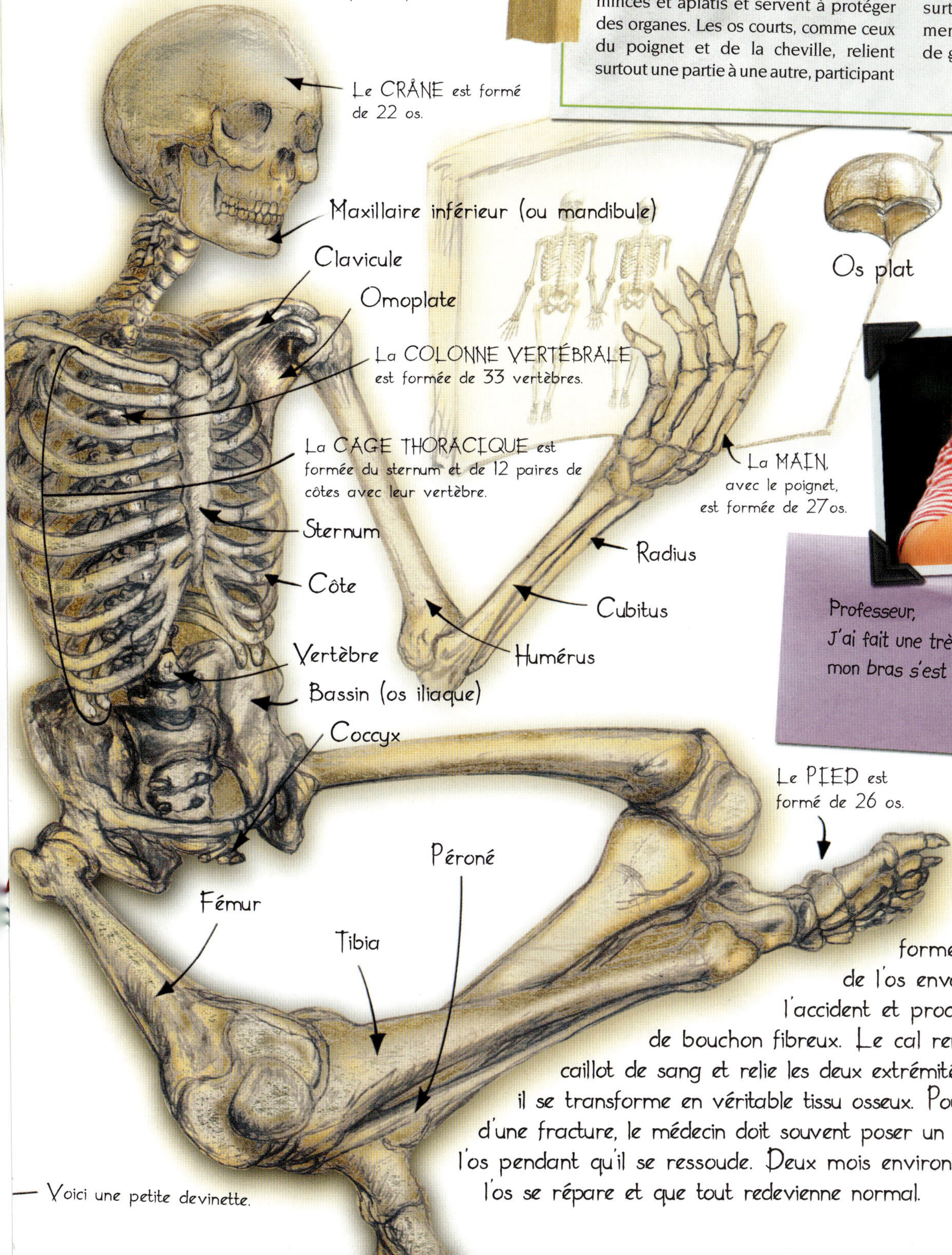

Professeur,

J'ai fait une très vilaine chute à cheval et mon bras s'est cassé. Que va-t-il m'arriver ?

Amélie, 10 ans

L'os brisé se répare tout seul. Au moment de la fracture, du sang s'écoule des vaisseaux sanguins déchirés et un caillot se forme. Des cellules spéciales de l'os envahissent ensuite le lieu de l'accident et produisent un cal, une sorte de bouchon fibreux. Le cal remplace graduellement le caillot de sang et relie les deux extrémités brisées. Avec le temps, il se transforme en véritable tissu osseux. Pour permettre la guérison d'une fracture, le médecin doit souvent poser un plâtre pour immobiliser l'os pendant qu'il se ressoude. Deux mois environ suffisent pour que l'os se répare et que tout redevienne normal.

— Voici une petite devinette.

Le pouvoir des muscles

Essaie un peu d'imaginer ce que serait notre belle charpente osseuse sans ses muscles. Elle ressemblerait, en fait, à un pauvre pantin désarticulé ! Sans muscles, notre corps ne pourrait même pas tenir debout, encore moins se déplacer ! Comme tous les organes, les muscles sont composés de cellules, les FIBRES MUSCULAIRES, qui sont toutes capables de se contracter. Le moindre petit mouvement de ton corps en dépend ! Danser, courir, sourire... le moindre geste implique la collaboration de plusieurs muscles. Quel travail d'équipe exemplaire !

Le mot « muscle » vient du latin « musculus » qui signifie « petite souris ». En observant le mouvement des muscles au travail, les anciens Romains imaginaient que de petits rongeurs se déplaçaient... sous la peau !

Les muscles que l'on devine sous la peau sont appelés muscles squelettiques. Ils sont fixés aux os par des cordons solides appelés tendons et permettent au corps de bouger sous la commande du système nerveux. Ces muscles portent souvent des noms latins, un peu difficiles à mémoriser. Peut-être en connais-tu quelques-uns. En voici d'autres :

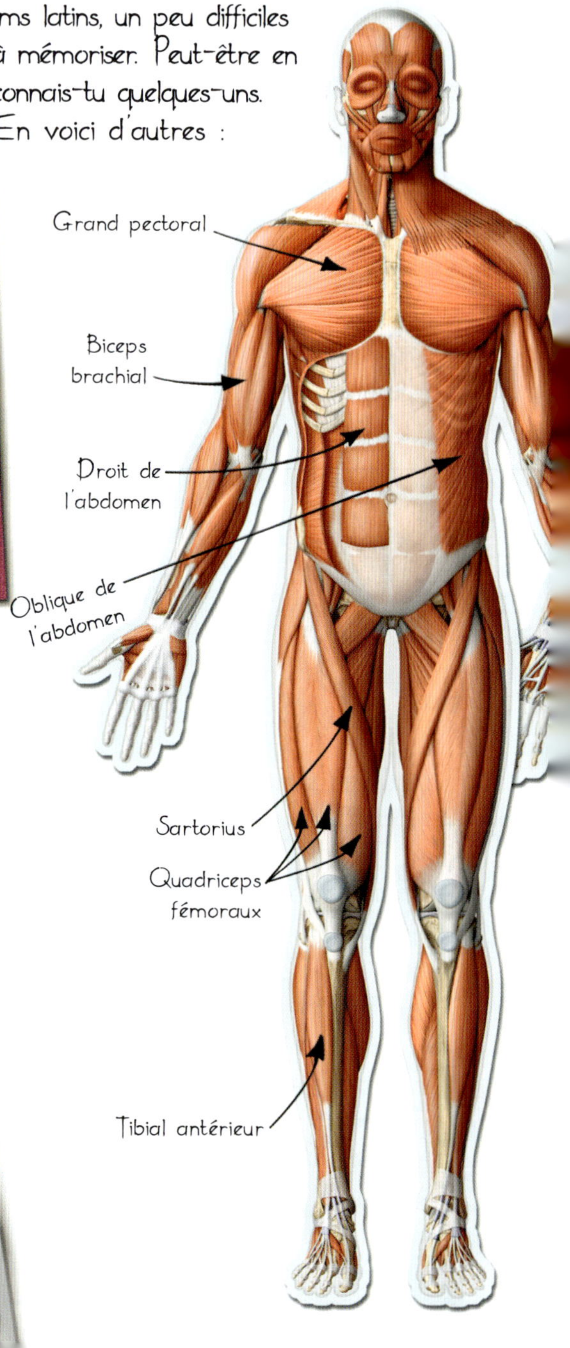

Cher ami,

J'espère que vous vous portez bien et que votre ambitieux projet d'album du corps humain progresse comme vous le souhaitez. La plupart des 640 muscles squelettiques du corps humain furent effectivement dessinés en détail par le très talentueux Léonard de Vinci (1452-1519), un artiste et inventeur de la Renaissance. Grâce à des dissections soignées et à l'observation de modèles musclés, une description encore plus détaillée des muscles fut ensuite publiée en 1543 par l'anatomiste André Vésale (1514-1564) dans le volume « Epitome » de son impressionnant traité intitulé « De fabrica ». Je suis heureux de vous faire parvenir des reproductions de quelques dessins réalisés par de Vinci lui-même.

Votre dévoué ami,

Le cardinal Delarobrouge

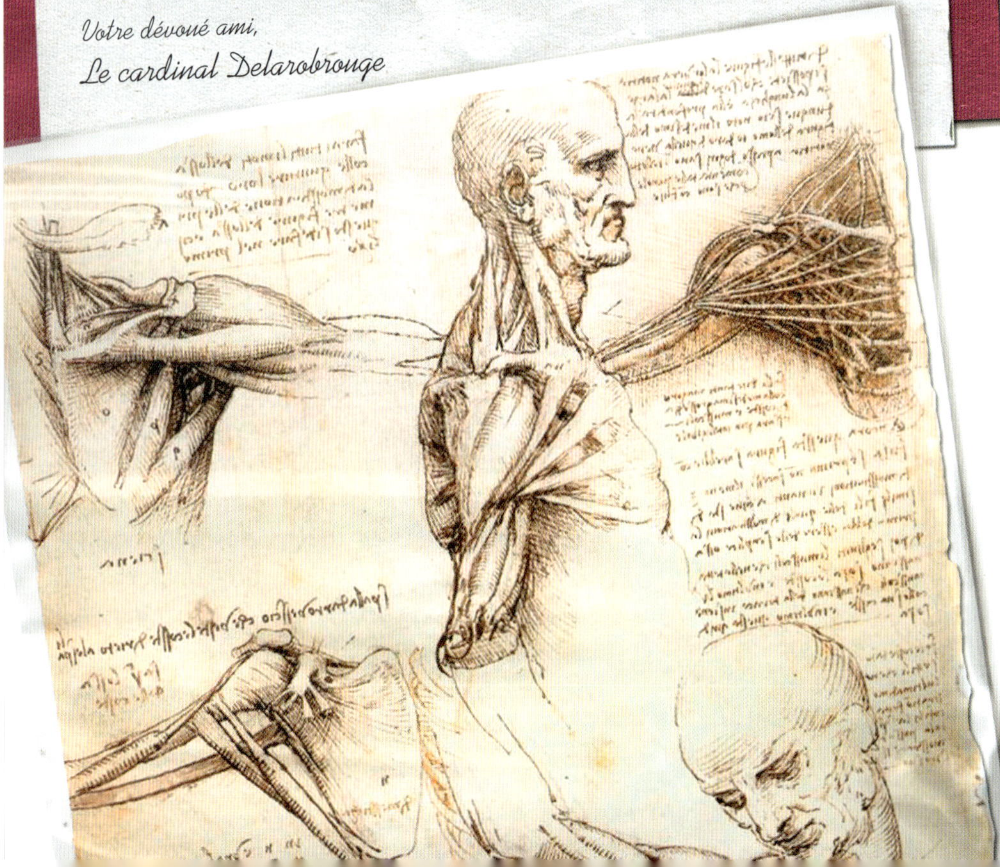

L'ensemble de nos muscles constitue « le moteur de notre corps ». J'aime bien cette image. Comme un moteur, un muscle a besoin de carburant pour fonctionner. Il ne s'agit pas d'essence, bien entendu, mais d'un sucre qu'on appelle le glucose et que l'on trouve dans notre alimentation quotidienne. Pour fonctionner, le muscle a également besoin d'un gaz précieux : l'oxygène. S'il vient à en manquer, lors d'un gros effort soutenu par exemple, le muscle produit de l'acide lactique. En s'accumulant, cette substance provoque des douleurs musculaires. Au bout d'un moment, le muscle s'épuise et devient incapable de se contracter, même si le cerveau lui en donne l'ordre. C'est la fatigue musculaire.

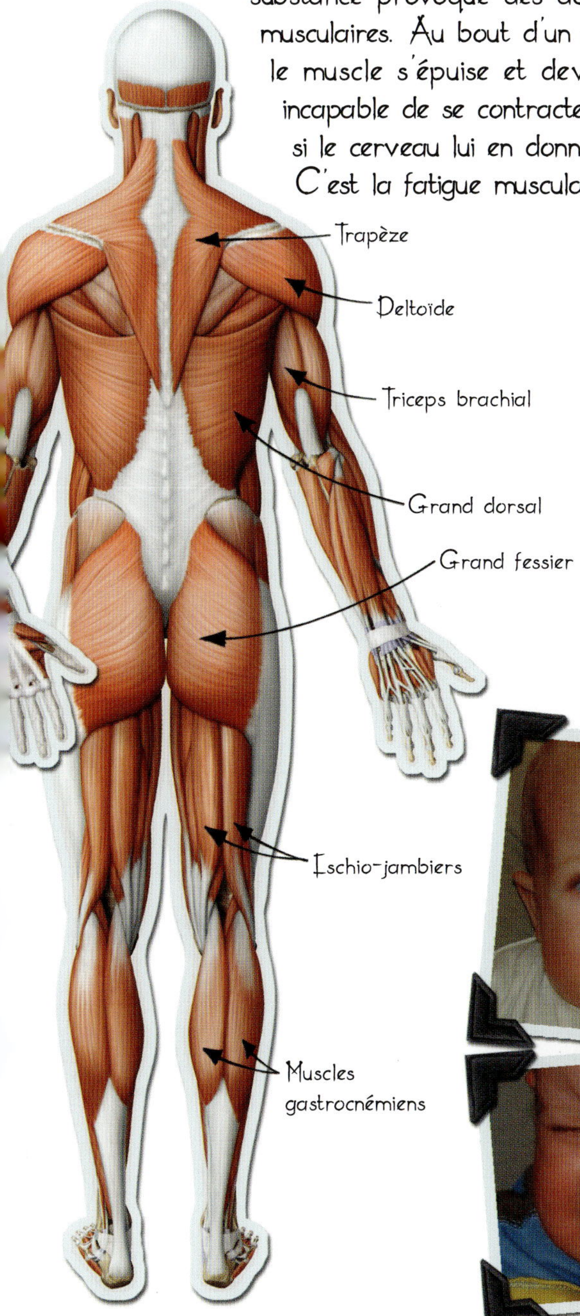

Les antagonistes : des duos de travailleurs

Un muscle au travail se contracte et tire l'os vers lui. Puisque chaque muscle peut faire bouger l'os auquel il est attaché dans une seule direction, un autre muscle est nécessaire pour créer un mouvement opposé. C'est pourquoi la plupart des muscles travaillent en équipe de deux. Ces muscles, dits antagonistes, sont souvent attachés face à face, un de chaque côté de l'articulation. Pendant que l'un se contracte, l'autre se relâche, et vice versa.

Le corps humain, p. 30

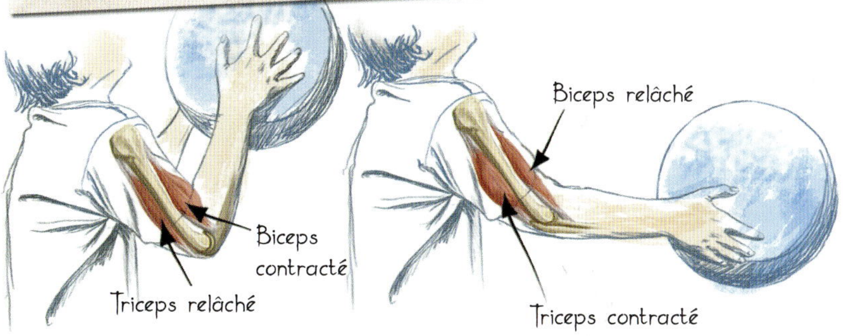

Tu sais, mon ami, les muscles SQUELETTIQUES ne sont pas les seuls types de muscles ! Il en existe deux autres : les muscles lisses et le muscle cardiaque. Les muscles LISSES tapissent les parois d'organes creux tels que l'estomac ou la vessie, et effectuent des mouvements involontaires, sans qu'on ait à y penser. Enfin, le muscle CARDIAQUE n'existe que dans le cœur. Il s'agit d'un muscle qui ressemble aux muscles squelettiques. Toutefois, contrairement à eux, le muscle cardiaque se contracte seul, sans que nous ayons à le contrôler.

Votre visage parle !

Les innombrables expressions faciales que nous utilisons inconsciemment pour communiquer prennent forme grâce aux 70 muscles de la tête ! À lui seul, le visage compte une soixantaine de muscles (une trentaine de chaque côté). Plusieurs de ces muscles sont insérés directement dans la peau et agissent sur celle-ci pour modifier l'aspect du visage. Il existe six expressions de base, comme la joie, la colère ou la surprise, comprises par tous les êtres humains. Plus de 7 000 physionomies composées à partir de la forme des yeux, du nez, des lèvres et des autres parties du visage ont été répertoriées aux quatre coins du monde.

Scientifiquement vôtre, janvier 2009

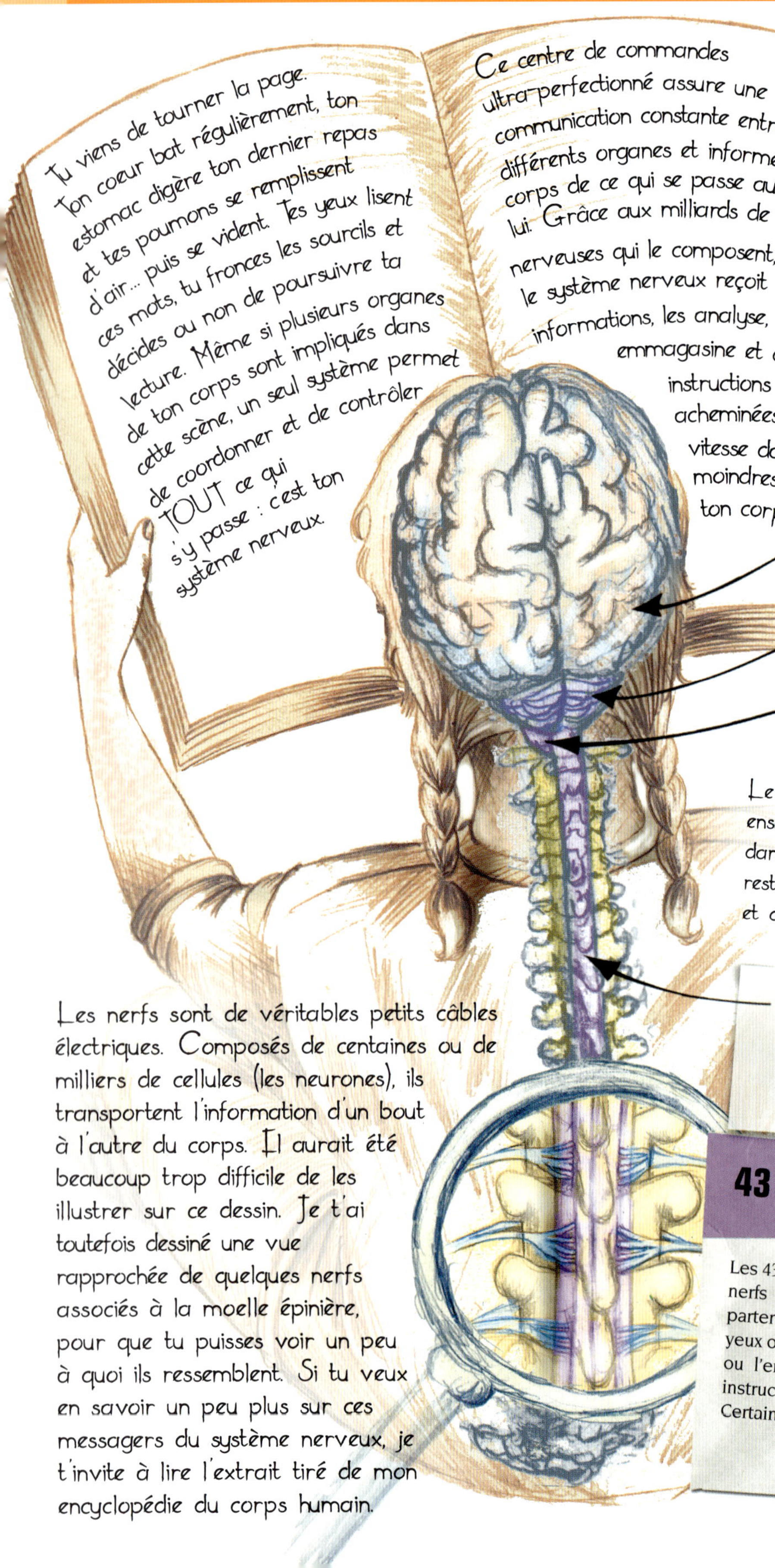

Tu viens de tourner la page. Ton coeur bat régulièrement, ton estomac digère ton dernier repas et tes poumons se remplissent d'air... puis se vident. Tes yeux lisent ces mots, tu fronces les sourcils et décides ou non de poursuivre ta lecture. Même si plusieurs organes de ton corps sont impliqués dans cette scène, un seul système permet de coordonner et de contrôler TOUT ce qui s'y passe : c'est ton système nerveux.

Ce centre de commandes ultra-perfectionné assure une communication constante entre les différents organes et informe ton corps de ce qui se passe autour de lui. Grâce aux milliards de cellules nerveuses qui le composent, le système nerveux reçoit des informations, les analyse, les emmagasine et donne des instructions qui sont acheminées à toute vitesse dans les moindres recoins de ton corps.

Transmettre l'information

Voici à quoi ressemble notre système nerveux :

Le CERVEAU contrôle plusieurs fonctions importantes comme la respiration et la digestion. Il est aussi le siège de la pensée et de la mémoire, et le lieu où naissent les émotions. Je te le présenterai plus en détail aux pages 136 et 137.

Le CERVELET contrôle l'équilibre et coordonne les mouvements.

Le TRONC CÉRÉBRAL transmet l'information entre la moelle épinière, le cerveau et le cervelet.

Le cerveau, le tronc cérébral et le cervelet forment un ensemble que l'on appelle l'ENCÉPHALE. Bien à l'abri dans la boîte crânienne, l'encéphale communique avec le reste du corps par l'intermédiaire de la moelle épinière et de 12 paires de nerfs, les NERFS CRÂNIENS.

Logée dans le canal osseux formé par la colonne vertébrale, la MOELLE ÉPINIÈRE transporte l'information entre l'encéphale et les 31 paires de NERFS RACHIDIENS.

Les nerfs sont de véritables petits câbles électriques. Composés de centaines ou de milliers de cellules (les neurones), ils transportent l'information d'un bout à l'autre du corps. Il aurait été beaucoup trop difficile de les illustrer sur ce dessin. Je t'ai toutefois dessiné une vue rapprochée de quelques nerfs associés à la moelle épinière, pour que tu puisses voir un peu à quoi ils ressemblent. Si tu veux en savoir un peu plus sur ces messagers du système nerveux, je t'invite à lire l'extrait tiré de mon encyclopédie du corps humain.

43 paires de nerfs : 2 fonctions

Les 43 paires de nerfs peuvent être regroupées dans deux groupes : les nerfs sensitifs et les nerfs moteurs. Les cellules des nerfs sensitifs partent des organes, en particulier des organes des sens comme les yeux ou la peau, et acheminent les informations vers la moelle épinière ou l'encéphale. Les nerfs moteurs, pour leur part, acheminent les instructions du cerveau ou de la moelle vers les muscles et les glandes. Certains nerfs accomplissent les deux tâches : ce sont les nerfs mixtes.

Encyclopédie du corps humain, p. 123

Revue le corps en direct

VOL. 2, NO 1 Janvier 2009

Accueil | Éditorial | Chroniques | Articles | Archives | Info

Les réflexes

Pour éviter certains dangers, notre corps réagit parfois très rapidement, sans nous donner le temps de réfléchir. On appelle ces réactions rapides et automatiques les réflexes. Lorsqu'on saisit une tasse brûlante, par exemple, les récepteurs sensoriels logés dans la peau de nos doigts envoient un message nerveux. Celui-ci voyage à travers les nerfs et atteint notre moelle épinière. Avant même que le cerveau soit informé de ce qui se passe, une réaction est déclenchée par la moelle épinière et notre main s'éloigne de la source de danger en moins de 0,05 seconde. Grâce à ce réflexe de retrait, notre main évite d'être brûlée trop sévèrement.

L'encéphale, la moelle épinière et les nerfs sont composés de 100 milliards de cellules spéciales : les neurones. Ces spécialistes de la communication sont chargés de transmettre les messages d'un bout à l'autre du corps. Tu te demandes peut-être à quoi ressemblent ces fameux messages qui circulent le long des neurones ? Ce sont, en fait, des signaux électriques semblables à ceux qui circulent dans les fils électriques de ta maison ! Difficile à croire, n'est-ce pas ? Savais-tu que le message nerveux peut voyager de neurone en neurone jusqu'à sa destination finale à la vitesse impressionnante de 100 mètres par seconde ?

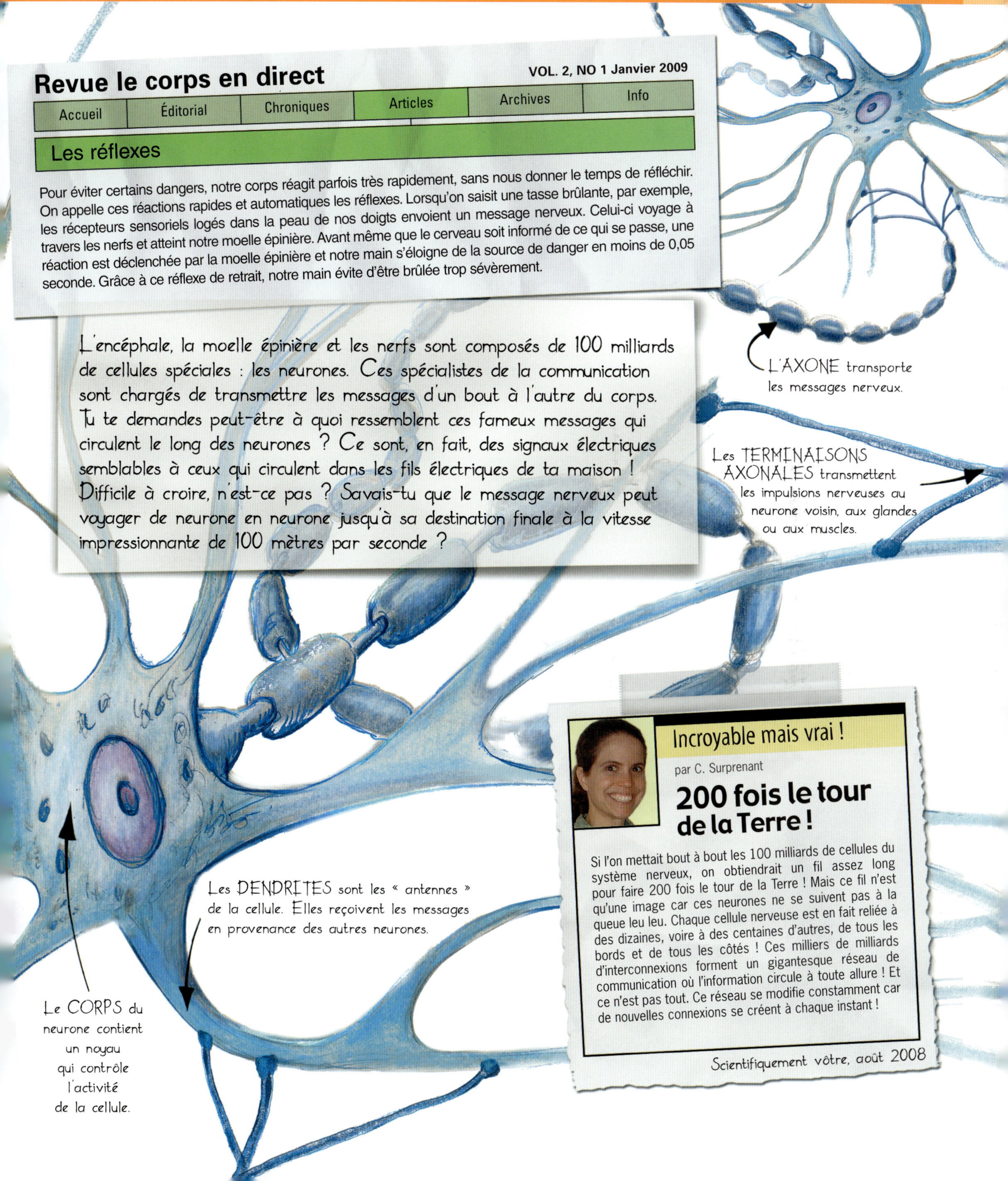

Incroyable mais vrai !

par C. Surprenant

200 fois le tour de la Terre !

Si l'on mettait bout à bout les 100 milliards de cellules du système nerveux, on obtiendrait un fil assez long pour faire 200 fois le tour de la Terre ! Mais ce fil n'est qu'une image car ces neurones ne se suivent pas à la queue leu leu. Chaque cellule nerveuse est en fait reliée à des dizaines, voire à des centaines d'autres, de tous les bords et de tous les côtés ! Ces milliers de milliards d'interconnexions forment un gigantesque réseau de communication où l'information circule à toute allure ! Et ce n'est pas tout. Ce réseau se modifie constamment car de nouvelles connexions se créent à chaque instant !

Scientifiquement vôtre, août 2008

Géographie du cerveau

Le cerveau est le chef d'orchestre de notre corps. Imagine : TOUTES les informations recueillies par nos sens et nos détecteurs internes (les récepteurs de température, par exemple) sont acheminées au cerveau où elles sont triées, analysées et interprétées. Selon ce qui se passe à l'intérieur comme à l'extérieur du corps, le cerveau prend TOUTES les décisions et envoie des instructions aux différents organes, souvent à notre insu d'ailleurs. Si les chercheurs ont percé plusieurs des secrets du corps humain, ils ne font que commencer à découvrir comment nous pensons, apprenons, créons...

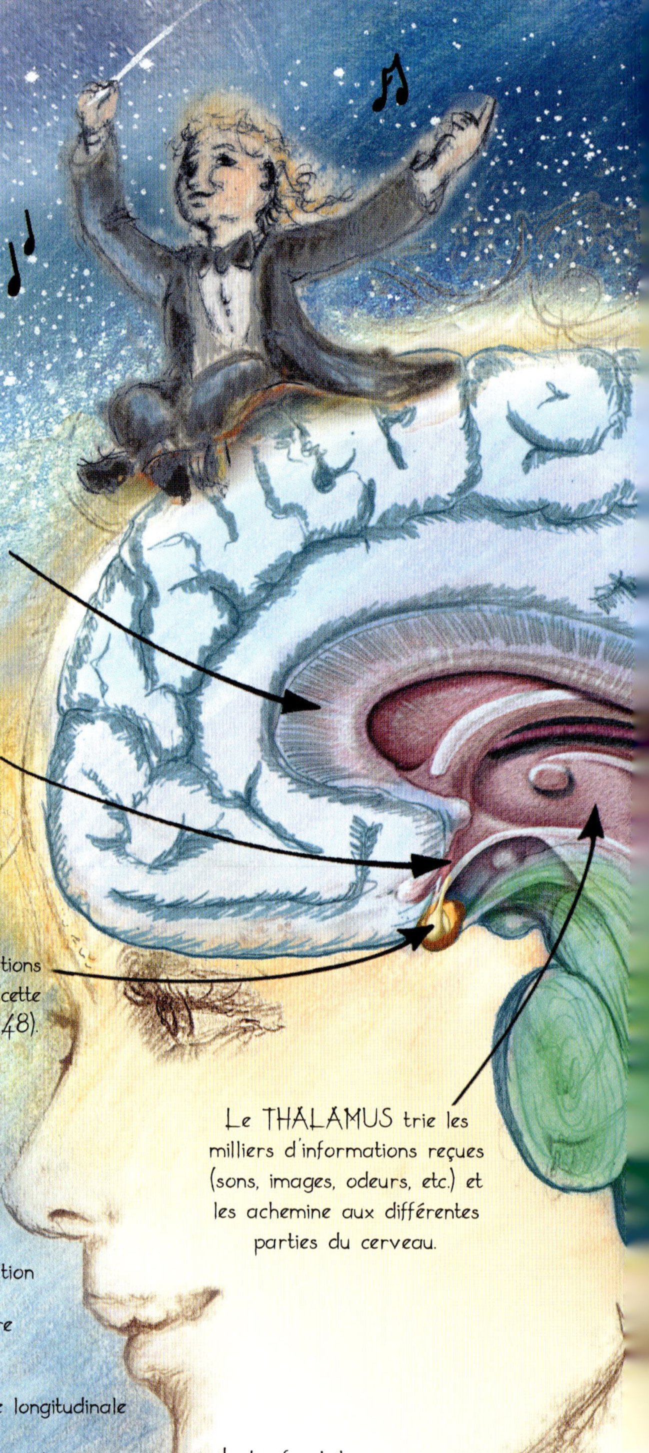

MES RECORDS DU CORPS HUMAIN

L'organe le plus énergivore

Bien que son poids ne représente que 2 % du poids corporel, le cerveau consomme jusqu'à 20 % de toute l'énergie du corps. Comme il travaille sans relâche (même quand on dort !), le cerveau a besoin d'une grande quantité de sang riche en sucre et en oxygène. Privé de ces éléments essentiels, il commence à montrer des signes de détérioration. Certaines parties du cerveau meurent si elles cessent d'être nourries ne serait-ce que quelques minutes.

Avec sa surface parcourue de petits replis, le cerveau ressemble un peu à une énorme noix de Grenoble. Ces nombreux replis, appelés circonvolutions, dessinent un motif unique à chaque individu. Vu de dessus, un profond sillon, la scissure longitudinale, partage le cerveau en deux moitiés ou hémisphères. D'autres scissures, plus petites, délimitent des zones particulières, les lobes. Ceux-ci sont nommés d'après les os du crâne qui les recouvrent.

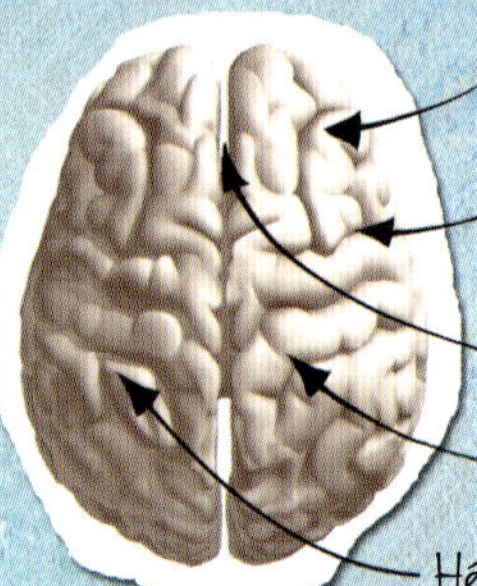

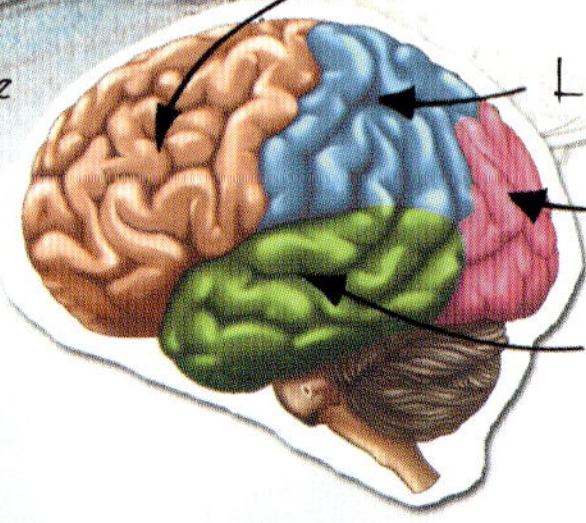

Au 19e siècle, les gens croyaient que si une personne avait des aptitudes particulières, celles-ci devaient se situer dans une zone du cerveau qui grossissait avec l'expérience. Par exemple, si une personne était douée pour les chiffres, elle avait nécessairement « la bosse des mathématiques » ! Même si de telles bosses n'existent pas, on sait maintenant que le cerveau comporte des régions spécialisées dans différentes tâches. En voici quelques-unes :

La **zone motrice** envoie des instructions aux muscles et nous permet de rester en équilibre, de courir ou de jouer du piano.

La **zone sensorielle** nous renseigne principalement sur ce qui se passe autour de nous.

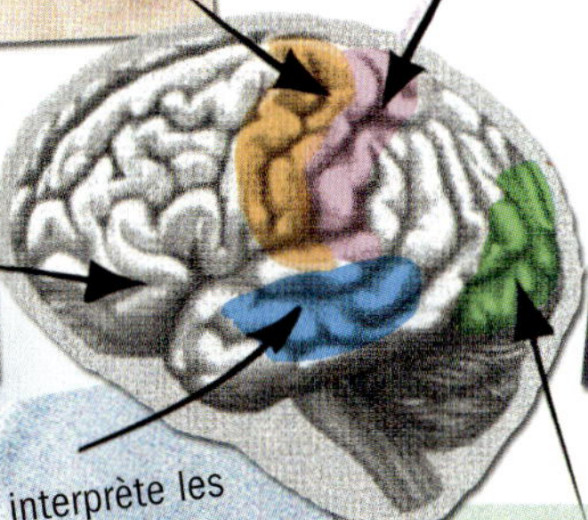

La **zone de la pensée** est la plus complexe. Siège de notre personnalité, elle nous permet de penser, d'apprendre ou de ressentir des émotions.

Le **centre auditif** reçoit et interprète les différents sons provenant des oreilles.

Le **centre visuel** transforme en images les messages nerveux en provenance de l'œil, et nous permet ainsi de voir.

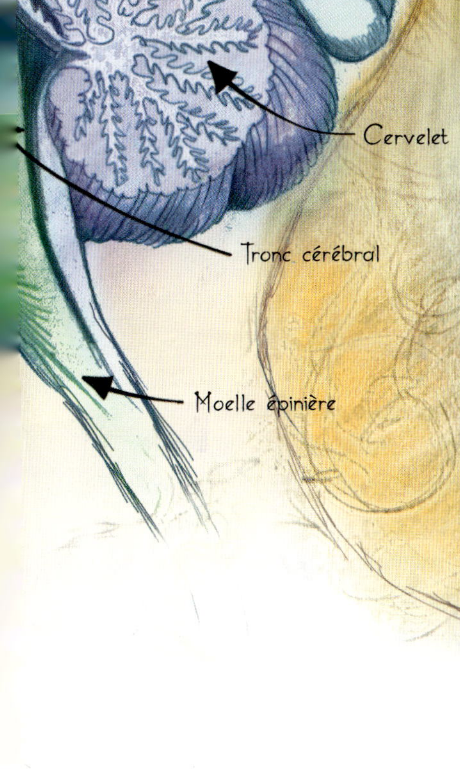

Objet: Nerfs
Date : 10 octobre 2011
À : Professeur Génius

Cher ami,
J'ai trouvé l'information que vous cherchiez. Je vous en ai recopié un extrait dans mon message. J'ai mis le livre de côté. Vous pourrez passer le prendre à la bibliothèque lorsque vous aurez quelques minutes.
Bien à vous,

Votre amie Ea Ping
Chef bibliothécaire

« Dans la moelle épinière et à la base du cerveau, les nerfs rachidiens changent de côté. Ceux provenant de la partie droite du corps passent à la partie gauche du cerveau et vice versa. Conséquemment, l'hémisphère droit commande la partie gauche du corps, et l'hémisphère gauche commande la partie droite. De plus, chaque hémisphère est doté de ses propres compétences. Le côté droit est impliqué dans les activités artistiques, tandis que l'hémisphère gauche est le spécialiste de l'analyse et de la pensée logique. »

Des paysages à couper le souffle, de la musique entraînante, des odeurs qui font saliver, la caresse du vent... toutes ces sensations sont perçues grâce à nos sens. Ce sont les organes des sens, ou organes sensoriels, qui acheminent au cerveau mille et une informations sur le monde qui nous entoure. Sans plus attendre, je te présente un sens important, celui du toucher.

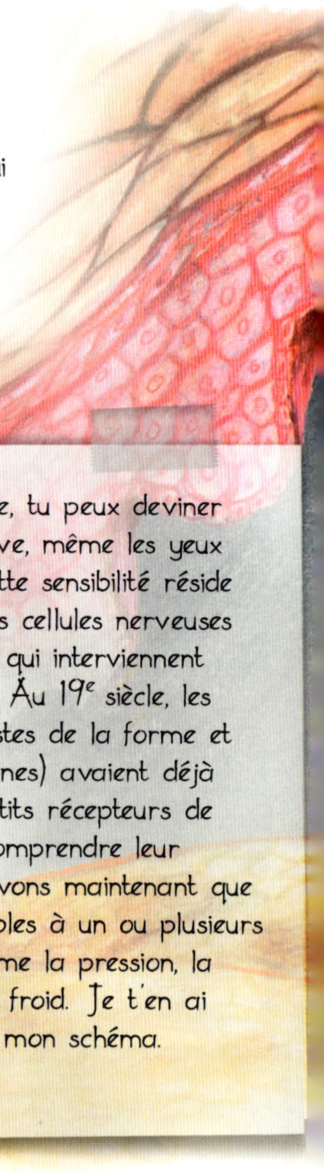

Une peau hypersensible

Le toucher est le seul sens indispensable à notre survie parce qu'il nous sert en quelque sorte de système d'alarme. Non seulement la peau nous permet-elle de sentir la texture des objets ou encore la température de l'air ; elle nous fait aussi ressentir la douleur d'une blessure. Face aux sensations désagréables, notre corps réagit... et c'est bien heureux ! Mais ce n'est pas tout. Le toucher constitue chez les êtres humains un mode de communication très important. Les touchers et les caresses sont porteurs de messages d'amour, de tendresse, d'amitié, de soutien, d'encouragement...

Si un insecte te chatouille, tu peux deviner exactement où il se trouve, même les yeux fermés. Le secret de cette sensibilité réside dans l'existence de petites cellules nerveuses modifiées, les récepteurs, qui interviennent dans le sens du toucher. Au 19e siècle, les anatomistes (des spécialistes de la forme et de la structure des organes) avaient déjà décelé ces millions de petits récepteurs de la peau sans toutefois comprendre leur fonctionnement. Nous savons maintenant que ces structures sont sensibles à un ou plusieurs types de sensations comme la pression, la douleur, la chaleur ou le froid. Je t'en ai illustré quelques-uns sur mon schéma.

LE BRAILLE

Le braille est un alphabet constitué de points en relief, représentant des chiffres et des lettres. Il suffit de glisser ses doigts sur les points afin de les déchiffrer, et ainsi de les lire. Cette technique fut inventée par Louis Braille (1809-1852). Aveugle depuis l'âge de trois ans, il créa ce système de lecture en 1824, alors qu'il avait quinze ans.

Inventeurs et inventions, p. 101

Voici le mot « pêche » écrit en braille. (Imagine que les petits points noirs sont en relief et tu pourras comprendre ce qu'un aveugle sent sous le bout de ses doigts.)

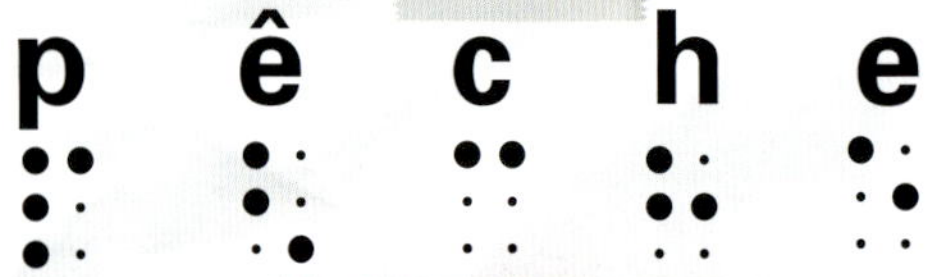

Lorsque les différents récepteurs du toucher sont stimulés, ils envoient des signaux par l'intermédiaire de différents nerfs. C'est dans la moelle épinière et dans le cerveau que le message nerveux relatif au toucher est ensuite analysé et interprété. Le système nerveux commande ensuite les actions nécessaires, qu'il s'agisse d'écraser un moustique en train de nous piquer, de retirer notre main d'une surface brûlante ou de revêtir un chandail de laine si on a froid.

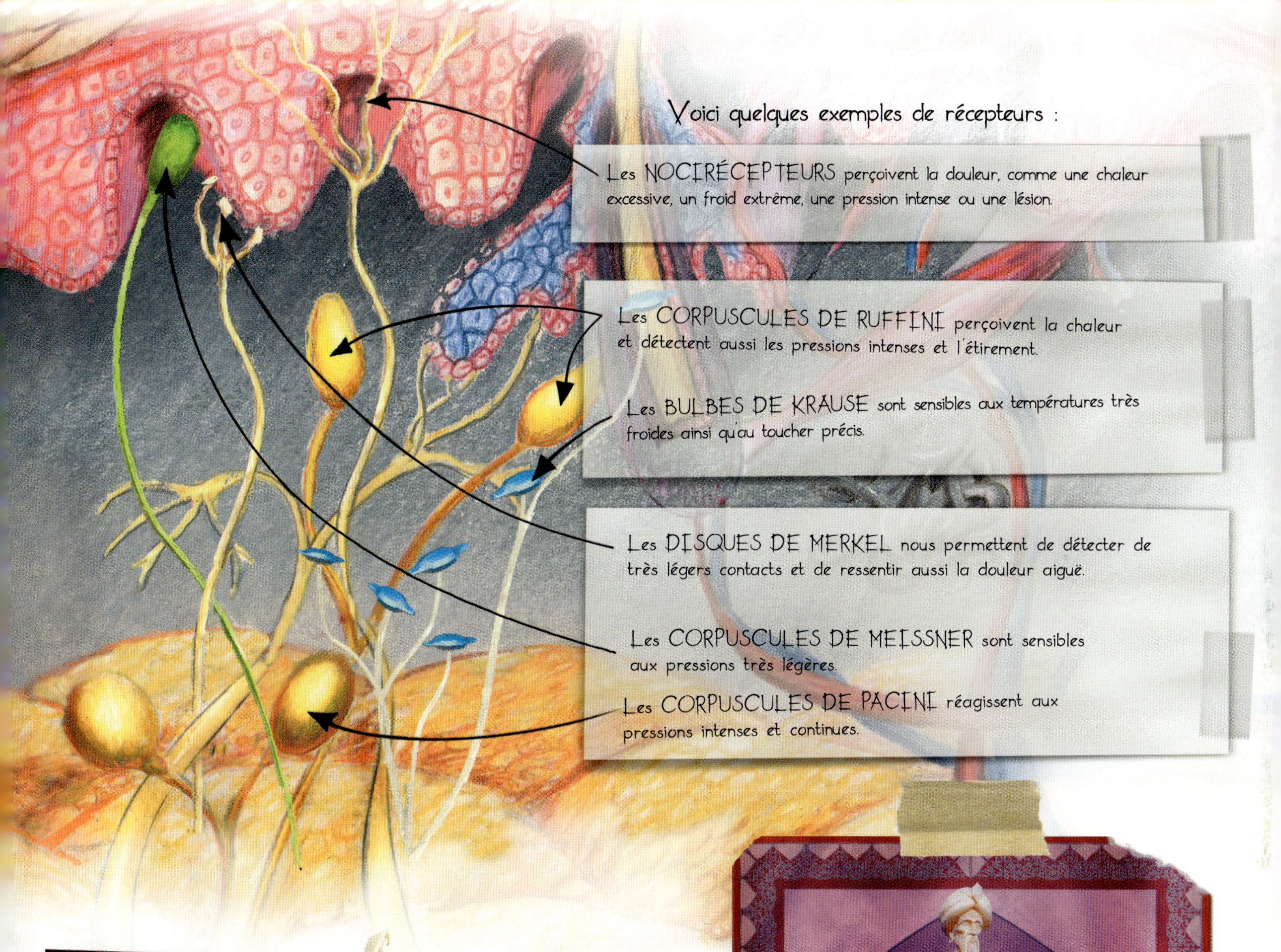

LA DOULEUR

La douleur est une sensation désagréable qui nous permet d'éviter le danger en attirant l'attention du système nerveux sur les blessures, brûlures, piqûres et toute autre agression subie par l'organisme. Le message de douleur est ainsi acheminé jusqu'au cerveau qui prend conscience du lieu et de l'intensité de la douleur. Sans ce système d'alarme, notre corps courrait le danger de ne pas remarquer qu'il est attaqué et de ne pas réagir à temps.

La santé au quotidien, volume 5, numéro 12

En Inde, certains religieux ne semblent pas ressentir la douleur. Ce sont des fakirs. On peut les voir allongés dans un buisson d'épines, assis sur une planche de clous ou en train de se transpercer les joues avec une aiguille. Convaincus qu'ils deviendront des êtres meilleurs en dominant la douleur, les fakirs s'habituent graduellement à souffrir.

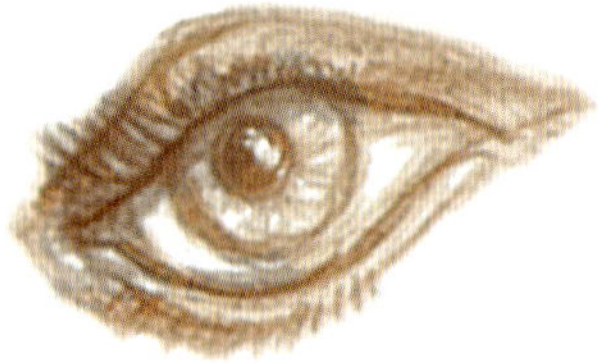

Des fenêtres sur le monde

Les yeux sont nos fenêtres sur l'extérieur. En percevant une foule d'informations comme les formes, les reliefs, les couleurs ou les mouvements, ces petits organes d'une grande beauté nous offrent une image du monde qui nous entoure. En plus de nous permettre de voir, les yeux sont le reflet de nos émotions comme la surprise, l'étonnement, l'intérêt ou la peur. Ce n'est pas pour rien qu'on les qualifie si joliment de miroirs de l'âme ! Voyons donc où se cache le secret de ta vision. Il se trouve justement au fond de tes yeux...

Avec ses lentilles et sa pellicule sensible à la lumière, l'œil humain est une véritable caméra biologique. Voici les différentes parties de notre appareil visuel :

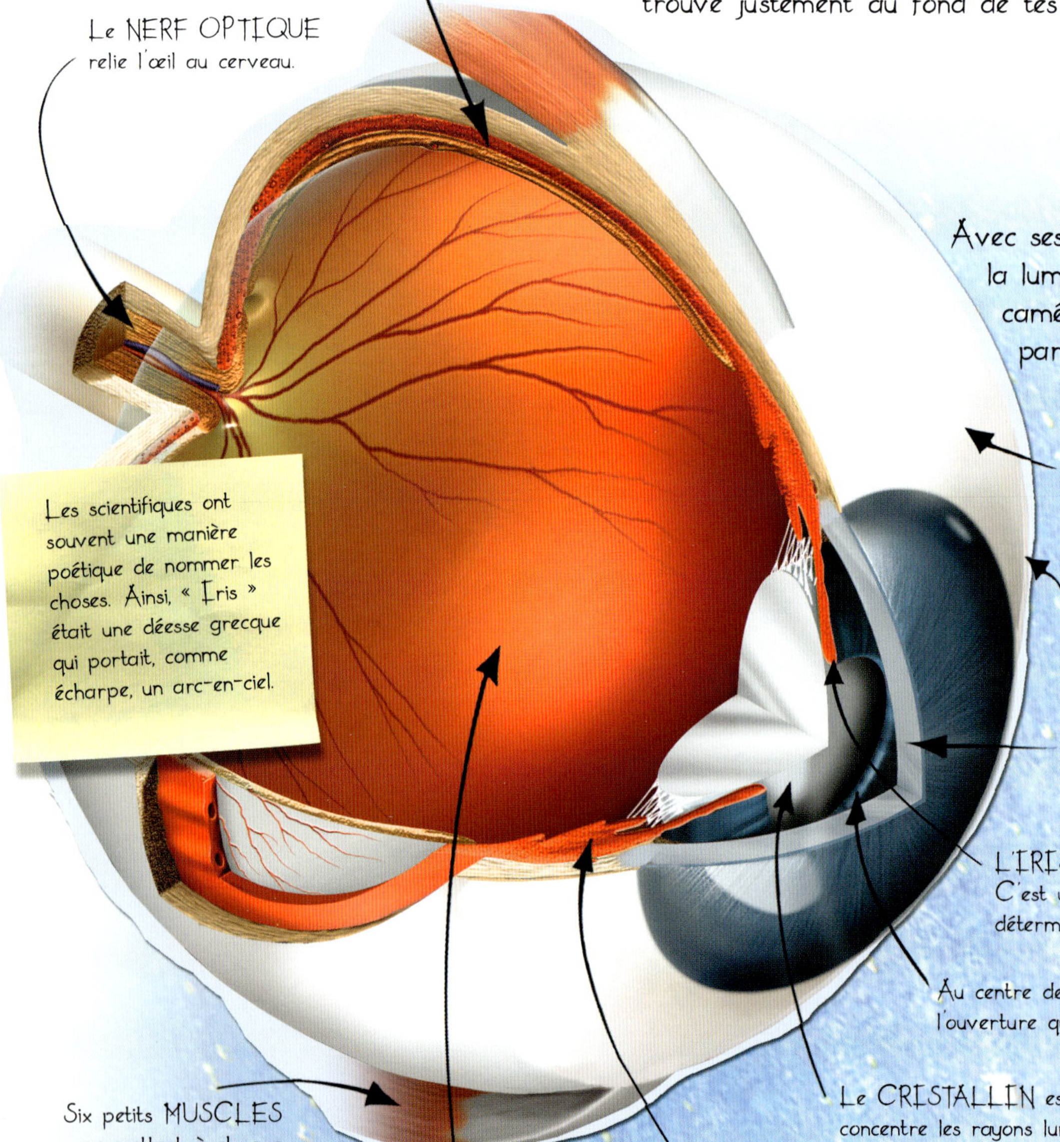

Les scientifiques ont souvent une manière poétique de nommer les choses. Ainsi, « Iris » était une déesse grecque qui portait, comme écharpe, un arc-en-ciel.

Voyons maintenant comment nous parvenons à voir :

Grâce à sa forme bombée, la cornée oriente les rayons lumineux réfléchis par un objet vers l'intérieur de l'œil. Après avoir traversé cette première lentille, la lumière entre par la pupille jusqu'au cristallin, la deuxième lentille de l'œil. Le cristallin ajuste sa forme selon la distance de l'objet observé, puis concentre l'image inversée de l'objet sur la rétine. Les capteurs de lumière de la rétine convertissent cette image en signaux électriques qu'ils envoient au cerveau par l'entremise du nerf optique. Dans la zone visuelle du cerveau, le message est transformé en une image en relief, à l'endroit et en couleur.

Comment ça marche ?, p. 72

La rétine est tapissée de deux types de capteurs (des cellules nerveuses sensibles à la lumière) : les bâtonnets, sensibles à la lumière faible et au noir et blanc, et les cônes, qui fonctionnent en pleine lumière et captent les couleurs.

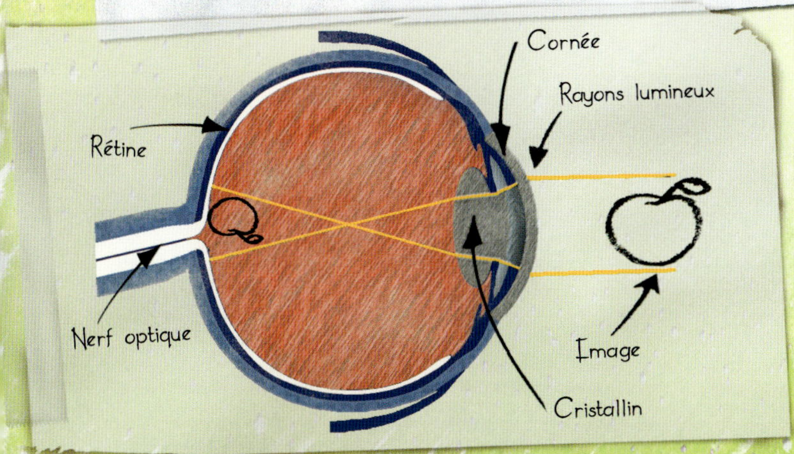

Pour que nous puissions voir de manière parfaite, le cristallin doit envoyer une image à un endroit bien précis de la rétine. Les personnes myopes ou hypermétropes ont un œil de forme anormale ou un cristallin défectueux. Dans le premier cas, l'image envoyée par le cristallin se forme DEVANT la rétine. Dans le deuxième cas, elle se forme DERRIÈRE. Les personnes atteintes de myopie ou d'hypermétropie ont une vision défectueuse. Elles doivent porter des verres (ou des lentilles) qui aideront le cristallin à concentrer les rayons lumineux au bon endroit sur la rétine.

Lorsqu'un objet entre dans notre champ de vision, chaque œil le perçoit sous un angle légèrement différent, ce qui nous permet d'en apprécier la distance et de le voir en trois dimensions.

Selon la quantité de lumière qui lui parvient, la pupille peut s'ouvrir ou se fermer. Elle est petite s'il fait très clair et grande s'il fait plus sombre.

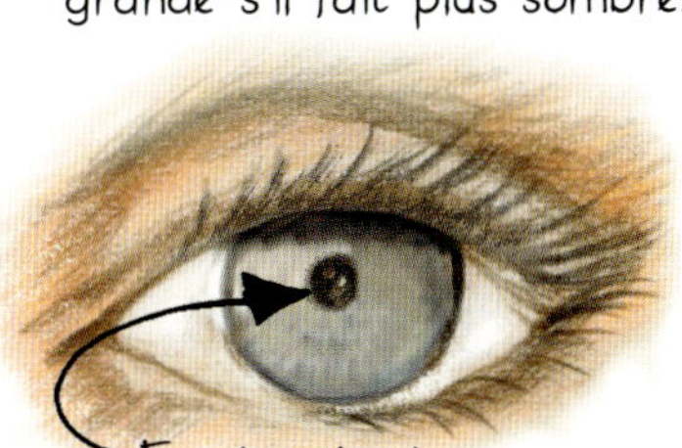
En pleine lumière.

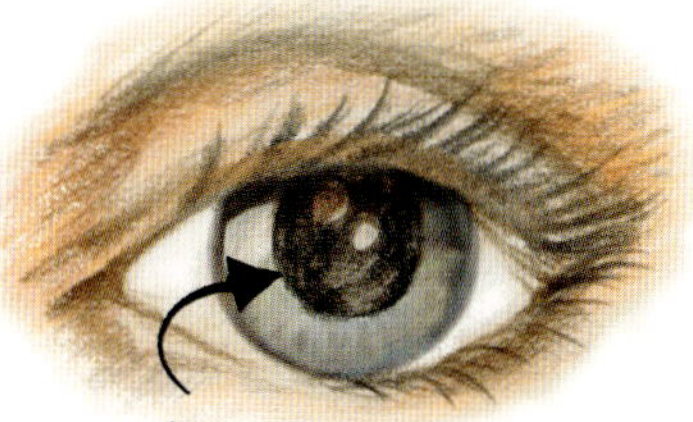
Dans l'obscurité.

Cécité
Perte de la vue causée par plusieurs facteurs comme la déchirure de la cornée, une maladie du cristallin ou le décollement de la rétine. Certains aveugles ont des yeux fonctionnels, mais leurs nerfs optiques n'arrivent pas à acheminer jusqu'au cerveau l'image formée sur la rétine. Dans d'autres cas, c'est la rétine ou la zone du cerveau responsable d'interpréter l'image qui ne fonctionne plus.

Le globe oculaire est presque entièrement caché dans l'orbite, une cavité osseuse du crâne. Mais sa partie exposée au grand jour a elle aussi besoin d'être protégée !

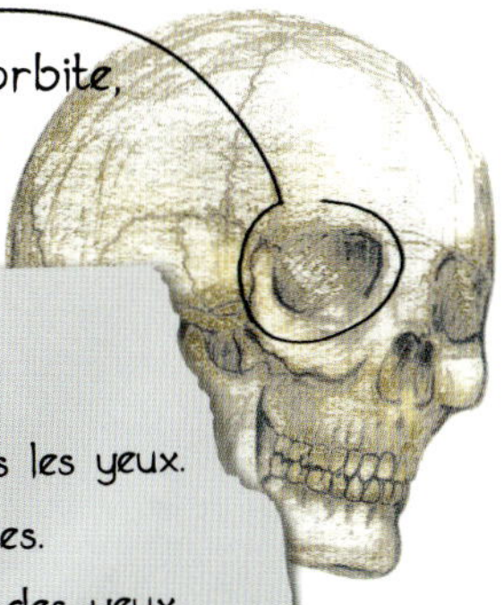

Les protections de l'œil sont...

- Les SOURCILS : ils empêchent la sueur de tomber dans les yeux.
- Les CILS : ils prennent au piège les poussières irritantes.
- Les LARMES : elles humidifient et nettoient la surface des yeux.
- Les PAUPIÈRES : elles sont de véritables essuie-glace qui étalent les larmes sur la surface des yeux.

1 battement de paupière = 1/3 seconde
5 400 battements par jour = 1 800 secondes
1 800 secondes = 30 minutes

Donc, même éveillés, nous passons 30 minutes par jour les paupières fermées !

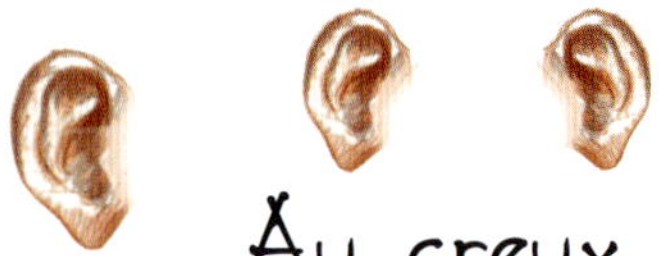

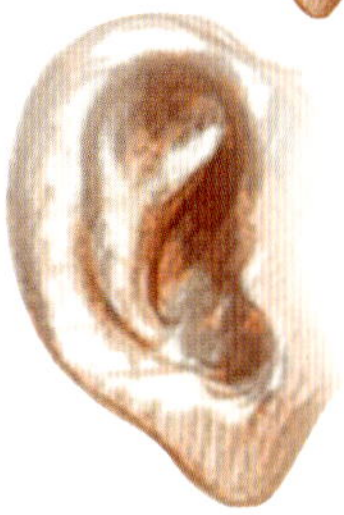

Au creux de l'oreille

Audition
Synonyme d'ouïe. Sens par lequel nous percevons les sons.

Chhhh... Écoute. Qu'entends-tu autour de toi ?
Peut-être ton chat qui ronronne, un avion qui gronde au loin, la pluie qui fouette la fenêtre ou la voix de ta petite sœur qui aimerait bien que tu joues avec elle...
Savais-tu que l'oreille nous permet de distinguer près de 400 000 sons ?
Après la vue, l'ouïe est le sens qui fournit à notre cerveau le plus d'informations sur le monde qui nous entoure. Il nous permet ainsi de communiquer par la parole, d'apprécier un solo de guitare ou d'être avertis de l'approche d'un danger.

Si je te dis « oreille », tu penses sûrement à sa partie visible appelée pavillon. Or notre appareil auditif est presque entièrement enfoui dans la boîte crânienne. L'oreille comprend en fait trois parties : l'oreille externe, celle que tu nettoies, l'oreille moyenne, qui s'étend du tympan aux osselets, et l'oreille interne, pratiquement située derrière les yeux. C'est cette dernière qui transforme les sons captés en signaux électriques et les achemine au cerveau. Voyons de plus près ce qui se trouve au creux de ton oreille.

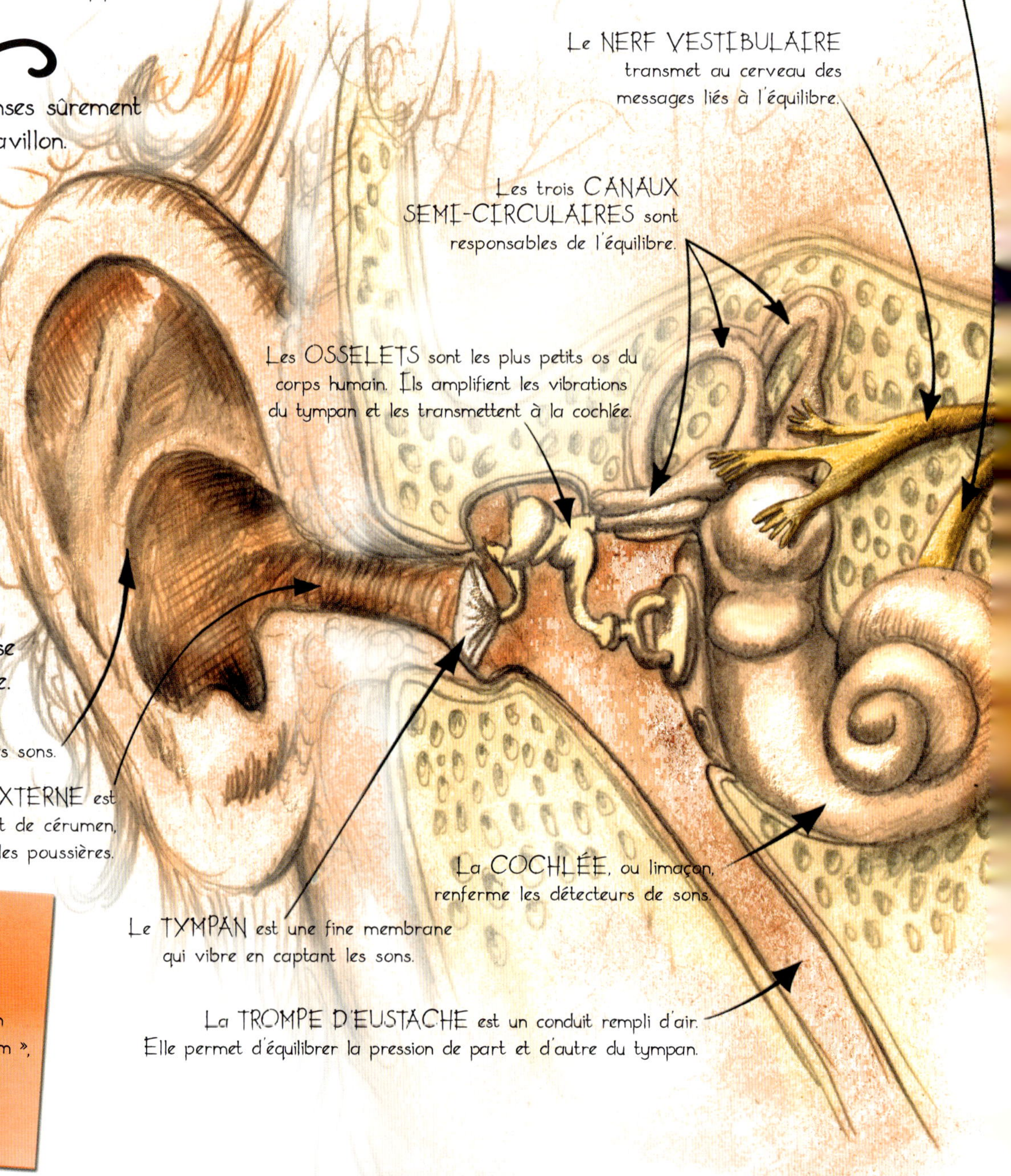

On compare souvent le tympan à la peau d'un tambour. Cette délicate membrane tient en effet son nom du mot latin « tympanum », qui signifie tambourin.

Cela peut te sembler étrange, mais les sons que nous entendons sont des vibrations de l'air qui nous entoure. Ces vibrations se déplacent jusqu'à l'oreille où elles sont captées par le pavillon. Voici comment nous entendons :

Les sons arrivent au tympan situé tout au fond du conduit auditif externe. Le tympan capte les vibrations et se met à vibrer. Ses vibrations sont transmises aux petits osselets qui auront pour tâche de les amplifier. Les vibrations amplifiées sont ensuite transmises à la cochlée. Cet organe en forme d'escargot est constitué d'un canal rempli de liquide dont les parois sont tapissées de milliers de cellules nerveuses munies de plusieurs cils chacune. En bougeant, le liquide fait à son tour vibrer les millions de petits cils, et ces mouvements sont ensuite convertis en signaux électriques. Les cellules nerveuses acheminent ces signaux le long du nerf auditif jusqu'au cerveau.

Comment ça marche ?, p. 57

Comme nos deux oreilles sont écartées l'une de l'autre d'une quinzaine de centimètres, les sons ne leur parviennent pas en même temps. Ce petit décalage nous permet de détecter la provenance des sons.

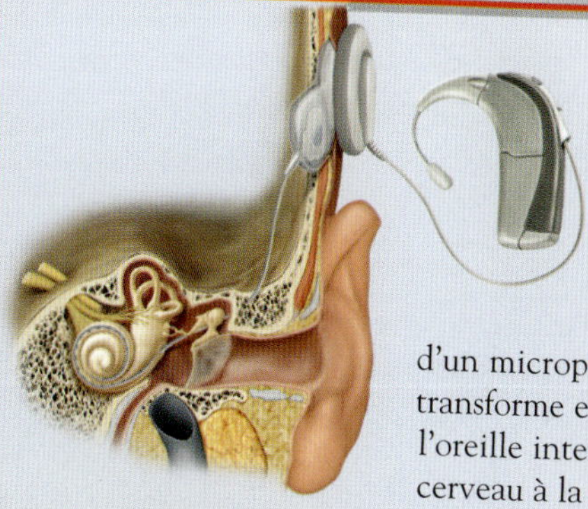

OFFREZ-VOUS LA PROTHÈSE DE VOS RÊVES !

Grâce à ce tout nouveau modèle, les personnes sourdes ou malentendantes retrouveront leurs capacités auditives ! Placée discrètement derrière l'oreille, la prothèse capte les sons à l'aide d'un microphone et d'un amplificateur miniaturisés et les transforme en signaux électriques. Un implant installé dans l'oreille interne reçoit ensuite ces signaux et les achemine au cerveau à la vitesse de l'éclair !

Je viens de lire que l'équilibre était notre 6e sens. Est-ce vrai ? MERCI
P.S. : c'est moi sur la poutre.

EMMA

Otite

Inflammation de l'oreille moyenne ou du tympan, fréquente surtout chez les enfants. L'otite aiguë, due à la présence de bactéries, débute dans la gorge, puis se propage le long de la trompe d'Eustache vers l'oreille moyenne. Non traitée, l'infection peut endommager le délicat mécanisme de l'oreille.

L'équilibre est bien un sens. Comme on le voit sur le schéma de la page voisine, l'oreille interne abrite trois canaux semi-circulaires remplis de liquide. Chaque fois que nous bougeons la tête, ce liquide remue et donne naissance à un message nerveux qui est transmis au cerveau. Mais nos oreilles ne sont pas les seules à l'informer. Le cerveau reçoit aussi des signaux des yeux, des muscles et des articulations. Après avoir analysé la situation, il ordonne aux muscles de modifier leur position pour garder l'équilibre. Et cela est possible même si, comme Emma, on a la tête en bas !

Je viens de mettre la main sur ce portrait de l'auteur de « L'examen de l'organe de l'audition », le premier grand ouvrage consacré à l'étude scientifique des oreilles, publié en 1562. Ce professeur a légué son nom à la trompe d'Eustache, un canal qui aurait été décrit en détail par un médecin grec 2 000 ans auparavant !

Bartolomeo Eustachio (1520-1574)

Le goût et l'odorat

Ah ! l'automne... Quelle fête pour les sens ! J'aime particulièrement les balades au marché public. L'odeur de melons mûrs et le fumet des grillades ondulent sous mes narines et me font saliver ! As-tu déjà remarqué à quel point le nez et la bouche sont liés ? Le lien étroit qui unit l'odorat et le goût remonte probablement à une époque lointaine où il était vital de pouvoir discerner la fraîcheur des aliments. Encore de nos jours, l'odeur divine d'un bon fruit mûr nous invite à croquer dans sa chair à belles dents, tandis que l'odeur douteuse et le goût modifié d'un aliment pourri nous indiquent de ne pas le consommer.

Notre appareil olfactif nous permet de détecter les odeurs qui se propagent dans l'air. Voyons justement ce qui se cache derrière le bout de ton nez.

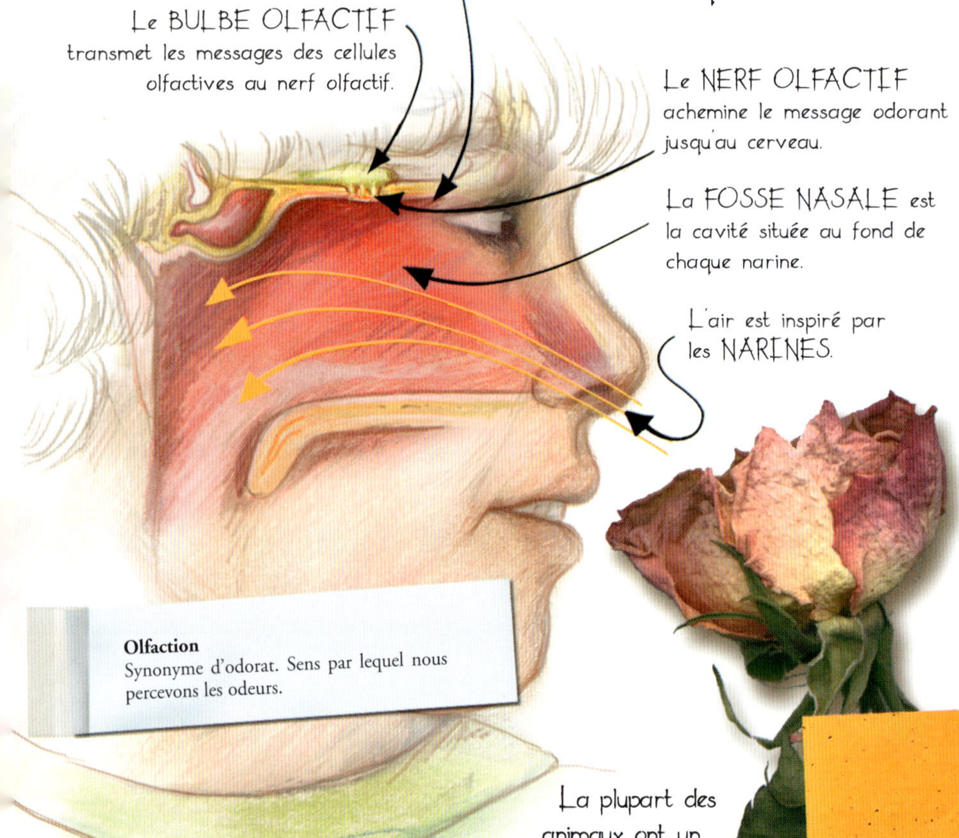

Olfaction
Synonyme d'odorat. Sens par lequel nous percevons les odeurs.

Jette un coup d'œil à ce court extrait encyclopédique. Il t'apprendra comment nous sentons :

Quand on respire, les substances odorantes atteignent nos fosses nasales tapissées de 10 à 100 millions de récepteurs olfactifs. Ces cellules nerveuses sensibles aux odeurs sont terminées par des cils entourés de mucus. Dissoutes dans le mucus, les substances odorantes se collent aux cils, un peu comme une clé dans une serrure, et déclenchent un message nerveux. Voyageant le long du bulbe et du nerf olfactifs, le message parvient au cerveau qui l'analyse et identifie l'odeur.

Comment ça marche ?, p. 56

La plupart des animaux ont un odorat plus développé que le nôtre. Malgré tout, nous arrivons à saisir de subtiles différences entre les odeurs, et certaines personnes au nez particulièrement fin font de l'odorat leur gagne-pain.

Parfumerie Guerlainpinpin

100, avenue des Fleurs, Senteurville

Nez fin demandé

Notre Maison recherche activement un « nez » pour concocter une nouvelle fragrance unique à partir d'essences essentiellement végétales.

Exigences
En plus de pouvoir reconnaître plus de 10 000 odeurs, vous devrez avoir le nez fin, avoir du flair et surtout, voir plus loin que le bout de votre nez.

Si vous croyez être la perle recherchée, ne laissez pas cette chance vous passer sous le nez et montrez-vous le bout du nez sans tarder !

En plus de participer à la parole et de jouer un rôle important dans la digestion, la langue est bien sûr l'organe du goût. La prochaine fois que tu te regarderas dans un miroir, tire la langue et observe sa surface recouverte de petites bosses, les papilles. Certaines papilles contiennent des BOURGEONS GUSTATIFS. Voici comment ils nous permettent de goûter :

Plus de 10 000 bourgeons contenant chacun de 25 à 40 récepteurs du goût sont disséminés sur la surface de la langue. Ces récepteurs sont des cellules nerveuses possédant à leur extrémité des cils. Dissoutes dans la salive, les substances présentes dans les aliments se fixent aux cils et déclenchent un message nerveux qui est transmis jusqu'au cerveau. Celui-ci reçoit en même temps d'autres signaux l'informant de la texture, de la température et de l'odeur de l'aliment mastiqué. Même si l'odorat et le goût sont deux sens distincts, le cerveau analyse leurs messages conjointement pour bien déterminer le goût de l'aliment.

Comment ça marche ?, p. 58

Savais-tu que la langue ne distingue que cinq saveurs de base : le salé, comme les croustilles, l'acide, comme le citron, l'amer, comme les endives, l'umami, comme les asperges et le sucré... qui se passe de comparaison ! Un peu comme les couleurs primaires qui sont à la base de toutes les autres couleurs, ces saveurs fondamentales se combinent pour former de multiples nuances.

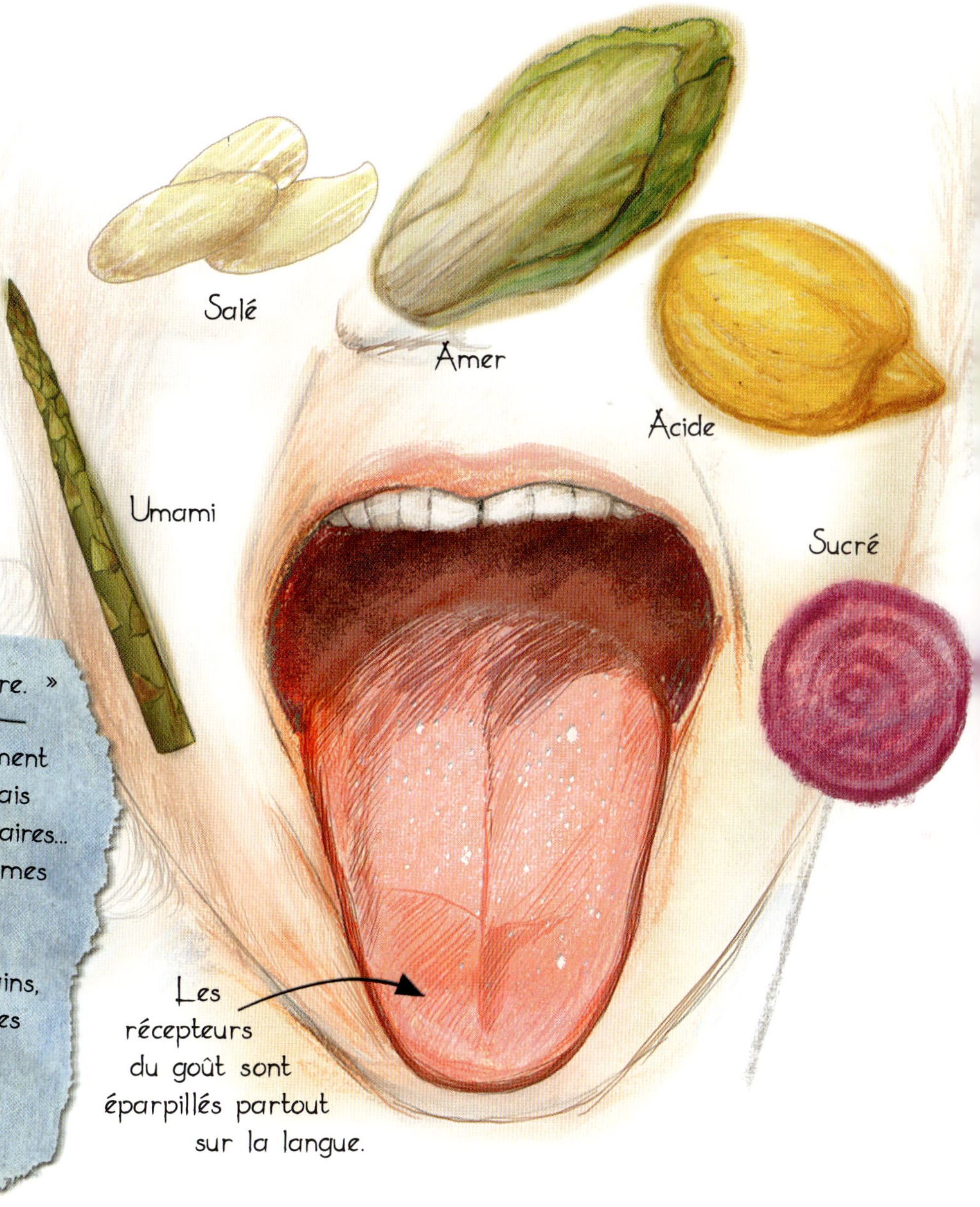

« Tous les goûts sont dans la nature. »

Cette maxime ne décrit pas uniquement les différents styles vestimentaires, mais concerne aussi nos préférences alimentaires... Même si nous possédons tous les mêmes récepteurs du goût et de l'odorat, nos préférences et dégoûts sont très personnels, voire culturels. Pour certains, les effluves d'un fromage bleu sont des plus appétissants alors que pour d'autres, ça ne sent pas bon et goûte affreusement mauvais !!!

Des messagers chimiques

Tu as soif si ton corps a besoin d'eau, ton corps se maintient à une température interne de 37 °C, même en plein hiver, tu grandis au gré des saisons... Ne trouves-tu pas incroyable que ton corps contrôle toutes ces activités de façon harmonieuse ? C'est le système endocrinien, en collaboration avec le système nerveux, qui coordonne toutes ces activités. Contrairement au système nerveux qui communique à l'aide de signaux électriques, le système endocrinien le fait au moyen de messagers chimiques : les hormones. Si les messages nerveux voyagent rapidement, les hormones, elles, agissent lentement, mais leur effet peut durer très longtemps.

Contrairement à certaines glandes qui sécrètent leurs substances à l'extérieur de notre corps, comme les larmes ou la sueur, les glandes ENDOCRINES déchargent leurs sécrétions, les hormones, dans le grand fleuve de la circulation sanguine. Voici les principales glandes qui constituent le système endocrinien :

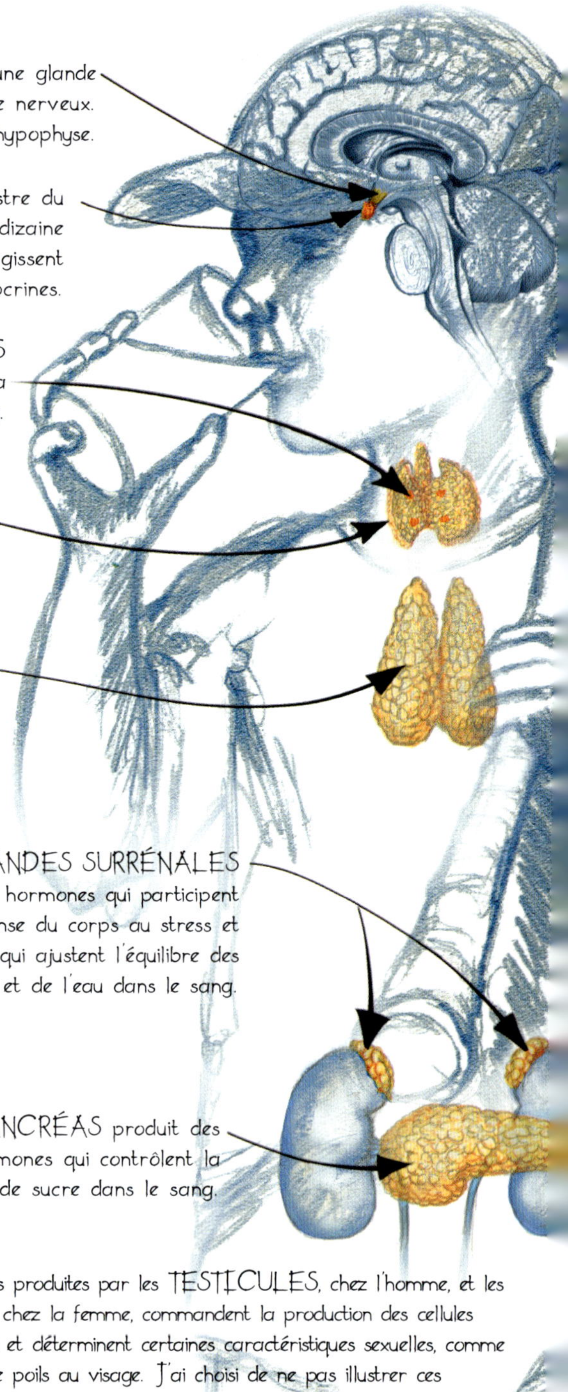

L'HYPOTHALAMUS est une glande et un petit centre nerveux. Il contrôle l'hypophyse.

L'HYPOPHYSE est le chef d'orchestre du système endocrinien. Elle sécrète une dizaine d'hormones. Certaines d'entre elles agissent sur d'autres glandes endocrines.

Les GLANDES PARATHYROÏDES produisent des hormones qui contrôlent la quantité de calcium circulant dans le sang.

La GLANDE THYROÏDE produit des hormones qui contrôlent entre autres la régulation de la température et la croissance du corps.

Chez l'enfant, le THYMUS produit des hormones qui jouent un rôle dans le système de défense du corps.

Les GLANDES SURRÉNALES produisent des hormones qui participent à la réponse du corps au stress et d'autres qui ajustent l'équilibre des minéraux et de l'eau dans le sang.

Le PANCRÉAS produit des hormones qui contrôlent la quantité de sucre dans le sang.

Les hormones produites par les TESTICULES, chez l'homme, et les OVAIRES, chez la femme, commandent la production des cellules reproductrices et déterminent certaines caractéristiques sexuelles, comme la présence de poils au visage. J'ai choisi de ne pas illustrer ces glandes ici. Je te les présenterai plus loin dans cet album, aux pages 172 et 173.

Cellules cibles

Quand les hormones sont libérées dans la circulation sanguine, elles rejoignent toutes les cellules, mais ne stimulent que les « cellules cibles » qui sont dotées d'un récepteur spécifique reconnaissant cette hormone. Un peu comme une clé qui s'insère dans une serrure unique, l'hormone se lie aux récepteurs des cellules cibles. En ouvrant les bonnes « portes », l'hormone livre ainsi son message aux bonnes adresses.

Le corps humain, p. 90

Le mot « hormone », créé en 1905, provient d'un mot grec qui signifie « exciter ». On sait maintenant que ces messagers chimiques peuvent stimuler autant que retarder l'exécution d'une tâche par la cellule cible.

Si l'hypophyse est le chef d'orchestre du système endocrinien, l'hypothalamus est son grand patron ! Voyons comment ce duo incomparable contrôle l'activité des autres glandes.

Centres de contrôle du système endocrinien

L'hypothalamus libère des hormones qui agissent sur l'hypophyse. Cette dernière agit à son tour sur d'autres glandes. Par exemple, si une glande contrôlée par l'hypophyse produit une trop grande quantité d'hormones, l'hypothalamus alerte l'hypophyse qui informe la glande en question de réduire sa production. À l'inverse, si une de ces glandes ne produit pas assez d'hormones, l'hypothalamus demande à l'hypophyse de rétablir la situation.

Le corps humain, p. 91

MES RECORDS DU CORPS HUMAIN

La plus grosse glande !

Le pancréas est la plus grosse glande du corps humain ! En plus de produire l'insuline et le glucagon, deux hormones qui régularisent le taux de sucre dans le sang, le pancréas participe à la digestion.

La plupart du temps, nous ne sentons pas « agir » les hormones dans notre corps. Il y a toutefois une hormone dont les effets ne passent pas inaperçus. Il s'agit de l'adrénaline (aussi appelée hormone du stress) fabriquée par les glandes surrénales. Voici un petit extrait d'un manuscrit que vient de m'envoyer un jeune ami qui veut devenir romancier. Il illustre parfaitement bien les effets de cette hormone sur le corps.

Il entendit le craquement sec d'une branche, et une frayeur immense s'empara de lui. Tommy avait beau se raisonner, rien à faire. En moins de temps qu'il ne faut pour crier « À l'aide ! », son cœur se mit à battre à tout rompre. Le visage blême, les pupilles dilatées, l'estomac noué, il se redressa en sueur dans la tente, les muscles tendus, prêt à bondir. Malgré le bruit du sang qui cognait à ses tempes, il entendit des pas s'approcher. C'est alors que des sons connus se frayèrent un chemin jusqu'au creux de son oreille : « Viens mon Tom, c'est l'heure de souper ! »

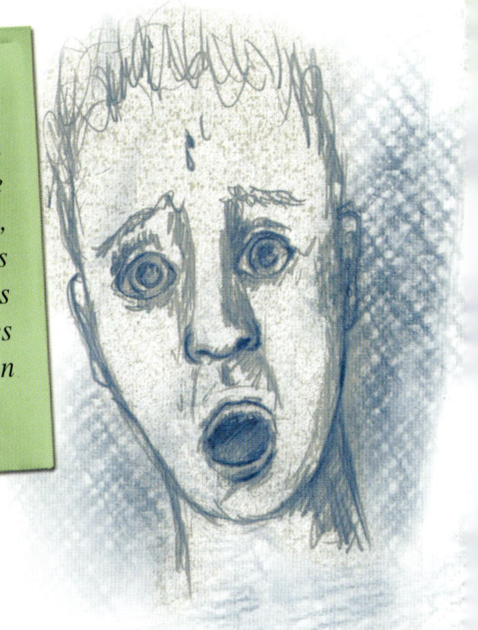

L'adrénaline a préparé le corps du jeune héros à réagir rapidement pour se battre ou... s'enfuir. Dans la vie quotidienne, cette hormone nous prépare surtout à faire face aux situations de stress qui sont le lot de la vie moderne...

Le sang, fluide vital

On a cru longtemps que le sang était un liquide magique qui, en s'écoulant du corps, entraînait avec lui la vie ! Certains peuples s'imaginaient qu'en buvant le sang d'un être humain, ou même d'un animal, on s'appropriait sa force, sa sagesse et... son âme. Le sang exerce toujours une extraordinaire fascination chez les êtres humains et c'est tout à fait normal ! C'est que, vois-tu, sans ce précieux liquide rouge, les cellules du corps ne pourraient fonctionner normalement et accomplir les mille et une tâches auxquelles elles sont destinées. Le sang abat à lui seul une besogne colossale :

- Il TRANSPORTE toutes les substances chimiques nécessaires au bon fonctionnement du corps de même que les déchets produits par les cellules.
- Il DÉFEND le corps contre les maladies et les microbes.

Je t'ai illustré sur cette page les différentes composantes du sang, comme si nous pouvions les voir, à l'œil nu, circuler dans les vaisseaux sanguins.

Le sang en chiffres

Cinq à six litres de sang dans un corps adulte contiennent :

- 25 000 milliards de globules rouges,
- 1250 milliards de plaquettes,
- 35 milliards de globules blancs.

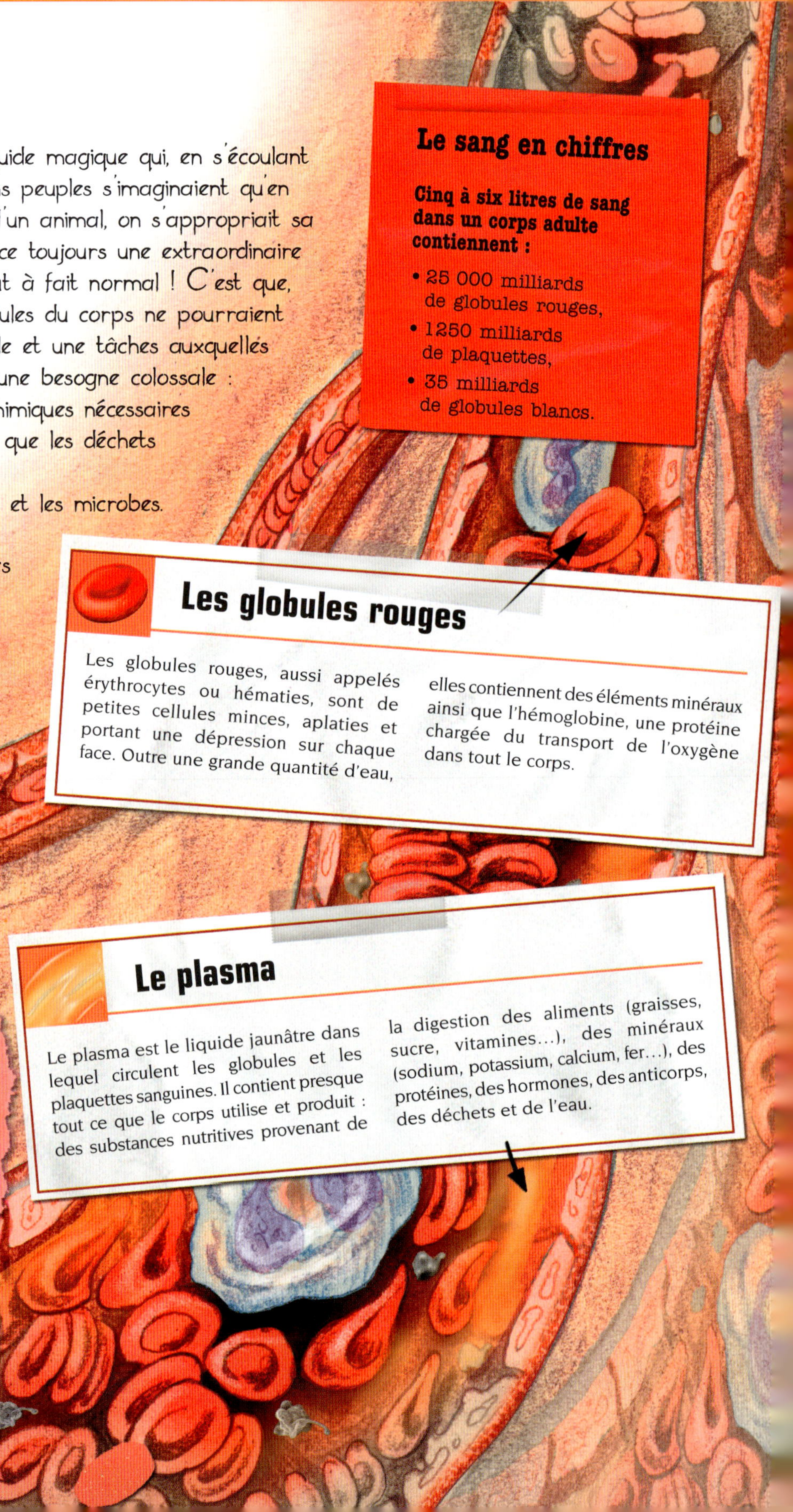

Les globules rouges

Les globules rouges, aussi appelés érythrocytes ou hématies, sont de petites cellules minces, aplaties et portant une dépression sur chaque face. Outre une grande quantité d'eau, elles contiennent des éléments minéraux ainsi que l'hémoglobine, une protéine chargée du transport de l'oxygène dans tout le corps.

Cher professeur,
Pourquoi le sang est-il rouge ?

Rose, 7 ans

Chaque globule rouge du sang contient environ 250 millions de molécules d'hémoglobine, une protéine spécialisée dans le transport de l'oxygène. L'hémoglobine contient du fer, un élément chimique qui, combiné à l'oxygène, donne sa couleur rouge au sang. Au fait, savais-tu que la couleur du sang varie selon la quantité d'oxygène que l'hémoglobine transporte ? Le sang est rouge clair lorsque l'hémoglobine est chargée d'oxygène et rouge foncé lorsqu'elle en transporte moins.

Le plasma

Le plasma est le liquide jaunâtre dans lequel circulent les globules et les plaquettes sanguines. Il contient presque tout ce que le corps utilise et produit : des substances nutritives provenant de la digestion des aliments (graisses, sucre, vitamines...), des minéraux (sodium, potassium, calcium, fer...), des protéines, des hormones, des anticorps, des déchets et de l'eau.

La moelle osseuse de certains os, comme les os du crâne et le sternum, contient des cellules spéciales, les hémocytoblastes. Ces cellules peuvent se transformer en plusieurs types de cellules sanguines. Ce sont elles qui donnent naissance aux globules rouges, aux plaquettes ainsi qu'à certains globules blancs.

Savais-tu que tu étais « membre » d'un groupe sanguin ? En fait, le sang de chaque être humain appartient à l'un des quatre groupes suivants : A, B, AB ou O. Selon le groupe sanguin auquel il appartient, chaque individu est porteur ou non de substances (les anticorps) qui détruisent les globules rouges de groupes sanguins différents. Suis-moi bien : le sang de groupe A contient un anticorps capable de détruire le sang de groupe B. Inversement, le sang de groupe B porte un anticorps capable de détruire le sang de groupe A. Le sang de groupe O produit des anticorps destructeurs pour le sang des groupes A et B, tandis que le sang de groupe sanguin AB n'en produit aucun. Tu as compris, bien sûr, qu'avant de faire une transfusion de sang d'un individu à un autre, les médecins doivent absolument vérifier le groupe sanguin du donneur, afin d'éviter le pire. Au moment de notre naissance, le médecin fait une petite prise de sang qui permet de déterminer le groupe sanguin de chaque nouveau-né. Sais-tu à quel groupe tu appartiens ?

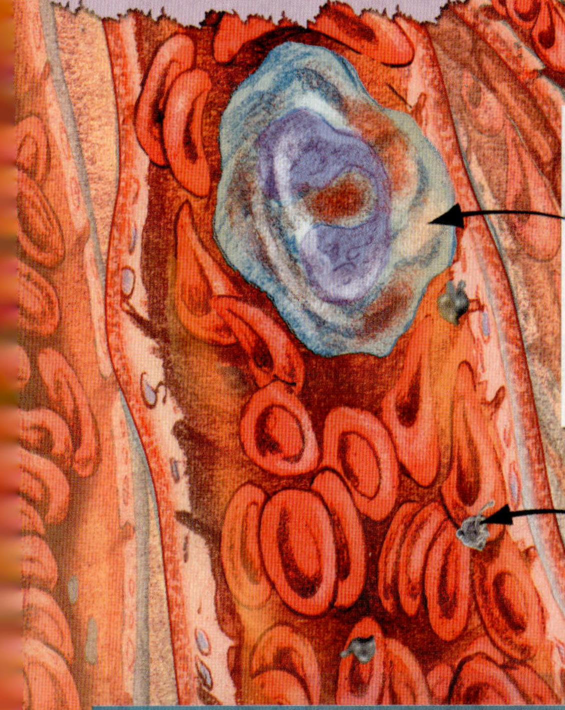

Les globules blancs

Les globules blancs, aussi appelés leucocytes, sont beaucoup moins nombreux que les globules rouges. Il en existe différents types. Leur rôle en matière de défense du corps est important : ils englobent et digèrent les bactéries et les virus, détruisent les cellules mortes ou sécrètent les anticorps, des substances qui tuent les microbes.

Les plaquettes

Les plaquettes, ou thrombocytes, sont des fragments issus de grosses cellules appelées mégacaryocytes. Plus nombreuses encore que les globules blancs, les plaquettes jouent un rôle essentiel dans la coagulation du sang en empêchant les hémorragies, soit des pertes importantes de sang.

Les guérisseuses du corps

par le Dr T. Guéry

Quand on se coupe, les plaquettes « s'installent » sur les bords déchirés de la plaie et provoquent une série de réactions chimiques qui conduisent à la production d'une substance solide, la fibrine. Les brins de fibrine forment alors un petit bouchon, le caillot, qui empêche le sang de s'écouler hors de la plaie. Ce processus s'appelle la coagulation.

Vues cellulaires, août 2011

Une personne sur 10 000 environ est atteinte d'hémophilie. Chez ces malades, le sang ne coagule pas normalement. Les hémophiles doivent donc être très vigilants car leurs blessures pourraient saigner abondamment et entraîner de très graves complications.

Le cœur, une pompe infatigable

« Je t'aime de tout mon cœur… » Combien de fois t'a-t-on déjà dit ces doux mots d'amour ? Au fait, ne trouves-tu pas curieux que l'on aime « avec le cœur » ou encore que l'on se sente le « cœur brisé » à la suite d'un grand chagrin ? Tu sais, on a longtemps cru, à tort bien sûr, que le cœur était le centre de nos émotions, probablement parce que de fortes émotions, comme la peur (et même l'amour !), font battre notre cœur plus rapidement. En réalité, le cœur n'est rien d'autre qu'une puissante pompe musculeuse qui propulse le sang, lui permettant ainsi de circuler à travers tout le corps. Et quelle pompe ! Cette extraordinaire machine ne connaît aucun repos. En dépit de sa petite taille, cet organe extrêmement actif se contracte en moyenne 70 fois chaque minute, entraînant dans son effort l'équivalent de 7 000 litres de sang par jour !

Le cœur ne ressemble pas à ce que l'on dessine sur les cartes de la St-Valentin. Disons qu'il possède un aspect… un peu moins romantique ! Cet organe qui ressemble à un poing fermé est parcouru par des sillons le long desquels s'étendent les vaisseaux coronaires, des vaisseaux sanguins qui le nourrissent en oxygène. Je dois avouer que le cœur dessiné par Marie-Jeanne est beaucoup plus joli.

70 fois par minute
1 journée = 1 440 minutes
1 440 X 70 = 100 800
C'est donc dire que chaque jour, ton cœur bat plus de 100 000 fois !

Le cœur d'une personne a à peu près la même grosseur que son poing. Regarde le tien et tu auras une bonne idée de la dimension de ton cœur. Chez un adulte, le cœur mesure de 10 à 12 cm de hauteur, 8 à 9 cm de largeur et 6 cm d'épaisseur. Il pèse environ 300 grammes (le poids d'un gros pamplemousse). Il se trouve au milieu de la cage thoracique, bien entouré par les poumons. Il est placé à l'oblique, sa partie supérieure légèrement à droite, de sorte que les deux tiers environ de sa masse se trouvent du côté gauche du corps.

Le cœur est notre moteur de vie. Sans lui, l'existence n'est plus possible. Lis cet article et discutes-en avec tes frères et sœurs, tes parents et tes grands-parents et… invite-les à jouer dehors !

Entraînez votre CŒUR

Comme tous les muscles du corps, le muscle cardiaque a besoin d'entraînement ! Alors jeunes et moins jeunes : marchez, nagez, courez et sautez ! Et n'oubliez jamais que la santé du cœur passe d'abord par un mode de vie sain et une bonne alimentation. Évitez l'excès de fritures et de matières grasses, et de grâce, abandonnez le tabac, l'ennemi numéro 1 du cœur.

Hebdo Forme, février 2011

Revue le corps en direct

VOL. 3 NO 9 Aoû

Accueil | Éditorial | Chroniques | Articles | Archives | Info

Boum boum… boum boum… boum boum…

Les bruits du cœur que le médecin entend grâce à son stéthoscope sont produits par la fermeture des valvules du cœur. Le premier « BOUM », fort et résonnant, correspond à la fermeture des valves auriculo-ventriculaires. Le second « boum », plus bref, annonce la fermeture des valves semi-lunaires. Tout bruit anormal peut signaler une défectuosité des valves et doit être pris au sérieux.

Pour savoir ce que sont les valves, consulte le schéma du cœur.

Le cœur comprend deux parties bien distinctes séparées par une cloison de muscles, le septum. Chacune de ses parties est formée de deux chambres : une oreillette et un ventricule. Les petites oreillettes reçoivent le sang en provenance des veines tandis que les ventricules, plus gros, expulsent le sang vers les artères. Lorsque le sang pénètre dans les différentes parties du cœur, il n'y a pas de retour en arrière possible ! Il doit suivre son chemin sans perdre de temps. Pour cela, le cœur est pourvu de dispositifs spéciaux. Ce sont les valves auriculo-ventriculaires (tricupside et mitrale) et les valves semi-lunaires (aortique et pulmonaire). Ne te laisse surtout pas impressionner par ces noms savants… Souviens-toi simplement que les valves agissent exactement comme de petites portes qui se ferment tour à tour pour éviter que le sang ne fasse marche arrière !

Le cœur n'est pas plein. Pour que tu comprennes bien comment il est fait, je te le présente ouvert, comme si on l'avait coupé en partant de son sommet, jusqu'à sa base.

Les veines et les artères qui entrent et sortent du cœur ont un rôle important à jouer dans la circulation du sang. Je t'en reparlerai à la page suivante.

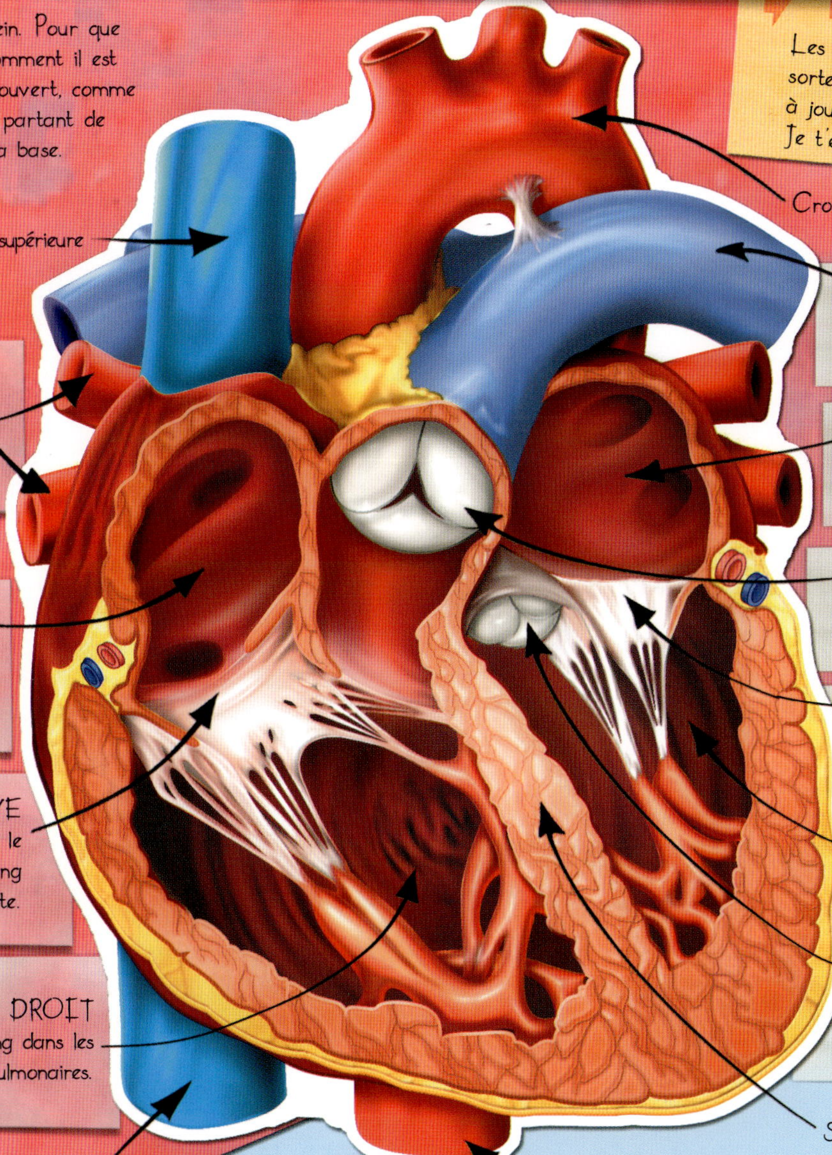

Le long parcours du sang

Propulsé par le cœur, le sang circule dans tout le corps à travers un vaste réseau formé d'ARTÈRES, d'ARTÉRIOLES, de CAPILLAIRES, de VEINULES et de VEINES. Ensemble, ils constituent l'appareil circulatoire. C'est William Harvey, un médecin anglais, qui fut le premier à le comprendre et à l'expliquer, en 1628. Les vaisseaux sanguins forment un réseau immense dont la longueur totale atteint environ 150 000 kilomètres ! Tu te doutes bien que je ne peux pas te les présenter tous ici... Voici tout de même une illustration du corps humain qui indique les principales artères (en rouge) et veines (en bleu).

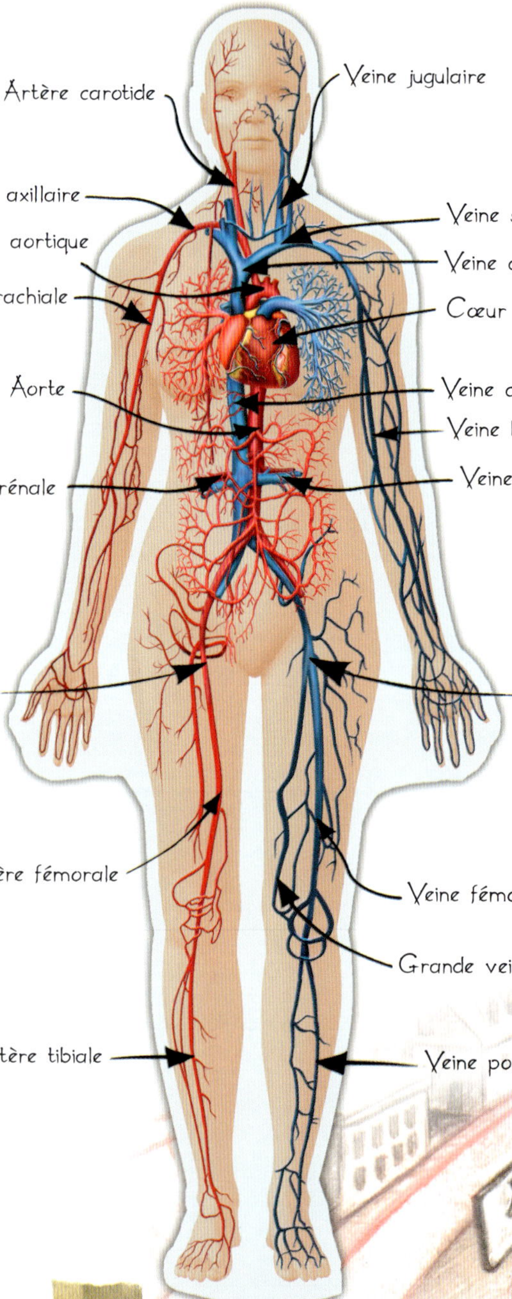

Le pouls

Chaque fois que le sang est expulsé du cœur, il crée une vague dans les artères : c'est le pouls. Le pouls peut être perçu à travers la peau, en posant les doigts sur des artères qui passent près de la surface du corps. Le pouls augmente lorsque nous faisons de l'exercice parce que le cœur bat plus fréquemment pour acheminer plus de sang vers les membres.

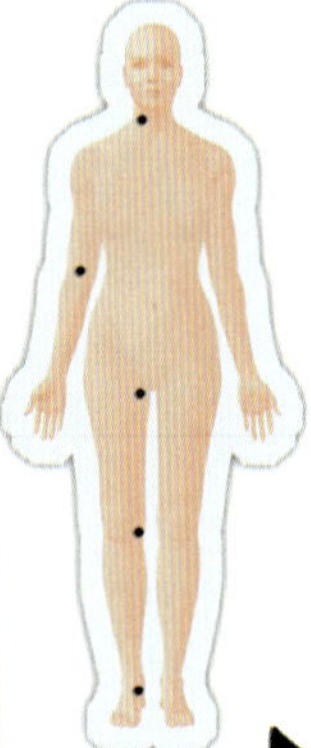

Le pouls peut être senti à quelques endroits sur le corps. Ce petit dessin devrait pouvoir t'aider à le repérer. Compte le nombre de pulsations que tu ressens sous tes doigts en une minute. Chez un garçon ou une fille de 10 ans environ, il devrait se situer entre 70 et 110 pulsations au repos.

Soirée d'information sur la tension artérielle

Vous êtes conviés à une soirée d'information spéciale sur l'hypertension artérielle, ce fléau qui touche près de 3 personnes sur 10, âgées de 50 ans et plus. La docteure Vadeboncœur, médecin conférencière invitée, expliquera les comment et les pourquoi de la maladie et répondra à vos questions.

La pression sanguine (ou tension) correspond à la force avec laquelle le sang passe dans les vaisseaux sanguins. Chez certaines personnes, la pression sanguine est trop élevée. Cette maladie grave peut endommager les vaisseaux sanguins et affaiblir le cœur. Heureusement, la plupart des problèmes dus à l'hypertension artérielle peuvent être évités grâce à une médication appropriée.

En automobile, nous empruntons habituellement des autoroutes pour franchir de longues distances, des routes secondaires pour parcourir des distances moins importantes et de toutes petites routes pour circuler au cœur des villes. Selon que nous roulions sur l'une ou l'autre de ces voies, nous ajustons notre vitesse : nous roulons ainsi plus rapidement sur les autoroutes et beaucoup plus lentement sur les petites routes. Il en va de même pour le sang, mon ami. À la sortie du cœur, il coule d'abord à grande vitesse dans les grosses artères pour se rendre dans les différentes parties du corps. Il réduit ensuite sa vitesse pour suivre le réseau des petites artérioles qui se rendent dans les organes. Finalement, le sang emprunte les minuscules capillaires pour aller tranquillement nourrir les cellules. Mais le sang ne voyage pas seulement dans une direction ! Il doit aussi revenir vers le cœur. Pour ce faire, il emprunte le circuit des veinules et des veines. Je t'ai photocopié quelques définitions qui t'éclaireront sûrement. Elles proviennent de mon dictionnaire du corps humain.

Capillaires
Minuscules vaisseaux, de la grosseur d'un cheveu. Ils permettent les échanges de gaz et d'éléments nutritifs entre le sang et les tissus du corps.

Artères
Vaisseaux aux parois faites de fibres musculaires et élastiques qui peuvent se contracter et se dilater. Elles transportent le sang hors du cœur.

Artérioles
Petites artères. Elles acheminent le sang vers les organes.

Veines
Vaisseaux aux parois beaucoup moins épaisses que celles des artères. Elles transportent le sang vers le cœur.

Veinules
Petites veines. Elles recueillent le sang des capillaires et le déversent dans les veines.

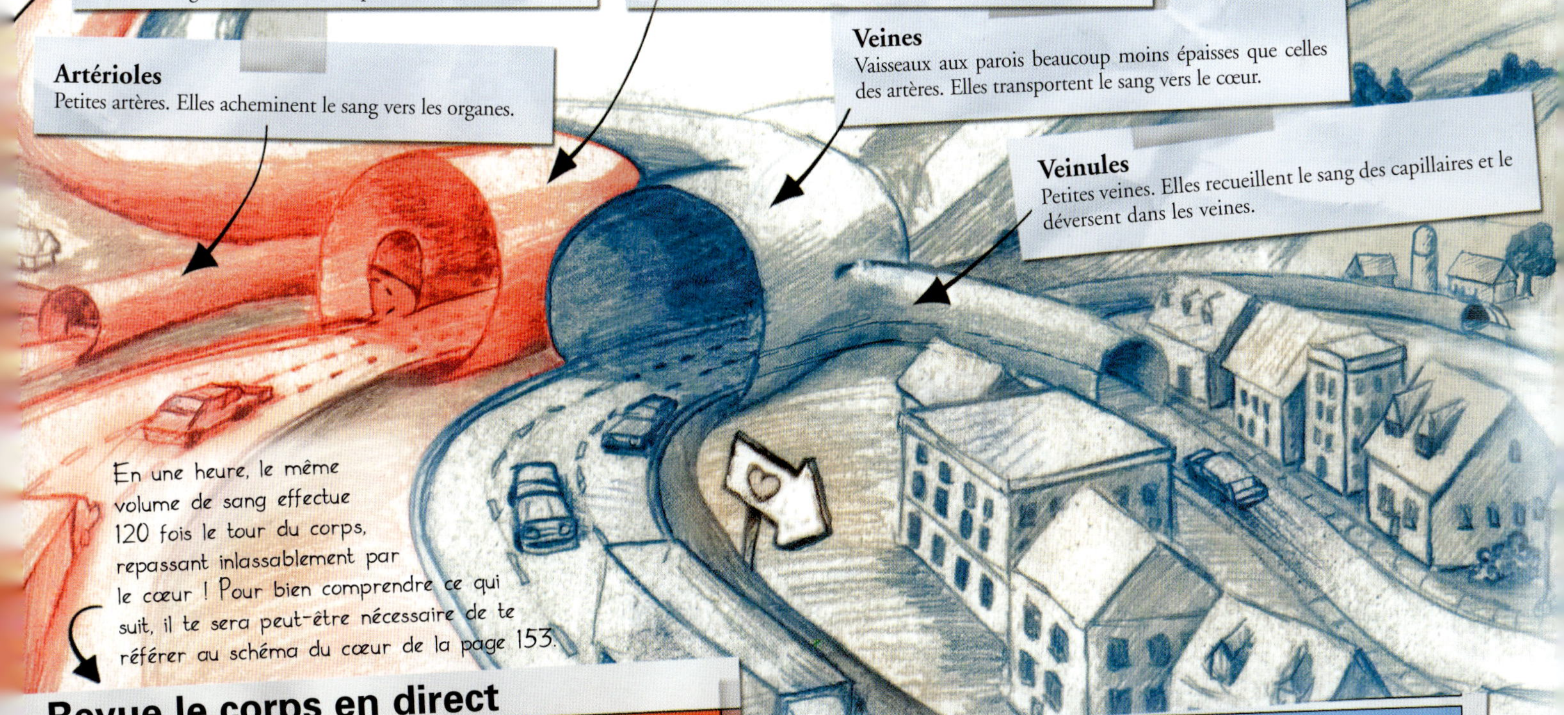

En une heure, le même volume de sang effectue 120 fois le tour du corps, repassant inlassablement par le cœur ! Pour bien comprendre ce qui suit, il te sera peut-être nécessaire de te référer au schéma du cœur de la page 153.

Revue le corps en direct

Accueil | Éditorial | Chroniques | Articles

Première destination : les organes

Le sang propulsé par le ventricule gauche du cœur est chargé en oxygène. Expulsé par la crosse aortique, il circule à travers le vaste réseau d'artères, d'artérioles et de capillaires pour aller rejoindre les organes et les tissus. C'est au niveau des capillaires des tissus que s'effectuent les échanges gazeux : les cellules sont nourries de l'oxygène du sang et rejettent le gaz carbonique qu'elles contiennent.

Voyage de retour : cap sur le cœur

Le sang, appauvri en oxygène et chargé de gaz carbonique, emprunte le réseau des veinules et des veines et retourne au cœur par les veines caves. Il sera ensuite acheminé vers les poumons par les artères pulmonaires pour subir un grand nettoyage et refaire le plein en oxygène. Le sang nettoyé de son gaz carbonique et chargé en oxygène retournera ensuite au cœur par les veines pulmonaires et le cycle recommencera.

Je te parlerai du grand nettoyage du sang par les poumons à la page 157.

L'oxygène est un gaz essentiel utilisé par toutes les cellules du corps. Il provient de l'air que nous respirons. Le gaz carbonique est un « déchet » produit par nos cellules. Il doit absolument être expulsé du corps car, en trop grande quantité, il est un véritable poison pour l'organisme.

Inspirez... Expirez... Inspirez... Expirez...

Comme tous les êtres vivants, nous devons respirer pour vivre. C'est aussi simple que cela ! L'air que nous respirons est chargé d'un gaz très précieux, essentiel aux milliards de cellules de notre corps. Ce gaz, c'est l'oxygène. L'appareil respiratoire est le grand distributeur d'oxygène de l'organisme. Chaque jour, il achemine des milliers de litres d'air chargé de ce gaz vital vers les poumons. L'appareil respiratoire est constitué d'une série de passages. Ceux-ci sont destinés à transporter l'air de l'extérieur vers les poumons et à éliminer le gaz carbonique. Les voici :

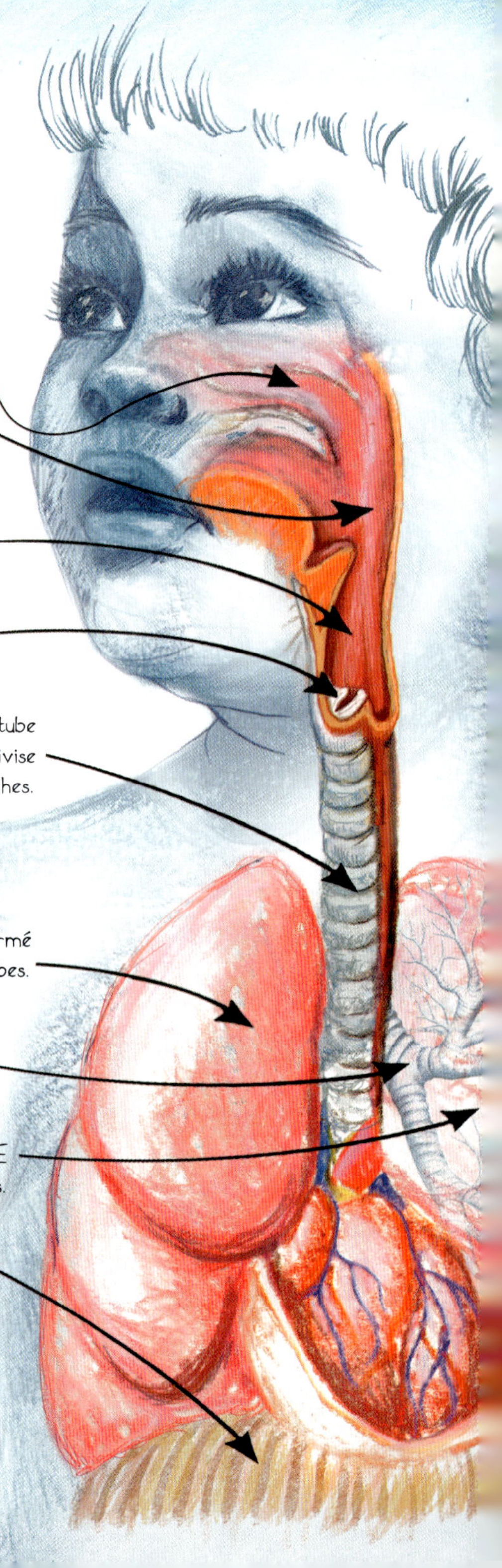

J'ai assisté dimanche dernier au récital annuel de la chorale des Enfants de chœur de la Belle-Glotte et j'ai encore une fois été fasciné par l'instrument vocal de chacun de ces jeunes talents. Au fait, sais-tu comment nous arrivons à produire des sons ? Lorsque l'air est expulsé du larynx, il passe entre deux petits muscles, les cordes vocales. Pendant le passage de l'air, ces dernières vibrent, un peu comme une corde de guitare pincée. Dans le larynx, des muscles spéciaux modifient la longueur des cordes vocales. Lorsqu'elles sont courtes, elles produisent un son aigu ; plus longues, elles produisent un son plus grave. La bouche et les cavités nasales font résonner les notes. La langue et les lèvres, pour leur part, font toute une gymnastique afin de transformer ces bruits en sons, en mots, en cris et même en chansons.

Certaines personnes atteintes d'asthme, une maladie de l'appareil respiratoire, sont particulièrement sensibles au pollen, aux poils d'animaux, à la fumée ou à la poussière. Ces substances peuvent provoquer chez elles des crises parfois graves. Pendant une crise d'asthme, les bronches et les bronchioles enflent et se rétrécissent, ce qui rend difficile le passage de l'air. Les bronchodilatateurs (médicaments visant à détendre les bronches) soulagent généralement les symptômes de l'asthme.

La santé au quotidien, volume 2, numéro 5

Lorsque des particules bloquent les voies respiratoires, des mouvements spéciaux se déclenchent spontanément pour les expulser. La toux permet de dégager les bronches, la trachée ou la gorge, tandis que l'éternuement produit un puissant courant d'air dans la cavité nasale. On estime que l'air est alors chassé à une vitesse de 150 km/h !

Respirez !

par A.C. Tiff

Un adulte au repos respire environ 15 fois par minute. Lorsque vous faites de l'exercice, votre corps exige qu'une quantité supplémentaire d'oxygène soit acheminée vers les muscles sollicités. Il est donc normal que vous respiriez plus rapidement. Un athlète en plein exercice peut en effet respirer jusqu'à 60 fois par minute !

Hebdo Forme, janvier 2010

Les poumons sont légers et ont une consistance qui rappelle une éponge. À l'intérieur de chaque poumon, les bronches se séparent en « branches » toujours plus petites (un peu comme les branches d'un arbre). Les plus petites, les bronchioles, sont presque aussi fines qu'un cheveu. Elles se terminent par de petits sacs miniatures, les alvéoles.

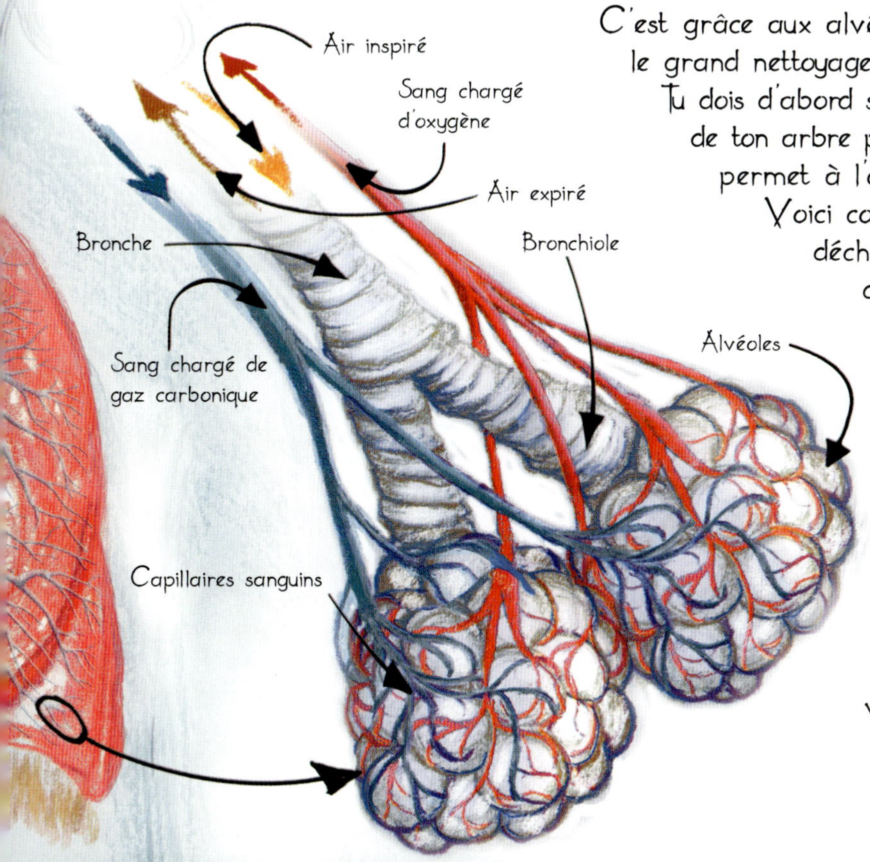

C'est grâce aux alvéoles des poumons que peut s'effectuer le grand nettoyage du sang dont je te parlais à la page 155. Tu dois d'abord savoir que les alvéoles sont comme les feuilles de ton arbre pulmonaire. Leur paroi est si mince qu'elle permet à l'oxygène et au gaz carbonique de la traverser. Voici comment cela se produit : le gaz carbonique, ce déchet produit par les cellules du corps, voyage dans le sang (suis la flèche bleue). Rendu au niveau des alvéoles, il sort des petits capillaires sanguins, pénètre dans les alvéoles… et sera expulsé par la bouche ou le nez lors de l'expiration. D'un autre côté, l'oxygène provenant de l'air inspiré traverse les fines parois des alvéoles et passe dans le sang, en suivant le réseau des petits capillaires qui entourent les alvéoles. Il sera ensuite transporté vers le cœur par les veines pulmonaires (regarde la flèche et les vaisseaux rouges).

Bien manger, c'est vivre en santé !

Lors de ma dernière visite au Musée d'Orsay à Paris, j'ai eu la chance d'admirer cette merveilleuse toile de Paul Gauguin, un artiste de la fin du 19e siècle. Elle s'intitule « Les Bananes ». Je me souviens m'être demandé alors ce que nous deviendrions si nos repas n'étaient constitués, comme sur cette toile, que de bananes... Bien qu'il soit une source extraordinaire de potassium, une substance chimique nécessaire au bon fonctionnement du cœur, ce fruit succulent ne saurait remplacer un bon repas équilibré ! Pour fonctionner, les différents organes de notre corps requièrent une grande quantité de substances chimiques de toutes sortes. Le corps sait fabriquer bon nombre de ces éléments. Mais il ne peut pas TOUT fabriquer seul. Voilà pourquoi les aliments sont si importants. Une alimentation saine et équilibrée fournit à elle seule toutes les substances nutritives (ou les nutriments) dont notre corps a besoin. Loin de moi l'idée de vouloir rivaliser avec le très talentueux Gauguin. Permets toutefois que je te « brosse » une petite composition artistique de ma vision personnelle d'un repas bien équilibré.

Des joules d'énergie !

Même au repos, notre corps a besoin d'énergie pour accomplir de petites tâches toutes simples comme respirer, faire circuler le sang, réfléchir… Des activités plus intenses, comme courir, sauter, nager ou danser requièrent de l'énergie supplémentaire. Chaque aliment produit une certaine quantité d'énergie. On mesure cette énergie en kilocalories (kcal) ou en kilojoules (kJ).

Hebdo Forme, décembre 2009

1 calorie = 4,2 joules

Les besoins en énergie varient selon l'âge des individus, leur taille, leur sexe et leur niveau d'activité physique. Un enfant de 10 ans a besoin d'environ 2 400 kilocalories par jour. Voici quelques aliments, associés à leur valeur énergétique.

89 kcal

164 kcal

13 kcal

129 kcal

402 kcal

Les nutriments peuvent être classés dans cinq grands groupes : les glucides, les lipides, les protéines, les vitamines et les minéraux.

Les minéraux : des compléments précieux

Comme les vitamines, les minéraux participent à plusieurs activités et sont indispensables au fonctionnement du corps. Le calcium, abondant dans les produits laitiers, entre autres, aide à renforcer la structure des os et des dents. Lié à l'hémoglobine, le fer, présent dans les légumes verts, permet de fixer l'oxygène et de le transporter dans tous les organes. Le sodium, de son côté, est nécessaire à la propagation de l'influx nerveux.

Sept minéraux sont absolument indispensables au corps et nécessaires en grandes quantités. Il s'agit du calcium, du potassium, du phosphore, du soufre, du sodium, du chlore et du magnésium. D'autres minéraux comme le zinc, le cuivre, l'iode et le fluor sont nécessaires en petites quantités seulement. Les minéraux se retrouvent en quantité variable dans tous les aliments.

Les vitamines : des agents multi-actions

Les vitamines sont essentielles, chacune d'entre elles participant à de nombreuses activités cellulaires. Certaines vitamines comme la D et la K sont fabriquées par le corps, mais la plupart doivent être puisées dans les aliments que nous ingérons.

Les vitamines ont été découvertes au 20e siècle. La lettre qu'elles portent désigne l'ordre dans lequel elles furent identifiées par les scientifiques. Ainsi, la vitamine A fut la première découverte et la K, la dernière.

Les glucides : carburant du corps

Les glucides présents dans les aliments sont des sucres. Une fois dans le corps, ils sont transformés en glucose, la plus importante source d'énergie des cellules. Les neurones (cellules nerveuses) de même que les globules rouges (cellules du sang) ne fonctionnent que s'ils ont un apport constant en glucose.

Le mot glucide vient du grec « glucis » qui signifie « doux » (doux comme le sucre...). Les glucides proviennent principalement des fruits et des légumes, mais on en trouve aussi dans le pain et les pâtes.

Les protéines : indispensables subtances

Les protéines jouent un rôle primordial dans la croissance et le renouvellement des cellules de notre corps ; elles peuvent également être utilisées comme source d'énergie. Certaines protéines, comme la kératine, participent à la composition des ongles, des cheveux et de la peau. L'hémoglobine des globules rouges est aussi une protéine.

Le mot protéine vient du grec « protos » qui signifie « premier » ou « de première importance ». Normal ! Elles sont les éléments de base de toutes les cellules vivantes. Les viandes, la volaille, le poisson, les œufs et les légumineuses, comme les fèves de soja et les haricots, sont d'excellentes sources de protéines.

Les lipides : ces gras si importants

En plus de donner beaucoup de saveur aux aliments, les lipides participent à la formation des membranes des cellules et constituent une source d'énergie importante pour les cellules du foie et des muscles, notamment. Un gras essentiel, le cholestérol, sert à fabriquer la testostérone et les œstrogènes, des hormones importantes qui règlent les fonctions sexuelles des hommes et des femmes.

Le mot lipide vient du grec « lipos » qui signifie « graisse ». Les produits laitiers, les céréales à grains entiers, les huiles, les noix et la viande sont de bonnes sources de lipides.

La grande transformation des aliments

Manger est une formidable façon d'apprendre à connaître un pays. J'ai découvert l'Italie à travers ses succulentes pâtes, la Hongrie, grâce à ses savoureuses goulaschs et l'Équateur, avec son délicieux ceviche. On dit que « les voyages forment la jeunesse ». Je suis personnellement d'avis qu'ils forment aussi la gourmandise ! Bien sûr, manger est aussi une activité essentielle au fonctionnement du corps. Sans les protéines, les vitamines, les minéraux, les lipides et les glucides qui se trouvent dans la nourriture, ton corps serait aussi inutile qu'une voiture sans carburant. Mais pour que tu puisses utiliser ces éléments nutritifs, la nourriture doit d'abord être digérée. L'appareil digestif est le maître d'œuvre de cette activité. Je t'ai fait un schéma qui présente ses différentes composantes. Si tu veux connaître leur rôle ainsi que le cheminement de la nourriture de la bouche jusqu'à la sortie, je t'invite à lire l'extrait ci-dessous.

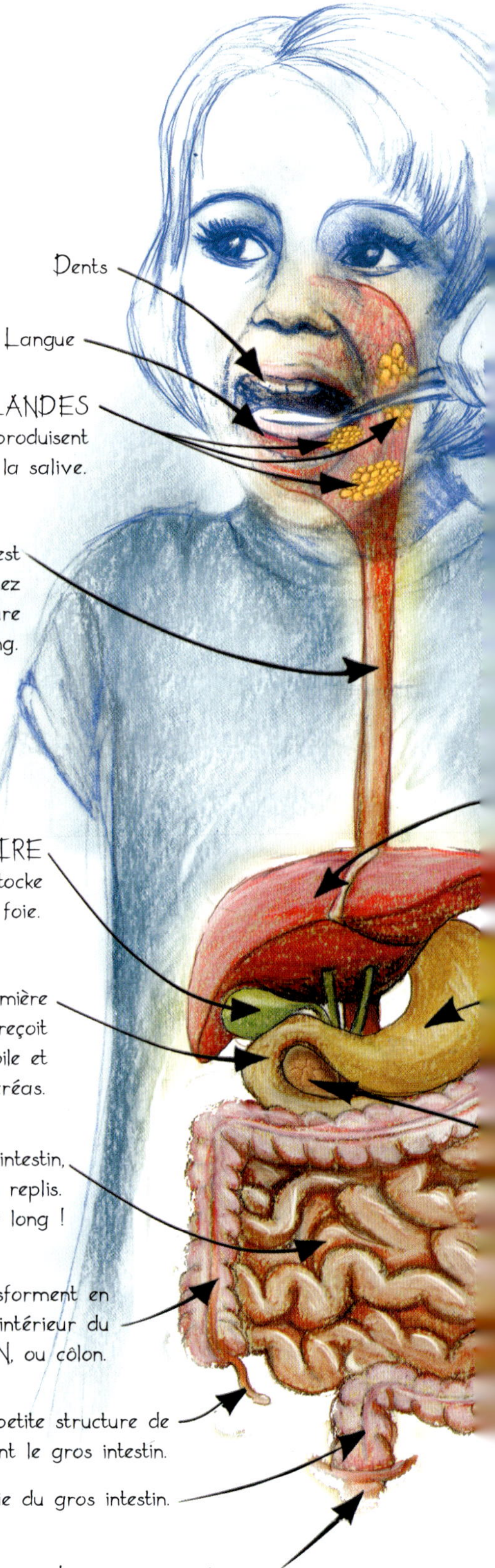

Revue le corps en direct

Accueil | Éditorial | Chroniques | Articles

Le trajet de la nourriture

La nourriture est broyée par les dents puis humectée par la salive. Le résultat obtenu forme une purée facile à avaler qu'on nomme « bol alimentaire ». Le bol alimentaire descend dans l'œsophage grâce à une vague musculaire et arrive dans l'estomac où la digestion se poursuit. Le suc gastrique, un acide très puissant produit par l'estomac, décompose la nourriture jusqu'à ce qu'elle ait la consistance d'une soupe. Les aliments passent alors dans l'intestin grêle où ils sont prêts à jouer leur rôle de carburant. Des substances chimiques provenant du foie, du pancréas et de la vésicule biliaire se mêlent alors aux aliments et les décomposent en éléments nutritifs que le sang peut absorber. Tout ce qu'il y a de nourrissant et d'utile dans les aliments est conservé ; il ne reste plus que les déchets. Ces derniers poursuivent leur trajet dans le gros intestin où l'eau et les minéraux sont peu à peu absorbés. Le produit restant forme les selles. Elles sont entreposées dans le rectum avant d'être évacuées par l'anus.

Le foie est le plus gros organe du corps, après la peau. Chez un adulte, le foie pèse près de 1,5 kg. Véritable laboratoire chimique, il fabrique notamment de la bile, du cholestérol et des protéines, stocke du glucose, du fer et des vitamines, et dégrade certains produits toxiques contenus dans le sang, comme l'alcool.

La bile est un liquide verdâtre. Stockée provisoirement dans la vésicule biliaire, elle est libérée dans le duodénum au moment du repas. Les substances chimiques de la bile fragmentent les graisses en minuscules gouttelettes, facilitant ainsi leur digestion.

Le FOIE produit plusieurs substances qui participent à la digestion.

L'ESTOMAC est une sorte de sac. Il peut contenir jusqu'à 4 litres de nourriture.

Le PANCRÉAS libère des substances participant à la digestion et contrôle la quantité de sucre dans le sang.

Voici le temps de séjour des aliments dans ton système digestif, de la ligne de départ à l'arrivée :

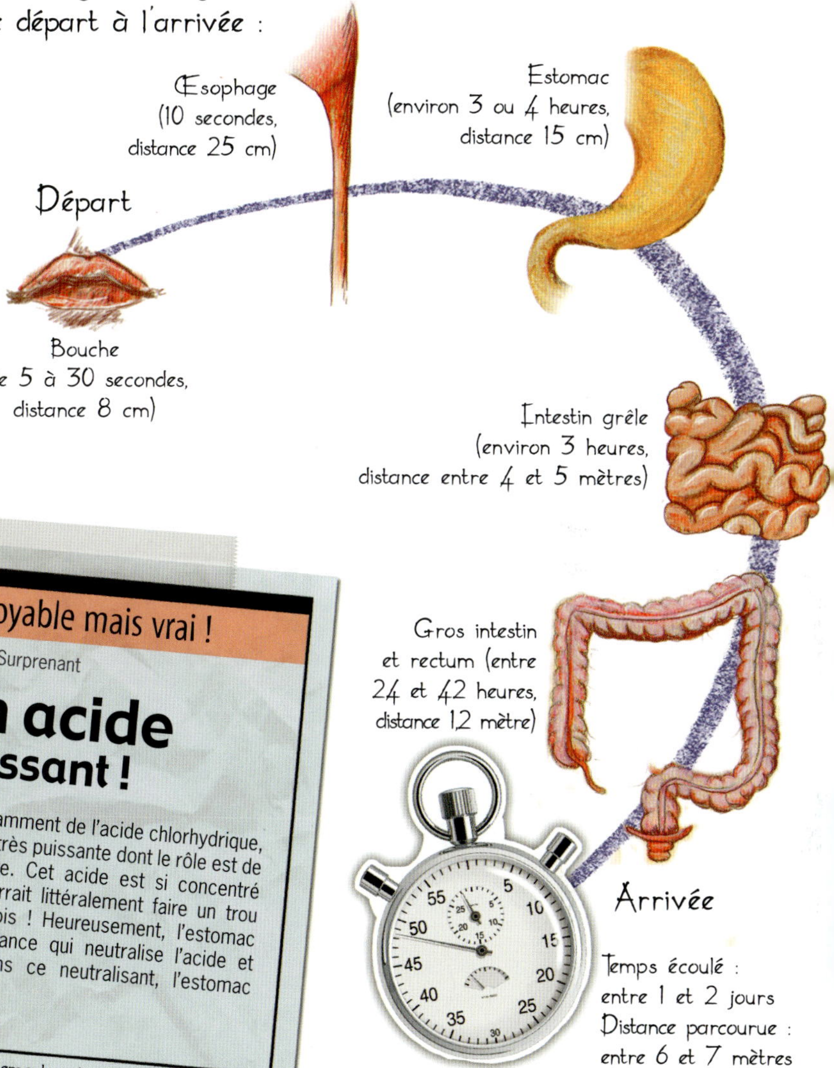

Incroyable mais vrai !

par C. Surprenant

Un acide puissant !

L'estomac produit constamment de l'acide chlorhydrique, une substance chimique très puissante dont le rôle est de décomposer la nourriture. Cet acide est si concentré qu'une seule goutte pourrait littéralement faire un trou dans un morceau de bois ! Heureusement, l'estomac sécrète aussi une substance qui neutralise l'acide et protège ses parois. Sans ce neutralisant, l'estomac s'auto-digérerait !

Scientifiquement vôtre, janvier 2011

La quantité de glucose qui circule dans le sang est surveillée de près par l'insuline et le glucagon, deux hormones produites par le pancréas (je t'en ai déjà glissé un mot à la page 149).

DIABÈTES DE TYPE 1 ET 2

Chez les individus souffrant du diabète juvénile (type 1), une maladie héréditaire se déclarant dès l'enfance, le pancréas ne sécrète pas d'insuline. Sans cette hormone qui commande à certaines cellules d'emmagasiner le glucose, celui-ci s'accumule dans le sang et ne peut être utilisé par les cellules. Le diabétique doit donc se faire des piqûres d'insuline tous les jours. Quant au diabète adulte (type 2), il est souvent héréditaire et apparaît généralement après 40 ans. Chez la personne atteinte, le pancréas arrive à produire de l'insuline, mais les cellules de son corps ne sont plus capables de l'utiliser adéquatement. Ce type de diabète peut être contrôlé, entre autres, par des médicaments qui facilitent l'absorption du sucre par les cellules.

La santé au quotidien, volume 3, numéro 4

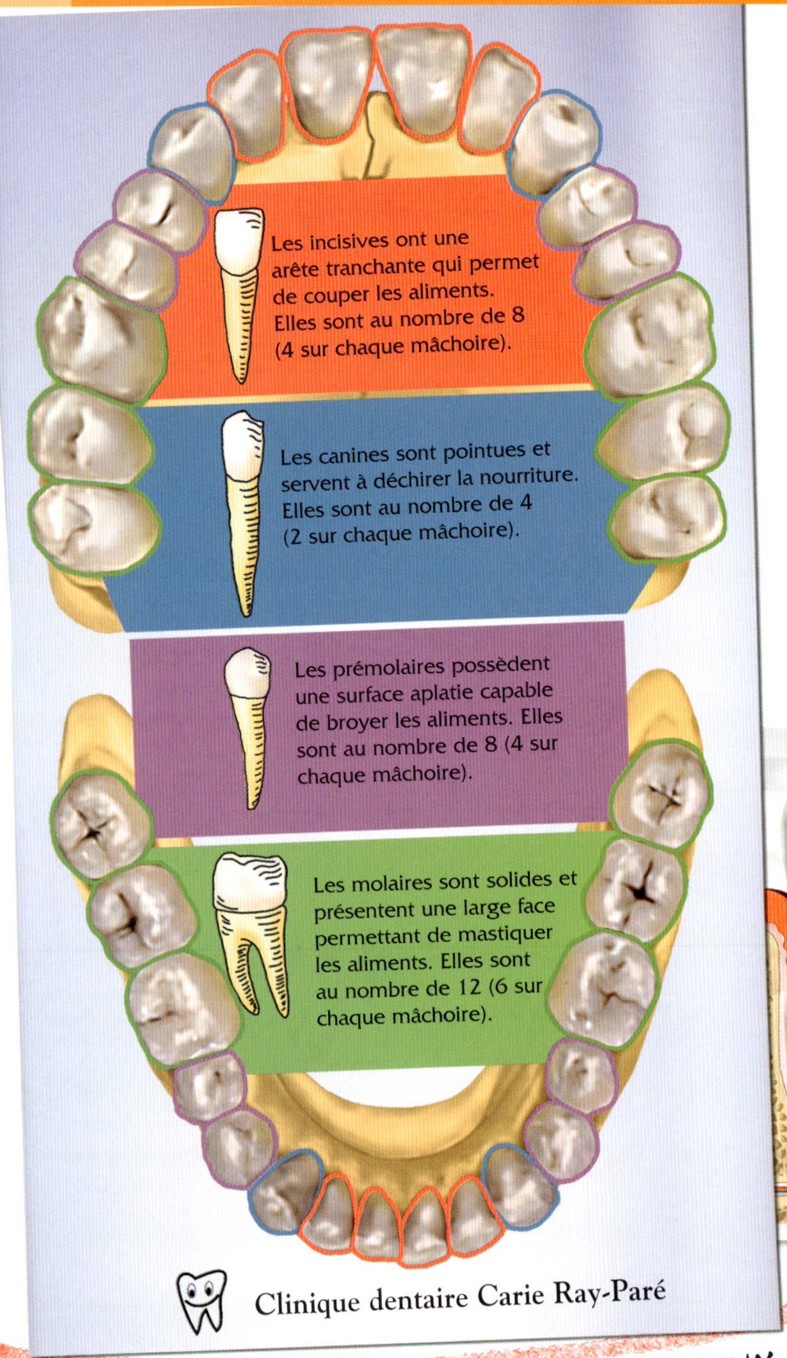

Nos dents sont de petits outils spécialisés qui participent à la digestion en préparant les aliments pour leur long voyage dans le système digestif.
Je te joins ici une petite fiche produite par la clinique dentaire de mon quartier. Je trouve qu'elle illustre très bien les différents types de dents d'adulte ainsi que leurs particularités. Un enfant possède 20 dents, appelées dents de lait (8 incisives, 4 canines et 8 molaires). À partir de l'âge de 6 ans environ, ces dents se mettent à tomber. Elles seront remplacées par la dentition adulte définitive. Nos 32 dents d'adultes nous accompagneront toute notre vie ! Il est donc très important de les brosser après chaque repas pour leur assurer une longue vie et une bonne santé !

Voici la structure d'une dent :

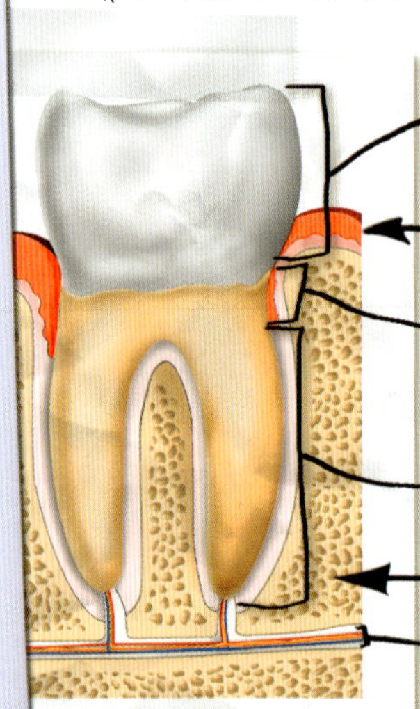

Les petits et les grands maux du système digestif

L'appareil circulatoire et la circulation sanguine « tournent » avec une discrétion exemplaire, l'appareil respiratoire et la respiration fonctionnent sans que nous ayons besoin de nous en soucier, mais l'appareil digestif et la digestion… sont loin de passer inaperçus ! Du petit inconvénient au très gros inconfort, voici un éventail de leurs manifestations.

Revue le corps en direct

Accueil	Éditorial	Chroniques	Articles

Les flatulences, ces embarrassants gaz intestinaux

Vos flatulences vous embarrassent ? Sachez qu'elles sont le signe que votre appareil digestif fonctionne normalement ! Des millions de bactéries vivent harmonieusement dans le gros intestin. Ces populations, qui forment la flore intestinale, participent à la digestion et à l'absorption de certaines substances nutritives contenues dans les aliments, telles que les sucres, l'amidon et les fibres. Les bactéries de l'intestin produisent toutefois un mélange de gaz à l'odeur désagréable. Lorsque le côlon en est trop plein, le corps les expulse. Une personne « normale » expulse environ 14 flatulences par jour.

Objet: Les rots
Date : 11 novembre 2009
À : Professeur Génius

Cher professeur,

J'ai un problème de rots. En classe, c'est horrible. Mon enseignante en a vraiment assez mais c'est plus fort que moi ! Je ne peux pas les retenir ! Quoi faire ?

Merci,
Rosalie

Pendant la mastication des aliments, mais aussi lorsque nous buvons, nous avalons de l'air. Plus nous mangeons ou buvons rapidement, plus la quantité d'air qui pénètre dans l'estomac est grande. Lorsque l'estomac contient trop d'air, il l'expulse vers la bouche : c'est le ROT ou l'éructation. Voici quelques conseils pour Rosalie, mais aussi pour tous ceux et celles qui sont souvent incommodés par ces petits désagréments : prenez votre temps pour manger et boire, évitez les boissons gazeuses qui contiennent elles-mêmes beaucoup de gaz ainsi que les aliments gras, comme les fritures.

LA CRISE DE L'APPENDICE

Il peut arriver que l'appendice soit bouché par de petites parcelles provenant du contenu de l'intestin. Emprisonnées dans ce cul-de-sac naturel, les matières se décomposent et irritent l'appendice. Ce dernier gonfle et s'infecte : c'est la crise de l'appendice, ou appendicite, qui s'accompagne de maux de ventre, de fièvre, de nausées et de vomissements. La crise d'appendice peut entraîner des complications graves, comme l'éclatement de l'appendice, appelé péritonite. Une opération est parfois nécessaire.

La santé au quotidien, volume 4, numéro 4

L'appendice est un tout petit tube prolongeant le gros intestin. Si tu veux savoir où il se trouve, consulte mon schéma de la page 160.

Certains aliments contribuent plus que d'autres à la formation de FLATULENCES. C'est le cas, notamment, des légumineuses, du chou et des asperges qui contiennent des sucres dont les bactéries raffolent !

Mémo
Épidémie de gastro-entérite

Huit nouveaux cas de gastro-entérite ont été signalés depuis le début de la semaine. Nous vous rappelons qu'il est nécessaire d'observer quelques règles élémentaires d'hygiène afin de prévenir la propagation du microbe :

- Lavez-vous les mains souvent ;
- Lavez les fruits et les légumes avant de les consommer crus ;
- Évitez d'utiliser les ustensiles de cuisine ayant servi à d'autres personnes et surtout, n'oubliez pas qu'une personne infectée peut transmettre le virus ou la bactérie par ses selles et ses vomissures.

La GASTRO-ENTÉRITE est une irritation de l'estomac et de l'intestin grêle, souvent causée par un virus. La plupart du temps, elle est accompagnée de nausées et de vomissements, de douleurs abdominales et de diarrhée. Elle dure deux ou trois jours.

Tu as sans doute déjà été victime de DIARRHÉE ou de CONSTIPATION. Voici comment s'expliquent ces petits désagréments que te cause ton système digestif.

Péristaltisme
Le péristaltisme est un mouvement semblable à celui d'une vague qui se produit tout le long de notre appareil digestif. Grâce à lui, les aliments sont transportés de la bouche… jusqu'à la sortie. Il arrive que le tube digestif soit irrité (par un microbe, par exemple). Le péristaltisme devient alors beaucoup trop rapide et chasse les aliments sous une forme liquide : c'est la diarrhée. Au contraire, un péristaltisme trop lent provoque la constipation.

Le Manneken-Pis, Bruxelles

C'est l'urée, un déchet qui provient des protéines, qui donne sa couleur jaune et son odeur désagréable à l'urine.

Évacuer les déchets

Le sujet que j'aborde maintenant me rappelle mon dernier voyage à Bruxelles, cette magnifique capitale de la Belgique. Pendant que je participais à une exposition au Musée Scientastic, j'ai fait un détour dans le quartier pour aller admirer le « Manneken-Pis ». Cette statue, sans doute la plus célèbre de tout Bruxelles, représente un petit garçon qui fait pipi au coin des rues de l'Étuve et du Chêne depuis... 1619 ! Tout simplement adorable ! Mais je m'éloigne un peu du sujet de cette page... Revenons donc à nos moutons. Les scientifiques de tous les temps ont été fascinés par le système urinaire. Aristote, le père de la biologie, fut le premier à nommer ses principales composantes plus de 300 ans avant notre ère. Il faudra toutefois attendre les découvertes du médecin français Claude Bernard, au 19e siècle, avant de connaître précisément le rôle et la composition de l'urine.

L'appareil urinaire se compose des deux reins, des uretères, de la vessie et de l'urètre. Le voici :

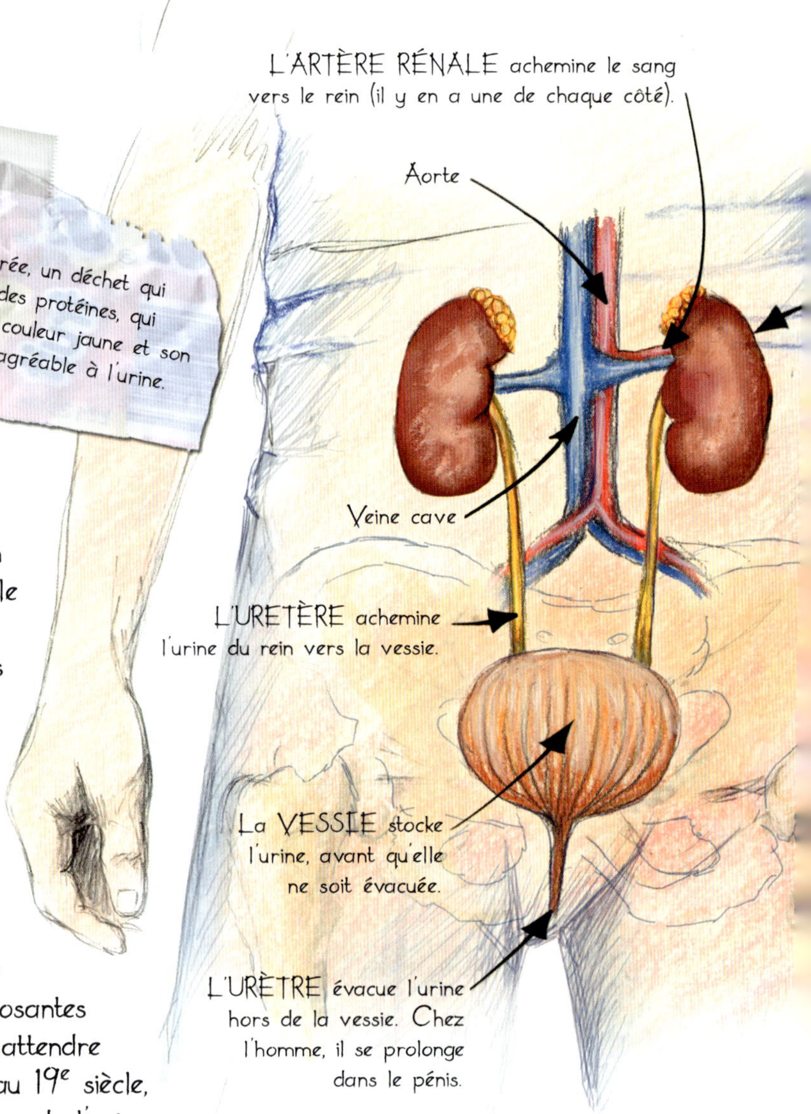

La vessie

Avant d'être évacuée hors du corps, l'urine provenant des deux reins est provisoirement stockée dans la vessie. Cette poche, faite de muscles, peut contenir jusqu'à 500 ml d'urine en moyenne, mais le réflexe de miction (évacuation de l'urine) apparait dès que la quantité d'urine atteint 200 à 400 ml.

Le corps humain, p. 62

Il t'est sûrement déjà arrivé de retenir une très, très grosse envie d'uriner. Ta vessie était probablement remplie à pleine capacité ! Cette rétention d'urine est possible grâce à deux sphincters qui s'ouvrent, ou se ferment, exactement comme de petits robinets. Le premier, le sphincter interne, s'ouvre et se ferme seul. Nous n'y pouvons rien... Le deuxième, le sphincter externe, est sous notre contrôle. Nous pouvons décider de le garder bien fermé... ou de le laisser s'ouvrir, le temps venu.

Comme toutes les machines qui effectuent un travail important, le corps génère lui aussi des déchets toxiques dont il doit se débarrasser. Cette tâche revient en grande partie aux reins. Peux-tu imaginer que ces deux petits organes filtrent la totalité du sang de ton corps toutes les quatre minutes ?

Le REIN filtre le sang et produit de l'urine. Il ressemble un peu à un gros haricot rouge d'environ 10 centimètres de long (chez un adulte).

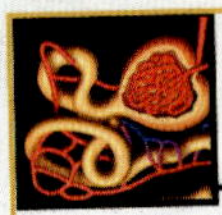

Les néphrons, les spécialistes de la filtration

Chaque rein comprend environ un million de petites unités de filtration du sang. Ce sont les néphrons. En passant à travers les néphrons, le sang est débarrassé de ses déchets toxiques. Seules les substances qui sont utiles au corps seront conservées et poursuivront leur route dans la circulation. Les déchets récupérés par les néphrons forment l'urine.

Guide du corps humain, p. 95

LA DIALYSE

Si un rein est défectueux, l'autre peut prendre la relève. Il arrive cependant que les deux reins soient malades. Les déchets du corps ne peuvent alors être évacués. Cette accumulation de déchets dans le sang est très dangereuse. Les personnes atteintes de maladies rénales doivent souvent se soumettre à des séances de dialyse, au cours desquelles leur sang sera filtré par un rein artificiel. Cette machine, qui fonctionne de la même manière qu'un vrai rein, reçoit le sang du patient. Elle le nettoie, en le débarrassant des substances indésirables, et réachemine le sang purifié vers le corps. Une séance de dialyse dure en moyenne de deux à six heures. Le malade doit s'y soumettre à peu près trois fois par semaine. Les patients en dialyse peuvent bénéficier d'une greffe rénale. Cette technique consiste à insérer un rein provenant d'une autre personne dans l'abdomen de la personne malade. Le rein greffé prend alors la relève des reins malades et la dialyse n'est plus nécessaire.

La santé au quotidien, volume 4, numéro 5

Cher professeur Génius,

L'eau est une denrée précieuse pour les astronautes en mission spatiale. Et, comme vous le savez certainement, il est très dispendieux d'en envoyer dans l'espace... La NASA a mis au point l'« Environmental Control and Life Support System », un système installé dans la Station spatiale internationale. Je vous envoie un extrait de communiqué qui vous intéressera sûrement.

Bien à vous,
Docteur Izin Spaice

— COMMUNIQUÉ — novembre 1980 —

Grâce à l'« Environmental Control and Life Support System », nous pourrons désormais recycler toute l'eau disponible dans la station spatiale pour la transformer en eau potable. Nous recyclerons la vapeur, la transpiration, l'eau des douches, des chasses d'eau et, puisque l'urine est composée à 95 % d'eau et que chaque astronaute en produit environ 2 litres par jour, nous la recyclerons aussi.

Nous apprenons à contrôler notre sphincter externe en grandissant. Les bébés ne savent pas le faire avant l'âge de 18 mois environ... âge à partir duquel on songe à leur enseigner à aller sur le petit pot.

À la défense du corps

Ton corps est constamment attaqué, de tous bords et de tous côtés, par des armées d'envahisseurs... Au nombre de ces intrus, on trouve des bactéries, des virus, des produits chimiques, des poussières et toutes sortes de corps étrangers. Mais ne t'inquiète surtout pas ! La merveilleuse machine humaine possède une armée formée de millions de soldats qui veillent sur elle. Peut-être as-tu déjà entendu parler de ces petits combattants du système immunitaire ? Regardons d'un peu plus près comment ils s'organisent.

La peau est une barrière redoutable qui agit comme un véritable mur qui décourage la plupart des envahisseurs. Mais la peau ne peut à elle seule éviter les intrusions car ta forteresse, aussi solide soit-elle, est percée de couloirs d'entrée. Tu n'as qu'à penser à la bouche, au nez, aux yeux ou aux oreilles, par exemple. Qu'à cela ne tienne, les entrées sont aussi bien gardées ! La SALIVE nettoie la bouche et les dents, les LARMES nettoient les yeux et tuent les bactéries, le MUCUS, une sécrétion collante qui tapisse les voies respiratoires, emprisonne un grand nombre d'intrus... avant qu'ils ne réussissent à s'attaquer au corps.

Les microbes sont tenaces. Il arrive qu'ils réussissent à franchir les barrières naturelles et à infecter ton corps. Jette un coup d'œil à cet extrait pour comprendre ce qui se produit alors.

Revue le corps en direct

Accueil	Éditorial	Chroniques	Articles	Archives	Info

Le système immunitaire en action

Les premiers combattants dépêchés sur les lieux d'une attaque sont les phagocytes, des globules blancs (cellules du sang) capables d'englober et de digérer les envahisseurs. Malgré l'efficacité remarquable des phagocytes, il arrive que des microbes réussissent à pénétrer dans le corps et à progresser dans les tissus. D'autres globules blancs, les lymphocytes, sont alors appelés en renfort. Les lymphocytes-B sécrètent des substances chimiques, les anticorps, qui ont la capacité de se fixer à un microbe spécifique pour le détruire. Les lymphocytes-T, pour leur part, produisent des substances toxiques qui s'attaqueront à l'ennemi.

Les principaux phagocytes sont les macrophages. Leur nom signifie « gros mangeurs ». Voici une illustration d'un de ces gourmands spécimens avalant un microbe (en jaune).

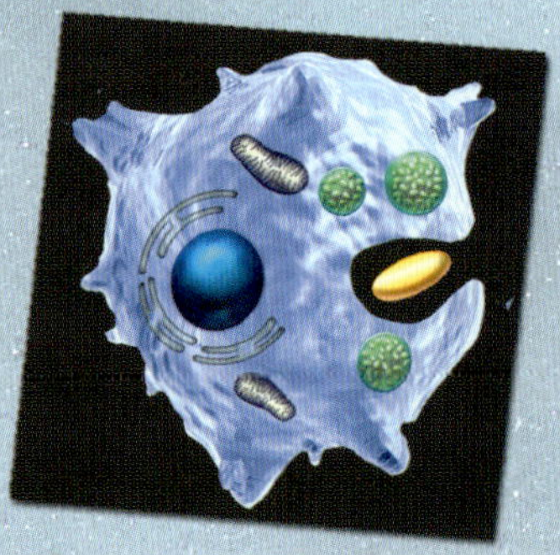

Revue le corps en direct

Accueil | Éditorial | Chroniques | Articles

Halte aux microbes !

Chacune de nos cellules possède une sorte de laissez-passer qui lui donne un droit d'accès privilégié à notre corps. Ce laissez-passer prend la forme d'une molécule chimique liée à la membrane cytoplasmique de chaque cellule. Toute substance qui pénètre dans le corps sans laissez-passer constitue une menace et est prise immédiatement en chasse par l'armée immunitaire.

Lorsqu'un microbe pénètre dans ton corps, tes lymphocytes-B produisent une substance spéciale capable de s'y attaquer : c'est l'anticorps. Le corps conserve précieusement tous les anticorps qu'il fabrique. Ce sont, en quelque sorte, des « souvenirs » des microbes qui l'ont visité ! Chaque fois que ton corps est attaqué par un microbe, tes lymphocytes fouillent dans leurs souvenirs. S'ils trouvent l'anticorps capable de détruire l'envahisseur, ils l'utiliseront... et tu éviteras la maladie ! Par exemple, si tu as déjà eu la varicelle, ton corps possède l'anticorps capable de s'attaquer au virus qui en est responsable. Tu ne pourras donc pas développer la maladie une deuxième fois. Extra, non ?

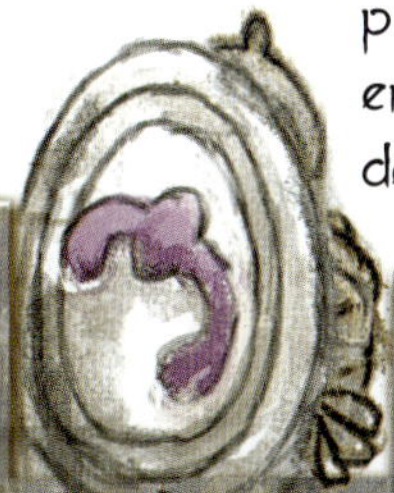

Le système lymphatique

Le système lymphatique est formé d'un ensemble de vaisseaux intimement liés à l'appareil circulatoire. Chaque jour, du plasma quitte les capillaires sanguins pour aller rejoindre les vaisseaux du système lymphatique. Le liquide qu'ils transportent s'appelle la lymphe. Le système lymphatique est parsemé de ganglions, petits organes spécialisés, riches en globules blancs. Nombreux au niveau du cou, des aisselles, de l'aine et de la poitrine, les ganglions sont les spécialistes en nettoyage du corps. Les globules blancs qu'ils contiennent filtrent le sang et le débarrassent des microbes qui y circulent.

Le corps humain, p. 102

Rappel Vaccination

Un infirmier se rendra à l'école primaire Saint-Édouard de Jennerville pour administrer le vaccin contre l'hépatite B aux enfants de 5e année. Bien qu'il ne cause habituellement pas d'effets secondaires importants, des rougeurs et de l'enflure peuvent apparaître au site d'injection.

L'hépatite B est une maladie grave qui s'attaque au foie.

Allergie
Réaction anormalement forte du système immunitaire envers une substance inoffensive.

Certaines substances sont allergènes, cela signifie qu'elles ont plus tendance à provoquer des allergies que d'autres. Ces substances sont la poussière, les poils d'animaux et le pollen, par exemple. Chez une personne allergique, l'allergène est perçu comme un microbe venu attaquer le corps. La réaction est violente : le nez s'emplit de mucus, les yeux gonflent, la gorge se serre. Les réactions allergiques doivent être prises au sérieux car elles peuvent être très graves.

Les vaccins sont préparés à partir de microbes transformés. Injectés ou avalés, ils stimulent le système immunitaire en forçant les lymphocytes-B à produire des anticorps. Cette première production d'anticorps dure environ 10 jours. Par la suite, si une personne contracte la maladie contre laquelle elle a été vaccinée, les lymphocytes-B sont prêts à réagir très rapidement (deux à trois jours).

Guéris vite !

Le corps malade

Le corps humain est organisé, capable d'effectuer une multitude de mouvements, de communiquer, de prendre conscience du monde qui l'entoure, de faire le plein d'oxygène et de nutriments, d'acheminer les substances essentielles jusqu'à la plus reculée de ses cellules, de se débarrasser de ses déchets, et aussi, de se défendre. Mais tu sais ce qui est encore plus extraordinaire ? Cette machine fonctionne de façon harmonieuse ! Enfin, presque... car il arrive qu'elle se dérègle et qu'un de ses mécanismes tombe en panne. Le corps devient alors malade. Il existe plusieurs milliers de maladies. Tu imagines bien que je ne peux pas te les présenter toutes ici. En voici tout de même quelques-unes.

Il n'est pas toujours facile de s'y retrouver parmi les milliers de maladies qui existent. Pour mieux les reconnaître, et surtout pour mieux les soigner, les spécialistes les ont regroupées en plusieurs catégories selon leurs causes ou les organes qu'elles affectent. On retrouve parmi ces grands groupes les cancers, les maladies infectieuses, les maladies génétiques, les allergies et plusieurs autres. Certaines maladies sont liées à l'âge ou nous ont été transmises par nos parents. D'autres proviennent d'agents extérieurs comme le pollen (responsable des allergies saisonnières), les microbes (à l'origine de nombreuses maladies infectieuses) ou le soleil (qui peut provoquer le cancer de la peau).

•••

Selon les derniers chiffres obtenus par Statistique Australie, le nombre de cancers de la peau serait en progression constante. Cette hausse importante serait attribuable à la popularité croissante des sports de plage. En effet, de plus en plus d'Australiens pratiqueraient ces sports, et comme une grande partie de la population est d'origine européenne, leur peau claire ne serait pas bien adaptée à l'exposition prolongée au soleil.

•••

Presse australienne, décembre 2010

Les cellules cancéreuses sont des cellules déréglées qui se multiplient sans cesse et anormalement. Ce dérèglement vient souvent des cellules elles-mêmes, mais il peut aussi être causé par un agent extérieur, comme la fumée de cigarette dans le cas de certains CANCERS du poumon, ou les rayons UV du soleil dans le cas de plusieurs cancers de la peau.

Les MALADIES INFECTIEUSES sont provoquées par des micro-organismes, de petits êtres vivants microscopiques, au nombre desquels on trouve les bactéries et les virus. Plusieurs maladies sont contagieuses, c'est-à-dire qu'elles peuvent être transmises d'une personne à une autre. Lorsque la contagion touche un grand nombre d'individus d'une région donnée, il s'agit d'une épidémie. Lorsqu'elle s'étend à l'échelle d'un ou de plusieurs continents, on parle de pandémie.

Un grand fléau

Entre le 13e et le 19e siècle, deux grandes pandémies de peste noire ont frappé le Moyen-Orient et l'Europe, tuant parfois jusqu'à la moitié de la population. Entre 1348 et 1351, on estime qu'elle fut responsable de la mort de plus 20 millions de personnes. Des puces infectées par la maladie des rats noirs transmettaient les bactéries aux humains en les piquant. En 1896, soit deux ans après l'identification de la bactérie responsable de la peste, *Yersinia pestis*, un vaccin était mis au point.

Humana, p. 134

Au Moyen Âge, on ignorait complètement ce qui causait la peste et beaucoup de gens pensaient que l'air pollué en était responsable. Ils croyaient donc se protéger contre ce fléau... en parfumant l'air !

Le VIH et le sida : un fléau mortel

Certains virus s'attaquent directement au système immunitaire. C'est le cas du VIH, ou virus de l'immunodéficience humaine. Le VIH tue les lymphocytes–T, causant ainsi le sida (syndrome d'immunodéficience acquise). Les personnes atteintes ont un système immunitaire déficient, incapable de se défendre adéquatement face aux attaques microbiennes.

La santé du corps, janvier 2008

Le sida est une des principales causes de mortalité à travers le monde. Les savants travaillent jour et nuit pour essayer de développer un vaccin qui stoppera ses ravages.

Incroyable mais vrai !

par C. Surprenant

Une grippe qui fait plus de victimes que la guerre

Entre 1918 et 1920, une pandémie de grippe, dite espagnole frappa le monde entier et affecta surtout les soldats vers la fin de la Première Guerre mondiale (1914-1918). Alors que cette guerre décima 15 millions de personnes, la grippe en tua plus de 20 millions ! Cette épidémie, la pire jamais recensée à l'époque, a toujours intrigué les scientifiques car elle disparut aussi mystérieusement qu'elle était apparue.

Scientifiquement vôtre, septembre 2011

Le corps en santé

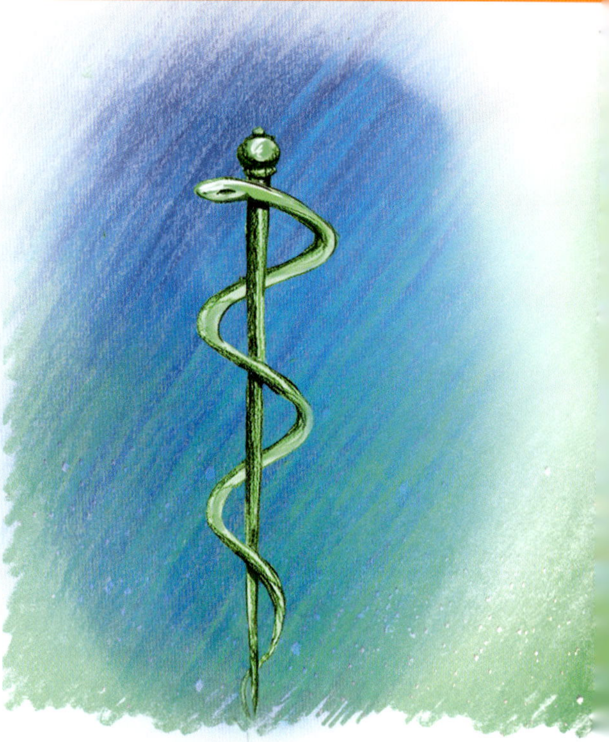

Savais-tu que le mot « docteur » qui nous vient d'un verbe latin qui signifie « enseigner » n'avait à l'origine aucune connotation médicale ? Ce n'était qu'un titre respectueux donné à toutes sortes de personnes savantes. Aujourd'hui, le médecin est un professionnel considéré avec le plus grand respect, c'est le seul qu'on appelle tout simplement « Docteur »... Grâce à ses vastes connaissances et à son dévouement, il nous aide à rester en santé.

Avant même d'examiner son patient, le médecin doit l'interroger sur les symptômes qu'il ressent. Il lui demande s'il a mal, s'il a de la fièvre, s'il mange bien. Le médecin examine ensuite son patient. Il scrute la peau pour voir si elle ne présente pas des rougeurs ou des boutons, il palpe le ventre, regarde au fond de la gorge. Il vérifie les réflexes, à l'aide d'un petit marteau, et écoute les bruits internes avec un stéthoscope. Le médecin recueille ainsi de nombreux indices qui l'aideront à découvrir de quelle maladie souffre son patient. Pour établir un diagnostic sûr, il doit parfois prescrire des examens complémentaires, comme des analyses de sang ou d'urine, ou d'autres ayant recours à des techniques d'imagerie médicale, comme la radiologie ou l'échographie. Une fois que le médecin a identifié la maladie, il prescrit souvent des médicaments sous forme de comprimés, sirops, pommades et autres... Les divers médicaments agissent chacun à leur façon. Les antibiotiques, par exemple, combattent l'infection bactérienne, alors que d'autres, comme l'aspirine, calment les symptômes comme la douleur et la fièvre. Lorsque les médicaments n'arrivent pas à soigner une maladie, il faut faire appel à d'autres techniques dont la chirurgie, qui intervient directement dans le corps.

Si tous les médicaments ne « guérissent » pas, nous pouvons toutefois affirmer sans l'ombre d'un doute qu'ils soulagent, font souvent disparaître les symptômes des maladies et sauvent la vie de plusieurs personnes malades. Voici une petite ligne de temps présentant quelques dates importantes dans l'histoire des médicaments :

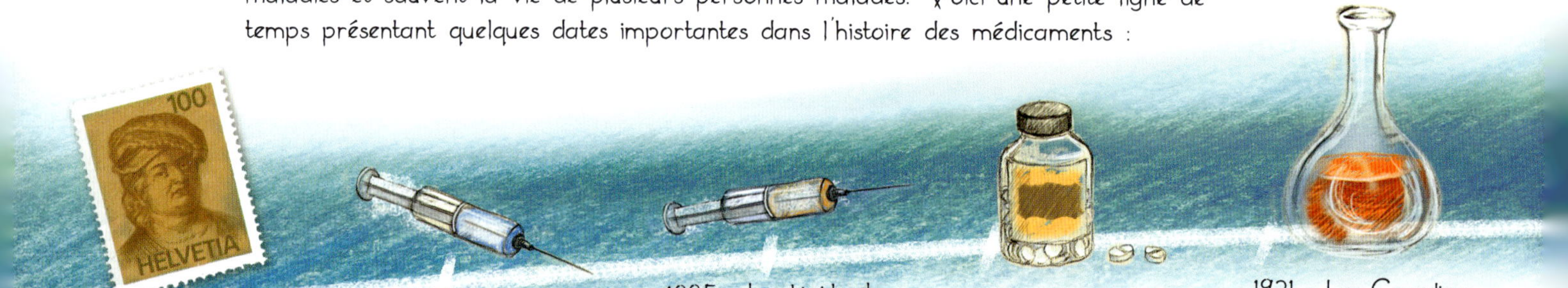

1493 - Naissance du médecin et alchimiste suisse Paracelse, le père de la pharmacologie, la science des médicaments.

1796 - Le médecin anglais Edward Jenner réalise la première vaccination contre la variole, une maladie contagieuse grave qui cause des éruptions cutanées.

1885 - Le chimiste et biologiste français Louis Pasteur teste son vaccin contre la rage, une maladie mortelle causée par un virus et qui affecte le système nerveux des mammifères (dont l'homme).

1899 - Mise en marché de l'aspirine utilisée pour soulager la douleur et diminuer la fièvre.

1921 - Les Canadiens Frederick Banting et Charles Best découvrent les propriétés de l'insuline et son importance dans le traitement du diabète.

Vers l'an 1200 avant notre ère vivait en Grèce Asclépios, un homme dont les talents pour soigner les malades étaient stupéfiants. Après sa mort, Asclépios fut élevé au rang de dieu. Les malades se rendaient dans des temples qui lui étaient dédiés, espérant ainsi échapper à la maladie. On peut remarquer, sur les diverses représentation du dieu Asclépios, qu'il tient un bâton autour duquel est enroulé un serpent sacré. C'est un des symboles universels de la profession médicale, encore utilisé aujourd'hui.

Il existe d'autres façons de soigner qui n'ont pas recours aux médicaments. En voici une qui est pratiquée depuis plus de 5 000 ans :

Acupuncture

L'acupuncture est une approche thérapeutique traditionnelle chinoise qui attribue la maladie à un déséquilibre des courants d'énergie (le « ki ») qui parcourent le corps en suivant des chemins que l'on appelle méridiens. On insère de fines aiguilles sur le parcours des méridiens de façon à permettre une meilleure circulation de l'énergie. L'acupuncture est notamment utilisée pour soigner les maux de tête et autres douleurs, diminuer les allergies et traiter les effets du stress.

GARDER HORS DE LA PORTÉE DES ENFANTS

Tu sais, il est TRÈS DANGEREUX d'absorber une trop grande quantité de médicament. Je te suggère d'ailleurs de rappeler à tes parents qu'ils doivent absolument garder les médicaments à l'abri de tes jeunes frères et sœurs.

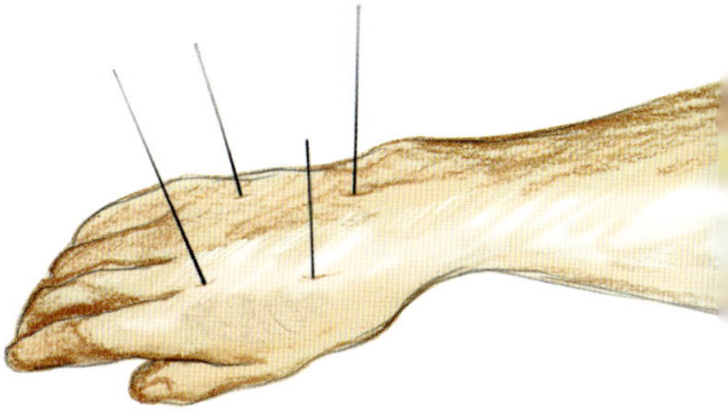

Comme de nombreux autres médicaments, l'aspirine est une copie d'une substance d'origine végétale, fabriquée en laboratoire. Puisqu'on n'a pas fini d'étudier les nombreuses espèces de plantes et de champignons qui contiennent peut-être les médicaments du futur, il est extrêmement important de protéger les endroits où elles vivent...

Il n'y a malheureusement pas de potion magique qui puisse garantir la santé... On sait toutefois qu'il faut rendre visite à son médecin régulièrement, éviter les accidents, faire de l'exercice, bien se nourrir et avoir une bonne hygiène corporelle. Tu sais, la propreté ne concerne pas seulement les individus. De trop nombreux pays pauvres n'ont même pas d'aqueduc pour s'approvisionner en eau propre, ni d'égouts pour éliminer les déchets, ce qui favorise l'apparition et la propagation de maladies infectieuses...

1928 - Le médecin britannique Alexander Fleming découvre le premier antibiotique, la pénicilline.

1943 - Le biologiste d'origine russe Selman Waksman découvre la streptomycine, un antibiotique efficace contre la tuberculose, une maladie grave s'attaquant aux poumons.

1972 - Le biochimiste suisse Jean-François Borel découvre la cyclosporine, une substance anti-rejet utilisée lors de greffes d'organes.

1987 - L'AZT, un médicament utilisé pour le traitement du cancer, commence à être utilisé pour combattre le sida.

Un homme...

Comme tous les animaux, les humains peuvent se reproduire, c'est-à-dire créer un petit être tout neuf ! Tu es toi-même le produit de la reproduction entre un homme (ton père) et une femme (ta mère). Le processus extraordinaire de la reproduction humaine n'est possible qu'en présence de deux cellules spéciales : un OVULE (produit par une femme) et un SPERMATOZOÏDE (produit par un homme). Les ovules et les spermatozoïdes sont des cellules sexuelles. Elles sont produites par les appareils génitaux de la femme et de l'homme. Bien qu'ils soient tout à fait différents l'un de l'autre, ces appareils jouent des rôles équivalents et se complètent à merveille. Laisse-moi te les présenter.

Tu verras sans doute ce symbole grec lorsqu'il est question de l'homme. Surtout utilisé par les biologistes, il représente le bouclier et le javelot de Mars, le dieu romain de la guerre.

Vu de l'extérieur, l'appareil génital de l'homme est formé d'un pénis et de deux testicules enveloppés dans une petite bourse qui pend sous le pénis, le scrotum. À l'intérieur du corps, un ensemble de canaux et de glandes annexes participent aussi à la fabrication et à l'expulsion des spermatozoïdes. Je t'ai illustré ici une vue de l'appareil génital de l'homme.

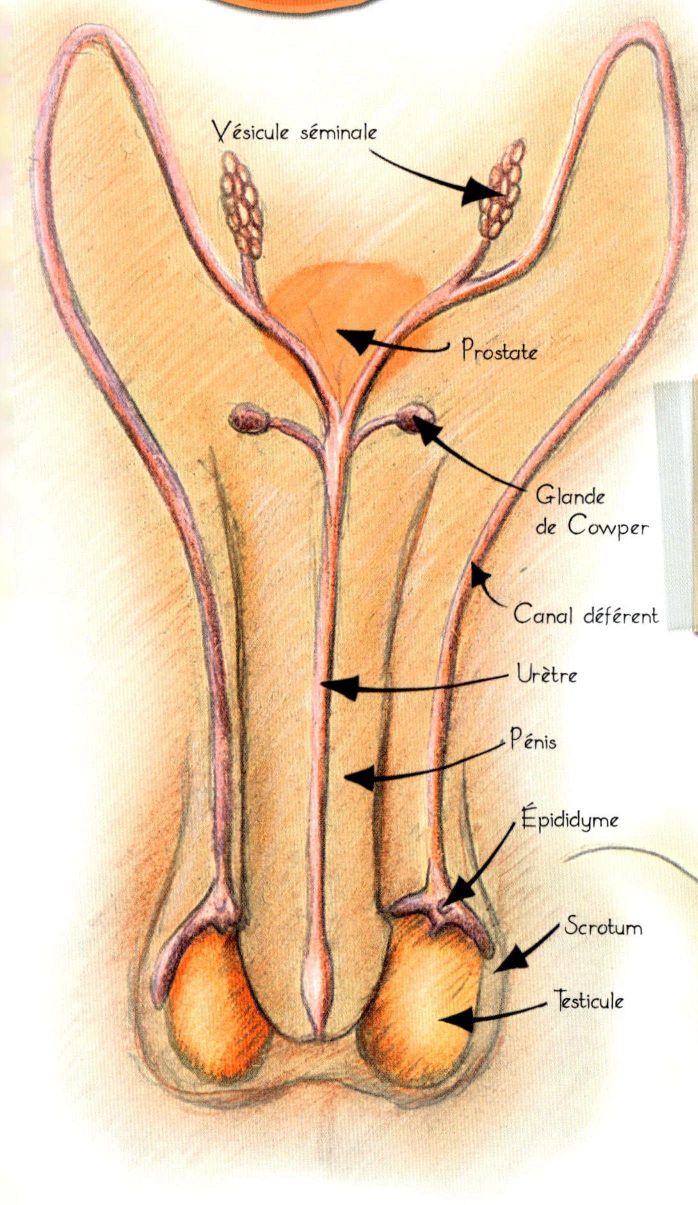

Les spermatozoïdes sont produits dans des glandes spéciales, les testicules, et sont ensuite emmagasinés dans les épididymes. Lorsqu'ils remontent par les canaux déférents, ils sont mélangés aux sécrétions des glandes de Cowper, des vésicules séminales et de la prostate pour former un liquide blanchâtre, le sperme. Pendant la relation sexuelle, le sperme est expulsé via l'urètre par les contractions des muscles de la base du pénis.

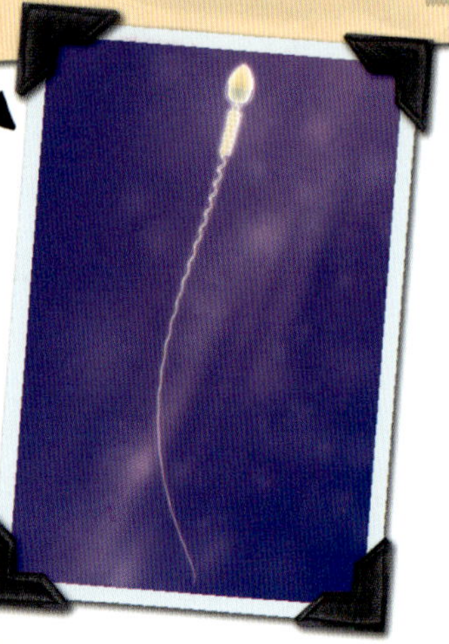

Le spermatozoïde est une cellule microscopique, en forme de têtard. Il est composé de trois parties : la tête, qui contient le noyau, la pièce intermédiaire, où se concentrent les mitochondries, et le flagelle, qui lui permet de se déplacer. Voici un dessin d'un spermatozoïde. Je joins aussi une photo d'un spécimen (gracieuseté de mon amie Minnie Scully).

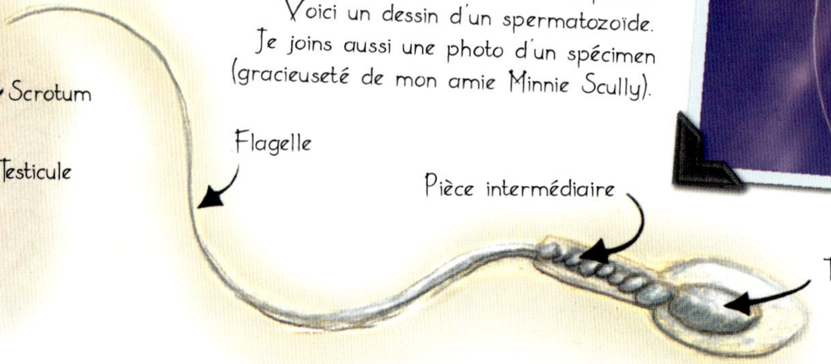

L'ovule est visible à l'œil nu. Contrairement au spermatozoïde, il est rempli de réserves alimentaires qui permettront la croissance de l'œuf fécondé ou zygote.

...Une femme

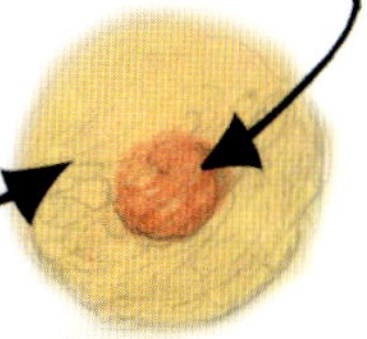

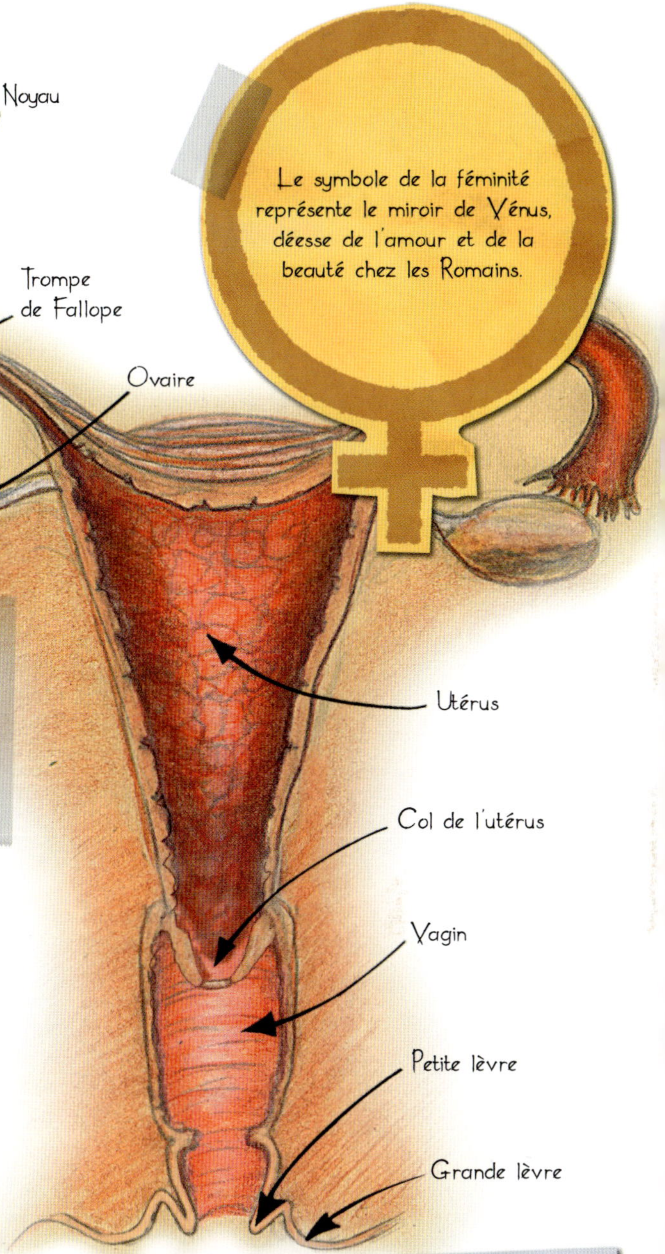

Chez la femme, les organes génitaux extérieurs, qu'on nomme la vulve, comprennent les grandes lèvres et les petites lèvres. Comme chez monsieur, madame possède tout un appareil génital formé de conduits et de glandes. Ils sont situés à l'intérieur de l'abdomen.

Les ovaires sont les glandes sexuelles féminines : ils sont responsables de la production des ovules et des principales hormones sexuelles. Deux canaux, les trompes de Fallope, relient les ovaires à l'utérus, un organe musculaire à l'intérieur duquel se développe l'embryon. Le col de l'utérus communique avec le vagin, un tube de 7 à 10 cm de long. Doté de parois extensibles, le vagin peut se dilater pour permettre le passage du bébé au moment de l'accouchement.

Tous les 28 jours en moyenne, un ovule est libéré de la surface d'un des deux ovaires et entame son voyage dans la trompe de Fallope. Pendant ce temps, l'utérus se prépare à une future grossesse : sa paroi intérieure, ou endomètre, s'épaissit, se gonfle de vaisseaux sanguins (il prépare un nid douillet pour le futur petit). Si l'ovule n'est pas fécondé par un spermatozoïde, il meurt au bout de quelques jours. Le nid utérin, devenu inutile, se détache alors et du sang coule pendant 3 à 7 jours : ce sont les menstruations. Le cycle menstruel peut ensuite recommencer.

Les femmes produisent un ovule par mois, de la puberté à la ménopause (qui se produit entre 40 et 55 ans, selon les femmes). Les hommes, pour leur part, fabriquent des spermatozoïdes toute leur vie.

Hé, les ados ! Vous l'avez sans doute remarqué : de grands changements s'opèrent dans votre corps. Les phénomènes étranges que vous vivez sont tous liés à la production nouvelle d'hormones spéciales. Chez les garçons, c'est la testostérone qui est à l'œuvre. Elle stimule votre pilosité; la barbe commence à pousser et les poils apparaissent ici et là. Votre masse musculaire augmente, le timbre de votre voix devient plus grave, vos testicules deviennent plus volumineux. Chez les filles, les hormones œstrogène et progestérone permettent le développement des seins et provoquent l'apparition des menstruations. Cette période de grands bouleversements s'appelle la puberté. Elle fera de vous un homme et une femme.

p. 38 AdoPLUS

Chez les filles, la puberté commence entre 9 et 13 ans; chez les garçons, elle apparaît entre 10 et 14 ans.

Un homme, une femme... un bébé !

Le corps humain est une pure merveille de la nature. Admire la perfection de tes membres, la robustesse de ta musculature, la complexité de tes mains, de tes orteils, la finesse des traits de ton visage... Peux-tu imaginer que tout cela a pu commencer par un minuscule œuf, pas plus gros que la pointe d'une aiguille ? C'est pourtant la réalité ! Le sujet que j'aborde maintenant raconte la plus belle de toutes les histoires : celle de la fabrication d'un tout nouvel être humain.

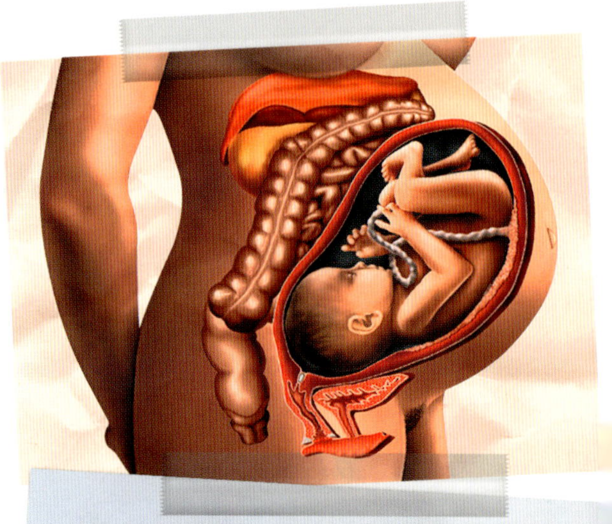

De la fécondation à la nidation

Aussitôt expulsé par l'ovaire, l'ovule est aspiré dans la trompe de Fallope. La rencontre entre l'ovule et le spermatozoïde a généralement lieu dans la partie supérieure de la trompe. L'ovule fécondé, maintenant appelé zygote, commence à se diviser, tout en poursuivant son périple le long de la trompe. Quatre jours plus tard, le zygote forme une boule solide de 16 cellules, la MORULA. Peu après, celle-ci pénètre dans l'utérus. L'amas de cellules est alors appelé BLASTOCYSTE. Sept jours après la fécondation, le blastocyste se fixe sur l'endomètre.

Le corps humain, p. 100

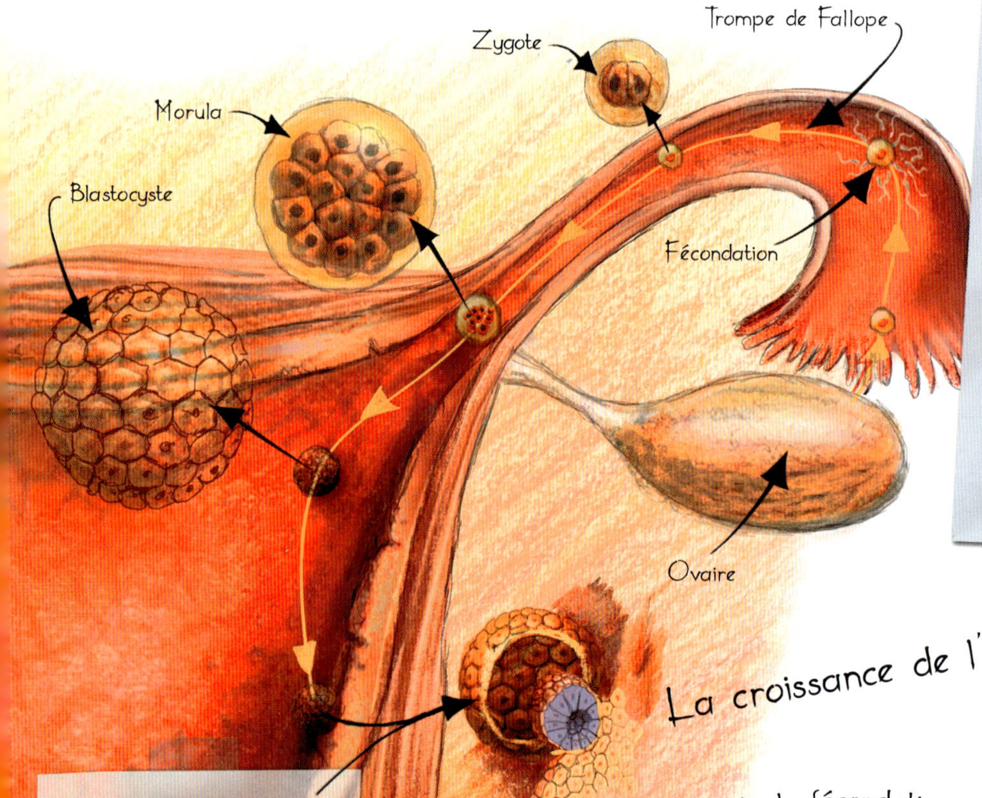

Le bébé se développe à partir du bouton embryonnaire (en bleu), un petit groupe de cellules nichées à l'intérieur du blastocyste. Il est alors appelé EMBRYON.

La croissance de l'embryon

Quatre semaines après la fécondation : l'embryon mesure 5 mm (la taille d'un petit pois). La colonne vertébrale et le système nerveux commencent à apparaître. Le cœur bat et des bourgeons de membres se forment.

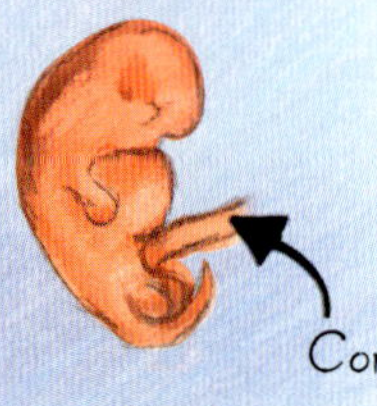

Six semaines après la fécondation : l'embryon mesure 13 mm (la taille d'une framboise). Les yeux, les oreilles et la bouche commencent à apparaître sur la tête, qui est aussi grosse que le reste du corps.

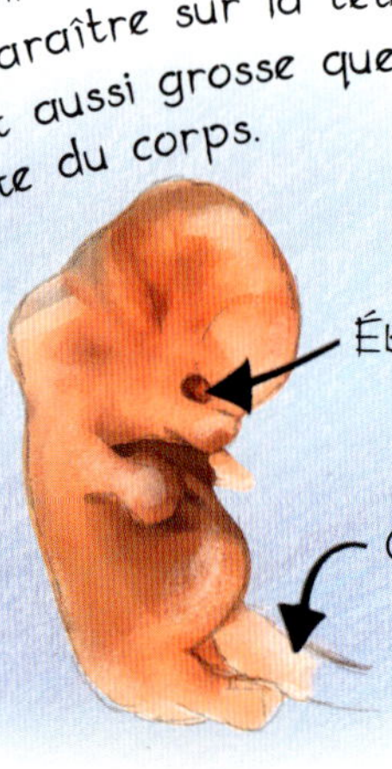

Le bébé humain se développe dans une poche (sac amniotique) contenant un liquide légèrement visqueux (liquide amniotique) qui le protège des chocs extérieurs. Le placenta est un organe parcouru de vaisseaux sanguins. Il se forme contre la paroi de l'utérus. Il achemine la nourriture et l'oxygène de la circulation sanguine de la mère vers le corps du bébé par le cordon ombilical. À la naissance, le cordon ombilical est coupé. Une cicatrice demeure : c'est le nombril.

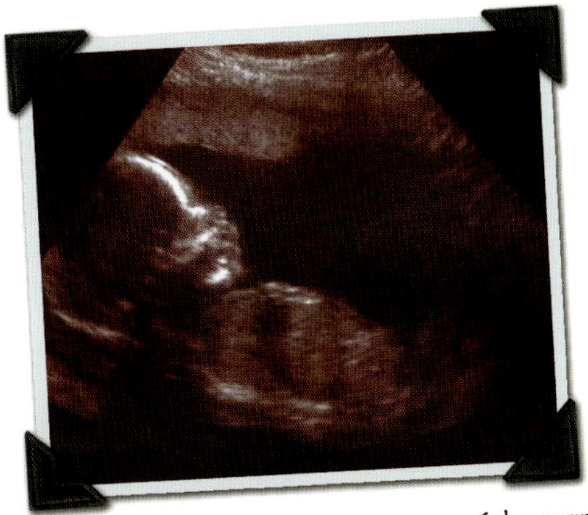

Voici une photographie, prise par échographie, d'un fœtus âgé de 21 semaines. Elle est une gracieuseté de mon amie Josette. Je profite d'ailleurs de l'occasion pour lui souhaiter une merveilleuse grossesse et beaucoup de bonheur avec son futur trésor.

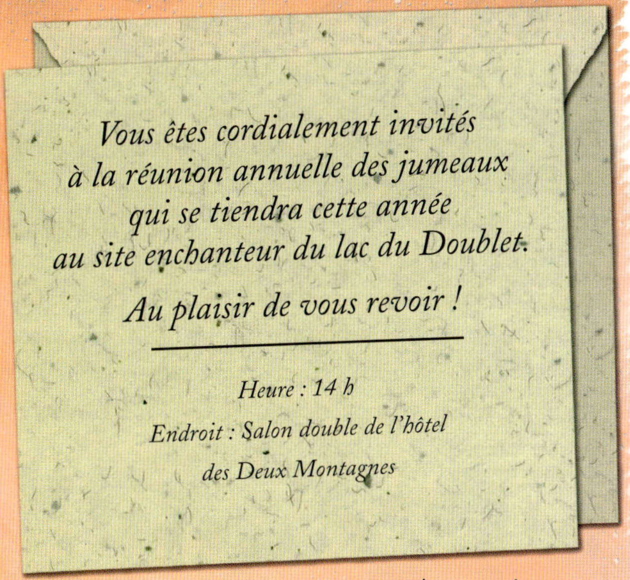

Vous êtes cordialement invités à la réunion annuelle des jumeaux qui se tiendra cette année au site enchanteur du lac du Doublet.

Au plaisir de vous revoir !

Heure : 14 h

Endroit : Salon double de l'hôtel des Deux Montagnes

Il arrive parfois qu'une femme produise plus d'un ovule à la fois. Selon le nombre d'ovules fécondés, les heureux parents auront des jumeaux, des triplés ou, beaucoup plus rarement, des quadruplés. Les bébés issus de ces grossesses multiples (comme ma sœur et moi) ne sont pas identiques car ils proviennent tous d'un œuf différent. Cependant, il arrive qu'un seul et même œuf fécondé se divise en deux ou plusieurs parties qui, chacune de son côté, formeront un bébé. Les rejetons provenant de ce même œuf partagent le même code génétique. Ils seront donc presque identiques.

Neuf semaines après la fécondation : l'embryon est maintenant appelé FŒTUS. Il ressemble beaucoup plus à un bébé. Il mesure 5 cm (la taille d'une cacahuète) et ne pèse que quelques grammes. Il possède des membres bien formés. Ses yeux sont recouverts de paupières. Les os commencent à durcir. Les doigts sont bien séparés les uns des autres.

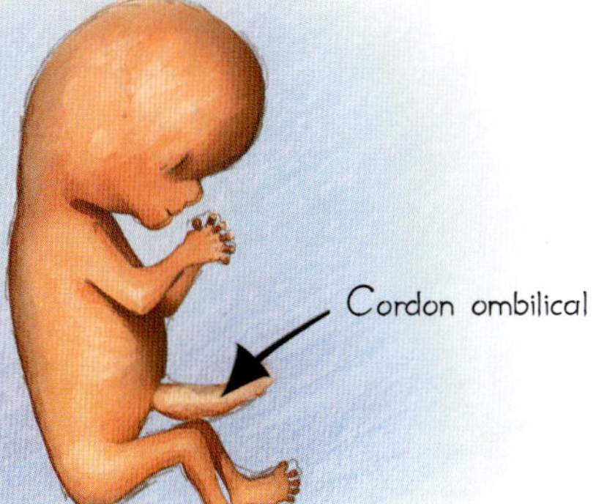

Douze semaines après la fécondation : le fœtus mesure 10 cm. Les traits du visage et les pavillons des oreilles s'affinent. Les ongles commencent à se former et les organes génitaux externes sont visibles. Recroquevillé, le petit humain a à peu près la taille d'une clémentine.

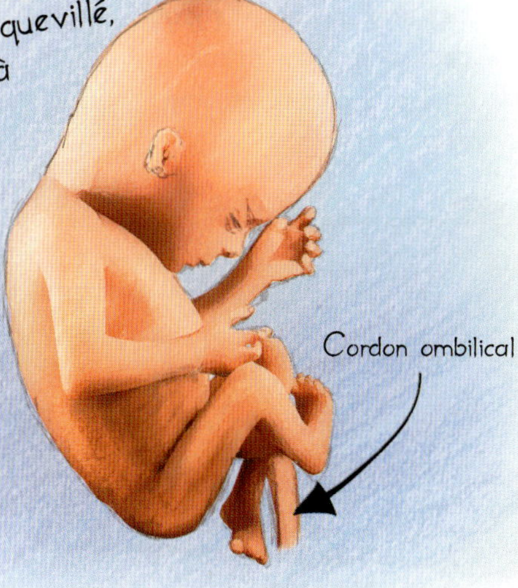

Portrait de famille

Dès l'instant où les cellules sexuelles de tes parents se sont rencontrées, tout était prévu ! Il était déjà écrit quelque part que tes cheveux seraient bruns, noirs ou blonds, que tes yeux seraient ronds ou en forme d'amande, que ton nez serait retroussé ou décoré de taches de rousseur ! Vois-tu, chaque être humain peut être comparé à une machine unique requérant un manuel d'assemblage complexe et très précis. Tu as, toi aussi, ton manuel d'assemblage. C'est ton code génétique. Il est constitué d'environ 25 000 instructions que l'on appelle les gènes. Certains gènes agissent seuls et déterminent l'expression d'un seul aspect de ta personne. C'est le cas du gène responsable de ton groupe sanguin, par exemple. D'autres gènes, au contraire, travaillent en équipe. Tu n'as qu'à regarder les autoportraits qui décorent cette double page pour constater à quel point chaque être humain est unique...

Ton manuel d'assemblage existe en plusieurs milliards de copies. Chacune des cellules de ton corps possède son propre exemplaire. Imagine : une seule cellule d'un vaisseau sanguin de ton gros orteil contient l'instruction qui prévoit aussi que tes yeux seront bleus, par exemple. Incroyable, n'est-ce pas ?

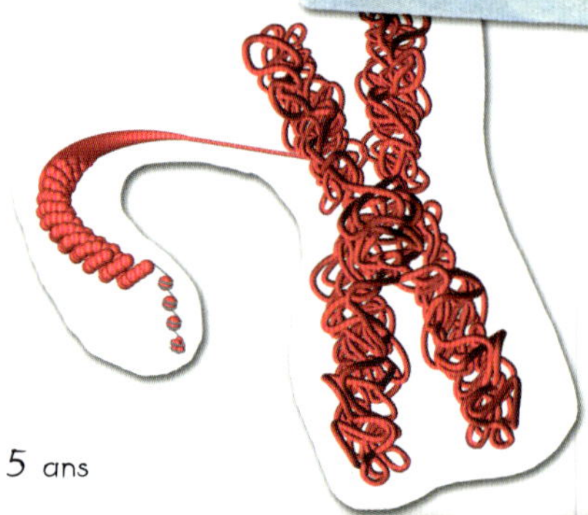

Alexandra, 10 ans

Thomas, 5 ans

Léonie, 9 ans

Ismaël, 9 ans

Nicolas, 5 ans

Le noyau de la cellule est le centre de contrôle. Il est donc tout à fait normal qu'il soit le grand responsable des archives ! C'est le noyau qui garde précieusement le manuel d'assemblage, ou le code génétique si tu préfères. Le code génétique est conservé sous la forme de 46 très longs filaments de chromatine enchevêtrés. Permets ici que je te renvoie au début de cet album, plus précisément à la page 124. Observe bien l'intérieur du noyau de la cellule : le filament rouge qui s'y trouve est la fameuse chromatine. Prends le temps d'aller y jeter un coup d'œil. Tu reviendras terminer ta lecture... Ça va ? Alors poursuivons. La chromatine du noyau de la cellule n'est rien d'autre que l'assemblage des 25 000 gènes dont je te parlais plus haut.

Au moment de la division cellulaire, la chromatine subit une transformation spectaculaire. Un peu comme un ressort étiré qu'on laisse reprendre sa forme, la chromatine devient plus serrée, plus compacte. Elle forme de petits bâtonnets appelés chromosomes. Chose curieuse : les chromosomes se regroupent en paires. Chaque cellule humaine en possède 23 paires, pour un total de 46 chromosomes par cellule.

La 23e paire de chromosomes détermine le sexe d'un individu. Les femmes possèdent deux chromosomes identiques, appelés chromosomes X. Les hommes, pour leur part, possèdent deux chromosomes différents : un chromosome X et un plus petit, appelé Y.

Les personnes atteintes de trisomie 21, une maladie chromosomique, possèdent trois chromosomes plutôt que deux sur la paire numéro 21. Elles ont une petite taille, des membres courts, un visage rond et aplati, des yeux bridés, un langue volumineuse et un handicap mental.

Les spermatozoïdes et les ovules possèdent seulement 23 chromosomes chacun. Lorsqu'ils se rencontrent, lors de la fécondation, leurs noyaux fusionnent et chaque chromosome trouve son vis-à-vis ! L'ovule fécondé comptera donc 46 chromosomes : 23 provenant de la mère et 23 autres provenant du père. Chaque parent transmet donc la moitié de son code génétique à l'enfant à naître. J'ai personnellement hérité de la chevelure épaisse de mon père et de la couleur des yeux de ma mère... Et toi, à qui ressembles-tu le plus ? N'oublie pas, toutefois, que même s'ils façonnent ton corps et ton caractère, tes gènes ne sont pas les seuls responsables de ta destinée... Tes relations avec les autres, l'endroit où tu habites, tes rêves, tes croyances, de même que tes expériences de vie font de toi la personne que tu es.

J'ai peine à réaliser que nous sommes déjà arrivés à la fin de cet album... J'espère de tout mon cœur avoir réussi à te convaincre que ton corps est un trésor précieux qui mérite d'être aimé et respecté. Prends bien soin de toi !

Mon album des sciences

Depuis des milliers d'années, des femmes et des hommes passionnés par la nature n'ont eu de cesse de comprendre comment notre monde fonctionne... Ces scientifiques ont développé de nombreuses théories et mis au point des instruments de mesure et d'observation de plus en plus sophistiqués afin de répondre à des interrogations toujours plus pointues.

La science est un monde qui m'enthousiasme depuis toujours. J'ai donc choisi de t'en dévoiler les secrets dans « Mon album des sciences ». Je t'y propose aussi un voyage à travers l'histoire, en te présentant les génies qui ont fait progresser la science et la manière dont ils s'y sont pris pour résoudre les énigmes scientifiques.

Tu le sais déjà, la science est un vaste univers qui réunit de nombreux domaines. On y trouve la géologie, la biologie, les sciences humaines, mais aussi les mathématiques, la physique et la chimie que je te fais découvrir dans cet album.

Professeur Génius

Contenu

À la découverte des mystères du monde…

Pourquoi les objets tombent-ils ? Comment l'eau se transforme-t-elle en glace ? D'où viennent les couleurs ?… Depuis bien longtemps, les êtres humains essaient d'expliquer les phénomènes qui les entourent. Pour ce faire, ils observent, écoutent, touchent, sentent et goûtent. C'est comme cela qu'ils ont inventé… la science ! Tu vois, mon ami, la science cherche à comprendre comment notre monde fonctionne et à connaître de quoi il est fait exactement. C'est une belle quête, ambitieuse et passionnante !

SCIENCE (du latin *scientia* [savoir]) : Ensemble des disciplines dans lesquelles interviennent l'observation, l'expérimentation et la démonstration. Les mathématiques, la physique, la chimie, la biologie et la géologie sont des sciences.

Pour que leurs théories soient reconnues par l'ensemble de la communauté scientifique, tous les savants doivent suivre une démarche extrêmement rigoureuse ! Lis cette courte bande dessinée que j'ai dénichée dans une revue scientifique pour les jeunes, elle te présente d'une manière amusante les différentes étapes de la démarche scientifique.

Cher professeur,

Quand je serai plus grand, je voudrais inventer un vaccin contre le cancer ! Mais je ne suis pas le premier de ma classe. Est-ce que je pourrais quand même devenir un scientifique ?

Merci de me répondre,

Vincent, 10 ans

Rassure-toi, les grands génies de l'histoire de la science sont des êtres humains comme toi et moi ! Tu seras sans doute surpris d'apprendre que certains étaient même de mauvais élèves... Ce fut le cas du célèbre physicien Albert Einstein et du fameux chimiste et biologiste Louis Pasteur. C'est leur grande curiosité, leur soif de comprendre et aussi leur détermination qui ont fait d'eux des génies ! Qui sait ? Tu seras peut-être toi-même un des génies scientifiques de demain... Il te suffit d'être curieux, attentif aux phénomènes qui t'entourent et, surtout, persévérant.

Étudier le monde est un travail considérable, tu sais ! Pour être plus efficaces, les scientifiques ont partagé la science en plusieurs domaines. Ils sont trop nombreux pour que je te les détaille tous dans cet album. J'ai donc choisi de t'en présenter trois, parmi les plus importants :

1 2 3

Les MATHÉMATIQUES manipulent les nombres. Elles permettent de résoudre des problèmes et de mettre en équation les théories qui dirigent l'Univers. Grâce à elles, on peut par exemple prévoir le temps qu'il fera demain ou calculer la trajectoire que suit une planète (pages 184 à 201).

La CHIMIE étudie les éléments qui composent la matière. Elle tente de comprendre comment ces derniers se combinent et réagissent entre eux. Grâce à la chimie, on peut fabriquer des parfums et comprendre pourquoi un bateau peut rouiller (pages 202 à 217).

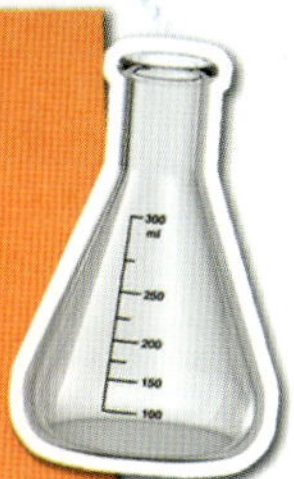

La PHYSIQUE s'intéresse à la nature de la matière. Elle étudie les forces, le mouvement et les différentes formes d'énergie qui gouvernent l'Univers. Grâce à elle, on peut notamment faire voler un avion et comprendre pourquoi un caillou tombe quand on le lâche (pages 218 à 235).

Prêt à percer les secrets de la science en ma compagnie ? Tourne la page ! Nous commençons avec les mathématiques.

Date : Fin de l'automne mais pas encore l'hiver

Prix : Autant que ces étoiles ★★★★

Que serait un monde sans chiffres ?

Le programme de télévison est situé sur la page qui suit celle du milieu.

Tous les résultats du hockey

par Hélène Hache

Hier soir, les Capitaines de Montréal ont mis le feu à la patinoire ! Ils ont, une nouvelle fois, remporté la coupe dorée après avoir battu les Gorilles de Toronto. Jean Leglisseur s'est fait remarquer après avoir marqué un but, puis un autre puis encore un autre pendant la période du début. L'autre but a été marqué au cours de la période du milieu par Justin Rondelle, le jeune nouveau de l'équipe. Le public, qui a rempli entièrement la salle, l'a acclamé longtemps. Encore bravo !

Les derniers résultats

Vancouver	beaucoup de points
Regina	moins que Vancouver
Ottawa	un certain nombre de points
Edmonton	aucun point
Montréal	encore plus de points que Vancouver

Météo mondiale

par Yvan Blizzard

Montréal
Ensoleillé, bonnet et gants indispensables

Paris
Quelques éclaircies, frais mais pas trop

Londres
Pluvieux mais pas trop froid

Rio de Janeiro
Chaud, prévoir son costume de bain

New Delhi
Chaud (plus que Rio) et humide, boire beaucoup

Je me suis follement amusé à imaginer un extrait de journal tiré d'un monde sans chiffres. Intéressant, non ? De cette façon, j'espère avoir réussi à te prouver à quel point les nombres sont importants dans notre vie de tous les jours ! Car tout ce que nous faisons a un lien avec eux... Nous les utilisons pour compter, acheter, mesurer, faire des prévisions, construire des édifices et des machines, et tant d'autres choses...

De tout temps, les mathématiques ont été indispensables aux êtres humains ! Par exemple, pour répertorier ce qu'ils possédaient, les femmes et les hommes de la Préhistoire entaillaient des os. Bien plus tard, lorsque le commerce est devenu florissant, il a fallu des outils mathématiques plus sophistiqués. C'est comme cela que les opérations élémentaires, comme l'addition et la soustraction, sont apparues. Chaque fois que le quotidien montrait les limites d'un outil mathématique, un nouveau était créé. C'est ainsi que les mathématiques se sont perfectionnées au fil du temps !

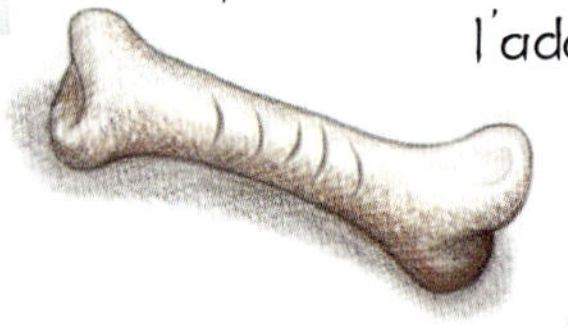

Les mathématiques sont présentes dans tous les domaines scientifiques. Les physiciens les utilisent, par exemple, pour mesurer l'épaisseur que la paroi d'un sous-marin doit avoir pour que celui-ci résiste à la pression de l'eau. Les chimistes, quant à eux, peuvent calculer la composition en sucres, en gras et en minéraux d'un morceau de chocolat... Les mathématiques sont aussi très présentes dans un domaine que l'on pense pourtant loin des sciences... Tu as une idée ? Ce sont les arts !

Le coin de *l'artiste*

Accueil | Musique | Arts | Lettres | Info

Les mathématiques et les arts

Les arts s'inspirent énormément des mathématiques. Dans les peintures, on retrouve, par exemple, la perspective, une notion issue de la géométrie qui donne l'impression que l'image peinte est en trois dimensions. En musique, la longueur des cordes des instruments à cordes est calculée selon la note que la corde doit émettre : do, ré, mi, fa, sol, la, si... Un architecte, quant à lui, mesure les longueurs, les hauteurs et les angles pour réaliser le plan d'un édifice.

Je me suis servi de la perspective pour dessiner ce paysage. Cette technique consiste à tracer des lignes à partir d'un point qu'on appelle « point de fuite ». Les artistes suivent ces lignes pour construire leurs dessins. C'est ce qui donne à ceux-ci une impression de profondeur.

MATHÉMATIQUE (du grec *mathêmaticos*, de *mathêma* [ce qui s'apprend]) : Domaine de la science étudiant les nombres, les grandeurs et les figures géométriques au moyen de la méthode déductive.

Prépare-toi, mon jeune ami, à voyager dans un monde très varié ! Dans les prochaines pages, tu constateras que les mathématiques s'intéressent de près aux FORMES qui composent notre univers (pages 194 à 197) ! Tu verras aussi qu'elles sont une affaire de LOGIQUE (pages 198 à 201), une dimension indispensable pour résoudre les problèmes qui se posent à un mathématicien ! Mais, tu l'as deviné, les mathématiques sont avant tout un monde de NOMBRES (pages 186 à 193)... Je t'invite à le visiter dès maintenant !

Il était une fois les mathématiques...

Des chiffres et des nombres

1, 2, 3,
nous irons au bois;
4, 5, 6,
cueillir des cerises;
7, 8, 9,
dans un panier neuf;
10, 11, 12,
elles seront toutes rouges!

C'est avec cette comptine que j'ai appris les chiffres et les nombres... As-tu remarqué comme ces petits signes sont présents autour de nous? Sur la télécommande de la télévision, les journaux, les panneaux de signalisation routière... Nous vivons dans un monde de chiffres! Mais sais-tu d'où ils viennent? J'ai demandé à mon amie Ea Ping Kor (elle travaille à la bibliothèque de mon quartier) de me trouver des renseignements sur les premiers chiffres de l'Histoire. Voici sa réponse :

Objet : Les chiffres
Date : le 15 janvier 2010
À : professeur Génius

Cher ami,
De nombreuses découvertes archéologiques permettent d'affirmer que l'être humain compte depuis déjà bien longtemps. Tout a commencé pendant la Préhistoire, quand les chasseurs entaillaient des os ou du bois pour comptabiliser le gibier abattu. Il y a environ 6 000 ans, les Sumériens comptaient avec de petits objets d'argile de forme et de taille variables (je vous joins à ce sujet une illustration). Sachez que les Égyptiens, les Mayas (qui habitaient les plaines du Mexique), les Grecs, les Romains, les Chinois et d'autres civilisations de l'Antiquité avaient tous leur propre système de numération. Au fait, les chiffres que nous utilisons aujourd'hui sont originaires de l'Inde.

Bien à vous,
Votre amie Ea Ping

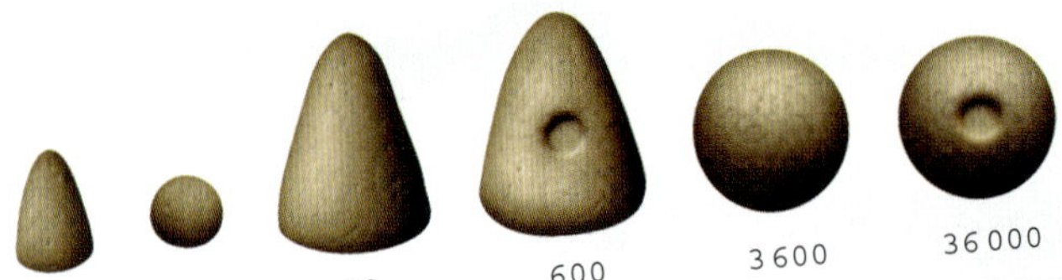

Certains peuples ont utilisé les lettres de l'alphabet comme chiffres. Les chiffres romains, par exemple, ont été adoptés dans l'Europe entière sous l'empire romain. Voici quelques nombres de cet ancien système :

I = 1	VIII = 8
II = 2	IX = 9
III = 3	X = 10
IV = 4	L = 50
V = 5	C = 100
VI = 6	D = 500
VII = 7	M = 1000

Ces chiffres étaient bien peu pratiques, tu sais. Le nombre 2 338, par exemple, comptait pas moins de 12 symboles! MMCCCXXXVIII

Connais-tu la différence entre les chiffres et les nombres? Les chiffres sont des symboles. Ce sont nos 0, 1, 2, 3, 4, 5, 6, 7, 8, 9. Les nombres représentent une quantité. Ainsi, le nombre 215 est formé des chiffres 2, 1 et 5. Les nombres sont composés de chiffres... comme les mots sont constitués de lettres!

Comme Ea Ping le précise, nos dix chiffres ont été inventés par les Indiens aux environs de -200. Au fil des ans, ceux-ci ont amélioré leur système de numération. Au 4e siècle, les Indiens ont inventé deux concepts géniaux : la numération de position et le zéro. Ces deux extraits te les expliquent brièvement.

Avant son invention, le zéro était représenté par un espace. Il était alors très facile de confondre « 5 1 » (501) avec « 51 » ! Dès le 4e siècle, les Indiens ont marqué ces espaces avec un point puis, un peu plus tard, par un cercle. Attention ! Zéro ne signifie pas toujours rien : si on le place à la droite d'un nombre, alors celui-ci est multiplié par 10 !

Fantastiques mathématiques, p. 59

UNE PLACE QUI COMPTE…

Avez-vous remarqué que la position des chiffres dans un nombre est très importante ? Les nombres 25 et 52, par exemple, sont constitués des mêmes chiffres. Cependant, ils n'indiquent pas du tout la même quantité. Selon leur position, les chiffres ont une valeur d'unité, de dizaine, de centaine, etc. C'est ce qu'on appelle la numération de position.

La science aux jeunes, mars 2011

Nous comptons grâce à nos 10 chiffres. Pour cette raison, notre système de numération est une « base 10 ». Pourquoi 10 et pas 8 ou 14 ? Eh bien, sans doute parce que dès que l'être humain a commencé à compter, il s'est aidé de ses 10 doigts. Tu sais, mon ami, il est possible d'écrire les nombres autrement qu'en base 10. La base 2, par exemple, n'emploie que deux chiffres : le 0 et le 1. C'est un système très utilisé dans les programmes informatiques. Voici un tableau qui présente les nombres en base 10 et en base 2. Amuse-toi à donner les chiffres de ton numéro de téléphone en utilisant la base 2… Mais n'oublie pas de fournir ce tableau à tes copains, sinon tu risques d'attendre bien longtemps leur appel !

Base 10	Base 2
0	0
1	1
2	10
3	11
4	100
5	101
6	110
7	111
8	1000
9	1001
10	1010
11	1011
12	1100
13	1101
14	1110

Lorsque les Arabes se sont installés en Occident à partir de l'an 632, ils ont adopté les chiffres indiens et les ont améliorés. C'est grâce à eux qu'au 12e siècle, l'Europe a pris connaissance de ces chiffres. (Auparavant, les Européens comptaient avec les chiffres romains.)

Compter

Le savais-tu?

Le terme calcul tire son origine du latin *calculus* qui signifie «petite pierre». Cela vient du fait que les êtres humains ont compté avec de petits cailloux pendant bien longtemps. Jadis, on donnait aux bergers une bourse remplie d'autant de cailloux que de bêtes à surveiller. Le soir, lorsqu'ils ramenaient leur troupeau, ils retiraient un caillou de la bourse chaque fois qu'une bête rentrait dans l'étable. Si tous les cailloux étaient retirés du sac, cela signifiait qu'aucune ne manquait.

Je sais tout, mai 2009

Comme tu as pu le constater à la lecture de la chronique «Le savais-tu?», le calcul est né bien avant l'apparition des chiffres! Quant aux premières opérations élémentaires, comme l'addition et la soustraction, elles sont apparues il y a 10 000 ans. Au fait, connais-tu l'histoire des petits signes qui identifient les opérations? Voici un article et quelques notes qui t'éclaireront sur la provenance des +, −, x et ÷.

Le signe = a été inventé par le Gallois Robert Recorde en 1557. Auparavant, il se notait «aequalis», ce qui signifie «égal» en latin.

Le signe de multiplication x a été proposé par l'Anglais William Oughtred en 1631. En latin, il s'écrivait «in». Ainsi, 3x2 se notait 3 in 2.

Le signe de division ÷ est issu de l'ouvrage du mathématicien suisse Johannes Heinrich Rahn en 1659. Auparavant, il s'écrivait avec une barre horizontale séparant les deux chiffres ($\frac{3}{4}$).

L'histoire du + et du −

Les Égyptiens de l'Antiquité dessinaient une paire de jambes tournée vers la gauche pour indiquer une addition et une autre tournée vers la droite pour signaler une soustraction. Jusqu'au 15e siècle, les mathématiciens écrivaient *piu* (pour «j'ajoute») et *minus* (pour «je soustrais»). Ces mots ont été remplacés par les lettres p et m à la fin du 15e siècle. Les signes + et − ont fait leur première apparition en 1489 dans un livre du mathématicien allemand Johannes Widmann, mais c'est seulement au cours du 16e siècle que leur usage se généralisa.

Fantastiques mathématiques, p. 32

D'autres opérations mathématiques sont apparues au fil du temps. Souvent très ingénieuses, elles servaient à simplifier les calculs qui devenaient de plus en plus complexes. Voici un petit exemple :

La PUISSANCE est un raccourci pour signifier qu'un nombre est multiplié plusieurs fois par lui-même. Ainsi, 2x2x2x2=16 s'écrit aussi 2^4 (cela se dit «2 à la puissance 4»). L'opération inverse de la puissance se nomme «racine». Elle est symbolisée par le signe √. Par exemple, la racine de 9 est 3 ($\sqrt{9} = 3$) car $3^2=9$.

La science, p. 63

Les puissances du nombre 10 sont très pratiques car elles permettent d'écrire de très grands ou de très petits nombres. Remarque la place économisée lorsqu'on utilise les puissances! (Ici, 10^{90} signifie que 10 est multiplié 90 fois par lui-même!)

10^{90} = 1 000 000 000 000 000 000 000 000 000 000 000 000 000 00

Mesurer

Les nombres ont toujours été au cœur de nos systèmes de mesure… L'extrait ci-dessous t'en donne un exemple intéressant !

Le 12, vedette de la mesure !

De nombreux systèmes de mesure, hérités de l'Antiquité, se sont appuyés sur le nombre 12. Pourquoi 12 ? Tout simplement parce c'est un nombre qui se divise par 2, par 3 et par 4. C'est très pratique pour faire des calculs ! Les pieds et les pouces, par exemple, sont des unités de longueur anglo-saxonnes qui s'appuient sur le nombre 12 :

12 pouces = 1 pied

Le nombre 12 est aussi le roi de la mesure du temps… Constatez-le ! Il y a 24 (2 × 12) heures dans une journée, 60 (5 × 12) minutes dans une heure, 60 secondes dans une minute.

Fantastiques mathématiques, p. 28

Toutes ces mesures anciennes variaient d'un pays à l'autre… et même selon la nature de l'objet mesuré ! Tu imagines bien que cela pouvait entraîner une grande confusion. Il y a plus de 200 ans, une commission de l'Académie des sciences, en France, composée de mathématiciens réputés, a eu l'idée géniale de créer un système universel. C'est ainsi que naquit le système métrique, basé sur le nombre 10.

1 mètre (m) = 10 décimètres (dm)
1 dm = 10 centimètres (cm)
1 cm = 10 millimètres (mm)
1 000 m = 1 kilomètre (km)

Depuis cette invention, le pied et le pouce ont presque disparu. Seuls les Anglo-Saxons utilisent aujourd'hui cet ancien système de mesure…

Pieds, pouces… Tu sais, les savants se sont souvent inspirés du corps humain pour créer les premières unités de mesure ! Les Égyptiens, par exemple, mesuraient les distances avec des palmes, des pouces, des cheveux, etc.

Les mathématiques sont découpées en plusieurs domaines. Celui qui s'intéresse au calcul, aux nombres et à leurs propriétés se nomme ARITHMÉTIQUE.

0 000 000 000 000 000 000 000 000 000 000 000 000 000 000 000

Un monde de formes...

Triangle

Rectangle

Carré

Pose ton album un instant et observe attentivement autour de toi. As-tu remarqué comme les formes qui créent notre monde sont variées ? Voici une photo que j'ai prise au cours d'un de mes voyages au Québec. Regarde-la attentivement... Combien de formes différentes comptes-tu ?

Pour dessiner les formes de manière précise, on doit connaître la longueur de leurs côtés, de leur diamètre ou de leurs angles... Un angle est l'espace compris entre deux lignes qui se coupent. Sa mesure est très utilisée en architecture, en dessin et en astronomie. En Amérique du Nord, par exemple, on indique souvent l'emplacement d'un lieu par rapport à l'angle (ou au croisement) de deux rues... La mesure d'un angle s'exprime en degrés (°). Pour la mesurer, tu as besoin d'un outil bien précis : le rapporteur. Il se présente généralement sous la forme d'un demi-cercle. Celui-ci indique que l'angle que j'ai dessiné mesure très précisément 63°.

Le cercle est une forme à part... Cette figure a émerveillé les civilisations de l'Antiquité. Elle était pour eux une figure géométrique parfaite ! Toute en rondeur, sans début ni fin... Tu sais, le cercle est intimement lié à un nombre fascinant dont je t'ai parlé à la page 191... Tu te souviens ? C'est exact, mon ami, il s'agit de pi !

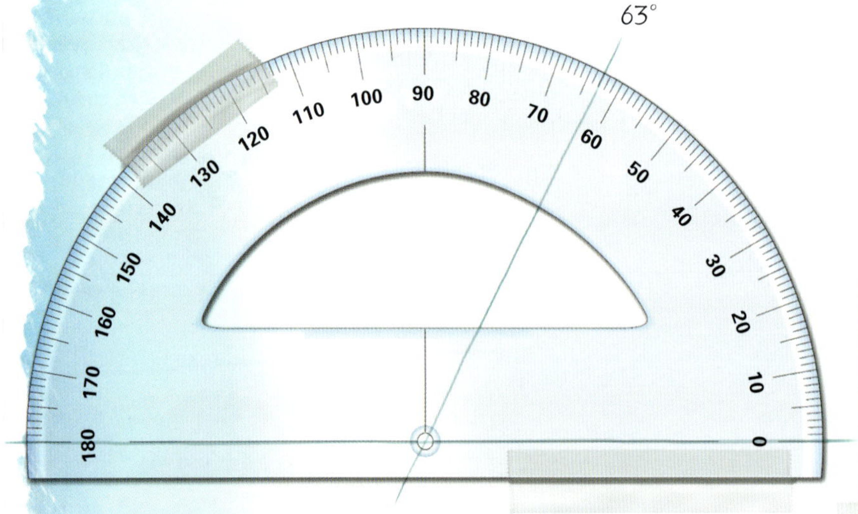

Selon sa mesure, un angle est « aigu », « obtus », « plat » ou « droit ». Le petit schéma ci-dessous te montre ce qu'ils sont.

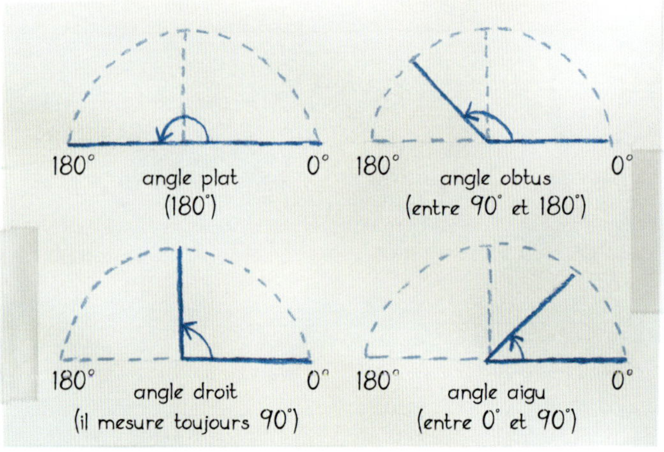

Losange

Parallélogramme

Trapèze

Quadrilatère quelconque — Pentagone (5 côtés égaux) — Hexagone (6 côtés égaux) — Octogone (8 côtés égaux) — Décagone (10 côtés égaux)

L'étude des formes constitue une branche bien connue des mathématiques : la géométrie. Les Égyptiens et les Mésopotamiens (les habitants de l'Irak actuel) utilisaient déjà quelques éléments de la géométrie pour des raisons pratiques. C'est ce que raconte ma chère sœur dans sa lettre… La géométrie scientifique, quant à elle, a débuté un peu plus tard, grâce aux Grecs.

Le Caire, 15 juin 2010

Cher frérot,

Un petit coucou de ce magnifique pays qu'est l'Égypte. Le temps est merveilleux et les gens très accueillants! Tu sais, j'ai appris au cours de ma croisière sur le Nil que les inondations répétées de ce fleuve étaient sans doute à l'origine de l'invention de la géométrie. En effet, après chaque inondation, les géomètres de l'époque étaient contraints de retracer les limites des terrains. Pour cela, ils utilisaient des cordes pour marquer les angles et les longueurs. Ils déterminaient ensuite la superficie des terrains. Passionnant, n'est-ce pas?

J'arrive à Montréal en septembre. J'ai hâte de te voir et de lire ton nouvel album sur les sciences!

Énormes bises,

Ta grande sœur préférée
XXX

Le Nil est le fleuve qui traverse l'Égypte du sud au nord. C'est un des plus longs fleuves du monde!

Tétraèdre (4 triangles équilatéraux)

Cube (6 carrés)

Octaèdre (8 triangles équilatéraux)

Dodécaèdre (12 pentagones)

Icosaèdre (20 triangles équilatéraux)

Les formes dessinées en trois dimensions sont célèbres depuis l'Antiquité car ce sont les seules qui possèdent des côtés, des faces et des angles égaux.

Parmi les savants grecs, nombreux sont ceux qui nous ont laissé un bel héritage géométrique! Connais-tu celui qui a laissé son nom à la géométrie classique? Il s'agit d'Euclide.

Euclide (entre 325 et 265 av. J.C)

Euclide

Euclide est un mathématicien grec qui a écrit une œuvre réunissant 250 années de mathématiques grecques. Dans son traité, *Les Éléments*, il explique notamment de nombreux concepts géométriques qui furent enseignés partout dans le monde pendant plus de 2000 ans.

Scientifiquement vôtre, avril 2009

Les mathématiques ne se contentent pas d'étudier les formes, tu sais! Elles mesurent leurs angles, leurs côtés, leur volume ou leur aire. Souvent, on obtient ces mesures grâce à des instruments, comme la règle ou le rapporteur. Mais il arrive parfois que ces derniers ne servent à rien… Imagine un instant qu'il faille mesurer la circonférence de la Terre avec une règle! Alors, les mathématiciens ont établi des formules pour mesurer des objets qui ne peuvent l'être grâce à des moyens conventionnels. Ils ont, par exemple, créé des formules pour calculer le périmètre (le contour), l'aire (la superficie) et le volume des formes. Grâce à elles, les scientifiques ont pu, par exemple, estimer la taille des planètes du Système solaire et leur distance par rapport à la Terre ou au Soleil! Génial, n'est-ce pas?

$c = ?$

$a^2 + b^2 = c^2$

$a = 3$

$b = 4$

$c^2 = 3^2 + 4^2$

$c^2 = 9 + 16$

$c^2 = 25$

$c = \sqrt{25}$

$c = 5$

Mesurer l'aire d'une figure

Même si certaines formules nous paraissent compliquées, elles sont très souvent issues de raisonnements très simples et extrêmement logiques! Tu doutes encore? Voici l'exemple d'une formule qui permet de calculer la mesure du côté d'un triangle rectangle lorsqu'on connaît celle des deux autres côtés. Cette formule a été découverte il y a 2 500 ans par le mathématicien grec Pythagore. En construisant un carré sur chaque côté d'un triangle rectangle, ce dernier a remarqué que la surface du grand carré était égale à la somme des surfaces des deux plus petits. C'est comme cela qu'il en a déduit le célèbre théorème qui porte son nom…

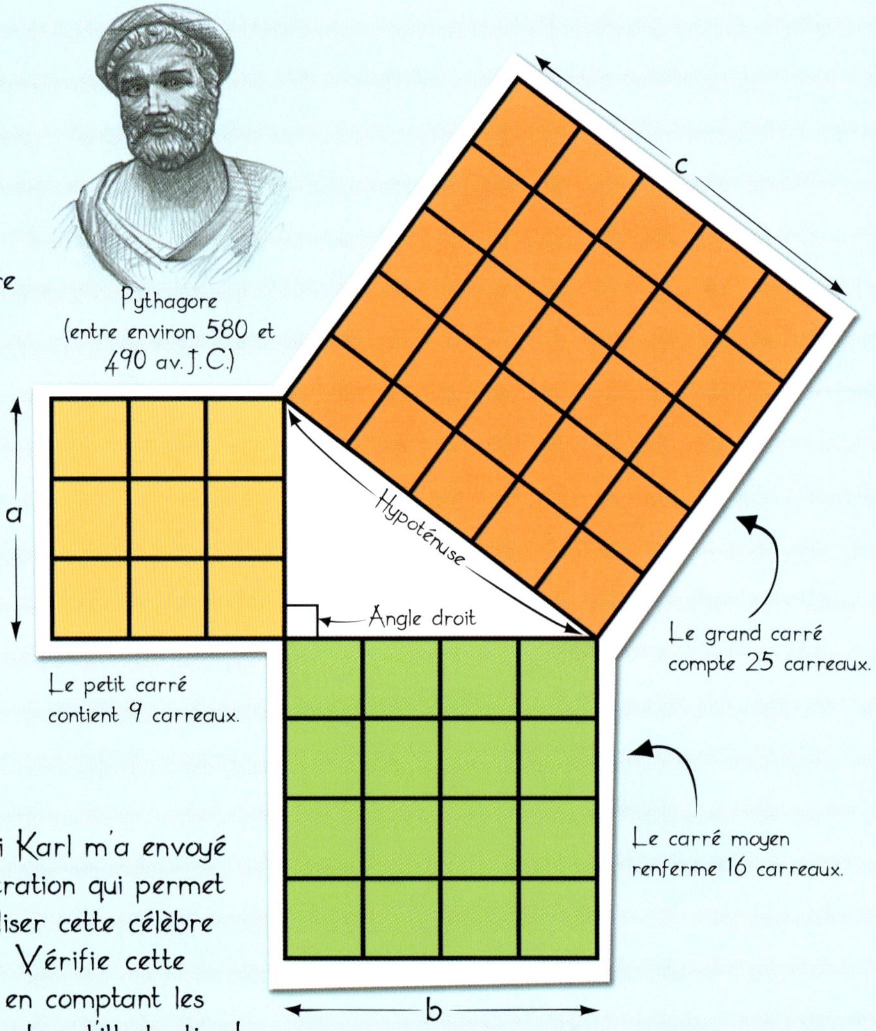

Pythagore (entre environ 580 et 490 av. J.C.)

Dans un triangle rectangle, le carré de l'hypoténuse (côté opposé à l'angle droit) est égal à la somme des carrés des deux autres côtés.

Mon ami Karl m'a envoyé une illustration qui permet de visualiser cette célèbre formule. Vérifie cette dernière en comptant les carreaux dans l'illustration!

25 (grand carré) = 9 (petit carré) + 16 (carré moyen)

$c^2 = a^2 + b^2$

La symétrie

La symétrie est une notion géométrique qui signifie qu'une forme possède un reflet par rapport à une droite ou à un point imaginaire. Je te donne un exemple. Observe attentivement la photo du tigre que je t'ai collée ci-contre. As-tu noté comme son côté gauche est étrangement semblable à son côté droit ? On dit que le tigre montre une symétrie par rapport à la droite imaginaire qui passe verticalement au centre de sa tête. Cette droite, les mathématiciens la nomment « axe de symétrie ». Vérifie cette symétrie par toi-même ! Va chercher un miroir de poche et place-le contre cet axe de symétrie. Tu retrouveras alors la tête entière du tigre de la photo.

L'illusion

En manipulant les formes, on peut faire beaucoup de choses ! Les artistes ne s'en privent pas ! Ils se servent par exemple de la géométrie pour donner l'impression que leur dessin n'est pas plat. Ils s'amusent aussi parfois avec nos sens... Regarde le triangle que je t'ai dessiné juste dessous. On a l'impression qu'il est en trois dimensions... Essaye de construire un triangle comme celui-ci ! Tu n'y arriveras jamais car c'est géométriquement impossible... C'est la disposition des ombres sur les côtés qui trompe notre cerveau. C'est ce qu'on appelle une illusion d'optique...

Les formes irrégulières

La mer, le littoral, les flocons de neige, les nuages, le relief montagneux... La nature regorge de structures dont la forme est trop irrégulière pour pouvoir être étudiée par la géométrie classique. Pour les étudier, le Français Benoît Mandelbrot a créé une nouvelle branche des mathématiques : la géométrie fractale.

Benoît Mandelbrot

Benoît MANDELBROT (1924- 2010)

Mathématicien réputé, Benoît Mandelbrot conçoit, dans les années 1970, la géométrie fractale. Cette nouvelle branche des mathématiques a pour objectif d'étudier les objets dont le découpage laisse apparaître des motifs semblables, à des échelles de plus en plus petites (fougère, éponge, flocon de neige...). Les fractales permettent alors de découvrir la structure de nombreux objets naturels. Elles constituent également un modèle pour l'étude de divers phénomènes comme la variation des cours de la Bourse ou la répartition des galaxies dans l'Univers.

Inventeurs et inventions, p. 111

Un monde de logique !

Après ces quelques pages sur l'univers des nombres et des formes, il me reste à te parler d'un élément essentiel pour que notre voyage à travers les mathématiques soit complet. As-tu une idée de ce que cela pourrait être ? Il s'agit de la logique, bien sûr ! Sans elle, les mathématiques n'existeraient tout simplement pas... Pourquoi ? Eh bien, parce que c'est grâce à la logique que nous pouvons résoudre un problème mathématique lorsqu'il se présente. En fait, la logique ne fait pas appel à nos connaissances sur les nombres ou les formes. Elle met en œuvre notre capacité de raisonner et de trouver des solutions. Tu sais, la logique est quelque chose de naturel... Comme tout le monde, toi et moi sommes nés logiques !

Résoudre un problème mathématique grâce à la logique, c'est un peu comme mener une enquête, à la manière d'un détective ! J'ai d'ailleurs retrouvé dans ma bibliothèque un livre captivant qui relate les aventures d'un couple de détectives londoniens pour qui l'observation et la déduction sont une véritable passion. Cet extrait illustre très bien le raisonnement logique que doivent suivre les mathématiciens afin de résoudre certains problèmes.

Thalès
(entre environ 625 et 547 av. J.C.)

Le mathématicien grec Thalès a tenu le même raisonnement, il y a plus de 2000 ans. De cette manière, il a calculé la hauteur des pyramides d'Égypte sans jamais être grimpé dessus !

« Voyons si vous êtes bien le scientifique que vous prétendez être ! Trouvez la hauteur de la tour de l'horloge Big Ben sans avoir recours à un instrument de mesure. Si votre résultat me convient, je vous donnerai le code pour ouvrir le coffre-fort. »
Jean Kate replia la lettre doucement, méditant déjà un moyen simple de trouver la solution. Nous partîmes rapidement vers cette fameuse tour. Il était près de 15 heures et la journée était belle. Devant Big Ben, Jean Kate réfléchissait, en faisant les cent pas. Tout à coup, il s'arrêta, fixant intensément son ombre. Il regarda celle de la tour et se mit à sourire.
– Fondamental, ma chère miss Stair ! me lança-t-il.
Il me demanda alors de mesurer son ombre avec mes pas. Puis il me pria de faire de même avec l'ombre de la tour. Lorsque j'eus terminé, il m'emmena boire un thé et m'expliqua tranquillement son raisonnement.
– La longueur des ombres est toujours proportionnelle à la hauteur des objets qui les projettent. Je vous ai fait mesurer mon ombre parce que je connais ma taille. Avec cette donnée et la longueur de l'ombre de la tour, je peux déduire la hauteur de Big Ben. D'après les chiffres que vous me rapportez, ma chère miss Stair, je peux d'ailleurs vous affirmer que Big Ben mesure environ 96 mètres de haut !

Le mystère du coffre-fort 35

Dans un raisonnement logique, il y a quatre étapes à suivre. C'est le chemin qu'a suivi Jean Kate. Tu verras, c'est assez simple !

1 Il y a d'abord l'OBSERVATION :
Kate a vu la tour, il a noté qu'il faisait beau, il a remarqué son ombre.

2 Puis l'INTERROGATION :
Comment trouver la hauteur de la tour sans instruments ?

3 Viennent la RÉFLEXION et la MISE EN RELATION de ce qui a été observé :
L'ombre de Kate lui a rappelé qu'une ombre était proportionnelle à la hauteur de l'objet qui la projetait. L'ombre de la tour allait donc lui permettre de résoudre son problème.

4 Le chemin se termine par la DÉDUCTION de la solution :
Son ombre mesurait 4 pas alors que sa taille est de 1,80 mètre. L'ombre de Big Ben était de 214 pas. Si 4 pas correspondent à 1,80 mètre alors 214 pas équivalent à ? mètres.
En utilisant une règle de trois, il en a déduit logiquement que sa hauteur était égale à :

$$\frac{214 \times 1{,}80 \text{ mètres}}{4} = 96{,}3 \text{ mètres}$$

La logique est très intéressante parce qu'elle permet de résoudre des problèmes beaucoup plus facilement qu'en effectuant de gros calculs ou en testant toutes les possibilités qui existent. Voici un exemple :

LE DAMIER

Imagine un damier auquel il manque les deux cases des coins opposés. Peux-tu couvrir les 98 cases restantes avec 49 dominos qui couvrent deux cases de couleurs différentes en même temps ?

Indice : De quelle couleur sont les cases manquantes ?
Réponse : Non, tu ne peux pas car chaque domino doit couvrir deux cases. Une bleue et une blanche. Or il manque deux cases bleues, il restera donc deux cases blanches qui ne pourront être couvertes.

Jeux logiques, p. 19

Tu aimes ce genre de jeux ?
Alors, tourne vite la page. Je t'en propose plusieurs autres très divertissants et qui feront fonctionner tes méninges à plein régime !
Amuse-toi bien...

Sudoku, Rubik's cube®, tic-tac-toe… Les jeux logiques ont du succès auprès d'un grand nombre de personnes. Moi aussi, j'y prends beaucoup de plaisir ! Je dédie donc ces deux pages à quelques-uns de ces jeux. Amuse-toi bien et surtout, mon ami, souviens-toi que chacun d'eux utilise la logique… (Les solutions se trouvent à la fin du livre, à la page 365.)

Le carré latin

Quand nous étions enfants, ma sœur et moi adorions remplir des carrés latins ! Nous faisions même le concours de celui qui le remplirait le plus vite… Les règles sont très simples. Il faut compléter la grille ci-dessous en remplissant cette condition : chaque rangée et chaque colonne doit contenir les chiffres de 1 à 5.

Bonne chance !

	5	2		
1			2	4
	1			
		1	3	
	2	4		3

La grille logique

Voici une autre grille logique. Celle-ci ne se remplit pas à force d'additions et de soustractions mais grâce à des indices ! Ces derniers te permettent de déduire où placer des lettres. Je te donne un exemple. Voici six indices.

A est dans un coin.
B est entre D et F.
C touche F.
D touche A.
E est en haut à gauche.
F est à gauche.

Grâce à ces indices, après réflexion et déduction, tu peux placer les lettres au bon endroit dans la grille, comme je l'ai fait.

E	C	A
F	B	D

À toi, maintenant. Mais avant que tu te lances dans cette grille, voici quelques tout petits conseils. Fais très attention aux détails, vérifie chaque fois si ta solution fonctionne. Si tu as un doute ou que tu hésites entre deux solutions, tu peux noter ces solutions en petit, dans un coin de la case que tu supposes être juste.

Indices :
A n'est pas dans un coin.
B est sous I.
C touche F.
D est en bas, mais il n'est pas dans un coin.
E touche A.
F ne touche pas G.
G est à droite de D, sur la même horizontale.
H est entre D et C.
I est à droite.

Les 4 énigmes

J'ai un gros faible pour les énigmes mathématiques. Elles ont souvent l'air très difficiles, mais lorsqu'on trouve la réponse, on s'aperçoit que la solution est essentiellement logique. En voici quelques-unes. Mais attention, mon ami! Je t'ai prévu quelques pièges...

DIX = 509

Comment est-ce possible ?

Certains mois possèdent 30 jours, d'autres 31. Mais combien y en a-t-il qui ont 28 jours ?

Tu es capitaine d'un petit bateau qui emmène les gens visiter le fleuve Saint-Laurent en plusieurs étapes. Au départ, 12 voyageurs embarquent sur le bateau. Au premier arrêt, 3 passagers descendent tandis que 5 montent à bord. À la seconde étape, 20 nouveaux passagers s'ajoutent et 7 quittent. À la troisième, 15 débarquent et 6 rejoignent le groupe. Sachant qu'au terme de cette promenade, tout le monde descend du bateau, et sachant que le bateau pèse 2,5 tonnes, quel est l'âge du capitaine ?

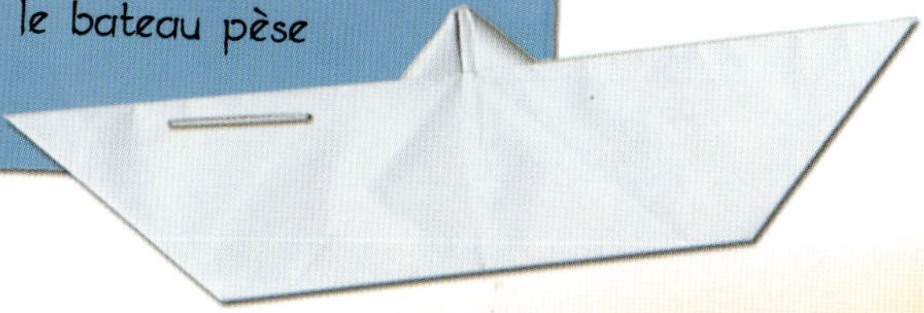

En voici une tirée de mon magazine préféré. Elle est peut-être un peu plus difficile, mais très logique...

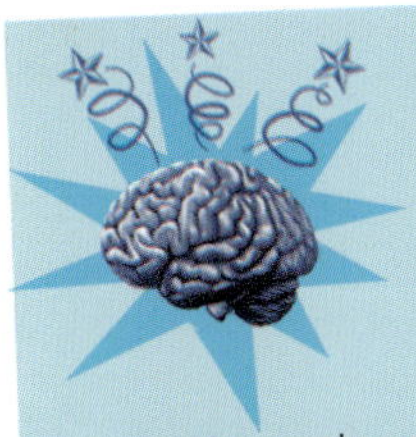

MAIS OÙ SE CACHE LE DOLLAR MANQUANT ?

Trois amis se rendent à l'hôtel pour louer une chambre. L'hôtelier leur demande 30 $. Ils partagent la note et paient chacun 10 $. Peu après, l'hôtelier décide de leur accorder un rabais de 5 $ et il demande à un employé d'aller leur remettre cette somme. Ne sachant comment partager 5 $ entre 3 personnes, l'employé décide de garder 2 $ de pourboire et de donner 1 $ à chacun des 3 clients. Sachant que chaque client a réellement payé 9 $ pour sa chambre, observe le calcul suivant :

Montant payé pour la chambre : 9 \$x3=27 \$
Pourboire conservé par l'employé : 2 \$
Total : 29 \$

Mais où est donc passé l'autre dollar?

La logique en folie, février 2010

Avec ces jeux, mon ami, je clos ce beau voyage à travers l'univers magique des mathématiques. Sache tout de même que la logique est aussi un élément essentiel dans les autres domaines de la science. Les chimistes ont inventé un tableau logique pour classer les différents éléments qui composent la matière... Tu veux en savoir plus ? Alors lis les prochaines pages sur la chimie, jeune curieux !

Il était une fois la chimie

Lorsque j'étais enfant, j'aimais imaginer les chimistes dans leur laboratoire... Je les voyais manipulant des tubes remplis de gaz explosifs ou composant des mixtures verdâtres aux odeurs bizarres. Très vite, mon père m'avait expliqué que les chimistes n'étaient pas des apprentis sorciers... même si leurs ancêtres étaient presque considérés comme tels! Je t'explique. L'alchimie, l'ancêtre de la chimie, serait née au cours de l'Antiquité, notamment dans les civilisations grecques et chinoises. Les savants de l'époque cherchaient alors à comprendre comment étaient fabriqués certains matériaux. Pour cela, ils s'appuyaient sur des observations scientifiques, mais aussi sur des croyances magiques! Un de leurs buts était de découvrir une matière qu'ils nommaient « la pierre philosophale ». Ils étaient persuadés qu'elle leur permettrait de devenir immortels... Tu peux lire l'article de la chronique « Incroyable mais vrai » qui t'en apprendra un peu plus sur ces premiers chimistes.

CONCOURS
LA CHIMIE EN FOLIE

La chimie ne se fait pas que dans les laboratoires, les amis! Elle se fait aussi au quotidien, sans que l'on s'en aperçoive... Trouvez où se cache la chimie de tous les jours! Voici quelques exemples pour vous inspirer :

- le savon qui mousse,
- le sucre qui fond dans un liquide chaud,
- le clou qui rouille,
- l'allumette qui s'enflamme lorsqu'on la frotte contre une surface rugueuse.

À vous de jouer maintenant!

Premier prix
un jeu « Le petit chimiste »
Deuxième prix
une visite dans un laboratoire de chimie
Troisième prix
un abonnement au magazine « La chimie en folie »

La chimie en folie, mai 2008

Incroyable mais vrai!

par C. Surprenant

Transformer du plomb... en or!

Pendant l'Antiquité et le Moyen Âge, les alchimistes étaient convaincus qu'ils pourraient transformer n'importe quelle matière en une autre. Ainsi, durant des années, ils ont tenté de transformer le plomb en or! Sans jamais réussir, bien sûr... En menant leur quête désespérée, ces savants un peu fous ont tout de même développé de nombreuses méthodes de travail qui ont, plus tard, profité à la chimie. Par exemple, le procédé de distillation (qui consiste à séparer les différents composants d'un mélange en les faisant bouillir) a été inventé par les alchimistes et a longtemps été utilisé par les chimistes pour fabriquer des huiles et des parfums.

Scientifiquement vôtre, juin 2009

Je t'explique le procédé de la distillation plus en détail à la page 213.

Les chimistes s'intéressent avant tout à la matière qui compose un corps, qu'il soit vivant (comme les animaux et les végétaux) ou non (comme les métaux, l'eau ou l'air). Les premiers pas de la chimie scientifique débutent au 17e siècle, mais cette science se développe véritablement il y a un peu plus de 200 ans, grâce aux travaux d'un talentueux chimiste : le Français Antoine de Lavoisier. Je te le présente.

Portraits de savants

Antoine de Lavoisier *(1743-1794)*

Antoine de Lavoisier est un chimiste brillant et rigoureux. Pendant les expériences qu'il mène, il utilise systématiquement sa balance. C'est ainsi qu'il découvre le principe de conservation de la masse. Ses travaux montrent en effet que la masse des composants au début de l'expérience demeure la même que celle des composants produits après la réaction. C'est la loi de la conservation de l'énergie : « Rien ne se perd, rien ne se crée, tout se transforme. » Sa méthode scientifique rigoureuse au cours de ses expériences lui vaudra d'être considéré comme le père de la chimie moderne.

Portraits de savants, p. 98

Grâce à leurs nombreuses connaissances sur la matière et les réactions chimiques, les chimistes améliorent notre quotidien. Ils fabriquent des médicaments, des cosmétiques ou du parfum. Ils peuvent rendre l'eau potable, nettoyer les vêtements (grâce à l'invention du détergent) ou encore, donner du goût à la crème glacée. Les chimistes peuvent même fabriquer des matériaux qui n'existaient pas dans la nature, comme le nylon et le plastique !

Pourquoi le citron est-il acide ? Pourquoi est-ce que le feu brûle ? Qu'est-ce qui est responsable du parfum des fleurs ? Pour répondre à ces questions, il faut d'abord connaître de quoi sont constitués ces différents corps. Il s'agit d'étudier la MATIÈRE, ses minuscules particules, leurs assemblages et leurs propriétés (pages 204 à 210). Ensuite, les chimistes doivent découvrir comment ces particules réagissent entre elles. Que se passe-t-il lorsqu'elles se combinent, se séparent ou s'entrechoquent ? Il s'agit de l'étude des TRANSFORMATIONS physiques et chimiques de la matière (pages 211 à 217).

Ce dont nous sommes faits...

C'est le savant grec Démocrite qui, le premier, a lancé l'idée que toute matière était faite de particules indivisibles (qui ne peuvent être divisées davantage). C'était il y a près de 2500 ans ! Il avait alors nommé ces particules « atomos », ce qui signifie en grec « qui ne se coupe pas ». La théorie de Démocrite n'a pas connu beaucoup de succès, tu sais... À l'époque, les savants (comme Aristote) pensaient plutôt que le monde était constitué de quatre éléments : l'eau, la terre, l'air et le feu... C'est seulement 2000 ans plus tard que les scientifiques reprirent l'idée de Démocrite. Au 19e siècle, le Britannique John Dalton (1766-1844) adopta le terme « atome » pour désigner le plus petit grain de matière. Aujourd'hui, nous savons que tout ce qui nous entoure est composé d'atomes ! Le coussin sur lequel tu es assis, le bureau sur lequel j'écris, la pomme que tu croques, l'air qui nous entoure... Toi et moi sommes aussi constitués d'atomes, tu sais... Difficile à imaginer, n'est-ce pas ?

Tu sais, les atomes sont si petits qu'on pourrait en compter près de deux milliards dans le point final d'une phrase ! Si on grossissait un atome d'hydrogène mille milliards de fois, son noyau mesurerait 1 millimètre tandis qu'il pèserait 1,7 million de tonnes ! Tu veux connaître ce qu'il y a à l'intérieur d'un atome, jeune curieux ? Eh bien, jette un œil sur l'atome de carbone que je t'ai dessiné !

L'atome est composé de plus de 99 % de VIDE... Si on supprimait le vide de tous les atomes de la Terre, elle mesurerait seulement 150 km de diamètre... Notre chère planète ressemblerait alors à un simple petit astéroïde !

Aujourd'hui, on sait que les atomes ne sont pas des particules indivisibles. Grâce à des appareils ultra-sophistiqués, les scientifiques ont en effet réussi à les diviser en particules encore plus petites ! Ils ont alors découvert les protons, les neutrons puis des particules encore plus petites...

MES RECORDS DE LA SCIENCE

Les plus petites particules de matière

Les électrons et les quarks font partie des particules les plus minuscules connues aujourd'hui. Les quarks forment entre autres les protons et les neutrons. Il en existe six types nommés par des termes anglais : « up » (haut), « down » (bas), « bottom/beauty » (beauté), « top/truth » (vérité), « strange » (étrange) et « charm » (charme). Jolis noms, n'est-ce pas ? Un proton est formé de 2 quarks « up » et 1 quark « down ». Un neutron de 2 quarks « down » et 1 quark « up ».

Les ÉLECTRONS sont des particules qui gravitent, à toute vitesse, sur plusieurs orbites autour du noyau de l'atome.

Le NOYAU comprend deux autres particules : les protons (en vert) et les neutrons (en bleu).

Les électrons

Les électrons sont 1 836 fois plus légers que les protons et les neutrons ! Ils possèdent une charge négative. C'est grâce aux électrons que les atomes peuvent interagir entre eux en faisant des réactions chimiques.

La chimie en folie, février 2010

Les protons et les neutrons

Les protons sont des particules de charge positive. Habituellement, dans un atome, il y a autant de protons que d'électrons. Les neutrons, quant à eux, sont des particules non chargées électriquement. On dit qu'ils sont neutres.

La chimie en folie, février 2010

Les atomes sont comme des célébrités qui évitent les photographies des paparazzi : il est difficile de les prendre en photo ! Toutefois, depuis 1982, les scientifiques ont maintenant une bonne idée de ce à quoi ils ressemblent. Pour le savoir, jette un coup d'œil à l'extrait du magazine ci-dessous.

L'infiniment petit à portée de la main

Les chercheurs de la société IBM, Gerd Binnig et Heinrich Rohrer, ont inventé en 1982 un nouveau type de microscope : le microscope à effet tunnel. Ce dernier permet d'observer la structure atomique d'une surface. Cet étonnant microscope est aussi capable de déplacer les atomes… C'est grâce à cet incroyable pouvoir que les chercheurs d'IBM ont pu, cette année, écrire le logo de leur employeur avec 35 atomes de xénon qu'ils ont placés sur une surface de nickel… Félicitations à leur équipe !

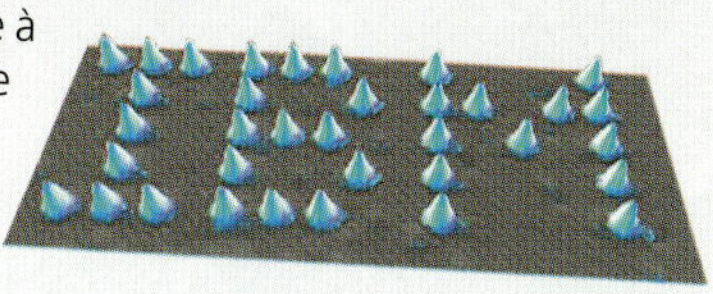

Physique 2000, décembre 1990

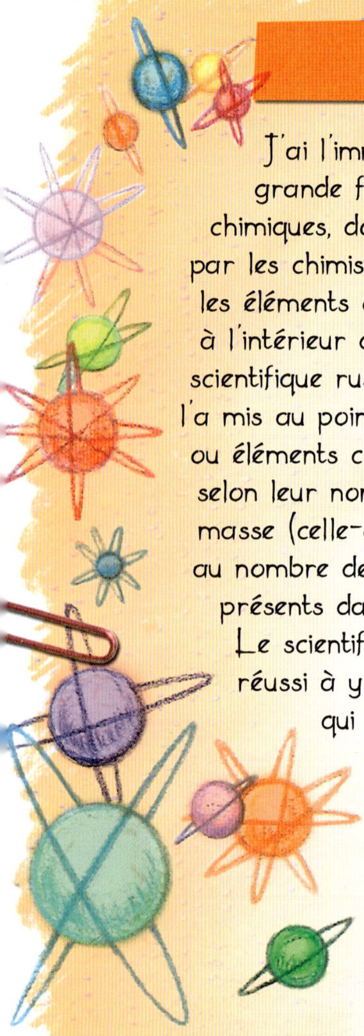

Les éléments

J'ai l'immense honneur de te présenter la grande famille des atomes : 112 éléments chimiques, dont 90 naturels et 22 fabriqués par les chimistes. Pour des raisons pratiques, les éléments chimiques ont été regroupés à l'intérieur d'un tableau. C'est le scientifique russe Dimitri Mendeleïev qui l'a mis au point en 1869. Les atomes, ou éléments chimiques, y sont classés selon leur nombre de protons et leur masse (celle-ci équivaut à peu près au nombre de protons et de neutrons présents dans le noyau de l'atome). Le scientifique russe a même réussi à y regrouper les éléments qui présentaient les mêmes propriétés chimiques. Brillant, n'est-ce pas ?

NUMÉRO ATOMIQUE. Il s'agit du nombre de protons dans le noyau de l'atome. Rappelle-toi ! Le nombre de protons est souvent le même que celui des électrons qui gravitent autour du noyau de l'atome.

MASSE de l'atome

1 1,0 **H** hydrogène

SYMBOLE CHIMIQUE. Il correspond à l'abréviation du nom de l'élément. Quand la lettre est déjà prise, les chimistes attribuent un autre symbole à l'élément.

NOM de l'élément

1 1,0 **H** hydrogène								
3 6,9 **Li** lithium	4 9,0 **Be** béryllium							
11 23,0 **Na** sodium	12 24,3 **Mg** magnésium							
19 39,1 **K** potassium	20 40,1 **Ca** calcium	21 45,0 **Sc** scandium	22 47,9 **Ti** titane	23 50,9 **V** vanadium	24 52,0 **Cr** chrome	25 54,9 **Mn** manganèse	26 55,8 **Fe** fer	27 58,9 **Co** cobalt
37 85,5 **Rb** rubidium	38 87,6 **Sr** strontium	39 88,9 **Y** yttrium	40 91,2 **Zr** zirconium	41 92,9 **Nb** niobium	42 95,9 **Mo** molybdène	43 97,9 **Tc** technétium	44 101,1 **Ru** ruthénium	45 102,9 **Rh** rhodium
55 132,9 **Cs** césium	56 137,3 **Ba** baryum	57 138,9 **La** lanthane	72 178,5 **Hf** hafnium	73 181,0 **Ta** tantale	74 183,9 **W** tungstène	75 186,2 **Re** rhénium	76 190,2 **Os** osmium	77 192,2 **Ir** iridium
87 223,0 **Fr** francium	88 226,0 **Ra** radium	89 227,0 **Ac** actinium	104 261 **Rf** rutherfordium	105 262 **Db** dubnium	106 266 **Sg** seaborgium	107 264 **Bh** bohrium	108 277 **Hs** hassium	109 268 **Mt** meitnerium

58 140,1 **Ce** cénum	59 140,9 **Pr** praséodyme	60 144,2 **Nd** néodyme	61 145,0 **Pm** prométhium	62 150,3 **Sm** samarium
90 232,0 **Th** thorium	91 231,0 **Pa** protactinium	92 238,0 **U** uranium	93 237,0 **Np** neptunium	94 24,0 **Pu** plutonium

Plus des trois quarts des éléments chimiques sont des métaux. Ils ont la propriété d'être de bons conducteurs (c'est-à-dire qu'ils véhiculent bien l'électricité et la chaleur).

Dimitri Mendeleïev

Mendeleïev a inventé la classification des éléments que tous les chimistes utilisent aujourd'hui. Il a eu l'intelligence de laisser des cases vides lorsque l'écart entre la masse de deux éléments qui se suivaient était trop important. Il avait alors compris que certains éléments n'avaient pas encore été découverts et qu'il fallait leur laisser une place ! Comme les éléments étaient classés selon leurs propriétés chimiques, ces cases manquantes ont, en plus, permis de prévoir les propriétés de ces éléments inconnus…

Scientifiquement vôtre, janvier 2009

Dimitri Mendeleïev (1834-1907)

La chimie dans les laboratoires

par Roxy Jaine

Saviez-vous que l'aluminium était le métal le plus répandu sur la planète ? Il a en plus l'avantage d'être léger. Or il se déforme très facilement, ce qui est peu pratique pour l'utiliser dans des constructions dignes de ce nom… Les chimistes ont alors eu l'idée de le mélanger avec un autre élément (du cuivre, du magnésium ou du silicium). Le résultat est un mélange extrêmement robuste qu'on utilise dans la construction des bateaux et des avions.

La chimie en folie, août 2008

13 27,0 **Al** aluminium

								2 4,0 **He** hélium
			5 10,8 **B** bore	6 12,0 **C** carbone	7 14,0 **N** azote	8 16,0 **O** oxygène	9 19,0 **F** fluor	10 20,2 **Ne** néon
			13 27,0 **Al** aluminium	14 28,1 **Si** silicium	15 31,0 **P** phosphore	16 32,1 **S** soufre	17 35,5 **Cl** chlore	18 39,9 **Ar** argon
28 58,7 **Ni** nickel	29 63,5 **Cu** cuivre	30 65,4 **Zn** zinc	31 69,7 **Ga** gallium	32 72,6 **Ge** germanium	33 74,9 **As** arsenic	34 79,0 **Se** sélénium	35 79,9 **Br** brome	36 83,8 **Kr** krypton
46 106,4 **Pd** palladium	47 107,9 **Ag** argent	48 112,4 **Cd** cadmium	49 114,8 **In** indium	50 118,7 **Sn** étain	51 121,8 **Sb** antimoine	52 127,6 **Te** tellure	53 126,9 **I** iode	54 131,3 **Xe** xénon
78 195,1 **Pt** platine	79 197,0 **Au** or	80 200,6 **Hg** mercure	81 204,4 **Tl** thallium	82 207,2 **Pb** plomb	83 208,9 **Bi** bismuth	84 209,0 **Po** polonium	85 209,9 **At** astate	86 222,0 **Rn** radon
110 271 **Ds** darmstadtium	111 272 **Rg** Roentgenium	112 285 **Cn** Copernicium	113 284 **Uut** Ununtrium	114 289 **Uuq** Ununquadium	115 288 **Uup** Ununpentium	116 292 **Uuh** Ununhexium	117 292 **Uus** Ununseptium	118 294 **Uuo** Ununoctium
63 151,9 **Eu** europium	64 157,2 **Gd** gadolinium	65 158,9 **Tb** terbium	66 162,5 **Dy** dysprosium	67 164,9 **Ho** holmium	68 167,2 **Er** erbium	69 168,9 **Tm** thalium	70 173,0 **Yb** ytterbium	71 174,9 **Lu** lutécium
95 243,0 **Am** américium	96 247,0 **Cm** curium	97 247,0 **Bk** berkélium	98 251,0 **Cf** californium	99 252 **Es** einsteinium	100 257 **Fm** fermium	101 258 **Md** mendélévium	102 259 **No** nobélium	103 262 **Lr** lawrencium

Les conseils de Chantal Marmiton

Quand vous cuisinez, soyez attentifs à ne pas toucher les poignées métalliques des chaudrons qui chauffent. En effet, à force d'être en contact avec la chaleur, le métal chauffe et pourrait vous brûler ! Utilisez des gants en tissu épais, ils empêcheront la chaleur de vous atteindre…

1 1,0 **H** hydrogène

2 4,0 **He** hélium

MES RECORDS DE LA SCIENCE

Les plus abondants

Les éléments les plus abondants dans l'Univers sont l'hydrogène et l'hélium. Ce sont aussi les plus simples ! Ils représentent 97 % de la masse des étoiles ! Par contre, les éléments les plus abondants de notre chère planète sont l'azote et l'oxygène dans l'atmosphère tandis qu'il s'agit de l'oxygène, du silicium et de l'aluminium dans la croûte terrestre.

6 12,0 **C** carbone

La chimie dans les loisirs

par Roxy Jaine

Savez-vous que le bon vieux crayon de plomb que vous utilisez à l'école est doté d'une mine qui n'est pas en plomb ? Elle est en fait fabriquée en carbone ! Il s'agit d'un élément naturel qu'on retrouve très fréquemment autour de nous sous la forme de graphite (comme dans la mine de crayon), de diamant ou de charbon (pratique pour faire un barbecue !). La mine de votre crayon est donc constituée des mêmes atomes que ceux des diamants !

La chimie en folie, janvier 2010

Le corps humain est une véritable usine chimique, les amis ! Il est composé de nombreux éléments chimiques…

Sur 100 atomes du corps, on trouve :

10 atomes d'hydrogène	essentiels pour fabriquer les substances dont votre corps a besoin (comme les protéines, les hormones, les graisses, etc.).
65 atomes d'oxygène	
18 atomes de carbone	
3 atomes d'azote	
2 atomes de calcium	essentiels pour fortifier les os.
1 atome de phosphore	nécessaire pour la croissance des cellules du cerveau.
De petites quantités de fer, de zinc, de cuivre, de chlore et de magnésium	indispensables pour le bon fonctionnement de votre corps.

La chimie en folie, mai 2011

Un mariage d'atomes

Lorsque nous étions enfants, ma sœur et moi étions inséparables ! Les gens disaient souvent que nous avions des « atomes crochus ». C'est encore le cas aujourd'hui, tu sais. Sais-tu ce que cela signifiait ? Eh bien, tout simplement que nous avions l'air de très bien nous entendre !

Cette expression vient du fait que les atomes (les vrais !) restent rarement seuls. Ils « s'accrochent » entre eux pour former, petit à petit, la matière que nous observons autour de nous. Lorsque deux atomes ou plus se lient, ils forment ce que les scientifiques appellent une « molécule ». Prenons un exemple. Une molécule d'eau est un mariage entre 2 atomes d'hydrogène (H) et 1 atome d'oxygène (O). Quand tu bois un verre d'eau, tu bois en fait des millions de millions de molécules H_2O ! Bizarre, n'est-ce pas ?

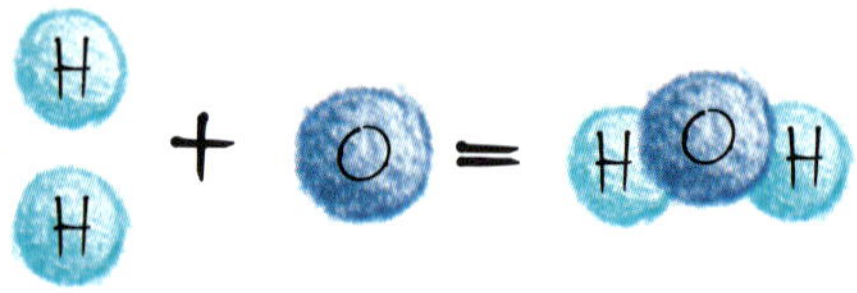

La chimie en folie
par Roxy Jaine

Les molécules sont la source de l'incroyable diversité de la matière qui nous entoure ! Pourquoi ? Parce que les 112 atomes peuvent s'accrocher entre eux de mille et une manières... Ils forment ainsi des millions de molécules aux formes et aux propriétés différentes ! Toutes ces molécules se regroupent ensuite pour former la matière que l'on connaît.

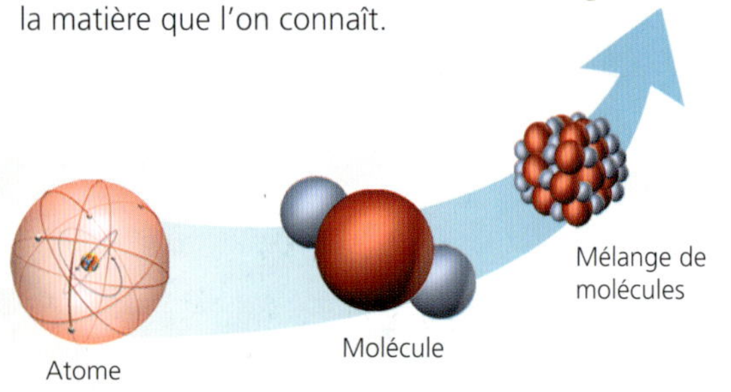

La chimie en folie, décembre 2010

MES RECORDS DE LA SCIENCE

La plus grande

Certaines molécules sont composées de 2 ou 3 atomes, comme l'eau (H_2O) et le sel de table (NaCl). Mais d'autres possèdent plusieurs millions d'atomes ! On les appelle des « macromolécules »... L'ADN est une molécule présente dans le noyau de toutes les cellules. Elle est essentielle à toute forme de vie sur Terre. C'est la molécule naturelle la plus grande que l'on connaisse.

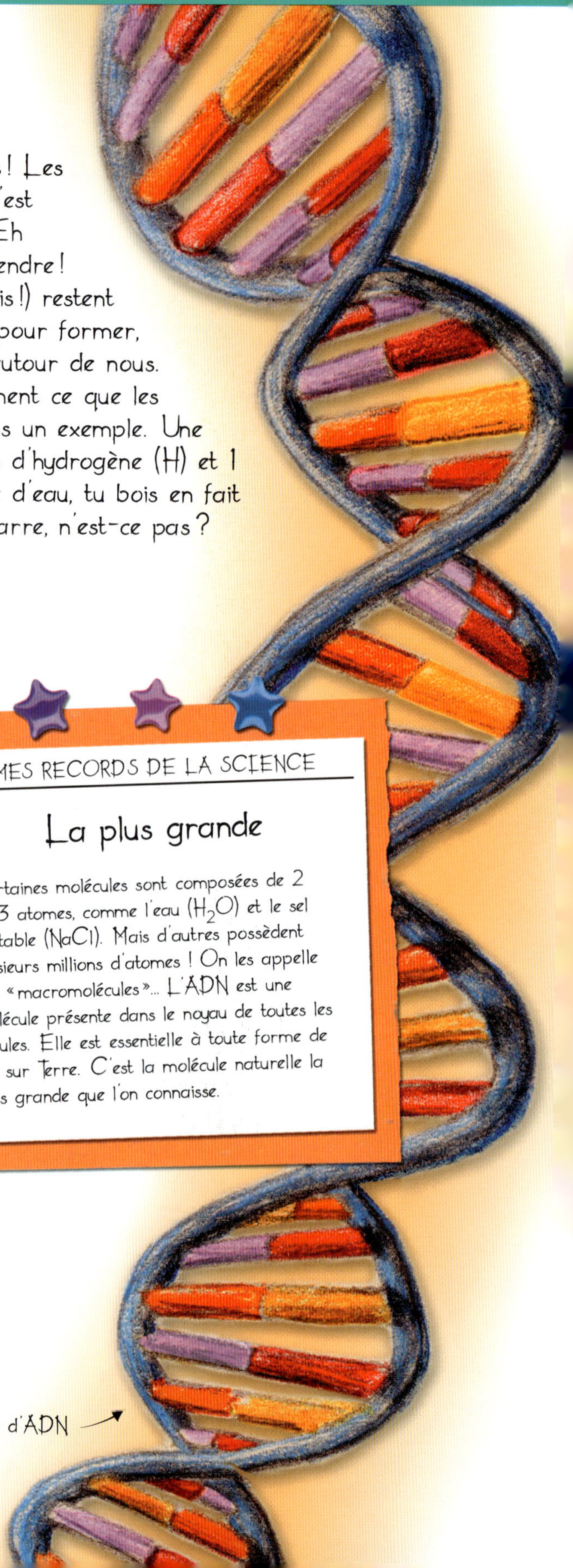

Molécule d'ADN

Monsieur le professeur,

Malgré tous mes efforts et ma bonne volonté, je suis perdu face à tous ces composés chimiques aux noms bizarres... Comment puis-je savoir ce qu'est l'« Esprit de Vénus » ou le « Safran de Mars » ? Ils ne reflètent en rien les substances chimiques qu'ils sont censés définir ! De plus, vous le savez vous-même, certains composés portent plusieurs noms différents... Pire ! Plusieurs substances sont parfois désignées par le même nom... Je me propose donc de réfléchir à une façon de nommer les composés chimiques de manière plus scientifique. Qu'en pensez-vous ?

Avec tout mon respect,
Votre dévoué étudiant

« Esprit de Vénus », « Safran de Mars »... Ces noms imprécis sont les anciens noms des composés chimiques. (L'« Esprit de Vénus » est l'ancien nom de l'acide acétique (le vinaigre) et le « Safran de Mars » l'ancien nom de l'oxyde de fer...) Tu sais, ces noms n'ont plus cours depuis qu'une nouvelle méthode a été conçue pour nommer les composés chimiques de façon scientifique et précise. Je me plais d'ailleurs à imaginer que cette lettre, que m'a dénichée mon ami antiquaire Pietro Poussiero, a été écrite par le jeune Lavoisier. En effet, c'est lui qui, aidé de quelques collaborateurs, a proposé en 1787 « La méthode de nomenclature chimique ». Fini les noms poétiques, colorés mais imprécis !... Depuis, un composé chimique ne porte qu'un seul nom ! Ce nom décrit notamment de quoi est composée la substance (par exemple, le « dioxygène » signifie que le gaz est constitué de deux atomes d'oxygène). Voici le portrait d'un autre astucieux chimiste qui compléta cette nomenclature.

Jöns Jacob BERZÉLIUS (1779-1848)

Au début du 19e siècle, le chimiste suédois Berzélius améliora le système de notation des formules chimiques grâce à deux brillantes idées... Premièrement, il utilisa les premières lettres de leur nom pour désigner les atomes. Ensuite, il plaça un nombre devant ce symbole pour indiquer le nombre de molécules et un autre, en indice, pour renseigner sur le nombre d'atomes dans la molécule. Ainsi, $2\,H_20$ annonce que nous sommes en présence de 2 molécules et que chacune est composée de 2 atomes d'hydrogène et de 1 atome d'oxygène.

Inventeurs et inventions, p. 16

Les chimistes cherchent aussi à comprendre comment les atomes s'accrochent entre eux pour former une molécule. C'est très important car selon sa forme, la molécule peut avoir des propriétés différentes... Ainsi, un médicament peut perdre son efficacité si sa molécule change de forme. Pour connaître cette forme, les chimistes réalisent souvent de nombreuses expériences compliquées. Mais il arrive parfois qu'ils le découvrent d'une façon un peu spéciale... C'est ce que nous raconte l'article ci-contre.

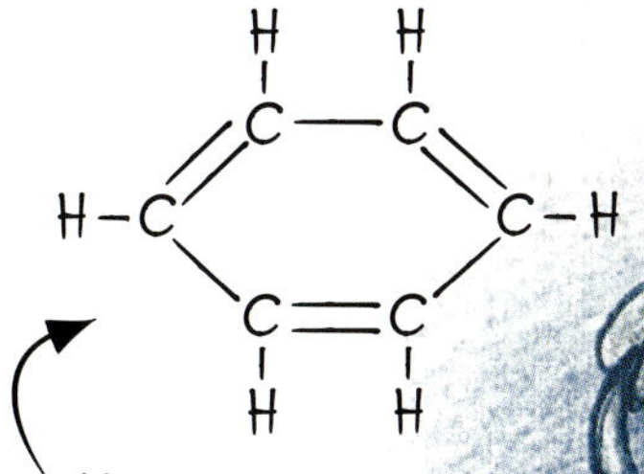

Molécule de benzène

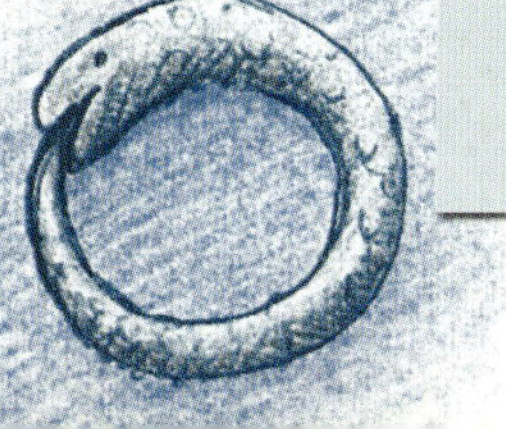

Le serpent qui donne la réponse

Nous sommes en 1866... Depuis des semaines, le chimiste allemand Friedrich August Kekule (1829-1896) réfléchit sur la molécule de benzène dont il connaît la formule C_6H_6. Il veut absolument comprendre comment s'organisent les atomes de carbone et d'hydrogène entre eux. Mais quoi qu'il fasse, les solutions qu'il trouve ne sont pas satisfaisantes ! Un soir, lassé et prêt à renoncer, il s'endort. Il rêve alors d'un serpent qui se mord la queue. C'est le déclic ! La molécule de benzène est une molécule cyclique ! C'est donc en rêvant que le célèbre chimiste a découvert la première molécule cyclique...

Scientifiquement vôtre, novembre 2011

La matière dans tous ses états !

Lève les yeux et regarde bien autour de toi... Tout ce que tu vois existe sous forme liquide ou solide. Mais savais-tu que la majeure partie de la matière qui t'entoure se trouve sous forme de gaz ? Voyons un exemple... Prends un verre vide. Retourne-le et plonge-le dans une bassine d'eau. Ensuite, bascule-le un peu et observe les bulles qui s'en échappent. Ces dernières te montrent que le verre n'était pas vide mais rempli d'air ! Tu vois, mon ami, la plupart des gaz ne se voient pas, contrairement aux solides et aux liquides. Je t'explique pourquoi. Dans un liquide ou un solide, les molécules sont très nombreuses et très rapprochées. C'est pourquoi nous les voyons. Les molécules de gaz, quant à elles, sont trop éloignées les unes des autres pour qu'on puisse les apercevoir... Par contre, on peut les sentir ! Le chlore, par exemple, possède une odeur bien particulière : celle de la piscine. (On utilise le chlore pour tuer les microbes qui sont dans l'eau.)

La matière qui nous entoure peut se trouver sous quatre états : solide, liquide, gazeux et plasma. Tu sais, on trouve rarement de la matière sous forme de plasma sur la Terre. Il y en a un peu dans le feu ou dans les tubes fluorescents, mais la majeure partie se trouve dans l'espace... Les étoiles, comme le Soleil, sont des boules de plasma. Ce dernier, par exemple, est doté d'un cœur de plasma d'hydrogène et d'hélium !

C'est le chimiste britannique, passionné par les gaz, Joseph Priestley (1733-1804) qui a trouvé comment injecter du gaz carbonique dans l'eau, inventant ainsi les premières eaux gazeuses.

La métamorphose de la matière...

Je dois te préciser, jeune curieux, que les molécules qui forment la matière bougent sans arrêt ; elles s'attirent, s'entrechoquent et parfois se séparent. C'est ainsi que la matière se transforme... Je t'emmène visiter l'univers passionnant de ces transformations au fil des prochaines pages. Tu découvriras qu'il existe des réactions dites « physiques », qui n'entraînent pas la formation de nouvelle matière, et des réactions dites « chimiques » qui, au contraire, donnent naissance à de nouvelles substances. Commençons notre voyage par un bref survol du monde des réactions physiques...

Les transformations physiques

As-tu déjà observé de près les flocons de neige ? Ce sont de vrais chefs-d'œuvre de la nature ! La neige est de l'eau liquide (les gouttes d'eau) qui s'est transformée en eau solide (les flocons). Tu sais, ces passages d'un état à un autre sont des transformations physiques très courantes. Tu veux connaître le nom de la transformation d'un solide en liquide ? de celle d'un gaz en liquide ? Alors consulte mon schéma !

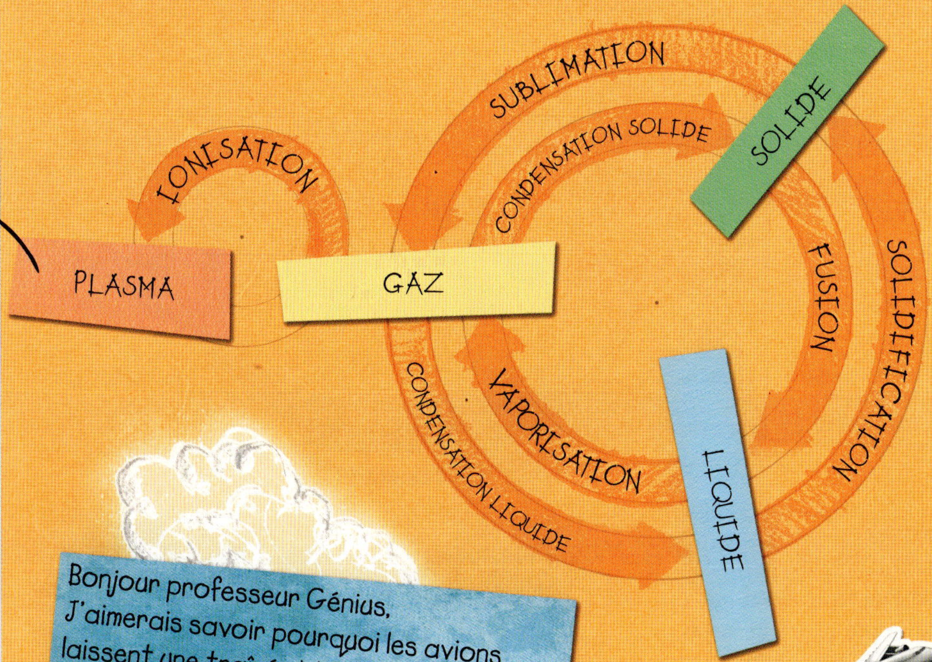

Bonjour professeur Génius,
J'aimerais savoir pourquoi les avions laissent une traînée blanche derrière eux quand ils volent ?
Merci !
Anne-Laure, 10 ans

Voici un bel exemple de transformation physique, merci Anne-Laure ! Un avion, lorsqu'il vole, consomme du kérosène (l'essence pour un avion). Il libère dans les airs du gaz carbonique et de l'eau. L'eau se trouve à l'état de vapeur dans le réacteur de l'avion (où la température approche 500 °C). À 10 000 mètres d'altitude, la température extérieure est d'environ -40 °C. Quand la vapeur d'eau sort de l'avion, elle passe d'une température très chaude à une température très froide, ce qui provoque sa condensation solide : elle se transforme instantanément en glace ! C'est cette glace qui provoque la traînée blanche qui suit l'avion dans les airs. Intéressant, n'est-ce pas ?

Le passage d'un état à un autre dépend de la température. L'eau pure, par exemple, est solide en dessous de 0 °C, liquide entre 0 °C et 100 °C et gazeuse au-dessus de 100 °C... Mais attention, mon ami, cette température varie selon les substances ! Jette un coup d'œil à mon tableau, je t'y ai noté quelques exemples.

Matière	Devient liquide au-dessus de...	Devient gazeuse au-dessus de...
Alcool (éthanol)	-117 °C	78 °C
Eau	0 °C	100 °C
Cire (bougie)	55 °C	377 °C
Sel	801 °C	1 413 °C
Or	1 064 °C	2 056 °C
Diamant	3 500 °C	4 827 °C

La chimie dans la nature

par Roxy Jaine

Une comète est dotée d'un cœur de glace. Parfois son voyage la porte près du Soleil. Là-bas, les températures auxquelles elle fait face sont très élevées... C'est pourquoi le noyau de glace de la comète fond instantanément et se métamorphose en gaz. Ce passage de l'état solide à gazeux se nomme « sublimation ». C'est cette transformation qui est responsable de la belle queue que traîne la comète derrière elle !

La chimie en folie, décembre 2009

Les transformations chimiques

Voici maintenant venu le temps d'explorer l'univers merveilleux des réactions CHIMIQUES, celles qui, contrairement aux réactions physiques, donnent naissance à de nouvelles substances ! Lis l'extrait encyclopédique ci-contre, il t'explique simplement comment cette nouvelle matière peut se former.
Je te présenterai ensuite quelques exemples de transformations chimiques qui se produisent dans la nature, les loisirs, la cuisine et même le corps humain !

Pendant une transformation chimique, certaines molécules se cassent et libèrent les atomes qui les composent. Ces derniers sont alors libres de se réarranger entre eux pour former de nouvelles molécules et donc, une nouvelle substance.

Savais-tu que les flammes sont issues d'une réaction chimique que l'on appelle « combustion » ? Personnellement, j'adore rêvasser près d'un feu en regardant les flammes danser dans la nuit et s'élever vers le ciel ! Leurs mouvements gracieux et leurs couleurs changeantes m'ont toujours envoûté... Tu sais, si nous habitions sur la Lune, il serait tout à fait impossible de profiter de cette beauté brûlante... Pourquoi ? Eh bien, parce que la combustion, c'est la transformation d'un corps en présence d'oxygène. Ici, une bûche de bois brûle et se transforme en cendres grâce à l'oxygène, un gaz présent dans l'air que nous respirons... Or il n'y a pas d'oxygène sur la Lune mon ami ! Rien ne peut donc y brûler...

Mon jeune ami Olivier me donne ici l'occasion de te présenter un autre exemple de réaction chimique qui survient dans la vie quotidienne. Jette donc un coup d'œil à sa brillante question !

Bonjour monsieur Génius
J'aimerais savoir pourquoi les clous rouillent quand je les laisse dehors ?
Merci beaucoup,
Olivier, 9 ans

Si le clou d'Olivier rouille, c'est parce que le fer qui le compose réagit avec l'oxygène de l'air en présence d'eau. Le fer se transforme alors en un autre composé : la rouille... Voilà pourquoi, si tu fais du bricolage, il faut faire bien attention à mettre les objets en fer (comme tes petits clous) à l'abri de l'humidité.

De nombreuses réactions chimiques se déroulent dans la nature. Certaines font intervenir des produits chimiques qu'on appelle « acides ». Laisse-moi te les présenter brièvement… Tout d'abord, il en existe deux types. Les premiers sont peu dangereux : ce sont les acides faibles. Ces derniers se retrouvent beaucoup dans notre alimentation. On les reconnaît à leur saveur sure et parce qu'ils nous font cligner des yeux (comme le jus de citron ou le vinaigre). Les seconds sont les acides forts… Ces derniers sont, pour leur part, capables de détruire rapidement tout ce qu'ils touchent comme en témoigne ce cher Aimé Laverdure !

Stop aux pluies acides !

par Aimé Laverdure

Nos forêts meurent un peu plus chaque jour à cause des pluies acides qui proviennent des régions industrialisées. En effet, les acides qui s'échappent de la fumée des voitures et des usines se dissolvent dans la pluie ou la neige. Ils provoquent de vraies catastrophes ! Les acides brûlent les feuilles et tuent les arbres à petit feu. Sachez qu'ils s'attaquent aussi aux pierres des bâtiments ! Ils empoisonnent les eaux des rivières et des lacs, tuant, petit à petit, les poissons et les plantes qui y poussent… Remuons-nous et militons pour que les rejets des usines et des véhicules soient plus propres !

Pour l'amour des plantes, mai 2009

Ravages des pluies acides sur une forêt

Sache tout de même que les acides forts nous sont très utiles… En voici un très bon exemple.

La chimie dans le corps humain

par Roxy Jaine

Notre estomac abrite un liquide extrêmement corrosif !… C'est l'acide chlorhydrique. Il transforme les aliments en substances essentielles pour les cellules, comme les sucres (par exemple le glucose) ou les minéraux (fer, magnésium, calcium, etc.). L'acide chlorhydrique peut brûler fortement la peau et est capable de trouer certaines matières. Heureusement, notre estomac est protégé par une sorte de liquide visqueux qui empêche l'acide de le brûler !

La chimie en folie, janvier 2011

Tous les acides peuvent être neutralisés grâce à des composés chimiques bien particuliers… Ce sont les « bases », comme la soude ou l'ammoniac. Lorsqu'un acide et une base sont en présence dans des proportions précises, ils réagissent ensemble et se transforment en un sel inoffensif ! Par exemple, la réaction chimique entre l'acide chlorhydrique et la soude aboutit à la formation de sel de table et d'eau ! Incroyable, non ? Les bases interviennent aussi dans des réactions chimiques qui ont des applications dans la vie de tous les jours. Je t'en ai collé un exemple ci-contre. Sache toutefois qu'une base isolée est tout aussi dangereuse qu'un acide ! Elle peut, par exemple, te brûler très gravement si elle entre en contact avec ta peau…

RECETTE DE LA FABRICATION DU SAVON

Ingrédients

- huile d'olive (peut être remplacée par de l'huile de palme, d'arachide au de noix de coco)
- soude
- eau déminéralisée
- au goût : colorant, parfum, huiles essentielles

Continuons notre périple à travers le monde des réactions chimiques. Tu sais, ces dernières ont aussi de nombreuses applications dans les loisirs. Les feux d'artifice, par exemple, ne sont rien de moins qu'une suite de réactions chimiques ! Voyons avec l'extrait de mon livre « Le comment du pourquoi » comment une petite fusée peut engendrer de si belles explosions de couleurs...

DES FUSÉES ÉBLOUISSANTES

Si on observait l'intérieur d'une fusée de feu d'artifice, on distinguerait deux mélanges. Le premier est un mélange de salpêtre, de soufre et de charbon. Quand on l'enflamme, il se transforme en gaz entraînant ainsi la fusée dans les airs. Le second mélange explose peu après dans le ciel. La couleur de l'explosion dépend de la composition du mélange. S'il contient du potassium, l'explosion sera un feu violet. Mais préparé avec du lithium, le feu d'artifice sera rose, alors qu'avec du strontium il sera rouge, avec du calcium il sera orange, avec du sodium il sera jaune, et avec du magnésium il sera blanc.

Le comment du pourquoi 110

Quand j'étais jeune homme, j'aimais beaucoup prendre des photographies amusantes... Je t'en ai collé une ci-dessous. Devine ce qu'elle représente ! À l'époque, ces photos étaient en noir et blanc... L'extrait de mon magazine « La chimie en folie » t'explique les séries de réactions chimiques qui se cachent derrière ces photos !

La chimie dans les loisirs

par Roxy Jaine

Les photographies traditionnelles, qui utilisent des pellicules, sont le fruit de plusieurs réactions chimiques ! En effet, sur ces pellicules, des sels d'argent sont étalés. Ces derniers sont sensibles à la lumière. Plus ils reçoivent de lumière, plus ils noircissent ! En prenant une photo, on obtient une image « en négatif » (cela signifie que, sur la pellicule, les objets clairs sont noirs et les objets sombres sont blancs). Pour obtenir l'image réelle, il faut développer la pellicule. Pour cela, on projette l'image de la pellicule sur un papier sensible à la lumière. Ce papier est plongé dans deux bains de solution chimique. Le premier révèle l'image en noircissant les endroits du papier qui ont été très éclairés lors de la projection de l'image sur la pellicule. Le second arrête la réaction chimique provoquée par le révélateur. On obtient alors une belle photo !

La chimie en folie, mars 2010

Les photographies couleurs proviennent elles aussi de ces réactions chimiques. Les pellicules qui les immortalisent possèdent simplement plusieurs couches qui se colorent pour former l'image photographiée...

Les chimistes, des inventeurs pleins d'idées...

Nous arrivons au terme de notre aventure au sein de la chimie, mon ami. Sache que grâce à elle, beaucoup d'inventions fleurissent de l'imagination fertile des chimistes ! Ces derniers cherchent à créer des matières moins coûteuses à produire, plus écologiques ou dont les propriétés sont plus avantageuses par rapport à celles des produits naturels... Jette un œil à la publicité d'un produit révolutionnaire créé par les chimistes en 1938 : le nylon.

Certains plastiques sont naturels, mais la plupart n'existent pas dans la nature, mon ami ! Comme le nylon, ce sont les chimistes qui les ont mis au point à partir du pétrole. Aujourd'hui, on retrouve ces plastiques un peu partout. Ils remplacent souvent les métaux dans les objets du quotidien et même dans les carrosseries des voitures !

Tu sais, il n'y a pas si longtemps, les médicaments n'existaient pas encore. Les gens se tournaient vers la nature pour soigner leurs maladies... Ils faisaient des tisanes de saule blanc pour calmer la douleur ou des pansements de feuilles d'hamamélis pour stopper les saignements et calmer les brûlures. Puis, vers le milieu du 20e siècle, les chimistes ont commencé à fabriquer des médicaments dans leurs laboratoires...

La chimie dans les laboratoires

par Roxy Jaine

Les premiers médicaments sont nés dans les laboratoires ! Les chimistes ont d'abord travaillé avec les plantes. Ils y ont prélevé la substance qui soigne (on l'appelle « principe actif ») pour l'introduire dans des comprimés, des gélules ou des capsules. L'aspirine, par exemple, est extraite des feuilles de saule blanc. Aujourd'hui, les chimistes conçoivent de nouveaux médicaments en créant eux-mêmes des molécules capables de guérir la maladie au mieux et avec le moins possible d'effets secondaires.

La chimie en folie, novembre 2011

Les chimistes ont aussi inventé beaucoup de produits de substitution. C'est le cas, par exemple, de la margarine ! Ce produit a vu le jour au 19e siècle, après que le chef des Français de l'époque, l'empereur Napoléon III, eut lancé un concours pour inventer un produit moins cher que le beurre et qui se conserve plus longtemps. C'est le Français Hippolyte Mège-Mouriès (1817-1880) qui a remporté ce concours en mettant au point la margarine ! Voici les propriétés de certains de ses ingrédients :

Il était une fois la physique

PHYSIQUE (du grec *phusikê* [nature]) : Science qui étudie les phénomènes naturels, de l'infiniment grand à l'infiniment petit.

Comment un oiseau vole-t-il ? Pourquoi y a-t-il des éclairs pendant un orage ? Pourquoi la Terre tourne-t-elle autour du Soleil ? Voilà autant de questions auxquelles la physique tente de répondre. Tu l'as deviné, la physique s'intéresse tout particulièrement à la nature et aux phénomènes qui s'y déroulent. Elle cherche notamment à comprendre comment et pourquoi ils sont provoqués. Les Égyptiens et les Babyloniens de l'Antiquité croyaient que des puissances divines étaient responsables du mouvement des astres dans le ciel. Un événement inattendu, comme le passage d'une comète ou une éclipse, était pour eux une manifestation de la colère des dieux !...

Les Grecs de l'Antiquité sont les premiers à avoir tenté d'expliquer le monde d'une manière scientifique. Je te propose d'ailleurs de faire connaissance avec Archimède, un brillant homme que l'on considère comme le premier « vrai » physicien.

Portraits de savants

Archimède *(287 av.J.C - 212 av.J.C)*

Archimède est né à Syracuse en Sicile, une île italienne qui était à l'époque une colonie grecque. Ce mathématicien et physicien fut le premier à adopter une approche scientifique des événements en confirmant ou en infirmant ses hypothèses par des expérimentations, des calculs et des analyses. Il est à l'origine de plusieurs théories scientifiques. L'une des plus importantes est le « principe d'Archimède » qui explique, notamment, pourquoi les objets flottent.

Portraits de savants, p. 11

La légende raconte qu'Archimède a découvert son principe d'une façon assez amusante... En entrant dans sa baignoire pleine à ras bord, il aurait remarqué que l'eau débordait, au fur et à mesure que son corps entrait dans l'eau. Il aurait alors compris que la quantité d'eau déplacée avait un rapport avec la taille, le poids et le volume de l'objet immergé. C'est alors qu'il serait sorti de son bain en s'écriant « Eurêka ! », ce qui signifie « J'ai trouvé ! » en grec.

Mon amie Ea Ping est une passionnée d'histoire des sciences. Je lui ai demandé de m'envoyer quelques détails intéressants concernant l'histoire de la physique.
Voici sa réponse :

Objet : Histoire de la physique
Date : 15 février 2011
À : professeur Génius

Cher ami,

Les Grecs de l'Antiquité sont les premiers à avoir mis au point des théories physiques très intéressantes et qui sont encore valables aujourd'hui. Toutefois, les physiciens sont d'avis que la physique classique a vu le jour au 16e siècle, grâce aux travaux de l'astronome italien Galilée. Ce brillant homme de science s'est posé de très nombreuses questions sur le mouvement des objets. Il a notamment étudié la chute de boulets de poids différents en les faisant tomber du haut de la tour de Pise! Pour tester ses idées, il élaborait, à chaque fois, de nombreuses expériences… À partir de cette époque, les physiciens ont accordé une place primordiale à l'expérimentation et à la démonstration permettant aux grandes lois de la physique d'être développées. Je détiens quelques livres sur ce sujet. Je vous les mets de côté!

Bien à vous,
Ea Ping
Bibliothécaire

Galilée
(1594-1642)

La tour de Pise, en Italie

Nous devons beaucoup de nos inventions aux physiciens! En effet, les phénomènes que ces hommes et femmes de science ont analysés au fil des siècles (comme l'électricité, le mouvement des planètes, la lumière, le son…) ont mené à une belle amélioration de notre quotidien. Aujourd'hui, grâce à ces découvertes, nous disposons d'avions qui volent, de voitures qui roulent et de fusées qui explorent l'Univers. Nous communiquons grâce à Internet, au téléphone, à la radio, à la télévision; nos maisons fonctionnent grâce à l'électricité.

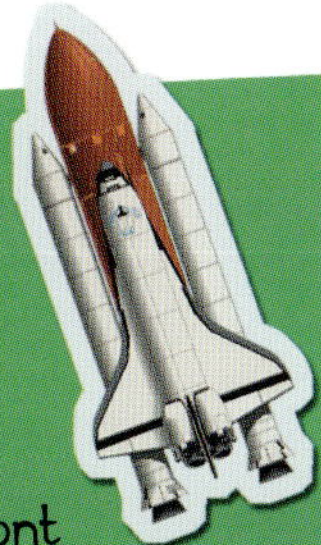

Alors, mon ami, es-tu prêt à parcourir le monde fascinant de la physique? Celle-ci s'intéresse avant tout aux diverses formes de forces et d'ÉNERGIES qui font tourner l'Univers (pages 222 à 231). Elle explore aussi l'INFINIMENT GRAND (pages 232 et 233) et l'INFINIMENT PETIT (pages 234 et 235), en examinant attentivement les plus grosses galaxies mais aussi les plus petites particules de matière grâce à des instruments particulièrement perfectionnés… Mais intéressons-nous tout d'abord aux MOUVEMENTS des objets (pages 220 et 221). En effet, ce sont ces déplacements qui furent à l'origine des premières interrogations des physiciens et dont l'étude mena, petit à petit, à la découverte des autres domaines de la physique…

Un monde en mouvement...

Pousser, tirer, lever, écraser... Toutes ces actions sont des forces que nous exerçons sur les objets pour les mettre en mouvement, les arrêter, les tordre ou les faire changer de direction. L'Univers abrite des forces naturelles bien plus grandes encore ! Ce sont notamment les forces électromagnétiques, les forces nucléaires (qui maintiennent l'unité de l'atome) et la gravité. Tu sais, elles sont capables d'influencer les astres les plus éloignés ou les plus minuscules particules de matière ! Je ne peux malheureusement pas te présenter toutes ces forces dans cet album. Laisse-moi tout de même te présenter celle qui me fascine tout particulièrement : la gravité.

La gravité est la force invisible qui maintient nos pieds collés au sol. C'est elle qui fait tomber les objets. C'est aussi à cause d'elle que la Terre voyage autour du Soleil ou que la Lune orbite autour de la Terre ! Voici un extrait de mon encyclopédie des sciences qui te définit les caractéristiques importantes de la gravité.

La gravité

La gravité est la force d'attraction qui s'exerce entre deux objets, partout dans l'Univers. Tous les objets exercent une force de gravité. Toutefois, plus l'objet est gros, massif et proche, plus celle-ci est intense. Voici un exemple. La masse du Soleil est si importante que sa gravité maintient les planètes du Système solaire à sa proximité et les force à tourner autour de lui... La gravité solaire attire même la planète naine Pluton pourtant éloignée de 5,9 milliards de kilomètres ! De même, les objets sur la Terre sont systématiquement attirés vers son centre à cause de la gravité terrestre. C'est cette dernière qui les rend pesants.

Encyclopédie des sciences, p. 51

Pourquoi les astronautes flottent-ils dans leur vaisseau en orbite ? Tout simplement parce que, sous l'effet de la gravité, le vaisseau spatial chute vers la Terre et que l'astronaute tombe en même temps que celui-ci ! Je t'explique. Imagine que tu te trouves dans un ascenseur au 50e étage. Si par malheur, celui-ci se détachait et tombait, eh bien, tu chuterais à la même vitesse que lui ! Alors, tu flotterais... C'est la même chose pour l'astronaute. Rassure-toi, il ne s'écrasera pas sur le sol parce que la vitesse du vaisseau compense la chute, ce qui permet à tous deux de rester en orbite !

La gravité a été définie vers le milieu du 17e siècle par un brillant homme, Sir Isaac Newton. Ce dernier a, en plus, établi trois lois sur le mouvement des objets qui furent, jusqu'au début du 20e siècle, la référence pour les physiciens du monde entier. Voici le portrait de ce génie...

Cher professeur,

Je demeure au Nouveau-Brunswick, près de la baie de Fundy. Ici, nous avons les plus grandes marées du monde. Voici des photos des rochers Hopewell à marée basse et à marée haute. C'est moi qui les ai prises. Je sais bien que les marées sont causées par la Lune (c'est ma grande sœur Sarah qui me l'a dit), mais je ne comprends pas comment elle fait (la Lune, je veux dire).

Marie-Pier, 9 ans

Rochers de Hopewell à marée basse

Rochers de Hopewell à marée haute

Tu le sais maintenant, la gravité varie selon la masse des objets. Celle de la Lune, par exemple, est moins intense que celle de la Terre puisque la Lune est moins massive. Cependant, la gravité lunaire est suffisamment importante pour avoir une influence sur la Terre... Elle attire l'eau des océans vers la Lune, ce qui provoque les marées ! Le renflement d'eau mène à une marée haute. Pendant ce temps, l'eau se retire sur les côtés, entraînant de cette manière une marée basse... Fascinant, n'est-ce pas ? Pour bien comprendre, voici un petit schéma qui t'explique ce phénomène des marées.

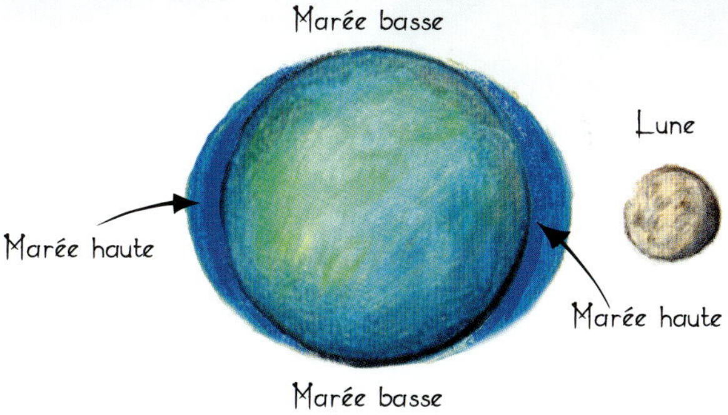

DEVINETTE

Sur la Lune, la gravité est six fois moins importante que sur la Terre. Tu y pèserais donc six fois moins lourd !

À toi maintenant ! La gravité de Jupiter est environ deux fois et demie plus intense tandis que la gravité de Pluton est 17 fois plus faible que sur Terre. Combien pèserais-tu si tu partais en vacances sur Jupiter ou sur Pluton ?

Réponse : Tu pèserais 2,5 fois plus lourd sur Jupiter et 17 fois moins lourd sur Pluton !

Portraits de savants

Isaac Newton (1642-1727)

Newton est un savant britannique génial qui révolutionna la physique. En 1687, dans son livre *Principes mathématiques de la philosophie naturelle*, il formula les lois sur le mouvement et énonça celle de la gravité. Ces théories expliquèrent, dans la plupart des cas, les mouvements de la matière dans l'Univers.

Portraits de savants, p. 134

Selon la légende, c'est en voyant une pomme tomber d'un pommier que Newton aurait compris qu'il existait une force invisible, la gravité, qui attirait les objets vers le centre de la Terre. Il supposa même que cette force agissait dans l'espace... Brillant, n'est-ce pas ?

Un monde bourré d'énergie...

Ma jeune voisine Sarah sautille et gambade sans arrêt, du matin au soir. Sa mère dit d'elle qu'elle est une véritable boule d'énergie. Et pour cause ! L'énergie est le moteur du mouvement. Elle est au cœur de notre quotidien, dans les gestes les plus simples (lorsque tu frappes un ballon, par exemple). Mais savais-tu que l'énergie se trouve aussi au cœur des phénomènes physiques qui se produisent dans notre Univers ? L'électricité, le magnétisme, la lumière, le son et la chaleur, par exemple, sont des formes d'énergie. Je te les présente au cours des 10 prochaines pages.

ÉNERGIE (du grec *energeia* [force en action]) : Capacité de provoquer une action. Se trouve sous plusieurs formes, notamment électrique, magnétique, sonore ou lumineuse.

L'électricité

L'électricité est une énergie indispensable de nos jours ! Les appareils dont nous nous servons quotidiennement seraient inutilisables sans elle ! Plus de chauffage, de cuisinière, de réfrigérateur, de lumière, de voiture, de télévision... Cette énergie existe naturellement tout autour de nous, tu sais. L'article ci-dessous te présente les particules qui lui donnent naissance.

Tu sais, mon ami, ce sont les électrons qui sont à la base de l'électricité ! Ces minuscules particules font partie intégrante de l'atome. Elles gravitent à toute vitesse autour de son noyau. Mais il arrive parfois que les électrons « sautent » vers un autre atome. C'est ce déplacement qui produit l'électricité !

Les particules d'électricité

Il existe des particules qui contiennent naturellement une petite quantité d'électricité. On dit qu'elles portent une charge électrique. Il existe deux types de charges :

- la charge positive (qui est fréquemment représentée par le signe +), comme celle que portent les protons, présents dans le noyau des atomes,
- la charge négative (couramment illustrée par le signe –), comme celle des électrons.

Deux charges de même signe se repoussent tandis que deux charges de signes opposés s'attirent... C'est ce qui produit l'électricité !

La science, p. 52

Tu veux savoir comment voyage l'électricité ? Alors, lis attentivement l'extrait de mon livre ci-dessous et tu le sauras.

L'électricité qui alimente les différents appareils électriques voyage dans des fils métalliques sous forme de courant. Ce sont les atomes de ce fil qui jouent un rôle dans la mise en route de ce courant. En effet, les électrons bondissent d'un atome à l'autre. Chaque électron bouscule son voisin, entraînant de ce fait la formation d'un flux d'électrons. C'est ce flux qui crée le courant électrique.

Comment ça marche, p. 76

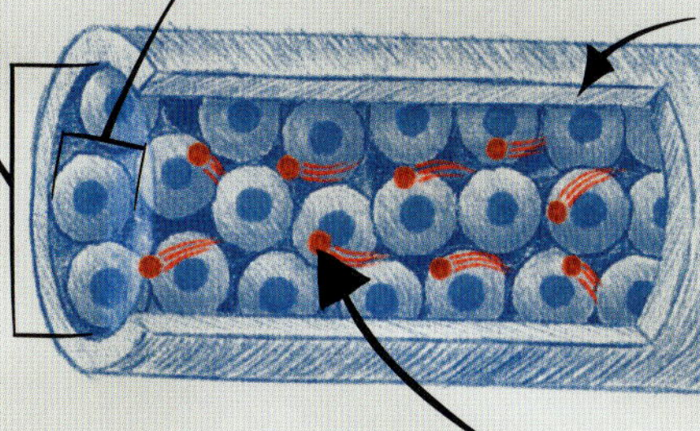

Les nuits d'hiver, quand je réajuste mes couvertures polaires sur mes draps, des dizaines de petites étincelles crépitent autour de moi ! Quand j'étais enfant, ma grand-mère me racontait que c'était les étoiles qui descendaient me dire bonsoir... Poétique, n'est-ce pas ? Ces étincelles sont en fait de l'électricité statique. Cette dernière est la première forme d'électricité que les êtres humains ont découverte. L'extrait ci-contre explique précisément ce phénomène. Découvre-le dès maintenant !

Les cheveux dressés sur la tête !

Frottez vos cheveux secs contre un tissu ou un peigne, le résultat est garanti : ils se dresseront sur votre tête ! Ce phénomène est dû à l'électricité statique. En frottant le peigne contre les cheveux, vous arrachez les électrons des atomes du peigne. Ces derniers se retrouvent dans les atomes des cheveux. Par conséquent, le peigne devient positif (puisqu'il a perdu des électrons chargés négativement) tandis que les cheveux deviennent négatifs (puisqu'ils récupèrent les électrons négatifs). Or il faut savoir que des charges opposées (+ et -) s'attirent. Le peigne attire donc les cheveux. C'est ainsi que se manifeste l'électricité statique !

Scientifiquement vôtre, juin 2010

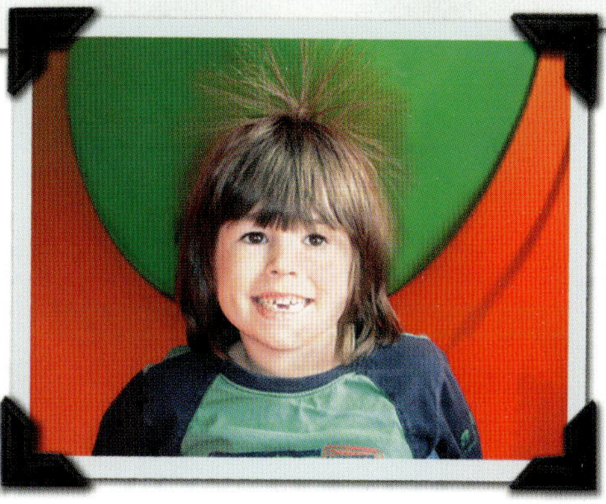

Monsieur Génius,
mon grand frère dit que quand il y a de la foudre, c'est que Dieu n'est pas content, est-ce que c'est vrai ?
Merci,
Franklin

Les hommes et les femmes ont souvent pensé que la foudre était due à la colère des dieux. Rassure-toi, on sait aujourd'hui qu'elle est simplement une manifestation de l'électricité statique ! En effet, les gouttelettes d'eau qui sont dans les nuages se frottent les unes contre les autres. Elles se chargent donc d'électricité. L'éclair que nous voyons lors des orages est en fait une gigantesque étincelle qui libère l'électricité statique du nuage. C'est Benjamin Franklin qui a découvert la véritable nature de l'éclair. C'est d'ailleurs lui qui a inventé le paratonnerre afin de nous protéger de ces dangereux éclairs !

Tu veux savoir comment on peut produire de l'électricité ? Alors tourne vite la page !

Même si l'électricité existe déjà dans la nature, nous avons besoin d'en produire pour répondre à nos besoins quotidiens. Mais avant de te révéler les secrets de sa fabrication, je dois te présenter une force essentielle pour cette production. Voici le magnétisme...

Le magnétisme

Le magnétisme est la force invisible qu'exerce un aimant. Tu le sais peut-être déjà, un aimant est un corps qui attire à lui les objets fabriqués de fer et de quelques autres métaux comme le cobalt et le nickel. Chacune des extrémités d'un aimant correspond à un «pôle». L'une est le pôle nord, l'autre est le pôle sud. Ce sont les parties où la force magnétique est la plus forte! L'extrait ci-dessous te présente quelques-unes des propriétés des aimants.

Amuse-toi avec les aimants! Prends-en deux (comme ceux qui sont collés sur la porte du réfrigérateur) et essaie de les rapprocher... Si tu sens qu'ils se repoussent, c'est que tu présentes deux pôles identiques face à face. Retourne alors un des aimants. Tu verras qu'ils cherchent immédiatement à se coller!

Attirance et répulsion

Lorsque deux aimants se trouvent face à face, ils réagissent toujours de la même manière. Si les deux pôles vis-à-vis sont identiques (comme deux sud ou deux nord), ils se repoussent. Par contre, s'ils sont opposés (un pôle nord face à un sud), ils s'attirent. Les aimants existent sous différentes formes! Voici les plus courantes...

La physique, c'est élémentaire, p. 5

Les scientifiques ont commencé à s'intéresser au phénomène du magnétisme vers le 17e siècle. Toutefois, il semble que le pouvoir des aimants était déjà connu il y a environ 4 000 ans. D'ailleurs, de nombreuses légendes circulent à ce sujet. En voici une très amusante que me relate mon ami Paul Sudde qui est professeur de physique au collège Saint-Aimand...

Objet : Découverte des aimants - Légende
Date : 15 août 2011
À : professeur Génius

Cher ami,
Je suis très heureux d'apporter ma petite contribution à votre prochain album sur la science! On raconte que ce sont les Grecs de l'Antiquité qui auraient découvert les aimants. Ils auraient trouvé dans la ville de Magnesia, dans l'Est de la Grèce, des pierres curieuses qui attiraient le fer. Ces mystérieux minéraux furent nommés «pierre d'aimant» ou «magnétite». Les légendes grecques racontent même que les montagnes de Magnésie dégageaient une telle force qu'elles arrachaient les clous de fer des navires qui naviguaient à proximité!

À très bientôt,
Paul Sudde

Maintenant que tu connais le magnétisme, revenons à la production de l'électricité… Tout d'abord, il faut que je te précise que l'électricité et le magnétisme sont tous deux étroitement liés. En effet, lorsqu'un courant électrique traverse un fil, il génère du magnétisme. Pareillement, lorsqu'un aimant se déplace près d'un circuit électrique, il engendre un courant. On appelle ce phénomène l'INDUCTION ÉLECTROMAGNÉTIQUE ! Et tu sais quoi, mon ami ? Eh bien, la presque totalité de l'électricité est aujourd'hui produite grâce à ce phénomène. Lis attentivement l'extrait de mon livre ci-contre et tu comprendras comment.

Comment produit-on de l'électricité ?

L'électricité que nous consommons est produite grâce à des aimants… Le principe est simple : le mouvement d'un aimant à proximité de fils électriques induit un courant dans ces fils. La plupart du temps, ce mouvement est entraîné par la rotation d'une roue, elle-même provoquée par un élément extérieur comme l'eau ou le vent. Prenons l'exemple de la dynamo d'une bicyclette. Il s'agit d'un petit appareil qui fournit l'électricité au phare du vélo. Lorsque la roue du vélo tourne, elle fait rouler la petite roue de la dynamo qui touche le pneu. Ce faisant, elle entraîne la rotation de l'aimant placé au centre d'une bobine. Une bobine est constituée d'un fil électrique enroulé autour d'un morceau de fer (cela permet de produire de l'électricité plus efficacement). Le mouvement de l'aimant engendre un courant électrique dans le fil de la bobine, ce qui fait briller l'ampoule du vélo.

Comment ça marche, p. 77

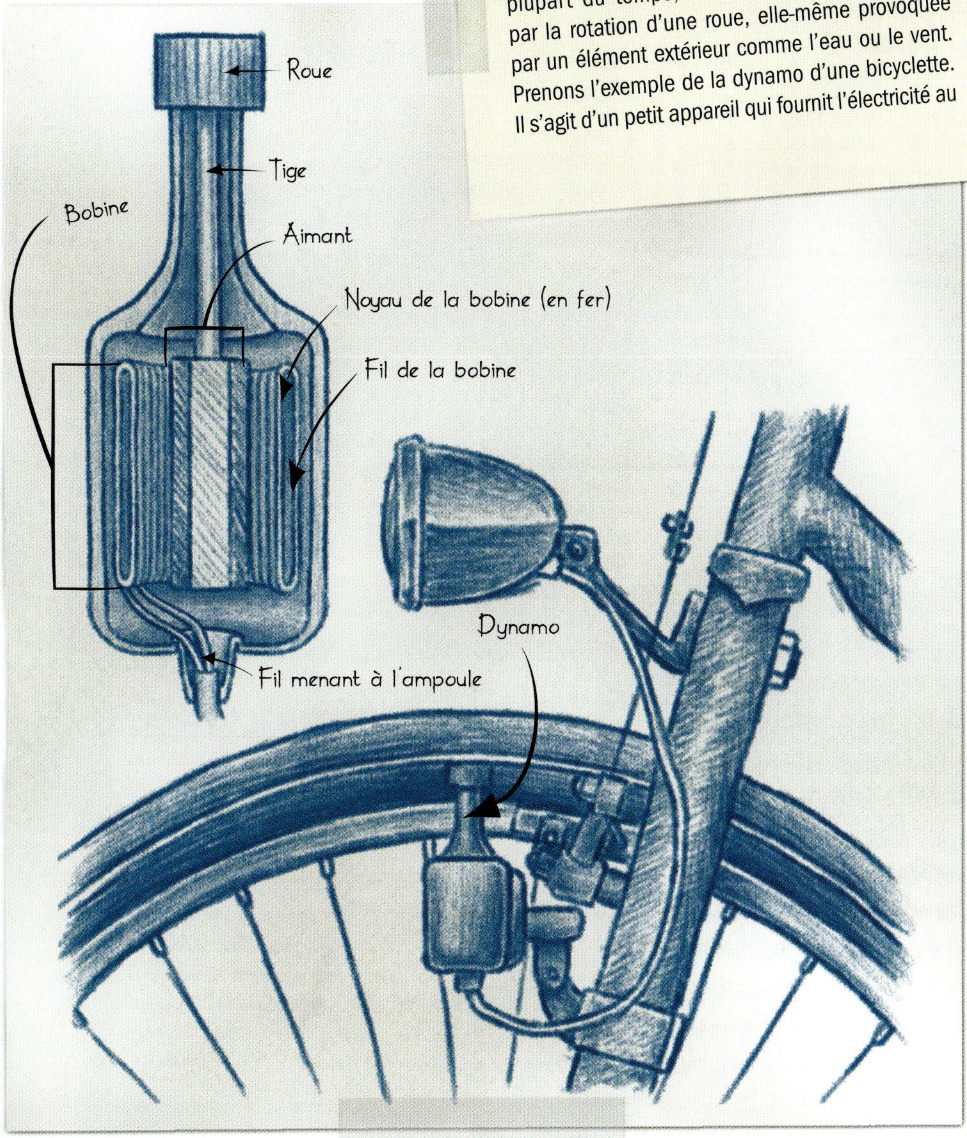

Les centrales hydroélectriques et les éoliennes produisent de l'électricité en suivant exactement ce principe ! Mais c'est l'eau (dans le cas des centrales hydroélectriques) ou le vent (dans le cas des éoliennes) qui entraînent le mouvement de l'aimant…

On peut aussi fabriquer de l'électricité à partir de réactions chimiques (elles produisent un flux d'électrons et de ce fait, un courant électrique). C'est le cas des piles que tu mets dans ta lampe de poche qui sont remplies de composés chimiques… La lumière solaire, elle aussi, peut être convertie en électricité grâce aux panneaux solaires !

Le son

Tends bien l'oreille, mon ami... Qu'entends-tu ? Peut-être le bourdonnement d'un insecte, le tic-tac de l'horloge, le ronronnement du réfrigérateur ou ta propre respiration... Les sons sont extraordinairement présents dans nos vies et c'est très bien ainsi ! Ils nous permettent de communiquer, de nous divertir et nous protègent en nous informant des dangers (comme l'approche d'une voiture, par exemple). Savais-tu que l'oreille humaine peut détecter près de 400 000 sons différents ? Impressionnant, n'est-ce pas ? Voici donc un petit panorama des caractéristiques de cette énergie sonore.

Les sons font vibrer l'air qui nous entoure. Ces vibrations voyagent sous forme d'ondes. (Tu peux retourner à la page 226 si tu veux revoir ce qu'est une onde !) Les ondes sonores sont captées par l'oreille et sont ensuite interprétées par le cerveau ! Jette un coup d'œil à l'extrait ci-contre. Il précise comment les ondes peuvent nous faire entendre toute une panoplie de sons...

Aigus ou graves ?

Le son est caractérisé par sa **longueur d'onde,** c'est-à-dire par la distance entre deux crêtes de l'onde sonore. C'est cette longueur d'onde qui détermine la nature du son qui sera détecté par l'oreille. Ainsi, plus la longueur d'onde est courte, plus sa fréquence est élevée et plus le son est aigu. Inversement, plus la longueur d'onde est longue, plus sa fréquence est basse et plus le son est grave.

La physique, c'est élémentaire !, p. 30

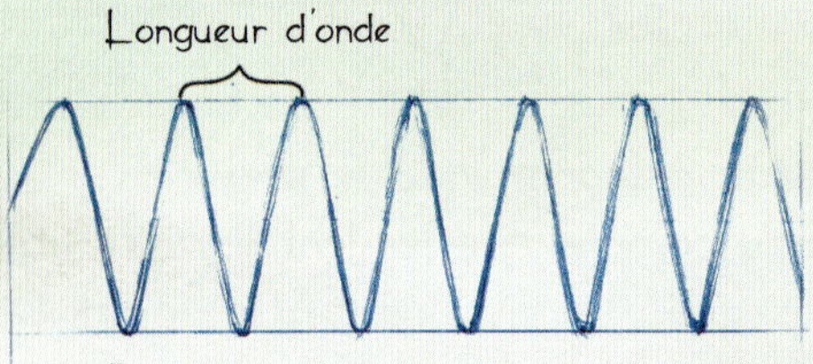

Plus la longueur d'onde est courte, plus le son est aigu.

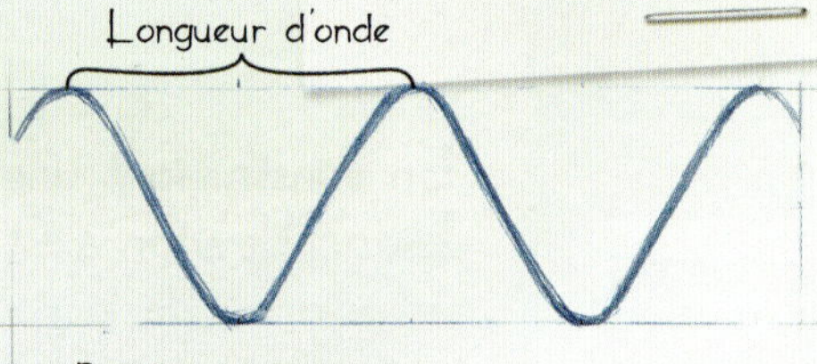

Plus la longueur d'onde est longue, plus le son est grave.

LE CINÉMA DE L'ESPACE EST TROMPEUR !

Lorsqu'ils mettent en scène des explosions spatiales retentissantes, les créateurs de films de science-fiction contreviennent souvent à une loi élémentaire de la physique. En effet, contrairement à la lumière, les ondes sonores ne peuvent se déplacer dans le vide. Elles se propagent uniquement dans les solides, les liquides ou les gaz (comme l'air). Avis aux producteurs d'Hollywood : dans l'espace, il n'y a que du vide, il n'y a donc pas de son ! Toute explosion y serait donc... silencieuse.

La science aux jeunes, mars 2010

Bonjour prof !
J'aimerais savoir pourquoi, quand il y a de l'orage, on voit d'abord l'éclair et qu'après seulement on entend le tonnerre ? Pourquoi pas les deux en même temps ?

Merci pour votre réponse,
Roxane, 8 ans

Le son se déplace dans l'air à environ 340 mètres par seconde ! Cela signifie qu'il met environ 3 secondes pour parcourir 1 kilomètre. C'est beaucoup plus lent que la vitesse de la lumière ! (Rappelle-toi qu'elle parcourt presque 300 000 kilomètres en une seule seconde !) Le son te parvient donc moins rapidement que la lumière. C'est la raison pour laquelle, comme Roxane, tu entends le fracas du tonnerre après avoir vu son éclair…

Vous voulez savoir à quelle distance se situe un orage ? Rien de plus facile ! Comptez les secondes entre le moment où vous voyez la lumière de l'éclair et celui où vous entendez le son du tonnerre ! Comme le son parcourt 1 kilomètre en 3 secondes, vous devrez diviser le nombre de secondes comptées par 3, pour connaître la distance à laquelle se trouve l'orage en kilomètres !

La physique en folie, novembre 2009

Lorsque nous étions jeunes, ma sœur et moi allions souvent en vacances à la montagne. Nous prenions alors plaisir à chanter et à crier pour entendre l'écho de nos voix. Tu sais ce qu'est l'écho ? Il s'agit d'ondes sonores qui ont été réfléchies après avoir frappé une surface (des montagnes, par exemple). Certains animaux font bon usage de la réflexion sonore, tu sais. C'est le cas notamment des chauves-souris. Mon extrait ci-dessous te raconte comment.

L'orientation par l'écho

Les chauves-souris s'orientent et chassent grâce à l'écholocation. Ce phénomène consiste à émettre des ultrasons (des sons très aigus que l'oreille humaine ne peut entendre) et à recevoir leur écho. La vitesse à laquelle parvient l'écho renseigne sur la distance à laquelle se trouve un obstacle ou un objet. Les chauves-souris peuvent ainsi localiser les murs des cavernes ou les proies qui se trouvent à proximité.

La science, p. 142

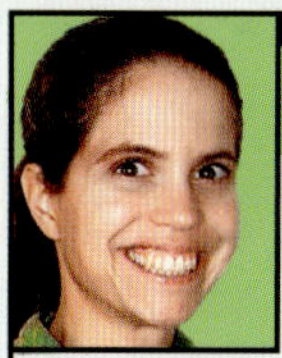

Incroyable mais vrai !

par C. Surprenant

Le pouvoir du son

Les sons qui se propagent dans l'air sont en partie réfléchis ou absorbés par les obstacles qu'ils rencontrent. Le verre, par exemple, réfléchit une grande part des ondes sonores, mais en absorbe aussi une petite partie. Il faut vous dire que, même si nous ne le voyons et ne le sentons pas, les atomes du verre (comme ceux de n'importe quelle autre matière) vibrent à une certaine fréquence. Si l'onde sonore absorbée par le verre vibre à la même fréquence, elle amplifie alors la vibration des atomes. Si cette onde sonore se prolonge, ces derniers bougeront si longtemps que… clac ! Ils finiront par se séparer et le verre se brisera. C'est le phénomène de la résonance…

Scientifiquement vôtre, juillet 2011

La chaleur

La chaleur est essentielle à la vie. Le Soleil en est notre principale source. Sans lui, notre chère planète serait glacée et ne pourrait accueillir aucune forme de vie ! Voici un bref aperçu de cette formidable énergie…

Même si nous n'en avons pas conscience, les molécules qui composent la matière bougent constamment ! Ces mouvements produisent de l'énergie sous forme de chaleur. Tu dois savoir que plus les molécules s'agitent rapidement, plus elles dégagent de la chaleur ! Lis attentivement l'article de mon magazine « La physique en folie », tu en sauras plus sur ce qui fait remuer ces molécules.

Qu'est-ce qui fait la chaleur ?

La chaleur est une énergie qui ne peut être produite que par une autre source d'énergie… La lumière et l'électricité, par exemple, accélèrent le mouvement des molécules et produisent, de ce fait, de la chaleur. De la même manière, les frottements entraînent la formation de chaleur. Chacun en fait l'expérience quand il frotte ses mains l'une contre l'autre pour les réchauffer.

La physique en folie, juillet 2011

La chaleur se propage toujours du plus chaud vers le plus froid. Cette propagation peut se produire de trois manières différentes : par la conduction (qui transporte la chaleur dans les solides), par le rayonnement (qui la véhicule dans le vide) et par la convection (qui la transmet dans les liquides et les gaz). La question de Julie me permet d'aborder la CONDUCTION. Commençons par elle, veux-tu ?

Professeur,
J'apprends à cuisiner avec ma grand-mère. Elle me dit qu'il vaut mieux utiliser une cuillère de bois plutôt qu'une cuillère de métal pour faire la cuisine. Pourquoi ?
Merci,
Julie, 10 ans et demi

La grand-mère de Julie a tout à fait raison ! Je t'explique pourquoi. Lorsque la cuillère de métal est chauffée, ses molécules se mettent à s'agiter… En s'activant, elles bousculent leurs voisines qui, à leur tour, se mettent en mouvement ! C'est ainsi que la chaleur voyage à travers tous les objets. Certains matériaux conduisent la chaleur mieux que d'autres. C'est le cas du métal qui transmet la chaleur beaucoup plus vite que le bois. Voilà pourquoi, si tu ne veux pas te brûler, il vaut mieux utiliser une cuillère de bois comme le conseille la grand-mère de Julie !

La chaleur voyage aussi grâce au RAYONNEMENT. Cela signifie qu'elle est transportée par une onde. Cette dernière est du même type que celle de la lumière, sauf que nos yeux ne peuvent la percevoir. On les appelle les « infrarouges ». Le Soleil, tout comme le feu, émet des ondes infrarouges. Ces dernières ont la particularité de pouvoir voyager dans le vide. C'est de cette manière que la chaleur du Soleil nous parvient !

Voici un article très intéressant qui te décrit le troisième mode de transport de la chaleur : la CONVECTION.

LA CONVECTION, RESPONSABLE DES COURANTS D'AIR

Dans les liquides et les gaz, la chaleur se transmet essentiellement par convection. Comment ? Lorsque l'air est chauffé (par les rayons du Soleil, par exemple), il devient plus léger. Ce faisant, il s'élève, entraînant la descente de l'air froid qui est plus lourd. Ces mouvements sont appelés « courants de convection ». Les avions-planeurs, les oiseaux et les parapentes utilisent ces courants d'air chaud qui s'élèvent pour voler. Ce phénomène se passe exactement de la même manière dans les liquides !

La science aux jeunes, avril 2010

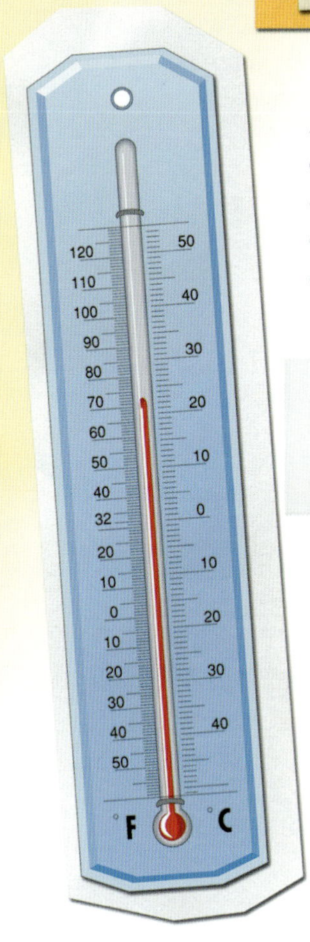

La chaleur se mesure grâce à la température. Pour cela, on utilise un instrument que tu connais bien : le thermomètre. Il en existe de nombreux types. Certains contiennent du liquide, d'autres, des gaz. D'autres encore fonctionnent avec des composés électroniques qui sont sensibles à la chaleur. Jette un œil à l'extrait ci-dessous. Il explique comment fonctionne un thermomètre à liquide.

Comment fonctionne un thermomètre ?

Dans l'embout du tube d'un thermomètre, se trouve une cuvette remplie, la plupart du temps, d'alcool coloré ou de mercure. Quand on place le thermomètre dans un environnement plus chaud, le liquide de la cuvette se réchauffe. Il se dilate (augmente de volume) et, par conséquent, monte dans le tube gradué. Le liquide stoppe son ascension lorsqu'il atteint la même température que celle du milieu. Pour connaître celle-ci, il suffit de lire le nombre qu'atteint le sommet de la colonne liquide.

Comment ça marche ?, p. 116

Il existe plusieurs échelles de températures pour mesurer la chaleur. Les scientifiques, par exemple, effectuent leurs mesures en kelvins. Dans la vie de tous les jours, les gens utilisent plutôt les degrés Celsius (sauf les Anglo-Saxons qui ont recours, pour leur part, aux degrés Fahrenheit). Selon ces trois échelles, la température du corps humain est généralement de 37 °Celsius, ce qui équivaut à 98,6 °Fahrenheit ou encore à 310 kelvins !

De l'infiniment grand...

Qu'y a-t-il au-delà de notre galaxie ? Existe-t-il d'autres systèmes solaires ? Où s'arrête l'Univers ? L'infiniment grand fascine depuis toujours les grands et les petits... Depuis l'invention de la lunette astronomique par le physicien italien Galilée au début du 17e siècle, les savants ont développé toutes sortes de machines extraordinaires pour sonder les profondeurs de l'Univers. Le principe de ces appareils est simple : ils captent les ondes qu'émettent les astres ! Certains astres émettent des ondes visibles, comme la lumière. D'autres envoient des ondes invisibles. Parmi celles que tu connais, il y a les rayons X, qui servent à photographier tes os, les ultraviolets, responsables des coups de soleil et les ondes radio, par lesquelles les émissions de radio et de télévision sont diffusées. Voici quelques-uns des appareils qui captent ces différentes ondes.

Le « VLT »

Les télescopes

Les télescopes captent la lumière émise par les astres, à l'aide de miroirs. Plus le miroir est grand et plus les astronomes voient loin et précisément. Or un miroir trop grand devient très lourd et se casse facilement. Dans les années 1970, les scientifiques ont résolu ce problème en construisant des télescopes qui utilisent plusieurs miroirs. Combinés, ces derniers reproduisent les capacités d'un seul et immense miroir. C'est le cas du « Very Large Telescope » (VLT), construit en 2000 sur le mont Paranal, au Chili.

Encyclopédie des sciences, p. 110

Les RADIOTÉLESCOPES captent les ondes radio émises par les astres. Ces appareils sont munis d'immenses antennes paraboliques, qui ressemblent à celles qu'on utilise pour capter les émissions de télévision. Le plus grand radiotélescope du monde est le radiotélescope d'Arecibo, à Porto Rico.

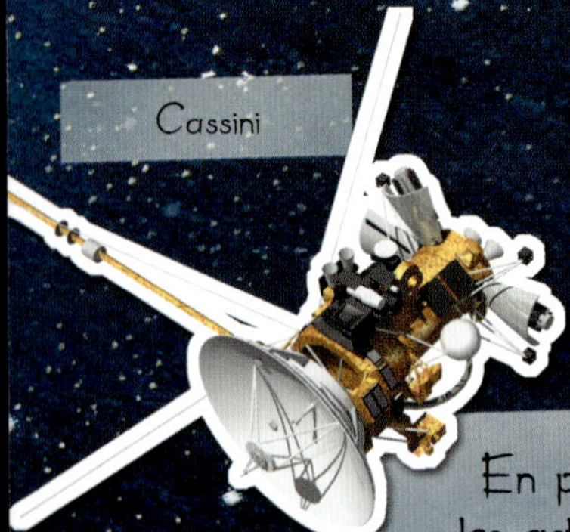
Cassini

Galileo

En plus de concevoir des appareils qui captent les ondes, les astronomes construisent des engins capables d'explorer des coins extraordinairement reculés du Système solaire. Ce sont les SONDES SPATIALES ! Ces dernières sont souvent équipées de caméras, d'ordinateurs et d'émetteurs puissants pour envoyer leurs observations à la Terre. Elles sont même parfois dotées de « bras » afin de prélever quelques échantillons de sol ou de gaz. C'est le cas du robot américain, Opportunity, qui se promène sur Mars depuis janvier 2004 et qui transmet des images incroyables de la surface martienne !

Radiotélescope

Les télescopes, radiotélescopes et sondes spatiales nous ont permis de découvrir de nombreuses facettes de notre Univers! En 1924, l'astronome américain Edwin Hubble a bouleversé notre conception de l'Univers en découvrant, depuis le télescope du mont Wilson en Californie, que l'Univers abritait plusieurs galaxies (des « îles » remplies de gaz, de poussières et de milliards d'étoiles semblables à notre Soleil). Tu dois savoir que les galaxies présentent des formes différentes qui permettent de les classer : il y a les galaxies spirales (comme la Voie lactée), les galaxies elliptiques, les galaxies lenticulaires et les galaxies irrégulières (qui n'ont pas de forme particulière...). Mais les galaxies les plus étranges ont été découvertes en 1961 : ce sont les « quasars »...

Galaxie spirale

Des galaxies énergiques!

Les quasars sont des galaxies qui débordent d'énergie! Elles sont si brillantes qu'on les a d'abord confondues avec des étoiles. Elles sont en fait des galaxies composées de centaines de milliards d'étoiles. Ce sont aussi les objets les plus lointains qu'on ait pu observer dans l'Univers à ce jour!

Galaxie lenticulaire

Galaxie irrégulière

Galaxie elliptique

Les astronomes ont observé pour la première fois en 1971 un objet de l'Univers pour le moins insolite... Il s'agit du trou noir! Il a été détecté grâce à un radiotélescope à rayons X logé dans un satellite américain. Un trou noir est une minuscule région de l'Univers dans laquelle la force de gravité est si puissante qu'elle attire tout ce qui s'en approche, même la lumière! Ce sont des étoiles au moins 10 fois plus massives que le Soleil qui se tranforment parfois en trou noir lorsqu'elles meurent...

Le pulsar du Crabe tourne à près de 30 tours par seconde!

Les étoiles très massives ne finissent pas forcément en trou noir, tu sais! Elle peuvent aussi devenir une étoile dite « à neutrons ». Cette dernière contient autant de matière que le Soleil, mais dans un espace qui équivaut à la taille d'une grande ville. Elle est donc extrêmement condensée (un peu moins tout de même que le centre d'un trou noir...)! Parfois, cette étoile tourne sur elle-même à des vitesses vertigineuses et envoie des ondes radio à intervalles réguliers. On l'appelle alors pulsar. Ce type d'étoile a été observé pour la première fois en 1967 à l'aide d'un radiotélescope. En tournant sur lui-même de cette façon, le pulsar ressemble un peu à un phare qui envoie sa lumière dans l'espace. Magnifique, n'est-ce pas?

… à l'infiniment petit

Terminons notre petite visite du monde de la physique en explorant un univers qui attise la curiosité et l'imagination des physiciens : celui de l'infiniment petit ! Tu sais, l'Univers ressemble à un gigantesque jeu de construction… Il est fait de quelques petites briques que les physiciens cherchent à mieux connaître. Rappelle-toi ! Je t'en ai décrit quelques-unes aux pages 204 et 205. Les atomes, les électrons, les quarks… Parmi ces dernières, les plus petites sont appelées « particules élémentaires ». Pourquoi les qualifie-t-on d'« élémentaires » ? Eh bien, parce que ces particules sont les constituants fondamentaux de la matière et qu'elles sont (pour le moment) indivisibles…

Les physiciens connaissent actuellement 47 types de particules élémentaires qui composent la matière. Tu te doutes bien que je ne peux toutes te les présenter, mais voici un extrait qui t'en présente quelques-unes.

On peut classer les particules en deux familles : les fermions et les bosons. Les fermions regroupent les leptons et les quarks. Les **leptons** sont des particules qui peuvent se déplacer seules et librement. Leur représentant le plus connu est l'électron. Les **quarks,** pour leur part, ne se promènent jamais seuls. Ils sont toujours associés entre eux pour former des particules plus grandes. Ils s'assemblent, par exemple, pour former les protons et les neutrons (les constituants du noyau de l'atome). Les bosons, quant à eux, réunissent notamment les photons et les gluons. Les **photons** sont les paquets de lumière visible et invisible (comme les ultraviolets, les rayons X ou les infrarouges). Les **gluons,** de leur côté, sont des particules d'énergie qui maintiennent les quarks ensemble dans les protons et les neutrons.

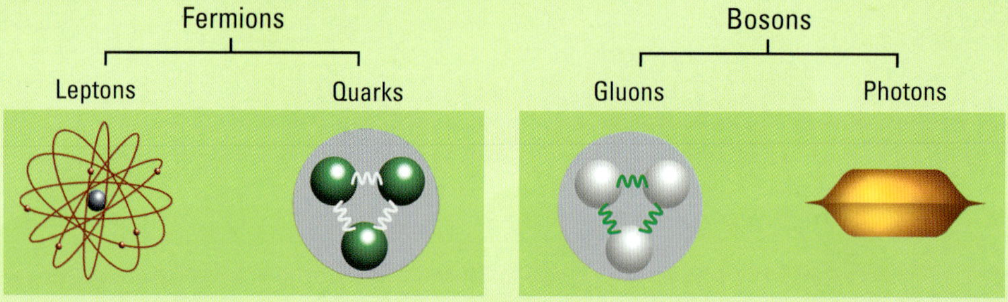

La physique, c'est élémentaire !, p. 71

Certaines particules élémentaires sont extrêmement difficiles à déceler. En effet, elles sont souvent groupées en éléments plus gros (comme les quarks qui forment les protons et les neutrons). Pour les observer, il faut casser ces regroupements ! Cela nécessite une quantité d'énergie phénoménale, tu sais ! Pour fournir cette énergie, les scientifiques ont imaginé une machine extraordinaire : l'accélérateur de particules. Jette un œil à l'extrait de mon livre « Comment ça marche ? ». Il t'explique très clairement son fonctionnement.

Un accélérateur de particules est un immense édifice en forme d'anneau. À l'intérieur, des particules chargées (comme les protons et les électrons) sont accélérées à des vitesses proches de celle de la lumière grâce à un champ électromagnétique. À la manière d'un jeu de quilles, une particule est lancée contre une autre à grande vitesse. Ce faisant, elle se brise et libère les particules élémentaires qui la composent. Ces collisions sont prises en photo puis analysées par les physiciens. C'est de cette manière que la plupart des particules élémentaires connues actuellement ont été découvertes.

Comment ça marche ?, p. 65

Parmi les découvertes réalisées dans les accélérateurs de particules, il y en a une qui me fascine tout particulièrement. Il s'agit de l'antimatière... Cette antimatière, mon ami, c'est le miroir de la matière que nous connaissons ! Par exemple, l'électron, qui est négatif, possède son équivalent dans l'antimatière. Il s'agit de l'anti-électron (on l'appelle aussi positron ou positon) qui est chargé positivement. Mon ami antiquaire Pietro Poussiero a retrouvé pour moi un article qui raconte quand tout a commencé. Le voici :

Les découvertes de l'année 1932

L'antimatière existe !

Le physicien américain Carl Anderson a découvert cette année une particule exactement opposée à l'électron (même taille, même masse mais de signe opposé). En découvrant expérimentalement un anti-électron, il confirme ainsi la théorie de son collègue, le physicien britannique Paul Dirac, selon laquelle il existe pour chaque particule, une antiparticule ! La science-fiction serait-elle devenue réalité ?

Par la suite, des anti-protons furent découverts dans des accélérateurs de particules en 1955, puis des anti-neutrons en 1956 et des anti-atomes en 1996.

Lorsqu'une particule de matière et sa particule d'antimatière correspondante sont en présence, elles se détruisent mutuellement en laissant place à une explosion d'énergie. Tu te demandes sans doute comment notre Univers peut exister si la matière et l'antimatière cohabitent... Eh bien, les physiciens pensent qu'au moment de la naissance de l'Univers, il y a environ 15 milliards d'années, une grande explosion, qu'ils nomment le « big bang », aurait libéré légèrement plus de matière que d'antimatière. Ce petit déséquilibre en faveur de la matière aurait eu pour conséquence de créer l'Univers que nous connaissons aujourd'hui. Sympathique ce déséquilibre, non ?

Particules libérées (des quarks, des électrons par exemple)

Trajet d'une grosse particule lancée à grande vitesse (un proton par exemple)

Point de collision avec une autre particule

Voici une photographie de collisions qui se déroulent dans un accélérateur de particules. Tu peux observer la trajectoire de la particule lancée à toute vitesse ainsi que la collision et les particules qui sont libérées. Magnifique, n'est-ce pas ?

Ce qu'il reste à découvrir...

La science a énormément évolué depuis sa naissance... La somme de nos connaissances scientifiques actuelles est extraordinaire. Mais penses-tu que les scientifiques ont tout découvert ? Pour ma part, je pense que la science est une quête sans fin... Car chaque nouvelle découverte, chaque nouvelle théorie amène avec elle de nouvelles interrogations et, par conséquent, de nouveaux sujets de recherche ! Mais toi, mon ami, que penses-tu qu'il reste à découvrir ? C'est aussi la question que j'ai posée à mes jeunes amis de l'école Les Marguerite, à Varennes. Voici leurs réponses superbement illustrées !

L'arbre qui donne de l'argent
Myriam, 10 ans

Tu sais, le 20e siècle a été riche en découvertes et le 21e siècle semble s'engager vers autant d'explorations et de trouvailles ! Voici quelques découvertes récentes des trois domaines que nous avons vus ensemble tout au long de cet album.

Les mathématiciens ont mis au point la THÉORIE DU CHAOS. Grâce à celle-ci, ils peuvent étudier un phénomène impossible à prévoir, même avec le calcul des probabilités (par exemple, le trajet suivi par la fumée d'une bougie qu'on éteint).

Les chimistes d'un laboratoire américain ont inventé un nouvel ACIER (un mélange de fer et de carbone) aux propriétés révolutionnaires ! Ce dernier se déforme, rebondit et résiste à la corrosion. Il pourrait bien intéresser les militaires (pour construire des sous-marins), les sportifs (pour fabriquer des raquettes de tennis) et les bijoutiers (parce qu'il résiste à la corrosion).

Les physiciens ont découvert une nouvelle onde électromagnétique aux propriétés extrêmement séduisantes : les RAYONS T. Ces derniers sont capables de « voir » à travers la peau, les murs et de nombreuses autres matières... De plus, ces rayons sont sans danger pour la santé contrairement aux rayons X ! Ces propriétés sont plus qu'intéressantes dans les domaines de la sécurité, de l'astronomie ou de la médecine... Les rayons T pourraient, par exemple, permettre aux dentistes de détecter plus rapidement les caries.

La pilule pour arrêter de fumer
Sandrine, 10 ans

Une garde-robe qui choisit tes vêtements
Maxime, 12 ans

Une pilule qui fait parler les animaux
Carol-Ann, 11 ans

Tu sais, il existe de nombreuses questions auxquelles les scientifiques n'ont pas encore de réponses. Pour cela, ils mettent en place des théories qu'il leur reste à vérifier. C'est le cas de la fascinante théorie de la matière noire dont l'article ci-dessous te parle.

Seul 1 % de l'Univers est visible !

L'Univers nous cacherait l'essentiel de sa matière! Des physiciens français ont en effet prouvé en 2003 que ce que nous voyons de l'Univers est une infime partie de celui-ci. Le reste demeure, pour le moment, caché! C'est ce que les physiciens appellent la « matière noire » (ou encore la matière sombre, manquante ou cachée). Reste maintenant à savoir de quoi cette dernière est composée…

Scientifiquement vôtre, août 2011

Le Zoop : un sac à dos qui miniaturise les objets
Sabrina, 9 ans

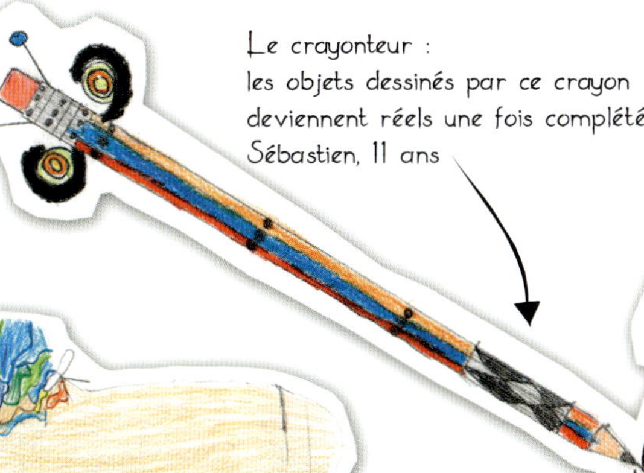

Le crayonteur : les objets dessinés par ce crayon deviennent réels une fois complétés
Sébastien, 11 ans

Un soulier qui va très vite.
Mélanie, 10 ans

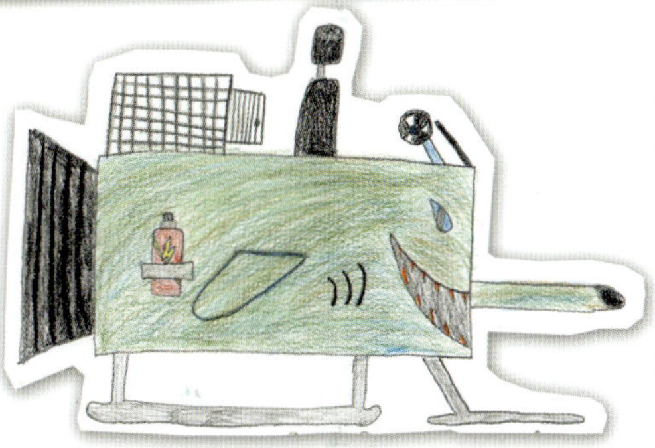

Une motoneige avec nitro, canon à neige, cage et ailes.
Étienne, 10 ans

Une auto qui s'alimente avec le Soleil.
Bianca, 11 ans

Une chaussure à moteur
Édouard, 10 ans

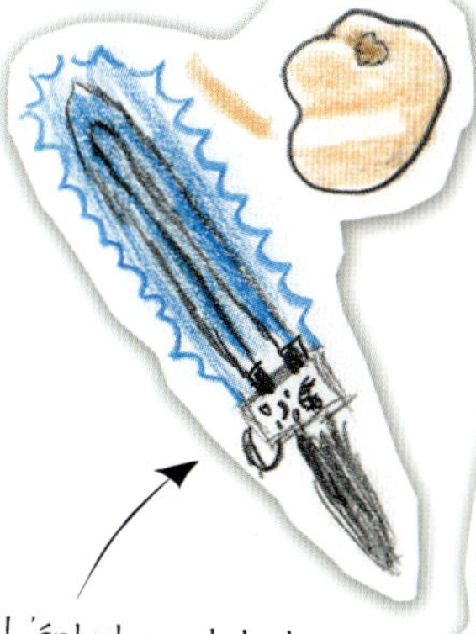

L'épluche-patate laser
Jonathan, 11 ans

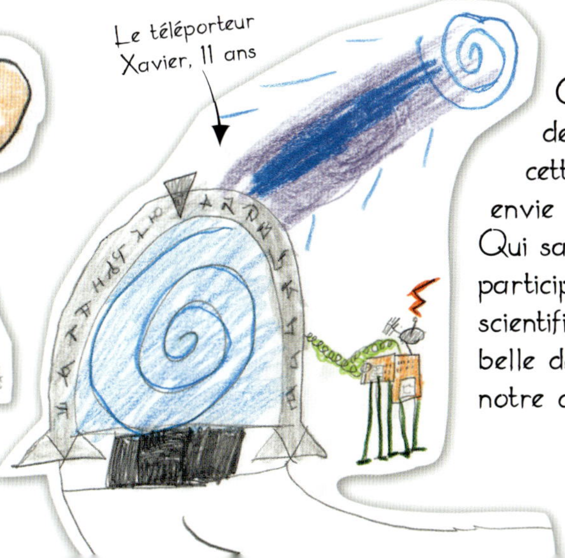

Le téléporteur
Xavier, 11 ans

C'est ainsi que s'achève notre voyage au pays de la science… J'espère de tout mon cœur que cette visite t'aura plu et qu'elle t'aura donné envie de mieux connaître ces domaines incroyables. Qui sait? Peut-être auras-tu le goût, toi aussi, de participer à cette grande aventure et de devenir un scientifique talentueux… Tu feras alors peut-être une belle découverte qui révolutionnera une nouvelle fois notre conception du monde!

Mon album des découvertes et inventions

Je suis certain que, comme moi, tu oublies souvent que tous les objets qui nous entourent n'ont pas toujours existé. Ils sont, en fait, l'œuvre de milliers d'inventeurs habiles, audacieux, perspicaces, curieux, doués et débrouillards ! Dans « Mon album des découvertes et inventions », je veux rendre hommage à ces femmes et ces hommes qui ont littéralement « inventé » notre vie moderne. Je te propose un voyage à travers les millénaires, de l'invention de la roue à l'avènement de l'ordinateur et d'Internet.

Bien sûr, j'ai dû faire des choix pour arriver à te présenter les découvertes et les inventions qui m'apparaissent les plus déterminantes. J'espère que ce bref survol te donnera envie d'aller toi-même à la recherche d'autres histoires et anecdotes savoureuses. Et, qui sait, peut-être es-tu, toi aussi, de celles et ceux qui « inventeront » notre monde de demain !

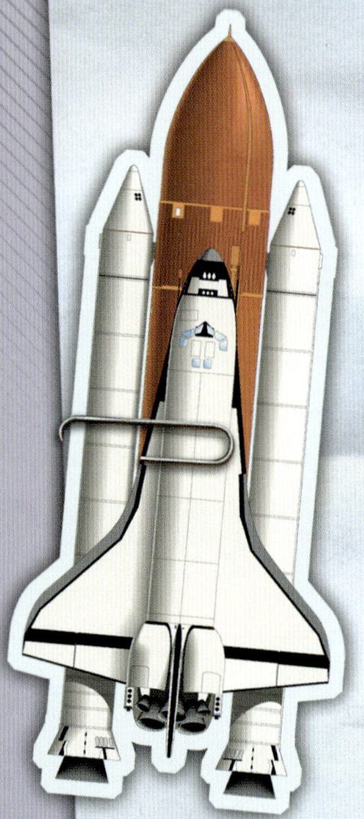

Professeur Génius

Contenu

Quand, comment et pourquoi inventer ?

Connais-tu le proverbe qui dit « La nécessité est la mère de toutes les inventions » ? Il veut simplement dire que les inventeurs de tous les temps ont inventé pour combler des besoins (même si certains d'entre eux l'ont fait pour satisfaire leur créativité débordante...). Depuis toujours, ce sont les besoins SOCIAUX comme le besoin de confort, de communication, de sécurité, d'hygiène et de santé, qui ont inspiré le plus grand nombre d'inventions. Mais depuis la Révolution industrielle (je te reparlerai bientôt de cette grande période), il n'est pas rare de voir des inventions surgir en réponse à des besoins ÉCONOMIQUES. Par exemple, les inventions qui ont fait progresser l'industrie textile (fabrication des tissus) à ses débuts étaient motivées par la recherche de profits. Enfin, les guerres ont de tout temps amené les hommes à créer des armes et des engins de plus en plus performants. Les besoins MILITAIRES ont conduit à plusieurs inventions comme le moteur à réaction et le radar. Avant d'aller plus loin, je souhaite te présenter quelques notions importantes qui t'accompagneront tout au long de ta lecture.

L'an -100, 3 200 ans av. J.-C., 500 ans avant notre ère, il y a de cela 3 500 ans, -130 ans... Il est parfois bien difficile de s'y retrouver avec toutes ces dates, n'est-ce pas ? Voici une petite note qui t'aidera sans doute à y voir plus clair dans les références historiques mentionnées ici et là.

L'ère du temps

Lorsque nous parlons de notre ère, nous faisons référence à la période qui débute avec la naissance de Jésus-Christ. Elle débute à l'an 0. On dit de toutes les dates situées avant l'an 0 qu'elles sont « avant Jésus Christ » (av. J.-C.) ou « avant notre ère », mais il arrive aussi que certaines références les présentent précédées d'un « - ». On dit de toutes les dates situées après l'an 0 qu'elles font partie de notre ère.

Historia, p. 8

Berceaux des inventions

Les grandes civilisations ont vu le jour sur les rives fertiles de grands fleuves comme le Nil en Égypte, le Tigre et l'Euphrate en Mésopotamie (ancien Irak) et le fleuve Jaune en Chine. Comme de nombreuses inventions importantes ont été réalisées par ces premières civilisations, j'ai cru bon te présenter cette carte pour t'aider à situer ces peuples dans l'espace et le temps. Tu pourras t'y référer en cours de lecture.

Les Sumériens et les Babyloniens ont habité tour à tour la Mésopotamie.

Certaines périodes de l'histoire ont été particulièrement productives en matière d'inventions. Laisse-moi te présenter ces périodes ainsi qu'une ligne du temps illustrant quelques inventions qui les ont marquées.

La Renaissance

Les artistes et les savants de la Renaissance redécouvrent les enseignements des Grecs de l'Antiquité, et les progrès technologiques amorcés au Moyen Âge se poursuivent. L'intérêt pour les arts est renouvelé et la science moderne se développe. Parmi les nombreuses innovations technologiques qui font leur apparition, la mécanisation du procédé d'imprimerie, inventée par Gutenberg, vers 1440, aura des répercussions révolutionnaires en mettant le savoir à la portée de tous.

L'Antiquité

Les Sumériens inventent la roue vers -3500. Deux mille ans plus tard, les Égyptiens innovent en matière de construction de bateaux et construisent d'imposants monuments comme les pyramides. À partir des années -500, la civilisation grecque qui règne alors sur la région méditerranéenne voit naître de grands architectes, voyageurs et philosophes. Vers l'an 100, l'Empire romain conçoit des machines de guerre perfectionnées. Du côté de l'Asie, la Chine connaît de l'an -1000 à l'an 1000 une effervescence d'idées et d'inventions, dont le papier, l'imprimerie, la boussole et la poudre à canon.

La Révolution industrielle

La Révolution industrielle met la puissance des machines au service de l'industrie. Avec une population en pleine croissance, les États-Unis connaissent au 19e siècle des progrès spectaculaires dans plusieurs domaines dont les communications et les transports. Parmi toutes les nouvelles machines qui marquent cette époque, la machine à vapeur est certainement la plus importante.

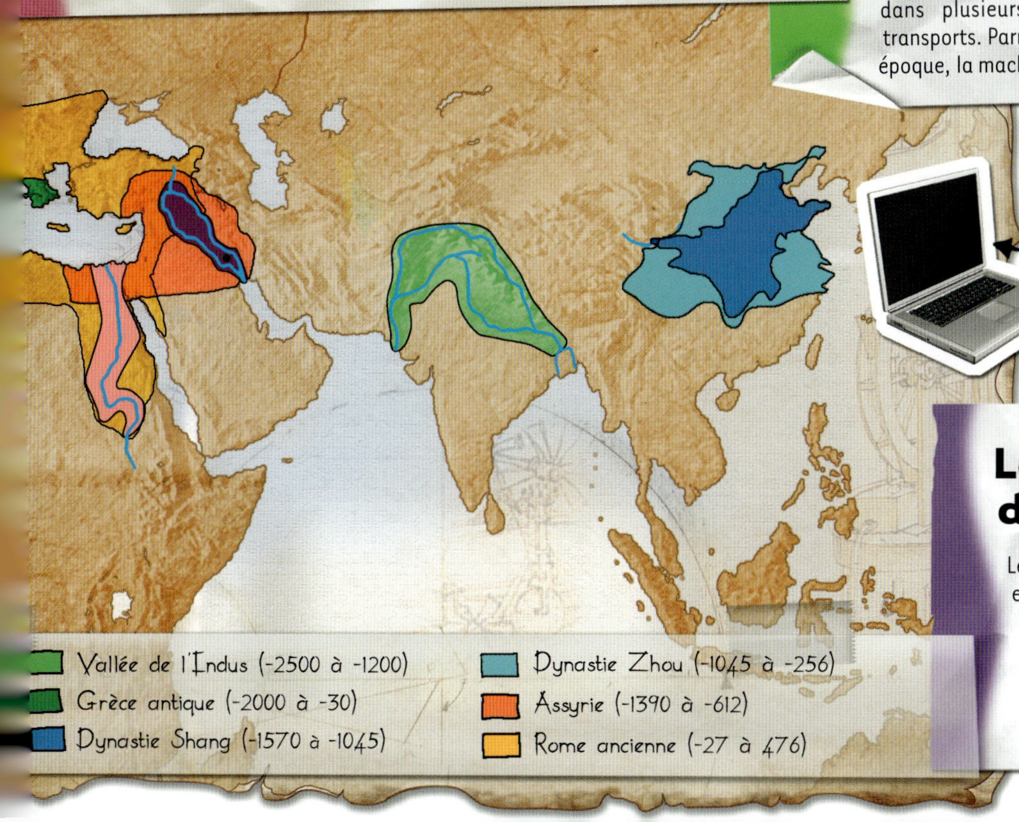

Le monde d'aujourd'hui

Le monde moderne connaît des progrès scientifiques et techniques sans précédent. Les changements sont d'autant plus fondamentaux qu'ils bouleversent la vie quotidienne et la relation de l'homme avec son environnement. En ce début de 21e siècle, le nouveau défi des inventeurs est probablement de trouver des solutions aux effets négatifs du progrès.

Le génie humain

Une bonne idée, un peu de hasard et BEAUCOUP de travail sont à l'origine de la plupart des inventions. Même si certaines sont apparues grâce à un éclair de génie, beaucoup d'autres ont vu le jour après des années de réflexion. Avec l'aide de mon ami inventeur, le professeur Trukégadgette, j'ai essayé de trouver les principales qualités d'un bon inventeur. Qu'ils soient solitaires ou regroupés en équipes, savants éminents ou bricoleurs du dimanche, tous les inventeurs possèdent un dosage unique des qualités énumérées ci-dessous.

Cher professeur,

Ma mère dit parfois « Euréka ! » quand elle vient d'avoir une bonne idée ou de trouver quelque chose qu'elle cherchait depuis longtemps. Quand je lui ai demandé ce que ça voulait dire, elle m'a dit qu'elle ne s'en souvenait plus et m'a suggéré de vous le demander.

Merci d'avance,
Gaspard

- ✓ Chanceux
- ✓ Imaginatif
- ✓ Persévérant
- ✓ Passionné
- ✓ Perspicace
- ✓ Génial
- ✓ Curieux
- ✓ Travaillant
- ✓ Bricoleur

En pensant à la colle peu collante découverte par un collègue, Arthur Fly invente, en 1974, des marque-pages, les fameux Post-it®.

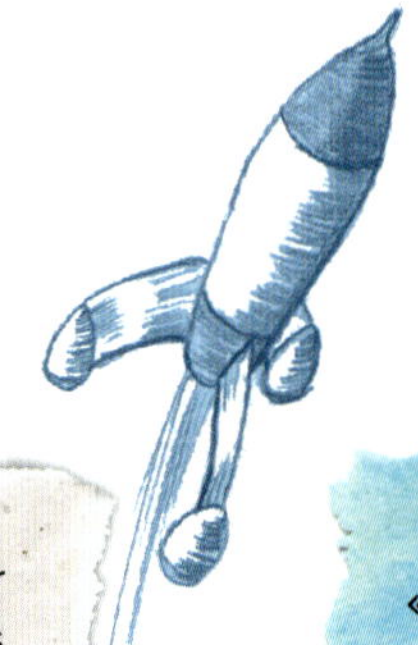

Ignorant les journalistes qui ridiculisent son idée d'envoyer un véhicule jusqu'à la Lune, Robert Goddard poursuit ses travaux et construit la première fusée. Le premier vol a lieu le 16 mars 1925. Il dure 2 secondes et demie.

« Le génie est composé de 1 % d'inspiration et de 99 % de sueur. »

Thomas Edison

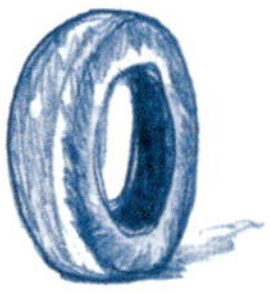

En 1839, Charles Goodyear découvre accidentellement un procédé permettant d'améliorer la résistance du caoutchouc après avoir cherché d'arrache-pied pendant cinq longues années.

Pour empêcher que notre invention soit copiée, on peut tout simplement tenir sa langue, comme la compagnie Coca-Cola qui n'a jamais divulgué la formule secrète de sa célèbre boisson pétillante depuis sa création, en 1886, ou encore déposer un brevet.

Le brevet est un document légal qui protège un inventeur en lui garantissant la paternité de sa nouvelle idée et en interdisant la copie. Inventé en Italie en 1421, le dépôt de brevet s'est généralisé au 18e siècle en France, en Angleterre et aux États-Unis, ce qui a eu pour effet d'encourager les inventions. Puisque le brevet assure le monopole de fabrication, généralement pendant une période maximale de 21 ans, l'inventeur peut alors profiter de son invention tout en informant les autres chercheurs des progrès techniques.

Selon la légende, c'est le mathématicien et physicien grec Archimède, qui vécut de -287 à -212, qui se serait écrié « Eurêka ! », soit « J'ai trouvé ! » en grec, lorsqu'il fit une découverte importante dans son bain. En entrant dans la baignoire pleine jusqu'au bord, le savant remarqua avec intérêt que l'eau débordait. Il réalisa alors que la quantité d'eau déplacée avait un rapport avec la taille et le poids de l'objet immergé. Ces observations allaient donner naissance au principe d'Archimède expliquant, entre autres, comment les objets flottent. Voici un court portrait de deux autres hommes de génie, Léonard de Vinci et Thomas Edison.

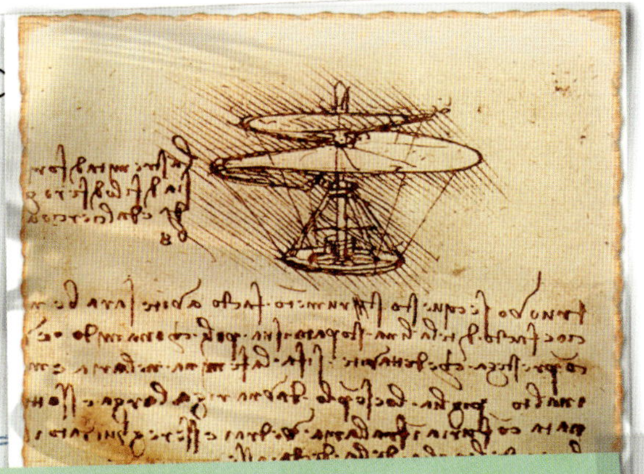

Léonard de VINCI (1452-1519)

Léonard de Vinci incarne parfaitement l'homme de génie de la Renaissance, capable d'explorer tous les domaines du savoir. À la fois artiste et homme de science, ce visionnaire imagina et dessina des centaines d'appareils dont certains virent le jour des siècles plus tard !

Inventeurs et inventions, p. 192

Plusieurs des idées lumineuses de Léonard de Vinci n'ont jamais été réalisées, faute des connaissances techniques requises pour les faire fonctionner.

Léonard de Vinci

Thomas EDISON (1847-1931)

L'inventeur américain Thomas Edison mit au point plusieurs inventions révolutionnaires dont la fameuse ampoule électrique, le phonographe (servant à l'enregistrement sonore), la machine à écrire électrique et le kinétoscope (un des ancêtres du cinéma). L'ancien télégraphiste perfectionna aussi de nombreux appareils, comme le télégraphe, et installa la toute première centrale électrique.

Inventeurs et inventions, p. 43

Homme au kinétoscope

Avec plus de 1 000 inventions à son crédit, Edison est considéré comme l'un des inventeurs les plus prolifiques de l'histoire.

Thomas Edison

Depuis qu'il existe, l'être humain n'a jamais cessé de découvrir, de tenter d'expliquer toutes sortes de phénomènes naturels et d'imaginer des machines, des plus simples aux plus complexes, pour faciliter la vie des siens. J'ai beaucoup d'admiration pour tous ces créateurs, particulièrement ceux qui poursuivent leur quête malgré les échecs ou l'incompréhension du monde qui les entoure. En repoussant sans cesse les limites de la connaissance, des visionnaires comme Archimède, Léonard de Vinci ou Thomas Edison ont tracé la voie aux inventeurs d'aujourd'hui. Peut-être suivras-tu leurs traces... Qui sait ?

De grandes inventions

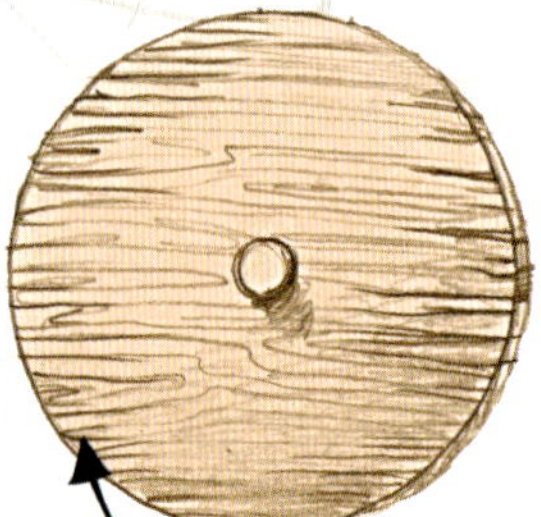

La roue à une seule planche

Certaines inventions méritent que nous nous y attardions un peu car elles ont littéralement bouleversé nos vies et influencé toute la suite de l'histoire. J'ai choisi trois d'entre elles que je te présenterai dans les six prochaines pages de cet album. Commençons, si tu le veux bien, par la roue.

La roue : une très ancienne invention

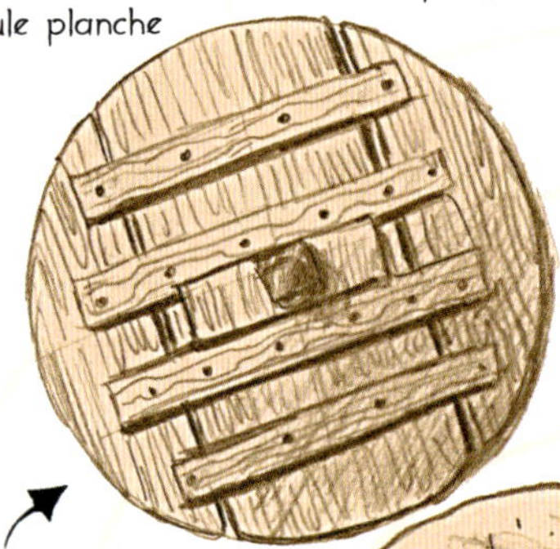

La roue tripartite

La roue est sans contredit une des plus grandes inventions du génie humain. Essaie d'imaginer quelques instants ce que serait notre vie sans cette fabuleuse forme ronde et mobile. Lorsque nous pensons à la roue, nous pensons forcément à tous ces moyens de transport roulants, comme la voiture, l'autobus et la bicyclette. Mais savais-tu que la roue est aussi une composante indispensable pour d'autres inventions ? Les moulins à eau, les machines à vapeur, les horloges et même l'électricité ont été inventés grâce à l'existence de la roue. Voyons un peu comment est née cette merveille.

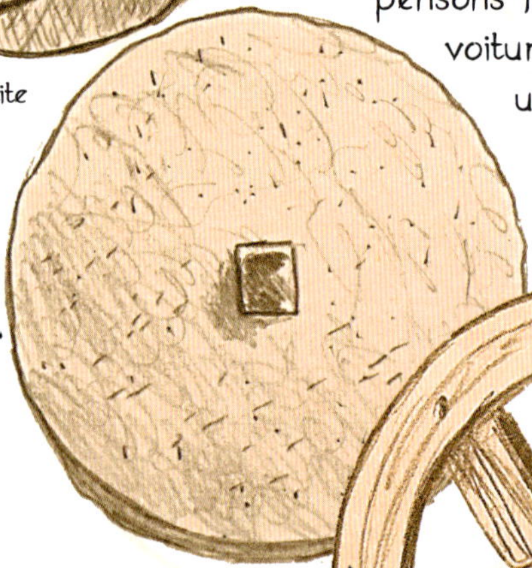

La roue en pierre taillée

La roue semi-pleine

La roue aurait été inventée par les Sumériens, vers -3500. Les premières roues étaient pleines. Elles consistaient en de simples tranches de troncs d'arbres ou étaient faites de planches de bois maintenues ensemble de manière à former une surface pleine. Au cours des siècles, les roues sont devenues plus légères et plus rapides, grâce à l'invention des traverses et, plus tard, des rayons. Selon le moment et l'endroit du monde où elle a été utilisée, la roue a eu plusieurs aspects. Je t'en ai dessiné quelques-uns.

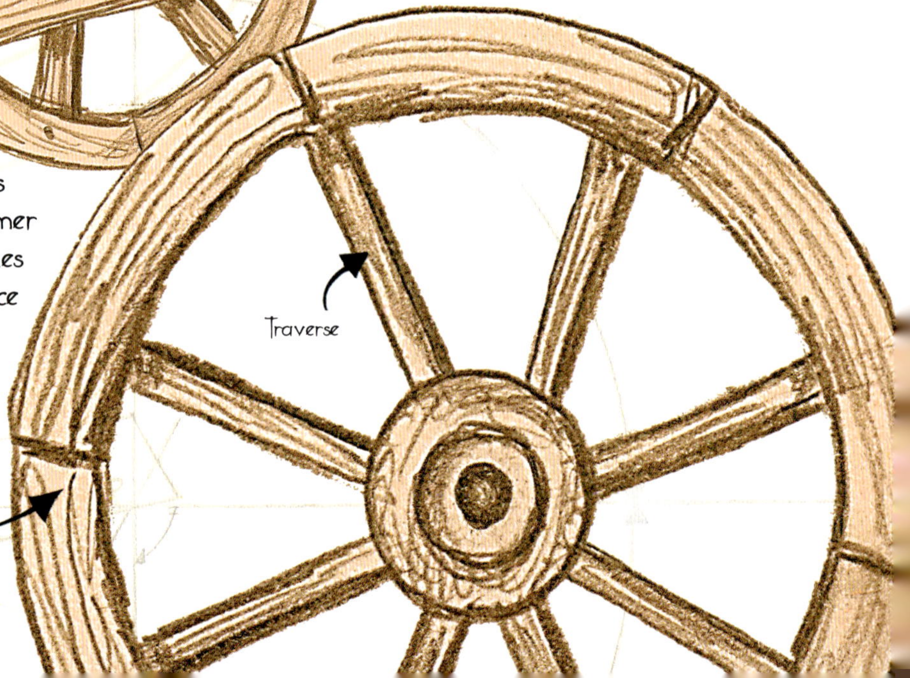

La roue à traverses

As-tu déjà observé un potier à l'œuvre ? N'est-il pas magique de voir une boule d'argile se transformer sous nos yeux pour prendre la forme d'une assiette, d'un bol, d'un vase ? Le tour du potier est l'un des plus vieux instruments mécaniques que les humains aient utilisés. Plusieurs historiens croient même qu'il est l'ancêtre de la roue. Voici un court extrait expliquant son fonctionnement.

Le coin de l'artiste

Accueil | Musique | Arts | Lettres | Info

La poterie, d'hier à aujourd'hui

Le potier travaille sa pièce sur un plateau rond, appelé girelle, qui est lui-même relié à une roue d'entraînement. Selon les endroits et les époques, la roue du potier est actionnée à la main, à l'aide du pied ou à l'électricité. En tournant, la roue entraîne la girelle ainsi que la pièce à travailler. Au moyen de pressions douces des mains, le potier modèle la masse d'argile pour lui donner la forme de son choix.

Comme je te l'écrivais plus tôt, la roue a donné naissance à de nombreuses inventions. En voici quelques-unes.

La roue à aubes

La roue à aubes est munie de pales disposées horizontalement ou verticalement. En s'écoulant sur celles-ci, l'eau entraîne la roue. En tournant, la roue transmet sa force motrice à un mécanisme qui actionne des machines aux multiples usages. Cent ans avant notre ère, des roues à aubes étaient utilisées dans plusieurs régions du monde. La force qu'elles produisaient servait entre autres à moudre le grain.

La science, p. 163

L'engrenage

Un engrenage est un ensemble composé d'un minimum de deux roues dentées qui se jumellent parfaitement. En tournant une sur l'autre, elles créent une force de mouvement pouvant être transmise à un mécanisme. Les archéologues ont découvert une horloge astronomique grecque, datant de l'an -2000 environ. L'objet, composé d'une vingtaine de roues dentées, serait le plus vieux système d'engrenages connu. De nos jours, les engrenages sont toujours utilisés dans les horloges mais aussi dans les poignées de portes, les serrures et les bicyclettes, entre autres.

Scientifiquement vôtre, janvier 2012

La roue à aubes

Les roues à aubes étaient installées au fil du courant d'une rivière ou sous une chute d'eau. Les centrales hydroélectriques qui produisent l'électricité sont équipées de turbines, des roues fonctionnant selon le même principe que celui de la roue à aubes. L'énergie produite par le mouvement des turbines est transformée en électricité et acheminée par les fils électriques jusqu'à nos demeures.

Comment fonctionne la poulie ?

La poulie est une roue autour de laquelle s'enroule une corde, ou une chaîne, attachée à un objet à lever. En tirant la corde vers le bas, à l'aide d'un contrepoids, on peut soulever l'objet aussi haut que le support. Ce système de levage est notamment utilisé dans les ascenseurs, où les mouvements de la cage doivent être équilibrés par un contrepoids. Plusieurs poulies peuvent aussi être combinées de manière à augmenter la force de levage.

Comment ça marche ?, p. 82

Des poulies étaient utilisées en Assyrie, plus de 800 ans avant notre ère. Le très savant Archimède aurait lui-même inventé une grue à trois poulies permettant de déplacer rien de moins qu'un navire avec son équipage et sa cargaison !

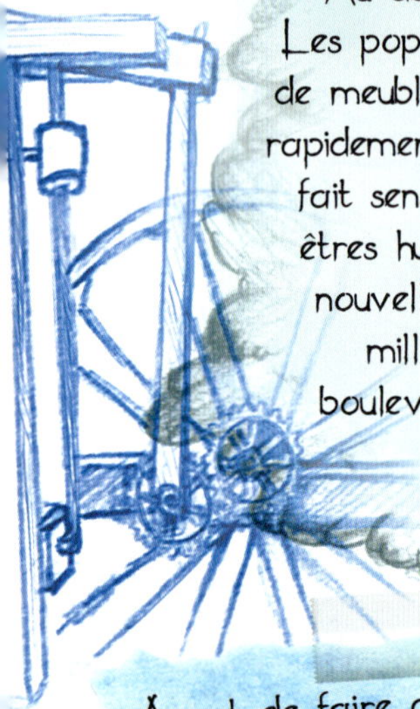

La machine à vapeur

Au début du 18e siècle, un vent de changement souffle sur les villes et les campagnes. Les populations grandissent. On a besoin de plus d'aliments, de plus de vêtements, de plus de meubles. Les produits qui étaient anciennement fabriqués à la main doivent être produits rapidement, en plus grand nombre et au moindre coût possible ! Une toute nouvelle invention fait sensation : c'est la machine à vapeur. Son énergie peut être mise à la disposition des êtres humains pour faire fonctionner les grosses machines des industries. Grâce à elle, de nouvelles usines voient le jour – notamment dans le secteur du textile – et attirent des milliers de personnes qui viennent y chercher un emploi. Cette période de grands bouleversements s'amorce en Angleterre, au 18e siècle, et s'étend peu à peu à l'Europe et aux États-Unis. On l'appelle la Révolution industrielle.

Avant de faire connaissance avec la machine à vapeur et ses inventeurs, tu dois d'abord savoir que la vapeur contient une incroyable quantité d'énergie. Jette un coup d'œil à la chronique de madame Surprenant que je t'ai collée ci-dessous. Elle explique admirablement bien pourquoi il en est ainsi.

Incroyable mais vrai !

par C. Surprenant

2 000 fois plus volumineuse !

Lorsqu'on chauffe de l'eau, sa température s'élève de façon constante jusqu'à 100 °C. L'eau se met alors à bouillir et se transforme graduellement en vapeur. En passant ainsi de l'état liquide à l'état gazeux, l'eau subit une énorme dilatation, c'est-à-dire qu'elle occupe un volume 2 000 fois plus grand que le volume qu'elle occupait à l'état liquide. Les petites particules d'eau contenues dans la vapeur se déplacent alors à toute vitesse et bombardent les parois du récipient. On peut facilement imaginer la forte pression que subit le couvercle d'un récipient fermé ! C'est cette force qui est à la base de toutes les machines à vapeur.

Scientifiquement vôtre, mars 2011

Il y a 300 ans, une poignée de savants ingénieux (je te les présenterai à la page suivante) ont eu l'idée de transformer l'énergie de la vapeur en mouvement ! Ils ont ainsi inventé la fameuse machine à vapeur. Voici son fonctionnement :

De l'eau est chauffée dans une chaudière jusqu'à ce qu'elle se transforme en vapeur. La vapeur sous pression pénètre dans un cylindre et force un piston à bouger. En montant et descendant, le piston communique son mouvement de va-et-vient à un système d'engrenages qui entraîne à son tour le mouvement circulaire d'une roue qui peut actionner des machines.

Comment ça marche ?, p. 114

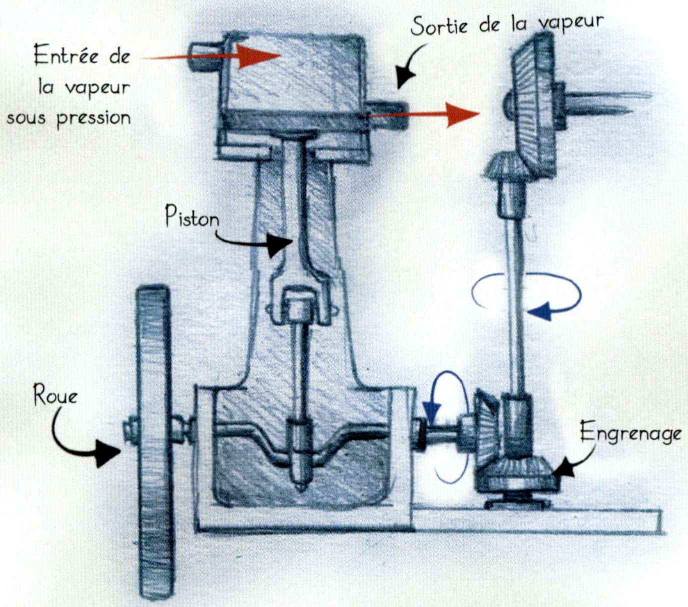

C'est l'ingénieur anglais Thomas Savery qui a construit la première machine à vapeur, vers 1698. Son engin consistait en un dispositif simple qui pompait l'eau des mines inondées (les mines étaient souvent envahies par l'eau qui s'infiltrait dans les roches). L'invention de Savery était peu efficace et dangereuse en raison des risques d'explosion qu'elle présentait. Elle fut améliorée en 1712 par le forgeron anglais Thomas Newcomen. Quelques années plus tard, pratiquement toutes les mines de charbon étaient équipées de la pompe de Newcomen. Mais le véritable « père de la machine à vapeur » est l'ingénieur écossais James Watt. Mon ami antiquaire Pietro Poussiero a mis la main sur une vieille lettre dans un encan d'objets anglais datant du 18e siècle. Il est catégorique : le signataire serait nul autre que James Watt. En voici la traduction :

Machine à vapeur de James Watt

Université de Glasgow

Chers parents,

Novembre 1769

Vous vous souvenez du modèle réduit de la machine à vapeur de Newcomen qu'on m'avait demandé de réparer ? Eh bien, je suis heureux de vous annoncer que mes efforts ont porté fruits ! D'une modification à l'autre, j'ai fini par mettre au point une machine à vapeur complètement différente que je viens de faire breveter. Je songe déjà à la doter d'une sorte de vilebrequin qui produirait un mouvement circulaire plutôt qu'un simple va-et-vient. Je vous en donne des nouvelles !

Affectueusement,
Jimmy

James Watt

En 1782, James Watt dépose le brevet d'une nouvelle machine à vapeur à mouvement circulaire. Grâce à son balancier — un dispositif spécial qui permettait de transformer le mouvement de va-et-vient du piston en un mouvement de rotation de roue — la machine à vapeur de Watt était beaucoup plus efficace et pouvait dorénavant être utilisée dans plusieurs industries. Avec trois fois moins de charbon que le modèle de Newcomen, elle réussissait à actionner à elle seule 40 machines d'une usine. L'inventeur mesurait d'ailleurs l'énergie produite par ce puissant moteur en chevaux-vapeur, c'est-à-dire en nombre de chevaux qu'il remplaçait.

Vers 1880, certaines usines remplacent la vapeur par l'électricité. Même si de nos jours, la plupart des machines à vapeur ont laissé la place à des appareils plus efficaces, comme les moteurs électriques et à combustion interne, la vapeur continue de faire tourner les immenses turbines de plusieurs centrales électriques.

Le miracle de l'électricité

L'électricité est sans aucun doute une des grandes découvertes de tous les temps. Réalises-tu tout ce que nous pouvons faire grâce à elle ? L'ordinateur, la télévision, le système de son, le réfrigérateur, le four à micro-ondes et les dizaines d'autres appareils domestiques qui meublent notre quotidien fonctionnent tous à l'électricité ! Je me rappelle cet hiver 1998… Une tempête de verglas frappait alors une grande partie de l'Est de l'Amérique du Nord, privant d'électricité des millions de personnes. Tu devais être bien jeune à cette époque, mon ami. Pour ma part, j'habitais alors dans la grande région de Montréal, au Québec. Je me souviens très bien combien il était difficile pour les familles de vivre au quotidien. Préparer les repas, prendre son bain (sans eau chaude, bien sûr !), chauffer les maisons… chaque petit geste devenait une corvée incroyable pour nous qui sommes habitués à tourner un bouton pour faire apparaître la lumière ou la chaleur. L'électricité est une forme d'énergie bien mystérieuse. Je te parle des petites particules à la base de son fonctionnement (les électrons que tu n'as probablement pas encore étudiés à l'école) dans « Mon album des sciences » à la page 223. Ici, j'ai choisi de te parler de sa découverte… En effet, l'électricité comme telle n'a pas été inventée. Les extraits présentés ici te permettront de constater qu'il s'agit d'un phénomène tout ce qu'il y a de plus naturel que les humains ont appris à apprivoiser après l'avoir découvert.

L'ambre et la découverte de l'électricité statique

Vers l'an -600, Thalès de Milet, un savant grec, avait observé qu'un morceau d'ambre frotté avec de la laine avait la particularité d'attirer à lui de petits objets légers comme des brins de paille ou des plumes. Cette force d'attraction est ce qu'on appelle l'électricité statique. Au milieu du 18e siècle, des savants avaient inventé des machines pour produire ce type d'électricité par frottement, sans toutefois leur trouver d'applications.

Encyclopédie des sciences, p. 68

L'ambre est une substance jaune durcie, qui provient de conifères morts depuis longtemps. Tu peux, toi aussi, expérimenter le phénomène de l'électricité statique en frottant un ballon gonflé sur tes cheveux, par exemple, et en le faisant coller sur le mur.

Benjamin FRANKLIN (1706-1790)

Benjamin Franklin, un politicien et physicien américain, observa que la foudre frappait de préférence les objets pointus. Persuadé que les nuages étaient chargés d'électricité, il proposa de récolter le « feu du ciel » à l'aide d'une pointe de métal. En 1752, Franklin fit voler un cerf-volant dans des nuages orageux. Le sommet de son cerf-volant était muni d'une pointe de métal. À l'autre extrémité de la ficelle, il attacha un ruban de soie et une clé. Franklin constata que de petits filaments de la ficelle se hérissaient et que le contact entre la peau et la clé créait une forte étincelle. Il réussit ainsi à démontrer que les nuages orageux étaient chargés d'électricité statique.

Inventeurs et inventions, p. 56

Benjamin Franklin

Paratonnerre relié au sol

L'observation de Franklin le conduit à inventer le paratonnerre, une tige de métal que l'on fixe à la partie la plus haute d'un édifice pour le protéger de la foudre. Le paratonnerre est relié à la terre par un fil conducteur. Plutôt que de frapper l'édifice, l'intense courant produit par l'éclair voyage à travers la tige de métal et est conduit vers le sol en toute sécurité.

Les savants qui ont découvert les manifestations de l'électricité n'ont pas tardé à imaginer tout ce que cette nouvelle forme d'énergie pouvait offrir. Jette un coup d'œil aux deux extraits ci-dessous.

Alessandro Volta

LA PILE ÉLECTROCHIMIQUE

En 1791, le professeur d'anatomie Luigi Galvani remarqua que des pattes de grenouilles mortes, suspendues à des crochets de cuivre disposés sur des rails en fer, se contractaient. Il conclut à tort que le phénomène était dû à une forme d'électricité animale. Un autre professeur italien, Alessandro Volta, réalisa que le phénomène était plutôt produit par le contact entre les supports métalliques utilisés dans l'expérience et le corps humide de la grenouille. En 1800, Volta eut l'idée d'empiler des rondelles de cuivre et de zinc (deux métaux) séparées par des tampons imbibés d'une solution acide. En reliant par un fil métallique le sommet et la base de sa pile, il produisit le premier courant électrique. La pile électrochimique était née !

Inventeurs et inventions, p. 143

Pile de Volta

Re : Objet : Fabriquer l'électricité
Date : 3 décembre 2010
À : professeur Génius

C'est effectivement en 1831 que le physicien britannique Michael Faraday trouva une solution de rechange aux piles. Il réussit à démontrer qu'un aimant en mouvement pouvait créer un courant électrique dans un fil ! Son expérience mena bientôt à la construction des premières dynamos, des machines produisant de l'électricité. Le 19e siècle venait d'hériter d'une source d'énergie incomparable ! Mais l'électricité était d'abord réservée aux usines et à l'éclairage public. Il a fallu attendre une cinquantaine d'années pour que tout le monde puisse profiter de la découverte de Faraday.

N'hésitez pas à faire de nouveau appel à moi si vous avez besoin d'autres précisions.

Paul Savant
Directeur du département des sciences et techniques
Université du Savoir

Le contact entre le zinc et l'acide de l'expérience de Volta produit une réaction chimique qui est transformée en énergie électrique, soit en électricité. Les piles que nous utilisons aujourd'hui fonctionnent selon le même principe.

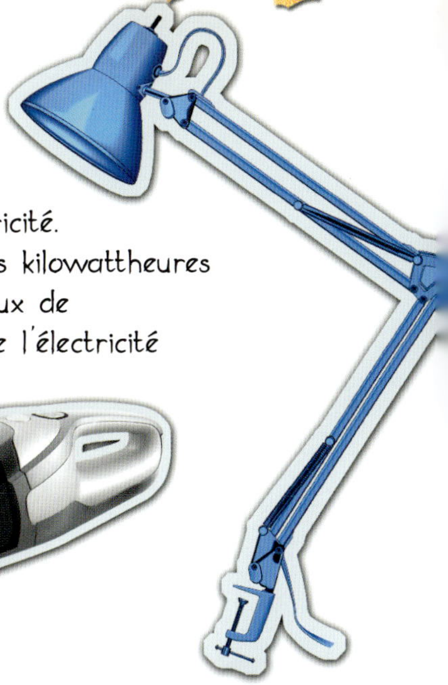

En 1882, le génial Edison conçoit et teste un système de distribution d'électricité. Le 4 septembre de la même année, une petite centrale distribue les premiers kilowattheures à New York, dans un rayon d'un peu plus d'un kilomètre. Grâce aux travaux de l'Américain George Westinghouse, quelques années plus tard, le transport de l'électricité allait enfin pouvoir s'installer progressivement dans les foyers.

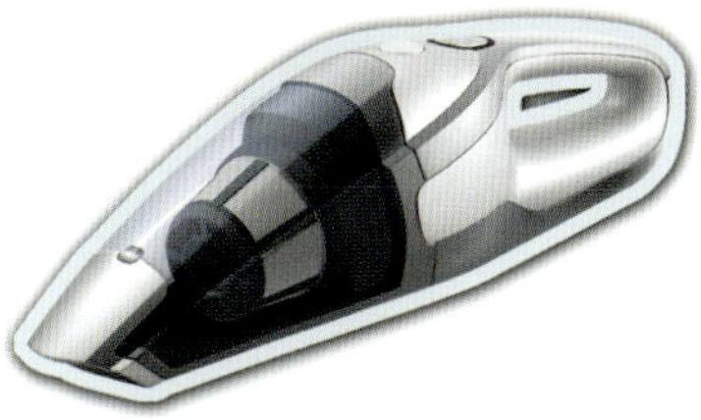

S'alimenter, un besoin vital

Pour se nourrir, nos ancêtres qui vivaient dans des cavernes cueillaient des graines, de l'herbe et des fruits, pêchaient le poisson dans les cours d'eau et chassaient le gibier. Pour subvenir à leurs besoins alimentaires, ces premiers humains devaient bien souvent suivre les troupeaux en migration s'ils voulaient s'assurer d'avoir de quoi manger toute l'année. Nos habitudes alimentaires ont bien changé ! Les aliments sont produits en masse, transformés, conservés, traités, apprêtés de mille et une façons mais surtout, disponibles dans toutes les bonnes épiceries de quartier ! Les six prochaines pages de mon album seront consacrées à l'alimentation, un sujet... délicieux.

La terre nourricière

C'est sans doute après avoir observé que des graines dispersées par le vent pouvaient donner naissance à des plants que les humains inventèrent l'agriculture. Cette technique, apparue 10 000 ans avant notre ère dans les vallées fertiles de la Mésopotamie, révolutionna complètement la vie et les habitudes alimentaires des gens de l'époque. Encore aujourd'hui, l'agriculture est à la base de l'alimentation quotidienne de plusieurs peuples. Laisse-moi te présenter quelques inventions ingénieuses qui ont marqué son histoire.

Charrue à soc

Association des fermières et des fermiers d'aujourd'hui

Un brin d'histoire...

La charrue

La charrue est une des plus vieilles inventions de l'humanité. Aussi importante que la roue, elle allait permettre l'essor de l'agriculture — et de toute notre alimentation — en permettant de labourer de grandes superficies en peu de temps. Son ancêtre, l'araire, était déjà utilisé en Mésopotamie, il y a plus de 10 000 ans. Simple bout de bois pointu tiré par des bœufs, il allait bientôt se transformer en un lourd engin métallique tiré par des chevaux et, plus tard, par des tracteurs.

LE SEMOIR DE JETHRO TULL

« Un grain pour le pigeon, un pour le corbeau, un pour la pourriture et un pour la récolte. » Voilà un dicton qui en dit long sur l'efficacité de la méthode où l'on sème les graines à la volée. En 1701, un fermier anglais ingénieux, nommé Jethro Tull, inventa le premier semoir à blé. Cette nouvelle machine, tirée par des chevaux, ouvrait des sillons dans le sol et y laissait tomber les graines en lignes bien droites, au moyen d'un tube. Grâce à cette méthode, les graines pouvaient germer plus rapidement, sans être picorées par les oiseaux.

Inventeurs et inventions, p. 169

Araire

Charrue du 19e siècle

Labourer consiste à aérer et à retourner la terre en vue de la prochaine récolte. Le labourage réalisé avec la charrue crée un sillon où seront déposées les graines.

Semoir de Jethro Tull

Jethro Tull était un joueur d'orgue. Ce sont d'ailleurs les tuyaux de son instrument qui lui ont inspiré son idée du semoir à blé.

Les agriculteurs connaissent de grandes inquiétudes. Leurs récoltes sont menacées par les insectes, les micro-organismes et les mauvaises herbes; la terre de leurs champs, trop utilisée, devient plus pauvre en nutriments. À partir du 19e siècle, des produits chimiques entièrement fabriqués en laboratoire font leur apparition. Certains d'entre eux visent à protéger les récoltes, d'autres à en augmenter la quantité. Le tristement célèbre DDT, un insecticide puissant, est au nombre de ces substances.

LE PRIX NOBEL POUR UN SUISSE

Le Suisse Paul Muller a remporté, plus tôt cette semaine, le Prix Nobel de médecine et de physiologie pour ses travaux sur le DDT. Rappelons que le physicien suisse avait réussi à démontrer, en 1939, que cette substance pouvait être très efficace pour tuer les insectes ravageurs des récoltes et lutter contre le paludisme, une maladie mortelle.

Article de journal de 1948

Des études menées dans les années 1960 ont révélé que le DDT s'accumule dans la graisse des poissons, des oiseaux et des mammifères et peut causer le cancer chez l'être humain. Ce composé voyage dans l'air sous l'action des vents. On en a même retrouvé des traces chez les peuples autochtones de l'Arctique ! Plusieurs pays, comme le Canada et les États-Unis, en interdisent dorénavant l'utilisation. Mais ne t'inquiète surtout pas. Les produits chimiques utilisés de nos jours font l'objet d'études sérieuses avant leur utilisation. De plus, un nombre croissant d'agriculteurs emploient des techniques de culture naturelles, ne requérant l'utilisation d'aucun produit chimique.

Moissonneuse-batteuse moderne

Il y a un peu plus d'un siècle, la moisson, qui consiste à couper et à récolter les céréales, s'effectuait entièrement à la main. Tu peux facilement imaginer combien la moissonneuse de l'Américain Cyrus McCormick, inventée au début des années 1830, fut précieuse pour les fermières et les fermiers de l'époque ! Aujourd'hui, des moissonneuses-batteuses modernes, tirées par des tracteurs, coupent, ramassent et extraient les grains d'immenses récoltes en quelques heures à peine !

Des aliments pour tous les goûts

Lorsqu'ils explorèrent le Nouveau Monde, les grands navigateurs du 15e et du 16e siècles étaient certainement loin de se douter qu'ils y découvriraient des dizaines de nouveaux aliments tels que les haricots verts et les tomates. Au fait, savais-tu que le maïs est originaire de l'Amérique centrale ? Il a été introduit en Espagne, au Portugal et en Italie au début des années 1500 où il est vite devenu un aliment de base. La pomme de terre, qui vient du Pérou, a été quant à elle popularisée en France par un certain monsieur Parmentier, à partir de 1785. Les potages préparés à base de ce tubercule portent d'ailleurs son nom ! Notre alimentation quotidienne est riche d'histoires savoureuses. Laisse-moi t'en présenter quelques-unes, tirées de mon encyclopédie mondiale des aliments.

Le sandwich

Passionné par les jeux de table, le comte anglais Sandwich refusait obstinément de quitter ses activités pour s'alimenter convenablement. Un jour de l'an 1762, son malin cuisinier eut la brillante idée de lui servir un repas léger, composé d'une tranche de viande, coincée entre deux tranches de pain beurrées. Le sandwich venait de voir le jour !

Le pain

Une légende raconte que le pain fut inventé par hasard par un boulanger égyptien. Ce dernier aurait laissé plusieurs heures à l'air ambiant une bouillie de céréales. Contaminé par une levure sauvage ou par des bactéries de l'air, ce mélange aurait fermenté et levé sous la multiplication des micro-organismes présents dans la farine. Premiers boulangers professionnels, les Égyptiens sont également les inventeurs du four à pain.

Le beurre

Le beurre aurait été inventé en Inde, autour de l'an –1000. Dans l'Antiquité, il était utilisé dans les cérémonies religieuses et comme médicament. On s'en servait notamment comme onguent contre les infections de la peau et les brûlures. Ce n'est qu'à partir du 18e siècle que l'on voit apparaître le beurre sur les tables des familles aisées. À cette époque, le produit est cher et n'est malheureusement pas accessible à tous.

Le ketchup

La célèbre sauce aux tomates ketchup a vu le jour en 1876, aux États-Unis. C'est Henry Heinz, un industriel américain, qui eut la brillante idée d'aromatiser et d'épaissir du Ke-Tsiap, un condiment déjà très répandu et apprécié en Chine et en Grande-Bretagne. La préparation au goût délicat et sucré, à la belle couleur rouge appétissante et d'une texture agréable fit rapidement fureur.

LES OGM À NOTRE SERVICE!

Des fraises plus juteuses, des pommes sans pépins, des choux-fleurs rouges ou bleus, du maïs plus résistant aux attaques des insectes ravageurs, des poissons qui grandissent plus vite… Tout ça est possible et bien plus encore ! Grâce aux progrès technologiques des dernières années, les OGM pourront répondre à nos moindres exigences alimentaires !

Article de journal de 1995

Les OGM, ou organismes génétiquement modifiés, contiennent des gènes empruntés à d'autres organismes vivants – les gènes sont les instructions chimiques qui déterminent les caractéristiques des êtres vivants. En modifiant les gènes de certains aliments, les scientifiques en améliorent certaines caractéristiques comme la couleur ou la résistance au froid ou à la chaleur. Bien qu'elle puisse sembler géniale, de prime abord, cette pratique est très controversée car on ne connaît pas les effets à long terme des OGM sur notre corps. Après tout, ne trouves-tu pas un peu étrange qu'une pomme de terre puisse hériter de gènes... de poissons ?

La crème glacée

Ce sont les Chinois de l'Antiquité qui inventèrent la crème glacée. La préparation originale était obtenue en mélangeant du miel et des fruits à de la neige. Ce délice ne tarda pas à se faire connaître hors des frontières du pays. La recette de la crème glacée fut introduite en Italie au 13e siècle par Marco Polo qui revenait d'un voyage en Chine. D'abord réservé aux tables des rois, ce dessert exquis remporta un succès immédiat et se répandit dans toute l'Europe puis, plus tard, en Amérique.

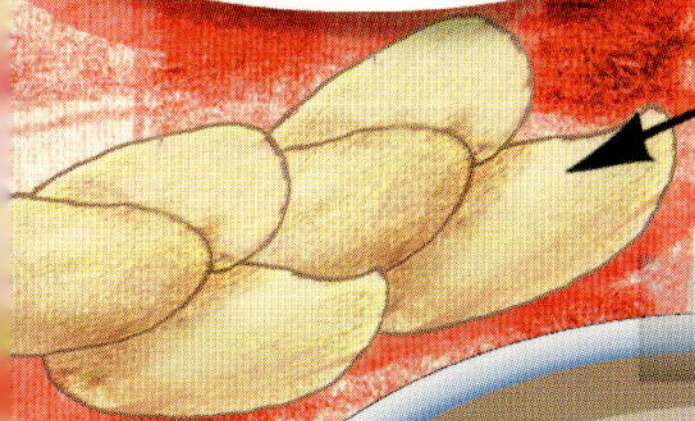

Les croustilles

Les croustilles auraient été inventées en 1853, dans la ville de Saratoga, aux États-Unis. Alors qu'il cherchait à satisfaire un client difficile qui se plaignait que les frites qu'on lui avait servies étaient trop épaisses, le chef cuisinier George Crum se mit à émincer des pommes de terre en tranches très fines. Un peu de sel, un peu d'huile et le tour fut joué ! La nouveauté de Crum connut un succès immédiat !

Les consommateurs sont de plus en plus soucieux de leur santé et de l'équilibre de l'environnement. Ils veulent manger des aliments de qualité, produits naturellement et qui ne contiennent aucun produit chimique. Un nombre sans cesse grandissant d'aliments dits « bio » (pour biologiques) voient le jour pour répondre à cette demande.

Les pâtes alimentaires

L'origine des pâtes alimentaires est revendiquée par plusieurs pays dont la Chine, le Japon, la France et l'Italie. Certaines sources affirment qu'elles furent introduites en Italie, à la fin du 13e siècle, par Marco Polo. Sans connaître leur véritable origine, on sait que la première fabrication industrielle de pâtes a eu lieu à Naples, en Italie, au début du 15e siècle. Quoi qu'il en soit, les Italiens en sont aujourd'hui les maîtres incontestés.

Savais-tu que la clémentine a été « inventée » ? Elle est née en 1900 du croisement entre un oranger et un mandarinier.

La conservation

Louis Pasteur

Les êtres humains de l'Antiquité utilisaient déjà des techniques leur permettant de conserver leur nourriture. Le séchage, par exemple, empêchait les aliments de pourrir, parce qu'il privait les microbes de l'humidité dont ils ont besoin pour croître. Le fumage, pour sa part, permettait la conservation des aliments grâce à l'action de substances spéciales, provenant de la fumée, qui empêchaient la croissance des microbes. Les 200 dernières années ont vu naître des techniques de conservation de plus en plus sophistiquées, telles que l'appertisation, la stérilisation et la congélation. Voici quelques renseignements intéressants à ce sujet.

Louis PASTEUR (1822-1895)

Chimiste et biologiste français, Pasteur étudia la fermentation (transformation de substances sous l'action de microbes) et expliqua le lien entre les microbes et la maladie. Le principe de la « pasteurisation », nommé en son honneur, consiste à faire chauffer un liquide sans le faire bouillir et à le refroidir subitement. Les microbes sont ainsi supprimés, ce qui permet une conservation plus longue de certains aliments. Plusieurs boissons, dont le jus et le lait, sont pasteurisées.

Inventeurs et inventions, p. 141

Des aliments bien « conservés »

Vous pouvez maintenant conserver des aliments à température ambiante aussi longtemps que vous le désirez ! Les conserves de fer blanc de monsieur Peter Durand assurent une excellente qualité aux aliments et préservent leurs propriétés nutritives. Gâtez votre famille : adoptez la conserve !

Vie d'Aujourd'hui, 1810

La technique permettant la fabrication des conserves s'appelle « l'appertisation ». Elle a été inventée en 1795 par le confiseur français Nicolas Appert. Le procédé consiste à emballer de manière hermétique (en empêchant le passage de l'air et de l'eau) des aliments préalablement stérilisés. La stérilisation est une opération consistant à chauffer les aliments à une température très élevée, de manière à tuer les microbes qui pourraient les altérer. Les premières conserves de Nicolas Appert étaient des bocaux de verre fermés par des bouchons de liège. L'Anglais Peter Durand inventa, une quinzaine d'années plus tard, les conserves de fer blanc.

À partir du 19e siècle, une foule d'inventions ont vu le jour pour faciliter les corvées alimentaires. Voici une petite ligne du temps qui t'en présente quelques-unes.

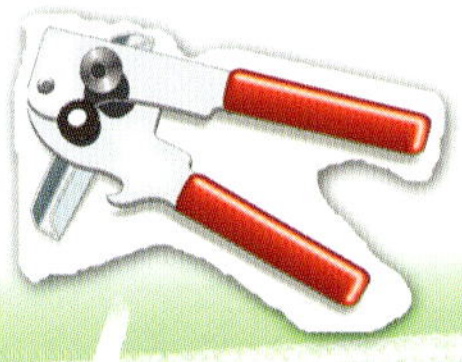

1855
Ouvre-boîte

1922
Mélangeur

1926
Grille-pain automatique

1932
Pilon

Le réfrigérateur, d'hier à aujourd'hui

Les Grecs et les Romains de l'Antiquité connaissaient déjà le pouvoir de la réfrigération. Ils entassaient de la glace et de la neige dans des fosses profondes qu'ils recouvraient de paille isolante pour les empêcher de fondre trop rapidement. Ces glacières primitives permettaient de conserver la viande pendant des mois. Jusqu'à la fin du 19e siècle, plusieurs pays utilisaient des glacières (armoires de bois ou d'acier contenant des blocs de glace) pour conserver les aliments au frais. Le réfrigérateur électrique, utilisant un gaz réfrigérant, a été inventé au début des années 1920 par les ingénieurs suédois Balzer von Platen et Carl Munters. Il ne fit son apparition dans les foyers que quelques années plus tard.

Historia, p. 489

Le froid empêche ou ralentit la croissance des microbes. Les réfrigérateurs modernes conservent les aliments à une température variant de 1 à 8 °C, ce qui permet de les conserver pendant des jours. Les congélateurs préservent les aliments à une température variant de -7 à -20 °C, conservant ainsi les denrées pendant plusieurs mois.

Vieille publicité de 1912

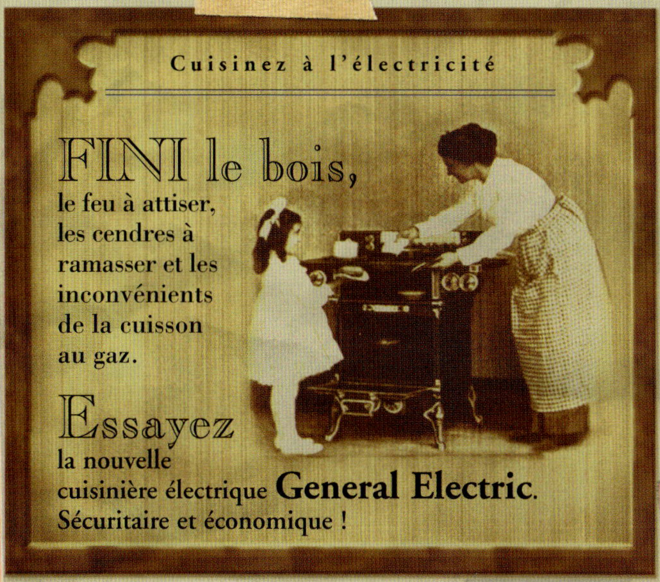

La cuisson

Peu après avoir découvert le feu, les hommes et les femmes de la préhistoire ont inventé la cuisson des aliments. Cette technique permet d'éliminer les microbes parfois contenus dans ces derniers et facilite aussi leur ingestion et leur digestion. De la braise à ciel ouvert à la cuisinière électrique, bien des choses ont changé !

Jusqu'à la fin du 19e siècle, la cuisinière domestique fonctionnait au feu de bois, au charbon ou au gaz. Le début du 20e siècle vit l'apparition de la cuisson sans flammes. Les premières cuisinières électriques se composaient de ronds, chauffés à l'électricité, et d'un grilloir. Ces cuisinières, beaucoup plus légères, étaient pourvues d'un tiroir de rangement sous le four, à l'emplacement anciennement réservé à la boîte à feu et à cendres. Grâce au thermostat, inventé aux États-Unis en 1915, on put contrôler la température des fours de manière automatique.

La révolution des ondes

Pratique pour réchauffer une tasse de lait ou pour décongeler la viande, le four à micro-ondes, inventé en 1946, s'imposera sans doute rapidement dans les foyers. Son fonctionnement ? Le magnétron, un tube spécial situé au cœur de l'appareil, produit des micro-ondes, des ondes électromagnétiques capables de traverser les aliments. Les ondes font vibrer les particules d'eau contenues dans les aliments. L'énergie ainsi produite génère de la chaleur qui peut cuire ou simplement réchauffer.

Vie d'Aujourd'hui, 1967

1945
Plats surgelés

1948
Autocuiseur

1953
Plateau TV garni

1954
Poêle en teflon

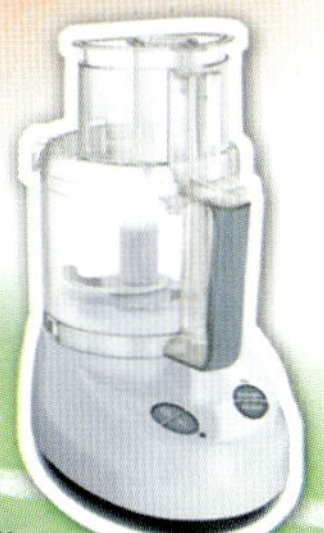

1971
Robot de cuisine

Inventer notre quotidien

Le développement de l'agriculture a profondément bouleversé l'organisation des peuples. Les familles se sont dès lors regroupées de manière à partager les ressources alimentaires disponibles. Les premiers villages sont apparus et ont grossi jusqu'à devenir des villes. Vers l'an -3700, les premières cités comptaient déjà des milliers d'habitants. Pour vivre ensemble de manière harmonieuse et sécuritaire, les habitants des villes ont dû « organiser » leur vie quotidienne. De nombreuses inventions sont nées de ces nouveaux besoins. Elles sont si nombreuses que j'ai choisi d'y consacrer les huit prochaines pages de cet album.

S'abriter

En devenant fermiers, les premiers hommes ont laissé tomber leurs huttes de branchages ou d'os de mammouths recouverts de peaux d'animaux et les ont remplacées par des abris plus solides et durables.

Voici une photo de la magnifique ville de Bam que j'ai prise lors de mon voyage dans le sud de l'Iran, en 1995. Construites il y a plus de 2 000 ans, les maisons et la citadelle de la ville historique étaient entièrement faites de briques de boue, d'argile et de paille séchée. Malheureusement, ce trésor de l'histoire a été en grande partie détruit par un terrible tremblement de terre survenu le 26 janvier 2004, causant la mort de plus de 40 000 personnes.

Les premières maisons

Les premières maisons, plutôt modestes, apparaissent il y a environ 10 000 ans. Elles sont faites de briques d'argile et de paille, moulées à la main et séchées au soleil. Près de 3 000 ans plus tard, les Sumériens construisent des habitations un peu plus élaborées, faites de briques moulées cuites au four, qu'ils installent avec une sorte de goudron naturel servant de mortier. Dès -2400 environ, les familles de la vallée de l'Indus, un fleuve d'Asie, habitent de confortables maisons de brique. Ces résidences à un étage sont construites autour d'une cour intérieure.

Vie d'Aujourd'hui, 1943

Voici quelques objets bien pratiques, à l'école ou à la maison, qui ont été inventés au fil des siècles pour améliorer notre vie. Ma ligne du temps débute ici, en l'an -8000 et se terminera en 1980, à la page 265...

Compter et mesurer

Tu imagines bien qu'une « poignée » de ceci ou un « gros pouce » de cela n'est pas ce qu'il y a de plus précis quand vient le temps d'acheter des marchandises. Toutes sortes d'inventions sont apparues pour faciliter l'achat de biens. Il y a la monnaie, bien sûr, mais aussi tous ces instruments qui servent à mesurer la longueur, le poids ou le volume de ce que l'on vend ou achète. En voici un bref aperçu.

Petite histoire de l'argent

Avant l'invention de l'argent, les gens échangeaient un objet ou un service contre un autre. C'était le troc. Puis, peu à peu, on commença à payer avec de simples objets, comme des coquillages, du sel ou du bétail. Un système de pièces de monnaie métalliques fut mis de l'avant par un roi de Lydie (en Asie mineure), vers -700. Ce système très pratique fut vite adopté par les pays voisins. La monnaie en papier fit son apparition beaucoup plus tard, soit au 11e siècle en Chine, et au 17e siècle en Europe. C'est à cette même époque que le paiement par chèque fut mis en vigueur en Angleterre. Il faudra ensuite attendre jusqu'en 1950 pour que la carte de crédit fasse son apparition.

Historia, p. 312

Les soldats romains étaient payés en sel, ou « sal » en latin. Ce mode de paiement ancien est à l'origine du mot « salaire ».

Pièces de monnaie

Billets de banque

Carte de crédit

Le prêteur et sa femme (Quentin Metsys, 1514)

Le système de mesure le plus couramment utilisé de nos jours, le système métrique avec ses grammes et ses mètres, a été introduit en France vers 1795.

Des poids et des mesures

Les premiers systèmes de poids et de mesures ont été inventés par les Babyloniens et les Égyptiens il y a plus de 6 000 ans. Avec le développement du commerce, des méthodes fiables de mesure sont devenues nécessaires. Vers l'an -3500, les Égyptiens inventent la balance à plateaux qu'ils utilisent avec de petites pierres étalons, c'est-à-dire des pierres utilisées comme unités de mesure pesant toujours la même chose. Quelque 1 500 ans plus tard, grâce au travail des métaux, les pesées sont remplacées par des petits poids moulés dans le bronze et le fer. À la même époque, les Mésopotamiens utilisent le premier instrument de mesure de longueur, une règle graduée en cuivre.

Scientifiquement vôtre, mars 1999

-2000
Cadenas

-1500
Ciseaux

0

105
Papier

La santé et la sécurité d'abord !

Au cours des siècles, les villes se développent. Les travaux de la ferme sont dorénavant réservés aux campagnes. Dès le 19e siècle, les nouvelles usines des villes attirent de nombreuses familles qui viennent y chercher de l'emploi (en partie à cause de la machine à vapeur, dont je t'ai parlé à la page 248). Dans ces villes de plus en plus grandes et peuplées, la propreté laisse malheureusement à désirer. Les égouts qui acheminent les eaux chargées de déchets provenant des toilettes, éviers et lavabos n'existent pas et les ordures sont jetées dans les rues. Heureusement, d'énormes progrès seront vite réalisés dans le domaine de l'hygiène publique. À la même époque, les villes deviennent non seulement plus propres mais aussi plus sécuritaires, grâce à l'éclairage public qui les rend moins sombres la nuit.

Les égouts

Les premiers égouts sont apparus au Pakistan, vers l'an -2500. Il s'agissait de canaux qui acheminaient les eaux usées des maisons le long des rues. Quelques anciennes cités grecques et romaines étaient aussi pourvues de tels systèmes. D'abord construits à ciel ouvert, ils furent ensuite recouverts de briques. Après la chute de l'Empire romain, les égouts se sont détériorés et ont été oubliés pendant des siècles. Les premiers égouts modernes ont été installés sous les rues de Hambourg, en Allemagne, en 1843.

Vie d'Aujourd'hui, 1967

Monsieur Eugène-René Poubelle, gouverneur de la grande région parisienne, a déposé ce midi un projet de loi exigeant que chaque propriétaire installe, au bas de son immeuble, un grand contenant pour recueillir les déchets de tous ses locataires. Les ordures ménagères devraient par la suite être acheminées par charrettes, en dehors de la ville. Cette loi prendra effet sous peu. « Voici Paris » tient à féliciter Monsieur le gouverneur pour cette initiative novatrice qui aura sans aucun doute un impact retentissant sur la propreté de notre belle ville.

Voici Paris, mars 1884

```
Objet : Poubelle
Date : 24 janvier 2012
À : professeur Génius

Cher ami,

J'ai consulté les archives électroniques de la
bibliothèque nationale du grand Paris. Voici
donc l'information que vous cherchiez concernant
l'inventeur de la « poubelle ».

Bien à vous,
Votre amie Ea Ping
```

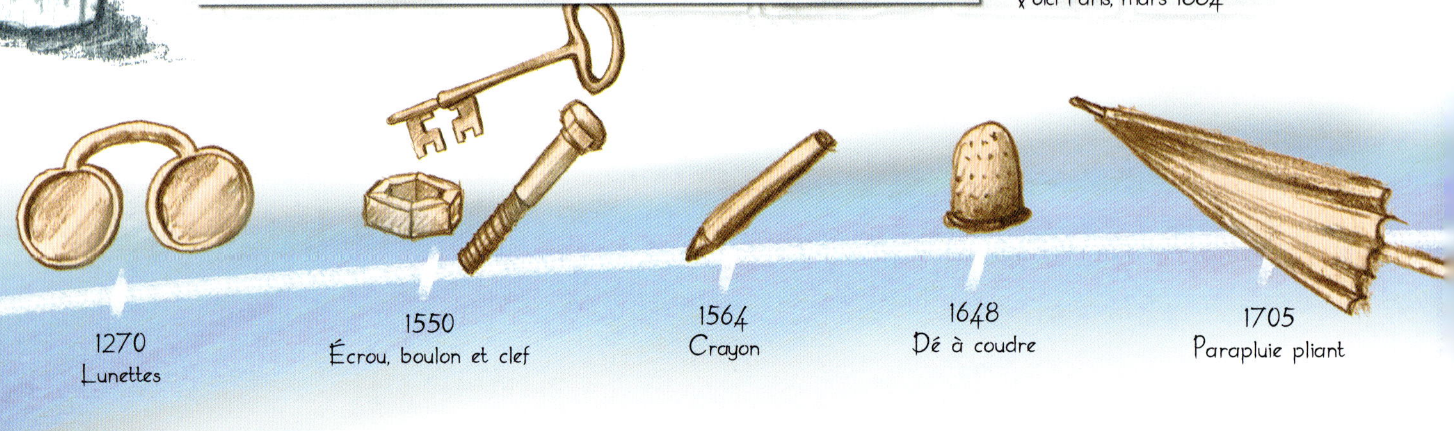

ÉCLAIRAGE PUBLIC

Jusqu'au 19e siècle, les rues des villes n'étaient pas éclairées, sauf par la faible lumière des lampes à huile installées à l'entrée des maisons. La production d'un gaz servant à l'éclairage fut brevetée en 1797 par Philippe Lebon, un ingénieur français. C'est Frederick Winsor, un homme d'affaires allemand, qui fut le premier à l'utiliser pour éclairer les rues de Londres, en 1807. Vers 1830, toutes les grandes villes d'Europe et d'Amérique étaient éclairées par des réverbères qui devaient être allumés et éteints matin et soir à la main. Ce système fut remplacé graduellement par des lampadaires électriques vers la fin du 19e siècle.

Inventeurs et inventions, p. 42

Le nouveau visage des villes

À partir de la fin du 19e siècle, le visage des grandes villes est complètement transformé par l'apparition des gratte-ciel. Le premier gratte-ciel doté d'une structure d'acier, le « Home Insurance Building » de 10 étages, fut construit à Chicago de 1884 à 1885. Des immeubles de plus de 50 étages suivront.

Home Insurance Building, Chicago

DÉMONSTRATION ÉPOUSTOUFLANTE !

Elisha Otis au Crystal Palace de New York

Le fondateur de l'Otis Steam Elevator Company était au rendez-vous, hier, pour présenter sa dernière invention dans le cadre de l'exposition de New York. Installé sur une plate-forme suspendue à plus de 12 mètres du sol, Elisha Otis a réalisé une démonstration époustouflante de son tout nouveau système de freinage. Après avoir fait couper le câble de la plateforme, l'ancien mécanicien s'est calmement adressé aux spectateurs ébahis en soulevant son chapeau haut de forme : « Tout va bien mesdames et messieurs ! » Il venait de démontrer qu'en cas de rupture du câble, l'astucieux frein de sécurité empêchait l'ascenseur de tomber.

Le Quotidien new-yorkais, mai 1854

Trois ans après sa convaincante démonstration, Otis installait à New York le premier ascenseur sécuritaire dans un magasin de cinq étages. Cet ascenseur, qui pouvait accueillir cinq ou six personnes à la fois, se déplaçait très lentement, soit à 12 mètres par minute. Il était alors plus rapide de grimper les escaliers à pied !

MES RECORDS

Le plus haut gratte-ciel

La Burj Khalifa, située à Dubaï, aux Émirats arabes unis, est le plus haut gratte-ciel et même la plus haute structure au monde. Elle compte 162 étages et mesure plus de 828 m de hauteur. Et ce n'est pas tout, la Kingdom Tower qui sera construite en Arabie saoudite devrait mesurer plus de 1 km de hauteur !!

1752
Gomme à effacer

1760
Vis

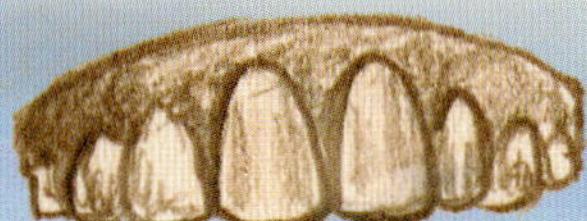

1770
Fausses dents en porcelaine

1780
Brosse à dents

Le confort chez soi

Tourner le robinet, tirer la chasse d'eau, appuyer sur un interrupteur, ajuster le thermostat... Voilà de petits gestes simples que nous faisons plusieurs fois par jour, sans nous poser trop de questions. Les grandes commodités de la maison sont apparues bien tardivement dans l'histoire des villes. Le chauffage et l'éclairage électriques, par exemple, ne sont apparus qu'il y a environ 100 ans. Tu imagines bien que la vie au cœur des maisonnées s'en est trouvée profondément transformée. Pourrais-tu aujourd'hui renoncer à ce confort ?

Bien au chaud

Depuis la découverte du feu, le besoin d'avoir chaud a inspiré bon nombre d'inventions ingénieuses dont l'hypocauste, le chauffage par le sol des Romains, vers l'an 100, et le poêle à bois fermé de Benjamin Franklin, en 1740. En 1856, une compagnie d'Angleterre fabrique le premier radiateur à gaz. Les modèles vont se multiplier jusqu'en 1881, lorsqu'un nouveau système de chauffage au gaz produisant davantage de chaleur est mis au point. Le premier radiateur électrique composé d'un système de fils se réchauffant au passage du courant fut commercialisé en 1913.

Vie d'Aujourd'hui, 1967

Poêle Franklin

Au début du 19e siècle, les scientifiques savaient qu'un filament métallique chauffé par le courant électrique émettait de la lumière. Mais personne n'était arrivé à en fabriquer un pouvant résister à une température élevée jusqu'à ce que l'Américain Thomas Edison et le Britannique Joseph Swan trouvent la solution, chacun de son côté, et mettent au point la lampe à incandescence en 1879.

Voici comment elle fonctionnait :

La lampe à incandescence de 1879 est constituée d'un filament de carbone placé dans une ampoule de verre. Parcouru par le courant électrique, le filament devient incandescent, c'est-à-dire qu'il devient si chaud qu'il se met à briller, et fournit de la lumière pendant environ deux heures. Les ampoules d'aujourd'hui fonctionnent selon le même principe mais avec de nouveaux matériaux leur permettant d'éclairer pendant plus de 10 000 heures.

Comment ça marche ?, p. 79

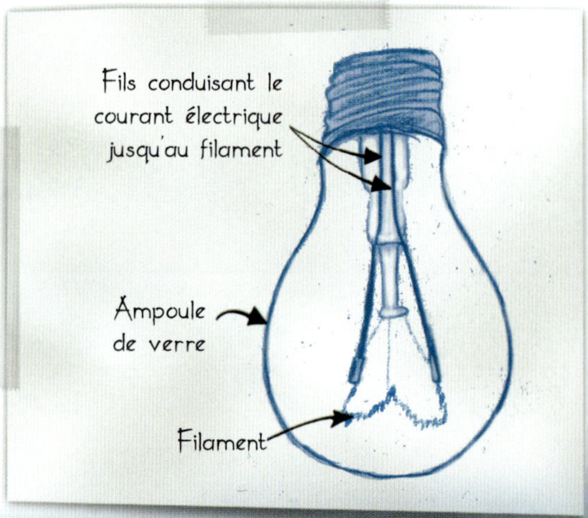

À partir de 1892, les usines de la compagnie américaine General Electric produisent plus de 100 000 ampoules par an ! Pour en savoir plus sur l'esprit inventif de Thomas Edison, consulte l'extrait de la page 245.

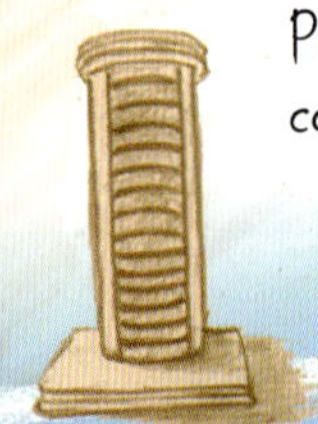

1800
Pile électrique

1827
Allumette

1841
Tube dentifrice

1849
Épingle de sûreté

1857
Papier hygiénique

L'eau courante apparaît dans les maisons durant la seconde moitié du 19e siècle. À chaque robinet correspond une conduite d'arrivée d'eau potable (une pour l'eau chaude et une pour l'eau froide) ainsi qu'un tuyau qui entraîne les eaux salies vers les égouts. Ces installations sanitaires ont rendu notre vie plus saine et ont permis l'avènement des douches et des toilettes à chasse d'eau.

Cher Génius,

J'aimerais bien savoir quand les toilettes ont été inventées ?

Merci,
Luca

L'inventeur des premières toilettes était un poète anglais du nom de John Harington. Son modèle à chasse d'eau, inventé en 1596, a été perfectionné en 1775 par l'Anglais Alexander Cumming. Il a toutefois fallu attendre le 19e siècle pour que l'usage de la toilette se répande dans les villes, dorénavant équipées d'égouts et d'eau courante.

Un des premiers modèles de toilettes à chasse d'eau

VOUS ÊTES CORDIALEMENT INVITÉS
À VENIR VISITER LE PREMIER
SALON DES ARTS MÉNAGERS,
QUI AURA LIEU DU
18 OCTOBRE AU 4 NOVEMBRE 1923,
À PARIS.
VENEZ RÊVER DEVANT NOS MODÈLES DE MACHINES À LAVER LA VAISSELLE OU LE LINGE, ROBOTS MÉNAGERS, ASPIRATEURS, FERS À REPASSER ET AUTRES MERVEILLES ÉLECTRIQUES.

La lessive a toujours été considérée comme une des pires corvées domestiques. Avec les premières laveuses automatiques, fabriquées au début des années 1950, il ne restait qu'à trier le linge et la machine faisait le reste ! Je t'avoue que je m'ennuie parfois des lundis matins où, tout petit, j'aidais maman à tordre le linge mouillé.

Ce carton d'invitation a appartenu à mon grand-père. Ma mère se plaisait à raconter qu'il avait été complètement époustouflé par les découvertes qu'il avait faites à ce premier salon des arts ménagers. Ce n'est pas surprenant, puisqu'à cette époque, on faisait la cuisine, le ménage, l'entretien du jardin, bref, tout, à la main ! Pour beaucoup de gens, ces tout nouveaux appareils électroménagers étaient trop chers, sans compter que plusieurs maisons n'étaient pas encore connectées aux nouvelles lignes électriques. Mais après la Seconde Guerre mondiale, de nombreuses femmes chargées des corvées ont commencé à travailler à l'extérieur. Elles se sont laissé tenter par ces appareils pratiques qui promettaient de leur faire gagner du temps !

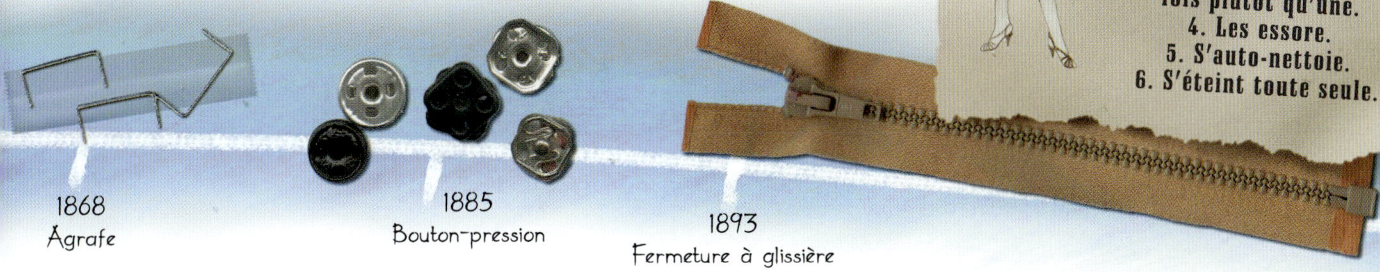

1868
Agrafe

1885
Bouton-pression

1893
Fermeture à glissière

Des objets pour tous les goûts

Chaque jour, nous utilisons des dizaines de petits objets comme des boutons, des épingles, des cintres, des parapluies, des crayons ou des sacs en plastique. Imagine un peu ce que serait notre vie sans eux. Ma ligne du temps des quatre dernières pages t'en a déjà présenté plusieurs. Il y aurait tellement à te raconter... mais je manque malheureusement d'espace. Voici un petit collage provenant de sources diverses qui, je l'espère, t'en apprendra un peu plus sur le sujet.

MES RECORDS

L'objet le plus breveté

Depuis son invention, en 1780, la brosse à dents a reçu plus de 30 000 demandes de brevets. Elle détient le record de l'objet le plus breveté.

Plusieurs objets ont été inventés pour nous aider à prendre soin de notre corps. Pense seulement aux peignes, brosses à dents, mouchoirs, parfum, maquillage... Et comme le montre le record ci-dessus, plusieurs de ces objets pratiques continuent d'évoluer au gré des matières et des technologies nouvelles.

Premiers désodorisants

Chez les Romains, le parfum était utilisé par toutes les classes de la société. Il servait surtout à couvrir les odeurs corporelles, mais aidait aussi à enrayer la mauvaise haleine. Les Romains aisés parfumaient les différentes parties de leur corps avec divers parfums. Lors de banquets, ils aspergeaient leurs invités allongés sur des couches parfumées. Les murs de leurs salles de bains étaient également vaporisés.

Vie d'Aujourd'hui, 1986

Nous vivons maintenant à l'Âge du plastique ! Depuis la création du premier plastique, la bakélite, en 1909, ce matériau synthétique a littéralement envahi notre vie. Regarde autour de toi et fais la liste des objets de plastique. Impressionnant, n'est-ce pas ? Résistant et facile à mouler, le plastique a aussitôt remplacé le métal des poudriers, l'ivoire des touches du piano, le bois des peignes ou le papier des sacs à lunch. Malheureusement, il n'est pas toujours recyclable et sa nouvelle gamme de produits jetables encourage le gaspillage.

LE BOUTON À QUATRE TROUS

Depuis le tout premier bouton inventé par les anciens Romains, tous les boutons étaient percés de deux trous jusqu'à ce que, en 1872, un fabricant de vêtements et de boutons, Alexandre Massé, ait une idée de génie. Comme sa clientèle se plaignait que les boutons ne tenaient pas, l'industriel français eut l'idée d'ajouter deux petits trous supplémentaires aux boutons à deux trous pour les fixer plus solidement. Sa découverte fut une véritable révolution dans l'habillement !

Inventeurs et inventions, p. 19

1900
Trombone

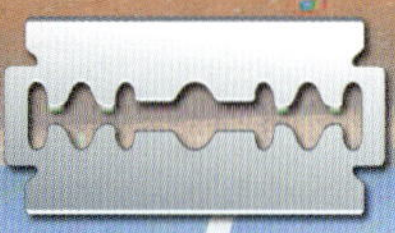

1901
Lame de rasoir

1907
Montre-bracelet

1924
Mouchoir en papier

1930
Ruban adhésif

Nos lointains ancêtres confectionnaient déjà des vêtements. Conçus à l'origine pour protéger les gens du froid, les vêtements sont devenus de plus en plus spécialisés au fur et à mesure que l'on créait de nouvelles fibres et que les techniques de filage, de tissage ou de confection se perfectionnaient.

Grâce à leur nouvelle méthode consistant à renforcer les coins des poches avec des rivets de cuivre, Jacob Davis et Levi Strauss ont créé

UN PANTALON INUSABLE

Procurez-vous sans tarder ce tout nouveau vêtement de travail robuste et pratique.

Pas besoin d'être mineur, bûcheron ou cowboy pour les porter !

Vieille publicité de jeans, de 1874

```
Objet: La soie
Date : 10 mars 2011
À : professeur Génius

Cher Génius,

Voici l'information que vous m'avez demandée.
On raconte que c'est Leizu, l'épouse de l'empereur
chinois Huangdi, qui aurait découvert le fil de soie.
Alors qu'elle prenait le thé, confortablement installée
à l'ombre d'un mûrier, un cocon serait tombé dans sa
tasse. En le saisissant pour le retirer, il se serait
déroulé… Voici également d'autres renseignements
concernant l'élevage des vers à soie en Chine :
```

« Les Chinois pratiquent la sériciculture, ou l'élevage des vers à soie, depuis plus de 4 000 ans. Les vers à soie sont les larves d'un papillon, le bombyx du mûrier. Nourris des feuilles de cet arbuste, les vers se tissent un cocon. Il s'agit ensuite de brosser les cocons ramollis dans l'eau chaude pour en retirer les fils de soie. Le secret de sa fabrication, jalousement gardé par les Chinois pendant des milliers d'années, ne sera révélé aux Européens que vers 555. »

```
Bien à vous,
Votre amie Ea Ping
```

Jusqu'à la fin du 19e siècle, les systèmes de fermeture et d'attache utilisés dans la confection de chaussures et de vêtements consistaient en boutons, lacets et agrafes. En moins de temps qu'il ne le faut pour dire snap ou zip, ils ont été remplacés par les tout nouveaux boutons-pression et fermetures à glissière. Sauf quelques améliorations, aucun nouveau fermoir ne fera son apparition jusqu'à l'arrivée du Velcro®.

Fruit de la bardane

LE VELCRO®

En constatant que des fruits de bardanes restaient accrochés à ses vêtements, l'ingénieur suisse Georges de Mestral eut l'idée de les observer au microscope. Il constata que les poils du fruit avaient la forme de minuscules crochets pouvant s'agripper aux boucles des tissus. Il imagina alors une fermeture faite de deux bandes de tissu, l'une recouverte de minuscules crochets, l'autre de minuscules boucles. Son invention, brevetée en 1951, est appelée Velcro® (velours-crochet). C'est un système d'attache solide qui s'ouvre et se ferme facilement.

Inventeurs et inventions, p. 190

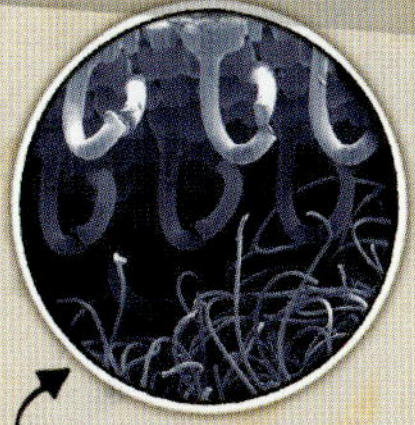

Velcro® vu au microscope

1951 Bande Velcro®

1956 Correcteur blanc liquide

1963 Stylo-feutre

1980 Post-it®

Des lettres et des chiffres

Les lettres et les chiffres font à ce point partie de nos vies que nous oublions presque qu'ils n'ont pas toujours existé ! Je t'avoue qu'il est difficile de situer leur apparition dans le temps. Nous savons toutefois que les premiers humains ont rapidement ressenti le besoin de raconter leur quotidien, d'échanger des pensées, de l'information, de compter les jours, les années, d'évaluer les récoltes produites et les récoltes à venir. De ces besoins sont nés de petits symboles géniaux qui ont profondément bouleversé nos vies... Les quatre pages qui suivent t'apprendront l'essentiel de ce que nous savons sur ces inventions incomparables.

Le pouvoir des mots

L'écriture, telle que nous la connaissons aujourd'hui, est assez récente dans l'histoire des êtres humains. Elle est le résultat d'une incroyable transformation.

Les peintures rupestres

Les hommes de la préhistoire nous ont légué de magnifiques peintures sur les parois des grottes. Ces pictogrammes, datant de plus de 45 000 ans, racontent en images la vie de tous les jours de nos lointains ancêtres.

MUSÉE D'HISTOIRE NATURELLE

Pictogramme
Symbole ou dessin représentant un objet concret. Les dessins des cavernes étaient des pictogrammes.

Les Sumériens auraient progressivement inventé la première véritable écriture, il y a plus de 5 000 ans. Cette écriture, dite « cunéiforme », qui signifie « en forme de clous », était formée d'environ 2 000 symboles différents représentant chacun un mot ! Au fil des siècles, l'écriture cunéiforme a beaucoup changé. Les dessins représentant des objets se sont transformés en formes plus abstraites. Je te laisse constater par toi-même l'impressionnante évolution du mot « oiseau » :

Même si les pictogrammes sont très anciens, il n'en demeure pas moins que nous les utilisons toujours. Les panneaux d'avertissement et de circulation sont des pictogrammes pratiques qui peuvent être compris rapidement par tous. En voici quelques-uns. Les reconnais-tu ?

Incroyable mais vrai !

par C. Surprenant

Mystérieux hiéroglyphes

Les hiéroglyphes égyptiens furent déchiffrés il y a à peine 200 ans ! Leur message demeura un secret jusqu'au jour où le Français Pierre-François-Xavier Bouchard découvrit une grande pierre dans la ville de Rosette, en Égypte. Cette pierre portait des inscriptions gravées en trois langues différentes, dont l'égyptien et le grec. Le professeur d'histoire et linguiste français Jean-François Champollion, qui savait déjà lire le grec, compara entre eux les textes de la pierre de Rosette et réussit à traduire les hiéroglyphes !

Scientifiquement vôtre, janvier 2011

Cher ami,

Je vous souhaite bonne chance pour vos cours d'écriture chinoise. Les caractères utilisés en chinois sont des idéogrammes, des pictogrammes et des idéophonogrammes – des signes représentant des sons. Le plus difficile est d'apprendre à les reconnaître puisqu'il y en a plus de 40 000 ! Saviez-vous que les caractères chinois qui sont utilisés aujourd'hui sont les mêmes que ceux qui ont été inventés il y a plus de 2 000 ans ?

Amitiés,

友
情
亚
萍

Ea Ping

Idéogramme
Symbole souvent abstrait représentant un mot ou une idée. Les hiéroglyphes, les symboles de l'écriture cunéiforme et ceux de l'écriture chinoise sont formés d'idéogrammes.

L'alphabet, de A à Z

L'ancêtre de notre alphabet moderne fut inventé par les Phéniciens, vers -1300. Il consistait en une série de 22 consonnes qui représentaient tous les sons possibles de la langue de ce peuple. Vers -800, les Grecs améliorent l'invention : ils changent certaines consonnes en voyelles et ajoutent la ponctuation. Ils nomment cette suite de lettres « alphabet », un mot qui combine les noms grecs des deux premières lettres de la série, « alpha » et « bêta ». Environ 400 ans avant notre ère, les Romains s'inspirent de l'alphabet grec et se dotent d'un alphabet de 19 lettres auxquelles viendront se greffer un peu plus tard sept autres lettres. C'est l'alphabet que nous utilisons encore aujourd'hui.

Historia, p. 724

Les premiers écrits étaient gravés sur l'argile, la roche, le bois, le bambou et les os. Les Égyptiens furent les premiers à utiliser un matériau souple et pratique obtenu à partir de tiges de papyrus (une plante qui pousse sur les bords du fleuve Nil, en Égypte). Environ 100 ans après le début de notre ère, les Chinois inventèrent une méthode pour faire du papier avec de la pulpe d'arbre. Pratique, efficace et peu dispendieuse, elle fut vite adoptée par plusieurs peuples.

Jette un coup d'œil à ce petit tableau. Il te montre l'évolution d'une partie de notre alphabet, des Phéniciens aux Romains. (Les Phéniciens habitaient la Phénicie, une région correspondant aujourd'hui à Israël, le Liban et la Syrie.)

Phénicien 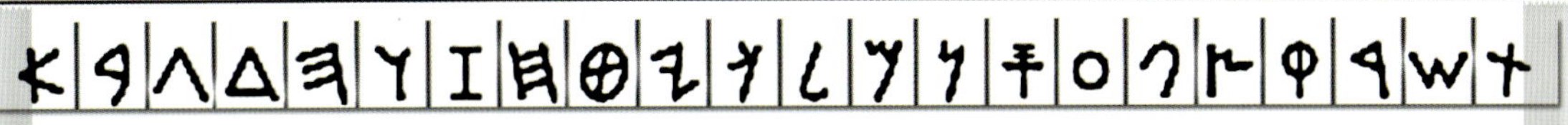

Grec classique	Α	Β	Γ	Δ	Ε		Ζ	Η	Θ	Ι	Κ	Λ	Μ	Ν	Ξ	Ο	Π			Ρ	Σ	Τ
Romain moderne	A	B	C	D	E	F	Z	H		I	K	L	M	N		O	P		Q	R	S	T

Les lettres et l'écriture ont véritablement révolutionné nos vies... et celles de nos ancêtres. Mais la véritable révolution s'est produite lorsque l'Allemand Johannes Gutenberg inventa l'imprimerie à caractères métalliques mobiles, en 1450. Imagine : avant cette invention, chaque ouvrage était recopié à la main par des moines, au rythme de trois ou quatre pages par jour. On devine que les livres étaient extrêmement rares et dispendieux. Jette un coup d'œil à l'extrait ci-dessous. Il t'apprendra comment fonctionnait la fameuse invention de Gutenberg.

Grâce à sa presse, Gutenberg put imprimer 300 pages par jour. L'invention fit sensation ! On put reproduire en peu de temps le même texte autant de fois qu'on le souhaitait. En 1456, Gutenberg et ses associés terminèrent le premier grand livre imprimé, une bible de 1 282 pages, tirée à plus de 200 exemplaires. En 1480, des dizaines de grandes villes avaient leurs ateliers d'imprimerie. Entre 1450 et 1500, 20 millions de livres furent imprimés et entre 1500 et 1600, près de 200 millions d'ouvrages furent distribués dans toutes les couches de la société. Le prix des livres diminua rapidement et les ouvrages furent imprimés en diverses langues. Le savoir devint accessible à tous et les nouvelles idées se répandirent à fond de train.

Les trésors de génie, p. 48

L'imprimerie à caractères mobiles

Un métal liquide est versé dans plusieurs petits moules. En refroidissant, le métal forme des blocs distincts avec, sur chacun, un caractère en relief. Ces caractères sont ensuite placés bout à bout pour former des mots, des lignes et enfin, toute une page, maintenus à l'aide d'un cadre. Le cadre est fixé sous la presse, puis les caractères qu'il contient sont recouverts d'encre. Une feuille de papier est déposée sur le cadre et la presse est actionnée. Le papier est pressé sur les caractères encrés, une page est imprimée et réimprimée à volonté, en autant qu'une nouvelle feuille soit placée sur le cadre. Quant aux petits caractères mobiles, ils pourront être réutilisés pour d'autres mots et d'autres pages.

Comment ça marche ?, p. 93

1 2 3 4 5 6 7 8 9 0 1 2 3 4 5 6 7 8 9 0 1 2 3 4 5 6 7 8

Les chiffres et le calcul

Les chiffres sont des symboles abstraits, des figures qui ne représentent rien. Tu conviendras avec moi qu'il fallait beaucoup d'imagination pour les inventer ! Près de 4 000 ans avant notre ère, les Sumériens utilisaient de petits objets d'argile de formes et de grosseurs variées pour représenter les nombres. Par exemple, un petit cône exprimait le chiffre 1, une bille équivalait au nombre 10 alors qu'un grand cône représentait le nombre 60. Ces petits objets étaient appelés calculi – ils sont d'ailleurs à l'origine du mot calcul. Vers l'an -3000, les calculi sont gravés sur des tablettes d'argile. Le petit cône prend dorénavant la forme d'une fine encoche, la bille devient une empreinte circulaire et le grand cône est transformé en une encoche épaisse. Ce sont les plus vieux chiffres connus de l'histoire.

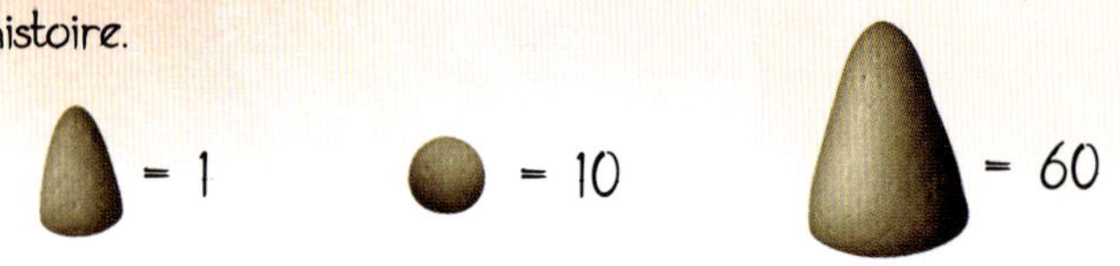

Les peuples grec, romain et arabe ont longtemps utilisé des lettres comme chiffres. Voici quelques nombres tirés de l'ancien système romain de numération :

I = 1	VI = 6	L = 50
II = 2	VII = 7	C = 100
III = 3	VIII = 8	D = 500
IV = 4	IX = 9	M = 1 000
V = 5	X = 10	

Les chiffres que nous utilisons aujourd'hui ont été inventés en Inde et raffinés par les Arabes. Voici les grandes étapes de leur développement.

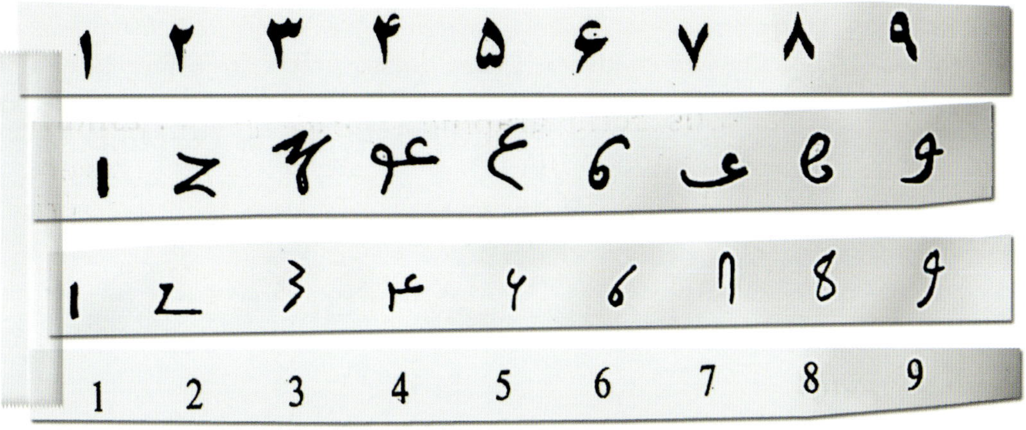

Chiffres indiens du 10e siècle

Chiffres ghubar du 10e siècle

Chiffres arabes occidentaux datant du 17e siècle

Chiffres arabes contemporains

Savais-tu que les premiers mathématiciens étaient nuls autres que les hommes des cavernes ? Ces chasseurs de la préhistoire, sans doute pour compter leurs prises, gravaient de simples entailles dans les os, le bois ou encore sur les parois rocheuses des grottes. Vers -2500, les marchands sumériens utilisaient les vieux calculi dont je t'ai parlé à la page précédente. Savamment organisés sur le sol, ils permettaient de réaliser des additions, des multiplications et des divisions. Je te transmets ci-dessous quelques renseignements additionnels concernant les premiers instruments de calcul. Elles m'ont été envoyées par mon ami Paul Savant, directeur du département de l'histoire des sciences et technologies à l'Université du Savoir.

Objet : Re : Calculatrice
Date : 15 janvier 2011
À : professeur Génius
Pièces jointes : Quipus.jpg, Ancien_Boulier.jpg

Cher ami,

Voici quelques renseignements, en réponse à votre question de ce matin concernant les ancêtres de la calculatrice… Les doigts de la main furent sans doute les plus vieux instruments de calcul jamais utilisés (plusieurs peuples asiatiques se servaient également des phalanges et arrivaient à compter jusqu'à 28, en utilisant les deux mains). Le boulier fut inventé par les Chinois, environ 3000 ans avant notre ère. Chez les Incas du Pérou, de la Bolivie et de l'Équateur, on utilisait des quipus, ou cordes à nœuds pour calculer. Elles pouvaient même servir de calendrier !

Paul Savant

Ancien_Boulier.jpg

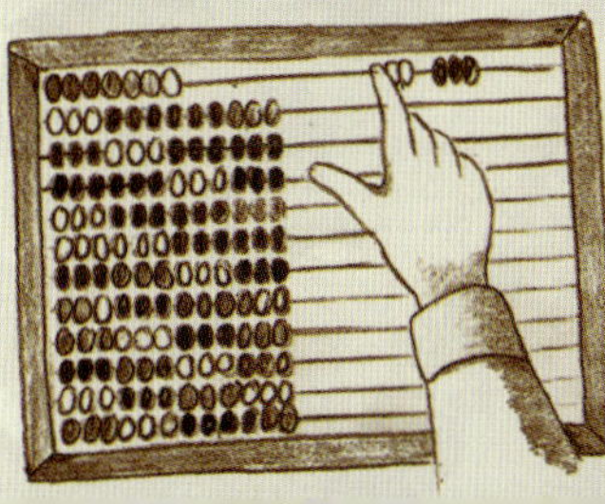

Quipus.jpg

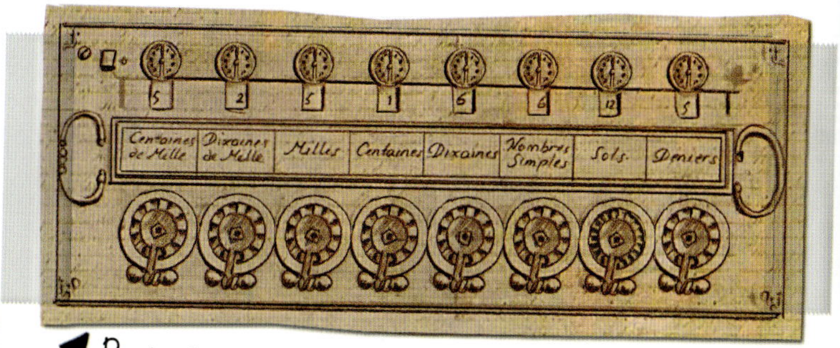

Peut-être seras-tu surpris d'apprendre que cette machine étrange est l'ancêtre de ta calculatrice de poche ! Inventée par Blaise Pascal en 1642, cette pure merveille était capable d'additionner, de soustraire, de multiplier et de diviser des nombres de huit chiffres grâce à un système de roues dentées. Le premier calculateur électronique, l'ENIAC, fut inventé en 1945 aux États-Unis par John Mauchley et John Presper Eckert. Il pesait pas moins de 27 tonnes, soit l'équivalent du poids de cinq éléphants ! Quant à la calculatrice de poche, elle a fait son apparition en 1967.

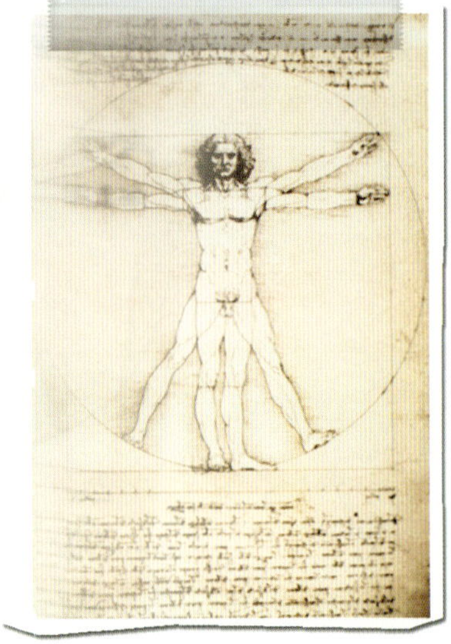

Les progrès de la médecine

Les êtres humains ont longtemps cru que la maladie était une punition des dieux. À l'époque de la Renaissance, des savants comme André Vésale ou Léonard de Vinci commencent à disséquer des cadavres. Leurs dessins précis des différents organes contribuent alors à une meilleure compréhension du corps. (Admire le magnifique croquis anatomique que j'ai joint à cette page. Il est tiré des carnets de Léonard de Vinci et a été dessiné de la main du célèbre savant.) Depuis, plusieurs façons de poser des diagnostics, de pratiquer la chirurgie et de contrôler les maladies sont apparues. Les six pages qui suivent te présenteront quelques-unes des grandes inventions qui ont bouleversé nos connaissances médicales au cours des 500 dernières années et changé le sort de millions d'êtres humains.

Les outils de diagnostic

Jusqu'au début du 18e siècle, le médecin disposait de très peu de moyens pour identifier le mal dont souffrait son patient. Pour poser un diagnostic éclairé, il ne pouvait que le questionner, l'observer, le palper, le tapoter. De nos jours, il existe tout un éventail de techniques de diagnostic de plus en plus efficaces, allant des instruments les plus simples, comme le stéthoscope, aux techniques d'imagerie plus sophistiquées, comme le scanner. Voici pour débuter un précieux document que m'a prêté mon ami antiquaire Pietro Poussiero. Il t'intéressera sûrement.

Diagnostic
Identification d'une maladie à partir de ses manifestations, les symptômes. Les symptômes de la grippe, par exemple, sont la fièvre, les frissons, les douleurs musculaires et une grande fatigue.

RAYONS X

Le physicien Wilhelm Conrad Röntgen découvrit les rayons X en 1895. Bien qu'invisibles, ces rayonnements pouvaient passer à travers le corps et former une image sur une plaque photographique se trouvant de l'autre côté. S'ils traversent aisément les organes mous comme la peau et les muscles, les rayons X traversent moins facilement la matière plus dense comme les os, laissant des traces blanches sur les photographies à l'emplacement de ceux-ci. Quelques mois après la découverte de Röntgen, de nombreux médecins utilisaient les mystérieux rayons pour diagnostiquer les fractures. En 1901, le physicien allemand reçut le prix Nobel pour sa découverte.

Inventeurs et inventions, p. 159

Paris, 1816

Cher ami,

Je fus consulté hier par une jeune fille qui présentait des symptômes d'une maladie cardiaque. À cause des convenances, je n'ai pu poser mon oreille contre sa poitrine. C'est alors que je me suis rappelé que les sons voyageaient dans les objets solides. Je saisis mon cahier dont je formai un rouleau et j'en appliquai une extrémité sur son cœur. En posant l'oreille à l'autre bout, je fus aussi surpris que satisfait d'entendre les battements de cœur d'une manière beaucoup plus distincte que je ne l'avais jamais expérimenté dans le passé. Dorénavant, j'utiliserai un cylindre en bois au lieu d'un rouleau de papier.

Au plaisir,
René-Théophile Laennec

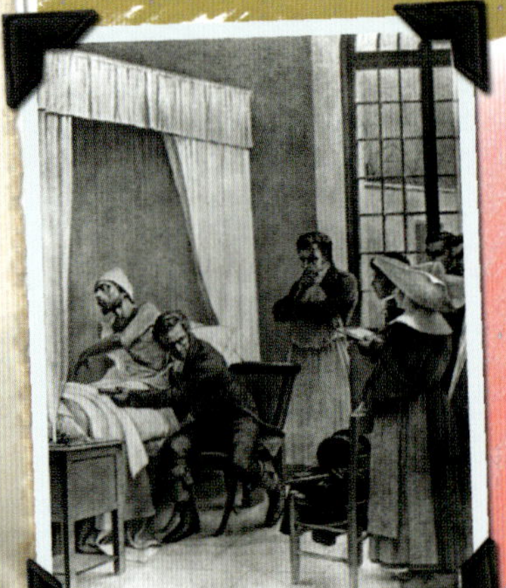

René-Théophile Laennec et son stéthoscope

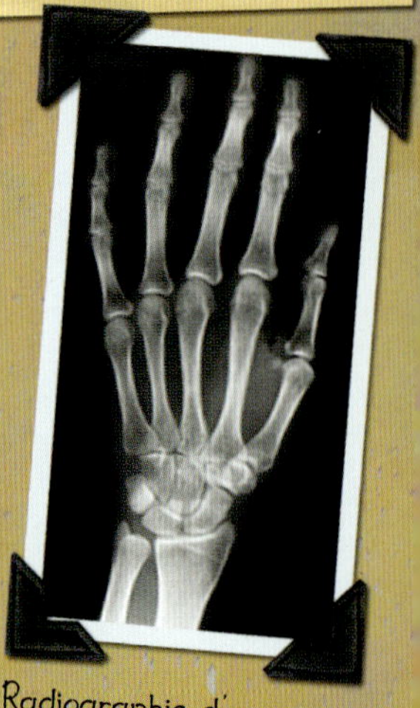

Radiographie d'une main

Après la radiologie traditionnelle, plusieurs autres techniques d'imagerie médicale ont vu le jour. En 1972, le scanner, un appareil extraordinaire, permet d'obtenir pour la première fois des images détaillées d'organes. Il révolutionnera notamment l'étude du cerveau.

PRIX NOBEL DE MÉDECINE

IPR, STOCKHOLM — L'ingénieur britannique Godfrey Newbold Hounsfield et le physicien Allan Cormack ont reçu hier le prix Nobel de médecine et physiologie pour le scanner à rayons X, ou tomodensitomètre. Ce procédé d'exploration radiologique qui permet de photographier une mince couche d'organe à la fois, peut reconstituer à partir de milliers de clichés, l'image d'un organe sous différents angles. Moins de sept ans après son arrivée, le scanner est devenu un outil indispensable pour étudier le contenu de la boîte crânienne et diagnostiquer certaines maladies.

Article de journal de 1979

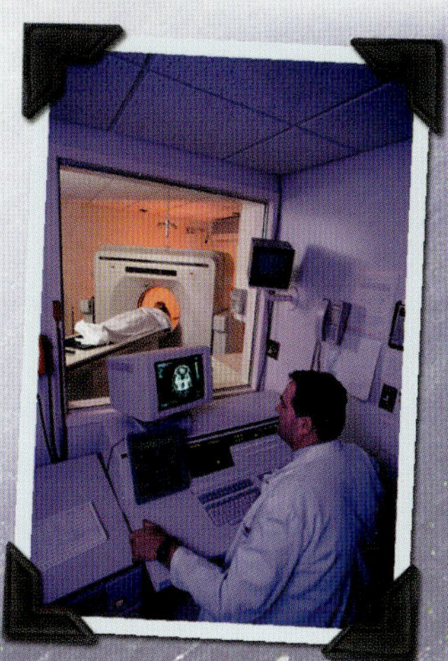

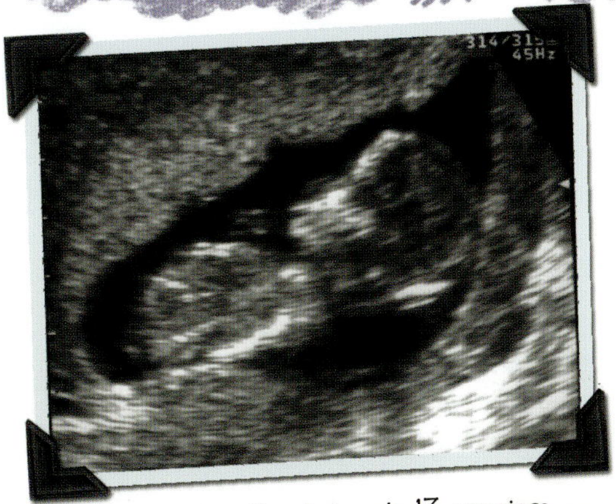

Échographie d'un fœtus de 13 semaines

D'autres techniques d'imagerie apparaîtront plus tard. L'IRM, ou imagerie par résonance magnétique, est inventée au début des années 1970 par Paul C. Lauterbur. Elle permet d'obtenir des images en trois dimensions de l'intérieur du corps. L'échographie, mise au point par le chirurgien anglais John Julian Wild et l'ingénieur américain John Reid, en 1952, permet entre autres de suivre le développement d'un fœtus dans le ventre de sa mère.

MICROSCOPE

Vers 1590, le fabricant de lunettes hollandais Hans Jansen et son fils Zacharias fabriquèrent le tout premier microscope. Leur appareil, composé de deux lentilles arrondies placées à chaque extrémité d'un tube, permit d'observer pour la première fois des structures trop petites pour être distinguées à l'œil nu. L'instrument des lunetiers demeura peu utilisé jusqu'à ce que le scientifique hollandais Anton Van Leeuwenhoek le perfectionne en 1683. Avec le scientifique anglais Robert Hooke, il est un des premiers savants à se servir d'un microscope assez puissant pour explorer l'univers microscopique jusqu'alors inconnu.

Inventeurs et inventions, p. 116

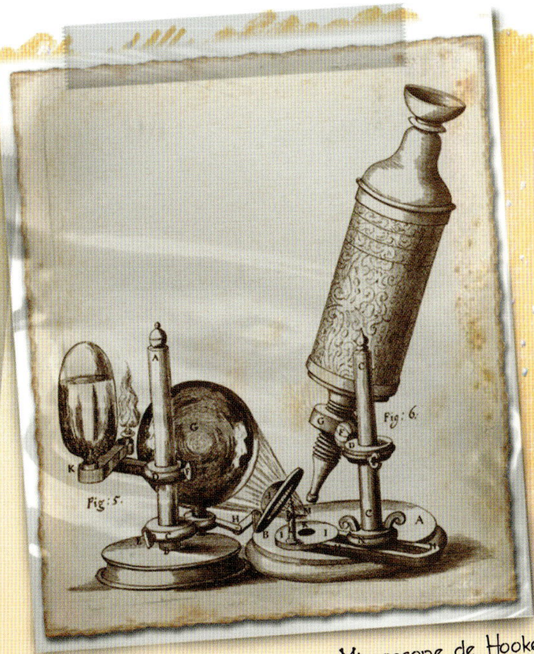

Microscope de Hooke

Le microscope permit de découvrir les microbes. Dans les années 1850, le biologiste et chimiste français Louis Pasteur démontre que ces minuscules créatures grouillantes de vie sont responsables de certaines maladies. Il découvre également que ces germes sont plus abondants dans les villes sales et surpeuplées que dans l'air pur des montagnes. Cette nouvelle compréhension des causes de maladies apportera des changements déterminants dans la société ainsi que dans la pratique de la médecine.

La chirurgie, d'hier à aujourd'hui

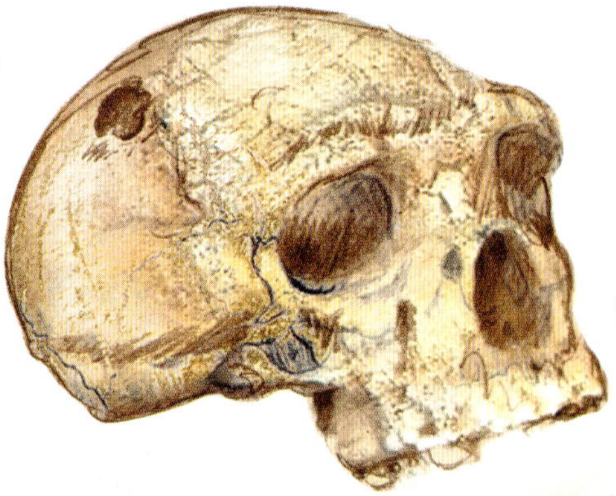

Savais-tu que la première « chirurgie » (ou opération à l'intérieur du corps) date de plus de 12 000 ans ? Les archéologues ont en effet retrouvé des crânes d'hommes préhistoriques percés d'un trou. Comme le pourtour des orifices était cicatrisé, on peut affirmer sans l'ombre d'un doute que les propriétaires des crânes ont survécu à une opération que l'on appelle trépanation. Certains experts croient qu'on trépanait pour libérer les mauvais démons. D'autres pensent qu'on le faisait pour soigner les maux de tête et les crises d'épilepsie. Quoi qu'il en soit, les techniques de la chirurgie ont bien changé depuis. Cette page te présente quelques extraits qui sauront te convaincre.

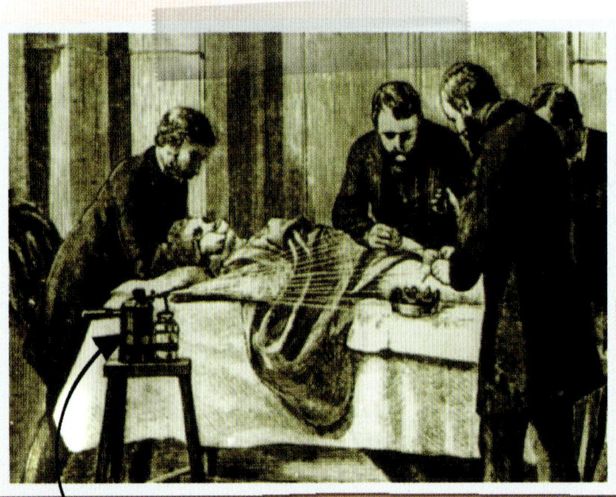

Cet appareil servait à vaporiser un antiseptique

Avant 1865, la moitié des patients qui subissaient une intervention chirurgicale majeure mouraient de ce qu'on appelait alors la « maladie des hôpitaux ». En prenant connaissance de la théorie des germes de Louis Pasteur, dont je t'ai parlé à la page précédente, Joseph Lister, un chirurgien anglais, comprit que ce mal était dû aux microbes qui étaient très abondants dans les salles d'opération et sur les instruments mal nettoyés. Il utilisa dès lors du phénol, un puissant désinfectant, pour nettoyer les instruments chirurgicaux. L'utilisation de cet antiseptique (qui détruit les microbes) fit tomber le taux de mortalité de son service de 50 à 15 % ! Sa technique, appelée l'asepsie, s'est ensuite perfectionnée et dès le début des années 1900, les instruments en acier étaient stérilisés à haute température et le bloc opératoire était nettoyé rigoureusement avec des antiseptiques.

Il y a à peine 200 ans, les patients étaient opérés... sans être endormis ! J'ose à peine imaginer les souffrances atroces que ces pauvres gens devaient endurer. En 1844, le dentiste américain Horace Wells utilise pour la première fois un gaz anesthésique, appelé protoxyde d'azote, ou gaz hilarant. Lorsqu'il est inhalé, ce gaz agit sur le système nerveux et atténue la sensation de douleur. En 1846, un autre dentiste, William Thomas Green Morton, utilise des vapeurs d'éther pour soulager un patient souffrant d'une tumeur au cou. À la même époque, le chloroforme est également utilisé pour atténuer les douleurs de l'accouchement. Des masques, compte-gouttes et appareils destinés à faire inhaler ces substances miraculeuses seront vite mis au point.

Morton faisant une démonstration de son appareil

Inhalateur d'éther inventé par Morton

Très tôt dans l'histoire, l'homme s'est fabriqué diverses prothèses, telles que des mains de fer ou des jambes de bois, pour remplacer des membres perdus. Depuis les années 1950, des implants artificiels, comme des articulations, et des organes vivants viennent remplacer les organes malades. Mais les transplantations sont très risquées car les défenses naturelles du corps considèrent l'organe greffé comme un corps étranger indésirable et l'attaquent. Dès 1979, on commence à utiliser la ciclosporine, un médicament supprimant la réaction de rejet. Il devient alors possible de transplanter certains organes avec succès !

PREMIÈRE TRANSPLANTATION CARDIAQUE

Christian Barnard

Louis Washkansky, un grossiste en alimentation âgé de 56 ans, a reçu hier le cœur d'une jeune femme de 25 ans, Denise Darvall. Après avoir réussi plusieurs greffes de cœur sur des chiens de laboratoire, le chirurgien Christian Neethling Barnard vient de réaliser la première transplantation cardiaque sur un humain, une première mondiale. Une équipe de 30 personnes a assisté le chirurgien dans cette délicate opération qui a duré cinq heures. Au moment de mettre sous presse, le patient, débranché du cœur-poumon artificiel, reposait dans une chambre stérile de l'hôpital Groote Schuur, son nouveau cœur battant régulièrement.

Courrier du Cap, Afrique du Sud, 4 décembre 1967

Le patient succomba à une pneumonie 18 jours après la transplantation, le cœur greffé fonctionnant toujours parfaitement. Plusieurs organes, comme le rein et le foie, sont aujourd'hui transplantés.

Grâce à des techniques de plus en plus sophistiquées, la médecine d'aujourd'hui réalise des actes chirurgicaux d'une incroyable complexité. La microchirurgie, qui a vu le jour au début des années 1970, utilise des instruments dont l'extrémité est plus fine qu'un cheveu. Grâce à elle, on peut réaliser des interventions sur des structures extrêmement petites. Pratiquée depuis 1963, la chirurgie au laser augmente les possibilités de la microchirurgie. Tu le constateras en lisant l'extrait ci-dessous.

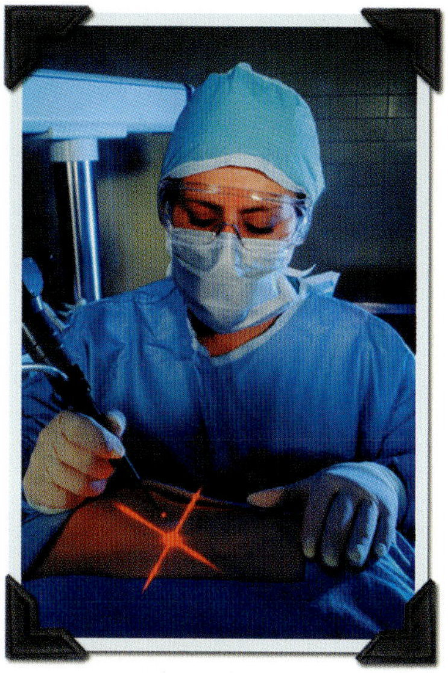

LA CHIRURGIE D'AUJOURD'HUI

La chirurgie au laser permet d'opérer des organes fragiles comme l'œil ou l'oreille. Grâce à son faisceau lumineux agissant comme une sorte de bistouri très fin, elle permet de réaliser des incisions aussi petites qu'un millionième de millimètre. Le chirurgien procède à ces délicates opérations avec l'assistance d'un microscope. En intervenant sur des éléments minuscules, comme les fibres nerveuses et les petits vaisseaux sanguins, la microchirurgie permet aussi de recoudre avec succès un membre sectionné. La miniaturisation de plusieurs instruments, comme l'endoscope à fibres optiques, permet maintenant au chirurgien d'atteindre des recoins autrefois inaccessibles.

La santé au quotidien, volume 3, numéro 4

La chirurgie et les autres techniques utilisées pour soigner les humains continueront-elles encore de s'améliorer ? Bien sûr ! J'ignore ce que nous réserve l'avenir, mais je sais déjà que de nouvelles technologies sont en train d'être perfectionnées. Elles pourront sans aucun doute guérir certaines maladies que la médecine moderne n'arrive pas encore à soigner.

Feuilles d'hamamélis

Feuilles de saule blanc

Les produits qui soignent

Bien avant la médecine moderne et ses milliers de médicaments chimiques, les hommes et les femmes se sont tournés vers la nature pour soigner leurs petits et leurs gros bobos. Il y a plus de 6 000 ans, les Sumériens utilisaient les feuilles d'un arbre, le saule blanc, pour soulager la douleur. Pour leur part, les Amérindiens avaient découvert les vertus des feuilles de l'arbuste hamamélis et l'utilisaient pour arrêter les saignements et calmer les brûlures. Jusqu'au début du 20e siècle, les quelques médicaments disponibles devaient être longuement préparés dans la boutique de l'apothicaire, le pharmacien d'antan. Ce dernier proposait ses remèdes sous la forme de potions, de pommades, de poudres ou de tisanes (et je t'assure que, contrairement aux médicaments d'aujourd'hui, celles-ci n'avaient ni le goût ni l'odeur de la fraise ou de la banane !). À partir du 19e siècle, les chimistes ont commencé à fabriquer des médicaments en s'inspirant de certaines substances disponibles dans la nature. C'est le cas de l'aspirine. Par la suite, d'autres médicaments ont été découverts de manière accidentelle.

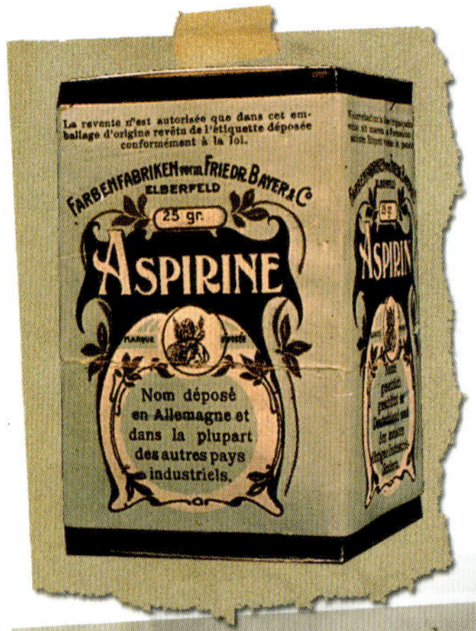

GRANDE PREMIÈRE CHEZ BAYER !

La compagnie Bayer vient de faire breveter un nouveau médicament baptisé Aspirine. Soucieux de soulager son père atteint de rhumatismes chroniques, Félix Hoffmann, un chimiste allemand employé par la société, a mis au point une méthode pour produire de l'acide acétylsalicylique, une substance semblable à celle que contient l'écorce du saule blanc *(Salix alba)*. Cette nouvelle substance aurait la propriété de calmer la douleur, réduire la fièvre et les inflammations. La nouvelle Aspirine sera bientôt offerte sous la forme d'un cachet pratique, facile à avaler.

Article de journal de 1899

LA PÉNICILLINE

En 1928, le médecin et biologiste britannique Alexander Fleming découvrit accidentellement le premier antibiotique. En rentrant de vacances, il remarqua qu'une de ses cultures de bactéries avait été contaminée par une moisissure, le *Penicillium notatum*, et constata que les bactéries n'avaient pas proliféré là où la moisissure s'était développée. Fleming essaya sans succès d'extraire la substance produite par le *Penicillium*, qu'il nomma pénicilline. Il faudra attendre une dizaine d'années avant que le médecin d'origine australienne Howard Walter Florey et son collègue chimiste Ernst Boris Chain mettent au point le médicament. En 1945, le trio Fleming, Florey et Chain reçut le prix Nobel de médecine.

Inventeurs et inventions, p. 142

Le développement de ce remède-miracle et des autres antibiotiques qui ont suivi est une des grandes découvertes du 20e siècle.

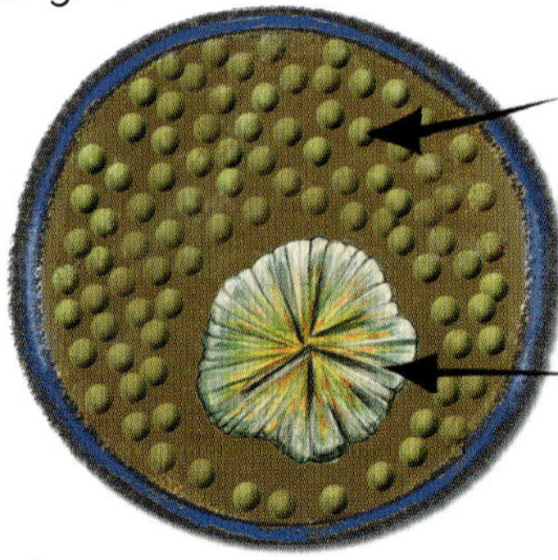

Action antibactérienne du penicillium

Voici une petite ligne de temps présentant les grandes découvertes et inventions de l'histoire des médicaments.

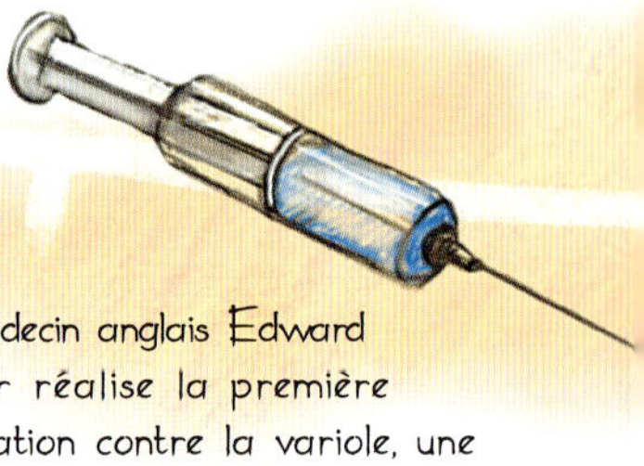

1796
Le médecin anglais Edward Jenner réalise la première vaccination contre la variole, une maladie contagieuse grave qui cause, entre autres, des éruptions cutanées.

Association des fermières et des fermiers d'aujour

Un brin d'histoire...

Un vaccin, grâce aux vaches !

Saviez-vous, chers fermiers et fermières, que nos bonnes vieilles vaches sont à l'origine de la production du premier vaccin ? Au 18e siècle, les valets de ferme étaient souvent atteints de la vaccine, une maladie sans gravité qui leur était transmise par les vaches. Le médecin de campagne Edward Jenner observa que les humains qui avaient eu cette maladie ne contractaient pas la variole, une maladie humaine mortelle. Il eut alors l'idée de prélever du pus de la main d'une femme infectée par la vaccine et l'inocula à un jeune patient de 8 ans du nom de James Phipps. Trois mois plus tard, Jenner inocula le vrai virus de la variole au petit Phipps. Au grand soulagement de tous, ce dernier demeura en bonne santé car le virus de la vaccine avait entraîné la formation d'anticorps capables de lutter contre la variole. Fort de ce succès sans précédent, le Dr Jenner se rendit à Londres où il vaccina gratuitement des centaines de personnes.

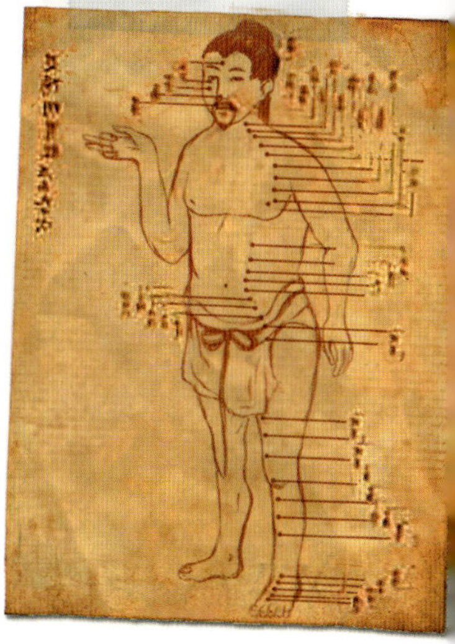

Il existe d'autres façons de soigner qui n'ont pas recours aux médicaments. L'acupuncture, par exemple, est une approche thérapeutique basée sur une tout autre vision de la santé. Toujours pratiquée de nos jours, cette approche traditionnelle attribue la maladie à un déséquilibre des courants d'énergie, le « ki », qui parcourent le corps en suivant des chemins que l'on appelle méridiens. Pour permettre une meilleure circulation de l'énergie, de fines aiguilles sont insérées sur le parcours des méridiens. Même si on sait que l'acupuncture était pratiquée en Chine il y a 5 000 ans, on ignore toujours qui en est l'inventeur.

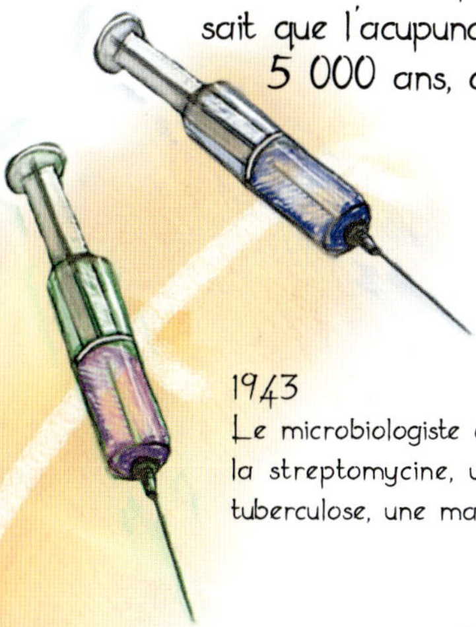

1987
L'AZT, un médicament utilisé dans le traitement du cancer, commence à être utilisé comme médicament pour combattre le sida.

1943
Le microbiologiste américain Selman Waksman découvre la streptomycine, un antibiotique efficace contre la tuberculose, une maladie grave s'attaquant aux poumons.

1928
Le médecin et biologiste britannique Alexander Fleming découvre la pénicilline, le premier antibiotique.

1921
Le chirurgien canadien Frederick Grant Banting et l'étudiant en médecine Charles Best découvrent les propriétés de l'insuline et son importance dans le traitement du diabète.

1899
Mise en marché de l'aspirine, utilisée pour soulager la douleur et diminuer la fièvre.

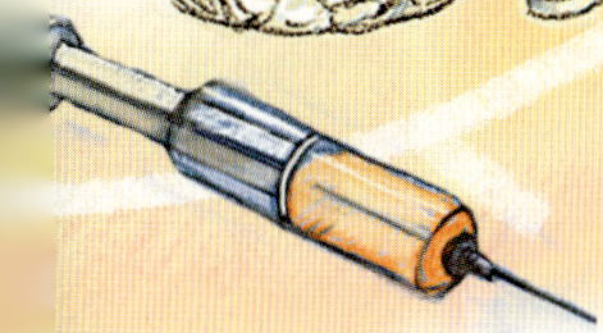

1885
Pasteur teste son vaccin contre la rage, une maladie mortelle causée par un virus qui affecte le système nerveux de plusieurs animaux, dont l'homme.

Il est triste de constater que malgré les grandes découvertes du siècle dernier qui ont fait avancer la médecine à pas de géant, tous les êtres humains ne sont malheureusement pas égaux devant la maladie. Selon la partie du monde où l'on habite, l'accès à la nourriture, à l'eau propre et aux soins ainsi que l'espérance de vie ne sont pas les mêmes. J'ose espérer qu'un des défis de ce nouveau millénaire sera de tenter de remédier à ces inégalités.

Se déplacer...

Peux-tu imaginer un instant ce que seraient nos vies sans la bicyclette, l'autobus, la voiture, le train, le bateau, l'avion ? Tu sais, les êtres humains de tous les temps ont eu la bougeotte. Motivés par leur besoin de s'alimenter, ou tout simplement par désir d'explorer le monde, nos ancêtres n'ont pas tardé à inventer toutes sortes de moyens de se déplacer sur de longues distances. Voici quelques inventions qui ont marqué la fabuleuse histoire des transports sur les mers, sur terre et dans les airs.

Sur les mers

Tu seras sans doute surpris d'apprendre que les premiers aventuriers des mers voguaient sur les flots en utilisant... de simples troncs d'arbres flottants ! Les premières « vraies » embarcations étaient probablement des radeaux, fabriqués à partir de bois ou de roseaux. Peu après sont apparus les canots recouverts de peau d'animaux ou d'écorce. Les grands bateaux à voiles carrées, conçus pour le transport de marchandises, ont été fabriqués par les Égyptiens, 3 500 ans avant notre ère. Beaucoup d'eau a coulé sous les ponts depuis... Ces deux pages te permettront de le constater.

MES RECORDS

Le plus grand paquebot

Le paquebot Allure of the Seas est le plus grand paquebot au monde. Le géant, construit en Finlande et inauguré le 30 octobre 2010, mesure 361 m de longueur et 47 m de largeur. Il compte 16 ponts, soit l'équivalent d'un immeuble de 24 étages, et peut transporter 5 400 passagers et 2 100 membres d'équipage.

La caravelle

La caravelle est une invention portugaise. Mis au point au 15e siècle, ce voilier de bois maniable et robuste, équipé de deux, trois ou quatre mâts portant des voiles carrées et triangulaires, permettait de naviguer contre le vent. Malgré sa petite taille, la caravelle brava les vagues de l'océan grâce à la hauteur de sa coque. La caravelle ouvrit le chemin aux grands voyages vers le Nouveau Monde. Le célèbre navigateur italien Christophe Colomb et son équipage quittèrent un port d'Espagne à bord des caravelles Nina, Pinta et Santa Maria. Ils découvrirent les Antilles soixante-dix jours plus tard.

Humana, p. 83

Caravelle

Voici ma petite ligne du temps des faits saillants de l'histoire de la navigation.

Vers l'an 3500 av. J.-C. Les Égyptiens construisent les premiers bateaux à voiles.

Vers l'an 1000 av. J.-C. Les Phéniciens construisent d'immenses galères propulsées à l'aide de voiles et de rames.

Vers l'an 1000 Les Chinois utilisent la jonque avec gouvernail pour naviguer en haute mer.

15e siècle Les Européens traversent l'océan Atlantique à bord de grands voiliers et découvrent le Nouveau Monde.

1776 L'Américain David Bushnell construit le Turtle, le premier sous-marin utilisé à des fins militaires.

Voici quelques extraits présentant des inventions importantes qui ont permis l'essor de la navigation. Ils sont tirés d'un numéro spécial de la revue Scientifiquement vôtre.

La boussole

La boussole aurait été inventée en Chine par l'architecte, agronome, médecin et historien Shen Gua, vers le milieu du 11e siècle. Le savant avait découvert qu'une tige de magnétite, un métal ferreux, avait la propriété de s'orienter en direction du Nord magnétique de la Terre. Les marins chinois adoptèrent la boussole quelques années plus tard, vers la fin du 11e siècle, et la firent connaître à leurs homologues indiens et arabes, qui la transmirent à leur tour aux Européens. L'instrument européen, qu'on appelait alors marinette, consistait en une simple aiguille posée sur une tige de paille flottant sur l'eau. La boussole que nous connaissons aujourd'hui est l'œuvre du Portugais Pierre Garcie Ferrande. Elle date de 1483.

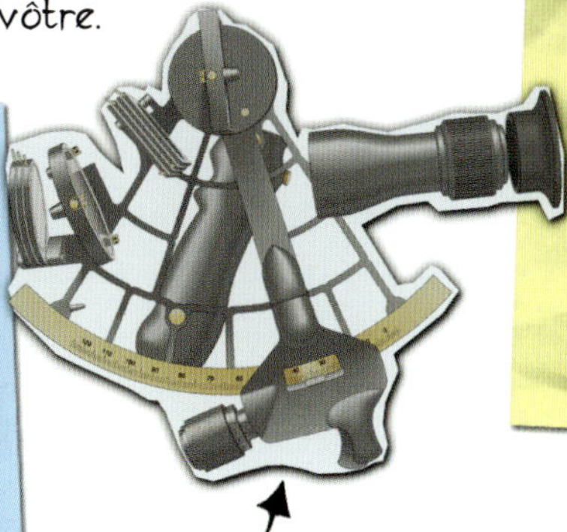

Sextant

Le sextant

Le sextant permet de mesurer la position de la Lune, du Soleil ou de toute autre étoile par rapport à l'horizon. Cette donnée, combinée à l'heure du jour, permettait aux marins de connaître la position de leur navire, en tout temps et en tout point de la terre. Le sextant a été inventé par le capitaine John Campbell, en 1757. Il est aujourd'hui remplacé par les systèmes sophistiqués de positionnement par satellite.

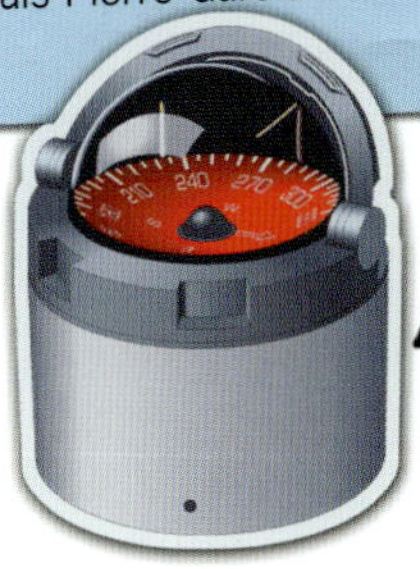

Boussole

Écran radar

Le radar

Le radar est un système qui permet de détecter et de localiser précisément des objets en mouvement sur la mer, sur terre ou dans les airs. Le premier véritable système de radar fut inventé en 1935, par l'Écossais Sir Robert Alexander Watson-Watt. Il fut largement utilisé pour détecter les avions pendant la Seconde Guerre mondiale. En navigation, le radar permet de repérer les obstacles, comme les côtes ou d'autres embarcations, et de les contourner.

L'avènement de la machine à vapeur, au 18e siècle, a bouleversé le monde des transports. Dès lors, de nombreux inventeurs ont tenté d'adapter cet engin prometteur à la propulsion des navires.

LE BATEAU À VAPEUR

Entraînées par la force du moteur à vapeur, les énormes roues à aubes des bateaux à vapeur tournaient en créant une poussée qui faisait avancer le navire. C'est Claude François, marquis de Jouffroy d'Abbans, qui construisit le premier bateau à vapeur en 1783. En 1836, John Pettit Smith et John Ericsson améliorent l'invention et munissent les bateaux à vapeur d'une hélice. Les bateaux devinrent plus rapides et permirent aux voyages en haute mer de se faire en une fraction du temps.

Inventeurs et inventions, p. 15

Bateau à vapeur sur le fleuve Mississippi

1783 — Le marquis de Jouffroy construit le premier bateau à vapeur.

1805 — L'Américain Oliver Evans construit le premier véhicule amphibie, un bateau pouvant se déplacer à la fois sur la terre ferme et sur l'eau.

1838 — Le bateau à vapeur britannique Sirius traverse l'Atlantique sans utiliser de voile.

1845 — Le navire à hélice Great Britain traverse l'Atlantique.

1881 — Construction du premier bateau en acier, le Servia, en Grande-Bretagne.

Sur terre

L'avènement de la roue, il y a plus de 5 000 ans, a créé une révolution sans précédent dans le domaine des transports terrestres. Des traîneaux sur roues et toutes sortes de chars, chariots et charrettes sont rapidement apparus. D'abord réservées aux soldats, ces premières voiturettes furent rapidement utilisées pour les petits déplacements quotidiens. Depuis ce temps, les femmes et les hommes ont utilisé leurs connaissances techniques pour faciliter nos déplacements sur la terre ferme. Laisse-moi te présenter quelques moyens de transport terrestres, en commençant par un que tu connais bien, la bicyclette.

Draisienne

Savais-tu que ta bonne vieille bicyclette a connu bien des transformations depuis son invention ? Son ancêtre, la draisienne, a été inventé en 1818 par le baron allemand Karl Drais von Sauerbronn. L'engin n'était qu'un simple cadre de bois (le siège) muni de deux roues et d'un guidon. Pour la faire avancer, il fallait s'asseoir dessus... et courir ! La bicyclette moderne voit le jour dans les années 1880. Son pédalier, placé entre les deux roues, est alors relié à la roue arrière par une chaîne qui transmet le mouvement. Ses pneus sont munis de chambres à air et un système de freinage lui est ajouté. La bicyclette est un moyen de transport pratique, silencieux, économique et qui ne produit aucune pollution. J'avoue que c'est celui que je préfère !

Voici quelques dates et faits marquants de l'évolution des transports terrestres.

1801
L'ingénieur britannique Richard Trevithick invente la première locomotive à vapeur circulant sur des rails.

1818
Le baron allemand Karl Drais von Sauerbronn invente la draisienne.

1832
Les premiers tramways tirés par des chevaux circulent à New York.

1863
Mise en service du métro à vapeur, à Londres.

1870
Le jeune Parisien Ernest Michaux invente, avec son père Pierre, le vélocipède, le premier vélo avec pédales installées directement sur la grande roue avant.

1885
Les Allemands Gotlieb Daimler et Wilhelm Maybach inventent la Einspur, la première motocyclette.

1885
Carl Benz invente la motorwagen, la première voiture sans chevaux à avoir été commercialisée. Elle était équipée d'un moteur à essence.

Au début du 19e siècle, l'ingénieur anglais Richard Trevithick a l'idée de munir une machine à vapeur de roues et de la faire glisser sur des rails. La locomotive est née ! C'est le premier moyen de transport terrestre utilisant la puissance d'une machine.

En voiture !

Venez voir la toute nouvelle « **M'attrape qui peut !** », la locomotive à vapeur de Monsieur Trevithick.
Payez la modique somme de 1 shilling
et soyez parmi les premiers passagers à monter à bord de cette invention révolutionnaire qui bouleversera sans aucun doute le monde des transports terrestres.

Rappelons qu'en 1804, une locomotive à vapeur construite par l'ingénieur anglais avait transporté 10 tonnes de minerai de fer et 70 passagers sur une quinzaine de kilomètres à une vitesse d'environ 8 kilomètres à l'heure.

Alors, à qui la chance ?

MES RECORDS

Le train le plus rapide

Le train le plus rapide du monde est le TGV (Train à Grande Vitesse) français. Le 3 avril 2007, il a atteint la vitesse de 574,8 km/h. Un record !

Les trains à vapeur sont peu à peu remplacés, au début du 20e siècle, par des locomotives à moteur diesel et à moteur électrique, beaucoup plus rapides et silencieuses.

LA VOITURE

Les premières voitures étaient équipées d'un moteur à vapeur. Le premier véhicule automobile (qui se meut par lui-même) était un fardier à vapeur, construit par l'ingénieur français Joseph Cugnot, en 1769. Les moteurs lourds, bruyants et lents des voitures à vapeur furent remplacés, 115 ans plus tard, par le moteur à essence, beaucoup plus performant. La première voiture à essence, la « Patent-Motorwagen » ressemblait à un tricycle à moteur. Elle était l'œuvre de l'Allemand Carl Benz.

Inventeurs et inventions, p. 194

L'ingénieur américain Henry Ford crée le modèle « T » en 1908. Cette voiture était vendue 850 dollars et disponible en une seule couleur, le noir. La première chaîne de montage de voitures apparaîtra dans son usine en 1913.

Les gaz émis par les voitures fonctionnant à l'essence sont nocifs pour l'environnement et la santé des êtres humains. De nombreux chercheurs tentent de créer des technologies qui sont à la fois efficaces et moins polluantes pour notre planète. Les voitures électrique, hybrides, à biocarburant ou à hydrogène sont des solutions envisagées pour réduire la pollution. Espérons que tous les pays industrialisés se mobiliseront pour encourager la production et la diffusion de ces petits bijoux.

1891
La firme Morris et Salom de Philadelphie met au point la première voiture électrique.

1904
La compagnie britannique North Eastern Railway construit les premières locomotives électriques.

1912
La première locomotive diesel-électrique est fabriquée en Suisse. Elle fera son apparition sur les voies ferrées en 1923.

1957
Le Canadien Joseph-Armand Bombardier invente le ski dog, l'ancêtre de la motoneige (ski-doo) qui permet de se déplacer aisément sur la neige.

1993
Les ingénieurs de la Ballard Powers Systems inc. mettent au point une pile à hydrogène assez puissante pour alimenter le moteur d'un autobus.

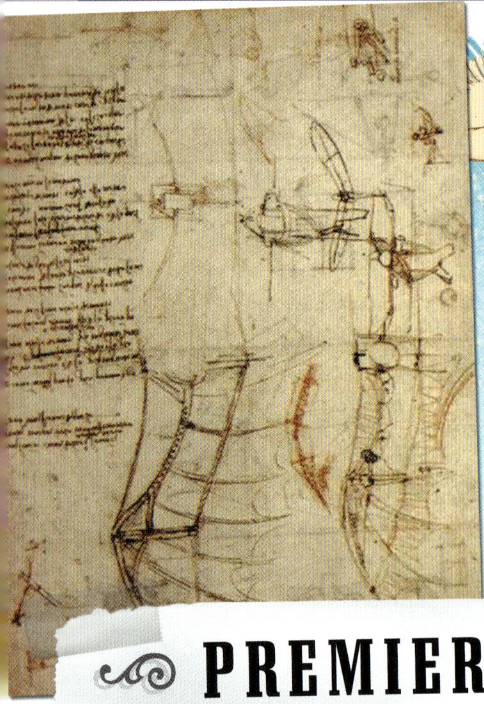

Dans les airs

T'est-il déjà arrivé d'observer les prouesses aériennes des oiseaux et d'avoir envie, comme eux, de voir le monde d'en haut ? Tu sais, bien avant l'invention de l'avion, de nombreux rêveurs ont voulu imiter ces bêtes ailées. Certains d'entre eux ont d'ailleurs inventé toutes sortes d'accessoires encombrants, et parfois farfelus, imitant les ailes des oiseaux. Voici d'ailleurs un croquis d' « ornithoptère », imaginé par le très célèbre Léonard de Vinci. (Je profite ici de l'occasion pour remercier chaleureusement mon ami Pietro Poussiero, antiquaire, grâce à qui je peux te présenter cette précieuse pièce de collection.) L'invention de ce grand savant de la Renaissance n'a malheureusement jamais fonctionné... les êtres humains n'ayant pas les muscles nécessaires pour actionner un tel engin !

PREMIER VOL HUMAIN

Le marquis François Laurent d'Arlandes et le physicien français Pilâtre de Rozier ont pris place à bord de la nacelle d'un aérostat et se sont envolés, hier, devant une foule rassemblée pour assister à la dernière démonstration des frères Montgolfier. Les deux courageux passagers se sont posés en douceur, après 25 minutes de vol. Rappelons que les frères Montgolfier avaient réussi, plus tôt cet été, à montrer qu'un ballon rempli d'air chaud (donc plus léger que l'air ambiant) pouvait s'élever dans le ciel. Nul doute que cet exploit fantastique repoussera les limites des rêves humains les plus fous.

Voici Paris, 22 septembre 1783

Les appareils qui se déplacent au moyen d'un gaz plus léger que l'air sont appelés aérostats (la montgolfière est un aérostat à qui on a donné le nom des célèbres frères qui l'ont inventé). Quelques années plus tard, on a inventé le dirigeable. Beaucoup plus pratiques que les montgolfières qui sont sujettes aux caprices du vent, ces aérostats qui utilisent de l'hydrogène (un gaz très léger) sont propulsés par des moteurs. Les dirigeables peuvent même être dirigés au moyen d'hélices et de gouvernails. Dès 1930, les fameux zeppelins, de grands dirigeables rigides, transportaient des passagers entre l'Europe et l'Amérique.

Zeppelin

Voici quelques faits importants qui ont marqué l'histoire des transports aériens.

1496-1505
L'Italien Léonard de Vinci dessine les premières machines volantes.

1783
Les frères Montgolfier inventent la montgolfière.

1852
Le Français Henri Giffard construit le premier dirigeable.

1890
Le Français Clément Ader invente le premier aéroplane à moteur à vapeur.

1903
Les frères Wright réussissent le premier vol contrôlé.

1910
Le Français Henri Fabre invente l'hydravion, un avion qui décolle et se pose sur l'eau.

Éole

L'avènement du moteur à vapeur et du moteur à explosion a révolutionné l'histoire de l'aviation. En 1890, le Français Clément Ader vole à bord de l'Éole. Son engin, aussi appelé Avion, ressemble davantage à une chauve-souris qu'à un oiseau ! Actionné par un moteur à vapeur, il parcourt une distance de 50 mètres en s'élevant de quelques centimètres à peine.

Orville WRIGHT (1871-1948) et Wilbur WRIGHT (1867-1912)

Les frères Wright sont considérés comme les inventeurs de l'avion moderne. Ils sont les premiers êtres humains à avoir volé à bord d'un aéroplane motorisé et entièrement contrôlé grâce à un système de commande des ailes. Leur avion à moteur à essence, baptisé Flyer, vola pour la première fois le 17 décembre 1903. Le vol dura 12 secondes et parcourut 36 m de distance. Le Flyer vola quatre fois cette même journée. Le vol le plus long dura 59 secondes et couvrit une distance de 284 m.

Inventeurs et inventions, p. 197

Premier vol des frères Wright en 1903

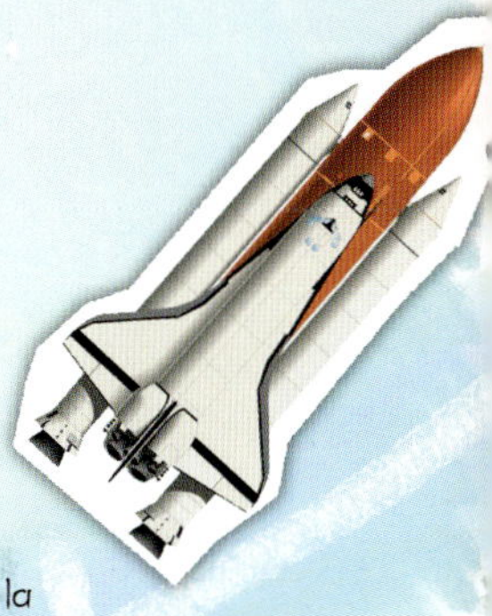

1981
Les États-Unis lancent la première navette spatiale dans l'espace.

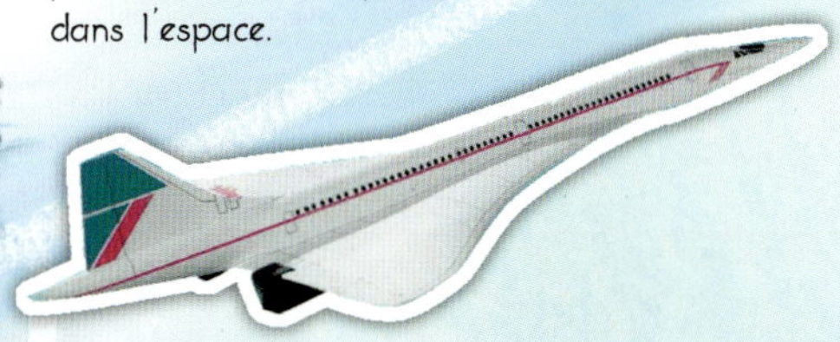

1976
Avènement du Concorde, un avion supersonique qui atteint deux fois la vitesse du son. Le Concorde n'est plus en service depuis 2003.

1961
Le Russe Youri Gagarine, à bord du vaisseau Vostok 1, est le premier homme envoyé dans l'espace.

1948
Premier vol du Sabre F-16, le premier avion à réaction américain. Les turboréacteurs puissants permettent dorénavant de voyager aussi vite que le son.

1940
Le Russe Igor Sikorsky réussit le premier vol à décollage vertical, à bord d'un hélicoptère.

1927
L'Américain Charles Lindbergh effectue la première liaison Paris-New York à bord de l'avion Spirit of Saint-Louis.

À partir du début du 20e siècle, les progrès de l'aéronautique (science de la navigation aérienne) se succèdent rapidement. L'invention de l'avion à réaction, en 1944, révolutionne encore une fois l'aviation. Puissant et rapide, il transporte des passagers d'un continent à l'autre. L'avion est un moyen de transport sécuritaire, très apprécié et fort répandu. Je l'ai moi-même pris 13 fois depuis le début de l'année ! Savais-tu qu'un avion décolle quelque part dans le monde toutes les 10 secondes ?

Garder le contact

Connais-tu le marathon, cette épreuve olympique qui consiste à courir un peu plus de 40 km sans s'arrêter ? Laisse-moi te raconter son histoire... En l'an -490, les soldats des villes grecques d'Athènes et de Platées ont réussi à repousser l'armée perse (peuple de l'actuel Iran). Cette bataille légendaire eut lieu dans la ville grecque de Marathon. La légende raconte que le général Miltiade demanda alors au messager Philipidès de courir annoncer la victoire aux habitants de la ville d'Athènes, située à quelque 40 km de là. Le pauvre Philipidès courut pendant quatre heures sous un soleil brûlant. À son arrivée, il n'eut que le temps de prononcer ces mots : « Nous sommes vainqueurs. » Puis il mourut, épuisé et victime d'un coup de chaleur. Tu te demandes où je veux en venir, n'est-ce pas ? Eh bien, vois-tu, cette histoire illustre bien que la communication entre les individus n'a pas toujours été aussi facile qu'elle ne l'est aujourd'hui. Tu n'as qu'à penser à Internet, cette prodigieuse invention qui nous permet de communiquer avec des gens de partout dans le monde en quelques secondes à peine ! Les six prochaines pages de mon album te présenteront les grandes inventions qui ont permis aux humains de communiquer de manière toujours plus rapide et efficace.

Communiquer par écrit

L'écriture est l'une des plus anciennes formes de communication (nous l'avons déjà vu aux pages 266 et 267). Il semble que très tôt dans l'histoire, les hommes l'ont utilisée pour s'envoyer des messages écrits.

Les premières boîtes à lettres officielles ont été installées en France en 1653.

Histoire de la poste

L'histoire de la poste commence vers l'an -2000. Déjà à cette époque, les Égyptiens avaient installé des messagers sur les routes de leur empire pour transmettre rapidement ordres et messages entre les différentes villes. D'autres empires, comme celui des Chinois, des Perses et des Romains, en ont fait autant. Vers l'an -27, ces derniers avaient développé un réseau postal étendu formé d'une succession de relais permettant aux messagers de se nourrir, se reposer et de changer de cheval. La livraison du courrier fut ainsi assurée par des messagers à chevaux et par des diligences jusqu'à l'arrivée du chemin de fer. Vers 1838, le courrier était trié durant le voyage dans un wagon spécialement aménagé et distribué le lendemain.

Historia, p. 521

UN PEU D'HISTOIRE... 1840

LE TIMBRE-POSTE

Le tout premier timbre-poste est apparu en Grande-Bretagne le 1er mai 1840. C'est Rowland Hill, un enseignant à la retraite, qui met de l'avant ce système de paiement anticipé, révolutionnant le système des postes. Dorénavant les frais d'expédition seraient payés à l'avance par l'expéditeur (la personne qui envoie) plutôt que par le destinataire (la personne qui reçoit) et ne varieraient plus selon la distance parcourue. Ce système pratique fut adopté par d'autres pays comme la Suisse, en 1843, et la France, en 1848. Encore utilisés de nos jours par tous les pays du monde, les timbres font aussi l'objet de nombreuses collections.

Le communicateur, janvier 2009

Les premiers journaux, appelés gazzetta (un nom d'origine italienne désignant la petite pièce de monnaie que l'on donnait en échange de ces feuilles) ne sont que de courts feuillets. Ces feuilles volantes, qui annoncent divers faits quotidiens, ne sont imprimées qu'à l'occasion. Vers 1610, de « vrais » journaux apparaissent en Italie, en Allemagne et en Hollande. C'est avec une certaine émotion que je te colle l'en-tête d'un ancien numéro de *La Gazette*, le premier journal français.

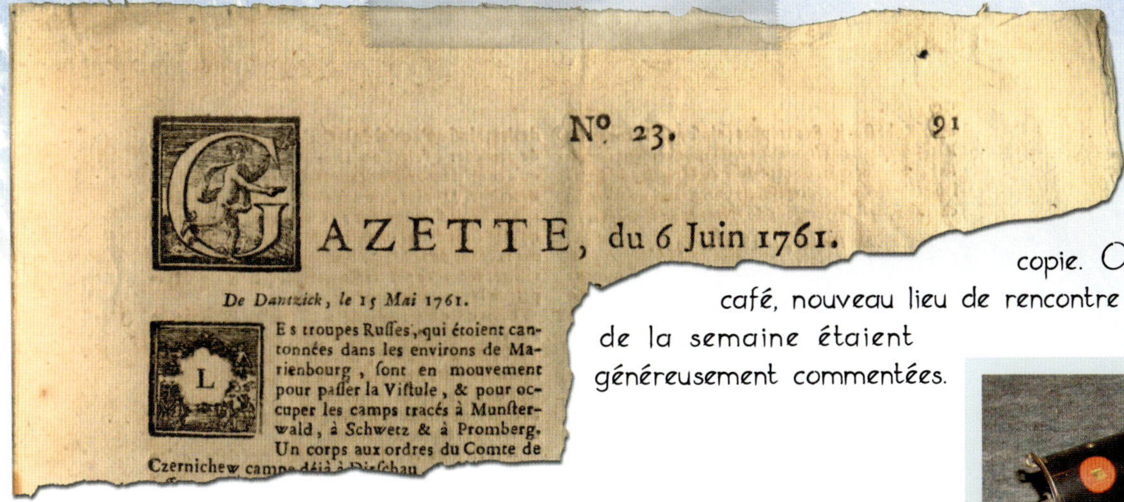

N° 23. 91

GAZETTE, du 6 Juin 1761.

De Dantzick, le 15 Mai 1761.

LES troupes Ruſſes, qui étoient cantonnées dans les environs de Marienbourg, ſont en mouvement pour paſſer la Viſtule, & pour occuper les camps tracés à Munſterwald, à Schwetz & à Promberg. Un corps aux ordres du Comte de Czernichew camp…

Les premiers journaux étaient très chers et les lecteurs peu fortunés devaient partager la même copie. On les lisait surtout au café, nouveau lieu de rencontre où les nouvelles de la semaine étaient généreusement commentées.

Le Remington Monarch 3

Voici d'autres inventions qui ont facilité le travail de bureau et la communication écrite, notamment à l'école et au travail.

La machine à écrire

La toute première machine à écrire pratique fut mise au point par l'imprimeur américain Christopher Sholes en 1867. Activée par un levier, chaque touche frappait un ruban encré qui imprimait une lettre sur une feuille de papier. Six ans plus tard, Sholes vendit son invention à la société Remington qui la commercialisa. Les machines à écrire électriques firent leur apparition dans le courant des années 1920.

Ces inventions disparues, p. 80

Il m'arrive encore d'utiliser ma vieille machine à écrire Remington. J'adore le cliquetis des touches et le son de la clochette avertissant qu'on doit faire un retour de chariot !

Le clavier du micro-ordinateur a remplacé les machines à écrire et les programmes de traitement de texte nous permettent de produire des documents écrits beaucoup plus rapidement qu'avec la machine à écrire ! Les premiers ordinateurs personnels pratiques, inventés par la compagnie Apple, datent du début des années 1980. Parmi les autres inventions qui ont facilité les communications en milieu de travail il y a le photocopieur, inventé en 1938, et, depuis 1980, le télécopieur ou fax.

L'ère des télécommunications

Tu sais, mon ami, la poste et les journaux ont longtemps été les seuls moyens de recevoir des nouvelles de gens éloignés. Aux 19e et 20e siècles, de grandes découvertes et inventions ont permis l'apparition de moyens de communication révolutionnaires ! Il s'agit du télégraphe, du téléphone, de la radio et de la télévision. Voici un collage qui t'en apprendra un peu plus.

Le tout premier appareil inventé pour transmettre des messages à distance est le télégraphe (ce mot signifie d'ailleurs « écrire à distance »). Inventé en 1790 par le Français Claude Chappe, le premier télégraphe optique consistait en un réseau de tours situées à une dizaine de kilomètres les unes des autres et munies de grands bras articulés produisant des signaux correspondant à des lettres. Dans chaque tour, un observateur muni d'un télescope recevait et retransmettait le message à la tour suivante. Grâce à ce premier télégraphe, les messages pouvaient ainsi franchir des distances bien plus rapidement que ne le faisaient les messagers à chevaux ! Malheureusement, ce système n'était pas très pratique par temps de brouillard ou... après la tombée de la nuit. Grâce à l'électricité, le télégraphe électrique allait bientôt faire son apparition.

A •▬	N ▬•
B ▬•••	O ▬▬▬
C ▬•▬•	P •▬▬•
D ▬••	Q ▬▬•▬
E •	R •▬•
F ••▬•	S •••
G ▬▬•	T ▬
H ••••	U ••▬
I ••	V •••▬
J •▬▬▬	W •▬▬
K ▬•▬	X ▬••▬
L •▬••	Y ▬•▬▬
M ▬▬	Z ▬▬••

LE TÉLÉGRAPHE ÉLECTRIQUE

Le premier télégraphe électrique fut inventé par William Cooke et Charles Wheatstone en 1837. Cet appareil envoyait des courants électriques le long d'un fil jusqu'à un récepteur muni d'un cadran. Selon le courant émis, une aiguille aimantée pointait une lettre de l'alphabet. Le message était ainsi reçu lettre par lettre. En 1844, un artiste-peintre américain, Samuel Morse, mit au point un nouveau code qui remplaça vite celui des deux inventeurs britanniques. Le « code morse » consiste en une série de signaux électriques, longs ou courts, représentés par des points et des tirets et correspondant à des lettres.

Inventeurs et inventions, p. 178

Samuel Morse (1791-1872)

Le « code morse » est toujours utilisé de nos jours. Tu peux t'amuser à envoyer des messages à tes amis. Prends soin de leur envoyer le code, si tu veux bien te faire comprendre !

Le premier coup de fil de l'histoire fut donné aux États-Unis, le 10 mars 1876. C'était Alexander Graham Bell qui appelait son collaborateur : « Monsieur Watson, venez. Je veux vous voir ! » Vers 1900, la compagnie fondée par Bell dépasse le million d'abonnés !

Alexander Graham Bell (1847-1922)

La Voix de Philadelphie, 26 juin 1876

GRAND DÉVOILEMENT D'UNE NOUVELLE MACHINE

Philadelphie, PENN. — Ce matin, dans le cadre de l'Exposition du Centenaire, le professeur et spécialiste de la voix humaine Alexander Graham Bell a dévoilé, devant une foule de spectateurs ahuris, son « téléphone parlant », un appareil qui sert à transmettre la parole d'un endroit à l'autre. La voix, transformée en signaux électriques par le premier téléphone, voyage le long d'une ligne téléphonique jusqu'à un deuxième appareil où les signaux sont reconvertis en sons. L'inventeur, très optimiste, prédit qu'il sera bientôt possible de parler de vive voix avec un interlocuteur se trouvant à l'autre bout du pays !

Dès que la radio est entrée dans les foyers, elle est devenue l'un des médias les plus influents de son temps.

Guglielmo Marconi (1874-1937)

UN PEU D'HISTOIRE... 1894

LE TÉLÉGRAPHE SANS FIL

En 1894, l'Italien Guglielmo Marconi réussit à envoyer un message sans l'entremise d'un fil. Des scientifiques comme l'Allemand Heinrich Hertz avaient déjà démontré que des ondes invisibles pouvaient être transformées en courant électrique. Informé de ces découvertes, le jeune inventeur fabrique le télégraphe sans fil ou TSF, l'ancêtre de la radio. À l'aide d'ondes baptisées ondes radio, Marconi réussit en 1901 à envoyer un message en morse par-dessus l'Atlantique. Cinq ans plus tard, la radio transmet la musique et la voix humaine. Dès 1920, les familles se rassemblent autour des premiers postes de radio publics pour écouter leurs émissions préférées.

Le communicateur, mars 2011

Mon vieux poste de radio des années 1940

En 1947, l'invention d'un nouveau dispositif électronique minuscule, le transistor, permet d'éliminer les volumineux tubes d'antan et de fabriquer des postes de radio plus compacts.

Téléviseur des années 1950

L'invention de la télévision est une longue aventure... Même si plusieurs inventeurs ont participé à sa création, le nom de John Logie Baird y est souvent associé car l'Écossais fut le premier à transmettre des images d'une pièce à l'autre, en 1925. Les premiers téléviseurs étaient tous munis d'une antenne servant à capter les images et le son des émissions diffusées sous forme d'ondes radio par la station de télé. De nos jours, les émissions sont aussi envoyées par câbles et transmises d'un continent à l'autre par l'entremise de satellites de télécommunication. À l'aide d'une antenne parabolique, il est ainsi possible d'écouter en direct une émission diffusée à partir d'un pays lointain. Personnellement, j'aurais beaucoup de difficulté à me passer de cette extraordinaire invention. Les images et les nouvelles provenant de partout dans le monde me tiennent bien informé des grands événements. Et toi, quelles sont tes émissions de télé préférées ?

Avec les premiers appareils, la liaison téléphonique est assurée manuellement par une opératrice. Vers la fin des années 1890, des téléphones automatiques permettent de composer un numéro sur un cadran et d'entrer directement en contact avec un correspondant.

Téléviseur moderne

La révolution informatique

Comme tu as pu le constater à la page précédente, l'électricité a permis de réaliser des pas de géant en matière de communication grâce, entre autres, à l'invention du téléphone et de la télé. Une autre science a aussi permis d'accomplir des prouesses extraordinaires. C'est l'électronique. L'électronique s'intéresse aux électrons, ces petites particules tournant autour du noyau de l'atome. L'électronique est une science complexe et je n'ai malheureusement pas l'espace nécessaire pour te l'expliquer correctement ici. Sache toutefois que les progrès de cette science ont créé la puce électronique, une des plus grandes merveilles du génie humain. Constate-le par toi-même en lisant l'article de journal que je t'ai collé ci-dessous.

UNE NOUVELLE PUCE EST NÉE !

LOS ANGELES—Les Américains Jack Kilby et Robert Noyce ont réussi à créer le premier circuit intégré, ou puce électronique. Cette puce rassemble des milliers de circuits électroniques sur une plaquette de silicium de la taille d'un ongle. L'inventeur a réussi une telle prouesse en gravant le circuit à l'aide d'un procédé photographique complexe. Il y a fort à parier que l'invention de monsieur Kilby fera couler beaucoup d'encre dans le domaine de la micro-électronique.

La Presse californienne, 1959

Le premier ordinateur personnel (assez compact pour que chacun puisse en posséder un à la maison) portait le nom d'Apple II. Il a été conçu par Steve Jobs et Stephen Wozniak, en 1976.

De petites puces électroniques se cachent au cœur de nombreux appareils familiers et contrôlent leur fonctionnement. C'est le cas du four à micro-ondes, de la calculatrice de poche, de la carte de crédit, de la télécommande de la télé et du jeu vidéo. Dans le secteur des communications, la puce a permis l'avènement d'un géant : l'ordinateur.

L'ordinateur est le grand responsable de la révolution dans le domaine des communications. Et tu sais pourquoi ? Parce que ces petites merveilles peuvent communiquer entre elles ! La première communication, ou liaison, entre deux ordinateurs a été effectuée à Los Angeles en 1969. De nos jours, de la musique, du texte, des images et toutes sortes de données informatiques circulent aux quatre coins du globe grâce à Internet, un gigantesque réseau mettant en liaison des millions d'utilisateurs, ou internautes, partout dans le monde.

UN PEU D'HISTOIRE... 1968

INTERNET

En 1968, les Américains travaillent dans le plus grand secret sur un réseau de communication qui mettrait en liaison toutes les bases militaires. Un an plus tard, la première liaison entre deux ordinateurs a lieu. Le nouveau système de communication s'étend vite aux universités et, peu à peu, au reste du monde. Dans les années 1990, un immense réseau de communication résultant de l'interconnexion de millions d'utilisateurs voit le jour. On lui donne le nom d'Internet. À ce jour, plus de 2 milliards d'internautes provenant du monde entier naviguent sur Internet.

Le communicateur, juillet 2011

Les informations provenant d'Internet voyagent sous forme de données numériques. Elles circulent sur l'autoroute électronique grâce à un réseau de lignes téléphoniques, les mêmes qui acheminent les voix humaines. Les données voyagent aussi dans des câbles, par l'entremise de fibres optiques ou grâce à des satellites de télécommunications. Peux-tu imaginer tout ce qu'on peut réaliser lorsque des millions d'ordinateurs sont connectés les uns aux autres ?!

:-) on est heureux

:-(on est déçu

;-) on plaisante

Connais-tu les signes représentant la frimousse d'un petit personnage constitué de parenthèses, de points-virgules et de tirets qu'on peut utiliser pour exprimer ses sentiments ? C'est un mode de communication très populaire utilisé par des millions d'internautes pour exprimer des sentiments.

Utilises-tu Internet ? Pour ma part, je t'avoue que je ne pourrais plus m'en passer. C'est fou le nombre de choses qu'on peut y faire en très peu de temps... En voici quelques-unes :

- envoyer et recevoir du courrier,
- consulter une encyclopédie,
- chercher un livre à la bibliothèque ou à la librairie,
- consulter une carte routière,
- écouter de la musique,
- visiter un musée, une ville,
- lire le journal,
- voir un vidéoclip,
- réserver des billets pour un spectacle.

Savais-tu que l'exploration de l'espace a elle aussi permis de réaliser des avancées spectaculaires dans le domaine des communications ? Depuis 1957, les êtres humains envoient des satellites artificiels dans l'espace. Certains de ces robots « flottent » au-dessus de la Terre, à quelque 36 000 km d'altitude, et servent de relais de télécommunication. Voici comment cela fonctionne : les satellites reçoivent les signaux transmis par des émetteurs situés sur la Terre (des émetteurs paraboliques de stations de télévision, par exemple). Les signaux captés par les satellites sont ensuite réacheminés vers les diverses antennes réceptrices installées sur la Terre. Grâce aux satellites, tu peux écouter des émissions de partout dans le monde ! Extraordinaire, non ?

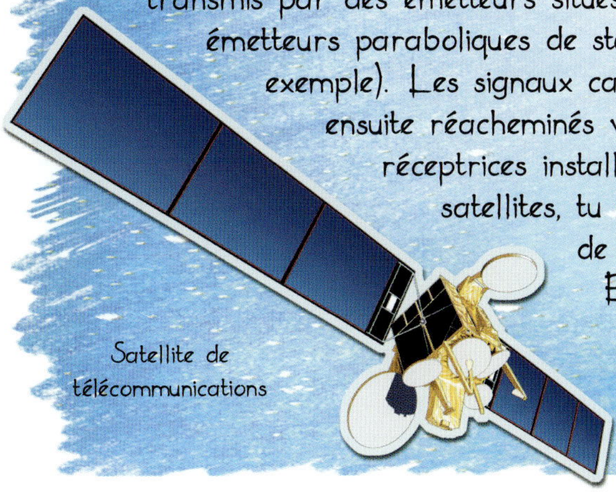

Satellite de télécommunications

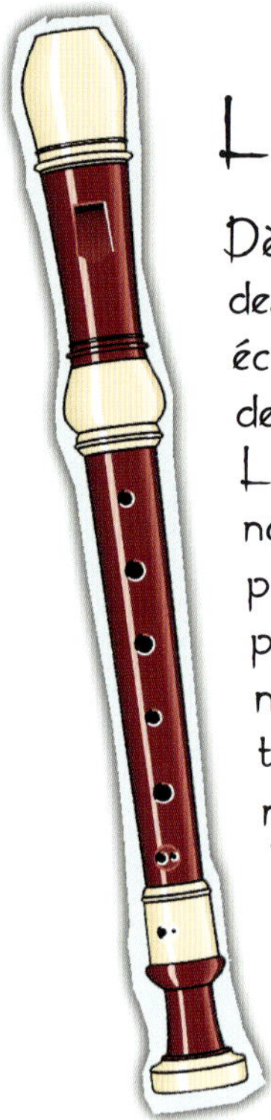

Les divertissements à travers le temps

Dès la préhistoire, les humains peignent les parois de leurs grottes en utilisant des os, des morceaux de bois calciné et quelques couleurs composées à partir de pierres écrasées. La peinture rupestre (sur les parois des cavernes) est probablement l'une des premières formes d'art et de divertissement humains. Mais il y avait beaucoup plus ! Les objets retrouvés sur les sites de fouilles archéologiques nous ont appris que nos lointains ancêtres sculptaient également l'ivoire et le bois, dansaient et produisaient de la musique en jouant de la flûte ou des percussions ! Comme toutes les facettes de la vie, notre manière de nous divertir s'est bien transformée au fil du temps. Aujourd'hui, grâce aux progrès de la technologie, nous profitons de nouvelles formes de divertissement. Personnellement, j'adore le cinéma et la photographie. Et toi, quel est ton passe-temps préféré ?

MES RECORDS

Le plus vieil instrument de musique

Plusieurs instruments de percussion comme des tambours en terre ont été retrouvés sur des sites archéologiques datant de 40 000 ans. Mais le premier instrument inventé dans le but de produire des sons mélodieux est une flûte, fabriquée à partir d'un os d'oiseau percé de plusieurs trous.

La musique

La musique... Quelle détente extraordinaire ! Au moment où j'écris ces lignes, je me fais bercer par le son des flûtes du Magnificat en ré majeur de Johann Sebastian Bach, un compositeur allemand de génie qui vécut de 1685 à 1750. Tu sais, la musique est une très vieille forme d'art. Il y a 5 000 ans, les Mésopotamiens utilisaient déjà plusieurs instruments à vent, à cordes et à percussion. Depuis, une grande variété d'instruments de musique ont vu le jour.

Modèle de clavecin typique du 17e siècle.

Le coin de l'artiste

Accueil | Musique | Arts | Lettres | Info

Le piano

En 1709, un fabricant de clavecins, Bartolomeo Cristofori, construit un nouvel instrument dont les cordes sont frappées par des petits marteaux au lieu d'être pincées, comme les cordes des guitares ou des clavecins. L'Italien le baptise « clavecin avec piano e forte », puisque ce nouvel instrument peut jouer doucement (« piano » en italien) ou fort (« forte ») selon la force appliquée sur les touches. D'abord connu sous le nom de « pianoforte », on l'appelle maintenant le piano.

Modèle de grand pianoforte du 19e siècle.

À compter du 19e siècle, plusieurs avancées technologiques ont permis d'enregistrer et de reproduire des pièces musicales de plus en plus fidèlement. C'est au prolifique Thomas Édison que nous devons le tout premier appareil capable d'enregistrer des sons et de les reproduire, pour notre plus grand plaisir !

Disque compact

Cassette

Disque de vinyle

En 1948, le disque en vinyle, plus solide que celui de Berliner, fait son apparition. Dans les années 1960, la cassette lui fait concurrence, mais 20 ans plus tard, elle est remplacée par le disque compact ou CD. De nos jours, la plupart des enregistrements sont réalisés sous forme numérique, à l'aide d'un ordinateur, et gravés sur CD.

L'ENREGISTREMENT

En 1877, Thomas Edison mit au point le phonographe. Au moment de l'enregistrement, les ondes sonores faisaient vibrer le diaphragme, une petite languette de métal, qui communiquait ses vibrations à une aiguille. Celle-ci traçait des sillons de différentes profondeurs dans une feuille d'étain entourant un cyclindre. Lorsqu'on faisait repasser le cylindre, les sillons gravés dans la feuille faisaient vibrer l'aiguille. Celle-ci communiquait ses vibrations au diaphragme qui les transformait en sons. Dix ans plus tard, Émile Berliner mit au point le gramophone qui remplaça les cylindres d'Edison par des disques plats faits de vitre, de zinc et de caoutchouc, produisant des sons de qualité supérieure.

Inventeurs et inventions, p. 46

Phonographe

Gramophone de Berliner

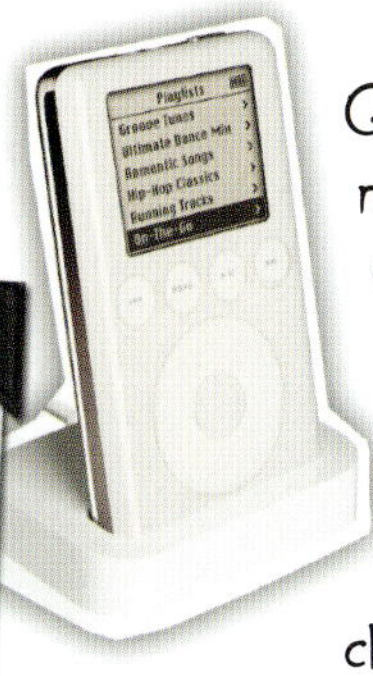

Grâce aux nouveaux baladeurs numériques, on peut trimballer dans ses poches des dizaines de milliers de chansons ! Imagine : un seul de ces petits appareils révolutionnaires pourrait te permettre d'écouter plus d'une chanson différente par jour, pendant toute ta vie !

La photographie et le cinéma

Cher frérot,

J'ai visité, hier, une exposition qui t'aurait séduit, j'en suis certaine. Il s'agissait de la rétrospective des œuvres inusitées du Français Nicéphore Niépce, celui qui réalisa la première photo. Tu sais qu'à partir des années 1800, les scientifiques savaient que certains produits chimiques noircissaient sous l'effet de la lumière. En 1826, Niépce enduisit une plaque d'étain d'un de ces composés, le bitume, et pointa son appareil photographique vers une fenêtre. Il laissa la plaque exposée à la lumière pendant huit heures. Là où la lumière avait frappé, le bitume avait noirci, laissant une image bien nette.

Ta grande sœur qui t'aime XXX

Le premier appareil photographique, le daguerréotype, a été inventé en 1839 par le Français Jacques Daguerre. Depuis, la photographie a évolué à pas de géant :

- En 1839, l'Anglais William Fox Talbot découvre le procédé de reproduction à partir de négatifs.
- En 1861, l'Écossais James Clerk Maxwell obtient la première photo en couleurs.
- En 1887, Hannibal Goodwin invente la pellicule plastique.
- En 1888, George Eastman invente le petit appareil Kodak pratique et bon marché.

L'avènement de la photographie a inspiré de nombreux inventeurs. Vers 1850, on arrive à décomposer un mouvement rapide en plusieurs photos. Puis on réussit à reconstituer ce mouvement en projetant rapidement les images à l'aide d'appareils comme le praxinoscope d'Émile Renaud (il est l'inventeur du dessin animé). À la fin du 19e siècle, les frères Lumière se sont inspirés de toutes ces nouvelles découvertes et inventions pour créer le cinématographe, un appareil qui sert à la fois de caméra et de projecteur. La magie des images défilant sur un grand écran allait créer beaucoup d'émoi chez les gens de l'époque. Mon grand-père paternel était au nombre des chanceux invités à assister à la première projection publique. Voici d'ailleurs à ce sujet un vieil article du journal *Voici Paris* qu'il m'a remis en souvenir.

DES VUES ANIMÉES AU GRAND CAFÉ

Hier, boulevard des Capucines, a eu lieu la première projection publique du cinématographe des frères Auguste et Louis Lumière, un appareil qui projette des photos à partir d'une longue bande de celluloïd. Comme 16 images sont projetées sur l'écran en une seule seconde, cette succession rapide nous donne l'illusion parfaite du mouvement. Nos journalistes, conviés à l'événement, en furent littéralement renversés !

Voici Paris, 29 décembre 1895

As-tu déjà vu de vieux films muets en noir et blanc ? Les films « parlants » datent de 1927 et ceux en couleurs, de 1932. De nos jours, il se vend des milliards de billets d'entrée au cinéma par année et on peut même voir des films en trois dimensions ! Pas mal pour une invention qui était à l'époque considérée, par certaines personnes, comme une « simple attraction foraine sans avenir » !

Jeux

Les bébés jouent spontanément avec tout ce qu'ils trouvent. Les chatons, les chiots ou les lionceaux en font autant. Pour eux, comme pour les petits humains, le jeu est une façon de découvrir le monde qui les entoure. En grandissant, nous jouons avec des jeux de plus en plus compliqués, comme des jeux de construction ou des jeux vidéo demandant beaucoup d'adresse. Même les adultes continuent à jouer à des jeux de société comme les cartes et les échecs ! Beaucoup de nos jeux sont très anciens. Des dés ont été découverts dans des tombeaux égyptiens antiques et les échecs, tout comme les balles et les poupées, remontent à la nuit des temps. La grande diversité de jeux et de jouets que l'homme a créés au cours de son histoire témoigne bien de sa grande ingéniosité et de son esprit inventif. À toi de juger !

Les premiers oursons en peluche ont été fabriqués au début des années 1900.

Dis-moi, professeur, pourquoi on joue ?

Louis (mais mes amis m'appellent Lou)

Voici quelques jouets que tu connais bien et les dates de leur apparition.

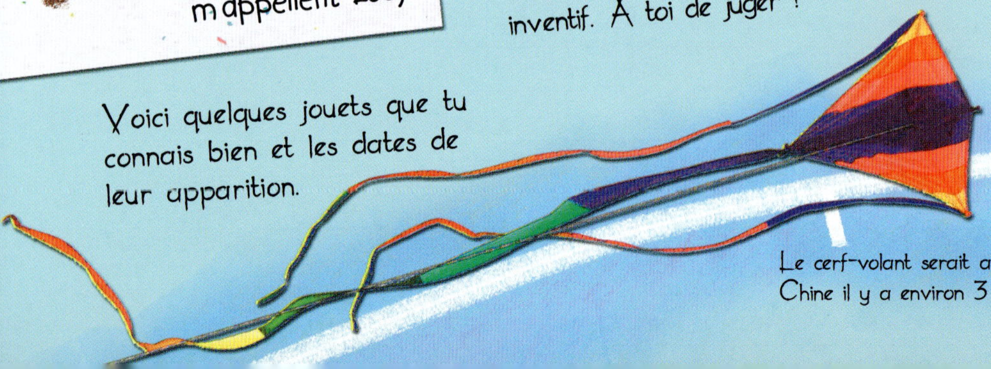

Le cerf-volant serait apparu en Chine il y a environ 3 500 ans.

Même si le yo-yo n'est apparu en Europe que vers 1800, les enfants grecs en jouaient déjà il y a plus de 2 500 ans.

Selon une légende du 6e siècle, un radja indien fit cadeau d'un échiquier aux Perses, habitants de l'actuel Iran. Ceux-ci adoptèrent aussitôt le jeu indien et le transmirent aux Chinois, puis aux Arabes, qui l'introduisirent en Europe vers le 11e siècle. Le jeu fit alors sensation à la cour des rois qui l'adaptèrent à leur environnement médiéval. Le vizir des Perses (grand ministre du roi) se transforma en reine, les éléphants devinrent les fous du roi, et les chars se changèrent en tours de château. Peu importe les personnages, le but du jeu reste le même : capturer le roi.

Sur une surface quadrillée de 64 cases appelée échiquier, deux armées adverses se font face.

Les Trésors de génie, p. 53

« Échec et mat » est une déformation de l'expression arabe « al shâh mat » qui veut dire « le roi est mort ».

Ce jeu de construction fait de petites briques de plastique a été inventé en 1949 par le Danois Kjeld Kirk Kristiansen.

En 1763, un imprimeur anglais du nom de John Spilsbury invente le puzzle.

La poupée Barbie a été inventée par l'entrepreneure californienne Ruth Handler. Elle fit son apparition dans les magasins en 1959.

Vers 1760, un musicien belge, Joseph Merlin, remplace par des roulettes les lames des patins à glace.

Anciennement fabriqués par des artisans, les parents ou les enfants eux-mêmes, les jouets sont maintenant fabriqués en usine. Des équipes d'inventeurs travaillent jour après jour à en concevoir de nouveaux. Qu'ils fassent appel à l'intelligence, à la mémoire, à l'adresse physique ou à l'imagination la plus spontanée, les jeux occupent une place privilégiée dans nos vies. En grandissant, n'oublie jamais de prendre le temps de jouer.

En 1989, la compagnie japonaise Nintendo lance le Game Boy un jeu vidéo portable qui connaît aussitôt un énorme succès.

L'origine du jeu de cartes reste mystérieuse. Peut-être créées en Chine du 7e au 9e siècle, les cartes à jouer ne sont introduites en Europe qu'au 14e siècle.

Des inventions complètement folles !

Je t'ai présenté dans cet album toutes sortes d'inventions, des petites trouvailles du quotidien aux grandes découvertes qui ont révolutionné nos vies à jamais. Plusieurs inventions n'ont jamais vu le jour parce que, comme la machine volante de Léonard de Vinci, la technologie permettant de les réaliser n'avait pas encore été inventée. D'autres encore n'ont jamais pu être commercialisées à cause de la difficulté de les fabriquer en grand nombre, de leur absence d'application possible ou du peu d'intérêt qu'elles suscitaient auprès des marchands. Plusieurs inventions qui font partie de notre quotidien étaient autrefois considérées comme des innovations carrément délirantes ! Je pense, par exemple, à l'électricité qui, à ses débuts, suscitait autant la peur que l'admiration ou aux premières voitures qui donnaient la frousse aux piétons et aux chevaux ! Ces inventions n'étaient pas si folles, après tout, puisqu'elles ont traversé les années et qu'elles font encore partie de nos vies ! Mais tu sais, toutes les inventions ne sont pas aussi utiles, ni aussi durables. Je me suis bien amusé à vouloir te le prouver dans cette page.

Cher Génius,

Vous connaissez les « gadgets », ces petites inventions souvent inutiles mais parfois amusantes ? Eh bien, j'ai découvert hier que le mot venait d'un certain monsieur Gaget qui aurait participé à la construction de la Statue de la liberté, un cadeau des Français aux Américains. Monsieur Gaget, qui accompagnait dans leur voyage en Amérique les 214 boîtes contenant la statue démontée, a eu l'idée de fabriquer des modèles réduits de la statue et de les vendre comme souvenirs, le jour de l'inauguration. Le succès fut immédiat. Il donna naissance à un phénomène de société et à un nouveau mot : le gadget !

Au plaisir de vous revoir bientôt,
professeur Trukégadgette

Incroyable mais vrai !

par C. Surprenant

Un étrange tourne-pouces !

En consultant diverses listes de brevets, j'ai eu la surprise de découvrir des milliers d'inventions à la fois absurdes et inutiles ! Après avoir hésité longtemps entre un médaillon pour ranger notre gomme à mâcher entre deux périodes de mastication et un outil servant à façonner des boules de neige parfaitement aérodynamiques, je décerne la palme d'or à l'Américain Horace Knowles qui a inventé, en 1979, un tourne-pouces ! Selon l'inventeur, ce gadget permettrait d'augmenter le plaisir de tous ceux qui n'ont rien d'autre à faire que de se tourner les pouces ! Incroyable… mais vrai !

Scientifiquement vôtre, juillet 2011

Suivant les pas de ma chroniqueuse préférée, madame C. Surprenant, j'ai consulté les archives des brevets émis au cours des dernières années. En plus de toute une gamme d'objets complètement inutiles qu'on retrouve sur le marché, il en existe des milliers d'autres qui (heureusement !) n'ont jamais vu le jour. Voici mes notes de lecture :

MES RECORDS

Un grand nombre d'inventions jamais commercialisées

L'Anglais Arthur Pedrick est l'inventeur qui détient le plus grand nombre d'inventions à ne jamais avoir atteint les présentoirs des magasins. Après avoir pris sa retraite d'un bureau de brevets, l'inventeur fit breveter, de 1962 à 1977, pas moins de 162 inventions, dont un système d'irrigation du désert australien à l'aide de balles de neige en provenance de l'Antarctique !

Tu sais, il n'y a pas que des inconnus qui passent leur temps à imaginer de nouveaux gadgets. Même des inventeurs très célèbres ont eu de drôles d'idées à l'occasion ! Juges-en par toi-même en découvrant le sous-vêtement anti-gravité (la gravité est cette force qui nous attire vers le sol). Il a été imaginé par nul autre que le grand Thomas Edison, en 1878.

Ce sous-vêtement anti-gravité, qui nous semble aujourd'hui farfelu, aurait peut-être fait partie de notre quotidien si Edison avait réussi. Dis, aurais-tu aimé te rendre à l'école chaque matin flottant derrière la bicyclette d'un copain ?

« Le système des brevets d'invention a jeté de l'huile sur le feu du génie. »

Abraham Lincoln

Abraham Lincoln, un ancien président des États-Unis du milieu du 19e siècle, avait bien raison ! Avec l'arrivée des brevets, vers la fin du 18e siècle, le nombre d'inventions a connu un boum sans précédent. Pour la première fois, les inventeurs avaient le droit garanti d'exploiter leurs créations. L'idée de faire des profits a stimulé plus d'une imagination !

Les inventions du futur

Marie-Sarah, Aspirateur pour les bactéries

Cela est assez étonnant, mais c'est parfois du côté des artistes qu'il faut se tourner pour imaginer quelles seront les inventions du futur. Ça te surprend ? Pense seulement aux auteurs de livres ou de films de science-fiction. Ces visionnaires mettent leur imagination au service de l'avenir sans avoir la contrainte de faire fonctionner véritablement les appareils qu'ils inventent ! Savais-tu que le célèbre auteur Hergé, créateur de la bande dessinée Tintin, a dessiné une fusée lunaire 15 ans avant la création de Saturn V, le lanceur américain qui a envoyé les premiers astronautes sur la Lune ?

Connais-tu le métier de futurologue ? Cette spécialité scientifique consiste à tenter de prévoir l'avenir en étudiant, entre autres, les tendances économiques, techniques et scientifiques actuelles. La tâche des futurologues est loin d'être facile ! En effet, qui aurait pu imaginer que la voiture ou l'ordinateur allaient voir le jour et changer nos sociétés à jamais ? J'ai demandé à plusieurs d'entre vous de m'écrire quelles sont les inventions de demain qui changeront nos vies. Voici les réponses que m'ont envoyées mes petits futurologues en herbe.

nos vêtements d'hiver nous garderont de mieux en mieux au chaud

les trains flotteront au-dessus des rails et fileront à plus de 550 km/h.

les voitures ne pollueront plus l'air

Des scientifiques du monde entier cherchent déjà le moyen de remplacer l'essence par une énergie plus « propre ». De petites autos fonctionnant à l'énergie solaire ou au gaz hydrogène devraient être disponibles dans les prochaines années.

les ordinateurs deviendront encore plus petits et plus puissants

on parlera au « téléphone » en voyant l'interlocuteur sur l'écran de notre visiophone

La technologie de cet appareil existe déjà et les visioconférences sont souvent utilisées dans le monde des affaires internationales. Elle est également disponible sur les téléphones mobiles les plus récents.

les robots nous aideront à accomplir toutes sortes de tâches

on pourra composer le numéro de téléphone d'un ami en prononçant son nom

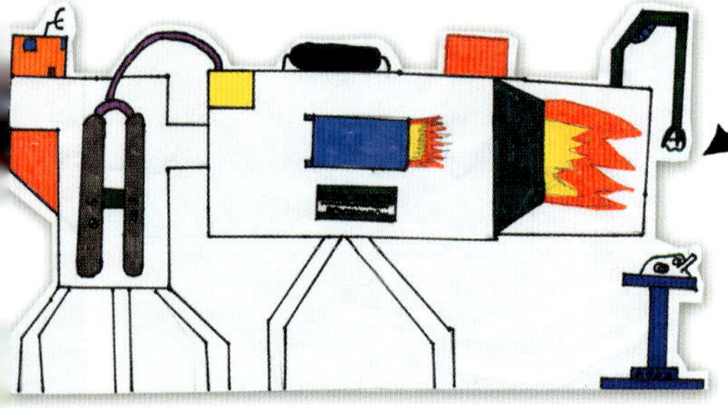

Mathieu, Compresseur de poubelles/dé-pollueur

Je vous remercie tous pour vos prévisions tout à fait justes. Et merci aussi à tous mes jeunes amis qui ont préféré me dessiner leurs inventions de demain. Vos avions-fusées, robots et autres machines futuristes décorent admirablement bien les dernières pages de mon album.

DES MAISONS INTELLIGENTES

Les maisons de demain seront dotées d'un ordinateur qui contrôlera, entre autres, la température et l'éclairage. Il se met à pleuvoir pendant que vous êtes au travail et vous pensez : « Zut, j'ai oublié de fermer les fenêtres ! » Pas de problème. Grâce à votre télécommande, vous pourrez commander leur fermeture à distance. Vous pourrez aussi mettre en marche votre four ou votre cafetière. Plus besoin de s'inquiéter avec les courses à faire. Votre réfrigérateur prendra soin de noter ce qui manque et de le commander via Internet.

Vie d'aujourd'hui, 1996

Il en ira de même de notre voiture. En plus d'être écologique, elle n'aura plus besoin de conducteur et pourra se déplacer grâce à des radars et des systèmes de positionnement par satellite (GPS).

À l'avenir, les humains pourront voyager de plus en plus vite, et pourtant, ils se déplaceront de moins en moins ! Grâce à Internet, on passera le plus clair de notre temps à la maison d'où on pourra travailler, voyager, discuter avec ses amis, se documenter, lire les journaux, visiter un musée ou faire des courses. L'informatique apportera aussi à la maison de demain la réalité virtuelle. Jette un coup d'œil à l'extrait ci-dessous.

Étienne,
Télétransporteur

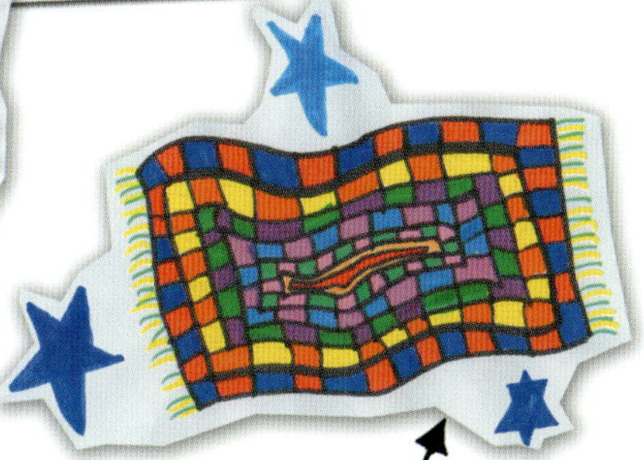

Jade,
Tapis volant

Karine,
Restaurant volant

La réalité virtuelle

Grâce au futur système de réalité virtuelle, l'être humain ne sera plus le simple spectateur de ce qui se déroule sur son écran. Il pourra « pénétrer » dans l'ordinateur et interagir avec les images virtuelles en trois dimensions ! On pourra ainsi pratiquer des sports tels que le ski alpin ou la plongée sous-marine, participer à une course de voitures ou se promener sur une plage déserte. Vêtu d'une combinaison spéciale, on éprouvera toute une gamme de sensations, comme le vent dans les cheveux ou la chaleur du soleil sur la peau.

Scientifiquement vôtre, Mai 2010

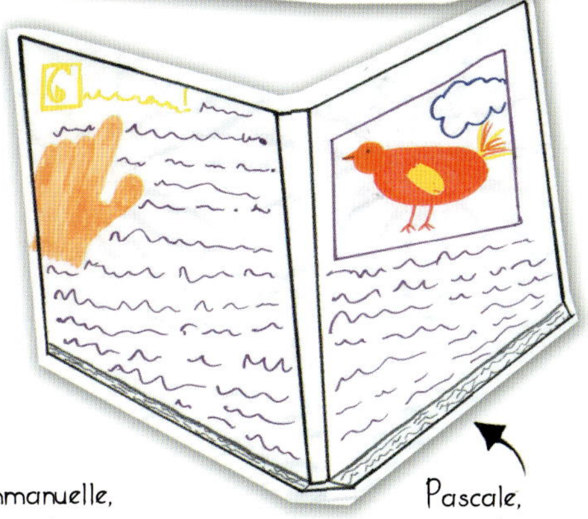

Un jour, l'homme quittera la Terre pour visiter d'autres planètes, il exploitera les richesses minérales de la Lune, il percera les secrets de la vie, il créera des machines intelligentes. En repoussant les limites de l'impossible, il réussira peut-être à voyager dans le temps et à voler comme un oiseau. Mais quel que soit le visage du futur, n'oublie jamais que tu en fais partie et que tu peux contribuer à inventer un monde meilleur. Reste créatif, mon jeune ami. C'est une des plus belles qualités de l'esprit humain.

Emmanuelle,
Robot faitout

Pascale,
Livre qui s'illumine
dans le noir

Mon album de la musique

Sais-tu qui sont les mélomanes ? Ce sont les gens qui, comme moi, sont de véritables passionnés de musique. Cet art existe depuis bien longtemps, tu sais. La musique est le témoin des traditions et de la culture des civilisations de toutes les époques. Ce que j'aime en elle, c'est qu'en plus de divertir, elle est un moyen de rapprocher les peuples. En effet, on n'a pas besoin de parler une langue particulière pour la comprendre ! Il suffit de s'arrêter et de l'écouter.

Dans « Mon album de la musique », je te dévoile une quantité de trésors musicaux : les instruments qui font la musique, comment elle est écrite… J'ai aussi choisi de rendre hommage à celles et ceux grâce à qui la musique est devenue si riche.

Bonne lecture et régale tes oreilles de cette musique si chère à mon cœur. Cet album te donnera peut-être le goût de devenir, toi aussi, un vrai mélomane…

Professeur Génius

Contenu

Paris, le 21 juin 2012

Cher frérot,

Ici, la fête bat son plein ! Comme chaque année en France depuis maintenant 24 ans, la fête de la Musique annonce le premier jour de l'été ! Des musiciens de tous les coins de la planète se produisent dans les rues. Je n'ai qu'à faire quelques pas et me voilà dansant sur un air de flamenco espagnol, piétinant au rythme d'un djembé africain ou me laissant transporter par des chants polynésiens. Comme j'aimerais que tu sois ici pour partager ces moments exquis avec moi. Et tu sais ce qui est extraordinaire ? Même si chaque peuple possède une musique bien à lui, le langage de la musique est universel ! Il rassemble tous les humains, peu importe leur culture ! J'espère que ton album de la musique avance à bon rythme. Je meurs d'impatience de le lire !

Ta grande sœur qui t'aime
XXX

Vive la musique !

As-tu déjà remarqué à quel point la musique est présente dans nos vies ? À la radio, à la télévision, dans les magasins, à l'école, dans l'ascenseur, dans le métro et même lors des compétitions sportives !

La nature elle-même est une grande musicienne, tu sais. Tends l'oreille et écoute le gazouillis des oiseaux, la chorale des grillons, le grondement du tonnerre, le sifflement du vent…

N'est-ce pas magnifique ? Tu sais, il m'est difficile de m'imaginer passer une seule journée sans musique car elle nourrit mon cœur, colore ma vie et me donne de l'énergie !

Voici une photo de musiciens brésiliens prise lors de la fête de la Musique de l'été dernier.

MUSIQUE (du grec *mousikê* [art des muses]) : Suite de sons organisés selon certaines règles artistiques.

Le mot musique vient du grec « mousikê » qui signifie « art des muses ». Dans les mythologies grecque et romaine, les muses sont considérées comme des déesses. Elles dirigent chacune un domaine de la culture comme la musique, l'astronomie ou l'histoire. Je t'ai dessiné les trois muses qui se rapportent à la musique.

EUTERPE est la muse de la musique. Elle aurait inventé la flûte.

ÉRATO est la muse de la poésie lyrique. Elle chante les rimes au son de sa lyre.

TERPSICHORE, la muse de la danse, est vive et joyeuse. La harpe qu'elle tient accompagne sa danse.

Professeur Génius,

Depuis quand la musique existe-t-elle et qui l'a inventée?

Mélodie, 11 ans

Voilà une excellente question de Mélodie. Nous ne savons pas exactement quand, où, ni comment la musique a été inventée. Ce qui est sûr, toutefois, c'est que les premiers humains « vibraient » déjà au son de la musique. Des dessins datant de dizaines de milliers d'années, représentant des tambours et des flûtes, ont été retrouvés sur les parois de certaines cavernes d'Europe. La première musique a-t-elle servi à imiter les chants d'oiseaux pour la chasse? Soulignait-elle certains rituels religieux? Accompagnait-elle les grands moments de la vie, comme la naissance ou la mort? Pour ma part, j'aime bien m'imaginer que c'est maman Cro-Magnon qui a inventé la berceuse, un soir où bébé était plus pleurnichard que d'habitude...

Certains airs te rendent-ils triste ou mélancolique? D'autres te donnent-ils au contraire envie de sourire et de danser? C'est normal! Les scientifiques ont démontré que la musique éveille les émotions. Il semble en effet que les sons « chatouillent » certaines régions du cerveau qui répondent à ces stimulations en produisant des substances chimiques. La dopamine, par exemple, nous procure une sensation de plaisir. La noradrénaline stimule et donne de l'énergie. La sérotonine, quant à elle, agit sur nos humeurs! Les pouvoirs de la musique sont si importants qu'on l'utilise pour guérir, développer l'intellect des bébés et... augmenter la production du lait des vaches! Jette un coup d'œil à l'extrait ci-contre qui t'en apprendra un peu plus sur l'incroyable pouvoir de la musique.

Incroyable mais vrai!

par C. Surprenant

De la musique pour augmenter la production!

Consciente de l'impact de la musique sur ses auditeurs, la compagnie new-yorkaise Muzak, fondée en 1934, a «fabriqué» une musique destinée à augmenter la production des employés des usines et des bureaux. Les mélodies créées combinent des rythmes lents et rapides dont l'intensité et le tempo, évoluant selon les heures de la journée, ont été étudiés pour accompagner les hauts et les bas de l'humeur des employés. Les créations musicales de Muzak sont diffusées dans plus de 500 villes partout dans le monde.

Musicalement vôtre, août 2009

Maintenant que tu connais l'effet de la musique sur tes émotions, je te suggère de te concentrer sur les pièces qui te rendent heureux... surtout les jours où tu te sens un peu triste!

Cette brève introduction à la musique t'a donné envie de découvrir son univers fabuleux? Programme ton album préféré sur ton lecteur de musique. Assieds-toi confortablement et tourne la page. Nous commençons notre voyage musical avec le plus bel instrument qui soit : la voix...

Au son de la voix

J'ai eu le grand bonheur d'assister, samedi soir dernier, à un autre spectacle de ma voisine la cantatrice Ella Lavoix. Elle interprétait « Madame Butterfly », un célèbre opéra du compositeur italien Giacomo Puccini. Chaque fois, je suis fasciné de constater à quel point notre voix est un instrument exceptionnel... Ma grand-mère disait toujours que la voix est la messagère de l'âme. Elle avait bien raison ! Aucun instrument ne peut en effet transmettre les émotions comme la tristesse, le bonheur et la joie, mieux que la voix humaine. Avais-tu réalisé que tu disposais d'un instrument si complet en toi ?

La voix naît au niveau du larynx où sont attachés deux petits muscles, les cordes vocales. Lorsque l'air est expulsé des poumons, ces dernières vibrent et laissent échapper un son. Le son amplifié par la bouche et les fosses nasales se transforme en paroles ou en chant grâce à la gymnastique de la langue, des mâchoires, des dents et des lèvres. Jette un coup d'œil à mon illustration du jeune chanteur. Tu y verras les différents organes qui participent à la production de la voix.

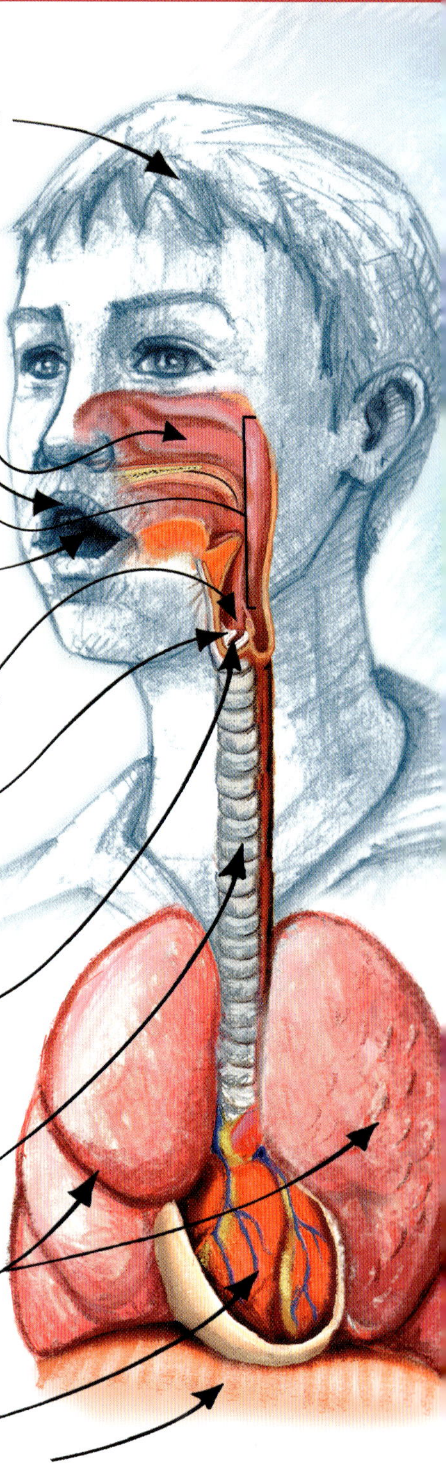

Cours de chant

POUR DÉBUTANTS, INTERMÉDIAIRES OU AVANCÉS

Par madame *Ella Lavoix*, cantatrice de grand renom.

Les jeudis et vendredis, de 15 heures à 20 heures.

Apprenez les techniques de chants indispensables :
- La respiration,
- La maîtrise du souffle,
- Le contrôle des muscles du larynx et de l'abdomen.

N'oubliez pas que votre voix est un instrument très fragile. Prenez-en soin !

« N'est malheureux que celui qui ne sait pas chanter. »

Proverbe égyptien

Bien sûr, tout le monde peut chanter, mais, comme les musiciens, tout chanteur professionnel doit apprendre à connaître son instrument, sa voix. Il doit s'entraîner pour la maîtriser. Lors de ses exercices quotidiens, j'entends mon amie Ella Lavoix tenir ses vocalises (des exercices de la voix) pendant une minute entière sans reprendre son souffle… C'est époustouflant! Essaie, toi aussi! Combien de temps peux-tu tenir? Voici, tirées de mon encyclopédie de la musique, les qualités et les propriétés de la voix d'un chanteur.

Métamorphose vocale

Salut les ados! Savez-vous pourquoi les garçons ont la voix qui éraille à la puberté? Tout simplement parce qu'elle mue! Au moment de la puberté, le corps grandit et se transforme. Le larynx aussi : il grandit et les cordes vocales s'allongent et s'épaississent. Elles vibrent alors plus lentement et libèrent un son plus grave. On dit alors que la voix mue. Chez les filles, le larynx est un peu plus haut et les cordes vocales restent fines. Elles vibrent donc plus rapidement, ce qui explique pourquoi elles produisent des sons plus élevés!

AdoPLUS, p. 32

TESSITURE : C'est l'ensemble des notes que la voix peut émettre, de la note la plus haute à la note la plus basse. Ainsi, chez les hommes, du plus bas vers le plus haut, on trouve les voix de basse, de baryton et de ténor; chez les femmes, les voix de contralto, d'alto, de mezzo-soprano et de soprano.

REGISTRE : La tessiture est divisée en étages (grave, moyen, aigu). Chaque étage est appelé registre.

INTENSITÉ : C'est la force avec laquelle un son est produit. On distingue les sons forts des sons faibles, selon l'amplitude des vibrations de la voix. On peut dire, si le son est fort et puissant, que le chanteur a du «coffre».

TIMBRE : C'est la vibration de la voix qui produit un son, une couleur et une qualité spécifique. Par exemple, une voix peut être chaude, cristalline ou rocailleuse.

LES TROUBLES DE LA VOIX

Il arrive que la voix se «casse» lorsqu'elle est trop ou mal utilisée. Le trouble le plus répandu, cauchemar de tout chanteur professionnel, est l'aphonie. Ce problème se manifeste par une extinction complète de la voix. La personne ne peut plus sortir de son clair de sa gorge et ne parle donc qu'en chuchotant. L'aphonie est souvent provoquée par le stress, une inflammation, un traumatisme, une paralysie ou une tumeur du larynx. Souvent traitée par des médicaments, elle peut nécessiter une intervention chirurgicale dans le cas de certains traumatismes et de tumeurs.

La santé au quotidien, volume 2, numéro 5

L'orchestre, une fabuleuse organisation !

As-tu déjà assisté à un concert donné par un orchestre symphonique ? Personnellement, je garde un souvenir impérissable de chacun des concerts auxquels j'assiste. Les sons des violons réunis à ceux des flûtes, du piano et de tant d'autres instruments me font frissonner de plaisir ! À propos, connais-tu l'origine de l'orchestre ? Au cours du 17e siècle, des musiciens de génie, passionnés par le théâtre grec, inventèrent l'opéra (je t'en reparlerai aux pages 330 et 331). Ces pièces de théâtre chantées étaient accompagnées par plusieurs instruments. Ces ensembles musicaux formèrent les premiers orchestres. Très vite, l'orchestre s'est détaché de l'opéra et fut bientôt dirigé par un chef d'orchestre.

Le mot orchestre vient du grec « orkhêstra ». Il désignait, dans l'Antiquité, l'espace en demi-cercle situé entre la scène d'un amphithéâtre et les spectateurs. Cet espace était occupé par le chœur et les danseurs.

L'orchestre symphonique regroupe quatre grandes familles d'instruments : les CORDES, les BOIS, les CUIVRES et les PERCUSSIONS. Si tu as la chance de parcourir quelques ouvrages traitant du sujet, tu remarqueras que l'emplacement de ces familles au sein de l'orchestre, de même que le nombre d'instruments, peuvent varier légèrement. Cela dépend en effet du type d'orchestre et de l'espace qui lui est réservé. Souviens-toi toutefois qu'on cherche normalement à regrouper les instruments de la même famille et à faire se côtoyer les instruments qui s'accordent le mieux ensemble. Cette illustration tirée de mon Dictionnaire Visuel te montre la place que chaque famille d'instruments occupe traditionnellement. Je reviendrai sur chacune de ces familles, mais si tu veux t'y référer directement, aide-toi des numéros de pages que je t'ai indiqués dans la légende ci-contre.

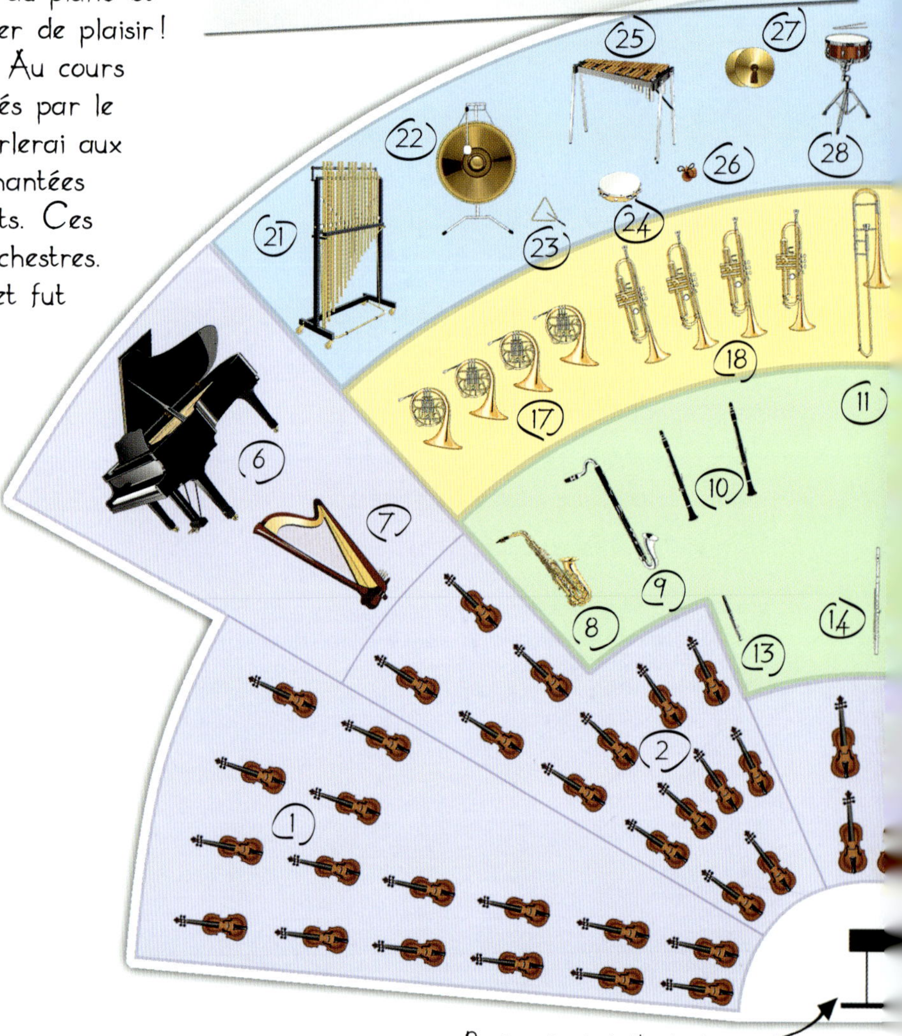

Pupitre du chef d'orchestre

Les cordes p. 304 à 309

1. Premiers violons
2. Seconds violons
3. Altos
4. Violoncelles
5. Contrebasses
6. Piano
7. Harpe

Les bois p. 310 à 313

8. Saxophone
9. Clarinette basse
10. Clarinettes
11. Bassons
12. Contrebasson
13. Piccolo
14. Flûtes traversières
15. Hautbois
16. Cor anglais

À l'inverse de l'orchestre symphonique, l'orchestre de chambre est composé d'un petit nombre de musiciens. Les musiciens répètent souvent car ils doivent jouer de manière parfaitement coordonnée, sans chef d'orchestre.

Les principaux ensembles de **la musique de chambre**

Le **DUO** est un ensemble de deux instruments de la même famille (par exemple deux violons) ou de familles différentes (comme un violon et un piano).

Le **TRIO** est un ensemble de trois instruments de la même famille (comme trois flûtes) ou de familles différentes (par exemple, un violon, un violoncelle et un piano).

Le **QUATUOR** est un ensemble de quatre instruments d'une même famille ou non. Par exemple, un quatuor à cordes comprend deux violons, un alto et un violoncelle.

Le **QUINTETTE** est un ensemble de cinq instruments de la même famille ou non. Par exemple, le quintette à vent est composé d'une flûte, un hautbois, une clarinette, un basson et un cor.

Encyclopédie de la musique, p. 121

Opéra de Sydney en Australie

Les salles de concert sont construites pour que les spectateurs aient une perception idéale des œuvres musicales. L'opéra de Sydney, en Australie, a été construit entre 1959 et 1973. Cette salle de concert aux qualités acoustiques extraordinaires possède une architecture extérieure qui fait un peu penser à un énorme coquillage sorti des eaux de la baie de Sydney. Une œuvre de génie !

Les cuivres p. 314 à 317

17. Cors d'harmonie
18. Trompettes
19. Trombones
20. Tuba

Les percussions p. 318 à 321

21. Carillon tubulaire
22. Gong
23. Triangle
24. Tambour basque
25. Xylophone
26. Castagnettes
27. Cymbales
28. Caisse claire
29. Grosse caisse
30. Timbales

Le chant des cordes

Savais-tu que les cordes des instruments à cordes ne sont pas toutes « actionnées » de la même manière ? Les cordes du piano sont frappées, celles de la guitare sont pincées tandis que celles du violon sont frottées. C'est d'ailleurs cette caractéristique qui permet de rassembler les instruments à cordes à l'intérieur de trois groupes distincts. Commençons par celui des instruments à cordes frottées.

Les cordes frottées

Le violon, l'alto, le violoncelle et la contrebasse appartiennent au groupe des cordes frottées. Sais-tu ce que ces instruments ont en commun ? Tu l'as deviné : ils se jouent tous avec un archet ! C'est d'ailleurs lui (avec le musicien, bien sûr !) qui fait toute la différence.

Le maniement de l'archet est un art, mon ami ! Les va-et-vient rapides et nerveux, les longs mouvements souples et doux et les petits coups secs font vibrer les cordes qui produisent une palette de sons d'une extraordinaire richesse. Suis les numéros et tu verras le chemin qu'emprunte le son à travers le VIOLON pour arriver à produire son chant si caractéristique. (Tu dois imaginer que les parties colorées sont situées à l'intérieur du violon.)

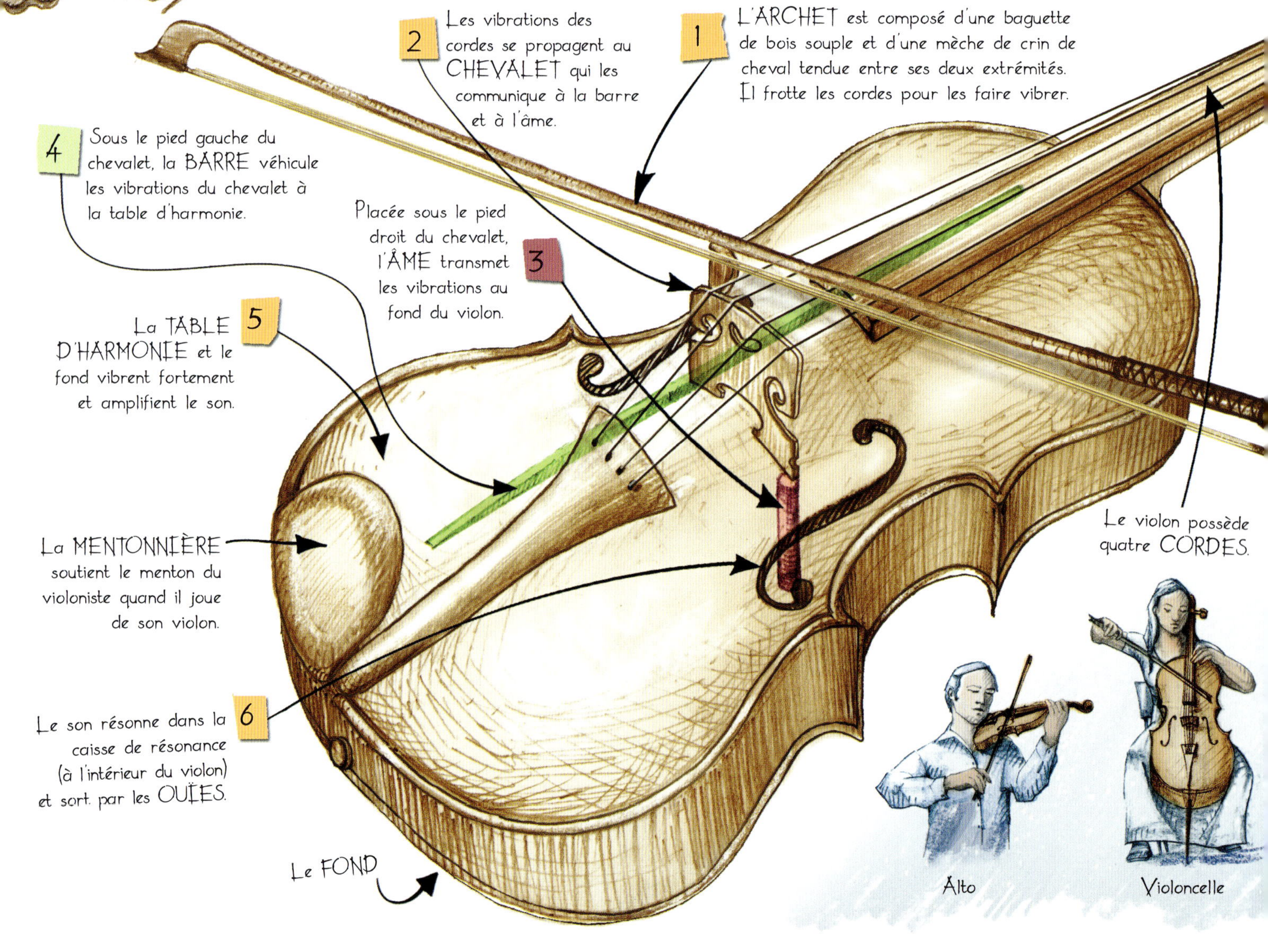

Qu'elles soient frottées, pincées ou frappées, les cordes des instruments produisent des sons suivant le même principe. Jette un coup d'œil à cet extrait, il t'expliquera comment.

Comment est produit le son des instruments à cordes?

C'est la vibration des cordes qui produit le son des instruments à cordes. Les sons produits diffèrent selon la vitesse de vibration des cordes : plus elle est rapide, plus le son est aigu. Au contraire, une corde vibrant plus lentement produit un son plus grave. La taille, l'épaisseur et la tension des cordes modifient leur vitesse de vibration : les cordes courtes, minces et tendues vibrent plus rapidement, tandis que les cordes longues, épaisses et lâches vibrent plus lentement. Lorsque le musicien presse son doigt sur une corde, il la raccourcit. Ce faisant, il augmente sa vitesse de vibration et propage alors un son plus aigu.

Comment ça marche?, p. 17

Le CHEVILLIER supporte les chevilles.

Les CHEVILLES règlent la tension des cordes pour ajuster la note.

Collée sur le manche, la TOUCHE est la pièce sur laquelle le musicien presse ses doigts pour modifier la longueur d'une corde.

Le MANCHE

Le coin de l'artiste

Accueil | Musique | Arts | Lettres | Info

Le violon

Les instruments à archet existent depuis 3000 ans. On pense que le violon aurait pour ancêtre la «viola da braccia», ou viole à bras, un instrument du Moyen Âge à sept cordes dont la forme ressemble à celle du violon. Les premiers «vrais» violons apparaissent vers 1550. Entre 1700 et 1720, le fabricant de violons italien Antonio Stradivari, surnommé Stradivarius, donne au violon sa forme définitive. Aujourd'hui encore, les violons sont construits suivant ce modèle tant ses qualités acoustiques sont optimales.

L'alto, le violoncelle et la contrebasse ont aussi leur place dans l'orchestre. Beaucoup de compositeurs leur ont consacré des œuvres musicales magnifiques. Plus grand que le violon, l'ALTO soutient la mélodie des violons par ses sons graves, chauds et veloutés. Le VIOLONCELLE se joue coincé entre les jambes du violoncelliste. Il est appuyé sur une pique métallique amovible et son manche est collé à l'épaule du musicien. Les cordes épaisses et la taille de la caisse de résonance lui confèrent un son grave et puissant. Quant à la CONTREBASSE, elle est plus grave que le reste du groupe. Elle est tellement grande que, pour en jouer, il faut être debout. C'est un des instruments favoris des compositeurs de jazz.

Contrebasse

Portraits de musiciens

Niccolò Paganini *(1782-1840)*

L'Italien Paganini est un des plus grands violonistes qui aient existé. Compositeur de génie, il interprète presque uniquement ses propres œuvres. La qualité de ses compositions et sa fougue lorsqu'il joue lui permettent de connaître un succès extraordinaire. Aujourd'hui encore, jouer les œuvres de Paganini est un réel défi tant elles sont difficiles à interpréter.

Portraits de musiciens, p. 53

Les cordes pincées

Si les instruments à cordes frottées se ressemblent beaucoup, on peut dire tout le contraire des instruments à cordes pincées ! Certains ont un manche, d'autres pas. Certains sont même munis d'un clavier ! Ce grand groupe rassemble des instruments fort variés, notamment la harpe, la guitare, la lyre, le luth et le clavecin. Je te les présente sur les trois prochaines pages.

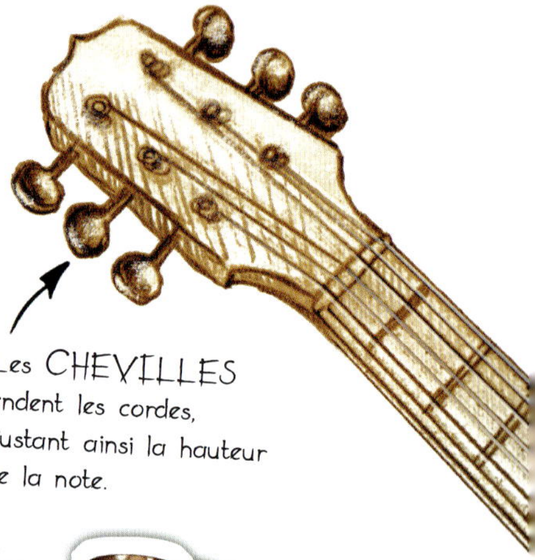

Les CHEVILLES tendent les cordes, ajustant ainsi la hauteur de la note.

Le groupe Harparmony
vous convie à son concert annuel ayant pour thème :

« La harpe, une poétesse millénaire »

Vous aurez l'occasion d'entendre de nombreuses compositions du groupe de même que des œuvres pour harpe de Mozart et de Berlioz.

Le mercredi 13 juillet 2011, à 20h00.

Invitation pour deux personnes

Des gravures et des peintures représentant des HARPES ont été retrouvées sur des objets datant de près de 5 000 ans ! Les premières harpes avaient une forme arquée ou angulaire. Les modèles actuels, de forme triangulaire, ne sont apparus qu'au 9e siècle. Ces petits chefs-d'œuvre d'élégance et de raffinement avaient pourtant un défaut de taille : ils ne produisaient qu'un nombre limité de notes... Ce défaut a été corrigé au 19e siècle grâce à un système ingénieux de pédales, mis au point par le Français Sébastien Érard. Grâce aux pédales, chaque corde de la harpe peut depuis produire trois sons différents.

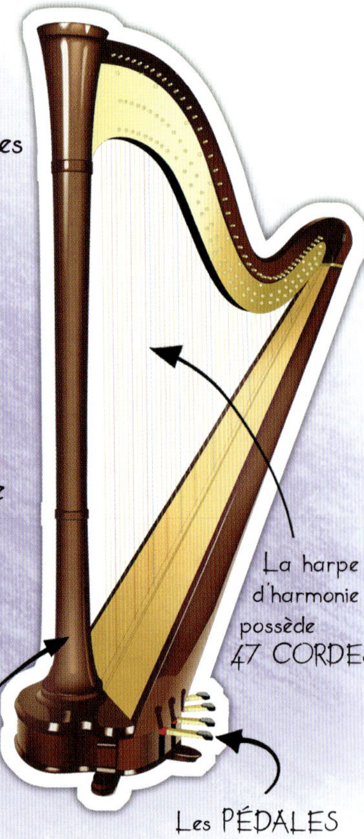

La harpe d'harmonie possède 47 CORDES.

La COLONNE

Les PÉDALES

Savais-tu que la LYRE était un des instruments favoris de l'Antiquité ? Une légende raconte que le dieu grec Hermès, se promenant un jour sur les rives du fleuve Nil, aperçut une carapace de tortue desséchée n'ayant plus que les tendons. Il saisit l'objet et gratta les tendons qui produisirent un son mélodieux. C'est ainsi que la lyre serait née ! Voilà une bien belle histoire...

Lyre

Voici quelques instruments à cordes pincées et à manche, tirés de mon Dictionnaire Visuel.

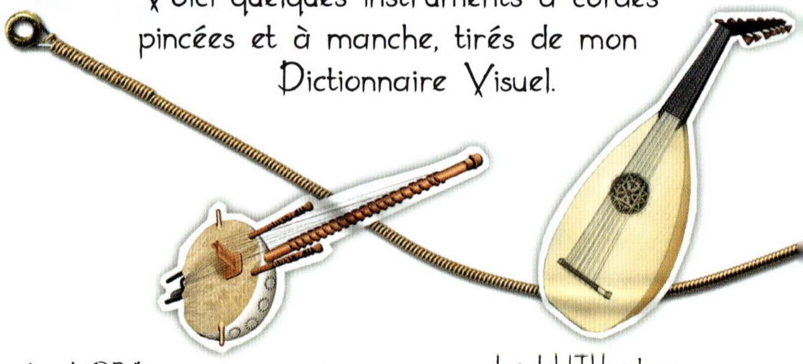

La KORA est une sorte de harpe-luth à 21 cordes. Elle est originaire d'Afrique de l'Ouest.

Le LUTH est un instrument d'origine arabe. Il est le symbole de la poésie chantée.

Les instruments à cordes pincées dotés d'un manche offrent une plus grande variété de notes que des instruments comme la lyre ou la harpe... Laisse-moi t'expliquer pourquoi. Rappelle-toi que la longueur de la corde influence le son produit. Le manche de certains instruments à cordes pincées est incrusté de fines barres, ce sont les frettes. Ces dernières marquent l'endroit où le musicien doit appuyer ses doigts pour raccourcir les cordes et produire différentes notes. La GUITARE acoustique, par exemple, compte 6 cordes et, généralement, 20 frettes. Chaque corde, en plus de produire son propre son, peut ainsi produire 20 autres notes. Amuse-toi à faire le total des notes pouvant être produites par la guitare acoustique. Tu as tout bon : la réponse est 126 ! Voyons, sur le schéma que je t'ai dessiné, les différentes parties de la guitare acoustique.

Les FRETTES indiquent où le guitariste doit placer ses doigts pour changer la note de la corde. (Rappelle-toi qu'en raccourcissant la longueur de la corde, le son produit est plus aigu.)

Les CORDES sont tendues entre le chevalet et les chevilles.

La CAISSE DE RÉSONANCE amplifie le son produit par la vibration des cordes.

Le CHEVALET transmet les vibrations des cordes à la caisse de résonance.

Pendant que les doigts de la main gauche du guitariste pressent les cordes, les doigts de la main droite les pincent (c'est le contraire pour les gauchers).

Le musicien peut se servir d'un MÉDIATOR (ou plectre) pour gratter les cordes de son instrument.

La BALALAÏKA est un instrument d'origine russe, de la même famille que le luth.

Les quatre rangées de cordes doubles de la MANDOLINE sont pincées avec un médiator.

Francisco Tarrega

Né dans un milieu modeste en Espagne, Francisco Tarrega (1852-1909) a, à 10 ans, un coup de foudre pour la guitare. Il étudie au conservatoire de Madrid et son talent est reconnu quand il donne un concert de guitare en l'honneur de ses professeurs. Il compose de très belles pièces musicales pour guitare. Ce grand interprète et compositeur est également le père de la technique moderne de jeu de la guitare.

Musicalement vôtre, février 2010

Poursuivons notre exploration du monde merveilleux de la musique avec un autre instrument à cordes pincées : le CLAVECIN. Ce dernier ressemble beaucoup au piano mais son mécanisme s'apparente davantage à celui d'une guitare. Le clavecin doit en effet son chant doux et cristallin à son mécanisme composé d'un bec, en plume ou en cuir, qui gratte la corde jouée (un peu comme le médiator gratte la corde de la guitare). Il fait partie d'une famille qui regroupe plusieurs instruments. Voici quelques détails dénichés par mon amie Ea Ping Kor.

Objet : Les clavecins
Date : 15 mai 2011
À : professeur Génius

Cher Génius

Voici les renseignements que vous m'avez demandés sur les clavecins. L'épinette est un petit clavecin du 16e siècle très utilisé en Italie. Elle est en forme d'aile ou polygonale (comme sur la photo que je vous envoie). Elle tient son nom de ses épines (des plumes de corbeau) qui pincent ses cordes. Le virginal, quant à lui, est un clavecin rectangulaire, très apprécié en Angleterre. Je dois vous préciser qu'il était l'instrument favori de la reine Élizabeth 1re. Ces deux clavecins pouvaient être munis de pieds ou simplement être posés sur une table.

Vous recevrez sous peu par courrier quelques photos que j'ai sélectionnées spécialement pour vous.

Bien à vous,

Votre amie Ea Ping,
Chef bibliothécaire

Épinette

Clavecin

Beaucoup de compositeurs du 16e et du 17e siècle, comme l'Italien Domenico Scarlatti et les Français François Couperin et Jean-Philippe Rameau, ont écrit de grandes œuvres pour le clavecin.

Virginal

Les cordes frappées

Ah! La Sonate « Clair de lune » de Ludwig van Beethoven... Une œuvre pour piano d'une infinie beauté qui me chavire le cœur à tout coup! Je t'avoue que j'ai un faible pour le PIANO... Enfants, ma sœur et moi pouvions pianoter pendant des heures sans jamais nous lasser. J'ai conservé le bon vieux piano de notre enfance. Je m'y précipite lorsque je suis joyeux ou triste, comme si ses sons pouvaient exprimer un peu de mes sentiments. Mais je m'éloigne de notre sujet... Le piano appartient au groupe des instruments à cordes frappées car ses cordes sont frappées avec un petit marteau de feutre pour produire ce son si caractéristique. Voici son histoire :

Le piano

En 1709, un fabricant de clavecins, Bartolomeo Cristofori, construit un nouvel instrument dont les cordes sont frappées par des petits marteaux au lieu d'être pincées, comme les cordes des guitares ou des clavecins. L'Italien le baptise « clavecin avec piano e forte », puisque ce nouvel instrument peut jouer doucement (« piano » en italien) ou fort (« forte ») selon la force appliquée sur les touches. D'abord connu sous le nom de « pianoforte », on l'appelle maintenant le piano.

Site Internet « Le coin de l'artiste »

Un enfant prodige!

Wolfgang Amadeus Mozart (1756-1791) est déjà, à six ans, un pianiste et un compositeur célèbre. Chaque concert qu'il donne dans l'Europe entière est un véritable succès. À 20 ans, il est aimé du public, respecté des musiciens et des compositeurs. Pourtant il meurt dans la pauvreté à l'âge de 35 ans.

Musicalement vôtre, juin 2009

Je t'ai collé plus bas une photo de l'intérieur de mon piano. Avec l'extrait de mon livre « Comment ça marche ? », elle t'aidera à comprendre l'ingénieux mécanisme du piano. Tu verras, il n'est pas si compliqué! (Tu dois imaginer que la partie colorée de mon dessin est à l'intérieur du piano.)

La touche est enfoncée

Lorsque le pianiste appuie sur une touche, le chevalet s'actionne, propulsant le marteau contre la corde. La corde frappée vibre et produit un son.

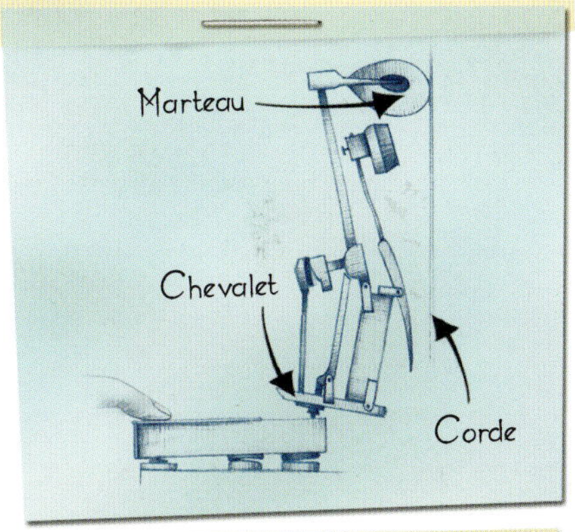

La touche est relâchée

Lorsque la touche est relâchée, l'étouffoir se pose sur la corde et interrompt la note.

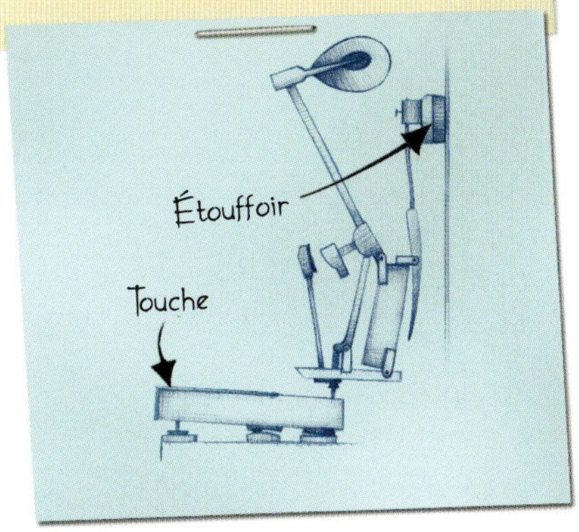

Cher Génius,
Je suis en troisième année à l'école primaire La Portée, de Gammeville. Cette année, nous avons commencé à jouer de la flûte. J'adore! Mon professeur de musique, madame Chanteclerc, nous a expliqué que la flûte était un instrument à vent. Pouvez-vous m'en dire plus sur ces instruments à vent?
P.S. C'est moi, sur la photo.
Clara

Madame Chanteclerc a bien raison! La flûte, la clarinette, le saxophone, le hautbois, le basson, la trompette et l'orgue sont des instruments à vent. Chez eux, c'est donc le vent, ou l'air si tu préfères, qui vibre pour produire les sons. Les instruments à vent sont si nombreux qu'on les sépare en deux familles : les bois et les cuivres. Voyons tout d'abord ce que sont les bois.

Les bois

La flûte, le saxophone, la clarinette et le hautbois appartiennent à la famille des bois. Sais-tu pourquoi on leur a donné ce nom? Eh bien, tout simplement parce qu'ils étaient autrefois fabriqués en bois! Ce n'est plus toujours le cas aujourd'hui. On trouve en effet des flûtes faites de métal ou de plastique, comme celle que tu utilises peut-être en classe. (Le saxophone, quant à lui, a toujours été fabriqué en cuivre, mais c'est à cause de son embouchure - ou son bec - semblable à celle de la clarinette qu'il est classé dans la famille des bois.) Avant d'aller plus loin, laisse-moi t'expliquer comment l'air arrive à produire des sons.

La longue colonne d'air en vibration produit un son grave.

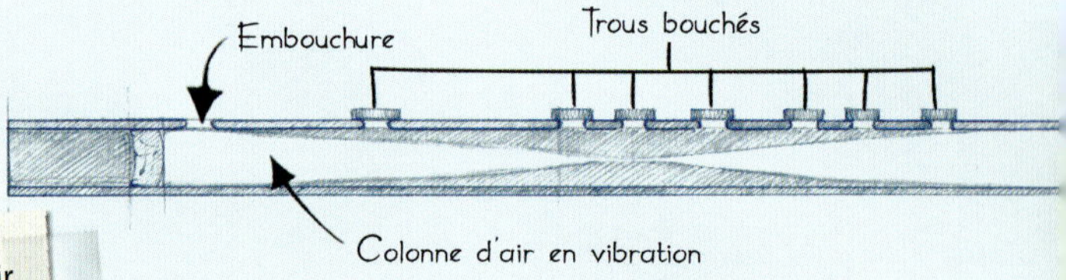

Le souffle du musicien, combiné à la manière dont il applique les lèvres sur l'embouchure, provoque la vibration de la colonne d'air contenue à l'intérieur des instruments à vent. Lorsque toutes les ouvertures de l'instrument (les trous) sont bouchées, l'air vibre sur une plus grande distance et produit un son grave. Lorsque les trous sont débouchés, la colonne d'air s'arrête au trou ouvert. Sa vibration, sur une plus courte distance, produit une note plus haute. De manière générale, plus le tuyau est long et large, plus le son est grave ; plus il est court et étroit, plus le son est aigu.

Comment ça marche?, p. 27

La colonne d'air en vibration, plus courte, produit un son aigu.

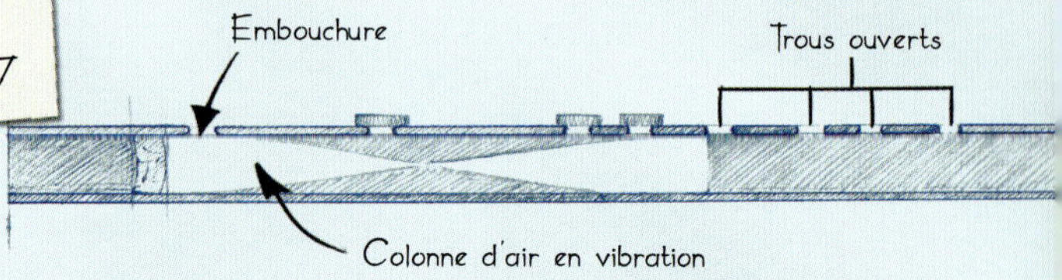

Très proche de ses ancêtres en bois ou en ivoire, la FLÛTE À BEC moderne en plastique dégage un timbre grave très doux. C'est pour cela qu'on la surnomme flûte douce.
Le flûtiste pose ses lèvres sur le bec. L'air qu'il souffle est dévié par le biseau.

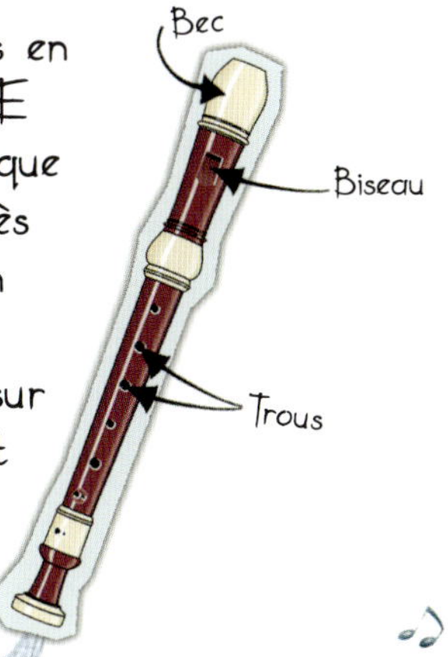

Le PICCOLO, qui signifie « petite flûte » en italien, est le petit frère de la flûte traversière. Il est cependant beaucoup plus fin et court qu'elle, ce qui lui donne un chant très aigu. Autrefois fait de bois, il est aujourd'hui fait de plastique ou de maillechort, un mélange de métaux.

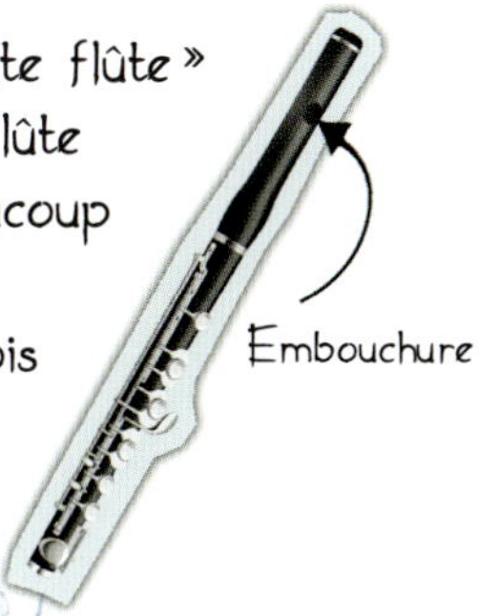

La FLÛTE TRAVERSIÈRE, qui se joue de côté en tenant la flûte à l'horizontale, a pris sa place dans l'orchestre au 18e siècle. Elle est faite en argent ou en maillechort. Le flûtiste souffle l'air sur le trou de l'embouchure. Une partie butte contre le tranchant du trou et vibre dès qu'elle pénètre dans l'instrument.

Les CLÉS sont actionnées par les doigts pour boucher les trous.

Theobald BOEHM (1794-1881)

Orfèvre réputé et flûtiste allemand, Theobald Boehm repensa la flûte traversière pour améliorer sa justesse. Il inventa un ingénieux mécanisme de clés pour faciliter le doigté, il disposa les trous à l'emplacement acoustique idéal et il remplaça l'embouchure ronde par une embouchure ovale, ce qui conféra à l'instrument une sonorité plus vibrante. Boehm produisit le modèle définitif de la flûte traversière moderne en 1847.

Inventeurs et inventions, p. 27

L'orgue peut être doté de plus de 30 000 tuyaux ! Les plus courts peuvent mesurer moins de 1 cm ; les plus longs, jusqu'à 10,40 m.

L'ORGUE est un instrument à vent, comme la flûte ! Étonnant, n'est-ce pas ? Observe bien la photo et tu verras que l'orgue est muni de tuyaux qui ressemblent à d'énormes flûtes. Ces derniers fonctionnent d'ailleurs de la même façon ! L'orgue possède plusieurs groupes de tuyaux, qu'on nomme les jeux. Chacun possède une sonorité particulière : certains produisent un son qui ressemble à celui du violon, d'autres à celui du piano ou encore de la flûte... L'air qui fait chanter les tuyaux de l'orgue provient d'une soufflerie. L'organiste le dirige vers les tuyaux de son choix grâce aux touches de ses claviers.

Poursuivons notre exploration de la famille des bois avec la clarinette, le saxophone et le hautbois. Contrairement aux flûtes, ces instruments sont munis d'un petit morceau de roseau, l'anche, installé sur un bec. Le souffle du musicien fait vibrer l'anche qui transmet ses vibrations à la colonne d'air dans l'instrument. As-tu déjà réussi à faire chanter une herbe coincée entre tes pouces en soufflant dessus ? Le principe est exactement le même ! Le chant de la clarinette, comme celui du saxophone, résulte de la vibration d'une anche simple fixée au bec. Le hautbois et le basson, pour leur part, sont munis d'une anche double montée sur un tube (imagine que tu fais vibrer deux brins d'herbe à la fois).

La question de la semaine

Par Aimé Laverdure

Jasmine de la Baie des pissenlits me pose cette semaine une question fort intéressante : « Pourquoi les anches de clarinettes ou de hautbois sont-elles faites de roseaux ? » Même si je ne suis pas un grand musicien, voici mon explication. Le bois des roseaux, très souple et élastique, vibre facilement au passage de l'air. Coupée finement et humidifiée, la lamelle de roseau vibre au moindre souffle : c'est elle qui donne toute la richesse du timbre de l'instrument.

Vous pouvez m'envoyer vos questions à propos de ce fabuleux monde végétal à l'adresse suivante :

Revue « Pour l'amour des plantes »
A/S Aimé Laverdure, chroniqueur
1, chemin des Tilleuls
Ile Verte
G1 B0 6O

Pour l'amour des plantes, octobre 2010

Le BASSON est un instrument à la sonorité sombre et profonde. Il est muni d'une embouchure repliée en forme de coude et d'une anche double. Le basson mesure environ 1,30 m. Il est muni d'une courroie que le bassoniste doit passer autour de son cou pour l'aider à supporter le poids de l'instrument.

Les sons parfois mélancoliques du HAUTBOIS se démarquent de la masse de l'orchestre...

Concerts classiques, musiques de chambre, jazz... Le répertoire de la CLARINETTE est très vaste. Ses sons chauds, veloutés et son agilité font d'elle un des instruments les plus polyvalents de l'orchestre. Il existe différents types de clarinettes qui produisent des hauteurs de notes différentes. Voici une clarinette soprano (celle qui est le plus souvent jouée).

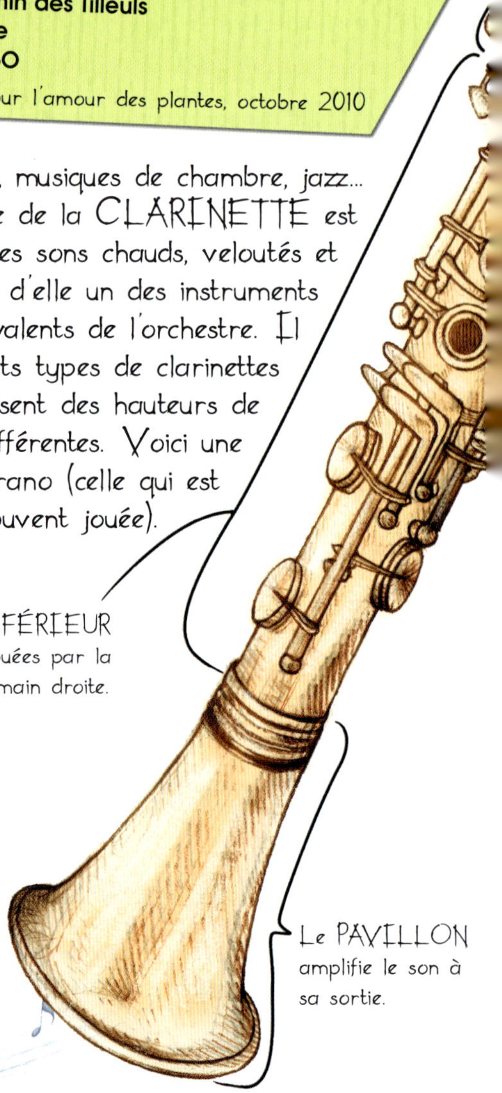

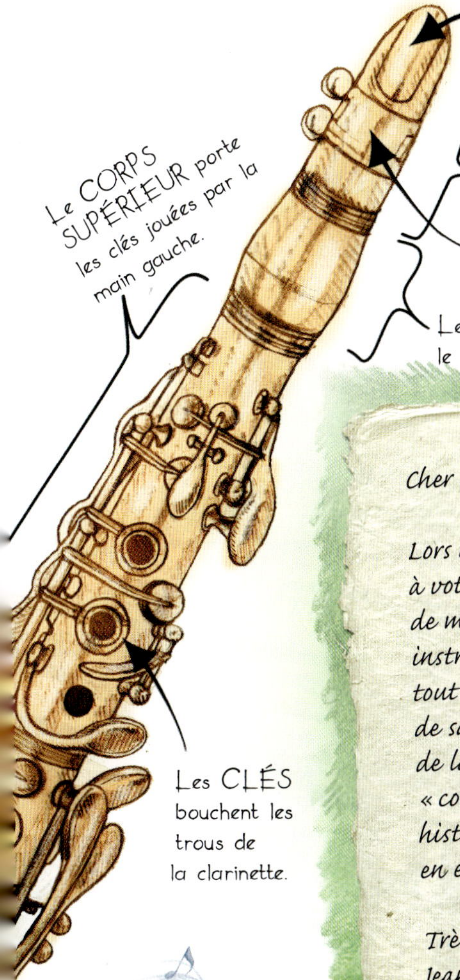

Le COR ANGLAIS est un hautbois aux sonorités graves, douces... et parfois tristes. Sa anche double est fixée sur un tube légèrement recourbé qui permet au musicien d'avoir une position de jeu confortable.

Cher ami,

Lors de ma dernière représentation à Londres, j'ai pensé à vous et à votre projet d'album sur la musique. En effet, un des musiciens de mon orchestre, qui joue du cor anglais, racontait que son instrument, contrairement à ce que son nom indique, n'est pas du tout anglais ! En fait, son nom d'origine est « cor anglé ». Il vient de sa forme ancienne qui était recourbée (ou en angle). Les aléas de la langue auraient transformé ce nom, au fil du temps, en « cor anglais »... Amusant, non ? J'ai pensé que cette petite histoire pourrait plaire à vos jeunes lecteurs. Sur ce, je vous quitte en espérant que nous aurons bientôt l'occasion de nous revoir.

Très amicalement,
Jean Labaguette

Avec la trompette (dont nous reparlerons à la page suivante) et la contrebasse, le SAXOPHONE est le favori des groupes de jazz. Savais-tu que le saxophone a pris le nom de son inventeur Adolphe Sax ? Ce dernier a créé pas moins de 14 saxophones produisant des hauteurs de notes différentes ! Aujourd'hui, les saxophonistes n'en utilisent que quatre : le soprano, l'alto et le ténor (les plus populaires), et le baryton.

Adolphe SAX (1814-1894)

Clarinettiste et flûtiste belge, Adolphe Sax fut aussi souvent remarqué pour ses constructions d'instruments innovatrices et pratiques. Il déposa plusieurs brevets d'invention d'instruments à vent dont le saxophone en 1846. Il enseigna la technique aux futurs saxophonistes, à partir de 1858 à Paris.

Inventeurs et inventions, p. 175

Le cor, le trombone et le tuba sont aussi des cuivres qui apportent de la couleur à l'orchestre. Voici sans plus tarder ce que m'a déniché ma précieuse bibliothécaire Ea Ping Kor sur les origines du COR D'HARMONIE.

Objet : Le cor
Date : 10 juin 2010
À : professeur Génius

Cher Génius,

Voici l'information que vous m'avez demandée. Elle est tirée du livre « Analyse de la musique chez les civilisations anciennes ». Je vous le mets de côté, il vous passionnera, j'en suis sûre. « Cornes d'animaux et défenses d'éléphants évidées (les oliphants) sont nombreuses au cours de l'Antiquité et du Moyen Âge. Le cornu des Romains ou le keren des Hébreux étaient destinés à la guerre, la chasse ou la religion. Ces cornes furent utilisées pour la première fois comme instruments de musique par les Indus, il y a près de 5 000 ans. Au 17e siècle, le cor de chasse apparaît en France. C'est de lui que dérive le cor d'harmonie. »

Bien à vous,
Votre amie Ea Ping

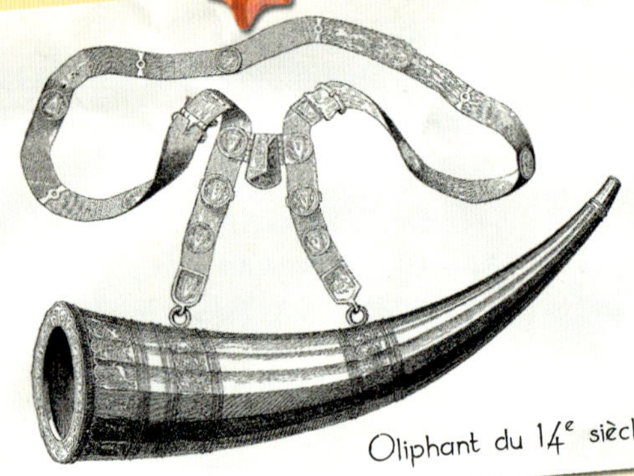

Oliphant du 14e siècle

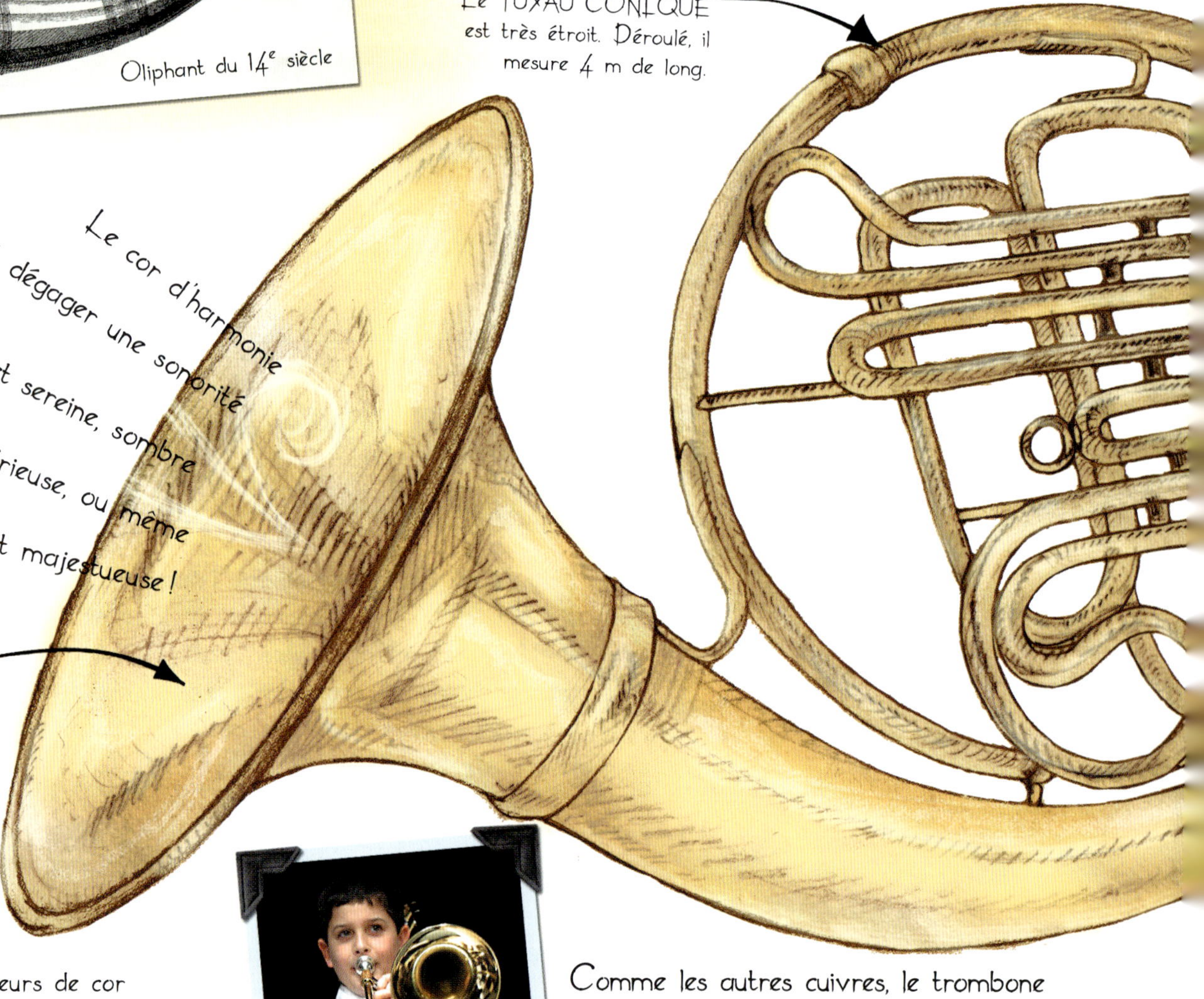

Le TUYAU CONIQUE est très étroit. Déroulé, il mesure 4 m de long.

Le cor d'harmonie peut dégager une sonorité douce et sereine, sombre et mystérieuse, ou même puissante et majestueuse !

Le PAVILLON est large. Il amplifie le son davantage que ne le fait la trompette, dont le pavillon est plus resserré. Il est supporté par la main droite.

Les joueurs de cor utilisent leur main plutôt que des sourdines. C'est tout aussi efficace pour modifier les sons !

Comme les autres cuivres, le trombone exige une gymnastique incroyable des lèvres et des muscles de la bouche. Voici une photo de mon jeune ami Yan à l'œuvre. Il a un talent impressionnant !

Le TROMBONE date du Moyen Âge. Il est beaucoup moins vieux que le cor et n'a pas changé depuis son invention. Ses sons dramatiques et puissants dans les notes graves, clairs et pénétrants dans les aigus, livrent des atmosphères solennelles ou tragiques. La sourdine et le glissando lui ajoutent des effets comiques qui le rendent encore plus expressif !

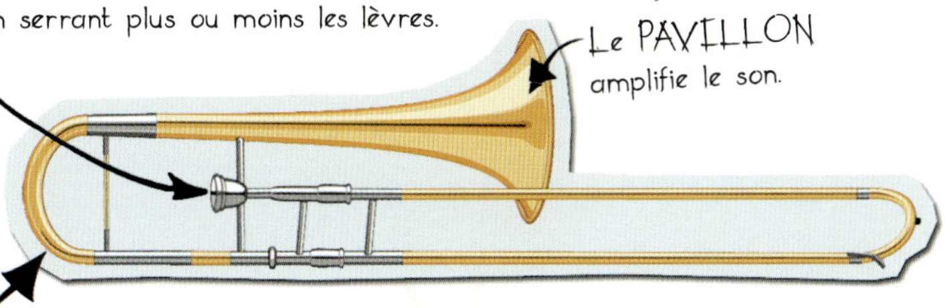

L'EMBOUCHURE curviligne accueille les lèvres du tromboniste qui fera varier les notes en serrant plus ou moins les lèvres.

Le PAVILLON amplifie le son.

Un TUBE TÉLESCOPIQUE, la coulisse, remplace les soupapes. Il peut glisser sur sept positions différentes. Plus il est poussé, plus il baisse la note.

GLISSANDO : Consiste à jouer et à tirer la coulisse simultanément, pour faire glisser la note du grave vers l'aigu et inversement.

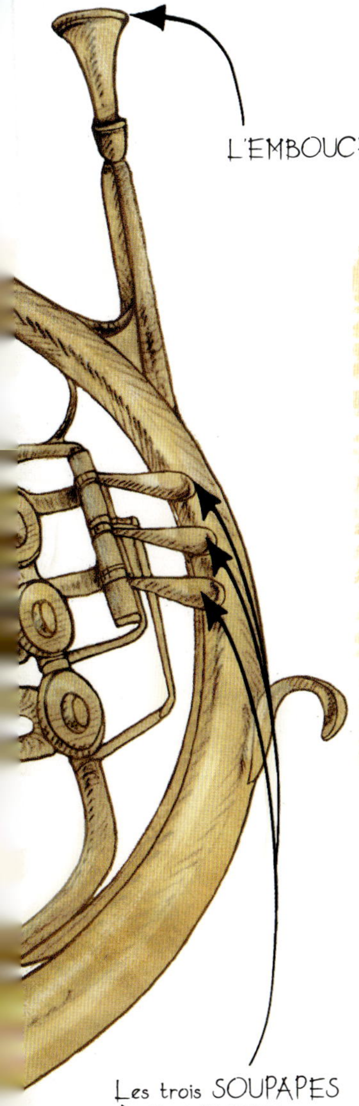

L'EMBOUCHURE conique

Les trois SOUPAPES À CYLINDRE permettent de varier la hauteur des notes, de la même manière que le font les pistons de la trompette. Elles sont actionnées par les doigts de la main gauche.

Voici le plus grave des cuivres : le TUBA. Comme le trombone, il n'a guère changé depuis son invention en 1835 par les Allemands Gottfried Moritz et Friedrich Wieprecht, même si l'inventeur du saxophone, Adolphe Sax, a mis son petit grain de sel pour l'améliorer en 1840.

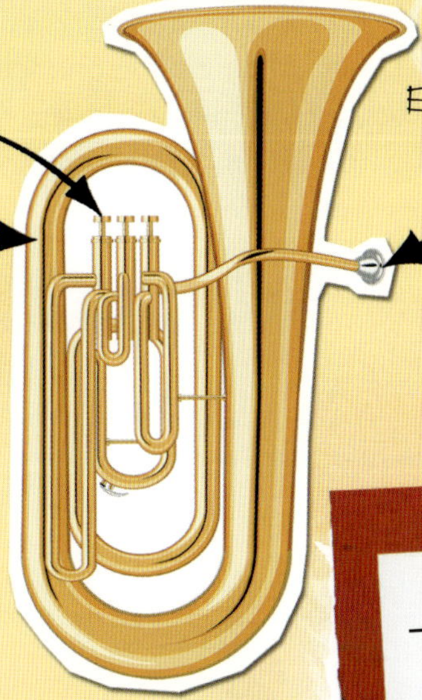

Les SOUPAPES À PISTON (entre 3 et 6)

EMBOUCHURE curviligne

Le TUYAU CONIQUE est plusieurs fois enroulé sur lui-même.

Les tubistes portent le tuba sur leurs genoux quand ils jouent dans un orchestre ou sur l'épaule quand ils marchent avec la fanfare.

Malgré son gabarit imposant, le tuba n'est pas un lourdaud... Il peut jouer des enchaînements très rapides, produire de vrais accents comiques, jouer la carte du grave ou du léger, du doux ou du fort : c'est un véritable acteur ! Le tuba a réussi à s'installer dans les fanfares, les orchestres symphoniques et les groupes de jazz.

MES RECORDS DE MUSIQUE

Le sousaphone

Le sousaphone, du nom de son inventeur John Sousa, un chef d'orchestre américain, est très populaire aux États-Unis. C'est une sorte de gigantesque tuba qui fait fureur dans les fanfares et les orchestres de jazz. Très imposant, il mesure 2 m de haut !

Musicalement percutant !

Je viens de jeter un coup d'œil à mon dictionnaire des noms communs pour découvrir la définition exacte du mot « percussion ». La voici : « choc d'un corps contre un autre ». En musique, les instruments à percussion ne sont pas seulement frappés. Ils sont aussi secoués, frottés ou pincés. Les percussions sont parmi les premiers instruments qui ont été inventés, sans doute en raison de leur simplicité. D'abord destinés à la communication entre tribus et aux événements religieux et guerriers, ils se sont intégrés progressivement à l'orchestre. Leur rythme soutient la mélodie et surtout, ajoute couleurs et éclats au chant ! La famille des percussions se divise en deux groupes : les membranophones et les idiophones. Je t'en présente quelques-uns.

Le tambour est depuis toujours un des grands favoris des êtres humains. Au fond, le premier son que le bébé entend n'est-il pas le battement du cœur de sa mère, qui ressemble beaucoup à celui d'un tambour ?

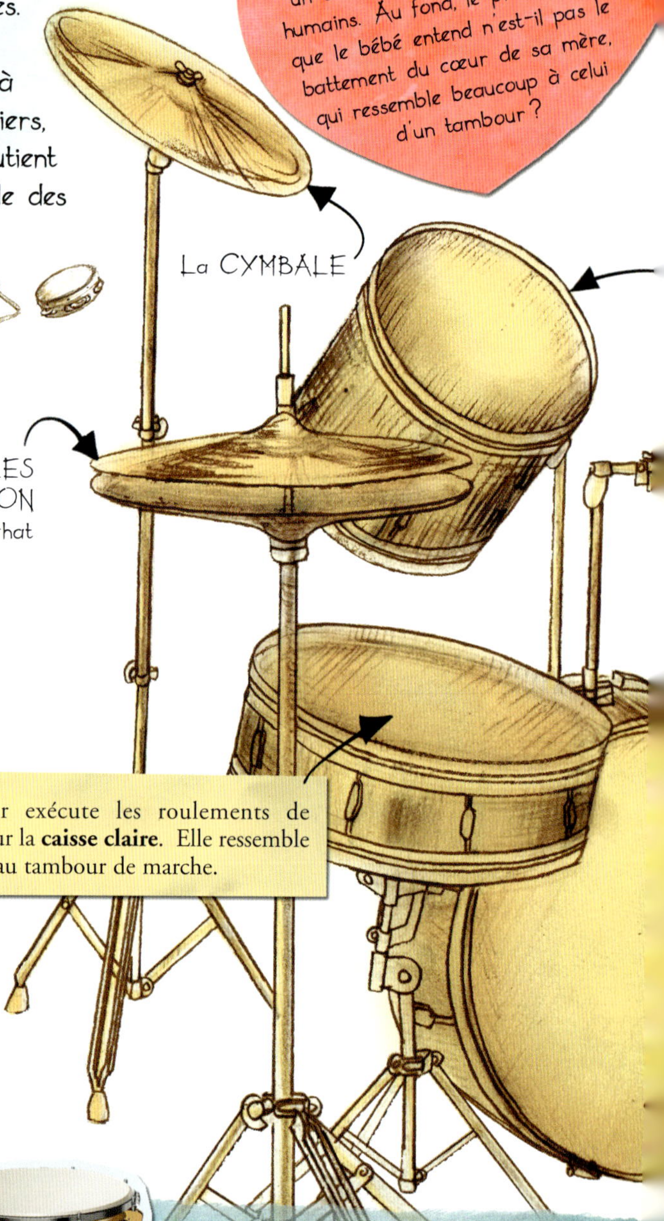

Le batteur exécute les roulements de tambour sur la **caisse claire**. Elle ressemble beaucoup au tambour de marche.

Les membranophones

Les membranophones, comme les tambours et les tam-tams, sont des percussions faites d'une peau tendue sur un cadre en bois ou en métal, souvent au-dessus d'une caisse de résonance. Battus avec les mains ou des baguettes, ils résonnent de leurs sons chauds et envoûtants. Te rappelles-tu comment les cordes de violon vibraient ? Eh bien, pour les peaux des tambours, c'est la même chose : plus elles sont tendues et plus le son est aigu ; plus elles sont lâches, plus le son est grave. Aussi, tu dois savoir que plus le tambour est petit, plus il produit un son aigu, et inversement.

Le DJEMBÉ est originaire d'Afrique où il est très présent dans la vie sociale, notamment dans les baptêmes, les mariages et les funérailles. Sa grande variété de tailles lui offre un vaste champ sonore largement exploité dans les musiques classiques, modernes ou traditionnelles. Les très grands djembés sont appelés tam-tams.

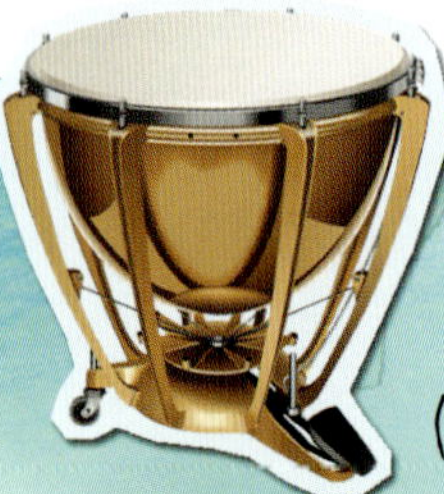

Voici la TIMBALE. Elle fut le premier membranophone à intégrer l'orchestre symphonique au 19e siècle (celui-ci peut en compter jusqu'à cinq). Les timbales tonnent comme le tonnerre ou roulent comme le tambour lorsque le timbalier les martèle avec ses mailloches.

Qui n'a jamais rêvé de tambouriner sur une BATTERIE ? Créée pour les orchestres de jazz dans les années 1900, la batterie est un savant mélange de membranophones et d'idiophones (les percussions sans peaux que je te présenterai à la page suivante). Pour jouer de toutes ces percussions et soutenir efficacement la mélodie, le batteur doit être un véritable homme-orchestre doté d'une parfaite coordination et d'une énergie hors du commun !

Buddy Rich

L'Américain Buddy Rich (1917-1987) est sans aucun doute le plus grand batteur de tous les temps. Il commence à jouer de la batterie à 18 mois et continue jusqu'à son décès en 1987. C'est un batteur d'orchestre de jazz reconnu pour sa remarquable dextérité et sa vitesse, même s'il n'a jamais suivi de cours.

Musicalement vôtre, janvier 2011

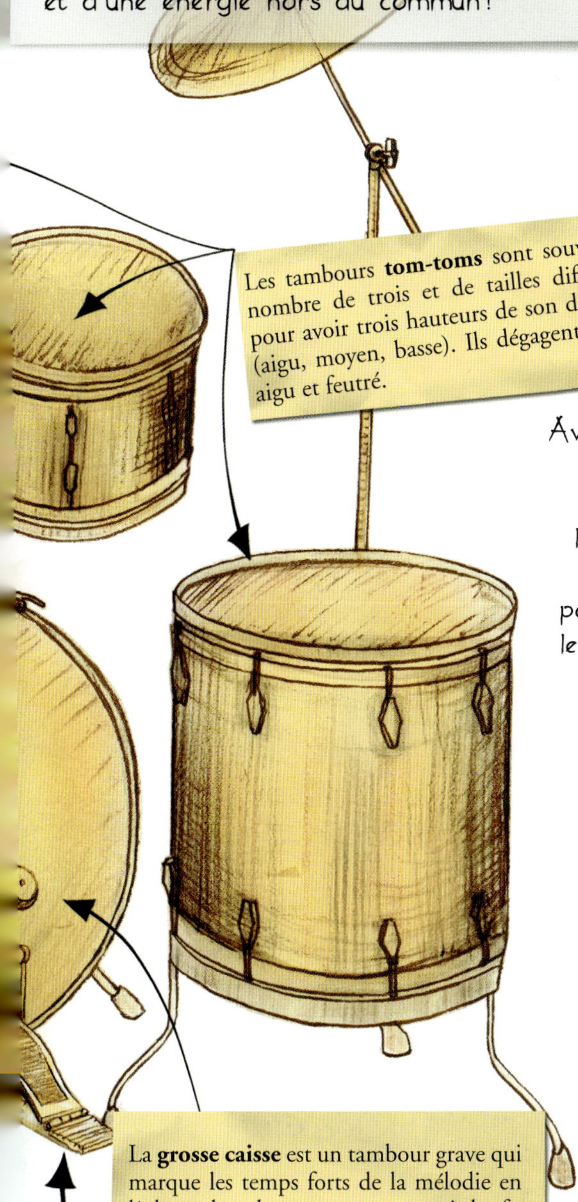

Les tambours **tom-toms** sont souvent au nombre de trois et de tailles différentes pour avoir trois hauteurs de son distinctes (aigu, moyen, basse). Ils dégagent un son aigu et feutré.

La **grosse caisse** est un tambour grave qui marque les temps forts de la mélodie en lâchant des « boums » sonores mais brefs. Il est frappé par une mailloche actionnée par une pédale posée sous le pied.

La PÉDALE de grosse caisse

Avant l'invention de cette pédale, trois batteurs se tenaient derrière la batterie : un pour la caisse claire, un autre pour la grosse caisse et le dernier pour le reste.

Une pédale
RÉVOLUTIONNAIRE !

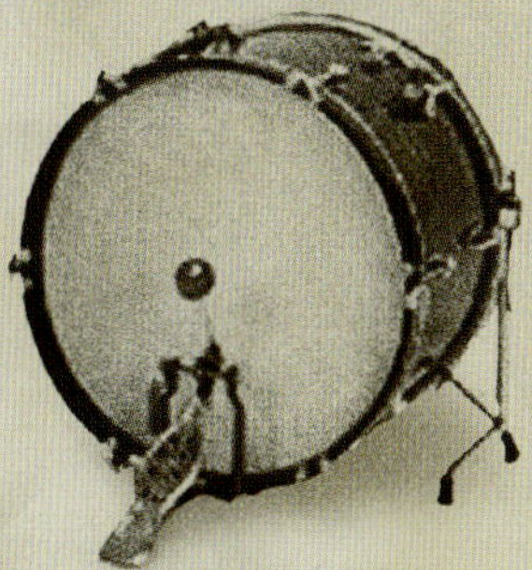

Fini le temps d'être à trois derrière une batterie ! Procurez-vous la pédale de grosse caisse Ludwig et vous pourrez jouer seul de votre caisse claire, de votre grosse caisse et de vos cymbales ! Profitez de cette nouveauté… Maintenant un seul batteur peut faire le boulot de trois !

Extrait d'une publicité dans un journal de 1910

Le batteur jouit d'un vaste choix de baguettes pour les percussions.

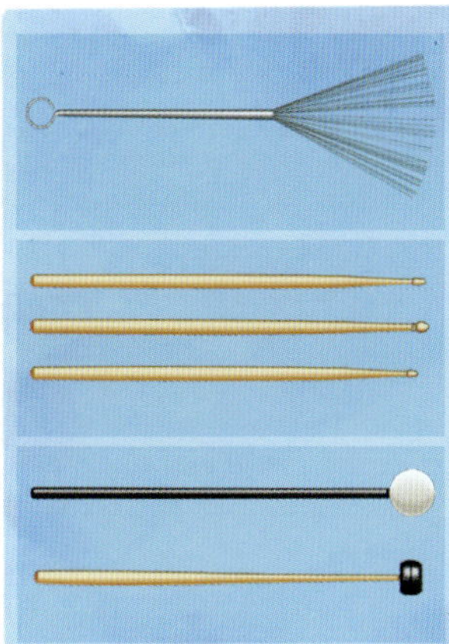

Les **balais métalliques** sont employés pour la caisse claire et les cymbales. Très utilisés en jazz, ils rendent un son plus léger.

Les **baguettes** dures traditionnelles en bois donnent un son sec.

Les **mailloches**, destinées aux timbales et à la grosse caisse, sont recouvertes de feutre et renvoient un son amorti.

Encyclopédie de la musique, p. 33

Les idiophones

Voici le second groupe des percussions : les idiophones. Cette catégorie d'instruments est un petit fourre-tout qui rassemble tous les instruments autres que les vents, les cordes et les membranophones. La plupart des idiophones présentent une structure simple qui vibre pour produire le son. On les classe habituellement en six ensembles d'instruments selon qu'ils sont frappés, entrechoqués, secoués, pincés, raclés ou frottés. J'ai mis à contribution mon voisin, percussionniste à ses heures, et je lui ai demandé de rédiger une fiche pour chaque ensemble (merci à toi, Roch). Je te laisse les découvrir.

Les idiophones par secouement

Il peut s'agir de sonnailles (petits éléments métalliques qui se heurtent) liées ensemble ou de récipients intégrant de menus objets qui s'entrechoquent. Ils sonnent tous lorsqu'on les secoue.

Les grelots : *petites coques creuses qui renferment une bille métallique. Ils sont accrochés au poignet d'un danseur ou sur un instrument comme le tambour basque.*

Les maracas : *deux calebasses (fruit du baobab) qui sont évidées et remplies de graines. Deux simples boîtes remplies de pois secs peuvent faire d'excellents maracas.*

Les idiophones par frappement

Creux, pleins, en bois, en métal, ces instruments vibrent lorsqu'ils sont frappés par un percuteur, comme un maillet. Ce dernier est très important car il peut changer la sonorité de l'instrument.

Le gong : *instrument traditionnel de l'Asie. Ce grand cercle de métal est frappé par un maillet dont l'extrémité est couverte de feutre ou de cuir.*

Le xylophone : *instrument d'origine asiatique. Ses lames de tailles différentes, en bois ou en métal, sont frappées par des petits maillets en plastique ou en caoutchouc.*

Les idiophones par entrechoquement

Les deux parties de l'instrument se choquent l'une l'autre pour produire un son. En bois ou en métal, elles sont souvent rondes et un peu bombées pour bien résonner.

Les castagnettes : *souvent en bois, parfois en ivoire, les deux éléments sont reliés par un cordon. Tenues dans une seule main, elles rythment la danse.*

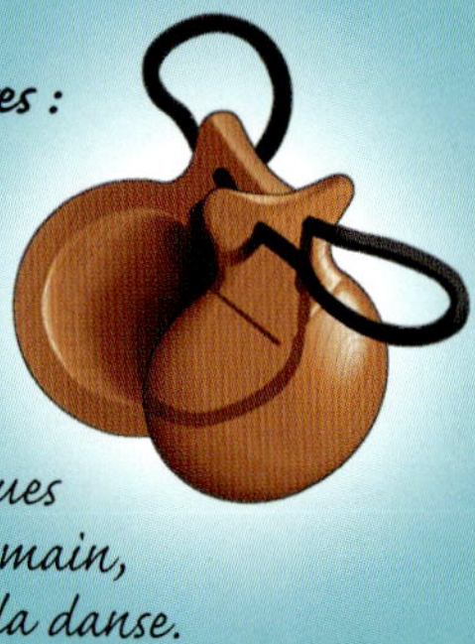

Les cymbales : *éléments importants de la batterie et de l'orchestre. Ces disques en bronze ou en alliage de cuivre et d'étain émettent un son fracassant.*

Les idiophones par frottement

Frottés avec les doigts ou avec un objet, ces percussions libèrent des sons doux.

La scie musicale : lame d'acier qui vibre, frottée par un archet ou frappée par un maillet. Il en résulte une sonorité très chantante.

Les verres musicaux : série de coupes, en verre ou en cristal, de tailles différentes et remplies d'eau. Elles émettent des sons doux lorsqu'un doigt humide caresse leur rebord.

Les idiophones par pincement

Répandus en Afrique et en Amérique latine, ces instruments à lamelles ou à languettes d'acier sont pincés par le percussionniste. Il en résulte un son plutôt... pincé !

La guimbarde : languette d'acier, coincée dans un cadre en métal, qui vibre entre les dents. Le son qui en résulte est amplifié par la bouche.

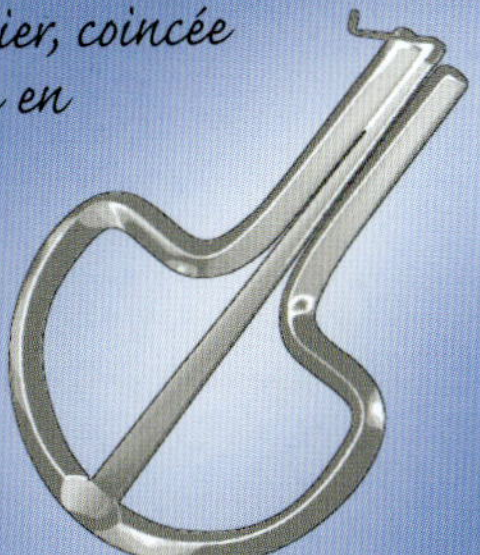

La sanza : elle ressemble au xylophone, mais ses lamelles d'acier ou de bambou, fixées sur un cadre en bois, sont pincées avec le pouce.

Les idiophones par raclement

Un corps, plein ou creux, est raclé par un objet quelconque. Une sonorité sèche et cliquetante se dégage. De simples bouts de bois frottés l'un contre l'autre peuvent très bien faire l'affaire !

La crécelle : instrument originaire de l'Inde. Sa languette de bois tourne autour d'un axe cranté. On entend alors un vrai crépitement !

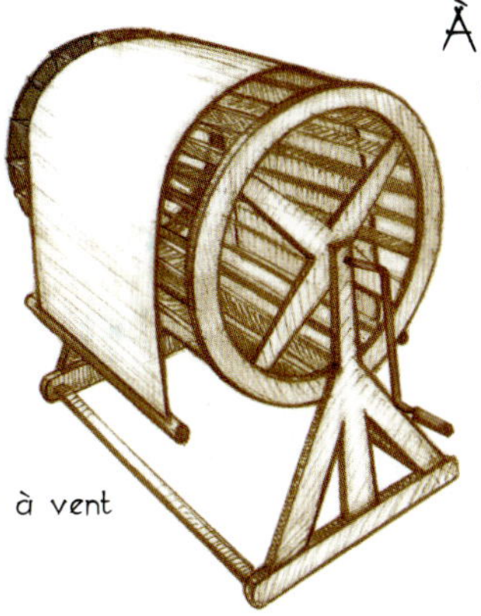

Machine à vent

À l'instar des films, l'orchestre crée ses effets spéciaux pour donner une atmosphère particulière à la mélodie... Ainsi, une enclume transformée en percussion pour l'occasion rappelle les gestes du forgeron ou évoque le travail dans les mines. Pour mimer la nature, le flexaton, une longue plaque de métal, est agitée violemment, imitant le grondement du tonnerre. La machine à vent, un cylindre recouvert d'une toile de métal, imite le murmure de la brise ou la bourrasque de vent selon qu'elle tourne lentement ou rapidement.

Les instruments modernes : un monde de sonorités nouvelles

Au début du 20e siècle, des musiciens audacieux et passionnés ont eu l'idée de tester un mariage pour le moins étonnant : celui de la musique et de la science. Grâce aux progrès scientifiques, notamment dans les domaines de l'électricité et de l'électronique, ils ont modifié les instruments traditionnels. Ils en ont aussi inventé de nouveaux, créant des sonorités jusque-là inconnues. Tu as envie d'entrer dans l'univers des instruments modernes ? Jette d'abord un coup d'œil à cet extrait de mon livre « Comment ça marche ? » qui t'apprendra comment fonctionnent les instruments électrifiés. Je te présenterai ensuite quelques instruments modernes que j'aime particulièrement.

Comment fonctionnent les instruments électriques ?

Des microphones placés près de la source sonore de l'instrument – les cordes du violon ou de la guitare, la membrane d'un tam-tam ou l'extrémité d'une flûte – captent les ondes sonores et les transforment en signal électrique. Ce dernier est envoyé vers l'amplificateur qui amplifie le signal et contrôle la sonorité et le volume. Les haut-parleurs de l'amplificateur reconvertissent ensuite le signal électrique amplifié en ondes sonores.

Comment ça marche ?, p. 40

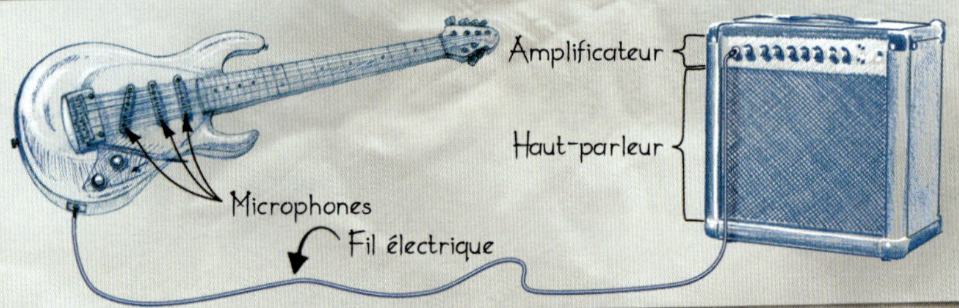

La GUITARE ÉLECTRIQUE a vu le jour aux États-Unis dans les années 1930 et s'est imposée partout dans le monde grâce à la place prédominante qu'elle occupe dans la musique populaire. Tourne le bouton de ta radio et écoute attentivement... Je suis prêt à parier qu'au moins la moitié des chansons qu'on y entend possèdent un accompagnement de guitare électrique ! Je t'ai fait un dessin pour t'aider à bien comprendre le fonctionnement de cette petite merveille.

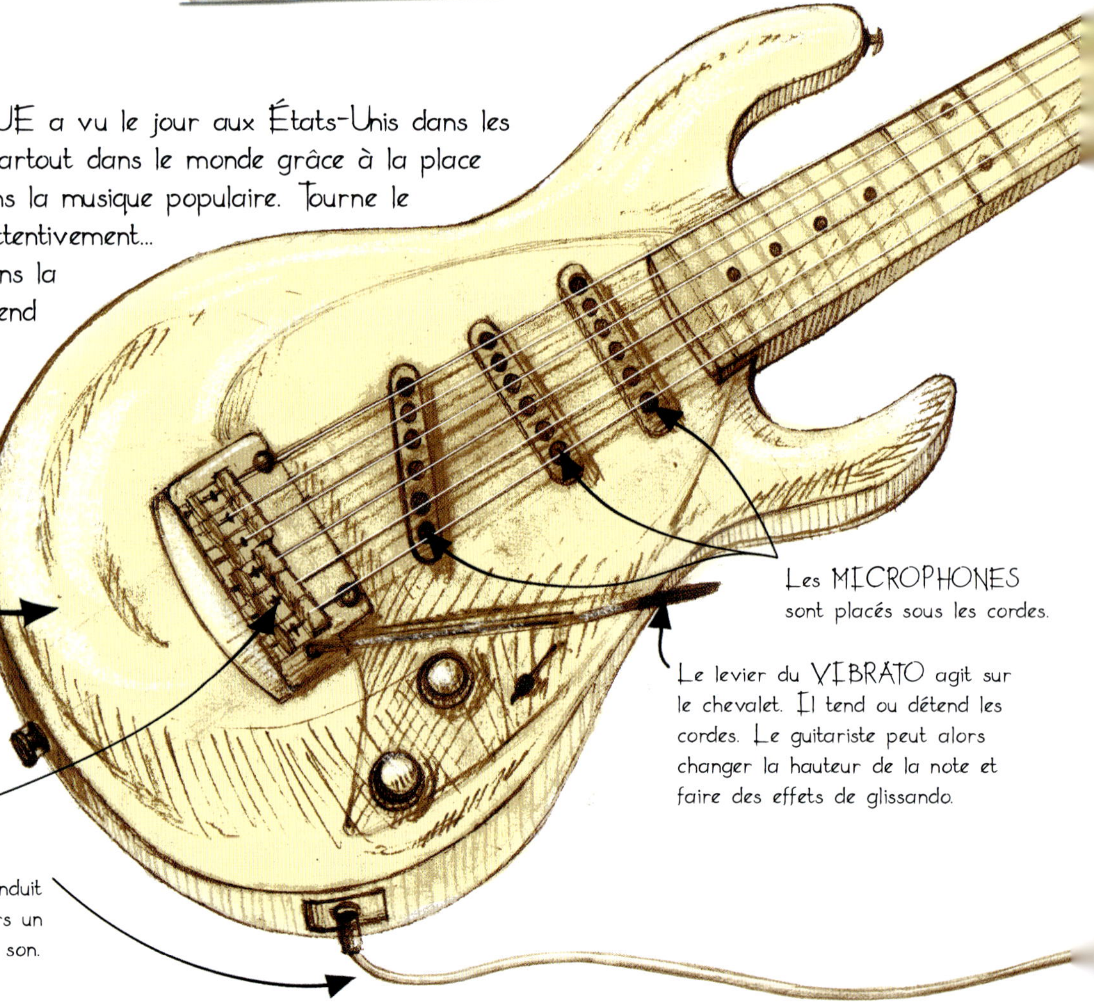

Pendant que ses mains sont occupées à gratter les cordes, le guitariste produit ses effets spéciaux du bout du pied ! Des pédales, prévues à cet effet, modifient le son, comme les pédales « wah-wah », « fuzz », « delay » et bien d'autres encore...

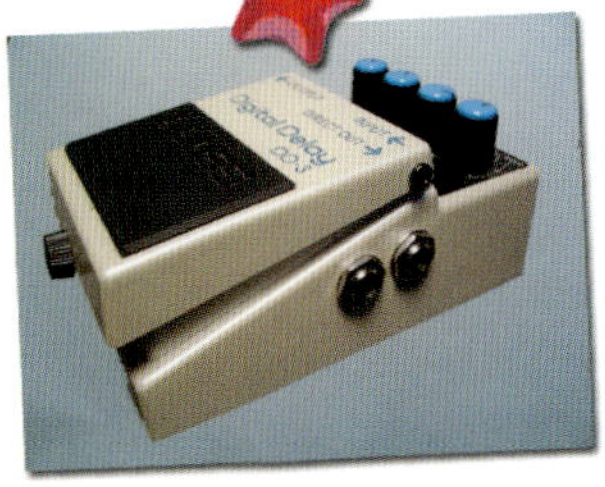

Pédale Delay

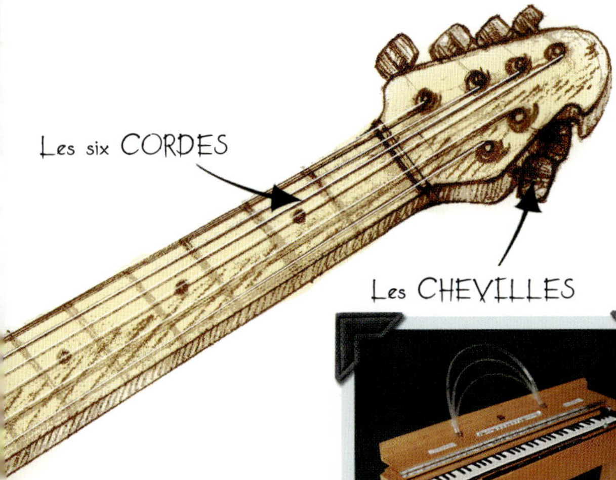

La photo ci-jointe montre un des plus anciens instruments modernes, le THÉRÉMINE. Le musicien est nul autre que son inventeur, Lev Theremin. As-tu remarqué qu'il joue de la musique sans toucher son instrument ? Surprenant, non ?

Lev Sergeivitch THEREMIN (1896-1993)

En 1919, le physicien russe Lev Sergeivitch Theremin inventa le thérémine, un instrument au timbre surprenant qui rappelle celui de la scie musicale. Le fonctionnement du thérémine est basé sur le fait que le corps humain possède la capacité de modifier les ondes sonores. Quand le thérémine est branché, il libère une note. Celle-ci est modifiée lorsque le musicien s'approche de l'instrument. Lorsque la main du musicien s'approche de l'antenne droite, la note devient plus aiguë. Lorsque sa main gauche avance vers l'antenne gauche, le volume faiblit.

Inventeurs et inventions, p. 185

Ce drôle de piano est un instrument moderne appelé ONDES MARTENOT. Il a vu le jour en 1928 et a pris le nom de son inventeur, l'ingénieur français Maurice Martenot (1898-1980). Sa musicalité est à la fois puissante et douce, mystérieuse et pure. Peut-être as-tu déjà entendu ses sons étranges et irréels dans des films de science-fiction. Petit détail : il s'agit du seul instrument moderne qui a intégré l'orchestre aux côtés des instruments traditionnels.

Le coin de l'artiste

Accueil | Musique | Arts | Lettres | Info

Le synthétiseur

Le premier synthétiseur est issu de la technologie de l'électronique. Il apparaît en 1965. Muni d'un clavier qui rappelle celui d'un piano, le synthétiseur imite les instruments traditionnels et crée des sons artificiels. Il peut aussi enregistrer divers sons de la vie quotidienne comme les cris des animaux, les grincements de porte ou la voix. Il bénéficie aussi d'une boîte à rythme qui permet au musicien de jouer sa mélodie sur un rythme déjà programmé. Ce clavier portable est un véritable orchestre des temps modernes !

La musique au fil des époques

Maintenant que tu sais tout (enfin, presque...) sur les instruments de musique, tu dois savoir que la musique ne se résume pas à ceux-ci. Elle existe, en effet, grâce aux musiciens qui combinent habilement les sons et les rythmes et lui donnent une couleur, une âme ! Au fil des époques, ces magiciens ont créé de nombreux styles musicaux. Dans les prochaines pages, je te révélerai les particularités et les charmes de ces styles. Tu verras, c'est passionnant ! Mais tout d'abord, faisons un grand saut dans le temps et remontons aux origines de la musique.

Cher Génius,

Mon professeur de musique nous a expliqué qu'il existe différents « styles » musicaux, comme le baroque, le populaire, le classique et d'autres encore. Pouvez-vous m'expliquer d'où ils viennent et qui les a inventés ?

Inès, 10 ans

Il est difficile d'identifier précisément « le » ou « les » inventeurs d'un style musical, tu sais. Comme dans le domaine vestimentaire, les styles musicaux sont des modes adoptées par une forte majorité. Et tout comme la mode, les styles musicaux changent constamment ! Le contexte social (comme une grande révolution politique) ou de nouveaux mouvements artistiques (comme le courant romantique en littérature) peuvent inciter les compositeurs à changer de style musical. L'apparition d'un nouvel instrument ou son perfectionnement peuvent aussi être des facteurs de changement. Les styles musicaux ont souvent pour origine un ou plusieurs pays. Par la suite, ils se répandent et sont adoptés dans le reste du monde.

La musique préhistorique

(de 40 000 à 4 000 ans av. J.-C.)

On croit que la musique serait aussi vieille que l'humanité ! Les premiers instruments de musique furent sans doute les mains et les pieds. La nature fut aussi une grande source d'inspiration pour les êtres humains de la préhistoire... Ces derniers réalisèrent rapidement que de simples objets comme des coquillages et des morceaux d'os ou de bois transformés pouvaient produire des sons mélodieux. Des peintures retrouvées sur les parois des grottes, les peintures rupestres, nous racontent des épisodes de la vie préhistorique et nous indiquent que la musique y était déjà bien présente. La peinture que tu vois ci-contre date de plus de 15 000 ans et a été retrouvée dans une grotte du sud de la France. Impressionnant, n'est-ce pas ?

Grotte des Trois-Frères, Ariège, France

Derrière des animaux en fuite, un personnage déguisé en bison joue de l'arc musical (un lointain ancêtre de la harpe).

MUSÉE D'HISTOIRE NATURELLE

La musique antique

(de 4000 ans av. J.-C. à 476)

Il y a 6000 ans, la civilisation sumérienne invente l'écriture. Cette invention marque le début de l'Antiquité qui se terminera avec la chute de l'Empire romain en 476. La musique de cette époque est peu connue car aucune partition (des documents sur lesquels sont inscrites les notes d'une composition musicale) datant de cette époque n'a été retrouvée. Toutefois, de magnifiques fresques, des poteries et des vestiges d'instruments de musique ont été découverts lors de fouilles archéologiques. Ces indices du passé nous renseignent sur les instruments de musique de l'Antiquité, mais aussi sur la place qu'occupait la musique dans la vie sociale. On sait donc qu'au cours de l'Antiquité, la musique est devenue de plus en plus raffinée, festive et colorée. Elle rythmait les événements sociaux, tels que les banquets ou les célébrations religieuses. C'est à cette époque que des instruments de musique en métal furent fabriqués et qu'une écriture spéciale pour la musique fut inventée.

Observe bien cette fresque égyptienne... Tu peux voir des femmes qui dansent au son de la musique. Surtout pratiquée par les femmes, la danse antique en Égypte était douce et harmonieuse.

Poterie grecque

L'aulos était un instrument à anche (comme la clarinette) très populaire dans la musique antique grecque. Souvent, les Grecs jouaient de deux aulos en même temps...

La musique était si importante pour les Romains de l'Antiquité que les musiciens virtuoses bénéficiaient d'un statut particulier et étaient élevés au rang de vedettes. Certains, pour assurer leur succès, engageaient une claque, c'est-à-dire un groupe de personnes chargées d'applaudir avec enthousiasme à la fin de la représentation.

La musique du Moyen Âge

(de 476 à 1492)

Le Moyen Âge, qui s'étend sur un peu plus de 1000 ans, est l'époque des châteaux forts, des chevaliers et des seigneurs. Je me passionne pour les romans qui nous font revivre cette époque des grands exploits chevaleresques et de la vie de château. Voici justement ci-contre un extrait d'un de mes romans préférés.

Lorsque le carrosse d'Adélaïde arriva au château du seigneur Godefroi, la grande place était noire de monde. Les paysans qui vivaient dans les villages aux alentours s'y rencontraient pour vendre leurs surplus de récoltes. De nombreux voyageurs se baladaient le long des étals colorés. Ils étaient ici pour se reposer ou, comme Adélaïde, pour rendre visite au seigneur du château. Parmi eux, des troubadours et des trouvères animaient la place… Adélaïde appréciait beaucoup ces poètes musiciens qui voyageaient de château en château pour distraire les seigneurs. Au cours des banquets et des manifestations publiques, elle écoutait passionnément leurs chants gais et légers qui racontaient l'amour, les exploits des chevaliers ou les légendes du pays, au son de la lyre, de la flûte ou du luth.

Adélaïde et le seigneur Godefroi, p. 34

Il n'y a pas que les troubadours et les trouvères qui composent le paysage musical du Moyen Âge. À cette époque, la religion est très puissante et exerce une profonde influence sur les arts. La musique n'échappe pas à ce fait… L'Église catholique impose les œuvres musicales religieuses dans divers pays d'Europe et les chants grégoriens deviennent très populaires. Jette un coup d'œil à l'extrait tiré de mon encyclopédie Humana qui t'en apprendra plus sur les chants grégoriens.

Le chant grégorien

Les chants grégoriens sont des prières chantées dans les églises catholiques. Ces œuvres musicales, très répandues au Moyen Âge, portent le nom du pape Grégoire 1er. À la fin du 6e siècle, ce dernier constate que les abbayes de l'Europe développent leurs propres chants de cérémonie. Craignant pour l'unité de l'Église, le pape décide d'uniformiser ces chants qui prennent alors le nom de « chants grégoriens ». Ces derniers ont été regroupés dans un recueil, *L'antiphonaire*, et sont enseignés dans des écoles spécialisées un peu partout en Europe. Les chants grégoriens sont chantés à l'unisson, uniquement par des hommes. On les qualifie de monodie (une seule voix).

Humana, p. 46

La musique de la Renaissance

(de 1492 à 1600)

Comme son nom l'indique, la Renaissance marque un renouveau, un éveil de l'esprit humain. C'est l'époque des découvertes extraordinaires et des grandes inventions... En 1492, l'Italien Christophe Colomb découvre les Amériques. Cette découverte marque le début d'une grande ère d'exploration et d'ouverture à un nouveau monde. Le Polonais Nicolas Copernic bouleverse les gens en affirmant que la Terre est ronde et qu'elle tourne autour du Soleil. L'Italien Leonard de Vinci invente des machines surprenantes et très en avance pour son époque. Mais ce n'est pas tout ! Porté par ce bouillonnement d'inventions et de nouveautés, l'Allemand Johannes Gutenberg met au point une des plus grandes innovations de tous les temps : l'imprimerie. Cette invention aura de grandes répercussions sur le développement de la musique. Pourquoi ? Parce que les partitions peuvent dorénavant être imprimées. Les œuvres musicales peuvent enfin voyager et être jouées par un plus grand nombre de musiciens.

Les couleurs de la musique **de la Renaissance**

La musique religieuse est encore très en vogue, mais la musique profane (non religieuse) prend de plus en plus d'importance. Ses sonorités expressives sont teintées de beauté et de sentiments humains. Dès le 9e siècle, plusieurs voix et différents instruments se greffent à la monodie développée au Moyen Âge. Ces nouveaux chants sont qualifiés de polyphonies (plusieurs voix). À partir de la Renaissance, les musiciens explorent les multiples combinaisons de la musique polyphonique qui prend alors un formidable essor.

Encyclopédie de la musique, p. 110

Le motet et le madrigal sont les compositions polyphoniques de la Renaissance les plus fameuses. Ces extraits de mon dictionnaire de la musique te les définissent.

Le **madrigal**, d'origine italienne, est un poème chanté par plusieurs voix dont les conventions sont simples. Par exemple, si les textes parlent du ciel, la mélodie s'élève ; s'ils parlent de l'enfer, la mélodie s'abaisse.

Le **motet** est un chant polyphonique souvent composé pour 4 voix (parfois pour 6, 8 et même 12 voix). Chacune des voix est dotée d'un texte différent. Il peut être de caractère religieux ou profane.

La danse devient très populaire au cours de la Renaissance. Voici la couverture d'un précieux manuscrit intitulé : « Orchésographie et traité en forme de dialogue par lequel toutes personnes peuvent facilement apprendre et pratiquer l'honnête exercice des danses ». Il date de 1589 et il explique comment danser sur la musique de la Renaissance. Si un jour tu peux mettre la main dessus, tu pourras alors danser à la mode Renaissance...

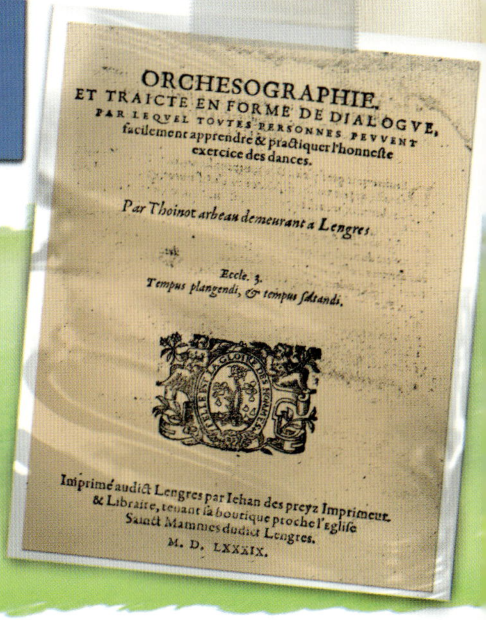
ORCHESOGRAPHIE,
ET TRAICTE EN FORME DE DIALOGVE,
PAR LEQVEL TOVTES PERSONNES PEVVENT
facilement apprendre & practiquer l'honneste
exercice des dances.

Par Thoinot arbeau demeurant a Lengres.

Eccle. 3.
Tempus plangendi, & tempus saltandi.

Imprimé audict Lengres par Iehan des preyz Imprimeur
& Libraire, tenant sa boutique proche l'eglise
Sainct Mammes dudict Lengres.
M. D. LXXXIX.

La musique baroque

(de 1600 à 1750)

La musique baroque voit le jour en Italie au début du 17e siècle, en pleine période de grands bouleversements. Je t'explique... En 1615, le scientifique italien Galilée confirme la théorie énoncée 100 ans plus tôt par l'astronome polonais Nicolas Copernic : « La Terre est ronde et tourne autour du Soleil, comme les autres planètes ! » Pour toi qui connais ce fait, cela peut sembler banal. Mais l'idée créa un choc sans précédent chez les femmes et les hommes de l'époque qui avaient toujours cru que la Terre était plate et trônait au centre de l'Univers. Les gens sont troublés ! Une sensibilité extrême, mêlée de peur et d'angoisse, imprègne la littérature, la peinture, la sculpture... et la musique bien sûr, lui donnant une couleur très expressive. Un autre facteur influence la musique baroque : l'humanisme. Cette manière de penser, très répandue en Europe, pousse à redécouvrir les anciens textes grecs et romains. Les compositeurs accordent une place de plus en plus importante aux paroles et créent des œuvres vocales qui les mettent en valeur, telles que l'opéra, l'oratorio et la cantate. En plus de ces nouvelles formes vocales, la musique instrumentale évolue : les airs de danses et de chansons inspirent les musiciens qui inventent la sonate, la suite et le concerto.

SONATE : Désigne la « musique qui sonne » en opposition à la « musique qui chante », la cantate. Elle est composée pour un ou deux instruments.

SUITE : Composition instrumentale constituée de quatre parties (les mouvements) issus de la danse (l'allemande, la courante, la sarabande et la gigue).

CONCERTO : Composition musicale dans laquelle un instrument soliste est accompagné par l'orchestre.

Les couleurs de la musique **de l'époque baroque**

La musique baroque est très expressive, pleine de contrastes et d'exagérations. Elle résulte du déséquilibre ressenti à l'époque et se caractérise par des oppositions : note longue/note courte, note aiguë/note grave ou instrument soliste/orchestre. Cette musique se distingue par l'importance de ses ornements : le jeu de l'orchestre l'enrobe et la soutient, lui donnant un style très élaboré.

Encyclopédie de la musique, p. 133

Les styles musicaux prennent souvent le nom de leur époque. Par exemple, ici, la musique baroque se nomme ainsi parce qu'elle est créée pendant l'époque baroque.

Les artistes du Baroque travaillent pour de riches mécènes. Ces derniers sont des nobles ou des personnages d'Église influents qui payent les artistes en échange de leurs œuvres. Les sculptures dans les jardins et les projets architecturaux sont souvent commandés par ces mécènes. Les compositions musicales n'échappent pas à ce fait. J'ai retrouvé dans les trésors de mon père une lettre destinée à Johann Sebastian Bach. Je me plais à penser qu'elle l'a incité à composer une de ses œuvres magistrales, la « Messe en si mineur ».

Cher monsieur,

Auriez-vous l'extrême amabilité de créer une musique qui conviendrait à notre grand messe du dimanche ? Votre statut de maître de chapelle en notre chère église de Saint-Thomas nous laisse penser que vous êtes le mieux placé pour écrire une composition à la hauteur de nos espérances.

Bien à vous,

Monsieur le curé
Église Saint-Thomas
Leipzig, Allemagne

De grands musiciens du Baroque ont composé des œuvres magnifiques qui sont encore célèbres aujourd'hui ! Voici trois portraits de ces génies musicaux.

Portraits de musiciens

Johann Sebastian Bach *(1685-1750)*

Reconnu comme un des plus grands compositeurs, l'Allemand Johann Sebastian (ou Jean-Sébastien) Bach est un organiste fabuleux. Il a composé plus de 1 000 œuvres musicales, incluant des concertos, des suites et des oratorios.

Portraits de musiciens, p. 12

Portraits de musiciens

Georg Friedrich Haendel *(1685-1759)*

Né en Allemagne, le jeune Haendel se révèle très doué pour la musique. Très vite, il s'installe à Rome où il côtoie de grands compositeurs italiens. En 1712, il s'établit définitivement en Angleterre. Il a composé un grand nombre d'opéras, d'oratorios, de concertos, de sonates et de suites.

Portraits de musiciens, p. 29

Antonio Vivaldi

Né à Venise en Italie, Antonio Vivaldi devient rapidement très doué pour le violon. En plus de la musique, il étudie la théorie religieuse et devient prêtre. Pendant qu'il enseigne la musique dans un orphelinat, il compose près de 600 concertos inspirés de la nature et 40 opéras.

Musicalement vôtre, juillet 2011

Antonio Vivaldi
(1678-1741)

Comme je te l'indiquais dans mon introduction, la musique vocale occupe une place très importante pendant le Baroque. Il y a tant de choses à dire à son sujet que j'ai décidé de lui consacrer les deux prochaines pages.

La musique vocale

Au Baroque, de nombreux artistes italiens souhaitent revenir à des performances vocales épurées où les paroles des chansons sont mises en valeur (à la différence de la polyphonie où les textes étaient souvent incompréhensibles). Ils inventent un style nouveau qui fera fureur : l'opéra.

L'opéra

L'opéra est un spectacle musical né à Florence, vers la fin du 16e siècle. Il réunit la poésie, le théâtre, la musique et le chant. L'opéra italien connaît beaucoup de succès, à partir de 1607, notamment grâce aux œuvres de Claudio Monteverdi (1567-1643). Il est popularisé à la cour de France, en 1672, par l'Italien Jean-Baptiste Lully (1632-1687). L'opéra intègre alors le ballet, prenant ainsi le nom de ballet de cour, puis de comédie-ballet. À partir de la seconde moitié du 17e siècle, il conquiert progressivement l'Allemagne et l'Angleterre. L'opéra donnera naissance à la cantate, à l'oratorio, au bel canto et, plus tard, à l'opérette.

Encyclopédie de la musique, p. 135

Affiche de l'opérette « La Chauve-Souris », de Strauss

L'opérette

L'opérette est un genre d'opéra très gai comprenant des textes légers dans lesquels certaines parties sont chantées, d'autres parlées. Les opérettes cherchent surtout à distraire le public. L'Allemand Jacques Offenbach (1819-1880) fit une grande carrière en France avec ses opérettes dans lesquelles il se moquait des opéras à la mode ou critiquait le gouvernement ou les gens riches. Les opérettes de l'Autrichien Johann Strauss (1825-1899) connurent aussi de grands succès. Ce style donnera naissance aux comédies musicales.

Encyclopédie de la musique, p. 136

Les cantates et les oratorios sont inspirés de l'opéra, mais ils ne présentent pas de jeu théâtral. En voici les définitions.

CANTATE : Morceau chanté à une ou plusieurs voix accompagnées de quelques instruments. Son sujet n'était pas toujours relié à la religion. Johann Sebastian Bach a composé près de 300 cantates.

ORATORIO : Œuvre dramatique à caractère religieux écrite pour un chœur, un orchestre et des chanteurs solistes. L'Anglais Haendel composa plusieurs oratorios.

Les grands opéras italiens du 18e siècle mettaient en vedette des castrats. Ces chanteurs étaient castrés, d'où leur nom. Cette pratique barbare consistait à enlever leurs testicules aux jeunes garçons avant que leur voix ait mué. Ils conservaient ainsi une voix d'enfant très pure et aiguë. Adorés du public, les castrats jouaient des rôles de héros. Le castrat italien Carlo Broschi, surnommé Farinelli, fut particulièrement célèbre.

Farinelli (1705-1782)

De nombreux musiciens ont composé des opéras. Encore aujourd'hui, nous écoutons certains d'entre eux avec beaucoup de plaisir. Je te présente un des compositeurs les plus connus et brillants.

Giuseppe Verdi

Dès son plus jeune âge, l'Italien Giuseppe Verdi rêve de devenir compositeur d'opéra. Son premier succès, *Nabucco*, en 1842, est à l'origine de sa gloire. Ses opéras racontent des conflits politiques, familiaux, des histoires d'amour; les auditeurs peuvent facilement s'identifier à ses personnages émouvants. Sa renommée dépasse rapidement les frontières de l'Italie et il compose de nombreux opéras comme celui de Paris (*Don Carlos*) et du Caire (*Aïda*).

Musicalement vôtre, octobre 2010

Giuseppe Verdi (1813-1901)

Maria Callas (1923-1977) est une célèbre cantatrice grecque qui a fait redécouvrir au public du 20e siècle l'art du bel canto, ou du « beau chant » en italien. Ce style typique de l'opéra italien des années 1810 à 1840 offre des mélodies et des chants qui prennent le pas sur les textes et l'histoire. Le public vient alors surtout apprécier la pureté des voix des chanteurs.

Rien ne m'émeut plus que d'entendre des dizaines de voix qui chantent d'un même souffle et avec la même énergie. Savais-tu que quiconque possède une voix juste peut faire partie d'un chœur (ou d'une chorale, si tu préfères)? La plupart des villes et même quelques écoles possèdent leur propre chorale. Une seule condition suffit : aimer chanter! Les membres d'une chorale sont séparés en plusieurs groupes, les pupitres, qui interprètent des parties musicales différentes. Un chœur composé de femmes et d'hommes comprend souvent quatre pupitres : deux pupitres féminins (les altos et les sopranos) et deux pupitres masculins (les ténors et les basses). De très grandes chorales peuvent compter plus de 100 choristes.

La chorale de type gospel offre des interprétations dynamiques qui animent de nombreuses églises, surtout dans le sud des États-Unis. Les chants gospels célèbrent la vie et sont empreints de positivisme. Je les adore!

Après ce petit tour vocal, retournons à notre revue des styles musicaux…

La musique de l'époque classique

(de 1750 à 1827)

L'époque classique est le théâtre d'importantes transformations dans la société européenne. Depuis longtemps en Europe, les rois et l'Église imposent au peuple leur façon de penser, inspirée le plus souvent par la Bible. Mais au 18e siècle, les savants refusent cette dictature de la pensée et incitent le peuple à réfléchir pour acquérir sa propre opinion. Pour guider le raisonnement des femmes et des hommes, ils conçoivent des ouvrages éducatifs (c'est à cette époque qu'est conçue la première encyclopédie). Pour toutes ces raisons, on surnomme le 18e siècle « le Siècle des lumières » (à cause de la raison de l'homme qui « s'éclaire »). La révolution en France et celles qui suivent en Europe sont le résultat de ce nouveau raisonnement : le peuple refuse de continuer à subir l'autorité du roi et de l'Église. Il se rebelle et prend le pouvoir… Ces bouleversements sociaux atteignent la musique de cette époque : les chants révolutionnaires fleurissent et leurs paroles transmettent le désir de liberté et d'égalité entre les humains. Autrefois réservée aux riches, la musique devient accessible au peuple. Pour ce public plus varié mais aussi moins éduqué, les musiciens composent des musiques plus simples.

Les couleurs de la musique *de l'époque classique*

La musique de l'époque classique se développe essentiellement en Italie, en France, en Allemagne et en Angleterre. Grâce à la popularisation des concerts et au perfectionnement des instruments, les musiciens améliorent la musique instrumentale. Dans leurs compositions, ils réservent une mélodie propre à chaque instrument. De nouvelles formes musicales apparaissent, comme la symphonie, le lied et la musique de chambre.

Encyclopédie de la musique, p. 141

SYMPHONIE (du grec *syn* [avec] et *phonê* [voix]) : Composition musicale pour orchestre de quatre mouvements, construite sur le modèle de la sonate. Le premier mouvement est allegro (rapide). Le second peut être andante (modéré), adagio (lent) ou largo (lent et ample). Le troisième mouvement est un menuet (un air musical répété deux fois). Le quatrième est souvent allegro.

LIED (de l'allemand *lied* [chanson], plur. lieder) : Composition vocale d'origine allemande fréquemment accompagnée au piano. Les textes sont le plus souvent des poèmes mis en musique.

Te souviens-tu qu'à l'époque baroque, les musiciens composaient leurs œuvres essentiellement sur commande ? Eh bien, au cours de l'époque classique, les musiciens se détachent peu à peu de leurs employeurs. Ils reprennent leur liberté et deviennent indépendants. Malheureusement, ils perdent en même temps une importante source de revenus et beaucoup vivent dans la pauvreté. Le brillant Mozart lui-même est mort dans une grande misère !

Vienne, 21 septembre 2011

Mon cher frérot,

Depuis que je suis à Vienne, je nage en plein rêve! Cette ville d'Autriche est magnifique et j'y ressens encore l'influence de la musique de l'époque classique. C'est d'ailleurs ici que vécurent Haydn, Mozart, Beethoven et Schubert, quatre des plus fameux compositeurs de musique classique. Savais-tu que dans cette ville, les étudiants apprenaient à chanter et à jouer d'un instrument en plus d'apprendre les matières élémentaires? J'espère que je retournerai dans cette ville exquise en ta compagnie. Peut-être aurons-nous alors l'occasion de danser quelques valses viennoises?

Énormes bises,
Ta grande sœur qui t'aime XXX

Ma chère sœur a raison. Vienne, la capitale de l'Autriche, fut au 18ᵉ siècle la capitale musicale de l'Europe. Les compositeurs les plus illustres de la musique de l'époque classique y ont été formés.

Franz Schubert

Franz Schubert a vécu toute sa vie à Vienne. Il est le premier grand compositeur à essayer de gagner sa vie en vendant les œuvres musicales qu'il compose. Il lègue des œuvres très belles, dont près de 600 lieder inspirés des textes de grands poètes allemands comme Goethe. Le lied *La truite* est sûrement le plus célèbre.

Musicalement vôtre, août 2010

Franz Schubert
(1797-1828)

Ludwig van Beethoven
(1770-1827)

Ludwig van Beethoven

Dès sa tendre enfance, Ludwig van Beethoven est fasciné par la musique. Il est envoyé à Vienne où il reçoit des leçons de Haydn. Il devient un pianiste hors du commun et écrit de nombreuses sonates pour piano. À 28 ans, son ouïe diminue et il devient complètement sourd en 1815. Il continue tout de même à composer jusqu'à sa mort. Il laisse derrière lui des œuvres pleines de force et de poésie.

Musicalement vôtre, mars 2008

Franz Joseph Haydn

Franz Joseph Haydn a composé plus d'une centaine de symphonies, d'où son surnom de «père de la symphonie». Il a aussi inventé le quatuor à cordes et le trio. La musique de Haydn est tendre et pleine d'humour : sa symphonie intitulée *Le distrait* comporte quelques fausses notes qu'Haydn a volontairement insérées pour imiter les fausses notes des musiciens distraits!

Musicalement vôtre, décembre 2009

Franz Joseph Haydn
(1732-1809)

Tu as sûrement déjà entendu parler de «musique classique», mais ne la confonds surtout pas avec la musique de «l'époque classique»! On parle de «musique classique» par opposition au jazz, à la musique populaire et à la musique traditionnelle. Elle regroupe les styles musicaux du Moyen Âge à aujourd'hui. Ainsi, les musiques médiévale, baroque, romantique, contemporaine, mais aussi celle de l'époque classique font partie de cet ensemble appelé «musique classique».

La musique romantique

(de 1800 à 1900)

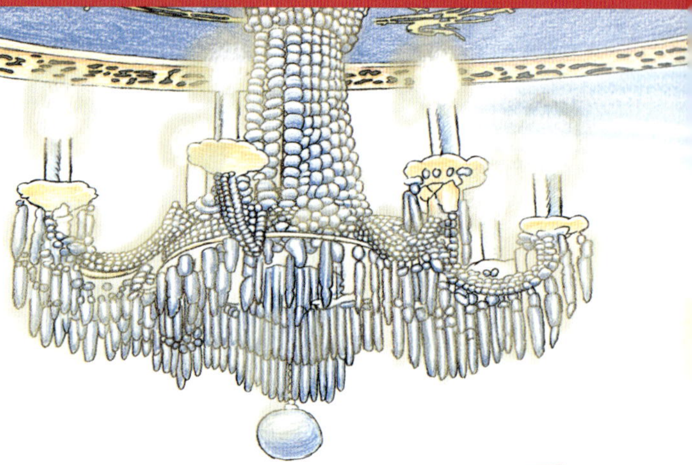

Au 19e siècle, les Européens sont imprégnés d'un fort sentiment nationaliste. Chacun est fier d'appartenir à son pays et est très attaché à sa culture. Les musiciens composent leurs œuvres en empruntant les rythmes ou les mélodies de la musique traditionnelle de leur pays. Tu peux imaginer à quel point ces nouvelles couleurs musicales apportent une belle diversité au monde de la musique ! Parallèlement, un style littéraire en vogue en Angleterre, le romantisme, devient très populaire dans l'Europe entière et se répand peu à peu dans toutes les formes d'art. Le romantisme est un style centré sur les émotions. Il exprime les sentiments, les tourments mais aussi les rêves, les mystères et l'exotisme. Comme tous les artistes de l'époque, les musiciens sont fortement influencés par le romantisme et leurs compositions sont créées pour susciter les émotions et bouleverser les auditeurs…

Chaque pays d'Europe peut se vanter de posséder de brillants compositeurs. Je t'en ai noté quelques-uns qui ont marqué la musique romantique :

Hongrie : Béla Bartók (1881-1945)

Danemark : Carl Nielsen (1865-1931)

Norvège : Edvard Grieg (1843-1907)

Tchécoslovaquie (actuelle République tchèque) : Anton Dvorák (1841-1904)

Les couleurs de la musique *de l'époque romantique*

La musique romantique réserve une grande place aux sentiments, aux passions et aux drames. Ses sonorités sont très colorées et évoquent très bien les émotions qui doivent se dégager de ces compositions. Les musiciens s'amusent avec les extrêmes : certains inventent des mélodies très courtes (qui durent moins d'une minute) tandis que d'autres en imaginent d'infiniment plus longues. La symphonie *L'anneau des Nibelungen* de Richard Wagner dure plus de 15 heures !

Encyclopédie de la musique, p. 145

Frédéric Chopin (1810-1849)

Franz Liszt (1811-1886)

Le coin de *l'artiste*

Accueil | Musique | Arts | Lettres | Info

Les virtuoses du piano

La musique romantique consacre le piano instrument roi. Le musicien polonais Frédéric Chopin compose essentiellement des œuvres pour piano. Ce pianiste extraordinaire séduit la bonne société qui s'arrache ses leçons. Un autre grand virtuose du piano se démarque à cette époque. Il s'agit du Hongrois Franz Liszt. Ce dernier transpose au piano les difficultés techniques des compositions pour violon de Paganini et les exécute ensuite avec une telle aisance qu'il éblouit chaque fois ses auditeurs.

De nombreux musiciens ont composé de grandes œuvres romantiques. Je te présente trois d'entre eux qui ont marqué le Romantisme.

Piotr Ilitch Tchaïkovski

Le compositeur russe Piotr Ilitch Tchaïkovski possède l'art d'écrire des œuvres magnifiques qui reflètent l'âme du peuple russe. Ses ballets, des contes mimés et dansés, comme *Le lac des cygnes* et *Casse-noisette* sont connus dans le monde entier. La plupart de ses compositions débordent d'émotions telles que la mélancolie, la tristesse ou le bonheur.

Musicalement vôtre, novembre 2009

Piotr Ilitch Tchaïkovski (1840-1893)

Ballet Casse-Noisette

Hector Berlioz (1803-1869)

Hector Berlioz

Le Français Hector Berlioz est un audacieux compositeur de musique symphonique. La *Symphonie fantastique*, qu'il compose à 27 ans, créé la surprise à Paris en 1830. Les combinaisons d'instruments et les rythmes inhabituels lui donnent un effet surnaturel qui dérange beaucoup l'auditoire. Cette symphonie dégage une atmosphère presque magique ; le public s'en étonne encore aujourd'hui.

Musicalement vôtre, mai 2010

Richard Wagner

Né en Allemagne, Richard Wagner se passionne pour les tragédies grecques, la littérature et les légendes. Désirant être à la fois poète et compositeur, il se tourne alors vers l'opéra. Son œuvre majeure *L'anneau des Nibelungen*, est constituée de quatre opéras. Elle marque le départ d'un nouveau genre qui mêle les scènes spectaculaires, très sentimentales, à un énorme orchestre qui joue une fonction dramatique.

Musicalement vôtre, avril 2011

Richard Wagner (1813-1883)

À l'époque romantique, beaucoup d'instruments se modernisent (rappelle-toi : les nouvelles clés pour les flûtes, les pistons sur les trompettes, les pédales sur la harpe...). Ces modifications facilitent leur intégration dans l'orchestre symphonique. La taille de l'orchestre nécessite désormais un chef d'orchestre pour le diriger.

LE SACRE DU PRINTEMPS OU… LE « MASSACRE DES TYMPANS »

Le nouveau ballet *Le sacre du printemps* de Stravinski, qui a été présenté hier soir à Paris, a engendré des réactions enflammées. Le public mécontent a reproché à Stravinski les sons dissonants et les rythmes sauvages qui, d'après leurs dires, leur ont « massacré les oreilles ». Parmi les auditeurs, certains se sont même échangé des coups de poing, nécessitant l'intervention de la police.

Voici Paris, 30 mai 1913

La musique contemporaine

À la fin du 19e siècle, les compositeurs combinent les sons et les rythmes d'une manière nouvelle. Ils intègrent à leur mélodie des instruments inhabituels, comme les ondes Martenot dont je t'ai parlé à la page 323, et ils se laissent influencer par les musiques étrangères. Ils ont ainsi créé ce qu'on appelle la musique contemporaine. Ces nouvelles compositions reçoivent un accueil réservé du public, comme en témoigne cet article de journal que j'ai retrouvé dans les affaires de mon grand-père. Le compositeur d'origine russe Igor Stravinski, dont il est question dans l'article, a touché à presque tous les courants de la musique contemporaine. Si tu le veux bien, nous allons les survoler et faire connaissance avec ceux qui les ont fait vivre.

Igor Stravinski (1882-1971)

Le postromantisme

Des compositeurs comme l'Autrichien Gustav Mahler s'inspirent du romantisme et suivent la trace de Wagner dont je t'ai parlé à la page précédente. Toutefois, ils apportent une nouvelle touche en écrivant des symphonies à 2, 3, 5 ou 6 mouvements au lieu des 4 traditionnels de la symphonie romantique. Ils créent ainsi le « postromantisme » ou, plus simplement, l'après-romantisme.

Gustav Mahler (1860-1911)

La symphonie n°8 de Gustav Mahler nécessite un minimum de 250 musiciens pour être interprétée. Elle était surnommée « La symphonie des 1 000 » car elle a déjà été exécutée par 1000 musiciens !

L'impressionnisme

Le style impressionniste apparaît avec le compositeur français Claude Debussy à la toute fin du 19e siècle. Ses compositions rappellent les peintures impressionnistes. Ces dernières se caractérisent par les impressions que le spectateur ressent en les observant. Ces impressions peuvent être chaleur, douceur, humidité…
Je me suis essayé à ce style de peinture. Si tu es attentif, tu auras l'impression, en regardant mon essai, que la brume s'est installée sur le tableau. C'est ça, l'impressionnisme ! La musique de Debussy présente de courtes phrases musicales, un rythme souple et fluide et une instrumentation variée et minutieusement choisie. Ces compositions colorées stimulent l'imagination et donnent une impression de rêve !

Claude Debussy (1862-1918)

Le néoclassicisme

Le néoclassicisme est un courant musical qui apparaît à la fin de la Première Guerre mondiale, en 1918. Il est dirigé contre l'excès de sentiments de la musique romantique, mais aussi contre la musique impressionniste de Debussy. Son but est de procurer aux auditeurs une musique simple et plaisante à écouter.

Humana, p. 70

Le compositeur français néoclassique Érik Satie propose une musique simple, mélodieuse et pleine de joie. C'est un excentrique qui donne à ses compositions de drôles de noms : « Morceaux en forme de poire » ou « Préludes flasques (pour un chien) ».

Érik Satie (1866-1925)

Le dodécaphonisme

Dès le début du 20e siècle, le compositeur allemand Arnold Schoenberg crée le dodécaphonisme. Je comparerais cette musique aux peintures abstraites (qui ne représentent pas les choses). Elles dérangent car on est souvent un peu perdu quand on les regarde... Eh bien, cette musique provoque ce même dérangement chez les auditeurs.

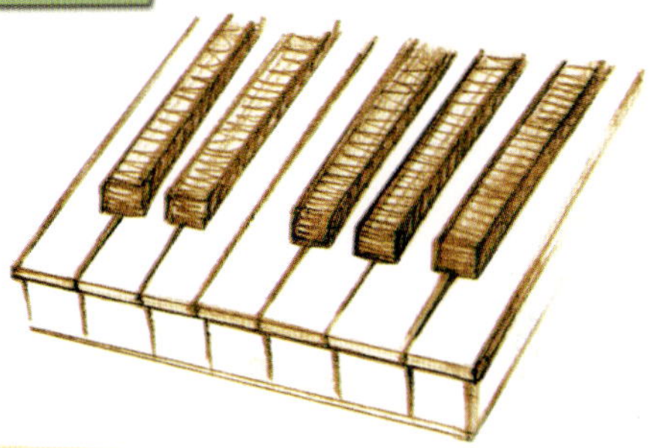

Arnold Schoenberg est l'inventeur de la musique atonale. Ses règles sont à la base du courant dodécaphoniste.

Arnold Schoenberg (1874-1951)

Le dodécaphonisme

Ce nouveau modèle utilise les 12 sons de la gamme qu'on peut se représenter avec les 7 touches blanches et les 5 touches noires du piano. La règle est que les 12 notes doivent être représentées également ; aucune ne doit prédominer. Lorsqu'une des 12 notes est jouée dans la mélodie, elle ne peut réapparaître avant que les 11 autres aient été entendues.

L'électro-acoustique

La seconde moitié du 20e siècle est marquée par plusieurs avancées technologiques qui ont beaucoup profité à la musique contemporaine. Le public peut alors écouter plusieurs nouveaux courants comme la musique électro-acoustique, qui utilise les instruments modernes comme le synthétiseur, la « musique concrète », qui met en scène les bruits de la vie quotidienne, et la « musique aléatoire ».

John Cage (1912-1992)

Un compositeur audacieux

Le compositeur américain John Cage apprécie la musique aléatoire. Il invente le « piano préparé » en introduisant, entre les cordes, des morceaux de tissus, de bois, de métal ou de papier pour transformer le son. Quand le pianiste frappe sur les touches, le son est imprévisible ! Une autre de ses compositions se nomme 4'33" et consiste à n'émettre aucun son pendant 4 minutes et 33 secondes... L'auditeur n'entend que des bruits ambiants. Par exemple une chaise qui craque, la respiration du compositeur, etc.

Musicalement vôtre, septembre 2011

Le jazz

Mon père était un amoureux du jazz. Souvent, après une longue journée de travail, il s'asseyait dans son fauteuil préféré et se détendait au son de cette musique. Ma sœur et moi nous asseyions à ses pieds pour écouter avec lui ces tempos si exaltants… Le jazz est une musique rythmée qui communique de la couleur et du dynamisme. L'improvisation, très présente dans les morceaux, révèle en plus un petit air de liberté qui me touche énormément. Le jazz a été inventé au début des années 1900 par la communauté noire américaine. Jette un coup d'œil à cet extrait encyclopédique qui t'en apprendra un peu plus long sur le sujet.

La naissance du jazz

La musique produite par le peuple noir américain, à la fin du 19e siècle, est intimement liée à leur histoire et leur destin. Les *Work songs*, chantées dans les plantations de coton, expriment les conditions difficiles du travail des esclaves. Le *Blues* (qui signifie cafard), inventé par les voyageurs afro-américains, est une mélodie plutôt triste et mélancolique qui décrit les soucis quotidiens de la communauté. Les *Negro spirituals*, joyeux et entraînants, sont des chants religieux où l'espoir d'un monde meilleur renaît. Malgré l'abolition de l'esclavage, en 1865, la communauté noire américaine du début des années 1900 est en quête d'identité dans une Amérique encore « blanche ». Elle invente un style musical bien à elle, le jazz : un savant mélange entre les *Work songs*, le *Blues*, les *Negro-spirituals* et les fanfares européennes.

La Musique, p. 61

Dans l'histoire du jazz, des centaines de noms méritent d'être cités tant il existe de « jazzmen » de talent… Voici trois d'entre eux :

Louis Armstrong (1901-1971) est considéré comme le père du « Swing ». Il est aussi un fameux soliste jazz (le soliste joue la mélodie tandis que les autres membres de l'orchestre l'accompagnent). Ce joueur de trompette hors pair était connu pour son jeu brillant et rapide.

Duke Ellington (1889-1974), excellent pianiste et chef d'orchestre, est le premier compositeur de jazz. Il se produisit beaucoup à New York avec son orchestre. Il devint rapidement très populaire.

Ella Fitzgerald (1918-1996) fut pendant plus de 50 ans la chanteuse de jazz par excellence. Sa voix veloutée a accompagné différents orchestres de jazz, notamment celui de Duke Ellington.

Le jazz est un style musical qui évolue au fil du temps. À ses débuts et jusqu'en 1940, il est dans sa période « Swing ». Voici une carte qui retrace le parcours du jazz « Swing ».

1918-1928
Renvoyés de la Nouvelle-Orléans au début de la Première Guerre mondiale, les « *jazzmen* » remontent le Mississippi et s'installent à Chicago. La ville devient alors la nouvelle capitale du jazz.

1900-1917
La Nouvelle-Orléans est le lieu de naissance du jazz. Le rythme balancé du *Swing* connaît un énorme succès dans cette ville de Louisiane où plusieurs cultures – française, créole, anglaise, irlandaise – se mêlent.

1923-1940
Les grands orchestres de jazz, les *big bands*, connaissent un succès retentissant à New York. Grâce aux enregistrements, le jazz est diffusé dans toute l'Amérique.

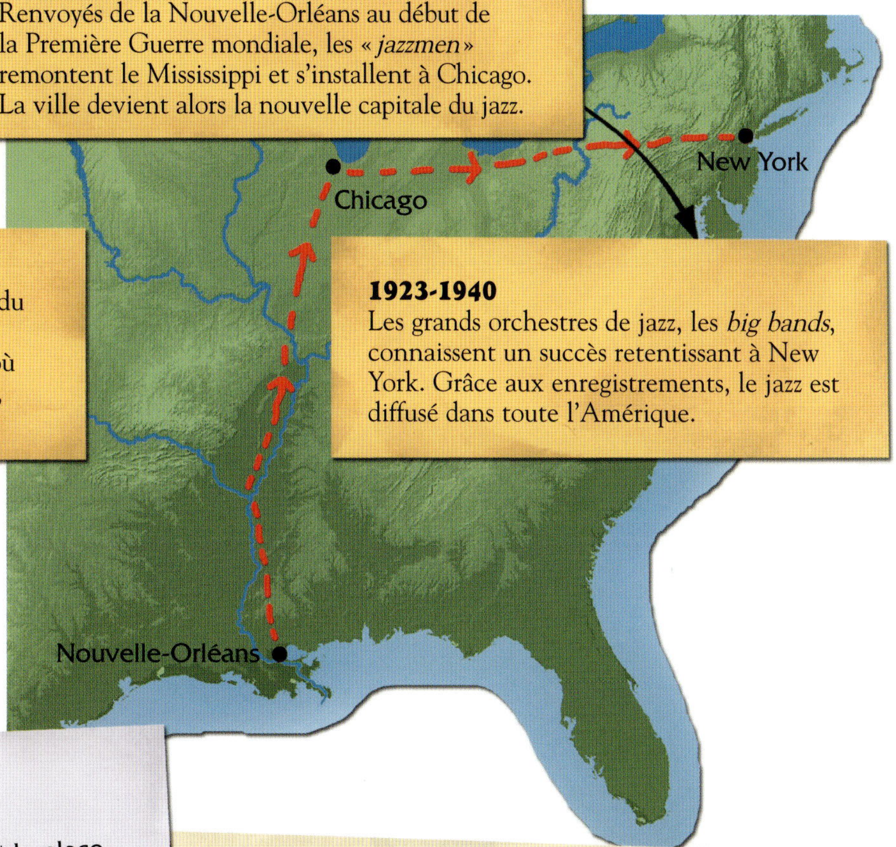

Le « Be-bop » apparaît en 1940. Il est suivi par le « Modern Jazz », de 1950 à 1975, qui regroupe plusieurs courants comme le « Cool Jazz » et le « Free Jazz ».

Le *Be-bop*

Dès 1940, les *big bands* ont disparu, laissant la place à de petits groupes de solistes qui laissent aller leur créativité. La mélodie est plus complexe, le rythme plus saccadé. L'Américain Charlie Parker est une figure importante du *Be-bop*. Il fut très populaire dans Harlem, un quartier majoritairement noir de New York.

Le *Cool Jazz*

Ce mouvement fut mené dès 1949 par Miles Davis pour briser le rythme endiablé du *Be-bop* et permettre à la virtuosité des musiciens de s'exprimer. Les compositions de *Cool Jazz* sont plus calmes. Elles font place au silence et à l'intensité.

Le *Free Jazz*

Ce style de jazz plus « agressif » apparaît à la fin des années 1950. Les mélodies dissonantes du *Free Jazz* le rendent beaucoup moins apprécié que les autres formes de jazz. L'improvisation y tient une place importante et le tempo n'est jamais régulier.

Comme chaque année, je me réserve quelques jours pour profiter du Festival International de Jazz de Montréal. Depuis les années 1970, beaucoup de festivals de jazz fleurissent dans les villes occidentales et celui de Montréal, au Québec, fait partie des plus réputés et appréciés. On s'y donne rendez-vous l'été prochain ?

La musique populaire

Dès que j'écoute la radio et que j'entends un air de musique populaire, ça ne manque pas : le refrain me trotte dans la tête toute la journée ! Je suis sûr que cela t'est arrivé à toi aussi. Ces bouts de refrains répétitifs sont caractéristiques de la musique populaire – surnommée « pop » – ce qui fait d'elle une musique très facile à retenir. La musique pop cherche à séduire particulièrement les jeunes. Elle chante leurs incertitudes : les révoltes morales et politiques, le futur incertain mais aussi l'amour, la paix, la tristesse... Voici un collage qui te résume les principaux courants de la musique populaire.
Prêt ? Allons-y !

Les années 1950

Le rock and roll

En 1954, le tube *Rock around the clock* de Bill Haley marque l'avènement du rock and roll, une musique rythmée et rapide qui incite à la danse. Peu après, Elvis Presley devient le roi du rock and roll. Ce style traverse l'Atlantique et fait des adeptes partout en Europe. En France, Johnny Hallyday, Eddy Mitchell et bien d'autres font fureur. Ce nouveau phénomène musical transforme les jeunes qui aiment imiter leurs idoles en portant les mêmes vêtements et la même coiffure.

Elvis Presley était originaire de l'État du Mississippi aux États-Unis. Il a été surnommé « The King », ce qui signifie le roi.

Né en 1925 dans l'État du Michigan, aux États-Unis, Bill Haley était un musicien célèbre, pionnier du rock and roll.

Johnny Hallyday commence à chanter du rock and roll en France en 1959. Il chante encore aujourd'hui.

Les années 1960

Le rock and roll devient POP. En Angleterre, les Beatles deviennent célèbres en 1963. Mon amie Martine, une fan inconditionnelle, m'a envoyé une photo de ces garçons aux cheveux longs qui firent « vibrer » de nombreuses admiratrices. La musique pop est diversifiée : les rythmes changent, les sons sont manipulés par l'électronique et la musique étrangère influence parfois les mélodies. En 1966, le mouvement HIPPIE fait son apparition aux États-Unis pour s'opposer à la guerre qui fait rage au Vietnam. Ses chansons prônent la paix, l'amour et se révoltent contre toute forme de violence.

Le groupe anglais The Beatles était composé des quatre musiciens John Lennon, Paul McCartney, George Harrison et Ringo Starr.

L'Américaine Janis Joplin a été la première grande vedette féminine de la musique pop. Elle charmait les adolescents de l'époque hippie avec sa voix chaude.

Les années 1970

L'âge d'or Pop-Rock

La musique pop ne cesse de se diversifier. Le heavy métal propose des rythmes violents et des textes hurlés. L'électro-acoustique utilise les synthétiseurs pour créer une atmosphère planante. Le groupe Pink Floyd en est un des célèbres représentants. Au milieu des années 1970, la *Rock music* prend le relais. Cette musique simple et directe joue son succès sur l'image des stars durant leurs concerts. La coiffure, les habits à paillettes, le maquillage... rien n'est laissé au hasard. Au même moment, le reggae voit le jour. Ce style musical propre à la communauté noire de la Jamaïque prône la non-violence et la fraternité.

Humana, p. 81

L'homme du reggae est sans aucun doute le Jamaïcain Bob Marley qui, avec son tube *I shot the sheriff* en 1974, a fait connaître ce nouveau courant musical au monde entier.

Cette photo du groupe américain Kiss montre bien l'importance de la mise en scène dans la musique pop des années 1970.

Les années 1980

Dans les années 1980, les spectacles se déplacent à la maison grâce à la télévision. Les vidéoclips contribuent beaucoup au succès de la musique pop. Ces années révèlent des stars comme Madonna et les groupes U2, The Police et Depeche Mode.

En 1977, la bande originale du film « La fièvre du samedi soir », interprétée par le trio anglais The Bee Gees, marque le point de départ d'un nouveau style de musique : le disco. Très à la mode dans les années 1980, son rythme est entraînant et centré sur la fête.

Le groupe irlandais U2 connaît encore beaucoup de succès avec ses textes engagés.

La chanteuse américaine Madonna a toujours misé sur son image sensuelle et provocatrice.

Les années 1990

Le rock des années 1990 subit deux bouleversements majeurs : l'explosion de l'informatique musicale, qui donnera naissance à la musique électronique, dite techno, et l'avènement du rap. La TECHNO, essentiellement sans paroles, est créée par ordinateur. Les musiciens peuvent jouer à l'infini avec les sonorités. Le RAP est caractérisé par un fond musical rythmé sur lequel le chanteur parle, racontant les problèmes comme le racisme, la violence et la misère. Un troisième mouvement important voit le jour à Seattle au début des années 1990 : le GRUNGE, un mélange de heavy métal et de punk. Il connaît son heure de gloire avec le groupe Nirvana.

Le groupe français Daft Punk est un groupe de musique électronique qui connaît un succès international.

Mc Solaar, de son vrai nom Claude M'Barali, est un rappeur français réputé pour la poésie de ses textes.

Les années 2000

Aujourd'hui, beaucoup de nouveaux courants de musique populaire se créent. La possibilité de voyager facilement, la télévision, la radio, les enregistrements de plus en plus sophistiqués et Internet favorisent le mélange des différents genres de musique traditionnelle. Tourne la page et tu en sauras plus sur ces dernières...

Les musiques du monde

Te rappelles-tu ce que ma sœur chérie m'écrivait à propos de la musique au tout début de cet album? Chaque culture possède sa propre musique, mais c'est un langage universel que tous les êtres humains comprennent... Je ne peux malheureusement te présenter toutes ces musiques différentes tant elles sont nombreuses, mais je tiens à te donner un bref aperçu des plus connues.

Le flamenco est la musique espagnole par excellence. Des hommes chantent pendant que des danseuses, habillées de couleurs vives, dansent et rythment la mélodie en frappant des mains, en tapant des pieds ou en jouant des castagnettes.

La musique des Amérindiens de l'Amérique du Nord est vocale, parfois rythmée par des tambours. Elle chante la nature et l'amour. Aujourd'hui, on l'écoute surtout dans les « pow wow », les grands rassemblements amérindiens. La valse cajun, très rythmée, est jouée par les Cajuns, des francophones d'origine acadienne, établis en Louisiane, un État du sud des États-Unis.

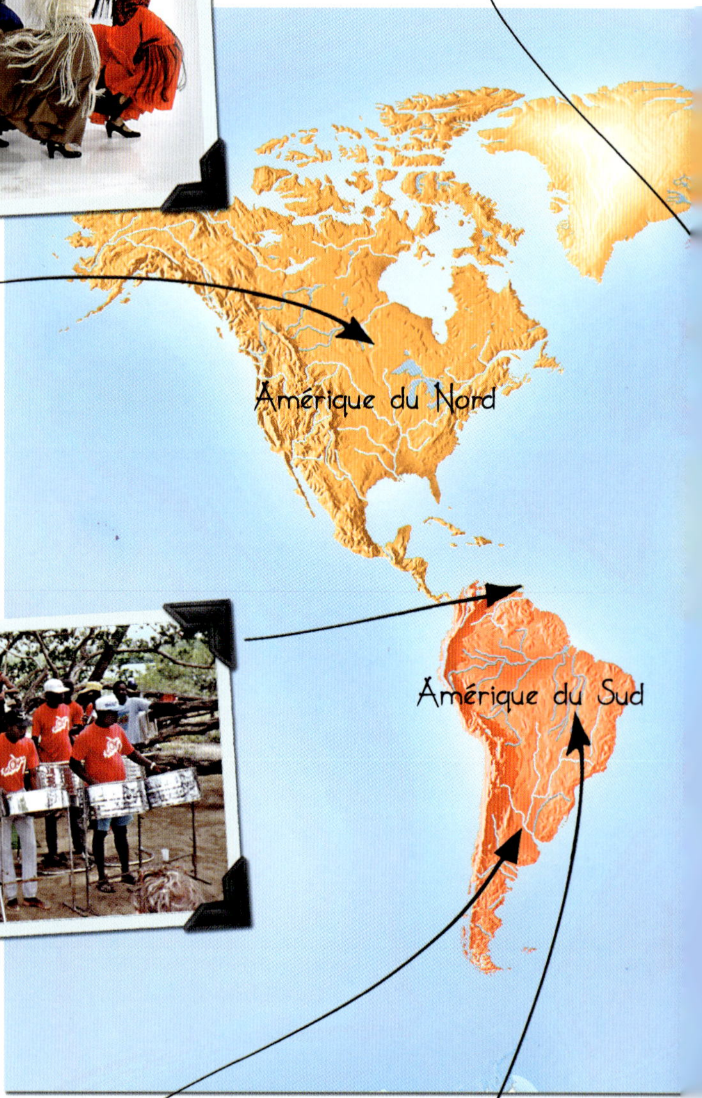

Dans les îles de Trinité et de Tobago (aux Antilles), les musiciens jouent du tambour sur des barils de pétrole vides qu'ils nomment « steel drums ». Le « steel band » est l'orchestre qui regroupe la famille des « steel drums » constituée d'instruments aux sonorités variées.

Le tango est une musique argentine. Les couples dansent de façon tragique et amoureuse, emportés par ses airs. Avant qu'il conquière le monde, le tango fut la musique des bandits et des bars obscurs de la capitale, Buenos Aires.

Le samba est un style musical brésilien qui a aussi donné son nom à une danse. Cette musique haute en couleur et très rythmée connaît un grand succès dans le monde.

En Roumanie et en Hongrie, les Tsiganes, un peuple nomade originaire de l'Inde, chantent des musiques entraînantes et débordantes de vie. Elles sont conduites par l'accordéon, le violon, la cymbale, la contrebasse, la guitare, la trompette et la clarinette.

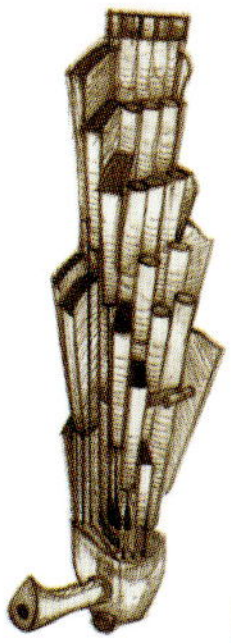

En Chine, l'opéra de Pékin mêle musique, chant, théâtre, acrobaties et mimes. Les musiciens jouent du gong, des cymbales et de divers instruments à vent, comme cette sorte d'harmonica, le sheng.

Au Japon, le théâtre kabuki chante les faits héroïques des samouraïs — les anciens nobles guerriers japonais — au son des instruments traditionnels comme le shamisen, un luth à trois cordes.

La musique indienne est liée à la poésie, à l'amour et à la passion. Elle est accompagnée d'un instrument traditionnel qui ressemble à une guitare, le sitar.

Le gamelan est un ensemble instrumental formé de gongs, de tambours, d'instruments à cordes et de flûtes. Un véritable orchestre! En Indonésie, la musique du gamelan accompagne les événements religieux, sociaux et aussi le théâtre.

Les peuples africains chantent et dansent sur les rythmes endiablés des djembés. Les multiples langages musicaux illustrent la diversité culturelle de ce continent africain. Ici, la musique raconte l'histoire et transmet des messages avec ses chants chauds et tendres.

La musique des aborigènes d'Australie accompagne les fêtes et les rituels religieux qui prennent une grande place dans la vie de ce peuple. Elle est rythmée par le didjeridoo, un grand bâton de bois creux qui engendre un son grave lorsque le musicien souffle à l'intérieur.

« L'alphabet » de la musique

Tous les musiciens du monde peuvent lire la musique grâce à un ensemble de symboles qui leur indiquent les notes à jouer et la manière dont elles doivent être jouées. Ce système ingénieux s'appelle notation musicale. En voici les grandes lignes.

La notation musicale

Au début du Moyen Âge, les chants grégoriens se transmettent de manière orale. Puis au 9e siècle, la notation neumatique est inventée en France. Elle consiste en une série de signes, les neumes, qui indiquent la direction que doit prendre la mélodie. Au 13e siècle, les neumes sont des carrés ou des losanges puis deviennent au 15e siècle des ovales. Ils sont inscrits sur la portée, qui est un ensemble de lignes horizontales parallèles, séparées par 4 espaces, les interlignes. Ensuite, des systèmes de notation supplémentaires apparaissent pour indiquer la durée des notes, leur hauteur et leur rythme. Le système de notation classique que nous utilisons encore de nos jours est apparu au 15e siècle.

Humana, p. 56

Cher Génius,
Pourquoi les notes s'appellent-elles ainsi?
Mélodie

23. Q. Qu'est-ce qu'une note?

R. Une note est un symbole qui représente le son à jouer et qui se place sur une ligne ou dans un espace de la portée. Les sept notes se nomment do, ré, mi, fa, sol, la, si. La succession de sept notes qui montent (ou qui descendent) sur la portée s'appelle la gamme.

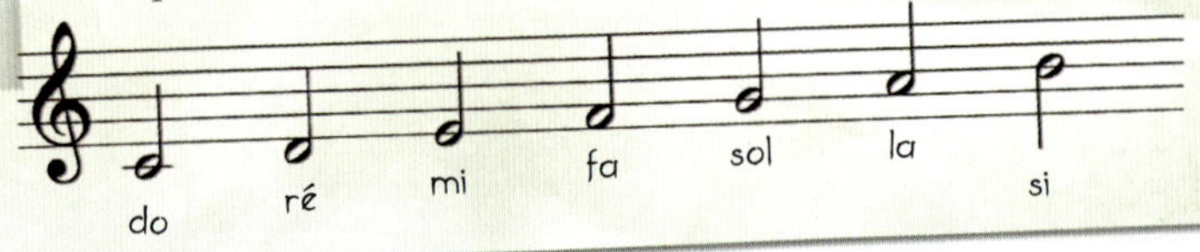

C'est le moine italien Gui d'Arezzo, qui vécut entre 990 et 1033, qui nomma les notes. Il prit pour cela les premières syllabes de chacun des vers tirés du chant religieux latin « Hymne à saint Jean ». (Le si a plutôt été formé avec la première lettre de chaque mot.) Constate-le par toi-même en observant bien les vers!

Ut queant laxist
Resonare fibris
Mira gestorum
Famuli tuorum
Solve polluti
Labili reatum
Sancte Ioannes

Voici pour ta curiosité, mon ami, la traduction de l'hymne à saint Jean : « Afin que puissent résonner dans les cœurs détendus les merveilles de tes actions, absous l'erreur de la lèvre indigne de ton serviteur, ô saint Jean. »

Ut est devenu Do. Ce nom, plus facile à prononcer, vient du musicien italien Doni. Dans des pays comme l'Angleterre et l'Allemagne, les notes sont désignées par des lettres : A (La), B (Si), C (Do), D (Ré), E (Mi), F (Fa), G (Sol).

Voici une musique écrite pour le piano. Elle te présente quelques symboles qui doivent être décodés par le musicien lors de l'exécution de la pièce.

Les CHIFFRES INDICATEURS

Le chiffre du haut indique le nombre de temps par mesure. Le chiffre du bas définit la durée de ce temps : 1 représente la durée d'une ronde, 2 celle d'une blanche, 4 celle d'une noire, 8 celle d'une croche, etc. Ici, la mesure compte 3 temps de la durée d'une noire.

La CLÉ

Elle donne le nom de la note placée sur la ligne qui lui correspond. Il existe trois clés : sol, fa et do. Ici, la portée en clé de sol (en haut) est jouée par la main droite; la portée en clé de fa (en bas), par la main gauche.

Les notes ont une durée exprimée par une figure de note. Souvent, la ronde vaut quatre temps. Frappe quatre fois dans tes mains pour avoir une idée de sa durée. Voici un petit tableau qui te présente les sept figures de notes. Amuse-toi ensuite à répondre aux questions que je t'ai collées ci-dessous !

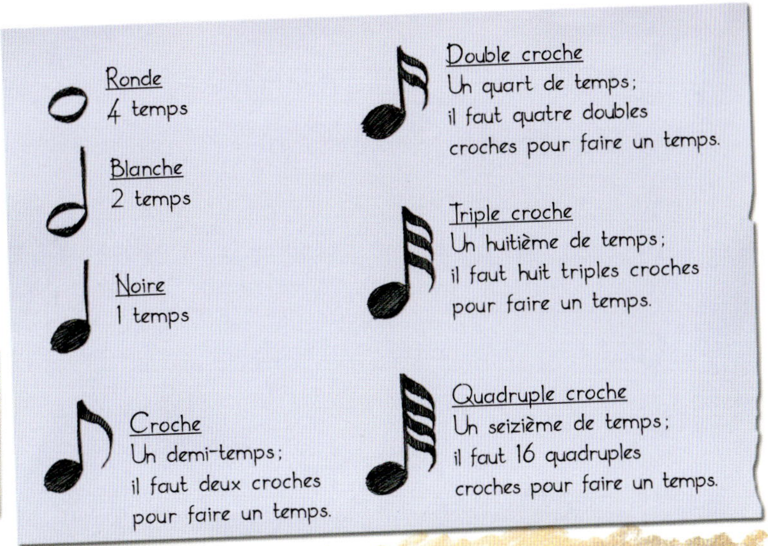

Exercices

1- Combien faut-il de croches pour égaler une ronde ?
2- Combien de doubles croches pouvez-vous compter dans une noire ?
3- Combien y a-t-il de doubles croches dans une ronde ?

(réponses : 1- 8 ; 2- 4 ; 3- 16)

34. Q. Combien y a-t-il de figures de silences ?

R. Les sept figures de silences correspondent aux sept figures de notes. Ce sont : la pause, la demi-pause, le soupir, le demi-soupir, le quart de soupir, le huitième de soupir et le seizième de soupir.

Les pièces musicales ne sont pas seulement faites de notes. Elles sont aussi ponctuées de silences. En notation musicale, ces interruptions du son sont représentées par des symboles. Ce sont les figures de silences. Elles indiquent chacune une durée de l'interruption du son.

Les NUANCES
Des lettres et des signes placés tout au long de la pièce indiquent l'intensité avec laquelle le musicien doit jouer. Ici, le « p » indique que l'interprète doit jouer « piano » (« doux » en italien).

Les ALTÉRATIONS
Elles modifient la hauteur de la note. Le dièse (#) indique que la note doit être jouée un demi-ton plus haut (sur un piano, le demi-ton correspond généralement à la touche noire). Le bémol (♭) indique qu'il faut abaisser la note d'un demi-ton.

La MESURE
Une pièce musicale est divisée en plusieurs parties égales. Ce sont les mesures.

La production, la transmission et la perception du son

Si le langage humain est composé de syllabes et de mots, le langage de la musique, lui, est formé de notes. Les notes sont des sons, tout simplement. Au fait, savais-tu que l'oreille humaine peut en discerner près de 400 000 ? Impressionnant, non ? Voyons d'un peu plus près ce qui caractérise les sons. Ensuite, nous verrons le chemin qu'ils parcourent jusqu'au creux de ton oreille.

SON (du latin *sonus* [sonner]) : Vibration de l'air qui se déplace sous la forme d'une onde sonore.

Les sons que produisent les instruments de musique ou la voix humaine font vibrer l'air qui nous entoure et créent des ondes. Je sais que cela est un peu difficile à imaginer. Voyons un peu... As-tu déjà lancé un caillou dans l'eau ? Les vaguelettes que tu peux observer à la surface sont, en quelque sorte, des vibrations de l'eau qui voyagent sous forme d'ondes. Pour le son, c'est la même chose. Lorsqu'une note est produite, elle fait vibrer l'air à l'extérieur de l'instrument. Ces vibrations voyagent sous la forme d'une onde sonore. Chaque note est perçue par l'oreille humaine et interprétée par le cerveau. Jette un coup d'œil à cet extrait de mon encyclopédie des sciences pour comprendre comment les ondes peuvent nous faire entendre des sons différents.

Les ondes sonores

Les ondes sonores invisibles qui se déplacent dans l'air peuvent être représentées par une corde ondulante, présentant des crêtes (parties hautes) et des creux (parties basses). La distance entre deux crêtes est appelée longueur d'onde. C'est la longueur d'onde qui dicte le son qui sera détecté par l'oreille. Plus elle est courte, plus le son entendu est aigu. À l'inverse, plus la longueur d'onde est grande, plus le son entendu est grave.

Encyclopédie des sciences, p. 77

La fréquence indique ainsi le nombre de vibrations par seconde. Elle se mesure en Hertz (Hz). Heinrich Hertz était un physicien allemand qui mena des recherches sur le son au 19e siècle.

Imagine une onde qui vibre 4 000 fois en une seule seconde ! Les crêtes sont très rapprochées et la longueur d'onde est courte ; cela produit un son aigu.

Imagine maintenant une onde qui vibre 50 fois en une seconde ! Les crêtes sont plus éloignées et la longueur d'onde est grande ; cela produit un son grave.

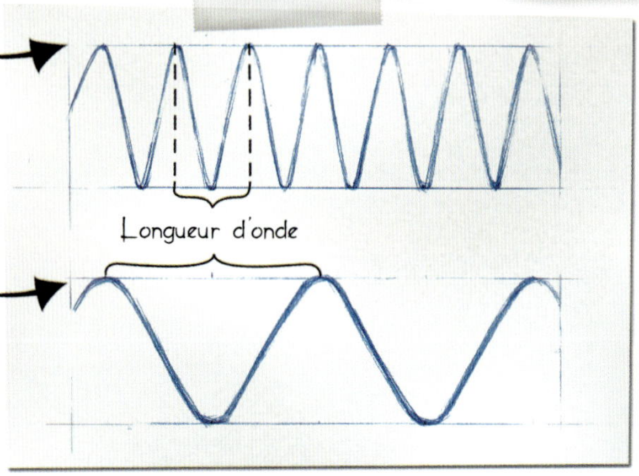

Heinrich Hertz (1857-1894)

Les qualités du son

Le son est caractérisé par une hauteur, une durée, un timbre et une intensité. La **hauteur** du son correspond à son registre. Il peut être aigu si la fréquence de l'onde sonore est élevée, ou grave si elle est basse. La **durée** correspond à un temps long ou court. Le **timbre** permet d'identifier l'instrument (piano, trompette, voix). L'**intensité** du son correspond à son volume. Il peut être fort ou faible. Le volume d'un son se mesure en décibels (dB). Voici une échelle présentant des sons classés selon leur volume.

La physique, c'est élémentaire !, p. 53

Volume sonore (en dB)	180 dB	110 dB	105 dB	100 dB	95 dB	60 dB	20 dB
Source du bruit	La fusée Ariane au décollage	Un marteau piqueur	Une salle de concert	Un local de répétition de musique	Un baladeur	Une conversation	Un chuchotement

Une fois captées par le pavillon de l'oreille, les vibrations empruntent le conduit auditif, percutent le tympan et le font vibrer. Ces vibrations sont transmises aux osselets situés en arrière du tympan. Le marteau, l'enclume et l'étrier (les osselets) amplifient alors les vibrations. Celles-ci sont transmises au liquide qui remplit la cochlée. Ce faisant, les vibrations déplacent les minuscules cils des cellules nerveuses qui la tapissent. Les cellules nerveuses transforment ces mouvements en signaux électriques qui sont transmis au cerveau par le nerf auditif.

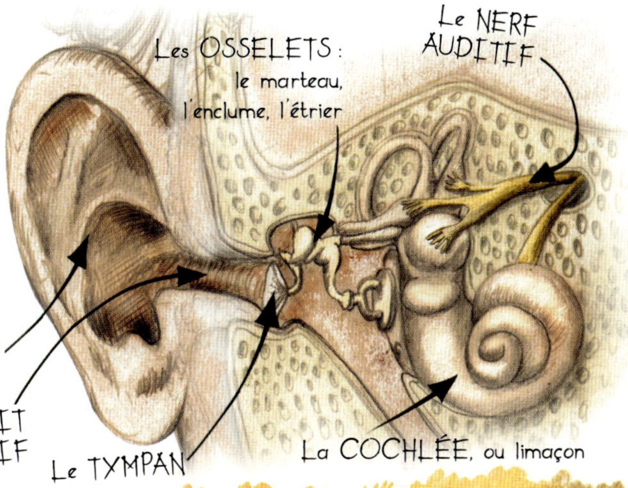

Incroyable mais vrai !

par C. Surprenant

Beethoven était sourd

C'est à l'âge de 28 ans que le grand compositeur allemand Ludwig van Beethoven découvre qu'il souffre de surdité. Il perd toute son audition après avoir composé sa plus célèbre symphonie, la neuvième. On raconte que la première représentation de cette symphonie fut couronnée d'un tonnerre d'applaudissements. Mais il fallut qu'un musicien prenne la peine d'indiquer à Beethoven combien le public l'acclamait pour qu'il se retourne et salue enfin l'auditoire.

Musicalement vôtre, juin 2009

Ma voisine Ella Lavoix, célèbre cantatrice, est dotée de l'oreille absolue. Cette aptitude tout à fait étonnante que possèdent aussi certains musiciens permet de reconnaître une note jouée au hasard, sans avoir besoin de s'aider d'une note de référence ! Jette un coup d'œil à ce courriel fort intéressant que m'a envoyé mon amie Ea Ping Kor.

Objet : Oreille absolue
Date : 12 mars 2010
À : professeur Génius

Cher ami,
Voici une information qui vous intéressera. Une étude menée auprès d'un groupe d'étudiants chinois et américains inscrits en première année au conservatoire de musique a révélé que 60 % des Chinois possédaient une oreille absolue. Ce pourcentage passe à 14 % chez les étudiants américains. La raison : les Chinois parlent le mandarin, une langue où un même mot change de sens selon la hauteur du son émis pour le prononcer. Il semble que cette particularité de la langue «entraîne» l'oreille musicale des Chinois.

Bien à vous,
Ea Ping

L'enregistrement et la diffusion de la musique

Tu sais, il fut un temps où pour apprécier la musique, il fallait absolument assister à un concert. Grâce à la radio, à la télévision, à Internet et aux enregistrements sur disques compacts, la musique peut maintenant voyager d'un bout à l'autre du monde! Le principe de l'enregistrement est né vers la fin du 19e siècle. Voyons un peu les grandes étapes de son évolution.

1877
L'Américain Thomas Edison met au point le phonographe.

Le phonographe

Au moment de l'enregistrement, les ondes sonores font vibrer une petite languette de métal, le diaphragme, qui communique ses vibrations à une aiguille. L'aiguille trace des sillons sur un cylindre d'étain. La profondeur des sillons varie selon les ondes sonores émises. Pour lire l'enregistrement, il suffit de faire tourner le cylindre et la feuille. L'aiguille vibre alors suivant la profondeur des sillons. Elle fait vibrer à son tour la languette de métal qui transforme les vibrations en sons.

Encyclopédie de la musique, p. 50

1887
L'Américain d'origine allemande Emil Berliner invente le gramophone.

Le gramophone

Le cylindre du phonographe d'Edison est remplacé par des disques plats faits de vitre, de zinc et de caoutchouc. Le sillon gravé sur le disque varie non pas en profondeur, comme sur le cylindre du phonographe, mais en largeur. Ce disque est posé sur un plateau. L'avantage de cette technique? Les disques peuvent dorénavant être fabriqués en grand nombre à partir d'un original appelé le *master*.

Site Internet « Le coin de l'artiste »

1898
Le Danois Valdemar Poulsen propose le premier magnétophone.

Le magnétophone

Le magnétophone des années 1960 permet d'enregistrer des sons sur une bande magnétique recouverte de particules métalliques aimantées. Ces particules s'orientent différemment, suivant les sons qui sont enregistrés. Pour lire l'enregistrement, la bande doit défiler devant la tête de lecture. Les particules métalliques de la bande produisent alors sur la tête de très faibles courants électriques qui varient selon leur orientation. Les courants sont amplifiés puis transformés en sons émis par un haut-parleur.

La physique, c'est élémentaire!, p. 39

1948
Invention du disque en vinyle

1961
Invention de la cassette. Elle sera présentée deux ans plus tard au public avec le magnétophone à cassette, qui permet de l'utiliser.

1980
Commercialisation des disques compacts (CD) par les compagnies Philips et Sony

2001
Invention du baladeur numérique

Les enregistrements ont une multitude d'utilités. Ils sont, bien sûr, utilisés pour conserver des œuvres musicales et pour les étudier. Mais ils permettent aussi de garder la trace de conférences ou d'enregistrer des émissions de radio et même les premiers mots des tout jeunes enfants...

Le savais-tu?

C'est pour animer les poupées et autres jouets des enfants que les techniques d'enregistrement des sons ont d'abord été créées. L'amélioration de ces techniques est née d'un tout autre besoin : remplacer les sténographes, ces personnes qui prenaient en note tout ce qui se disait au cours des procès. C'est donc pour créer un outil de travail plus performant que les inventeurs ont perfectionné les appareils d'enregistrement... pour le plus grand plaisir des amateurs de musique!

Un studio d'enregistrement est composé d'une pièce où prennent place les musiciens (le studio) et d'une cabine où s'installe l'ingénieur du son. Une épaisse vitre sépare et insonorise ces deux pièces.

Le STUDIO peut être suffisamment grand pour accueillir tout un orchestre, ou être plus petit pour enregistrer quelques musiciens ou chanteurs. Le studio offre une très bonne qualité sonore grâce aux matériaux absorbants recouvrant le sol, les murs et le plafond. Ces matériaux empêchent les échos.

La CABINE

Le MICROPHONE reçoit les sons et transforme les ondes sonores en signaux électriques. Ces derniers sont amplifiés par un amplificateur, puis reconvertis en sons par des haut-parleurs.

La TABLE DE MIXAGE compte de nombreuses rangées de petits leviers de commande. Il y en a un pour chaque micro installé dans le studio. Cela permet d'enregistrer séparément les musiciens.

L'INGÉNIEUR DU SON s'assied face à la table de mixage. Il ajuste les sons enregistrés dans le studio. Il règle la puissance des signaux électriques afin qu'ils ne soient ni trop forts ni trop faibles.

Les métiers de la musique

Chef d'orchestre, violoniste, luthier, chanteur.... la musique offre toute une palette de métiers! Sais-tu ce qu'ont en commun les femmes et les hommes qui exercent ces professions? Ce sont de vrais passionnés de musique! Voici quelques « métiers de la musique » qui sauront peut-être t'inspirer...

Chef d'orchestre

Monté sur son podium, il fait face à un pupitre. Dos au public, il agite ses bras ou sa fine baguette... Tu l'as deviné, il s'agit du chef d'orchestre! Le chef d'orchestre aide les musiciens à jouer en parfaite synchronisation. Avec la baguette qu'il tient habituellement dans sa main droite, il indique le temps en battant la mesure et signale les changements de rythme. De sa main gauche, il invite certains musiciens à jouer et d'autres à s'arrêter. Le chef d'orchestre se sert aussi des expressions de son visage pour transmettre des émotions et des nuances.

Objet : Les qualités du chef d'orchestre
Date : 12 février 2011
À : Jean Labaguette

Bonjour Jean,
Pouvez-vous me résumer en quelques lignes les qualités indispensables à tout bon chef d'orchestre?

Merci
Génius

P.S. Votre dernier concert était absolument magnifique.

Objet : RE : Les qualités du chef d'orchestre
De : Jean Labaguette

Cher ami,
Un chef d'orchestre doit posséder une grande culture musicale. La maîtrise d'un instrument à cordes et si possible d'un instrument à vent est obligatoire. Même s'il ne joue pas de tous les instruments, le chef d'orchestre doit connaître le fonctionnement de tous. Pour diriger, il doit savoir être suffisamment autoritaire tout en respectant chaque musicien. Une dernière chose : le chef d'orchestre doit être un bon professeur, parce que c'est lui qui guide les musiciens dans leur interprétation.

À très bientôt,
Jean Labaguette

Comment le chef d'orchestre bat-il la mesure?

La baguette est amenée vers le bas au premier temps de la mesure; elle est ramenée vers le haut au dernier temps. Quand il y a plus de 2 temps, le mouvement de la baguette est découpé en plusieurs petits mouvements. Par exemple :

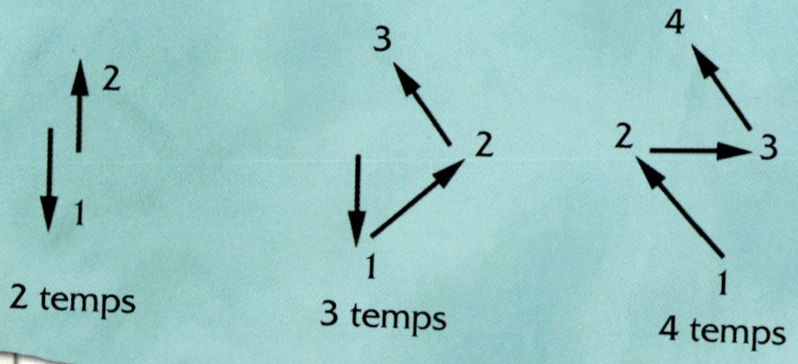

Luthier

Mon ami Marc exerce le métier de luthier, c'est-à-dire qu'il fabrique et répare des instruments à cordes, comme le violon et la guitare. Certaines de ses créations sont de véritables chefs-d'œuvre! J'adore rendre visite à Marc dans son atelier pour sentir l'odeur du bois et du vernis et observer ses dizaines de rabots, limes et scies. La fabrication d'un instrument est un vrai travail de moine qui demande beaucoup de temps : un mois pour un violon et deux pour un violoncelle. Le luthier doit être patient, persévérant, minutieux et, bien sûr, très habile.

Musicien

Le métier de musicien regroupe plusieurs professions : instrumentiste, chanteur, compositeur... Comment devient-on un professionnel de la musique ? C'est la passion, la persévérance, le talent, l'originalité et parfois un peu la chance qui font qu'un artiste arrive à « percer » dans le domaine de la musique. Tu as envie de devenir chanteur ou chanteuse ? Tu souhaites devenir un grand compositeur ? Surtout, persévère ! Tu dois croire en ta bonne étoile, mais n'oublie jamais de travailler sans relâche. C'est la clé du succès.

Musicothérapeute

Savais-tu que la musique peut guérir ? Le musicothérapeute utilise en effet la musique pour aider à soigner certaines maladies. Sa technique s'appelle la musicothérapie. Il est prouvé que la musique diminue l'anxiété, aide à résoudre les troubles du sommeil et calme douleurs et stress, notamment chez la future maman. Elle peut aussi être un moyen d'expression pour certains enfants autistes qui ont des troubles du langage et communiquent difficilement avec leur entourage.

ÉCOLE DE MUSIQUE

Fa Si La Chantez

Pour composer sa propre musique, il n'est pas nécessaire d'être un virtuose. L'école de musique FA-SI-LA Chantez vous enseignera les principes de base qui vous aideront à créer vos propres œuvres.

Vous y apprendrez l'écriture de paroles simples, basées sur des mots-clés qui permettent de faire des associations d'idées.

Vous travaillerez l'accroche, le refrain (facile à retenir) et les couplets qui racontent souvent une histoire.

Pour plus d'information, veuillez contacter Rémi au

123-Chantez

Faites vite !
Les places sont limitées.

Professeur de musique

Monsieur Génius,
J'aimerais devenir professeur de piano. J'en joue depuis bientôt deux ans. Comment savoir si je peux faire ce métier ?
Élise

Si comme Élise tu rêves de devenir professeur de musique, il te faudra apprendre à jouer de ton instrument préféré pendant encore très longtemps afin de le maîtriser parfaitement ! Tu devras aussi te préparer à enseigner l'importance de la discipline et de la persévérance. Un bon professeur doit aussi être très méthodique et savoir s'exprimer clairement. Mais surtout : tu dois être motivé par le désir de transmettre ta passion musicale. Les bons professeurs ont souvent beaucoup d'influence sur leurs élèves. Je n'oublierai jamais mon professeur de musique de première année, madame Nicole... C'est elle qui m'a transmis sa passion pour la musique. Je ne l'en remercierai jamais assez.

L'avenir de la musique

Des centaines de milliers d'œuvres musicales ont déjà été écrites et de nouvelles mélodies naissent tous les jours. T'arrive-t-il de te demander si toutes les chansons possibles ont été écrites ? Si toutes les mélodies possibles ont été composées ? Pour ma part, je suis convaincu que non. L'imagination musicale des femmes et des hommes ne connaît pas de limite ! De nouveaux courants musicaux naîtront et continueront d'écrire les pages de l'histoire de la musique.
Il est fort probable que de nouveaux instruments de musique verront aussi le jour. J'ai demandé à quelques enfants de mon quartier d'imaginer à quoi pourraient ressembler les instruments de musique de demain. Les voici. Bien sûr, tu peux aussi m'envoyer les tiens !

Une harpe-trompette
Nicolas, 8 ans

Le génie technologique m'étonnera toujours. Le baladeur numérique est une des dernières innovations en matière de musique « à transporter ». Il peut contenir des fichiers MP3. Ces fichiers sonores ont été compressés à l'aide d'ordinateurs pour occuper moins de place sur le support d'enregistrement. Une chanson compressée occupe 12 fois moins de place sur un disque lorsqu'elle est sous la forme MP3. Jette un coup d'œil à cette publicité que j'ai découpée dans mon journal local.

Une guitare qui fait des bulles
Trycia, 8 ans

L'arrivée de la technologie Internet a largement ouvert l'accès à la musique. Chaque personne qui possède un ordinateur branché à Internet peut maintenant écouter de la musique du monde entier : de Dakar à Tokyo, en passant par Sydney et Buenos Aires... C'est merveilleux! Internet favorise aussi les échanges entre les musiciens de cultures différentes et permet ainsi d'enrichir la diversité musicale. Malheureusement, les innovations technologiques peuvent avoir des effets nuisibles pour les musiciens. Je t'explique. Il est maintenant possible, par exemple, d'enregistrer de la musique provenant d'Internet ou même de copier de la musique d'un disque compact à un autre. Tu dois comprendre que cette pratique est très grave et offensante pour les artisans de la musique qui vivent de leur art. En copiant leur musique, on leur enlève leur salaire... et sans salaire, les musiciens ne peuvent plus créer! C'est aussi simple que cela! Heureusement, il existe des outils Internet qui permettent d'acheter de la musique en ligne à un coût très faible. Je t'encourage à en parler à tes parents et à tes amis. Il en va de l'avenir de la musique, mon ami!

Un instrument du futur recyclé à partir d'une balayeuse
Fanny, 7 ans

Un musicanimal (on lui tourne la queue et il chante)
Marie-Jeanne, 10 ans

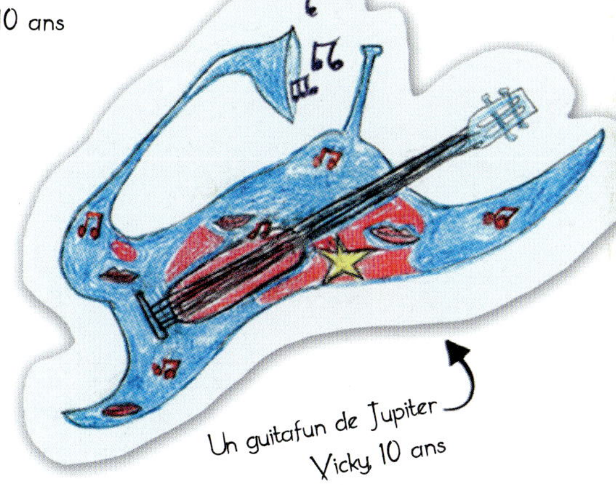

Un guitafun de Jupiter
Vicky, 10 ans

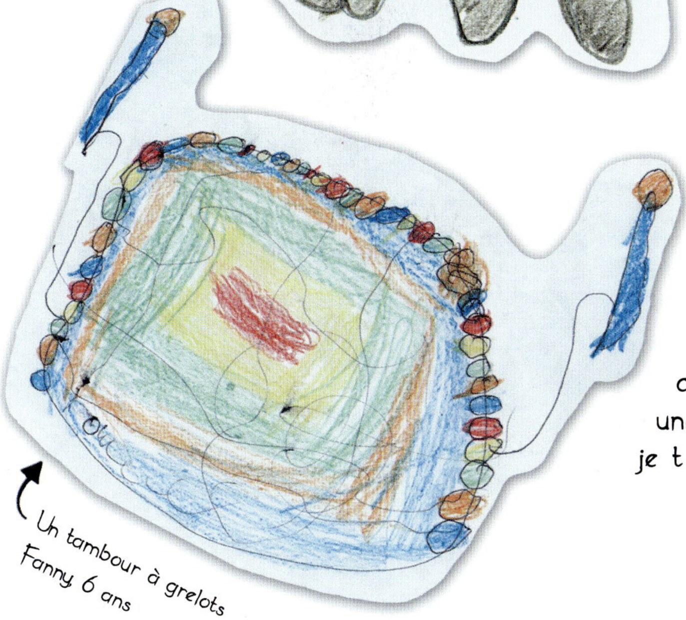

Un tambour à grelots
Fanny, 6 ans

Il est temps de nous dire au revoir, mon jeune ami. J'espère que tu as aimé cet album. Si tu es musicien, tiens-moi au courant de tes performances. Qui sait? Peut-être deviendras-tu un jour un grand compositeur, une chanteuse, un chef d'orchestre, une enseignante de la musique! Quoi qu'il en soit, je t'invite à découvrir la diversité de la musique.

Index

D

E

F

G

H

I

J

K

L

M

N

O

P

Q

R

S

T

U

V

SOLUTIONS DES JEUX DES PAGES 200 ET 201

Carré latin :

3	5	2	4	1
1	3	5	2	4
4	1	3	5	2
2	4	1	3	5
5	2	4	1	3

Grille logique :

F	C	I
A	H	B
E	D	G

Énigmes :

- DIX = 509 en chiffres romains
- Tous les mois possèdent 28 jours...
- L'âge du capitaine correspond à l'âge de la personne qui lit le problème !
- Le dollar manquant : Le calcul proposé est erroné ! Dans le montant de 27 $, les 2 $ de pourboire sont en fait déjà inclus (25 $ la chambre + 2 $ de pourboire). Pour retrouver les 30 $, il suffit d'ajouter les 3 $ que les amis ont récupérés. Essaye avec des pièces de 1 $ ou des jetons et tu verras qu'il ne manque aucun dollar !...

Crédits photos

MON ALBUM DE L'UNIVERS

p. 10 hg : Télescope de Newton © Andrew Dunn; **p. 14 cg** : Edwin Hubble © STScI; **p. 15 cg** : Galaxie spirale © ESO; **cc** et **cd** : Galaxies elliptique et irrégulière © NOAO/AURA/NSF/WIYN; **p. 27 hd** : Aurore polaire © Gilles Boutin/Bandit de nuit; **p. 34 hc** : Mariner 10 © NASA/JPL/Caltech; **p. 36 bg** : Vénus © NASA/JPL/Caltech; **p. 37 bc** : Maat Mons © NASA/JPL/Caltech; **p. 38 cg** : Terre © JSC/NASA; **p. 39 cg** : Everest © Luca Galuzzi; **p. 41 bd** : Satellite © NASA; **p. 43 hg** : Météorite © JSC/NASA; **cc** et **bg** : Valles Marineris, Deimos et Phobos © NASA/JPL/Caltech; **p. 44 hd** : Jupiter © NASA/JPL/Caltech; **p. 46 hc** : Uranus © NASA; **bc** : Miranda © JPL/NASA; **p. 47 hc**, **cc** et **bg** : Neptune, Deimos Voyager 2, Triton © NASA/JPL/Caltech; **p. 48 bg** : Clyde Tombaugh © NASA; **p. 49 hg** : Pluton et Charon © NASA; **p. 50 bg** : Terre © JSC/NASA; **p. 51 bc** : Empreinte © NASA; **p. 55 bd** : Comète de Halley © NSSDC/NASA; **p. 56 cd** : Meteor Crater © D. Roddy/Lunar and Planetary Institute/IVV/NASA; **p. 58 hg** : Fusée © NASA/JPL/Caltech; **hg** : bande dessinée © Michel Viau; **p. 60 cg** : Columbia © NASA/JPL/Caltech.

MON ALBUM DE LA VIE

p. 66 hd : Temps du rêve © Mark Moxon; **p. 67 cd** : La création des animaux de Jacopo Tintoretto © Galerie dell'Academia, Venise; **p. 68 bg** : Météorite de Murchison © 2001 New England Meteoritical Services; **p. 69 bd** : Stanley Miller © NASA; **p. 71 bd** : Muséum national d'histoire naturelle © MNHN photo F. Dumur et J. Leborgne; **p. 72 cc** : Charles Robert Darwin © Helmolt, H.F., éd. History of the World. New York : Dodd, Mead and Company, 1902; **p. 78 cg** : Libellule (fossile) © Courtoisie de Stone Company.com; **p. 79 hd** : Crâne d'ours des cavernes © FossilMall.com; **cd** : Dent de requin (fossile); © Courtoisie John Adamek EDCOPE Enterprises www.fossilmall.com; **bg** : Trilobite (fossile) © Courtoisie John Adamek EDCOPE Enterprises www.fossilmall.com; **bg** : Tortue (fossile) © Centre College, Danville, Kentucky, USA; **bd** : Grenouille (fossile) © Courtoisie John Adamek EDCOPE Enterprises www.fossilmall.com; **p. 83 hc** : Charles Lyell (Gravure) © Bolton, Sarah K. Famous Men of Science. NY : Thomas Y. Crowell & Co., 1889; **p. 85 cg** : Cyanobactérie – Nostoc sp. © Morgan L. Vis Associate Professor, Ohio University; **cd** : Stromatolithes © Yoshi Shimamura; **p. 86 hd** : Protiste – Diatomée © Courtoisie Eric Condliffe; **bd** : Éponges © Florida Keys National Marine Sanctuary/NOAA Photo Library; **p. 89 cc** : Trilobite (fossile) © Courtoisie John Adamek EDCOPE Enterprises www.fossilmall.com; **p. 92 hd** : Grande barrière de corail © Florida Keys National Marine Sanctuary/NOAA Photo Library; **p. 104 hd** : Iguanodon (sculpture) © Brian Glover, Stone Museum of Geology; **p. 110 cd** : Koala © Lone Pine Koala Sanctuary, Brisbane Australie www.koala.net.

MON ALBUM DU CORPS HUMAIN

p. 124 cg : Sculpture de sable © Paul Chalmin; **p. 127 cd** : Fillette © Ophélie Delaunay; **bd** : Garçon © Alvina Delaunay-Favero; **p. 130 cd** : Équilibriste © Jose Gil/Shutterstock.com; **p. 133 cc, bc, bc** : Enfant gourmand, surpris, pleurs © Ophélie Delaunay; **p. 138 hd** : Penseur de Rodin © Satyakamk; **p. 141 cd** : Fakir © David Deschênes; **p. 164 hg** : Manneken-Pis © Pbrundel; **p. 172 bd** : Spermatozoïde © Shutterstock.com; **p. 173 hg** : Ovule © PROCREA Cliniques; **p. 176 bg** : Nouveau-né et enfant 6 ans © Martine Podesto; **bc** : enfant 2 ans © Caroline Fortin; **p. 177 bd** : jeune adulte © François Fortin.

MES AMIS EXPERTS

p. 3 hd : Hubert Reeves © M. Pourny; **cd** : Jean-Marie De Koninck © Matilde Matkovic

Sauf indications complémentaires, les photographies sont identifiées comme suit :
h : haut, c : centre, b : bas, d : droite, g : gauche

MON ALBUM DES SCIENCES

p.187 c : Laboratoire © 2007 Jupiter Corporation; **bc** : Frise © 2007 Jupiter Corporation; **p. 191 bg** : Ascenseur © Oleksandr Gumerov/iStockPhoto.
com; **p. 194 hd** : Paysage © Dan Cooper /iStockPhoto.com; **p. 195 c** : Nil © Todd Bingham /iStockPhoto.com; **p. 197 hg** : Tigre © Stephen Meese/
iStockPhoto.com; **bd** : Fougère © Matthew Scherf/iStockPhoto.com; **p.198 bd** : Loupe © 2007 Jupiter Corporation; **p. 203 hd** : Antoine de Lavoisier
© Hundred Greatest Men, The. New York : D. Appleton & Company, 1885; **p. 205 bd** : Sigle IBM © IBM Research, Almaden Research Center,
Reproduction interdite; **p.210 cg** : Bouteille et verre © 2007 Jupiter Corporation; **p.212 bd** : Salière © 2007 Jupiter Corporation; **p. 216 bg** : Lacets
© Josée Noiseux; **p. 217 hd** : Nylon © 2007 Jupiter Corporation; **p. 218 bc** : Archimède © Archimède par Domenico Fetti, 1620; **p. 219 hd** : Tour
de Pise © Lawrence Sawyer/iStockPhoto.com; **p. 220 bg** : Astronaute © NASA; **p. 221 hg** : Rochers de Hopewell à marée basse © Ministère du
Tourisme et des Parcs, Nouveau-Brunswick; **hg** : Rochers de Hopewell à marée haute © Ministère du Tourisme et des Parcs, Nouveau-Brunswick;
bc : Isaac Newton © Shuster, Arthur and Arthur E. Shipley. Britain's Heritage of Science. London : Constable & Co. Ltd., 1917; **p. 223 bd** : Cheveux
électriques © Josée Noiseux; **p. 228 bg** : Explosion © Björn Kindler/iStockPhoto.com; **p. 232 c** : Very Large Telescope © European Southern
Observatory; **p. 233 hg** : Galaxie spirale © NASA/JPL-Caltech/K. Gordon (University of Arizona) & S. Willner (Harvard-Smithsonian Center for
Astrophysics); **hc** : Galaxie elliptique © NASA, ESA, and The Hubble Heritage Team (STScI/AURA); **hd** : Galaxie lenticulaire © Dr. Elinor Gates,
courtesy of University of California; **hd** : Galaxie irrégulière © NASA, ESA, and The Hubble Heritage Team (STScI/AURA); **bd** : Pulsar du Crabe
© NASA/CXC/HST/ASU/J. Hester et al.; **p. 235 hd** : Frise © 2007 Jupiter Corporation; **bg** : Collision de particules © CERN.

MON ALBUM DES DÉCOUVERTES ET INVENTIONS

p. 240 bd : Machine à laver © Library of Congress; **p. 241 cg et cd** : Alfred Nobel et médaille © La Fondation Nobel; **p. 245 hd** : Archimède © Marie-Lan Nguyen (2011) Ornithoptère/Shutterstock.com; **bg** : Homme au kinétoscope © U.S. Department of the Interior/National Park Service/ Edison National Historic Site; **p. 247 hd** : Potier © Meoita/Shutterstock.com; **p. 257 cd** : Cuisinière © Musée des sciences et de la technologie du Canada; **p. 258 cd** : Bam © Mary Draper; **p. 261 cg** : Elisha Otis © Elevator World; **hd** : Home Insurance Building © Library of Congress; **bd** : Burj Khalifa © Marshal Strabala/Flickr; **p. 270 bc** : Laennec © Harvard Medical School; **bd** : Radiographie © Radiologie Varad; **p. 272 cg, bc et bd** : Instruments chirurgicaux © National Library of medicine; **p. 274 cg** : Aspirine © Bayer, Corporate history, Leverkusen; **p. 281 ch** : Vol des Whright © Library of Congress; **p. 283 cd** : Remington © Chuck Dilts/typewriter.rydia.net; **p. 285 hg** : Guglielmo Marconi © Newfoundland and Labrador Heritage Web Site; Télé © Zaphod; **p. 286 cd** : Premier ordinateur personnel © fjp photos; **p. 288 cd et bd** : Clavecin © www.JCMonzani.com grand pianoforte LPLT; **p. 289 cg** : Phonographe © Rago Arts and Auction Center; **cc** : Gramophone © Collection de René Rondeau; **cc** : iPod © Apple; **p. 290 hg** : Vieilles photos © Nathalie Gignac; **p. 291 cd** : Barbie, Barbie® est une marque déposée utilisée avec la permission de Mattel, Inc. © 2003 Mattel, Inc. Tous droits réservés; **bd** : Enfant jeu vidéo © Caroline Fortin.

MON ALBUM DE LA MUSIQUE

p. 298 c : Fête de la Musique © Ministère de la Culture et de la Communication (France); **p. 303 cd** : Opéra de Sydney © Mark Macas; **p. 305 bd** : Niccolò Paganini © « The love affairs of great musicians » Rupert Hughes, Vol. II, 1903; **p. 307 bd** : Francisco Tarrega © E. Segura; **p. 308 cd** : Virginal, **cg** : Clavecin et **hd** : Épinette © www.jcmonzani.com; **p. 309 cc** : Intérieur d'un piano © Anouk Noël; **p. 310 hd** : Enfant à la flûte © Martine Podesto; **p. 311 bd** : Orgue de St. Meinrad, Indiana, USA © Keith Syvinski; **p. 316 c** : Oliphant © tiré de « Manners, Customs, and Dress During the Middle Ages and During the Renaissance Period » de Lacroix, Paul, Chapman and Hall, Londres 1874; **bd** : Enfant au trombone © Robert Gusik; **p. 323 hg** : Pédale Delay © Mathieu Douville; **hd** : Thérémine © Public Domain **c** : Ondes Martenot © Claude-Samuel Levine – www.cslevine.com; **p. 326 cg** : Troubadour © Craig Merlin Broers AKA Craig of Farrington – www.craigminstrel.com; **p. 327 bd** : Orchésographie © Library of Congress, Music Division; **p. 329 cg** : Johann Sebastian Bach © 2006 Jupiterimages Corporation; **cd** : Georg Friedrich Haendel © 2006 Jupiterimages Corporation; **p. 330 cd** : Opérette La Chauve-Souris, Johann Strauss © Library of Congress, Prints and Photographs Division, WPA Poster Collection; **p. 331 hd** : Giuseppe Verdi © 2006 Jupiterimages Corporation; **p. 333 hd** : Franz Schubert © 2006 Jupiterimages Corporation; **cd** : Ludwig van Beethoven © 2006 Jupiterimages Corporation; **bg** : Franz Joseph Haydn © 2006 Jupiterimages Corporation; **p. 334 bg** : Franz Liszt © 2006 Jupiterimages Corporation; **p. 335 hg** : Ballet Casse-Noisette © Anders Nord-Ström/Kungliga Baletten; **cg** : Hector Berlioz © 2006 Jupiterimages Corporation; **cd** : Richard Wagner © 2006 Jupiterimages Corporation; **p. 340 bg** : Elvis Presley © Public Domain/Library of Congress; **bg** : Johnny Hallyday © Frédéric Loridant/License Art Libre; **cg** : Bill Haley © Public Domain/Internet Archives; **bd** : The Beatles © Public Domain/Library of Congress; **bd** : Janis Joplin © Snapcount75; **p. 341 cg** : Bob Marley © Eddie Mallin; **cg** : Kiss © CC-BY; **hd** : The Bee Gees © Public Domain; **hd** : U2 © David Shankbone/chrisharte/Eliane Kobayakawa/atu2.com/Michael Barera; **cd** : Madonna © iShot71; **bg** : Daft Punk © Public Domain; **bg** : Mc Solaar © Thomas Faivre-Duboz; **p. 342 hg** : Flamenco © Flamenco Vivo Carlota Santana as the Company and Carol Rosseg as the photographer; **cg** : Sleelband © Lisa Engström; **bg** : Tango © Anouchka Unel; **p. 343 bg** : Tambours africains : © Guenter Guni/iStockphotos.com; **cd** : Gamelan © Waldemar J. Poerner; **p. 346 hd** : Enfant aux écouteurs © Martine Podesto; **p. 347 h** : Pictogrammes © Jupiterimages Corporation; **p. 348 hg** : Phonographe d'Edison © Rago Arts and Auction Center, Lambertville, NJ, USA; **c** : Magnétophone © Norbert Schnitzler; **cg** : Gramophone de Berliner © Collection de René Rondeau; **p. 349 bd** : Studio d'enregistrement © Claire de Guillebon; **p. 351 cg** : Femme enceinte aux écouteurs © Mathieu Douville; **p. 352 bg** : Ipod © Jannes Glas.

Mes remerciements

Je tiens à remercier chaleureusement tous ceux et celles qui m'ont aidé à réaliser cet album.

Merci à Caroline Fortin et Martine Podesto, mes fidèles complices, pour leur confiance indéfectible, leur support et leur travail acharné.

Merci à Johanne Champagne, Claire de Guillebon, Cécile Poulou-Gallet et Mireille Messier, pour leurs judicieux conseils de rédaction et leurs mots qui ont si bien traduit mes pensées.

Merci à Marc Lalumière, Rielle Lévesque, Anouk Noël et Johanne Plante pour leurs conseils artistiques, leur talent et leurs précieux coups de pouce.

Merci à Manuela Bertoni, Pascale Dupré, Daniel Games et Alain Lemire pour leurs merveilleux coups de crayon, ainsi qu'à Jean Morin, pour ses sympathiques bandes dessinées, et à Carl Pelletier, pour les cours de croquis.

Merci à Josée Noiseux qui m'a suggéré une mise en pages harmonieuse et originale, ainsi qu'à Émilie Bellemare, Émilie Corriveau, Jérôme Lavoie, Karine Lévesque, Éric Millette, Jean-François Nault, Danielle Quinty, Fernando Salvador, Anne Tremblay et Julie Villemaire qui ont participé à cette tâche. Merci aussi à Mathieu Douville et François Hénault pour leur aide.

Merci à Nathalie Gignac, Gilles Vézina et Luiza Ciocsirescu pour la gestion des archives et des photos, ainsi qu'à Frédéric Bussière et Stéphanie Lanctôt pour le travail de documentation.

Merci à Nathalie Fréchette, Véronique Loranger, Odile Perpillou et Michel Viau pour leur gestion efficace de la production de cet album.

Merci à Ophélie Delaunay de m'avoir aidé à réunir tous mes albums en un seul.

Merci à Claude Frappier, Marie-Nicole Cimon et Sabine Cerboni d'avoir accepté de faire la révision linguistique de mes textes. Merci à Violaine Ducharme pour la correction d'épreuves.

Je souhaite aussi remercier les personnes suivantes, qui ont gentiment accepté de vérifier les faits présentés dans ces albums et m'ont conseillé sur leur présentation.

Mon album de l'Univers : Robert Lamontagne (professeur astrophysicien à l'Université de Montréal).

Mon album de la vie : Christian Lévesque (biologiste, enseignant au cégep John Abott).

Mon album du corps humain : Le Dr Luc Oligny (pathologiste en chef à l'hôpital Sainte-Justine de Montréal).

Mon album des sciences : Michel Lyons (co-inventeur de la méthode Défi mathématique, www.defimath.ca), Vincent-Xavier Saint-Laurent (enseignant de mathématiques, sciences et musique à l'école secondaire Mgr-Richard), André de Bellefeuille (professeur de physique au cégep Édouard-Montpetit), Patrice Baril (conseiller pédagogique à la Commission scolaire du Val-des-Cerfs à Granby) et Louis Taillefer (directeur du Regroupement québécois sur les matériaux de pointe et du Programme sur les matériaux quantiques de l'Institut canadien de recherches avancées).

Mon album des découvertes et inventions : Robert Tremblay (historien à la Division de la conservation du Musée des sciences et de la technologie du Canada), Yves de Grandmaison (professeur d'histoire des civilisations au cégep de Rosemont), Jacques G. Ruelland et John Alexander Dickinson (professeurs au département d'histoire de l'Université de Montréal), Juli Pisano (responsable aux communications de Dare-Dare, Centre de diffusion d'art multidisciplinaire de Montréal), Anna Adamek et Marie-Josée Castor (Musée des sciences et de la technologie du Canada) et Sylvia Mauro (Musée canadien des civilisations).

Mon album de la musique : Lucie Ledoux (professeure de musique à l'école secondaire Mgr A.-M. Parent à Saint-Hubert), Nicole Campeau (professeure de musique à l'école Les Marguerite à Varennes) et André Milot (professeur de musique à l'école secondaire Polybel à Belœil).

Merci à Messieurs Hubert Reeves, Albert Jacquard, Jean-Marie De Koninck, Daniel Paquette, Gregory Charles et au Dr Jean-François Chicoine, qui m'ont fait le grand honneur de lire mes albums et de les commenter.

Merci à René Aubé, gérant des Studios Piccolo à Montréal, pour m'avoir permis de visiter ses studios d'enregistrement et de les photographier.

Merci à François et Jacques Fortin pour leur générosité et leur confiance.

Merci à tous les enfants qui m'écrivent et m'envoient leurs beaux dessins. Vous êtes ma joie et ma plus grande source d'inspiration!